LES CHEVAUCHÉES DE L'AN MIL

DU MÊME AUTEUR

AUX MÊMES ÉDITIONS

Les Chevauchées de l'an mil, tome 2

Claude Poulain

LES CHEVAUCHÉES DE L'AN MIL

*

Denoël

roman

9, rue du Cherche-Midi, 75006 Paris
ISBN 2.207.24167.X
B 24167.8

« La société des fidèles ne forme qu'un corps; mais l'État en comprend trois. Car l'autre loi, la loi humaine, distingue deux classes : nobles et serfs, en effet, ne sont pas régis par le même statut. Deux personnages occupent le premier rang : l'un est le roi, l'autre l'empereur; c'est leur gouvernement que nous voyons assurer la solidité de l'État. Il y en a d'autres dont la condition est telle que nulle puissance ne les contraint, pourvu qu'ils s'abstiennent des crimes réprimés par la justice royale. Ceux-ci sont les guerriers, protecteurs des églises; ils sont les défenseurs du peuple, des grands comme des petits, de tous enfin, et assurent du même coup leur propre sécurité. L'autre classe est celle des serfs : cette malheureuse engeance ne possède rien qu'au prix de sa peine. Qui pourrait, l'abaque en main, faire le compte des soins qui absorbent les serfs, de leurs longues marches, de leurs durs travaux? Argent, vêtements, nourriture, les serfs fournissent tout à tout le monde; pas un homme libre ne pourrait subsister sans les serfs. Y a-t-il un travail à accomplir? Veut-on se mettre en frais? Nous voyons rois et prélats se faire les serfs de leurs serfs; le maître est nourri par le serf, lui qui prétend le nourrir. Et le serf ne voit point la fin de ses larmes et de ses soupirs. »

Poème dédié au roi Robert le Pieux par Adalberon, surnommé Ascelin, évêque de Laon de 977 à 1030.

Je lui dis : « Marche, marche, tu ne me dis pas tout !

– Bien sûr que si, dit-il, qu'est-ce que tu veux que je te cache ? »

Évidemment, c'est un historien, il ne cache rien : il interprète.

Ce qui est arrivé est plus beau, je crois.

GIONO.

1

« Toi, le morveux, déguerpis! »

La porte reste ouverte. Éperdu, l'enfant fait un détour afin de se tenir le plus loin possible du seigneur Yvon de Marigné, dont l'énorme masse s'oppose cruellement à sa fragilité. Par expérience il sait que l'homme tentera de lui allonger, au passage, une gifle ou un coup de pied.

« Obéis, Eudes. »

Alors, conscient de son isolement, rassemblant toutes ses forces, il fonce vers le rectangle clair. Le pied du seigneur l'atteint dans les reins et le projette, douloureux, meurtri, à plat ventre dans la cour.

Tandis que l'homme rit, tardant à repousser le battant, Eudes entend, au travers de ses larmes, de faibles et molles protestations :

« Pourquoi le frapper, mon cher seigneur? Il ne demande pas mieux que de s'éloigner.

– Nous n'avons que faire de ton avorton... »

Déjà la voix sonore change de ton, prend des inflexions bizarres et troubles aux oreilles d'Eudes.

« Ne t'inquiète pas, belle Mahaut, le traitement a du bon. C'est ainsi qu'on forme les hommes et il en a besoin. Mais viens plutôt ici... »

Le grossier loquet de fer joue. Eudes désormais ne peut plus discerner les mots. Des petits rires, des exclamations enjouées se mêlent à un bourdonnement qui finit par devenir un ronron. En dépit d'une avide et presque maladive curiosité jalouse, Eudes n'ose aller coller l'oreille à la porte pour comprendre ce qui se dit ou se fait ensuite. Dans le va-et-vient perpétuel de la cour du château, trop de gens peuvent l'observer. Malheureux, désemparé, ravalant ses larmes tant bien que mal, il va s'asseoir sous un vaste auvent de bois. La tête enfouie dans les bras, l'image du sire de Marigné demeure sur sa rétine : agressive et humiliante. Après une série de soupirs saccadés, sur une promesse de vengeance qui, pour être lointaine, ne lui semble pas moins un baume, il va rejoindre un des groupes d'enfants qui s'ébattent dans la cour.

A six ans, Eudes est un bel enfant, au doux visage de fille sous des cheveux d'un roux ardent. Mais la vivacité de son caractère, ses soudaines et violentes colères surprennent toujours les moqueurs. Et son exceptionnelle vigueur en fait un adversaire redoutable, même si on l'assaille à plusieurs.

Pourtant le nombre de ceux qui le narguent croît sans cesse. Les enfants du sire de Marigné donnent eux-mêmes le ton en ne l'appelant que : « le fils de la pute ».

La disgrâce d'Eudes date d'un an, au plus. Elle a débuté peu après la mort de son père, l'écuyer Ancelot, quand le puissant sire de Marigné a commencé de rendre d'ostensibles et quotidiennes visites à la jeune veuve. Eudes continue de pleurer un père qu'il admire et dont chacun s'accorde à reconnaître les qualités.

Au fil des mois, son malheur lui a paru grandir : du vivant de l'écuyer on ne le narguait ni plus ni moins qu'un autre, depuis, il devient, chaque jour davantage, le souffre-douleur d'élection, aussi bien des enfants que du gros seigneur.

Il se dit parfois que le mal ne peut venir que de sa mère. Pourquoi reçoit-elle ce gros porc d'Yvon? Pourquoi s'enferme-t-elle avec lui des matinées ou des après-midi entiers? Et surtout, pourquoi ne défend-elle pas son petit Eudes? Mais le soir elle le prend si doucement, si gentiment sur ses genoux, pour lui conter des histoires, elle le serre si fort en l'embrassant, et en l'appelant : « Mon petit Ruffin », avec parfois des larmes dans la voix, que sa rancune fond à l'instant, disparaît, emportée par cet amour retrouvé, par cet immense besoin d'être aimé qui le tenaille. Tout, à ses yeux, redevient simple, évident : sa mère est si belle, rien d'étonnant que chacun en soit jaloux et qu'une brute même puisse l'aimer. Si beaucoup ne peuvent souffrir Eudes, ce n'est que par envie. Sur cette ultime justification, il s'endort tendrement dans le giron maternel. Mais, dix fois au cours de la nuit, des rêves violents et douloureux le troublent, et il hurle, dramatique, jusqu'à réveiller sa mère.

On ne l'a longtemps appelée que « la belle Mahaut ». Maintenant c'est « Mahaut la pute ». Elle ne se contente pas d'en rire. Provocante, sûre de son pouvoir sur le seigneur, elle se plaît, elle, à appeler les autres femmes « les truies », et elle se promène par la cour pour exhiber robes, bracelets et colliers. Indolente, insolente elle va, contraignant au détour celles qui ont été ses compagnes ou même ses amies, et que la vie astreint aux plus rudes travaux. Tout ce qui porte cotillon crache, en cachette, sur son passage et marmonne des insultes. Les hommes, en revanche, suivent des yeux sa démarche ondoyante. Immobiles et empourprés, ils détaillent ses formes avec admiration et convoitise.

Parfois, quelque enfant se risque à l'insulter, à répéter ce qu'il a entendu dire chez lui. La raclée qu'aussitôt lui inflige père ou mère enseigne à l'innocent le respect et la crainte des puissants. Nul ne peut courir le risque de mécontenter le sire. Pute elle est, mais pute de seigneur. Et mieux vaut ne point étaler ses sentiments.

Mahaut est une brune gracieuse de vingt-deux ans, à la taille bien marquée, aux seins menus mais arrogants, et à la peau si blanche que toujours ses compagnes, si loin qu'elle puisse se souvenir, la lui ont enviée. La douceur un peu mièvre de ses traits est rendue plus piquante par une permanente propension au rire et à l'impertinence. Certains n'hésitent point à l'affirmer diablesse.

Cette façon qu'elle a de se moquer et d'enjôler est-elle naturelle? Chacun s'accorde à penser que, pour s'être si vite consolée de la mort de son époux, elle ne devait guère tenir à lui, et se soucier peu des sacrements de notre Sainte Mère l'Église. On en jase, en faisant remarquer que la mort de l'écuyer semble être survenue juste à temps. Les langues les plus acérées disent aussi que les circonstances de cette mort ne sont pas claires et que mieux vaut n'y pas regarder de trop près.

Ancelot, dans la vigueur de ses vingt-cinq ans, cavalier infatigable, réputé pour sa souplesse et son agilité, n'est-il pas mort, sans témoin, dans un banal et inexplicable accident de cheval? Ce jour-là, il chevauchait seul. Son seigneur l'avait expédié deux jours plus tôt à la tour de guet d'Aviré pour une obscure mission auprès du chevalier Oudric, qui commandait le détachement de ce poste avancé, d'où il est possible de surveiller les éventuels mouvements offensifs du puissant seigneur de Segré, ennemi déclaré de celui de Marigné.

Ancelot qui revenait seul avait franchi la Mayenne, tôt le matin, en face de Chenillé. Il avait même adressé la parole à deux femmes à la sortie du hameau. Voilà tous les renseignements recueillis par le chevalier Oudric en tentant de comprendre le drame. L'écuyer ensuite s'était enfoncé dans la forêt qui s'étend au-delà, sans interruption, jusqu'à Marigné. Que s'est-il passé sous le couvert? Comment expliquer qu'en fin d'après-midi, trois serfs, de corvée de bois, l'aient retrouvé mort, à moins d'une lieue du château? Ils n'avaient pu approcher son cheval qu'avec mille difficultés. Le pied d'Ancelot était resté coincé dans l'étrier, et la bête affolée traînait sans doute depuis des heures un corps affreusement disloqué et déchiré.

L'idée d'une mauvaise rencontre, d'un meurtre par une troupe de pillards ne pouvait être retenue, car les brigands se seraient emparés du cheval d'abord, ensuite des vêtements et des armes de l'écuyer. Or rien n'avait été dérobé. Et chose plus curieuse encore : il ne semblait pas qu'Ancelot ait eu à se défendre puisque ses armes pendaient intactes à l'arçon. Ne restait comme hypothèse que la maladresse, la chute malencontreuse avec un pied coincé.

Le cortège sinistre des trois miséreux accompagnant son père couché par eux en travers de la selle, jamais Eudes ne pourrait l'oublier. Sa mère en larmes le tenait par la main, elle tentait de lui dissimuler la scène, disant :

« Ne regarde pas, Eudes, cache ton visage dans ma jupe, petit Ruffin. » Ce surnom, dont elle use si souvent, lui vient de son père, Ancelot aimait l'appeler ainsi. Aujourd'hui seuls sa mère et Conrad le lui donnent.

Mais lui voulait voir, regarder de tous ses yeux, graver la scène en lui.

Le sire Yvon avait manifesté publiquement son regret de la perte du jeune écuyer. Depuis des années Ancelot était son commensal et son compagnon préféré de chasse ou de guerre. Mais les dernières messes dites par le curé du château, deux semaines plus tard, les visites du sire à la jeune veuve commençaient.

« Eudes, viens près de moi, viens, petit Ruffin. »

L'homme qui l'appelle et dont Eudes reconnaît la voix avec joie, est un grand et maigre guerrier, nommé Conrad, surnommé le Saxon, son père étant d'origine germanique.

« Qu'as-tu fait aujourd'hui? »

Eudes se hisse prestement sur les genoux de l'homme, répond brièvement aux questions, puis à son tour il réclame :

« Raconte quelque chose, Conrad, raconte-moi des batailles où tu as combattu comme mon père. »

L'éloquence ne peut être le fort de cet homme dont la vie entière est vouée à la guerre. Pourtant, à la requête de l'enfant, il s'efforce de retracer quelques-unes des actions auxquelles il a pris part. Sous l'effort, pour retrouver ses mots, le long visage hâlé et balafré de la tempe au menton se plisse, la large bouche édentée grimace et il baisse la tête.

L'enfant rit, le prend aux oreilles, tire en disant :

« J'ai peur de toi quand je ne vois que ton nez, il est trop gros, tout écrasé.

– Ceux qui l'ont abîmé ne sont plus là pour en rire, petit. Mais tu viens d'user d'un mot défendu.

– Lequel, Conrad?

– Peur! Le fils d'Ancelot n'a pas le droit d'en user pour lui. Tu ne dois avoir peur de rien, ni de personne. Entends-tu? Je ne veux plus l'entendre.

– C'était pour rire. Mais tu m'apprendras?

– A tuer la crainte? Oui, petit Ruffin, je t'apprendrai, et aussi à te battre, pour être comme ton père l'était : le plus fort et le plus adroit.

– Tout à l'heure, contre moi ils étaient quatre, mais ce sont eux qui ont fui tant j'ai cogné. »

Conrad approuve :

« Voilà la meilleure façon de vivre. Ton père aurait été content. »

Et soudain volubile et maladroit, il évoque son frère d'armes : c'est lui, Conrad, qui a achevé la formation d'Ancelot. Il avait cinq ans de plus que lui et ça compte à cet âge. Un adolescent de seize ans a grand besoin des conseils d'un aîné.

Le Saxon égrène d'une voix sourde, comme amollie, quelques souvenirs de cet apprentissage : il parle du jour où ils se sont déclarés frères de sang, et juré fidélité, de leurs premières courses à la suite des bandes de pillards, des soirées passées en commun à la belle étoile, entre deux combats ou deux chevauchées.

L'évocation pourrait durer encore mais Conrad préfère rompre le charme en affirmant, convaincu :

« Tu verras quand ce sera ton tour, tu verras, petit Ruffin. Il te faudra, comme ton père, un Conrad. Un solide et fidèle compagnon. »

Conrad ne se laisse jamais entraîner à conter le mariage d'Ancelot. Ces journées de liesse lui laissent un goût d'amertume. N'a-t-il pas alors un peu perdu son ami? Jusque-là ils dormaient et mangeaient ensemble. Une femme allait désormais les séparer.

C'était en 962. Ancelot venait d'être promu écuyer du sire de Marigné. Mahaut, fille d'un écuyer mort depuis plus de dix ans, servait l'épouse du sire, Constance, qui ne savait rien refuser à cette jouvencelle si bellotte et si enjouée qu'elle parvenait parfois à dissiper, l'espace d'un moment, les permanentes angoisses de la dame.

« Je veux ton bonheur et t'aiderai à le trouver, disait souvent la dame, dis-moi sans crainte qui t'aime, jolie Mahaut, et qui tu aimes. Il en sera à ta volonté. »

Mais la fillette esquivait la réponse.

« Elle n'a personne encore dans le cœur, constatait Constance, quand elle sera amoureuse je le saurai. Franche comme elle est, il lui sera impossible de feindre. »

Si Mahaut, dont la mère avait disparu un beau matin sans qu'on ait pu comprendre pourquoi ou comment, ne semblait aimer personne, elle ne pouvait ignorer les sentiments d'Ancelot. L'écuyer n'avait d'yeux que pour elle et feignait de ne rien comprendre aux agaceries et aux avances des autres filles du château. Ancelot, le cavalier fougueux, le guerrier intrépide, la jeune brute avide, devenait, en présence de Mahaut, l'homme le plus doux, le plus patient, le plus prévenant. Et comme il était beau! Les épaules larges, la taille mince et un visage mâle aux traits réguliers, non encore déformés par les coups.

L'amour d'Ancelot pour Mahaut? Le château tout entier était au courant. Dame Constance était revenue à la charge :

« Que penses-tu d'Ancelot, ma toute belle? As-tu vu comme il t'aime? Le pauvre est transi d'angoisse quand un autre garçon t'adresse la parole. »

Mahaut riait et convenait volontiers qu'entre tous Ancelot était celui qui lui plaisait le plus. Puis, très vite, elle cédait à son amour de se moquer.

La dame un beau matin avait décidé de ce mariage, auquel son époux, en revanche, ne semblait guère tenir. Mais son écuyer en perdait le boire et le manger; alors, brusquement, sans le moindre indice annonciateur, Yvon de Marigné avait donné son assentiment.

Quelle fête! personne au château ne voulait bouder la joie d'accompagner si joli couple.

Mahaut n'avait jamais été si gaie. Les âmes les plus jalouses, les plus envieuses, les plus amères même, voulurent participer à l'allégresse générale. Pendant trois jours le vin coula à flots, les jeux succédèrent aux jeux. Les concours de force et d'adresse devaient s'accommoder de la nuit comme du jour. Conrad ne se souvenait pas d'une fête aussi merveilleuse.

« Je ne croyais pas que tout finirait si vite et si mal. »

Le grand Saxon soupire. Ses mains retombent sur ses genoux comme honteuses de leur impuissance. Gauchement il embrasse l'enfant de son ami avant de le reposer à terre, puis tandis qu'Eudes s'éloigne, vif et délié comme l'a été son père, déjà sollicité par un nouveau passe-temps, Conrad murmure :

« Pauvre petit Ruffin, au moins pourras-tu compter sur moi. »

2

Les seigneurs de Marigné comptent parmi les principaux féaux du comte d'Anjou. Leur fief, vaste et compact, s'étend sur un terroir de près de huit lieues de diamètre, au nord d'Angers et au sud de Château-Gonthier, à cheval sur la Mayenne.

Leur forteresse est constituée par une large enceinte de bois, octogonale, défendue par huit tours. Les doubles palissades, élevées sur un soubassement de moellons et de terre, comportent un chemin de ronde. Un large fossé rempli d'eau l'enserre. Le vieux donjon de bois, Yvon l'a fait abattre. Prenant modèle sur son dynamique suzerain, Geoffroy Grise-Gonelle, il a fait édifier à sa place, sur la vieille motte agrandie, une énorme tour carrée en pierre qui domine la région de ses cent vingt pieds.

Le donjon ne s'élève pas au centre de l'enceinte, mais à proximité de la partie sud-est de la lice.

A l'intérieur de l'enceinte se trouvent de nombreux bâtiments : ceux des services qui ne peuvent commodément loger dans la grosse tour : les écuries, les logis d'une partie de la garnison, ceux des hommes d'armes mariés, les dortoirs pour une foule de serviteurs, l'église, et aussi certaines réserves volumineuses et peu utiles au cours d'un siège, bois et fourrages, quelques ateliers aussi : ceux du forgeron, du bourrelier et du tonnelier, ainsi qu'une tannerie.

Le donjon ne comporte aucune issue au rez-de-chaussée. Une passerelle de bois va du rempart à une poterne haute. En cas d'attaque, la passerelle est hissée dans la tour après que les habitants, hommes, femmes et enfants, s'y sont réfugiés.

L'assaillant se trouve ainsi en présence d'une volumineuse masse de pierres n'offrant guère de prise.

Les parties basses du donjon contiennent les cachots et certaines réserves : un puits y a été foré. Au niveau du sol se trouvent les celliers et les greniers pleins de futailles, de jarres et de multiples ustensiles.

Au premier étage, dans la partie centrale, s'étale la grande salle commune, ou d'apparat, derrière laquelle ont été aménagées la panneterie et l'échansonnerie. La partie gauche est consacrée aux appartements : les chambres des châtelains, des enfants et un dortoir pour les serviteurs proches. A côté est installé, pourvu d'une cheminée, une sorte de vaste cabinet de toilette qui sert aussi de chauffoir et d'infirmerie, c'est là que les servantes tiennent au chaud, l'hiver, les tout jeunes enfants.

La partie droite, à l'extrémité de l'étage, dans des locaux murés et parfaitement sombres, auxquels on n'accède que par une porte étroite et basse, recèle la porcherie, le poulailler et un local où on engraisse chapons et oies.

A l'étage supérieur, logent les chevaliers et le reste de la garnison.

Le haut de la tour, bâti en terrasse, comporte des galeries couvertes pour protéger les défenseurs.

Yvon de Marigné, grand et lourd, fort comme un taureau, passe sa vie à faire la guerre ou à chasser. Autoritaire et implacable avec les petits ou ceux de son rang, il sait, en présence d'un puissant, se faire obséquieux et plat. A force de ruses et d'astuces n'a-t-il pas su conquérir les bonnes grâces d'un homme réputé pourtant pour sa méfiance et une sagacité hors de pair, son seigneur le comte Geoffroy Grise-Gonelle? A la moindre menace de conflit, Yvon se présente chez son suzerain et sollicite l'honneur de combattre, avec ses hommes, sous la bannière comtale. Ainsi obtient-il une indulgence non désintéressée quand il décide d'assaillir un de ses voisins.

Aucun ne trouve grâce à ses yeux, leurs terres sont pour lui l'objet d'une telle convoitise que n'importe quel prétexte est bon pour justifier ses attaques.

Entre tous, celui qu'il exècre le plus se nomme Simon et possède le fief de Segré. Les deux hommes se connaissent de longue date. Nés la même année ils ont appris le métier des armes à Angers, chez le père de Geoffroy Grise-Gonelle, Foulques le Bon.

Dès les premiers jours, leurs caractères violents et orgueilleux les lançaient l'un contre l'autre. Enfants, puis adolescents, ils se sont à la moindre occasion battus comme des chiens.

Rentrés dans leurs fiefs respectifs, à la mort de leurs pères, cette haine a pu s'exprimer sans frein. Depuis, ce ne sont qu'escarmouches et embuscades, trahisons et reniements, parjures et invocations maléfiques. Rien ne les rebute.

La seigneurie de Marigné, simple tour de guet des comtes d'Anjou, au temps de la jeunesse du grand-père d'Yvon, soldat de fortune, s'est transformée et agrandie d'année en année grâce à d'innombrables rapines. A l'avènement d'Yvon, le plus gros du domaine était déjà conquis.

Par son mariage avec Constance du Plessis-le-Vent, Yvon a apprécié d'acquérir, sans coup férir, une quinzaine de hameaux et de bonnes et grasses terres. En revanche, il regrette de se trouver, du même coup, limité vers le sud : son fief y jouxte, sur des lieues, celui de son beau-père. Archambault, du Plessis-le-Vent, et son fils, Garnier, tiennent solidement des terres qui, bien que moitié moins vastes que celles d'Yvon, rapportent presque autant, leur assurant la possibilité d'entretenir des troupes nombreuses.

Les malheurs conjugaux et familiaux ont précocement vieilli et rendu taciturne le sire du Plessis-le-Vent. Ses quatre femmes sont mortes en couches, et de tant d'enfants – Dieu seul sait combien il en a procréé ! – au point de ne pouvoir fournir de chiffre, même approximatif, seulement pour ses rejetons légaux – il ne reste de vivant que Constance et Garnier, âgé aujourd'hui de quinze ans. Tous les autres ont succombé, par maladie, guerre ou accident.

Depuis la disparition d'Ermengarde, sa dernière femme, Archambault, sentant ou croyant sentir les atteintes de la vieillesse, attend avec impatience et anxiété le moment de marier Garnier, il veut être sûr que sa lignée ne s'éteindra pas.

Chaque fois qu'il rencontre Constance ou son gendre il se

lamente sur son sort et émet des vœux : que Garnier fasse des mâles, et que tous vivent. Une nombreuse descendance, affirme-t-il, n'est-elle pas la principale richesse de l'homme ? Garnier, brimé dans ses moindres mouvements, renâcle. Au Plessis-le-Vent la hargne perpétuelle domine les relations père-fils.

Constance tient de son père. Une maussade tristesse n'arrange pas un visage aux traits ingrats. Du matin au soir elle soupire. Avare de paroles, elle n'ouvre la bouche que pour se plaindre. Depuis son mariage en 955, son époux, ses cinq enfants – trois garçons, deux filles – alimentent ses raisons de récriminer. Cependant elle n'est point mauvaise, les serviteurs la préfèrent à son époux, qui frappe à tour de bras, au moindre prétexte.

Entourée de servantes et de suivantes – femmes ou filles de chevaliers – la dame s'emploie aux multiples problèmes domestiques. C'est elle qui veille à la bonne rotation et au renouvellement des stocks de vivres du château. Affairée et inquiète, elle va et vient du matin au soir dans la sombre bâtisse, persuadée qu'en dépit de sa diligence, son époux la critiquera.

Lorsque la guerre le laisse en repos, le seigneur Yvon s'ennuie. Certes il y a la chasse, mais rien à ses yeux ne peut remplacer les fortes émotions du combat. Alors, pour se dédommager, il fait l'amour. Peu de femmes au château ont pu échapper à sa concupiscence. Ses bâtards ne se comptent plus. Constance n'ignore rien. Dès les premiers jours de leur mariage, de bonnes langues l'ont prévenue. Bien qu'elle en souffre, à la longue elle s'y serait accoutumée si, depuis la naissance de leur dernière fille, Yvon n'avait commencé à ne plus pouvoir la supporter. Ce dernier accouchement, qui a failli l'emporter, a aussi définitivement déformé la pauvre dame.

Yvon ne lui adresse plus la parole que pour donner des ordres, l'insulter ou l'humilier. Ses amours avec Mahaut semblent l'inciter à plus de dureté et de mépris. A juste titre Constance peut parler de « calvaire ». De plus en plus fréquemment, certains, qui se prétendent bien informés, annoncent la répudiation prochaine de la malheureuse dame. D'autres insinuent qu'un « décès accidentel » arrangerait mieux les affaires d'Yvon, car il lui permettrait de conserver d'heureuses relations avec son beau-père, dont le fils unique n'a toujours pas de descendance.

Le 7 avril 969, le lendemain matin du jour qui a vu, une fois de plus, le petit Eudes frappé par le sire de Marigné et consolé par Conrad le Saxon, une animation extraordinaire bouleverse les habitudes du château, de la cour au donjon. Tôt, un sergent et deux hommes, en provenance du Plessis-le-Vent, sont venus annoncer que le beau-père du sire Yvon, Archambault, accompagné de son fils, arriverait en fin de matinée pour saluer sa parenté et l'entretenir d'un sujet fort important. Depuis, les préparatifs vont bon train.

« Que nous veut ton père?... grogne Yvon, en arpentant à grands pas la salle d'apparat. Qu'a pu encore inventer cet hypocrite radoteur, pour venir nous troubler? »

Il s'arrête un instant devant son épouse, puis comme elle ne répond rien, les insultes tombent dru sur la tête de la pauvre femme.

A la longue, elle n'a que l'idée de dire :

« Comment le saurais-je, seigneur? Et pourquoi me reprocher cette visite comme un ennui que, maligne, j'aurais eu la pensée de vous infliger? »

Yvon s'arrête devant elle et hurle :

« Paix! la peste vous emporte, vous et vos deux balourds. »

Puis il éclate de rire et ajoute :

« A force de souhaiter que tu crèves, je finirai bien par être entendu. En attendant, si tu profères une seule parole de plainte en présence de ta parenté, je vous poignarde tous les trois avant que l'un de vous ait seulement bougé le petit doigt. »

Il fait, ce matin-là, un éclatant soleil. Comme toujours, en sortant de la pénombre du donjon, la luminosité éblouit Yvon. A grands pas il se dirige vers la maison de Mahaut. Sur son passage, il trouve le temps de distribuer une demi-douzaine de horions à des serviteurs occupés à répandre des branchages dans une vaste zone de la cour, que des pluies récentes ont transformée en bourbier.

Quand il pousse la porte, Mahaut, vêtue d'une mince chemise blanche, se tient près de l'unique et étroite fenêtre pour mieux se contempler dans un miroir d'acier poli à monture de bronze.

Yvon s'arrête au milieu de la pièce.

« Que fais-tu là? »

Mahaut incline la tête, souriante.

« Je m'apprête à me faire belle pour mon seigneur et maître, je tiens à éclipser d'éventuelles rivales.

– Inutile, dit Yvon, bourru, aujourd'hui je ne peux venir te rejoindre. »

Le vêtement de Mahaut découvre ses épaules blanches et douces. Le cordonnet qui en ferme le col est dénoué. Mahaut se penche pour poser la glace sur un coffre, la toile bâille sur son buste. A la vue du si suggestif renflement des seins, le sire se trouble.

« Et même, je voulais te dire...

– Si vous ne pouvez venir, mon beau seigneur, vous pourrez au moins m'admirer pendant le repas qui, je l'ai ouï dire, se prépare.

– Justement, non. »

Puis, comme pour adoucir la brutalité du refus, il fait trois pas et se trouve contre la jeune femme.

« Et pourquoi, cher seigneur, me punissez-vous? Ai-je démérité à vos yeux? »

Incapable de maîtriser plus longtemps son désir de pétrir, de caresser ce corps offert, il plonge une main dans le corsage, ce contact le trouble, les doigts jouent, passent d'un sein à l'autre, malheureux de ne pouvoir les prendre ensemble. De l'autre bras il plaque contre lui sa maîtresse. Yeux plissés, souffle court, Yvon murmure : « Mahaut. » Puis avec une violence subite : « Ah! si nous avions le temps! »

Mahaut ne fait aucun geste pour résister, bien au contraire, elle appuie tendrement la tête sur l'avant-bras de son amant en chuchotant : « Alors, pourquoi?

– Parce que les visiteurs ne sont autres que la parenté de ma femme, Mahaut. Je suis même venu t'interdire de sortir, de t'exhiber dans l'enceinte, aujourd'hui.

– Toute la journée?

– Plus, jusqu'à ce qu'ils repartent. Je ne veux point, comprends-tu, qu'ils te voient. Ces chiens auraient vite compris, ils penseraient à questionner en t'apercevant. Et cela nuirait à mes affaires... »

Mahaut ne semble point avoir entendu toute la réponse. Le début seul paraît l'avoir intéressée.

« Par ce beau temps? Mais je pourrai au moins aller me promener dans la forêt?

– Non! »

Soudain furieux, d'une bourrade il fait tomber Mahaut sur la couche. La jeune femme sourit encore, peu alarmée.

« Tu entends bien? Je t'interdis, putain! Tu profiterais de ce que je suis occupé pour me cocufier. Ils sont tous là, ces pourceaux, ces maudits bâtards, à te guetter, à te manger des yeux quand tu te promènes par la cour avec ces roulements de hanches, ces décolletés qui les aguichent. J'y vois clair. Tu ferais signe à l'un d'eux. Méfie-toi, garce!

– Oh! seigneur, moi qui vous aime tant, comment pouvez-vous penser que je tolérerais seulement une autre main que la vôtre sur moi? »

Mahaut se cache le visage, la tête penchée en avant, ses longs cheveux pendent de part et d'autre. Sa nuque paraît secouée d'un long frémissement. Yvon se laisse tomber près d'elle :

« Ne pleure pas, amie. La jalousie, tu le sais, m'emporte parfois. J'ai un tel goût de toi.

– Oh! je compte si peu à vos yeux. Un corps juste bon à vous distraire. Avec mon fils, je vis dans cette pauvre masure. L'enfant ne peut me faire oublier ma solitude. Vos visites sont mes seules joies.

– Cent fois, je t'ai proposé de venir vivre au donjon. Si tu le veux, dès demain je t'y fais aménager un logis.

– Oh! non, non!

– Mais, par Dieu, pourquoi? »

Les yeux de Mahaut apparaissent lentement au-dessus de ses doigts.

« J'aurais trop peur de la dame, de vos fils et de vos filles. En votre absence, que me ferait-on!

– Si on te touchait, grogne Yvon, je tuerais les coupables.

– La belle affaire, la belle consolation si j'étais déjà morte. La dame surtout me fait peur. »

Il y a un instant de silence. Puis la jeune femme chuchote en se blottissant contre son amant :

« Si vous n'étiez pourvu, si je n'avais plus ces craintes, j'aimerais habiter au donjon. Je m'imagine : nous dormirions toutes nos nuits ensemble. A n'importe quelle heure, nous pourrions...

– Tais-toi ! »

Le sire de Marigné se lève brusquement et recommence à aller et venir. Enfin il s'arrête et, pensif, les sourcils froncés, dit lentement :

« Un jour, tu verras, peut-être bientôt... »

Il n'achève pas sa phrase et marche vers la porte.

« Maintenant, il me faut partir. Au revoir... »

Mahaut s'est laissée aller en arrière. Sa chemise découvre haut ses cuisses rondes. Appuyée sur les coudes, cette position étire le tissu et ses seins apparaissent délicatement moulés. Elle propose d'une voix faible, mais légèrement rauque, comme essoufflée par l'émotion :

« Messire, partirez-vous sans me prendre dans vos bras ? »

Yvon rougit et, d'une voix moins assurée, répond :

« Je n'ai point le temps, te dis-je.

– Rien qu'un instant ! »

En même temps qu'elle prononce ces mots elle commence de faire remonter le bas de sa chemise, découvrant de plus en plus haut ses cuisses. Quand la lisière du tissu atteint le pubis, le sire de Marigné, incapable de se contrôler plus longtemps, se précipite, frénétique, dénudant à la fois ce corps et tirant sur ses propres vêtements pour atteindre sa chair. Mahaut vient à son secours et ils roulent soudés, haletants. Entre deux baisers, il lui dit : « Garce ! »

Un instant plus tard, il ajoute :

« Tu as raison, ces porcs peuvent attendre. »

Rainaud, le fils aîné d'Yvon, venait tout juste d'avoir quatorze ans, mais déjà tout en lui affirmait une réelle, une totale identité de caractère avec son père. Il se montrait aussi violent et aussi orgueilleusement cruel. Déjà il tyrannisait son frère Hubert et sa sœur Blanche, respectivement âgés de onze et dix ans. Seuls les deux plus jeunes échappaient encore à sa rage de commandement. Guillaume n'avait que six ans et Alice trois.

Après avoir passé trois années à Angers, près du comte Geoffroy, Rainaud avait demandé à son père de le reprendre et de parfaire sur place son initiation au métier des armes. Le chevalier Oudric avait été chargé de cette mission. Et Rainaud passait le plus clair de son temps avec la garnison de la tour de guet d'Aviré, se livrant avec frénésie à tous les jeux des armes.

En dépit de sa jeunesse, Rainaud, à qui il ne manque qu'une demi-tête pour atteindre la taille de son père, est craint de tous au château. Ses colères éclatent de façon si subite et si imprévisible qu'il vit comme à l'écart, nul ne souhaitant s'exposer sans motif pressant. S'il s'oppose souvent à son père, qui ne le ménage point et le fait à tout bout de champ fouetter avec vigueur, Rainaud se montre en revanche singulièrement respectueux et prévenant avec sa mère. Dame Constance confie même parfois à ses suivantes qu'il est son unique consolation. Pourtant, en le voyant si dur avec les autres, elle soupire que cette gentillesse à son égard ne saurait durer et s'envolera d'un coup un beau matin. S'il l'entend ainsi s'inquiéter, Rainaud s'empresse de jurer, une fois de plus, fidélité indéfectible à la dame.

Déjà les cors et les trompes du château sonnent à tout rompre, déjà le porte-bannière du sire de Plessis-le-Vent apparaît sur le pont de bois de la poterne sud, entouré de quatre chevaliers drapés de couleurs vives qui portent leur lance verticale à l'extrémité de laquelle flotte une flamme, quand Rainaud attaque à coups de pied furieux la porte de Mahaut.

A l'intérieur il se fait un brusque remue-ménage. Brutalement le battant s'ouvre et Yvon apparaît, rouge, ébouriffé, hors de lui, grondant les poings serrés :

« Gredin ! Tu peux préparer tes côtes. »

Rainaud fait un écart pour se tenir hors de portée. Puis avec un geste obscène :

« La pute est-elle rassasiée ? Jusqu'à quand demeurerez-vous dans cette porcherie ? »

Yvon lève la main mais hésite à poursuivre son fils. Il demeure figé dans son geste, l'œil attiré par le spectacle de la cour : en foule, soldats et serviteurs se portent au-devant des visiteurs. Quand il reporte son attention sur Rainaud, c'est pour lui dire :

« Va rejoindre la dame.

– J'irai plutôt au-devant de ma parenté, l'accueillir comme il se doit. » Puis avant de s'éloigner, le jeune homme ajoute faussement affable : « Peut-être souhaitez-vous que je demande à nos visiteurs de venir vous voir forniquer avec votre sale pute?

– Toi, tu me le paieras... »

Et, comme Rainaud part en courant, Yvon ajoute :

« A mon heure, et tu ne perds rien pour attendre. »

Yvon balance encore quelques secondes sur ce qu'il doit faire, enfin il se décide : tout en remettant de l'ordre dans ses cheveux et sa tenue, il marche en direction du cortège qui, maintenant au grand complet, s'avance vers le donjon.

« Je suis heureux de vous voir et de me trouver parmi vous, dit Archambault. Beau-fils, chaque fois que je m'y retrouve, j'admire la puissance et la saine ordonnance de ce donjon. Il faudra que je me décide à faire construire le même au Plessis-le-Vent, si je veux assurer bonne protection à ceux de ma lignée. La décision ne peut venir que de moi, Garnier est encore bien jeune, à ces âges on ne rêve que de combats en plein vent.

– Rien ne vous presse, beau-père, l'Anjou pour l'instant est calme, notre suzerain connaît l'art de se faire respecter. Et puis avec des voisins comme le comte lui-même au sud et moi au nord, vous ne risquez pas grand-chose.

– Voire! » dit Archambault en faisant une vilaine grimace qui lui tire tous les traits vers le bas.

Dans la grande salle, les deux seigneurs et leurs suites sont attablés. Rires et exclamations fusent d'un bout à l'autre de la table. Des domestiques, dans un continuel va-et-vient, apportent mets et vins. Archambault, qui fait face à Yvon et à Constance, a à sa droite Garnier, son fils, qui en dépit de ses quinze ans passés paraît plus jeune que Rainaud assis à la gauche de son père.

L'adolescent, aux membres longs et frêles, ne semble guère taillé pour le métier des armes. La faute en revient peut-être à Archambault qui, au mépris de ses principes chers, interdit à son fils la moindre action violente tant il craint qu'il ne lui arrive malheur.

La perpétuation de sa lignée tourne à l'obsession et le fait plus tyrannique encore.

On en est à la fin du repas, et chacun de roter bruyamment et de se curer les dents de la pointe d'un coutelas, avec mille et un bruits de succion, quand Archambault, se penchant à travers la table, dit :

« Pour moi, l'important avant de crever c'est de marier Garnier, de le bien marier. »

Constance lève les sourcils :

« Mais, père, ce ne sont point les partis qui peuvent vous manquer... » Elle a un pâle sourire... « Le puissant sire de Marigné ne s'est-il pas déclaré honoré de votre alliance, au temps où il songeait à perpétuer sa lignée? Vous ne devez avoir que l'embarras du choix.

– Voire! » s'exclame encore une fois Archambault.

Puis il vide d'un trait son gobelet.

« D'abord, dit-il, il faut que la femelle soit une bonne poulinière, pour compenser la faiblesse de celui-là. »

De la main, il désigne son fils. Garnier en rougit de colère et assène une tape sèche sur cette main injurieuse. Archambault rit et s'écrie :

« Bravo! Voilà qui me rend de l'espoir, ceci est digne de nous, encore que ça ne vaille point un bon coup de dague, messire mon fils. »

Puis, redevenant sérieux :

« Ensuite il me la faut riche et capable de nous apporter quelques terres qui compenseront ce que je vous ai donné. Enfin, son père devra être un seigneur dont le fief touche le mien. Je n'aime point les terres dispersées, elles offrent trop bonnes prises aux envieux. » Sa bouche se tord. « N'est-ce pas, beau-fils? »

D'un geste, il interrompt Yvon qui, déjà, se penche en fronçant les sourcils :

« Laissez, laissez, je n'y mettais point malignité. Or donc, dans le voisinage, les bonnes maisons ne sont point si nombreuses. »

Yvon s'impatiente, irrité de ces précautions oratoires.

« Venez-en au nom, car il est clair que votre choix est déjà fait.

– Oui et non. » Archambault a un sourire qu'il veut à la fois assuré et contrit. « Que je sois ici est bien la preuve tout de même de mon désir de vous consulter avant de pousser les choses plus loin. »

De nouveau, Constance prend un air surpris :

« Et depuis quand avez-vous besoin de notre avis pour des questions d'ordre personnel ?

– C'est qu'en l'occurrence je ne voudrais point compliquer certains démêlés... ou plutôt, je souhaiterais qu'Yvon, pour lequel j'ai tant d'affection, m'aide à... »

Yvon une fois encore l'interrompt :

« Dites le nom, que diable ! »

Archambault, sous les regards de sa parenté désormais silencieuse, remplit paisiblement son gobelet de vin, puis, avec un calme serein, le boit.

Garnier explose :

« Le sire de Marigné, mon beau-frère, mais qui n'a rien à voir dans mon mariage, réclame un nom, alors dites-le qu'il s'agit de Bertrade, la fille aînée de Simon de Segré. »

Dans l'instant éclate le plus incroyable tohu-bohu. Yvon assène un terrible coup de poing sur la table, renversant une cruche et de nombreux gobelets, hurle qu'on veut l'insulter en prononçant chez lui le nom de son plus parfait ennemi.

Archambault, furieux, menace son fils de le rouer de coups et le traite d'infâme buse. Garnier, écarlate, se lève en criant qu'il ne supportera plus d'être tenu en lisière et qu'on ne le manœuvrera pas impunément.

Rainaud plante son poignard dans la table et jure d'exterminer la race de Segré. Dame Constance, elle, s'efforce de calmer les uns et les autres. Elle n'y parvient qu'à la longue, aidée par l'essoufflement qui suit les bons repas chez des hommes trop sanguins. Garnier se montre le plus enragé. Enfin Archambault peut reprendre la parole.

« Beau-fils, vous êtes un homme emporté, ce qu'à Dieu ne

plaise, je ne songe point à vous reprocher. Mais... que diable, laissez-moi vous expliquer les raisons de ma démarche. Loin de vouloir vous insulter, je ne suis ici que pour préserver notre bonne entente. Il me serait loisible de marier Garnier sans rendre de comptes à quiconque... Il s'interrompt et rejette le buste en arrière avec une nuance très nette de défi :

« Vous ne me contredirez point, je pense. »

Yvon ricane :

« Vous ne me contesterez pas non plus le droit de déterminer qui mérite le nom d'ami et celui d'ennemi, beau-père, même au sein de ma parenté. »

Archambault hausse les épaules :

« Je connais la haine qui vous oppose à Simon de Segré. Je sais par le menu tout ce qui s'est passé entre vous, actes et paroles. Depuis tantôt seize ans vous vous heurtez en toutes occasions. Mais à quoi cela vous a-t-il servi ? Vous usez vos forces, vous dépensez votre or sans profit. Pourquoi, au lieu de vous déchirer, ne tournez-vous pas vos forces contre un adversaire commun ? Peu seraient en mesure de vous résister. Vous n'avez pas confiance en Simon et craignez une traîtrise, me direz-vous ? Il n'a pas davantage confiance en vous. Seulement, par le diable, si je joins mes forces aux vôtres ? Qu'à tout le moins je vous serve d'arbitre, tout n'est-il pas changé ? Grâce à Garnier, songez que vous pouvez être alliés.

– Folie, crie Yvon, j'aimerais mieux m'allier aux monstres de l'enfer plutôt qu'à ce chien qui ne vaudra pas la terre qu'on jettera – bientôt – et j'y veillerai – sur sa carcasse immonde.

– Beau-fils, beau-fils, la colère de nouveau vous rend sourd et aveugle. Pour Dieu, tâchez de m'écouter avec plus de sang-froid... »

Sous les voûtes de la grande salle, la discussion se poursuit des heures et des heures. Archambault doit non seulement faire face à Yvon et à Rainaud, mais aussi à Garnier qui ne décolère pas. Soudain, au moment où Archambault va désespérer de faire entendre raison à son gendre, par une incompréhensible volte-face, celui-ci se radoucit, fait l'aimable et promet de venir à bout de cette vieille haine :

« Donnez-moi quelques semaines, beau-père, tenez, deux seulement, et je vous promets de faire la paix avec Simon s'il y consent lui-même, ce dont je doute encore. »

Dame Constance, sourcils froncés, examine son époux, suspicieuse, se demandant ce qui peut motiver pareil changement d'attitude. Rainaud même ose se pencher sur son père pour dire :

« Eh quoi, messire, vous pardonneriez? Alors que depuis mon enfance vous me faites, cent fois par an, jurer de m'employer à exterminer, si vous n'y êtes parvenu, cette race maudite de Simon de Segré. »

Yvon ne lui répond pas, tout occupé maintenant à convier ses hôtes à une partie de chasse, le lendemain, qu'il promet extraordinaire.

3

Il s'en faut d'une bonne heure encore avant que le soleil ne se lève. Sous la lumière blêmissante de la lune tout semble figé comme dans un univers boréal. Aucun bruit humain n'est perceptible. Soudain, sur la passerelle du donjon une longue silhouette, à la démarche souple et secrète, se découpe.

Sous le pas agile aucune planche ne grince. Dans la cour, l'homme, qui porte une sorte de sac volumineux sur l'épaule, marche jusqu'au corps de garde où il disparaît. Des minutes, dix ou douze passent. Quand il sort, il tient un moment la porte ouverte et, avec de grands gestes de son bras libre pour imposer silence, il compte : neuf hommes le suivent, tandis que trois s'affairent à ouvrir discrètement le lourd vantail qui commande l'entrée de l'enceinte, les autres font sortir en silence de l'écurie proche dix chevaux harnachés. Un instant plus tard le château a retrouvé sa parfaite tranquillité nocturne.

Conrad le Saxon va en tête, tenant sa monture par la bride. Ses compagnons l'imitent. Ils s'enfoncent dans les bois – dont la lisière n'est pas distante de plus de trois ou quatre cents toises du château – droit vers la Mayenne qui coule à deux lieues de là. Au bout de quelques minutes Conrad donne l'ordre de se mettre en selle. Sous le couvert, l'obscurité est presque totale.

Lorsque le ciel commence de blanchir, une demi-lieue a été parcourue. Conrad profite d'une étroite clairière pour arrêter ses hommes. La petite troupe met pied à terre, on fait cercle autour de lui. Le Saxon contient sa voix.

« Vous allez faire le serment, dit-il, sur le Christ et votre salut, de ne jamais dire mot à âme qui vive de cette expédition. Jurez en disant clairement : " Que le diable m'emporte si je parle. " »

Les hommes jurent distinctement. Conrad les examine puis, après un moment de silence, leur dit :

« Je vous ai choisis parce que je vous apprécie individuellement. Je sais ce dont vous êtes capables. Cette expédition va vous rapporter gros... »

De nouveau il ménage une interruption dans son exhortation, écoutant, satisfait, les murmures intéressés des soldats.

« ... vingt sous d'or à chacun. »

Du coup, c'est un concert d'exclamations. Il y coupe court avec brutalité :

« Paix ! Le sire Yvon, vous le savez, sait à l'occasion se montrer généreux. Aujourd'hui, l'affaire est belle. Cependant souvenez-vous que le silence est d'or comme les sous promis. Vous venez de jurer, bon. Pourtant la boisson délie parfois les langues. Alors dites-vous bien que le premier qui parle je me charge de l'égorger et, mordieu ! vous le savez, il serait vain d'espérer m'échapper. »

Les soldats hochent la tête affirmativement. Conrad reprend :

« Aujourd'hui, nous n'avons pas un long parcours à accomplir, mais nul ne doit nous voir, se douter même de notre présence. Hameaux et huttes devront être contournés, jamais nous ne devrons nous aventurer à découvert dans les friches ou les terres labourées. Si nous sommes aperçus par quiconque, il faudra nous assurer de son silence... »

Le Saxon dégage sa dague d'un geste violent :

« ... vous m'avez compris ? Alors en route. »

Une brume légère flotte entre les arbres, entre les fourrés. La troupe progresse paisible, sans gestes inutiles. Quand, une heure plus tard, le Saxon aperçoit soudain, à moins de trois cents toises, les rives de la Mayenne, la troupe bifurque vers la gauche pour marcher parallèlement à la rivière. Un peu plus tard, elle doit faire un long détour dans les bois pour contourner le village de Chenillé.

Les dix hommes, l'œil et l'oreille aux aguets, surveillent tout : le moindre glissement, le moindre frémissement les alerte.

Quand le soleil est au zénith, ils s'arrêtent pour manger et boire, et aussi laisser reposer les chevaux. Conrad n'a pas besoin de spécifier qu'aucun feu ne doit être allumé. Une heure et demie plus tard, ils repartent après avoir soigneusement effacé la moindre trace de leur passage.

De toute la journée les alertes ne sont pas nombreuses. Il ne s'agit, à chaque fois, que de quelque travailleur paisible, attentif à son labeur, et qu'il est aisé d'éviter. Franchir le ruisseau qui coule de Querré à Champteussé s'avère plus délicat. La troupe doit attendre, cachée, pendant plus de deux heures. Un groupe de serfs, commandé par un sergent et deux soldats, s'active à mettre à l'eau quelques dizaines de troncs d'arbres.

Le soleil baisse à l'horizon, il fait doux et frais dans cette ombre charmante quand la troupe, insensible aux agréables senteurs qui montent de la terre et des plantes, comme aux couleurs mouvantes de cette fin de journée, arrive en vue du hameau de Sceaux. Conrad fait mettre pied à terre dans une petite éclaircie d'où l'observation des maisons est aisée.

« Nous sommes à pied d'œuvre, dit-il, avant de vous fixer sur votre tâche de ce soir, il me faut vous donner quelques précisions et une consigne essentielle à la réussite du plan, ensuite je vous répartirai ce que j'ai là. »

De la main il désigne le paquet attaché à l'arrière de sa selle.

« Dans une heure nous allons assaillir ce village qui relève du Plessis-le-Vent. »

Il tend le bras vers Sceaux. Le hameau semble goûter la douceur du soir. Des silhouettes apparaissent de temps en temps, paisibles. Les besognes quotidiennes s'achèvent. Sans doute, chacun se réjouit du repos qui vient.

« Il s'agit de faire en sorte que – sans qu'ils puissent se douter que nous les ménageons – certains habitants parviennent à échapper à notre assaut. Mais attention, les fuyards doivent filer vers l'ouest ou le sud. Pas ailleurs, nous nous placerons donc en conséquence. En aucun cas nous ne devrons laisser filer d'hommes jeunes qui pourraient parcourir de longues distances dans la nuit. Seuls des hommes ou des femmes âgés, ou des enfants, pourront se dérober. Compris? »

Les soldats opinent avec ensemble.

« Wilfrid, Gozlon, Ludolph, comme moi vous connaissez la langue saxonne; pendant l'opération, vociférez, interpellez-vous dans ce langage : interdiction formelle de parler autrement qu'en saxon. Quant aux autres contentez-vous de blasphémer en teuton. Vous demanderez à vos camarades de vous les rappeler si vous ne vous en souvenez plus. Dites-vous que nous sommes des Normands qui faisons une incursion. Il faut que les fuyards puissent témoigner de notre origine, en jurer. Aucun doute ne doit subsister dans leurs esprits. C'est pourquoi ce matin je vous ai fait revêtir ces cuirasses, prendre ces boucliers jaune vif, et ces javelots qui nous semblent fragiles, c'est aussi pourquoi je vais vous distribuer ça. »

Conrad va prendre le sac derrière sa selle.

« Ces armes et ces équipements, aucun de vous ne les connaît. Je les ai récupérés il y a quatre ans, en des temps de calamité normande. En lisière du Maine, je commandais ce jour-là une troupe que m'avaient confiée le comte d'Anjou et le sire de Marigné, nous avons surpris un équipage isolé en train de pousser son maudit drakkar, et l'avons massacré. Ceci est tombé entre nos mains. »

Il désigne les équipements aussi bien que le ballot.

« Compagnons! Vous ne toucherez votre prime que si nous réussissons parfaitement. Un seul mot imprudent peut nous faire échouer. Surveillez-vous les uns les autres. Tenez vos langues et jurez par Gott. »

Tandis que Conrad délace son sac puis répartit des haches à fer concave et de hauts casques coniques, les langues vont bon train. Professeurs improvisés, les trois hommes d'origine germanique apprennent à leurs camarades l'art de jurer avec le nom de Dieu en langue tudesque.

Un peu plus tard, chacun gagne sa position d'attaque. Enfin, Conrad donne le signal fatal et les dix hommes se ruent à l'assaut.

En un instant la mort et la ruine s'abattent sur le paisible hameau. Des malheureux fuient affolés en invoquant Dieu et tous les saints du paradis. Conformément aux ordres de Conrad, les hommes jeunes sont traqués, systématiquement pourfendus. Quelques dizaines de femmes, de vieillards et d'enfants peuvent gagner la forêt, dans la direction souhaitée, tandis que les soldats fouillent les habitations, acharnés et méthodiques, pour découvrir ceux qui ont cherché le salut dans une cache.

Une heure plus tard tout est fini. Conrad va et vient, craignant toujours que, dans l'action, un de ses hommes ne se laisse entraîner à bouter le feu. Rien ne doit risquer d'alerter un autre hameau, ou quelque troupe qui, d'aventure, passerait à proximité.

Avant de faire ripaille avec ses hommes, le Saxon révèle enfin le but de la mission : demain, à l'aube, ils iront se poster sur le chemin de retour des sires du Plessis-le-Vent pour les assaillir, eux et leur escorte. Au besoin ils les suivront jusqu'à trouver le meilleur moment. En fait il n'est point question de livrer un vrai combat. Leur petit nombre ne les y autorise pas. Il s'agit seulement de pouvoir atteindre le jeune sire Garnier, et de le blesser, de lui taillader le sexe, de le tronquer, qu'il soit comme châtré.

Les hommes rient à gorge déployée, se claquent les cuisses, échangent des bourrades. Le sire de Marigné a décidément des idées incroyables, la farce est trop drôle. Rien que d'évoquer la tête du pauvre Garnier transformé en chapon, ils s'en tiennent les côtes. Conrad douche leur joie en conseillant d'oublier au plus vite ladite farce. Le souvenir n'en sera jamais bon car, il porte la main à sa ceinture, sa dague joue à l'aise dans sa gaine.

Sous la passerelle qui relie le donjon à la cour se dissimule une misérable cahute de rondins et de branchages grossièrement assemblés. Y vit un vieillard bizarre et craint de tous car on le dit sorcier, en journalière conversation avec son ami le démon. Il s'appelle Eustache et son père n'est autre que le propre grand-père d'Yvon de Marigné. Comme il en va souvent pour les cadets on l'a, dès l'enfance, orienté vers l'Église avec l'espoir de le voir gravir de nombreux échelons, afin qu'il soit en mesure de contribuer à la gloire et à la puissance de sa lignée.

D'une intelligence vive et souple, apprendre le latin, la dialectique et la grammaire ne lui a posé aucun problème. Déjà on l'imaginait à la tête d'une riche et influente abbaye, ou pourvu d'un opulent évêché, quand les premières failles de son caractère ont été mises en lumière. Eustache s'est affirmé le plus mauvais sujet qui puisse être. Engrosser les filles, faire ripaille et, ce qui est plus grave, se permettre de contester les écrits des pères de la foi constitua bientôt ses coutumiers passe-temps. En outre il devait se révéler parfaitement instable. Ces reproches ont été formulés par les pères supérieurs des multiples abbayes qui, successivement, l'ont accueilli. Peu à peu il s'est vu rejeté de partout, tandis qu'au fil des ans les accusations devenaient chaque fois graves. La simonie, la sodomie, les pratiques maléfiques et autres maux ont enrichi la liste.

Un beau jour, vers cinquante ou soixante ans – nul ne savait plus exactement son âge et lui-même semblait l'avoir oublié –, Eustache s'est vu contraint de venir chercher asile sous la passerelle du donjon de Marigné.

Yvon n'a que médiocrement apprécié cette sorte de retour au bercail. Certes il aurait pu chasser, lui aussi, cet intrus détestable et compromettant. Mais l'homme n'était-il pas doué de pouvoir mystérieux? Et s'il allait jeter quelque malédiction sur la lignée dont il était issu, dont il tenait son propre sang. A dame Constance, effrayée par cette présence, Yvon a dit :

« Eustache est mon oncle. »

Elle n'a point été dupe de l'excuse.

Peu à peu la vie d'Eustache s'est organisée. Il a bâti sa masure sans l'aide de quiconque puis, par quelques phrases adroites et prometteuses, a suscité le courant de curiosité qui lui a amené ses premiers clients. Maintenant il ne sort plus guère et cependant son influence grandit sans cesse. Serviteurs, soldats et même chevaliers ont recours à lui. Les femmes surtout subissent son ascendant. On vient le consulter sur mille sujets les plus divers. A longueur d'année il soigne, conseille, vend des philtres aux pouvoirs étranges et variés. Et chacun paie ses services.

Sa tanière, sombre et crasseuse à souhait, encombrée d'objets de bois ou de pierre, de formes bizarres, contribue à sa réputation de sorcier.

Tantôt prolixe, tantôt silencieux, il parsème sa conversation de citations latines auxquelles nul ne comprend rien. D'humeur instable, il chasse, les menaçant des pires damnations, ceux-là mêmes qu'il accueillait avec un semblant de gratitude, dix minutes auparavant. Seul Guichard, le curé, le hait et vitupère contre lui à chaque occasion.

Déjà à l'époque de son installation sous la passerelle, Eustache était parfaitement chauve avec une ample barbe grise qui s'étalait jusqu'au milieu de la poitrine. Sa barbe a blanchi. Il a des yeux immenses et étranges dont le regard inquiète et subjugue. Très grand, devenu énorme, depuis un an il se bouge difficilement. Boulimique et buvant sec, ses prétendus services se payent en nourriture ou en boisson. Les femmes ont cessé de l'intéresser et nul ne lui connaît de relations sexuelles avec l'un des invertis du château.

Ce matin même qui a vu le départ feutré de Conrad et de ses complices, peu après le lever du soleil, et alors qu'un peu partout dans le donjon et dans l'enceinte les activités diverses reprennent leurs droits, le sire Yvon de Marigné quitte sa parenté sous le prétexte de veiller à la préparation de la chasse promise. Le verbe haut, la mine affable, il semble l'hôte soucieux du bien-être et de la joie de ses invités.

« Je reviens à l'instant. Je veux m'assurer que mes ordres ont été respectés, que rien ne manque et que mes hommes sont prêts. Beau-père, et vous, beau-frère, préparez-vous, nous aurons de fameuses pièces à notre actif ce soir. »

Après quelques ordres tonitrués, Yvon, discrètement, pénètre dans la cahute d'Eustache.

Le vieil homme, mi-assis, mi-couché sur son grabat selon l'accoutumée, regarde le sire entrer, d'un air ironique. Yvon cligne des yeux, il faut le temps à tout visiteur de s'habituer à une pénombre plus pénible que celle du donjon, et s'enquiert de la santé de « son bon oncle ». Celui-ci rit carrément et, selon leur habitude, lui répond en latin. Yvon l'a appris auprès de l'évêque d'Angers.

« Alors, beau neveu, on a encore besoin du vieil Eustache, on médite encore quelque coup fourré?

– Pourquoi dis-tu ça? se rebelle Yvon.

– Il y a bien longtemps que je t'ai percé à jour, beau sire. Je le dis parce que j'en suis sûr. Rien qu'en voyant ta mine je sais la vérité. Si tu n'avais point besoin de moi et de ma sorcellerie, tu ne serais point ici. En général tu as peur et préfères m'éviter. »

Le ton jusque-là badin du vieux soudain se durcit :

« Si tu n'as pas besoin de moi... »

Ses yeux deviennent méchants :

« ... alors fous le camp. Ta vue n'est pas faite pour me réjouir le cœur. »

Yvon, mâchoires serrées, muscles tendus, réagit à l'insulte.

« Prends garde que je ne troue ta vieille carcasse, avant de la jeter en pâture à mes chiens. Ordure! »

Eustache éclate de rire, puis brusquement, dénudant largement sa poitrine, crie :

« Va ! plonge ta dague. Ne te prive pas de ce plaisir, de cette jouissance. Mais prends garde... »

Son visage prend un air de défi sardonique :

« ... tu pourras dire adieu aux espoirs que tu fondes sur ta lignée, car c'en sera fait. »

Le mépris domine sa voix et ses traits :

« Tu vois : moi je suis faible et vieux, presque impotent ; toi, tu crèveras de force et de jeunesse ; elle te protège encore ta jeunesse même si ce n'est pas pour longtemps. Apparemment la lutte est inégale : tu as tout, et moi rien. Et cependant, devant moi, tu es impuissant. Car mes sortilèges t'effraient, te dominent, dominent ton lourd esprit vicieux et faible. »

Un moment encore les deux hommes s'insultent. Mais le plus fort, le plus violent est passé, ils n'ont plus l'air d'y croire. Eustache le premier se ressaisit :

« Alors, dit-il, de quoi as-tu besoin, mon neveu ?

– Je ne suis venu que pour te proposer...

– Ah ! non, Yvon, non. »

D'un geste las, Eustache l'interrompt :

« Entre nous point de mensonges ni de faux-fuyants. Tu dis la vérité ou je refuse de t'écouter. »

Les deux regards s'affrontent, les yeux d'Yvon vacillent les premiers.

« C'est que je voudrais être sûr de ta discrétion... ceci est très grave, lourd de conséquence si mon projet échoue. Si mes intentions venaient à des oreilles...

– Imbécile ! Tu sais bien que, quoi qu'il m'arrive à l'entendement, je ne parle jamais. Et qu'enfin nous avons partie liée. Même si nous ne nous apprécions guère. Si tu t'écroulais, ma peau ne vaudrait pas cher. Parle-moi donc à cœur ouvert. »

Il ricane avant d'ajouter :

« Même si ça pue.

– Eh bien... » Yvon vient s'asseoir sur la couche, il chuchote, après un dernier regard circulaire. « Je veux faire tuer, ou mieux châtrer, mon beau-frère Garnier. Ainsi les fiefs du Plessis-le-Vent reviendront à ma lignée, à moi ou à Rainaud. Une troupe est partie secrètement ce matin, dix de mes hommes assailleront demain les gens du Plessis-le-Vent.

– Dix hommes? Et tu oses parler de secret? Mais demain tout Marigné, que dis-je, tout l'Anjou sera au courant.

– Non, car celui qui commande le détachement est un homme rude qui saura rendre muets ses compagnons.

– Fichtre! parle-moi de ce phénix.

– Il n'y a rien à en dire. Son père, un chevalier saxon venu en Celtique au moment des épousailles de Gerberge et de Louis d'Outremer, a servi le mien avant de se faire vilainement hacher par les Normands. Le fils se bat pour moi » Yvon fait la moue, « c'est un être bizarre, orgueilleux et sauvage. Il vit seul et se tient à l'écart des chevaliers. Mais il fronce les sourcils.

« Revenons à mon plan. L'escorte d'Archambault et de Garnier compte quarante hommes. Je voudrais que cette escorte ne fût pas en état de résister, Eustache, pas en mesure de se défendre efficacement. Tu as le pouvoir de m'aider. »

Sa confidence achevée, Yvon se relève, fait quelques pas, puis aussitôt reprend sa place :

« Peux-tu endormir l'escorte par quelque maléfice? »

Les yeux fixés dans le vide, Eustache, sans mot dire, réfléchit. Un long moment passe.

« Sais-tu, finit-il par dire, que tu es pire que le loup? Dieu sait que notre monde de misère n'est pas beau. En fait de lâcheté et de rapacité, l'homme ne craint aucune concurrence, personnellement je n'ai rien à envier aux autres : j'ai tenu ma place dans ce concert de malfaisance. Mais, Yvon, tu es une franche crapule qui peut servir de modèle aux autres...

– J'attends ta réponse, pas un sermon.

– J'y viens, j'y viens. Quand veux-tu ta recette?

– Au plus tard ce soir.

– Tu l'auras.

– Qu'aurai-je? En quoi consistera le maléfice?

– Tout beau, messire mon neveu. D'abord tu vas avant de partir pour cette chasse, dont tu gueulais tout à l'heure les ordres, prescrire qu'on m'installe ici trois grands tonneaux de vin.

– Tu les auras.

– Mais je les veux cet après-midi même, avant ton retour,

autrement *pfuitt*, rien n'est fait. De plus il me faut des viandes, deux saloirs pleins ras bords, enfin, sur la chasse de la journée je veux des venaisons.

– Oui, bon dieu, oui! mais le philtre?

– Viens demain matin, avant l'aube, je te remettrai un sachet de poudre que tu mélangeras à une jarre de vin et tu veilleras toi-même à faire boire les hommes de l'escorte et, si possible, les deux sires. Au besoin, tu peux en boire, tu en seras quitte avec quelques heures de sommeil. Maintenant va. Et n'oublie pas que j'attends tes serviteurs munis de ce que tu m'as promis. »

Depuis trois heures l'escorte chemine, indolente. Les hommes avachis sur les chevaux se laissent bercer. Les lances s'inclinent parfois dangereusement, les têtes irrésistiblement basculent sur les poitrines.

« Cette chasse a dû me fatiguer plus que je ne pensais, dit Garnier à son père. J'avoue que je dormirais volontiers. »

Archambault doit faire un effort pour répondre.

« Je me moquerais de toi si je ne ressentais moi-même une singulière fatigue. Je crois qu'il sera bon de nous arrêter un moment.

– Pourquoi tarder? » Garnier s'exprime avec une hargne morne.

Archambault finit par acquiescer.

L'ordre de pause est accueilli par un murmure de soulagement. Aussitôt les habituelles dispositions d'étape sont prises. On attache les chevaux à bride longue, de sorte qu'ils puissent disposer d'un espace suffisant. Et la garde est organisée. Ceux qui se voient désignés pour assurer la surveillance maugréent puis se consolent vite, l'absence de danger les autorise à recevoir les ordres sans excessif formalisme. Fermer les yeux quelques instants ne portera point à conséquence.

Comme la veille il fait beau. De rares nuages parcourent le ciel, jetant parfois une ombre brève. Dans la forêt bruissante, les animaux et les plantes participent également à une sorte d'harmonie musicale. L'escorte anesthésiée paisiblement s'endort.

Soudain le ciel et la terre semblent participer à une même folie furieuse. Le monde perd tout sens. Des diables armés bondissent dans la clairière, massacrant farouchement en agitant leurs boucliers jaune vif. Les soldats du Plessis-le-Vent, à peine ont-ils ouvert un œil, qu'un terrible choc les entraîne dans un atroce tourbillon où le noir est au bout. C'est tout juste si certains ont le temps de murmurer : « Les Normands ! » Les coups pleuvent, clouent au sol des hommes hébétés. De seconde en seconde le nombre des vivants s'amenuise.

Archambault et Garnier sont les premiers à se faire assommer. Les gens du Plessis-le-Vent, ahuris, ne peuvent se défendre. Les muscles répondent trop tardivement aux sollicitations de l'effroi et de l'instinct vital. Dès les premiers cliquetis dix hommes ont été cloués au sol, et parmi eux, les veilleurs. Éliminer les autres relève presque de la formalité. Cependant il s'agit de suivre scrupuleusement le plan prévu. Conrad s'occupe des deux sires. Archambault est gratifié d'un adroit coup de dague à l'épaule gauche. Il importe qu'il ne puisse croire avoir été ménagé. Cette blessure, pour grave qu'elle soit, ne met pas ses jours en danger. Garnier atteint, lui aussi mais plus légèrement à l'épaule gauche, est ensuite frappé d'un coup de hache concave qui doit porter un dommage fatal au sexe. Parmi les hommes de l'escorte, selon les prescriptions du Saxon, une dizaine sont seulement assommés ou blessés très superficiellement. A leur reprise de conscience, ils pourront soigner les seigneurs et les emmener avec des secours jusqu'au Plessis-le-Vent.

Cette besogne achevée avec une précision presque mécanique, les hommes de Conrad rassemblent le butin : chevaux, armes, bijoux, vêtements. Pour qu'il soit avéré que le coup vient des Normands le pillage s'impose. Puis les dix hommes disparaissent en direction de l'ouest.

Le lendemain matin ils parviennent à franchir la Loire, en vue du château de Saumur. Pendant la nuit, ils ont jeté dans les eaux profondes du fleuve armes et équipements compromettants, ceux des Normands. Sur les terres du sire Geduin de Saumur, adversaire déterminé de tout Angevin, ils ne risquent point, sortant d'Anjou, qu'on vienne leur demander des comptes, sur un pillage au détriment d'un féal du comte Geoffroy.

Vendre les chevaux et le butin divers demande de longs marchandages. Mais Conrad ne peut se montrer trop intransigeant. La mission achevée il s'agit de rentrer et vite. Le soir même tout est liquidé.

Trois jours plus tard, les hommes du Saxon sont envoyés en renfort à la tour de guet d'Aviré pour un séjour de quelques mois. La tour n'a point bonne réputation : au dire des soldats, on y est bien trop sobre. Des éboulis récents bloquent la cave.

4

Eudes vient de s'éveiller. Il se dresse sur sa couche, cherchant sa mère des yeux. Mahaut, légèrement vêtue, se tient près de la porte qu'elle maintient étroitement entrebâillée. Elle est si attentive à ce qui se passe dehors, qu'elle n'entend point les appels de son fils.

L'enfant se lève, vient à elle, puis, se faufilant en s'accrochant à sa jupe, il tente de voir ce qui captive ainsi l'attention de sa mère. Le sire de Marigné, à cheval, et dame Constance, en litière blanche et bleue, pénètrent avec leur escorte dans l'enceinte. Ils sont partis depuis huit jours déjà. Et tout ce temps, chez les habitants du château, il n'a été question que de cette incursion inopinée des Normands, qui a surpris, pendant leur retour au Plessis-le-Vent, Archambault et Garnier. On dit les deux sires fort mal en point. Dame Constance et Yvon se sont immédiatement portés au secours de leur parenté avec des forces considérables, pour écraser ces maudits Normands en cas de retour offensif de la bande. Et Yvon, avant son départ, a donné des consignes strictes pour la défense éventuelle de Marigné. En son absence, Rainaud, assisté par un conseil de chevaliers chevronnés, a commandé la forteresse.

Le départ d'Yvon avec tant de ses soldats, en un temps où une attaque était à redouter, ne pouvait qu'être diversement apprécié. Eh quoi, pour la protection de la parenté de dame Constance, le sire allait-il courir le risque de voir détruit ou saccagé son fief? N'était-ce point folie de démunir ainsi son bon donjon et de laisser à un jouvenceau telles responsabilités? D'autres, au contraire, faisaient remarquer que la puissance de ce donjon de pierre donne toute liberté de manœuvre au sire de Marigné. Grâce à cette sécurité il avait le temps d'aller protéger son beau-père et de revenir écraser ceux qui tenteraient d'entreprendre le siège de la forteresse.

« Viens plutôt par là », dit Mahaut en tirant Eudes par le bras. Elle referme le battant.

« Tu vas manger tout de suite, puis tu iras jouer. »

Elle emplit une écuelle de bois avec une sorte de brouet, dans lequel flottent des morceaux de lard et des bouts de pain. Debout contre la table, Eudes mange. Il attrape avec ses doigts les parcelles solides. Entre chaque bouchée il aspire bruyamment le liquide, afin de le refroidir. Mahaut qui le regarde, l'air attendri, demande, quand il a presque fini :

« Tu en veux encore?

– Oui, répond Eudes d'une voix essoufflée, encore beaucoup, j'ai faim. »

Il mange si vite, avec une telle avidité, qu'il en perd parfois le souffle. Il prend cependant l'air sérieux, le temps de dire :

« C'est bon, aujourd'hui. »

Mahaut lui caresse les cheveux.

« Même les enfants de dame Constance, petit Ruffin, n'en ont pas de meilleur. »

Eudes achève de vider l'écuelle et s'essuie la bouche avec la manche de sa chemise. Quelques minutes plus tard, il se dépêche de gagner l'auvent à foin. La pluie, ce jour-là, chasse les enfants vers les lieux abrités.

Dame Constance se retrouve sans joie entre les murs de Marigné. Ces quelques jours passés au Plessis-le-Vent lui ont remis sa jeunesse en mémoire, les temps où elle attendait, avec une délectation anxieuse, le fiancé que son père lui donnerait. Durant des heures elle a pu, avec une émotion renouvelée, accueillir les souvenirs d'une période où l'espoir et l'ignorance la dominaient. A cette époque, elle s'affirmait certaine qu'existait la possibilité de connaître le bonheur terrestre. Aujourd'hui, que subsiste-t-il de ces candides illusions? Haïe par son mari, indifférente à son père, suspecte aux yeux de son frère, ne lui restent que ses enfants. Mais la douloureuse expérience de la vie ne l'incite point, même de ce côté, à l'optimisme. Sans doute, à tour de rôle, se détacheront-ils d'elle, s'empresseront-ils de l'oublier. Même Rainaud, en dépit de ses preuves d'affection un peu sauvages.

L'amertume et les peines ne suffisent pas toujours à détacher l'homme de l'existence. La vie de la dame a beau ne point se présenter sous d'heureux auspices, elle souhaite vivre encore. La mort l'affole. Or une lourde menace pèse sur sa tête. Yvon, elle le sait, ne demande qu'à la supprimer. Ne l'ont retenu jusque-là que la cupidité et la crainte de se couper d'Archambault et de Garnier. Yvon, c'est clair, vise l'annexion à ses fiefs de ceux du Plessis-le-Vent. Tuer Constance pourrait être une fausse manœuvre. Il n'attend que d'être certain de la parfaite innocuité de son geste. Les derniers événements, la mutilation et la gravité des blessures de Garnier, le désespoir d'Archambault risquent de précipiter l'issue tragique : en possession de l'héritage de son beau-père, Yvon pourrait alors, sans danger, faire disparaître Constance. Contre toute attente Constance s'est résolue à réagir, à se défendre. C'est au Plessis-le-Vent que sa décision a été prise. Elle en a assez d'être l'éternelle victime, de vivre dans l'angoisse. Après avoir longuement réfléchi, un plan de bataille, visant à une protection à court terme, s'est imposé en fonction de déductions logiques. Garnier éliminé, l'unique manière de maintenir Yvon dans l'incertitude et dans l'obligation de ménager Constance, pour garder une chance de mettre un jour la main sur le fief d'Archambault, c'est que celui-ci se remarie, une fois de plus. Et la dame a immédiatement agi : l'inaction ne convient guère au sire de Marigné ; aussi pendant son séjour au Plessis-le-Vent, après une rapide visite aux blessés, partait-il régulièrement chaque matin pour la chasse. Constance a profité des tête-à-tête avec son père pour l'influencer, le pousser à convoler. La résistance du vieux sire a mis à rude épreuve les nerfs de sa fille. Pourtant, à la longue, l'idée de sauver sa lignée par cet ultime recours a fini par s'imposer à cet esprit obstiné. La mine d'Yvon en apprenant la nouvelle de la bouche d'Archambault a récompensé Constance de ses efforts. Quant au choix de l'élue il ne s'est point avéré insurmontable. Loin de là. Archambault a jeté son dévolu sur la fille d'un de ses chevaliers.

Certes, Agnès ne lui apportera point de dot, mais on la sait de bon lignage. Son père est un cadet des sires de Brissac, une châtellenie puissante du sud de l'Anjou.

Agée de quinze ans, elle passe pour la plus belle jouvencelle du fief. Depuis longtemps Archambault l'a remarquée, et la pensée de la retrouver dans sa couche l'émoustille.

Le soir même où la décision d'Archambault lui était signifiée, Yvon décidait de retourner à Marigné.

Constance a soupçonné aisément que son mari hésitait, dans cet instant, à les poignarder tous les trois : elle, son père et son frère, afin d'en finir une bonne fois, et de s'attribuer immédiatement la seigneurie. Mais le problème ne se posait point en termes aussi simplistes. Yvon ne peut ignorer que l'acquisition, sans coup férir, d'un tel fief entraînerait, inéluctablement, plus loin que raisonnable. Le comte d'Anjou lui-même, en dépit de sa coutumière indulgence, ne resterait sûrement pas passif. Le triple meurtre pourrait coûter cher.

Pendant le voyage de retour, seule au fond de sa litière, Constance a élaboré la deuxième partie de son plan. Il faut redonner de l'espoir à son époux, et se rendre indispensable.

Ce n'est qu'après leur arrivée à Marigné que Constance se décide à jouer le dernier acte de son impromptu. Comme Yvon renvoie Rainaud et les chevaliers qui ont en son absence assuré le commandement du château, et s'apprête lui-même à sortir, elle l'appelle. Rogue, il lui demande ce qu'elle veut. Solennelle elle dit :

« Asseyez-vous, je vous prie, messire, il me faut vous entretenir d'un grave problème.

– L'état de ta santé comme celui de ton âme m'indiffèrent, laisse-moi en paix. »

Sans l'écouter davantage Yvon marche vers la porte. Constance dit encore :

« Je vous en prie, il s'agit de l'avenir de votre lignée, qui est devenue la mienne, il s'agit de la succession du fief du Plessis-le-Vent. »

Yvon s'arrête net, et fait face. Constance enchaîne aussitôt, baissant la voix :

« La folle décision de mon père, se remarier, porte atteinte, me semble-t-il, aux droits naturels de Rainaud.

– Qu'y veux-tu faire? ricane Yvon. Que n'as-tu persuadé ce vilain pourceau de ses torts?

– Rien ne pouvait le détourner de sa folie, mais je veux m'efforcer de protéger les prérogatives de notre fils.

– Et comment, folle toi-même?

– En appuyant, ou en suscitant, les prétentions de Garnier.

– Explique-toi. »

Dehors la pluie crépite. Le couple est seul dans l'immense pièce sombre, une unique torche brûle à l'entrée, à l'angle de l'escalier. Yvon, le dos à la porte, se révèle à la dame comme une gigantesque masse noirâtre. Il oscille un instant d'un pied sur l'autre, enfin il s'avance et vient s'asseoir lourdement sur un banc, face à son épouse. Il répète : « Explique-toi.

– J'ai eu l'occasion de parler à mon frère ces derniers jours. Je pressentais les intentions de notre père, je l'ai alerté. Mais avant même que je lui aie souligné les dangers qu'il courait, Garnier m'a paru inquiet. Il faudrait lui ouvrir vraiment les yeux sur ce qui le menace. Si par malheur pour lui – et pour nous – un enfant naissait, et que ce fût un mâle, mon père verrait dans ce rejeton le futur maître du Plessis. Le premier frappé serait donc Garnier. Il est en conséquence nécessaire que Garnier fasse valoir ses droits. Et il faut que nous l'appuyions au besoin, que vous agissiez auprès du seigneur comte Geoffroy. Le rôle que vous jouerez, messire, sera fort, puisque vous serez le protecteur du faible, de la bonne cause, celle de l'infirme qu'on veut indûment frustrer de son héritage. Nul ne pourra vous blâmer. »

Après un moment de réflexion, Yvon hoche la tête.

« Oui, je vois le jeu, vous n'avez point tort, dame, cela est sagement pensé. »

Il fait un mouvement pour se lever.

« Attendez, seigneur, dit Constance, je n'ai point fini. Donc il faut exciter la haine de Garnier contre cet éventuel jeune frère et aussi contre sa belle-mère, afin qu'en aucun cas lors de sa mort Garnier ne désigne l'enfant pour successeur. Vous le savez, les années de mon malheureux frère sont comptées, il n'était déjà point de forte complexion, ses blessures n'arrangent rien. Vous, ou Rainaud, devenez ainsi ses héritiers. Cependant, il faut compter avec l'esprit bizarrement retors et complexe de mon frère. Peut-être, au fil des ans, s'aigrira-t-il en ressassant son humiliante amputation. Il risque alors, par pure malice, de s'enticher, peut-être aussi pour fuir la solitude, de quelque veuve de chevalier pourvue d'un fils, de l'épouser pour s'assurer d'une présence féminine, d'un vrai dévouement et d'adopter l'enfant. Le cas ne serait point nouveau. »

Yvon approuve encore.

« J'avoue ne point avoir pensé à ce risque.

– C'est pourquoi l'idée m'est venue qu'il serait adroit de lui confier un de nos fils pour page : Hubert par exemple. Peu à peu, Garnier apprendrait à aimer l'enfant, et s'il devait un jour désigner un héritier celui-ci aurait grande chance de l'être. Après, messire, il en serait à votre bon vouloir de réunir tout sur la même tête. »

Yvon frappe un petit coup du plat de la main sur la lourde table et s'exclame :

« Voilà qui est raisonné, je vous suis parfaitement. »

Puis comme Constance le regarde, immobile, il se lève et, les pouces passés dans sa large ceinture, il fait quelques pas de long en large, en même temps qu'il continue à branler du chef. Enfin il s'arrête :

« Madame, il m'est arrivé, je crois, de vous sous-estimer. Je le regrette. »

Son sourire reste artificiel et sa voix sans trace de joie.

« Pour l'application de ce plan long et délicat, permettez-moi de vous accorder tous pouvoirs. Je vous y aiderai en tenant mon rôle près du comte Geoffroy. Comptez sur moi. »

Pour la première fois depuis bien longtemps, il s'incline légèrement devant son épouse et sort.

Constance, demeurée seule, ferme les yeux et joint les mains pour murmurer :

« Que ne ferais-je, mon Dieu, pour cette vie que tu m'as octroyée ? Me pardonneras-tu ? »

Après le départ d'Eudes, Mahaut doit attendre plus de deux heures la visite de son amant. Elle va de la porte à la fenêtre, mécontente et vaguement inquiète. Aussi l'accueille-t-elle froidement.

« Je commençais à croire, messire, que vous m'aviez oubliée, qu'une fille du Plessis-le-Vent m'avait supplantée dans votre cœur. Peut-être en est-il ainsi ? »

Yvon, sourcils froncés, fait un geste brusque de la main, comme pour rejeter loin une importunité.

« Songe plutôt, Mahaut, que j'ai des soucis.

– Vous, qui toujours triomphez? Qui n'aimez rien tant que les obstacles pour les broyer?

– Point de moquerie, veux-tu? Il ne s'agit que d'une malheureuse affaire, préparée à la hâte... »

Sa masse gesticulante semble occuper toute la pièce.

« Le plan était bon et puis j'ai eu la fâcheuse idée de vouloir raffiner... Et je me retrouve pris, comme un renard au piège. La peste soit de ces charognes! »

Mahaut, radoucie, dit :

« Vous n'êtes point trop clair, cher seigneur, je ne comprends pas un traître mot de ce que vous dites.

– Qu'importe! cela vaut mieux même.

– Oh! si ce n'est point trop grave et ne risque pas de me faire perdre votre affection...

– Tu n'as rien à craindre. Sache seulement que la dame me tient pour quelque temps. Mais... »

Il se débarrasse de son manteau.

« ... trêve de démêlés et de tractations obscures, je ne suis point venu ici pour m'emberlificoter dans de stériles discussions. »

Il saisit Mahaut par la taille et la plaque contre lui :

« Sais-tu bien, ma belle, que depuis le jour de mon départ le désir de toi me fouaille, me tenaille? »

Brusquement il prend les cheveux de la jeune femme à pleines mains et tire en arrière pour lui renverser la tête. Elle se plaint :

« Vous me faites mal!

– C'est que je veux voir tes yeux sans que tu puisses en jouer. Regarde-moi. M'as-tu été fidèle, jolie garce? N'ai-je point des raisons de te faire plus mal encore? Si j'apprenais jamais quelque chose...

– Vous n'apprendrez rien, parce qu'il n'y a rien à apprendre, dit Mahaut en ouvrant grands les yeux.

– J'aime le croire, et te souhaite de ne pas me mentir. Tudieu, il t'en cuirait. Tu n'aurais plus l'occasion de recommencer, je te le jure. »

Mahaut, d'un geste gracieux, lève les bras pour saisir les mains du sire, crochetées dans ses cheveux. Les doigts fuselés, insensiblement, détendent les énormes poings et rabattent doucement les bras qu'elle guide autour d'elle. En même temps, d'un souple mouvement des reins, elle parvient à dégager ses blanches et soyeuses épaules de sa chemise. Elle chuchote :

« Et si, au lieu de menacer, messire, vous me faisiez oublier votre longue absence? »

Insidieusement, à petits pas, Mahaut recule, entraînant Yvon vers sa couche. Ils y tombent brutalement, enlacés, bouches soudées. Les corps roulent, Yvon, qui pétrit ce corps offert, ne se dégage que pour requérir :

« Mahaut, Mahaut, retire-moi tout ça, et vite, que rien ne nous gêne. »

La pluie s'est arrêtée, le vent se lève. L'air qui passe sous la porte fait vibrer les flammes du foyer. Dans l'angle mort de la porte et de la fenêtre, la couche se trouve loin des vents coulis qui, tout l'hiver, luttent insidieusement et ne permettent point à une douce chaleur de régner dans la pièce.

Yvon repose nu, les mains croisées sous la nuque. La puissance de son torse et de ses épaules, les redoutables muscles de ses bras et de ses jambes font oublier la couche de graisse qui lui recouvre le ventre. De ce grand corps blanc se dégage une violente impression de force. Près de lui l'harmonie gracile des formes de Mahaut en est exaltée. Mahaut, allongée sur le côté, ayant roulé une demi-peau d'ours pour se rehausser la tête, regarde, visage calme, le profil impérieux d'Yvon tandis que sa main joue sur la large poitrine.

Les yeux au plafond, le sire rêvasse, silencieux, engourdi de bien-être, quand soudain on loquète la porte. Mahaut se redresse à demi en même temps qu'elle demande :

« Qui est là? »

Le visage du sire prend un air maussade. C'est la voix d'Eudes qui répond. Depuis tant d'heures qu'il joue dans la cour, il a faim.

« Reviens plus tard, crie Mahaut.

– Mais ma mère, j'ai faim. »

Yvon grogne :

« Je vais lui frotter les côtes à celui-là. »

Mahaut, une fois encore, répète :

« Je t'ai dit, reviens tout à l'heure. Je t'en prie, Eudes, ne me fâche pas. »

Puis se tournant vers le sire de Marigné :

« Ne vous mettez point en colère, je vous prie. Ce n'est qu'un enfant et il est vrai qu'il y a près de cinq heures qu'il n'a rien mangé. Tout ce matin, il a tant couru. »

Hargneux, Yvon l'interrompt :

« Tu souhaites que je parte?

– Non, mon cher sire, je voulais vous expliquer seulement...

– Ton morveux m'ennuie, Mahaut. Il va falloir, et vite, trouver une solution.

– Quelle solution?

– Celle qui me laissera sûr qu'il ne nous importunera plus. Chaque fois que je te rejoins c'est la même chose. Et puis je n'aime pas les regards insolents dont il me gratifie. J'y sens de la haine.

– Oh! messire, un enfant de six ans.

– Je te dis que je la sens. La meilleure solution, j'y ai réfléchi, serait que tu le donnes comme oblat, à l'abbaye de Saint-Nicolas de Bourgueil. J'en connais l'abbé. D'ici Bourgueil, la trotte est longue et l'abbaye relève des comtes d'Anjou. Qu'en dis-tu?

– Messire, je ne le veux pas.

– Et si je le veux, moi! »

Mahaut enlace l'immense corps et frotte sa joue sur la musculeuse poitrine, tandis qu'elle emmêle dans ses doigts la tignasse d'Yvon.

« Ne puis-je me dire, seigneur, que vous souhaitez aussi que je sois heureuse?

– Ouais », grogne-t-il.

Mahaut se hisse à hauteur de son visage, ils s'embrassent. Yvon, au bout de quelques instants, d'un ton plus léger, l'interroge :

« Que veux-tu en faire alors? Tu tiens à ce qu'il devienne écuyer? La vie de moine n'est point à négliger pour un enfant comme le tien.

– Vous avez raison, messire. Il me plairait fort qu'il devienne religieux. Mais un religieux ignare, sans fortune et sans relations, n'est, le plus souvent, voué qu'à une forme de servitude.

– Tu ne crois pas tout de même que je vais le doter! Lui, le fils de ce bellâtre d'Ancelot... »

De nouveau la colère couve sous les mots heurtés.

« ... de cette brute qui t'a tenue dans ses bras. C'est là un souvenir qui me brûle parfois, qui me fait voir rouge, Mahaut. Toi, consentante... »

La jeune femme, de la paume, appuie sur les lèvres du sire tandis qu'elle murmure :

« Seigneur, cher seigneur, chassez ce passé incolore et morne où je n'existais pas. Vous n'avez point motif à être jaloux, je vous le jure. En revanche, dites-vous qu'Eudes, innocent de tout, est aussi une part, une petite part de moi. Je ne vous demande pour lui rien d'autre que votre indifférence. Est-ce trop? »

Yvon grogne, un léger sourire passe sur les lèvres de Mahaut. Elle voit, à la mine détendue de son amant, qu'elle a su anesthésier sa jalousie. Et au lieu de fuir le sujet, elle poursuit son idée :

« Ce que je souhaite, messire, puisque vous me le demandez, c'est qu'Eudes, pour avoir chance d'accéder un jour à des responsabilités, apprenne à lire et à écrire, qu'il soit un homme savant.

– Et que diable, tu ne prétends point exiger, j'espère, que je lui enseigne le latin?

– Non, bien sûr!

– Alors qui? Même notre curé est plus ignare que la dernière chèvre de l'enclos. C'est un misérable serf affranchi qui sait messes, vêpres ou matines par cœur, mais qui n'y entend pas un traître mot.

– Aussi n'est-ce point à lui que je pense.

– Que dis-tu?

– Promettez-moi, messire, de ne point vous fâcher quand je prononcerai le nom que j'ai en tête.

– Car tu as déjà un nom en tête? »

Yvon rit et lui prenant le visage dans ses vastes mains, les yeux dans les yeux, il lui dit :

« Caboche plus dure que ma masse d'armes, parle. Je ne colérerai point.

– Messire Eustache.

– Nom de Dieu! Je l'avais oublié celui-là.

– Permettez, seigneur...

– Comment, tu veux confier ton enfant à ce diable d'homme plus dangereux à lui tout seul qu'un cent d'aspics? Mais il va te le pervertir, t'en faire je n'imagine même point quoi, si, ce dont je doute, il accepte de le prendre.

– Je ne crois pas qu'il puisse être pernicieux pour Eudes. Et je sais qu'il n'y a, loin à la ronde, personne de plus savant que messire Eustache. Cher seigneur, je n'ai point le choix. Il faut bien courir quelques risques pour vivre?

– Comment le connais-tu, ce retors sorcier? demande Yvon, l'œil soupçonneux. Et quand l'as-tu fréquenté? As-tu jamais cherché à m'ensorceler?

– Jamais, messire, je vous le jure. Et je ne connais Eustache que par ouï-dire. Les femmes au château ne parlent que de lui, n'ont de cesse de le mettre dans leur jeu à propos de tout. Je sais seulement qu'il est savant et qu'il aurait pu à sa guise devenir évêque ou abbé. C'est vous, messire, qui me l'avez raconté. »

Yvon réfléchit, sa rêverie est brève :

« Après tout, dit-il, je m'en lave les mains. Que ton fils aille le voir et se pervertisse en sa compagnie. Car je doute fort de l'excellence de ses leçons. »

Mahaut veut répondre, mais Yvon déjà l'enlace.

« Paix, murmure-t-il, laissons ces détails infimes. N'avons-nous pas mieux à faire? »

Et la lourde carcasse couvre frénétiquement le doux corps de Mahaut.

5

Nul ne pourra jamais expliquer comment la dispute prit naissance. Tout ce qu'il est possible d'établir tient en peu de mots. Cet après-midi-là, dans la salle des chevaliers, au deuxième étage du donjon, des hommes – comme si souvent quand le désœuvrement et l'ennui les accablent – jouaient aux dés. Peu à peu, les enjeux, insignifiants au début, grossirent démesurément. Le jeu entraîne souvent les moqueries du gagnant et les sarcasmes du perdant. Pertes et gains trop sensibles poussent à la passion.

D'abord, entre Garin et Gervais – petit-cousin d'Yvon de Marigné – les spectateurs peuvent croire à un échange de plaisanteries un peu vif. Puis très vite, un mot en entraînant un autre, les deux hommes, tour à tour piqués et vexés, en viennent aux insultes de moins en moins voilées. Enfin, sans qu'il soit possible à quiconque d'intervenir, la violence se déchaînait : Garin, jeune chevalier, sec et nerveux, jetait à la tête de son adversaire une lourde cruche emplie de vin, puis bondissait, dague brandie, hurlant qu'il crèverait la panse de celui qui vilainement attentait à son honneur.

« Attends que je t'en donne, clamait-il. Un pied de ce bon fer dans la gorge aura raison de ton insolence. »

Gervais, homme épais et apparemment placide, sut alors démentir cette impression par la rapidité de ses réactions. Après avoir esquivé la cruche, dans la seconde il renversait le banc sur lequel il se trouvait, faisant choir deux de ses compagnons, et dégainait un long et large coutelas à deux tranchants. Tassé sur lui-même, prêt à l'attaque comme à l'esquive, il ricanait face à Garin :

« Viens, mon beau pourceau! Viens en tâter! »

Méfiants et rusés, les deux adversaires s'observaient, sachant le danger du moindre geste maladroit. Les autres chevaliers en profitaient, et se ruaient pour les séparer. Écartés, maintenus à grand-peine, Garin et Gervais continuaient de se provoquer et de s'injurier, eux et leurs lignées, rivalisant d'obscénités. Chacun se promettait malmort et clamait l'urgence du jugement de Dieu.

Ferri, le chevalier le plus écouté de ses pairs, intervenait au nom de tous et parlait de l'amitié qui avait longtemps régi les rapports des deux nouveaux ennemis. Mais l'évocation même des combats en commun ne pouvait avoir raison d'une folle colère, d'une flambante haine. Simplement, après de longs palabres, assuré que les adversaires attendraient l'entrée en lice pour en découdre, il partait, à la recherche du seigneur Yvon de Marigné.

Celui-ci, sorti depuis peu de chez Mahaut, inspecte une écurie neuve. Il s'empresse de suivre Ferri. Las! les ultimes tentatives de conciliation auxquelles le sire se livre se révèlent tout aussi vaines que les précédentes. Seul le rang peut, disent les deux adversaires – d'accord au moins sur ce point – laver les offenses qu'ils affirment avoir subies.

Ne reste donc qu'à organiser la rencontre. Avant la tombée de la nuit toutes dispositions sont prises, le combat se déroulera, dès le lendemain matin, devant la poterne nord, dans un vaste champ de luzerne, qui a déjà maintes fois servi en semblable cas.

La perspective du duel excite les habitants du château. Du plus grand au plus petit, et quelle que soit leur condition, hommes et femmes discutent de l'assaut : faire des comparaisons donne l'occasion de rappeler des souvenirs. Très vite des clans se forment. On prend parti pour un des champions sans autre raison le plus souvent que de contredire, de contrarier un interlocuteur. Peu nombreux sont ceux qui ont à l'esprit de regretter que deux valeureux chevaliers puissent s'entre-tuer sans motif. Au contraire, partout, des masures au donjon, les gens en cette veille supputent le plaisir à tirer du spectacle imprévu qui s'offre. L'événement ne va-t-il point rompre la monotonie des jours?

Pourtant c'est chez les enfants et les adolescents que l'exaltation et la curiosité atteignent à leur comble. Il n'est jusqu'aux plus petits pour tenter d'imaginer et de mimer les gestes des combattants.

Eudes court les postes de garde et n'a de cesse d'avoir trouvé Conrad le Saxon pour lui faire promettre de l'emmener avec lui. Conrad s'engage volontiers.

« Je passerai te prendre au lever du jour, précise-t-il, et nous monterons nous installer sur le chemin de ronde pour mieux voir. Compte sur moi, petit Ruffin. »

Comme la veille des nuages gris et bas assombrissent l'horizon. La pluie, fine et persistante, ne parvient pas à décourager les curieux qui se pressent autour du champ et gênent les préparatifs. A de rares exceptions près, tous les hôtes du donjon et de l'enceinte sont là, même dame Constance. Et les soldats de garde aux autres poternes maudissent leur malchance, allant jusqu'à proposer quelques sous, la totalité parfois de leur maigre avoir, pour se faire remplacer.

Conrad et Eudes, assis côte à côte sur le rebord du rempart, les jambes pendant dans le vide, bavardent. N'est-ce pas le premier combat en champ clos qu'Eudes va voir ? Il faut tout lui expliquer.

Cependant les apprêts s'achèvent. Sommairement on délimite le terrain. Des valets en piquettent les contours avec des pieux multicolores. L'assistance rit, crie, jacasse, se fâche quand les soldats lui demandent de reculer, au fur et à mesure de ses empiètements. Une fête impromptue s'organise dans l'attente de l'événement. En divers points des hommes excités échangent des horions.

Déjà certains commencent à s'impatienter, à scander le nom des champions quand Garin et Gervais paraissent à cheval, tête nue, sans autres armes que l'épée et la dague. Les deux adversaires viennent s'incliner, ensemble, devant le seigneur et sa dame qui ont pris place dans une litière – le temps a manqué pour édifier une estrade. Ensuite ils mettent pied à terre pour être bénis par Guichard, curé de Marigné. Les cors et les trompes qui se sont abstenus un moment, retentissent de plus belle tandis qu'ils vont prendre, des mains de leurs écuyers, l'écu, la lance et le heaume. Enfin ils se font face.

Dans l'instant la musique cesse et la foule se tait. Une angoisse imprévue, inexplicable, bloque les gorges. Solennel, Yvon se dresse à demi et, du fond de sa litière, clame le signal du combat.

Les deux chevaliers foncent l'un vers l'autre. Au moment où ils s'abordent une sourde clameur court dans l'assistance. Ayant l'un et l'autre paré ou esquivé le coup, ils reprennent du champ. Au deuxième choc, hommes et chevaux vacillent. De nouveau la foule manifeste. C'est à la troisième passe que les combattants se retrouvent simultanément démontés, lances brisées. Alors, salis, trempés, protégés par l'écu, et leur large épée au poing, ils s'attaquent avec rage.

Eudes prend le bras de Conrad et se serre contre lui.

« Qui gagnera, demande-t-il, quel est le meilleur?

– Je ne sais, c'est difficile à dire, tous les deux sont valeureux, cela dépendra du premier coup réussi, ou de la plus adroite feinte. As-tu un favori? »

Pressentant vraisemblablement la question, l'enfant rougit.

« Oui.

– Qui?

– Garin.

– Tiens, ça. Et pourquoi donc? »

Eudes ne répond pas immédiatement. Puis, comme le Saxon insiste, il dit très vite :

« Gervais est de la parenté du sire de Marigné. »

Quelques instants plus tard, Gervais parvient à porter une terrible estocade à son adversaire, dont l'écu est largement entaillé. La lame atteint Garin sur le côté du casque; déviée par lui, elle achève sa course sur l'épaule. Si fortement encore que Garin trébuche, manquant de choir.

Eudes se blottit contre son ami. La foule hurle : « Tue, tue, tue!... » comme prise d'hystérie ou de folie furieuse.

Un nouveau coup précipite Garin au sol, Gervais alors accélère ses attaques sans cependant trouver l'ouverture finale. Garin parvient à se relever à demi, à n'avoir plus qu'un genou à terre. Puis comme Gervais prend un nouvel élan, Garin se redresse complètement et, par un surprenant saut en arrière, évite la charge. Visiblement hors de lui, Gervais s'acharne, cherchant la décision, et vite.

Conrad qui vibre au combat fait la grimace :

« Tudieu, Gervais a trop confiance en son étoile. S'il ne se méfie pas il va se retrouver en fâcheuse posture avant longtemps. Je te le prédis.

– Pourquoi dis-tu ça? N'a-t-il pas déjà gagné?

– Garin est moins touché qu'il ne le laisse croire. C'est un redoutable combattant et il est astucieux, le bougre. L'autre s'y laisse prendre. »

A peine le Saxon achève-t-il sa phrase que la foule pousse une immense clameur. Comme pour donner raison à Conrad, Garin vient de retourner la situation. Après avoir esquivé une nouvelle fois la lame de son adversaire, par un saut de côté, Garin se retrouve sur le flanc d'un Gervais sans défense et lui assène un terrible coup qui l'atteint à la base du cou, au défaut de l'épaule. Dans l'instant, Garin s'effondre, lâchant épée et écu. D'un coup de pied Garin retourne son rival sur le dos et brandit sa lame. Yvon alors bondit de la litière en criant merci pour le vaincu.

Le champ est maintenant envahi de toutes parts. Garin qui n'a point tenté d'achever Gervais, pour autant que ce pût être nécessaire, se laisse emmener par ses amis clamant leur joie. Des valets et des écuyers, ainsi que Rainaud et deux ou trois chevaliers, s'affairent autour de Gervais parfaitement inerte. Le spectacle achevé, déjà hommes et femmes retournent à leurs occupations en commentant les péripéties de la bataille, les attitudes et la force des champions. Ne s'attardent que chevaliers et écuyers.

Eudes, qui a été fortement impressionné, harcèle le Saxon de questions : comment s'y serait-il pris lui-même? Ancelot n'était-il pas plus vigoureux et adroit que ces deux hommes? Avec une complaisance sans défaillance Conrad explique, raconte, compare. De tout cela Eudes retient surtout qu'Ancelot et Conrad ne craignent personne et que lui-même plus tard, grâce aux leçons de son ami, pourra affronter les plus rudes adversaires. Conrad l'encourage dans cet espoir.

« Tu verras, je saurai faire de toi un guerrier plus redoutable que tous les Garin et autres Gervais du monde. Un jour tu seras le digne fils de ton père. »

Et Eudes se répète cette promesse en poussant la porte de sa maison.

Eudes se hâte de manger. Parler du duel avec ses petits compagnons lui laisse espérer de nombreux plaisirs. Lui aussi va se battre, comme les chevaliers. Les adversaires ne risquent point de lui faire défaut. Le plus délicat au contraire sera de choisir parmi tant et tant, les plus dignes de lutter avec lui, les plus costauds. La dernière bouchée avalée, il s'élance vers la porte. Mahaut coupe net son élan.

« Eudes, attends-moi, j'ai besoin de toi. »

Déconfit, l'enfant ne sait que dire :

« Mais, puisque j'ai fini...

– Non, je t'emmène. »

Eudes ne se tient pas pour battu et discute. Mais rien n'y fait et il doit attendre sa mère. Quelques instants plus tard ils se dirigent, côte à côte, vers la passerelle du donjon. Ils ne la prennent pas. Après l'avoir contournée, ils s'engagent dessous. La cahute d'Eustache est blottie contre la motte.

Eustache, voyant entrer Mahaut et son fils, rit de plaisir. Dans l'étroit espace sa voix bourdonnante et grasse étourdit.

« Enfin, te voilà! dit-il, je m'étonnais de n'avoir point encore ta pratique, Mahaut la belle pute. Car, par Dieu, tu ne m'as jamais rien demandé! Comment, me disais-je, pas le plus petit sortilège, pas le moindre philtre, pas davantage besoin d'abraxas? Voilà qui m'inquiétait. Je finissais par me dire : décidément celle-là est plus forte, plus intelligente que les autres. »

Il fait un grand geste de découragement, puis en soupirant, la mine faussement apitoyée :

« Une fois de plus je me trompais. Décidément la gente femelle me décevra toujours, puisque te voilà. »

De toute la tirade Mahaut ne bronche point. Souriante, l'œil vif, elle tient Eudes par l'épaule. L'enfant s'appuie à elle, grave, presque renfrogné : ce qu'il a entendu dire du vieil homme le rassure médiocrement. Être brave devant les coups, devant un danger connu, est une chose, affronter le mystère en est une autre. Son anxiété l'humilie.

« Alors, reprend Eustache, je te vois coite, serais-tu timide au point d'hésiter à me dire ce que tu viens chercher? Est-ce un philtre pour t'assurer de la fidélité de ton amant? Ou bien serait-ce si grave que tu n'oses me confier tes désirs? Par exemple, une poudre pour hâter la fin de dame Constance, à moins que tu ne préfères quelques maléfices capables d'expédier toute la famille? Exception faite, bien entendu, de ton amant. Ainsi aurais-tu la chance, un jour, de lui donner un fils qui prendrait par la suite possession du fief. Du coup, même celui-là », il désigne Eudes, « pourrait aussi être pourvu. »

Eustache boit une longue rasade au bec d'une cruche et savoure la dernière lampée, les yeux à moitié clos :

« Eh bien, parle ! Tu ne sembles point tellement taillée pour la timidité ou l'effarouchement. Maintenant que tu as gardé le silence juste le temps de faire preuve de décence, va, et dis-toi que je peux tout entendre.

– Messire », le sourire de Mahaut se fait très doux, « je viens solliciter un grand service de votre grâce.

– Quoi ? Attends que je goûte la phrase. Il y a si longtemps que je ne suis plus habitué à la courtoisie que je suis tout éberlué. »

Yeux plissés, un moment il réfléchit, puis se donnant une grande claque sur la cuisse.

« Mais, ma garce, par la peau du diable, tu as encore plus d'audace que je ne croyais : penses-tu vraiment que philtres ou sortilèges, tu puisses les obtenir de moi, gratis ? Tu ne doutes de rien ! Mais tu vas déchanter : si tu veux quelque chose, il te faudra payer, jolie femelle.

– Ce que je viens vous demander n'a rien à voir avec les pratiques occultes, messire. »

Eustache se redresse et, jouant l'étonnement, s'exclame :

« Que veux-tu donc ? »

Visiblement, Mahaut hésite un instant sur la meilleure façon de formuler sa requête ; enfin, elle décide de se jeter à l'eau et dit tout à trac :

« Messire, vous êtes fort savant, voici Eudes, mon fils... »

Elle fait faire deux pas en avant à l'enfant.

« ... je souhaiterais que vous acceptiez de lui apprendre le latin et aussi la... enfin tout ce qu'il faut d'autre pour tenir un rôle en bonne abbaye et se dévouer, profitablement, au service du seigneur Jésus. »

L'étonnement d'Eustache ne peut plus être feint. Ses yeux vont alternativement de l'enfant à sa mère. Il se caresse lentement la barbe, la tenant à pleine main, et hochant la tête :

« Ça, fit-il, si je m'y attendais ! Je veux bien perdre le goût du vin à l'instant !

– Messire, s'empresse d'ajouter Mahaut, croyez que je mesure l'importance de ma supplique, je ne puis sous-estimer la peine que vous causeront ces leçons, aussi soyez convaincu qu'en échange de cet immense service je ne saurai rien vous refuser. »

Comme Eustache reste sans réaction, elle insiste :

« Messire, je m'y engage, il vous sera loisible de tout me demander; ma réponse sera toujours : oui. »

Progressivement le visage d'Eustache s'éclaire. Des idées de plus en plus drôles doivent lui venir. Soudain son rire tonitrue. Quand il se calme un peu, ses phrases entrecoupées deviennent audibles, bien que de temps en temps encore il pouffe bruyamment.

« Ah! la garce! la futée guenon! dit-il, voyez comme elle sait s'y prendre (il l'imite) : " pour ce service je ne saurai rien vous refuser... il vous sera loisible de tout me demander... " »

Eustache, emporté par sa joie, ajoute la mimique aux paroles :

« ... et cette œillade à damner un saint, et ce petit mouvement si émouvant de ce joli corps potelé qu'on aimerait croquer, et ces ravissants seins, dont on ne me cache que la moitié, mais qu'on sent prêts à se laisser contempler en entier, en attendant, je pense, de venir se nicher, câlins et juste ce qu'il faut rebelles, dans le creux de mes mains. Tudieu, Mahaut! Je comprends mieux maintenant que même mon neveu, cette brute rétive, aille l'amble sous ta douce et astucieuse poigne. Et je te jure que tu me fais amèrement regretter en cet instant la fuite de mon ancienne virilité.

– Oh! messire!

– Point de faux-semblants, ma jolie, jamais elle n'aurait été mieux employée qu'avec toi. »

Il pousse un long et fort soupir, comme pour retrouver son empire sur lui-même, et dit le plus sérieusement du monde, secouant la tête avec force :

« Je suis fichtrement content que tu sois venue me voir, même si rien ne peut sortir de tout ceci. Il y a bien longtemps que je n'avais rien vu d'aussi beau, d'aussi intelligent, vive Dieu, que cette demande de pute. »

Mahaut, après l'avoir attentivement écouté, se penche légèrement en avant, son sourire s'accentue :

« Messire, quand vous parlez de vos anciennes possibilités pour les regretter, peut-être sous-estimez-vous des forces qui ne demandent qu'à être ranimées.

– Par la barbe du diable, belle Mahaut, peut-être dis-tu vrai. En tout cas, ta vue et tes paroles pour un peu me feraient espérer. Approche, dit-il en se reculant dans l'angle pour lui faire place à côté de lui. Viens çà. »

Tandis que la grosse masse de son corps oscille péniblement, Eustache reprend :

« Remarque, ma belle, il me faut une certaine dose de courage pour tenter de t'affronter amoureusement, car je sais cette bête brute d'Yvon fort capable de m'éventrer pour ça. » Il fait une grimace « ... et ce ne serait pas tellement appétissant; mais, baste, tant pis, viens!

– Pardonnez-moi, messire, mais j'attends encore votre réponse. Acceptez-vous d'enseigner mon fils jusqu'à ce qu'il parle latin comme un abbé? »

Les bras tendus d'Eustache retombent.

« Je l'avais oublié celui-là, murmure-t-il, et pourtant, depuis qu'il me toise... »

A son tour le vieil homme entreprend d'examiner l'enfant sous tous les angles.

« Voilà que je déchante! » Eustache marmonne en faisant des grimaces : « Faire de cette petite brute un être instruit! Le prix de tes faveurs me paraît tout à coup bigrement élevé. Es-tu sûre d'y tant tenir? »

Mahaut ne répond pas. Eustache, au bout d'un moment, tend un bras vers Eudes.

« Viens ici, toi. »

La démarche raide, droit comme un i, Eudes lentement s'approche mais reste hors de portée d'Eustache.

« Plus près. »

Une grande main fait virevolter l'enfant. Le regard d'Eustache scrute les yeux et le visage enfantins.

« Ouais, tu n'as pas l'air trop idiot. La chose doit être faisable sans que j'aie à te rompre les os. »

Il se penche pour voir Mahaut qui n'a toujours pas bougé.

« Décidément, je crois que je vais me charger de lui. Parole, tu peux compter sur moi. »

Puis s'adressant à Eudes :

« En attendant, toi, sors d'ici et reste sur le côté de la porte, qu'on ne te voie point de la passerelle ou en venant de l'enceinte, mais si tu aperçois le seigneur Yvon, frappe trois bons coups dans la cloison et rentre t'asseoir près de moi. Mais attention, ne passe pas par la porte. Vois-tu ce trou, entre les deux derniers tonneaux? Vois-tu cette planche qui le bouche? Tu n'auras qu'à la pousser après avoir fait le tour de cette cahute, l'entrée est tout contre la motte. As-tu compris? »

Eudes hoche affirmativement la tête trois ou quatre fois de suite.

« Alors, va. »

L'enfant, la mine grave, fait demi-tour, passe sans un mot et sans s'arrêter devant sa mère. Mahaut, elle, lui caresse les cheveux en disant :

« Obéis, petit Ruffin, obéis à messire et tu deviendras savant, plus tard. »

A peine Eudes est-il sorti qu'Eustache ricane en repoussant les peaux d'ours et de loup, plus pelées les unes que les autres, qui lui recouvrent le ventre et les jambes.

« Tu es contente puisque j'accepte de me charger de l'éducation de ton marmot, alors fais en sorte que je sois content de toi. Approche, ma toute belle, ma belle pute, garce intelligente, viens payer ton dû. »

Conrad parti accomplir une patrouille dans le fief de Marigné, comme il est d'usage pour protéger hameaux et villages ou petites maisons fortes, Eudes doit attendre près de quatre jours pour lui confier l'alarmante nouvelle :

« Ma mère veut me faire curé. »

Le visage du grand Saxon se fait rébarbatif à l'énoncé de cette décision. Eudes regarde son ami, tendu vers la réponse qui tarde.

Au bout de plusieurs minutes, et comme Eudes impatient répète, les larmes proches :

« Je ne veux pas devenir curé, Conrad, dis, je ne veux pas, je veux être comme mon père, comme toi... »

Conrad se force à sourire :

« Ce n'est pas grave, petit, ce n'est pas grave, du moment que tu restes ici. Suis les leçons du vieux sorcier, méfie-toi de lui, mais sois tranquille, rien n'est fait. Et quand bien même je devrais jouer ma peau, j'interviendrai quand il faudra. »

Aussitôt rasséréné, tant sa confiance est totale, Eudes se reprend immédiatement à jouer et à taquiner Conrad tandis que celui-ci conclut :

« Oui, tu seras un jour le mien d'élève, petit Ruffin, par les saints ou les démons, je le jure. »

6

Archambault, assis à proximité de la longue table de la salle commune, appelle d'une voix geignarde :

« Agnès, Agnès ! »

En même temps il se penche pour mieux voir la porte du chauffoir. Vingt fois par jour il réclame son épouse. La réponse lui parvient, légère et enjouée.

« Je soigne votre fils, messire.

– Porte-le-moi, amie.

– Dans ces courants d'air ! Voulez-vous le tuer ? »

Archambault alarmé se recogne :

« Non, non, non... »

Le ton va decrescendo, pour finir dans un murmure. Grimaçant de douleur, le vieil homme se passe les mains sur le visage.

Il vient d'avoir soixante ans ; la goutte le travaille, ses pieds gonflent parfois au point – comme c'est le cas aujourd'hui – qu'il ne peut plus quitter son fauteuil et qu'il faille le porter si l'envie lui vient de changer de place.

Désœuvré, désemparé, il tourne la tête de gauche et de droite, à l'affût d'une possible occupation ; la vue d'une servante, sur le seuil de la panneterie, chargée de pain fumant, le décide.

« Va me chercher messire Garnier, Richilde, dis que j'ai à lui parler. »

L'ennui pèse sur le château du Plessis-le-Vent. Pas la moindre distraction, pas le plus anodin plaisir ne sont permis à Archambault, malade et las. Quant à Garnier, depuis le retour de Marigné, il traîne une indifférence hargneuse coupée de crises de fureur ou d'abrutissement. Que faire des longues journées qui se renouvellent, identiques? Le vieux sire, dans la pénombre de son nouveau donjon – réplique exacte de celui de son gendre, édifié au cours de l'année 970 – n'a connu qu'une seule vraie joie, hormis celle de caresser sa nouvelle épouse dont la jeune chair parvient parfois à l'animer : la naissance de son fils Hervé au mois de juin 971. Encore ce plaisir a-t-il été payé de longues semaines d'anxiété, Archambault n'ayant cessé de se répéter : et si c'était une fille? Il garde un si mauvais souvenir du premier accouchement, sa rancune contre la petite Irma née un an plus tôt est si vive, qu'il a juré dix fois de l'étrangler.

Il commence à s'impatienter lorsque Garnier, long et maigre, le visage blafard, le nez laidement pincé, apparaît :

« Que me voulez-vous?

– Viens me tenir compagnie, beau-fils.

– Je n'en ai pas le temps.

– Qu'as-tu à faire? »

Garnier se renfrogne. Dans sa voix assourdie et lasse, passe une note d'irritation.

« Écouter vos sempiternelles sornettes me fatigue. Laissez-moi en repos.

– Et le mal, crois-tu qu'il me laisse du repos? »

Puis comme son fils persifle :

« Ne me pousse pas à bout. Il pourrait t'en cuire. »

Garnier hausse les épaules et ricane :

« Vous perdez le sens des réalités, ce me semble.

– Que veux-tu insinuer? Prends garde... »

Archambault fait un mouvement brusque, aussitôt il grimace de douleur. Dompté, d'une voix morne, il se contente d'insulter :

« Tu n'es qu'un chien hargneux et sournois, qui ne respecte rien. Oublies-tu que si un homme peut avoir de nombreux enfants, il n'a qu'un père et qu'il doit le vénérer?

– Ouais, beau sire, peut-être devrais-je même vous dire merci, au nom de ma nombreuse descendance future? »

Archambault tend la main, fait un geste de conciliation et enchaîne d'un ton geignard :

« Garnier, Garnier, tu vois, j'oublie toujours. Pardonne-moi, je ne voulais point t'offenser. »

Garnier, la bouche tordue par un sourire sardonique, se penche; d'un geste saccadé, il s'essuie le front :

« Bien sûr, cher père, les mots vous ont échappé. Vous avez tant souci de qui sera votre successeur, vous me voulez tant de bien. Je n'ai point lieu de m'inquiéter! N'est-ce pas?

– Que veux-tu dire? Que cherches-tu à faire croire? En quoi t'ai-je fait tort?

– En tout. Et vous vous apprêtez à pis encore.

– Es-tu fou?

– Moins que vous ne le souhaiteriez. »

Garnier, campé jambes écartées, la main gauche prenant appui sur la hanche et la droite tendue, index pointé, clame :

« Vous êtes l'unique artisan de mon malheur. L'idée du voyage à Marigné est de vous. Au lieu de procéder, sans barguigner, à mon mariage avec Bertrade de Segré, vous avez exigé que nous allions nous entendre avec Yvon. Vous rêviez d'avantageuses tractations, de réconciliation amenant d'heureux profits, vous vous voyiez tirant les ficelles, vous si fort, si astucieux! Sans ces sottes prétentions nous n'aurions point été assaillis par les Normands, cette bande mystérieuse dont nul n'a depuis lors entendu parler. Au point que des doutes parfois m'obsèdent quant à son identité. Quoi qu'il en soit, ce maudit jour, vous dormiez au lieu de me protéger. Et vous êtes sorti indemne de l'aventure, tandis qu'on me mutilait à jamais. »

Un coup de poing ponctue la fin de la diatribe. A son tour, Archambault hausse le ton.

« Crois-tu que je n'aie point souffert d'un malheur qui met notre lignée en péril? Crois-tu, imbécile, que je n'en souffre encore? »

Garnier éclate de rire :

« Votre souffrance, mon cher sire, a bonne mine, et même elle se porte à merveille, pour l'instant, puisqu'elle s'appelle Agnès, et aussi, depuis deux ans, Hervé. Quoique là elle soit plus fragile.

– Paix! Je t'interdis...

– Vous n'avez rien à m'interdire. Votre seul droit c'est de crever, au plus vite.

– Tudieu! Ignoble pourceau, attends que je guérisse.

– Que vous guérissiez? Mais le diable ne le permettrait pas. Il vous attend, comme le trou attend votre charogne. »

Hors de lui, Archambault hurle :

« Maudit chapon, tu vas me le payer. »

En même temps, oubliant ses douleurs, il dégaine son coutelas et le lance sur Garnier.

La lame siffle à un pouce de la tête du jeune homme qui, livide, dégaine à son tour et fait deux pas en avant, corps replié, prêt à bondir.

Les deux hommes s'observent un moment.

« Je pourrais te saigner, vieux bouc. Mais... »

D'un geste brutal qui fait cliqueter le fer, Garnier rengaine. Sa poitrine se gonfle puis se détend lentement :

« ... Je ne le ferai point aujourd'hui. Ce ne seront pas les occasions qui me manqueront et je veux que tu aies tout le temps de méditer, de savourer mes paroles, écoute bien : certains et certaines te suivront de peu au tombeau. De très près. Je le jure. »

L'air méprisant, Garnier recule de deux pas.

« Il faudra vous faire une raison, mon père, de votre lignée je serai le dernier sire du Plessis-le-Vent. »

Paradoxalement, Archambault semble plutôt calmé par ces dernières menaces. Il soupire avec ostentation et, feignant un découragement teinté d'apitoiement :

« Voire! Mon pauvre chapon, mon pauvre pisseur en pomme d'arrosoir! La haine et une folie furieuse t'égarent. Seras-tu toujours aussi sot? Vrai, je finis par croire que je n'ai point à regretter l'entaille normande, car je ne te vois pas régnant ici. »

Il sourit avec commisération :

« Venir me prévenir de ce que tu mijotes! Quelle adresse! Quel joli coup! »

Le sire du Plessis-le-Vent se penche tout à coup en avant, l'œil dur :

« Crois-tu que je ne sache rien? Tout vieux et impotent que je sois devenu, je suis informé de tes démarches, de tes propositions, de tes promesses. Pas un seul homme du château n'a encore accepté de te prêter main-forte. Et tu n'en trouveras pas davantage dans les prochains jours. »

Il ricane :

« Que veux-tu, on a ses préjugés. Les guerriers n'ont jamais eu confiance dans un eunuque. Ils pensent que les armes ne peuvent mieux lui convenir qu'à une femme. »

Sans répondre, Garnier s'éloigne de quelques pas en direction des chambres et crie : « Hubert ! »

Puis il revient près de son père et s'incline avec excès.

« Sans doute mon glorieux et remarquable père a-t-il comme toujours raison. Moi, pauvre demeuré, je pèse bien peu entre ses mains. Toutefois, avant de vous souhaiter une heureuse journée, permettez-moi d'interroger devant vous cet adolescent, mon propre neveu. Ainsi le temps vous paraîtra-t-il moins long lorsque vous réfléchirez à ses joyeux propos. »

Hubert, qui vient d'entrer et attend près de Garnier, ressemble trait pour trait à Constance. Garnier l'attire et le prend par le cou :

« Hubert, es-tu à moi ?

– Oui.

– Es-tu disposé à m'aider quoi qu'il arrive et, le cas échéant, à me défendre ?

– N'en doutez point, messire, je le ferai par les armes ou tout autre moyen, au péril de ma vie.

– Et si précisément on en voulait à la mienne... »

Archambault intervient, secouant la tête avec indignation.

« Que veux dire tout ceci ? Es-tu fou ? Quel intérêt...

– Patience, père, nous y arrivons. »

De nouveau, il s'adresse à Hubert :

« Qu'arriverait-il si nous étions tués l'un et l'autre ?

– Mon père nous vengerait.

– Cependant, si on parlait à tes parents d'incident, d'accident, ou que sais-je encore... ?

– Peu importe ! Ma mère a fait jurer solennellement à mon père, sur les reliques de saint Maurille, en la cathédrale d'Angers, de ne point reposer avant d'avoir occis tous ceux, quels qu'ils soient, qui auraient pu, de près ou de loin, participer au meurtre, ou qui ne seraient pas intervenus pour l'empêcher. »

Garnier prend une mine enjouée :

« Qu'en dites-vous, cher sire ? Je n'ai point besoin de vous rappeler l'énergie, la patience et la ruse de mon redoutable beau-frère quand il s'agit de se venger et de pourfendre. Vous me les avez assez vantées. »

Garnier tapote l'épaule de son neveu.

« Merci, Hubert ; maintenant va faire seller deux chevaux et prends pour escorte les cinq hommes d'armes que ton père t'a donnés. Nous allons chasser. Je te rejoins dans la cour. »

Restés seuls, le père et le fils s'examinent. Garnier chuchote : « A mon avis, vous avez intérêt à veiller à ce qu'il ne m'arrive rien de fâcheux. »

Archambault répond, la voix dolente, comme cassée par l'émotion et le chagrin :

« Beau-fils, beau-fils, cette dispute est ridicule. Comment même a-t-elle pu éclater ! Quel excès ! Pourquoi nous haïrions-nous ? Qui a jamais contesté que tu me succéderais ? Mon rêve le plus cher est de te voir en bons termes avec Agnès et aimant ton jeune frère.

– Je n'ai point pour habitude de me forcer, messire, j'aime qui je veux. »

Et, avant même qu'Archambault ait eu le temps de lui répondre, Garnier disparaît.

Dans l'escalier son pas résonne un moment, puis de la cour parvient le bruit d'une galopade. Alors le vieux sire, de nouveau, appelle : « Agnès, Agnès... »

Un peu plus tard, Archambault confie à sa jeune femme, en hochant la tête :

« Amie, je ne sais quelle attitude adopter. Tout me paraît périlleux. Et j'ai bien peur qu'à ma mort ne s'aggravent les dangers qui pèsent sur Hervé et sur toi. »

Le vieux sire s'est fait porter dans sa chambre ; il parle à voix basse, méfiant, l'œil et l'oreille aux aguets.

« Comme je voudrais être sûr que cet enfant vivra, deviendra un homme, me succédera ! »

Agnès secoue la tête. Ses longs cheveux blonds, tressés en deux nattes, lui donnent un air enfantin. Pourtant, appuyée au fauteuil, le corps cambré, les seins hauts et hardis et les hanches souples, elle incite à l'amour.

« Pourquoi vous alarmer ainsi, cher seigneur ? Vous vous rendez malade, et je ne le veux point. »

Les yeux gris seraient impérieux si un sourire très enjôleur n'en corrigeait l'expression. Elle caresse gentiment la main de son époux.

« Vous avez trop tendance à dramatiser, mon doux sire. Garnier est un garçon impressionnable et coléreux, susceptible aussi, mais surtout aigri par une insigne disgrâce. Et il ne me semble point capable des noirceurs que vous lui prêtez trop généreusement.

– Voire ! Tu ne l'as pas entendu, ma colombe. Je ne le reconnaissais plus. Ses menaces, à peine voilées, témoignaient d'une astuce que je ne lui soupçonnais pas. Et il me semble clair qu'il a partie liée avec Yvon et Constance. Rien ne peut être joué au grand jour. Ces caractères faibles et impulsifs peuvent devenir redoutables quand ils se sentent une once de pouvoir. Et lorsque je ne serai plus là... »

Archambault se penche encore plus...

« ... Tiens, si je te disais que la peur m'a fait renoncer au voyage d'Angers, où se déroulaient les fêtes pour le sacre du nouvel évêque. Dieu sait que je me réjouissais de cette occasion d'obtenir la bénédiction de Sa Grâce l'archevêque de Tours avant ma mort.

– Que dites-vous là ! Ce malheur n'est point pour demain ! Et je prie Dieu chaque jour qu'il me conserve votre chère présence. Cependant... »

Agnès soupire, semble hésiter un moment, enfin se décide :

« ... puisque vous exigez qu'on aborde d'aussi douloureux sujets, je veux vous rappeler que pour nous défendre, Hervé et moi, vous pouvez compter sur mon propre père. »

Archambault prend la main de son épouse.

« Mon bel oiseau, tes paroles me confortent et m'aident à prendre le mal en patience... Pour ton père, tu n'as point tort mais... n'oublie pas que si nous ne prévoyons rien, et je n'ai encore rien trouvé de satisfaisant, Garnier, un jour, sera le seul maître ici. »

Le silence s'établit. Archambault, soucils froncés, réfléchit. Agnès discrètement l'observe. Soudain elle rompt la méditation morose, d'une voix légère aux accents de petite fille qui souhaite se faire pardonner son audace :

« Cher seigneur, mon père, comme je lui faisais part de vos alarmes, m'a dit récemment qu'il avait une idée... »

Le dernier mot à peine prononcé, elle semble se troubler et retire sa main de celle d'Archambault, puis, se tournant à demi, elle murmure :

« Mais j'ai tort probablement de vous rapporter ses paroles. Je m'étais juré de ne jamais le faire. Mon père, comme vous, se laisse emporter par de vaines craintes...

– Ma toute belle, il faut tout me raconter au contraire. Une idée, dis-tu?

– Oh! messire, un plan seulement pour la protection de votre race. Mais je le crois tellement inutile, je me sens si prête à aimer Garnier comme une sœur maternelle.

– Je sais, je sais, mais dis-moi plutôt cette idée.

– C'est aussi que je ne voudrais point que vous croyiez que je cherche à porter atteinte aux droits de Garnier. Mon fils et moi serons heureux de nous plier à son commandement.

– Que me chantes-tu là! Porter atteinte à ses droits, vous plier, Hervé et toi, à son commandement! Mordieu! Un fils prêt à occire son père il y a moins d'une heure ne peut avoir de droits. Encore heureux pour lui que je ne décide pas de le faire rouer pour ses insolences. Dis-moi vite l'idée, amie; tes scrupules ne sont plus de mise. »

Agnès, après une longue et complexe mimique traduisant timidité et embarras, se décide à parler.

« Eh bien, dès demain, vous pourriez demander à tous vos chevaliers, chassés ou non, de jurer obéissance et fidélité à Hervé, de le reconnaître sur leur salut pour votre successeur. Et, de même... »

Son débit ralentit, comme honteuse des mots qui suivent :

« Ils pourraient aussi joindre mon nom et celui de mon père, bien entendu comme tutrice et tuteur de notre fils, cher seigneur, afin de le protéger contre tous. »

Archambault reste un moment songeur, puis avec une moue satisfaite, le front plissé, il dit :

« L'idée est bonne! Mais que fera Garnier si la nouvelle lui vient aux oreilles?

– Arrangez-vous pour qu'il s'absente, en compagnie d'Hubert et des hommes de Marigné, puis faites jurer secrètement dans la crypte de la chapelle.

– Fichtre! Ton père a pensé à tout, je ne le savais pas si rusé, ni d'aussi bon conseil. »

Archambault, la tête dans les mains, médite. Agnès, visage tendu, yeux fixes, attend en silence. Enfin le vieux se tourne vers elle, qui sourit aussitôt de la plus tendre façon.

« Je crois que cette solution est la meilleure. Elle me tranquillisera... en partie... » »

Agnès prend son époux par le cou, lui caresse le visage, et chuchote à son oreille :

« Alors messire, pourquoi attendre ? J'ai tellement hâte de vous sentir rassuré, calme. Un prétexte pour éloigner Garnier une ou deux journées ne peut être un réel obstacle.

– Oui, tu as raison. Simplement il me faut de bonnes reliques, sans quoi je me défierais du serment. Mais... »

A son tour il caresse Agnès, les joues, le cou et aussi l'arrogant corsage :

« ... Je vais y pourvoir. Avant la fin de la semaine, ce sera chose faite.

– Souffrez alors, messire, que j'aille en avertir mon père. Il en sera si heureux ! L'inquiétude le ronge.

– Va, mais reviens vite. »

Archambault regarde la jeune femme s'éloigner, souple et svelte. Une fois encore, il se demande ce qu'il doit le plus admirer : sa beauté ou sa douceur. Et il répète :

« Agnès, reviens vite. »

7

Sur le but, disposé contre un arbre, Eudes vient en six flèches de réussir six mouches. Conrad, debout à ses côtés, toujours prêt à conseiller ou à punir, l'arrête.

« C'est assez pour aujourd'hui. »

La sueur perle sur le visage de l'enfant. Ses muscles tremblent des efforts fournis. Le front plissé, il regarde son maître, guettant, espérant une approbation qui ne vient pas.

Sans mot dire, après avoir détaché les traits de la cible, Conrad, de son long pas qu'on pourrait croire nonchalant, se dirige vers l'orée du bois. A vingt toises un jeune cheval, de petite taille, presque un poney, broute dans l'espace que lui accorde la longe attachée à un baliveau.

Eudes et son parrain d'armes viennent ici aussi souvent que possible. Et même, lorsque Conrad est absent de Marigné, Eudes s'y aventure seul pour s'entraîner. Certes, nombreux alors sont ceux qui le moquent, mais nul jamais ne s'avise de contester le droit de s'entraîner à l'élève du redoutable Saxon.

Ce vaste pré, en lisière de forêt, est consacré à maintenir en forme les guerriers du château et à la préparation des futurs chevaliers et écuyers. De place en place, s'élèvent des quintaines, sur lesquelles tous s'exercent à la lance ou à l'épée, à pied ou à cheval.

Conrad se baisse et enfile les flèches dans un carquois de cuir. Redressé, il toise l'enfant. Son long et grave visage tanné, hâlé, reste impassible tandis qu'il fait le bilan de la journée :

« A l'arc, tu as fait de sérieux progrès. En revanche dans le combat à pied, tu es toujours trop nerveux, frappant sous de mauvais angles, oubliant de te couvrir. Bouclier et épée restent sans liaison. A cheval, c'est pis encore, tu rates la quintaine huit fois sur dix ; ta mauvaise assiette rend ta lance incertaine et te prive de stabilité. Je ne suis vraiment pas satisfait de toi. »

Eudes écoute, tête baissée.

« Pendant la première passe, tu m'as encore désobéi. Tu tenais tellement ta lance pointée face à toi que le cheval a failli heurter la quintaine. Je te préviens : si demain tu échoues plus de deux fois, tu seras fouetté, compris ? »

Une minute passe. L'enfant immobile ne souffle mot. La claque qu'il reçoit soudain, sur le côté du crâne, lui fait perdre l'équilibre et il se retrouve à genoux.

« Réponds, quand je le demande. »

La voix de Conrad n'indique aucune colère et pourtant, comme Eudes s'obstine dans son mutisme, il frappe de nouveau, à quatre reprises. Les coups rudes projettent l'enfant de droite et de gauche, mais celui-ci domine la douleur, la supporte sans larmes et sans cris. Cette preuve de courage et de volonté fait apparaître un mince sourire sur le visage de Conrad. Eudes n'a pas conscience de cette approbation car le Saxon l'empoigne par le col et le soulève de terre.

« Je frapperai aussi longtemps qu'il le faudra, tu le sais, alors dis-moi que tu as compris. »

La correction se prolonge. Soudain, d'un bon inattendu, Eudes se met hors de portée des immenses et lourds battoirs. Le visage empourpré, autant par la colère que par les coups, il crie :

« C'est ta faute si je manque la quintaine, je ne peux jamais prendre appui, tu baisses trop mes étriers, je glisse à chaque fois, mais toi... »

La rage désorganise l'ordonnance des mots. Conrad, sourcils froncés, écoute un moment puis tonne :

« Tu discutes mes ordres maintenant ? »

De nouveau, avant que Eudes ait eu le temps d'esquiver, Conrad l'empoigne.

« Tu connais le châtiment pour ceux qui s'insurgent contre leur parrain d'armes ? Dès ce soir, tu subiras les verges. Au besoin, je t'enfermerai sans manger et sans boire jusqu'à ce que tu cèdes. »

Le retour au château s'effectue en silence. Eudes, d'une main, tient par la bride son cheval, de l'autre il porte ses armes. Conrad le suit.

En arrivant devant le logement du Saxon, situé à l'angle d'une suite de masures occupées, la plupart, des sergents et leurs familles, Conrad dit :

« Va soigner ta monture. Tu reviendras ensuite chercher la correction promise. »

Le puits entouré de vastes auges de bois ou de pierre est à plus de deux cents toises. L'enfant s'éloigne d'un pas traînant.

Une grande femme brune, au corsage ample et abondamment garni, à la croupe rebondie, s'affaire dans l'unique pièce du logis.

« Donne-moi une cruche de vin », dit Conrad.

Servi, il s'assied pour la boire à la régalade.

Longtemps le Saxon a vécu seul. Puis, un beau jour, il a ramené la nommée Hildegarde nul ne sait d'où. Désormais elle tient son ménage. On a essayé de la questionner, mais elle est peu bavarde. Serviable et vigoureuse, ses voisins ont fini par l'adopter. Au donjon on l'ignore. Certains chevaliers, qui espéraient voir le Saxon épouser une de leurs filles, en ont conçu du dépit, qu'ils n'affichent d'ailleurs que lorsque celui-ci a le dos tourné.

Hildegarde, placide, ne semble rien voir, ni rien entendre quand, un peu plus tard, Conrad fouette avec une implacable énergie son jeune élève. La correction achevée, tandis que, le dos en sang, Eudes se rhabille, il lui dit :

« Je te préviens que je ne veux entendre demain aucune récrimination. Les exercices se suivront comme d'habitude, je veux te voir ici dès prime. Compris?

– Oui.

– Tes armes seront nettes.

– Oui.

– Si ta mère ce soir s'apitoie quand elle te soignera, ne lui réponds pas.

– Non. »

Le bachelier garde un visage fermé. Sans doute son dos à vif le fait-il souffrir.

« Maintenant, va. »

Eudes sort lentement, salue de la tête puis s'éloigne. Sur le pas de la porte, Conrad l'observe. Une des gardes des poternes, son temps achevé, passe. Les hommes s'esclaffent bruyamment. Des femmes crient aux soldats des plaisanteries lourdes et grasses. Le jour baisse, un vol de corbeaux décrit une orbite au-dessus de la cour. Eudes a ralenti progressivement. Il se retourne, s'immobilise au moment de tourner derrière la ligne des bâtiments, et regarde fixement son parrain d'armes.

Un sourire apparaît sur le visage du grand chevalier et ses traits en sont singulièrement radoucis. La voix grave et lente, il dit :

« N'oublie jamais, petit Ruffin, que j'ai juré dès ta naissance de faire de toi un guerrier redoutable, et digne de celui que j'appelais mon frère. »

L'enfant a un mouvement de tête qui peut passer pour une approbation, puis il pivote sur ses talons et part en courant.

8

La lumière de ce ciel couvert d'une mince couche de nuages fait cligner des yeux aux gens de Marigné. Suivi de dix lances, au total une centaine d'hommes d'armes, Yvon, Constance, Rainaud et sa femme Hermanjart cheminent vers Angers.

A partir de l'île Saint-Aubin, ils peuvent distinguer, dans le lointain, la masse sombre des remparts et des maisons de la ville. La traversée de la Sarthe s'effectue près d'Écouflant, sur un branlant pont de bois. A partir de là, ils longent la Maine.

Il est cinq heures de relevée. Dans les derniers prés, aux abords de la cité, de nombreuses tentes sont dressées. Yvon et Rainaud désignent à leurs épouses les différentes flammes qui claquent dans le vent. Yvon repère un champ libre :

« Halte! la colonne s'immobilise, Ferri! »

Ferri vient aux ordres.

« Fais monter notre camp ici. Nous aurons pour voisin direct Arthur de Craon. Veille surtout à ce qu'aucune rixe ne puisse se produire. Nomme des responsables et menace de châtiments exemplaires. Quand tu en auras fini, tu pourras, avec les autres chevaliers, monter en ville. Pas de questions?

– Non. »

Yvon éperonne son cheval et suivi des siens marche vers la porte nord d'Angers.

La traversée de la cité émerveille les nouveaux arrivants. Les maisons sont ornées de guirlandes, d'étoffes aux couleurs vives qui pendent aux fenêtres. Des centaines de bannières jalonnent les rues dans lesquelles il est difficile de se frayer un passage. Le tapage est assourdissant.

Le comte Geoffroy Grise-Gonelle accueille Yvon avec faveur et se fait présenter Rainaud et les deux dames. Il appelle un serviteur :

« Vous coucherez céans. Suivez Frahier, et dès que vous aurez reconnu vos couches, revenez partager notre repas. »

Yvon, apprenant la mort de l'évêque Neffingue, au début de février de cette année 973, a décidé d'assister au sacre du successeur. Outre le plaisir de ces fêtes circonstancielles, un seigneur de son importance se doit de faire acte de présence à la cour comtale afin d'y étaler sa puissance.

Brossés, rafraîchis, parés d'armes précieuses et de bijoux, les gens de Marigné pénètrent dans la salle d'apparat richement décorée.

Dame Constance et sa bru se dirigent vers la partie droite, réservée aux femmes. La très dévote comtesse Adèle vient au-devant d'elles, les reçoit d'une voix pleine d'onction :

« Quelle félicité de vous accueillir en cette veille d'intronisation épiscopale. »

Constance et Hermenjart, avec un bel ensemble, joignent leurs mains.

« Nos seigneurs n'ont point voulu nous priver d'une fête si douce au cœur de Jésus. »

La comtesse se signe puis :

« Venez, dames, je regrette de ne point vous voir plus souvent.

– Les charges du fief..., dit Constance en hochant la tête.

– Hélas ! Le temps fond comme neige au soleil. Je ne l'ignore point. Mais je parle et j'oublie votre fatigue.

– Il est vrai que nous n'avons pas la résistance des hommes.

– Venez prendre place. Je vous ferai servir, à votre choix, sauces ou venaisons pour vous conforter.

– Noble dame, dit Constance, votre accueil nous émeut plus que je ne saurais dire. Nous acceptons avec joie. Toutefois, ma bru et moi souhaiterions nous retirer tôt afin d'accomplir nos dévotions.

– Je m'en voudrais de contrarier une telle résolution, dit la comtesse. Amour et contrition, voilà le chemin de Dieu. »

Autour de la vaste table en fer à cheval, sont rassemblés les principaux vassaux d'Anjou, et parmi eux Simon de Segré, qui toise Yvon en ricanant. Mais le ressentiment, aujourd'hui, ne guide pas Yvon, bien plutôt la curiosité et l'envie.

A la droite du comte, pérore Hardouin, l'archevêque de Tours, qui procédera demain à la consécration de Rainaud Ier, comme évêque. A la gauche se tiennent, épanouis et rayonnants, le postulant et son père : Renaud le Thuringien, vicomte d'Angers.

Aubert, abbé de Saint-Aubin, adresse un signe à Yvon qui, l'année précédente, a offert à l'abbaye les bénéfices de deux hameaux. Tout alentour des grands personnages, se tiennent les principaux clercs du comté : Stabilis, le chantre de la cathédrale, Ernulfus, le doyen, Walterius, le trésorier, ainsi que les trois archidiacres : Rotgerius, Buchardus et Ernustrus.

Yvon et Rainaud, sollicités avec force cris et gestes, finissent par s'asseoir entre les sires de Brissac et de Briollay. Girard de Brissac interrompt une pathétique péroraison pour s'inquiéter :

« Comment va votre parenté du Plessis-le-Vent? »

Yvon s'embrouille dans sa réponse, Brissac reprend :

« Pourquoi diable messire Archambault ne s'est-il pas déplacé, lui qui n'est pas à six lieues de la ville?

– L'âge, la maladie, les soucis... »

Cependant Archambault est vite oublié. Les langues vont bon train. On conte des anecdotes, des faits d'armes, ou des farces. On se moque d'Harméric, un long et sentencieux chanoine, qui a entrepris de consigner par écrit, pour l'édification des siècles futurs, les miracles auxquels, en compagnie de Neffingue, il a assisté lors de la translation du corps de saint Maurille.

Les plats circulent, les cruches de vin et d'hydromel suivent de près, le ton monte. La médisance s'en mêle. Yvon s'émerveille.

« Quelle chance, pour Renaud le Thuringien, que la promotion de son fils à l'épiscopat de la ville! »

Un tollé général accueille l'affirmation.

Brissac résume l'opinion de tous :

« Notre comte réussit aujourd'hui la meilleure affaire de son règne. Il se débarrasse de la seule famille dont l'autorité pouvait contrebalancer la sienne. »

Burchard de Briollay s'esclaffe :

« Le Thuringien n'a jamais été réputé pour sa finesse d'esprit. »

Un gros rire secoue l'assistance.

« Comment ça? comment ça? s'indigne Yvon. Moi je prends ce choix pour une marque d'honneur.

– Alors tu ne vois pas plus loin que le bout de ton nez », ricane Robert de Thouarcé.

Yvon fronce les sourcils.

Après un regard vers les places d'honneur, Thouarcé, modérant sa voix et invitant ses voisins à s'approcher, explique :

« Le Thuringien n'a qu'un fils. La charge de vicomte va s'éteindre. Geoffroy y gagne, outre l'élimination d'une redoutable famille, les bénéfices afférents à cette charge.

– Attendez, attendez, chuchote Burchard de Briollay, il y a mieux encore : l'arrivée d'un évêque, c'est toujours l'intrusion d'un étranger. Avec Rainaud, le comte aura affaire à un homme dont tous les biens sont à sa portée. Si l'évêque ne marche pas droit : crac! il confisque tout. »

Et Burchard de se tordre tandis qu'Yvon siffle d'admiration :

« Quel homme, ce Geoffroy! »

A ce moment l'attention de l'assistance est requise par le comte qui se lève pour révéler à ses invités les trajets qu'empruntera la procession, car elle traverse deux fois la ville :

« La première en partant de l'évêché pour venir chercher Sa Grâce au palais comtal, la seconde en allant quérir le postulant à Saint-Aubin, où il aura passé la nuit pour le conduire à la cathédrale. »

Les vivats retentissent. Renaud le Thuringien, qui croit bon d'intervenir, larmoie :

« Notre bon peuple pourra admirer à loisir. Aucun quartier n'a été oublié. Il suivra le cortège d'église en église où des offices seront célébrés. Sainte-Geneviève, Saint-Muraille, Saint-Lézin, Saint-Jean-Baptiste ont été décorés pour accueillir un moment Sa Grâce. »

L'intermède ramène l'assistance aux questions religieuses. Yvon fait état de ses donations à l'abbaye Saint-Aubin. Le sire de Thouarcé approuve :

« Aujourd'hui c'est possible. Mais avant, quand les chanoines occupaient l'abbaye... »

Sa mimique déclenche les rires. Pour l'approuver certains font des gestes obscènes.

« Savez-vous qu'il ne restait plus, avec ces redoutables piquiers, une seule vierge, à trois lieues à la ronde, âgée de plus de dix ans ? »

Il se tape les cuisses.

« Un jour, ils m'ont invité. Mordieu ! Pour tenir leur rythme j'ai cru en crever. Ces diables ne savaient qu'inventer ! »

L'assistance, mise en joie, réclame des détails. Robert se lance dans une longue énumération des plaisirs où se complaisaient ces clercs gras et paillards. Girard de Brissac le relaie. Lui aussi les connaissait ! Entre deux hoquets, il confie :

« Ne parlons pas des cocus, qui grenaient à tous vents, mais vous pouvez croire que les jeunes damoiseaux, près des saints murs, n'avaient point intérêt à se promener avec des chausses percées au cul, car à ces satanés chanoines, rien n'échappait. »

Les rires reprennent de plus belle. La conversation est solidement ancrée, le sujet plaît. Tour à tour, chacun tient à renchérir.

Depuis un moment déjà, personne ne mange plus, mais on boit toujours, à la même cadence. Yvon écarlate, les yeux injectés de sang, n'a jamais été de meilleure humeur. De temps en temps il interpelle son fils :

« Alors, blanc-bec, qu'en dis-tu ? »

Rainaud, ahuri, dodeline de la tête, la face éclairée par un immense et permanent sourire.

Soudain, Yvon, qui aperçoit Simon de Segré se diriger vers la grand-porte, se lève aussitôt, et prend le même chemin. Le sire de Marigné titube. Un instant ses amis se moquent, mais très vite ils l'oublient, repris par leurs histoires.

Sur le palier, comme dans l'escalier, il fait sombre. Toutes les dix marches une torche passée dans un anneau scellé au mur jette une lueur fuligineuse. Les nobles hôtes du comte viennent soulager là les trop-pleins de l'interminable banquet.

Grimaçant, clignant des yeux, Yvon s'accote au mur et cherche à repérer son ennemi. Brusquement, il le distingue. Simon arrose le mur juste sous la première torche. Alors, s'appliquant à ne faire aucun bruit, Yvon vient se placer derrière lui et après s'être assuré de la qualité de son jet, ampleur et puissance, il le compisse.

Simon, d'abord, n'a aucune réaction, ses réflexes sans doute émoussés par l'ivresse, puis, comme les premiers rires retentissent, il se retourne, hilare. L'ébahissement qui, sur cette face, succède à la bonne humeur, attise la joie générale. Les rires tonitruent. Chez Simon, la colère relaie tôt l'ahurissement ; il frappe Yvon au visage. Celui-ci trébuche, glisse et finalement tombe, mais sitôt relevé il cogne à son tour. Les insultes s'emmêlent. Simon, qui a heurté la rampe de fer, rebondit sur son adversaire. Les deux hommes s'empoignent et roulent dans les mares d'urine et parmi les excréments. Accrochés l'un à l'autre, enlacés, ils se frappent tant bien que mal des pieds et des poings.

Les spectateurs poussent d'incroyables clameurs pour encourager les combattants. Deux d'entre eux brandissent des torches, ne voulant rien perdre du spectacle. Le tapage est tel qu'il atteint la grande salle et que le comte Geoffroy s'inquiète de la cause du vacarme.

Devant le suzerain les rangs s'écartent. Quand Geoffroy voit deux de ses vassaux, trempés, souillés, sanglants, il jure et crie :

« Séparez ces ignobles porcs. »

Penauds, les spectateurs obtempèrent. Grise-Gonelle les insulte :

« Admirez ces gueux ! ces infâmes démons ! Quelles brutes êtes-vous donc ? »

Vingt bras empoignent les tristes champions. On les tire n'importe comment, par les membres, le corps ou la tête. Les actions se contrecarrent et s'annulent. Chacun jure que ça pue, que l'air est irrespirable. Il faut trois ou quatre minutes pour désemmêler les deux enragés qui ne reconnaissent personne et continuent à hurler des obscénités à s'étrangler. Dans cet équipage on réintègre la grande salle où Geoffroy commande d'amener des baquets pleins d'eau. La visible fureur du comte bloque le rire dans les gorges. Au moment où sans ménagement on trempe les énergumènes dans l'eau froide, jurons et menaces redoublent. Mais la conscience leur revient vite et la présence de Geoffroy les calme comme par enchantement. Alors ils tentent de plaider leur cause et s'accusent à tour de rôle.

« Paix ! N'avez-vous pas honte de vous adresser à moi en état ? Lavez-vous encore et en silence. »

Rainaud, dès le début, s'est précipité vers son père comme Gauthier de Segré vers le sien.

« Va me chercher des vêtements dans mon porte-manteau », murmure Yvon. Le jeune sire, qui grince des dents rien qu'à regarder du côté des ennemis de sa lignée, obtempère. Gauthier reçoit le même ordre.

Pendant ce temps, Hardouin et le futur évêque se déclarent offusqués par une telle bataille en la veille d'une si importante consécration. Harméric debout, bras au ciel, crie au scandale et prophétise des catastrophes et hurle que la chrétienté est bien malade.

Du côté des femmes, règnent désarroi et consternation.

Yvon et Simon, enfin rafraîchis et vêtus de propre, dessoulés aussi, se font face de part et d'autre du comte qui ne décolère pas.

« Vous méritez, l'un et l'autre, que je vous fasse décapiter, avant l'aube, pour avoir insulté à mon hospitalité et à ma dignité, en présence d'hôtes aussi éminents que Sa Grâce et le futur pasteur de notre ville.

– Sire comte, plaide Simon, c'est Yvon de Marigné qui, le premier, m'a offensé.

– C'est faux, hurle Yvon, c'est toi, fourbe, qui tout au long du dîner m'as provoqué.

– Paix, vous autres. Je ne veux plus vous entendre. Peu me chaut de savoir comment tout a commencé. »

Geoffroy se tourne vers l'archevêque :

« Votre Gravité, permettez-moi de remettre entre vos mains le sort de ces deux hommes. Qu'il en soit fait à votre volonté. Toutefois, par souci de justice, il me faut dire un mot pour leur défense : je les connais depuis toujours, leurs pères ont servi loyalement ma lignée, et eux-mêmes après avoir appris, ici, le métier des armes, ont combattu avec bravoure sous la bannière d'Angers. »

Grand et lourd, l'archevêque se lève, le visage sévère. Ses petits yeux, surmontés d'épais sourcils, ont une curieuse fixité. Il tonne : « Misérables pécheurs ! Approchez et mettez-vous à genoux. »

Les deux sires obéissent, tête basse, mâchoires crispées, s'observant du coin de l'œil, calquant leurs attitudes. Dans la salle on pourrait entendre une mouche voler. Hardouin, ménageant ses effets, reste un long moment immobile, hiératique, la face tournée vers les voûtes, comme s'il attendait un signe divin. Enfin, il se décide. Élevant lentement les deux bras, mains ouvertes, paumes vers le sol, il clame et sa voix résonne amplifiée par les cintres :

« En cette veille d'un jour plaisant au cœur de Jésus, Dieu m'inspire le pardon. Bien que vous méritiez un châtiment exemplaire, je vous absous pour cette innommable offense, à la condition que vous me juriez, dans l'instant, de ne plus vous affronter d'ici quatre années. Ce délai vous permettra, j'espère, de retrouver vos esprits et de remplacer, dans vos cœurs, la haine par l'amour. »

Simon et Yvon pâlissent en entendant la sentence. La colère n'est pas loin.

« Jurez, pécheurs », répète Hardouin.

Comme il n'obtient pas de réponse, Geoffroy juge bon alors d'intervenir. Il le fait d'une voix âpre, qui décide ses vassaux.

« Jurez vite, messires, ou vous me forceriez de chevaucher, dès la fin des fêtes, pour aller raser vos châteaux et vous condamner à l'errance avec votre parenté.

– Répétez après moi, tonne encore Hardouin, je jure... »

La rage au cœur les sires répètent les formules à voix sourdes, l'archevêque les bénit puis les relève et dit :

« Maintenant, allez en paix, et souvenez-vous que le pardon des offenses plaît à notre divin seigneur. »

Simon et Yvon ayant réintégré leurs places, nul ne fait plus allusion au scandale et Geoffroy donne l'ordre aux serviteurs de remplir les coupes. Mais le charme de la soirée est rompu.

Implicitement, les vassaux participent à l'humiliation de deux des leurs. A tour de rôle ils se retirent, prétextant de la nécessité d'aller prendre des forces pour participer à la solennelle cérémonie qui s'annonce.

Tôt le lendemain, Geoffroy fait appeler Yvon et Simon. Il les tire à l'écart. Sa mine est affable et sa voix amicale.

« Je connais l'inimitié qui vous sépare et la déplore. Car j'apprécie en vous de fidèles vassaux. Que la scène d'hier, due à l'ivresse, soit à jamais oubliée. Et ne manquez pas à votre serment. Vous me désobligeriez gravement. »

Il lève une main et dit trois tons plus bas :

« Songez plutôt à vous préparer; probablement, sous peu, ferons-nous campagne en Germanie. Allez maintenant. Et sachez que je vous accorde de nouveau ma bienveillance. »

Le retour à Marigné est morne. Après une avant-garde forte de trois lances, Yvon et Rainaud marchent silencieux, en tête de la colonne. Une litière suit dans laquelle ont pris place dame Constance et Hermenjart. Yvon ressasse. Ce serment à Hardouin l'étouffe. Ne pas se venger après ce qui vient de se passer ! La punition est rude. Rainaud, comme répondant aux pensées de son père, dit :

« Moi, je n'ai point prêté serment. Pourquoi n'irais-je pas guerroyer contre le fils de Simon ? »

Yvon hausse les épaules.

« Idiot ! Jamais le comte ne nous pardonnerait de tourner si facilement la maudite promesse. Non, il nous faut trouver autre chose. »

La route est longue. Le chemin qui suit la Mayenne est par endroits si bourbeux que les hommes de l'avant-garde sont obligés de s'arrêter pour jeter des branchages sur le sol et le rendre praticable.

Tout à coup, Yvon et Rainaud retiennent leurs chevaux. De l'avant-garde parviennent des cris, suivis d'une brusque galopade. Efficaces et prompts, la moitié des chevaliers et leurs hommes viennent se ranger derrière les deux sires tandis que les autres protègent les dames. Chacun se couvre de son heaume.

L'attente est brève. Le chevalier Garin, qui commande l'avant-garde, apparaît au détour du chemin et vient cabrer son cheval à deux toises d'Yvon.

« Messire, dit-il, à un quart de lieue d'ici nous avons trouvé le chemin barré par des arbustes et des branchages. Comme six hommes s'approchaient à pied pour le dégager, trois cavaliers, qui se tenaient dissimulés, ont jeté ceci en criant : " Pour votre maître Yvon le bréneux, de la part de Simon de Segré. " »

Garin montre un paquet de tissu gris posé sur le pommeau de sa selle.

Furieux, Rainaud intervient :

« Pourquoi ne les avez-vous pas capturés ?

– Le temps de contourner la barricade, ils avaient disparu. »

Sourcils froncés, l'œil dur, Yvon dit :

« Ouvrez ! »

Garin déroule d'abord une sorte de toile, puis avec un geste de dégoût en sort les chausses que portait Yvon le soir de la bagarre. Mais le vêtement a été de nouveau souillé. Rainaud jure tout son soûl. Yvon, livide, grommelle :

« Paix, blanc-bec. » Puis très calme, à Garin : « Vous lesterez solidement ceci et le jetterez dans la Mayenne. »

Personne ne souffle mot. Garin se contente d'approuver de la tête.

« Beau-fils, reprend Yvon, allez prévenir la dame que nous ne passerons point au Plessis-le-Vent. Nous rentrons droit à Marigné. »

Il se dresse sur ses étriers et crie :

« Reprenez votre bon arroi! En route! »

9

Eudes, une tablette de cire sous le bras, frappe trois coups brefs à la porte d'Eustache et pénètre au moment même où la voix de basse-taille crie :

« Entre, petit. »

Sur un bref salut, Eudes se dirige droit vers l'angle de la pièce opposé à la couche et ramasse deux torches. Après les avoir allumées, il en fiche une à la tête du grabat et l'autre sur la cloison latérale. Eustache observe les gestes de l'enfant qui dénotent une longue habitude. Avec un demi-sourire, il demande :

« Qu'as-tu à me raconter aujourd'hui, quelles nouvelles?

– Rien, messire, rien que de courant. On répète encore que le sire de Marigné et sa parenté s'arrêteront longtemps au Plessis-le-Vent, ce qui fait bien l'affaire du porcher de la poterne ouest.

– Et pourquoi ça?

– Hier, une bête de son troupeau a encore été volée sans qu'il ait vu, ou entendu, quoi que ce soit. On l'a fouetté, attaché au pilori, où il est resté toute la nuit. Mais quand le seigneur reviendra il risque plus que la peau du dos. Car c'est le quatrième porc qu'il se laisse voler en trois semaines. Ce matin il jurait de ne plus se reposer avant d'avoir découvert les voleurs.

– Tu n'as pas tort. Je ne donnerais pas cher de sa peau. » Eustache hausse les épaules. « Après tout, il n'avait qu'à mieux veiller. Que veux-tu, certains se débrouillent. La faim fait oublier la peur et rend astucieux les plus bêtes. »

Eustache se soulève à demi.

« Tiens, petit, remonte ces oripeaux que je puisse m'appuyer et que je sois plus à l'aise pour notre travail. »

Eudes obéit. Tandis qu'il s'active, accroupi, sa tunique se relève et Eustache voit des striures sanglantes sur le dos de l'enfant. Il le saisit par un bras, le force à lui faire face.

« Mais toi aussi, tu as été battu ? »

Les yeux de son élève fuient. Eustache doit insister.

« Réponds, tu as été fouetté.

– Oui, messire.

– Par Conrad ? »

Eudes secoue affirmativement la tête, la mine honteuse.

« Trois fois de suite, j'ai raté le même exercice. »

Eustache bougonne, exagérant son indignation :

« Mais oui ! mais oui ! Le pauvre a été contraint de te battre. Dire que ce maudit Saxon te roue de coups et que ça ne t'empêche pas de me le préférer ! Ce sauvage ne laisse rien passer, sanctionne la moindre faute et tu as toujours pour lui la même admiration, le même engouement. Moi, qui ne te frictionne pas les côtes plus de trois fois l'an, à chaque fois tu me fais une histoire des cinq cents diables. Tu cries, tu menaces, tu pleures de rage, avant d'aller, pour finir, supplier ta mère de ne plus t'obliger à venir ici chaque jour. »

Le visage grave, Eudes répond :

« Vous ne pouvez comparer. Ce n'est pas pareil, messire. Vous, vous me frappez par colère et sans droit. Pas Conrad. Je sais qu'il ne le fait que pour mon propre bien. C'est lui mon parrain d'armes.

– Ta logique me semble curieuse. Que t'apprend-il ? A donner des coups et à en recevoir ! La belle affaire. Tandis que moi je t'instruis.

– Non, messire, un homme libre est d'abord un guerrier. Conrad veut faire de moi son égal et quand je suis défaillant il a le devoir de me battre. Il me l'a expliqué, il ne doit rien laisser passer. Il y va de ma vie. Car si je ne devais être qu'un médiocre guerrier que deviendrais-je ? Qui voudrait de moi pour écuyer ?

– Un guerrier, un guerrier, tu n'as que ce mot à la bouche. Mais, jeune abruti, si tu ne connais point suffisamment ton latin, tu en seras réduit, au mieux, à devenir frère portier.

– Jamais je ne serai moine.

– Ouais, mon garçon, cause toujours. Ta mère est femme de tête et sait ce qu'elle veut. Elle trouvera bien le moyen de te faire changer d'idées. Crois-moi. »

Buté, Eudes répète, mâchoires crispées :

« Jamais je ne serai moine. »

Le vieil homme se penche, comme pour mieux comprendre l'enfant. Tout en parlant, machinalement il se lisse la barbe :

« ... Pourtant tu n'es pas un mauvais élève. J'ai même souvent l'impression que ce que je m'efforce de t'apprendre ne te laisse pas indifférent, t'intéresse. »

Immobile, Eudes évite de nouveau de regarder son interlocuteur en face mais sur ses lèvres un petit sourire semble prêt à naître.

« Allons, tête de mule, réponds-moi : ce que je t'enseigne t'intéresse, oui ou non? »

Les longs cils battent. La ressemblance entre l'enfant et Mahaut en cet instant apparaît nettement à Eustache.

« Vous ne vous fâcherez pas si je réponds franchement?

– Non, foi d'Eustache.

– Alors, messire, quand j'étudie, quand je fais ce que vous m'ordonnez, je suis tranquille. Ma mère me laisse en paix, me défend même au besoin. Sinon, il me faudrait besogner tout au long du jour et faire le valet. »

Eustache grommelle, feignant la menace :

« Dis tout de suite, coquin, que je suis un pis-aller. »

S'interrompant, il prend un mince rouleau de parchemin et le déroule en le tenant à bout de bras. Il cligne des yeux et l'oriente, cherchant le meilleur éclairage.

« Allons. Prends tes tablettes », dit-il.

Eudes, debout près du lit, commence à lire de sa voix claire et gaie. De loin en loin seulement, Eustache, bourru, doit rectifier un mot ou une tournure.

Mahaut souriante s'assied sur le bord de la couche.

Cheveux tirés en arrière son mince visage en paraît plus doux. Elle écoute un instant décroître le pas de son fils. Quand elle le perd, alors seulement, elle semble prendre conscience du bras d'Eustache qui, entièrement, a disparu sous sa jupe. Elle rit, d'un rire de gorge :

« Messire, messire, vous me chatouillez, dit-elle. Et ne me demandez rien, ce ne serait point sérieux, fatigué comme vous êtes. »

Elle tente de se reculer, n'y parvient pas et menace, doigt levé :

« Je vais me fâcher, car vous m'en voudriez.

– Hélas ! ma belle amie, tu dis vrai. Mais si je ne puis avoir plus, qu'il me reste au moins le plaisir du toucher. Tes cuisses sont si douces que ma vieille main en est émue et comme rajeunie. »

Puis, se rejetant brusquement en arrière, Eustache dit :

« Laissons ces badinages et dis-moi plutôt le motif de ta visite. Tu viens me demander des nouvelles de mon élève ?

– Oui. Souvent je le vois marmonner, apparemment, vos leçons, mais il peut si facilement me tromper, moi qui n'y entends goutte, que je me demandais...

– Ne t'inquiète point, Mahaut, tout va pour le mieux. J'aurais tort de dire le moindre mal de ce petit. Il fait ce qu'il faut. Et ce ne sera point par souci de te conforter que j'affirmerai que ton enfant a l'esprit fin et entend à demi-mot. »

Mahaut sourit :

« N'exagérez-vous point, messire ?

– Non, et je peux te garantir que d'ici trois ans, quatre au plus, il parlera latin aussi couramment que moi.

– Il sera temps pour lui alors de commencer son noviciat. J'ai pensé le mettre à l'abbaye de Saint-Aubin, près d'Angers.

– L'idée vaut d'autant mieux que ton gros Yvon a su, par là, se montrer généreux. Cependant... »

Le vieil homme s'interrompt et fait la grimace :

« ... Es-tu bien certaine que ton fils t'obéira et se laissera facilement enfermer ? Le métier des armes l'obsède toujours. Et son apprentissage avec Conrad le passionne bien autrement que mes cours. Quels que soient les maux qu'il lui faille endurer pour sa formation physique il ne semble pas se laisser rebuter.

– Je ne sais de quels moyens j'userai, mais...

– Pourquoi diable as-tu accepté de le confier au Saxon ?

– Je ne pouvais faire autrement. Conrad l'a tenu sur les fonts baptismaux et, dès ce jour, il avait été convenu avec Ancelot qu'il serait aussi son parrain d'armes. Et puis... » Un éclair de colère passe dans les yeux de Mahaut.

« ... pour tout vous dire, Yvon m'y a contrainte. Il ne veut point, sur un si mince sujet, mécontenter l'homme exceptionnellement sûr et valeureux qu'est Conrad. Or le Saxon prend son rôle de parrain tellement au sérieux qu'il a menacé de quitter, dans la seconde, son service, s'il ne pouvait commencer d'enseigner à Eudes son maudit métier. Il est même venu, pour me convaincre, jurer qu'il ferait accéder Eudes au rang de chevalier. »

Eustache reste un moment silencieux. La première, Mahaut enfin rompt le silence :

« Quand le moment sera venu, je vous demanderai, à la fois, vos conseils et votre appui. »

Le vieil homme fait la lippe :

« Sais-tu bien, Mahaut, que je ne suis pas certain, lorsque éclatera ce conflit, de me ranger sous ta bannière?

– Messire!

– Eh oui! Tu auras beau roucouler “ messire ” comme toi seule sais le faire, ou me menacer de ne plus venir ici, de me priver de ta beauté, que j'apprécie même si je ne puis plus guère en user, tu n'y pourras rien.

– Et pourquoi m'abandonneriez-vous? Vous-même disiez tout à l'heure que dans trois ou quatre ans Eudes parlerait latin comme les plus savants moines?

– Le latin n'est pas tout, ma colombe. »

Eustache, lourdement, change de position. Mahaut s'empresse de l'aider. Tout en s'activant elle n'arrête pas d'argumenter, de plaider sa cause.

« Songez, messire, que je comptais sur vous. Votre influence sur Eudes n'est point négligeable. Je sais qu'il a pour vous plus d'affection qu'il ne le laisse voir. Il s'agit de la vie de mon fils.

– Justement, Mahaut, justement!

– Que voulez-vous dire?

– Aujourd'hui je suis un vilain vieux routier, au bout de son rouleau. Mais, il y a de ça bien longtemps on pouvait me rencontrer avec la mine d'un damoiseau, mon Dieu, assez bellot. Le sais-tu? On imagine mal un vieillard... »

Il s'interrompt et pose l'index sur les lèvres de Mahaut pour couper court à la réponse.

« Chut, pas un mot. Je ne veux point t'apparaître comme un de ces radoteurs qui content avec jouissance, et par le menu, leurs moindres souvenirs. Ce que je veux te dire, c'est que je sais ce qu'il en coûte quand les autres décident pour vous, disposent de votre vie, cherchent à vous orienter selon leurs désirs. Tu me diras : n'est-ce pas le cas de tous les hommes ? C'est vrai. Personne n'a guère le choix. C'est encore une absolue vérité. Pourtant, dans le cas d'Eudes, il se trouve qu'il dispose d'une possibilité d'option. Aider à la lui ravir ne me sourit pas.

– Messire, le pauvret ne sait rien de ce qui l'attend, ni d'un côté ni de l'autre. Comment pourrait-il choisir ? Ces goûts ne reposent que sur des chimères.

– Que voilà donc un raisonnement éculé, usé juqu'à la trame. C'est très exactement ce qu'on a dit de moi et pour moi. Et on m'a enfermé. Ensuite, il ne me restait plus qu'à vivre. Crois-tu que le résultat était exaltant ? Enviable ? Regarde-moi ! Imagines-tu ton fils à ma place dans quelques décennies ?

– Au moins, vivez-vous. Tant de ces guerriers meurent dès leurs premiers assauts, quand ce n'est au cours du tout premier.

– Mahaut, qui peut choisir en connaissance de cause ? Peut-il vivre cinq ans moine, puis cinq ans écuyer avant d'opter ?

– Mais les conseils, l'expérience...

– Des autres ? Ça ne vaut pas tripette, amie.

– Enfin, messire, vous savez bien que c'est pour lui, pour son bien-être que j'envisage la vie de clerc, pour que sa vie soit quiète et loin des violences que j'agis et me démène ainsi.

– Oui bien, je le sais. Et j'observe en toi ce vieux phénomène : toi, Mahaut, capable de t'imposer des corvées que je préfère ne pas préciser, pour des nécessités de vie que tu délimites au fur et à mesure des jours, voilà que tu ne peux comprendre qu'un enfant aime le risque, sache s'imposer une discipline et des privations pour un certain mode de vie qu'à tort ou à raison il croit préférer.

– Que faites-vous du risque ?

– Qui n'en prend ? Et puis le renard préfère sa vie de risque, à celle, protégée dit-on, du chien de garde.

– Si vous pensez ainsi, pourquoi continuer à recevoir Eudes et à lui enseigner vos connaissances ?

– Quelle que soit la voie qu'il puisse prendre, parler latin et savoir quelque peu réfléchir ne pourra le desservir. Bien au contraire. »

Mahaut se lève, va et vient dans cet espace trop restreint. La violence de ses gestes surprend, s'accorde mal avec une gracilité toujours aussi harmonieuse. Eustache, qui la suit des yeux, abandonne peu à peu son sourire ironique en l'entendant murmurer, plus pour elle-même que pour lui :

« Une vie de brute. Se battre du matin au soir. Ne connaître d'autres joies que celles de la force. Et pour qui? Pour quoi? Le beau choix que voilà. Et finir comment? Rompu, déchiqueté, débité? Par le bois ou le fer. De face ou par traîtrise. Comme les autres, tous les autres, comme son Ancelot de père! Comme finira un jour Yvon, l'arrogant. Et je m'y résignerais? »

Elle s'arrête enfin, et les poings sur les hanches, la tête rejetée en arrière, sans un sourire :

« J'ai toujours imaginé, messire, que, de vous à moi, il y avait autre chose que le plaisir charnel et la complaisance, ou la soumission.

– Pour ma part, je puis t'assurer que tu as vu juste.

– En ce cas, pourquoi ne vous rangez-vous pas résolument dans mon camp et vous déclarez-vous prêt à soutenir le désir ingénu et aberrant d'un enfant?

– Ta question mérite deux réponses. Il me faut d'abord te préciser que pour moi l'aberration n'est point prouvée. Eudes affirme préférer le métier des armes à celui de clerc? C'est son droit, et je serais mal venu d'en juger, moi qui n'ai pu me faire à la vie des abbayes. Et d'un! Voilà la seconde partie : il s'est produit, ma jolie Mahaut, depuis notre premier entretien, un fait assez inattendu dont j'ai été le premier surpris et la première victime.

– Lequel, messire, si je ne suis pas indiscrète?

– Te souviens-tu de ce jour où, venue ici pour la première fois, tu m'as demandé d'enseigner tout mon maigre savoir à ton fils? »

L'espace de quelques secondes, un sourire malicieux éclaire le visage soucieux de Mahaut.

« Je n'ai rien oublié, soyez-en sûr.

– Te souvient-il que je n'étais guère chaud pour ce rôle imprévu d'écolâtre, que tu prétendais – et tu y as réussi – me faire jouer?

– Oui bien! Il m'a même fallu des arguments... Messire, ne me suis-je point engagée aussi loin que le peut la plus belle fille du monde?

– Sois certaine que je t'en sais un gré infini. Gré qui ne me quittera qu'avec la vie. Mais tu ne fais en me rappelant ceci qu'apporter de l'eau à mon moulin, que devancer ce que j'allais te dire : je n'ai cédé que par goût de toi – la plupart de nos concitoyens diraient : par vice – puis les semaines ont passé et les mois aussi, que dis-je, les années. Car voilà tout juste quatre ans qu'Eudes vient me voir chaque jour. Or, Mahaut, le moment est venu de te faire ma confidence. Ton fils, que je n'accueillais d'abord qu'à regret, maintenant je l'attends.

– Qu'entendez-vous par là? »

Eustache fait la moue et secoue la tête lentement :

« Qu'en vérité, je ne te rends plus service en échange de délectables privautés. Je n'agis plus que pour me rendre service, à moi. Parce que j'y trouve du plaisir, parce que ce petit a rompu ma solitude. N'est-ce pas à crever de rire? Moi, le scélérat jouisseur et sceptique, qui vis de la crédulité des nigauds, je tiens, plus qu'à tout en ce bas monde, aux visites d'un gamin. Et j'appréhende de ne plus le voir un jour. J'en viens à faire de sinistres décomptes et à me redire que je crèverai avant d'avoir fini mon enseignement pour me prémunir contre ma future solitude. »

Eustache se redresse et ricane :

« La toute belle Mahaut vaincue par son propre fils. »

La jeune femme hoche la tête et, de la porte, sur le point de partir, elle dit :

« Il me faut aller, mais sachez que je ne me tiens point pour battue d'avance. Et je ne désespère pas encore de votre soutien. Croyez-moi, messire, arguments fourbis, je reviendrai. »

Eustache rit :

« Ça, je m'en serais douté. Une belle garce ne peut s'avouer vaincue comme ça. Reviens souvent, Mahaut, je suis de ces loups édentés qui aiment contempler, à portée de leurs vieux museaux, les jolies chèvres. »

10

Le brusque retour d'Yvon à Marigné a surpris tout le monde. Mais ce qui déconcerte le plus les habituels commentateurs, c'est sa curieuse indifférence aux problèmes quotidiens. Une inexplicable préoccupation le pousse à répondre à ses gens, venus lui faire leur rapport : « C'est bon, voyez dame Constance. » Ou bien encore : « Adressez-vous à messire Rainaud. »

Eustache n'est pas le moins ébahi quand son rude neveu lui rend visite, l'allure fébrile, la parole brève :

« Nous avons à parler. Il va falloir te surpasser. »

Puis, comme calmé par cet avertissement, le sire s'affale au pied de la couche et passe ses mains sur un front moite de sueur.

Eustache l'examine d'un air sarcastique.

« D'ordinaire, ce sont les petites gens, rongées de soucis, qui font preuve de nervosité. »

Il s'exprime lentement, aux aguets des moindres indices qui pourraient expliquer l'attitude d'Yvon.

« Tu me parais, neveu, bien agité, bien peu maître de toi!
– On le serait à moins.
– Que se passe-t-il? »

La mine du sire de Marigné se renfrogne plus encore :

« Le comte Geoffroy et l'archevêque Hardouin nous ont contraints, Simon de Segré et moi, à jurer que d'ici quatre ans nous n'entreprendrions rien contre l'autre. »

Eustache éclate de rire :

« Par le cul du diable, voilà un plaisant serment! Et je m'étonne que l'un et l'autre ne soyez pas tombés morts de mâle rage, rien qu'en le prononçant.

– Ne te moque pas. Je n'ai point le cœur à plaisanter. Je me sentirais plutôt capable de pourfendre ceux qui tenteraient de se distraire à mes dépens.

– Tout beau, beau neveu, calme cette hargne, et conte-moi plutôt par le menu ce qui s'est passé. Ce sera moins sanguinaire et plus efficace.

– Sans importance », Yvon secoue la tête, « laissons cela. Sache seulement que ce chien pourri de Simon a trouvé moyen de m'insulter tandis que je cheminais vers le Plessis-le-Vent.

– Après le serment?

– Oui. »

Yvon se lève :

« Tu te doutes bien que je n'attendrai pas quatre ans pour tirer vengeance de l'affront.

– Effectivement, ça m'étonnerait beaucoup.

– Cependant, je ne tiens point à rompre ouvertement le serment et à me retrouver avec le comte sur le dos. Une seule solution me reste et je compte sur toi.

– Fichtre! tu m'honores. La confiance familiale est au zénith, dirait-on.

– Voilà : il me faut un effroyable maléfice pour anéantir cette race de puants. Aide-moi et tu pourras me demander ce qu'il te plaira, aussi longtemps que tu vivras. »

Comme Eustache le regarde sans répondre, il dit encore :

« Je livrerais mes enfants au diable pour voir détruire Simon et les siens. »

Yvon, le regard fixe, mâche ses mots avec furie.

« Alors ce maléfice, l'imagines-tu? »

Le visage d'Eustache, jusqu'ici hilare, se ferme.

« Tout beau, tout beau! Réponds d'abord à mes questions. Il me faut savoir comment le serment a été prononcé, devant qui, à quelle heure. Ce n'est point si aisé, mon neveu. Dans certains cas un maléfice peut se retourner contre celui qui le fait préparer.

– Mais...

– Il n'y a pas de mais. Tais-toi. »

Yvon, impressionné, obéit. Eustache reprend :

« Il va donc me falloir préparer certaines secrètes mixtures pour consulter les puissances des ténèbres. J'ai ce qu'il me faut dans ces caisses : vipères, rats, crapauds, et dans certains de ces pots des poudres inconnues des profanes. Tu n'as pas le droit d'assister aux opérations. Il en va de ta vie. Donne-moi les renseignements dont j'ai besoin et tandis que je consulterai, fais à pas lents sept fois le tour de l'enceinte, à l'extérieur de la lice. »

Yvon est à bout de patience quand il rentre dans la cahute.

« Alors ? dit-il.

– Non, répond Eustache, impossible ; la présence de l'évêque postulant pendant le serment interdit tout. Les signes sont irrémédiablement contraires. Tu ne peux atteindre ton ennemi par ce moyen. »

Yvon contemple l'écuelle dans laquelle un affreux mélange a été préparé. Des éclaboussures de sang sont encore visibles sur les bords ainsi que des traces multicolores. Pourtant il tempête, gueule, insulte Eustache impassible. Le vieil homme laisse passer l'orage. Enfin, lorsque son neveu commence à se calmer :

« A défaut de maléfices, tu dois pouvoir trouver un autre moyen efficace et sûr. »

La phrase ranime la fureur d'Yvon :

« Puisque je te dis que je ne peux ni ne veux rompre ouvertement le serment, que me reste-t-il ? Envoyer même Conrad, mon meilleur chevalier, n'arrangerait rien.

– Je crois connaître quelqu'un qui pourrait t'aider. »

Yvon cesse net de gesticuler, et braqué comme un chien d'arrêt devant un lièvre :

« De quelle façon ?

– Laisse-moi réfléchir. »

Yvon grogne :

« Fais vite, n'abuse pas de ce qui me reste de patience. »

Nullement ému, Eustache se renverse en arrière et les yeux au plafond demeure un moment silencieux. Enfin, il se redresse et, appuyé sur un coude, dit :

« La solution serait de t'en prendre à l'un des membres de la parenté de Simon, celui qui le touche de plus près. Attends, je sais ce que tu vas me répéter : tu ne peux agir toi-même et tu n'oseras pas envoyer un de tes hommes, fût-il aussi dévoué et sûr que le Saxon. Or moi, je suis en mesure de te mettre en rapport avec un homme qui se chargerait, moyennant une solide rétribution, de faire le travail à ta place. Si tu vas le voir incognito, si tu organises soigneusement ton affaire, tu tireras vengeance de Simon sans qu'on puisse t'accuser de parjure, sans que le comte Geoffroy se doute de ton intervention.

– Mordieu, Eustache, donne-moi le nom de l'homme, et, s'il est capable, je traite avec lui. Où est-il? Et d'abord, qui est-il? Comment l'as-tu connu? »

Le visage d'Eustache s'éclaire, tandis qu'il fouille dans ses souvenirs :

« Quand je l'ai connu, il était moine comme moi-même, et de cette même qualité qui fait le désespoir des prieurs et des abbés. C'était un tout jeune homme en perpétuel mouvement, la rage au ventre et ayant le goût des plaisirs. Sa violence en effrayait beaucoup. Au cours de solides beuveries, puis pendant de joyeuses expéditions pour mettre à mal la gent féminine, nous sommes devenus d'heureux complices. Ensuite il s'est défroqué et a formé une redoutable compagnie de routiers. Les engagements ne lui ont pas manqué. Il a été soudoyé pour le service de différents seigneurs. Mais j'ai su qu'il s'est le plus souvent battu sous la bannière du comte Conan le Tors, de Rennes. Je l'avais perdu totalement de vue quand, il y a six mois de cela, un frère errant, venu coucher au château, m'a dit l'avoir vu au Mans, dans une auberge où il semblait avoir pris ses quartiers. »

Yvon coupe court à l'évocation de nouveaux souvenirs :

« Quel homme est-ce?

– Le tien, si tu mets la main dessus. La plus franche canaille, la plus rusée aussi qu'il m'ait été donné de rencontrer. L'homme est impitoyable.

– Audacieux?

– Pour un joli tas d'or, il est l'audace même.

– Son nom et le nom de l'auberge.

– Quand je portais le nom d'Eustache Corne-Vin, on le nommait Orri-Défie-Dieu. Peut-être, maintenant, l'appelle-t-on aussi : Taillefer, mais Taillefer ou Défie-Dieu, il est fait pour s'entendre avec Yvon-propter-lupinam-eius-speciem. »

Eustache éclate de rire, tandis qu'Yvon hurle :

« Ta gueule!

– Je vois, mon neveu, que je n'ai pas besoin de traduire : Yvon-sournois-et-cruel-comme-un-loup.

– Le nom de l'auberge?

– *La Croix d'Or.* »

Yvon marche vers la porte. Eustache, toujours hilare, ajoute :

« Méfie-toi, beau neveu. Je te le répète, l'homme est particulièrement redoutable. »

Puis, comme Yvon soulève la clenche, il crie :

« N'oublie pas de me faire porter du vin et des viandes. Autrement je pourrais bien, par quelque tour de ma façon, paralyser tes projets. »

Yvon se retourne juste le temps de grommeler :

« Tu auras ce que tu veux dès aujourd'hui. »

Yvon traverse la cour et va droit à la poterne ouest. Conrad est là, occupé d'un arc d'enfant. Yvon l'appelle et l'entraîne. Quand nul ne peut plus les entendre, il lui dit :

« Demain, à l'aube, nous partons. Choisis six de tes hommes parmi les plus habiles, les plus forts, les plus intrépides. Officiellement, nous allons chasser et inspecter la tour de guet de Vaux. En fait nous partons pour Le Mans. Mais nul ne doit connaître le but de ce voyage. N'avertis pas les hommes avant le départ de Vaux, et assure-toi de leur silence. Qu'ils revêtent la cotte de mailles sous le bliaud et, par-dessus, les buffleteries, et qu'ils soient solidement armés. Prends aussi les chevaux les plus rapides. »

Conrad acquiesce puis demande :

« Serons-nous longtemps absents?

– Quatre à cinq jours. »

Le Saxon hoche la tête.

« Tout sera prêt, messire. »

Yvon quitte la couche et passe ses chausses. Mahaut le regarde faire, ironique :

« Il faut que vos soucis soient d'importance, mon cher seigneur, pour vous priver à ce point de vigueur. A moins que vous ne soyez lassé de moi. »

Yvon marmonne. Mahaut reprend, faussement apitoyée.

« Peut-être la chasteté vous conviendrait-elle mieux?

– J'ai autre chose en tête et ne veux point discuter maintenant avec une garce de ton espèce. »

Le rire clair de Mahaut laisse le sire de Marigné parfaitement indifférent.

La nuit descend sur le château. Dans la cour, des silhouettes se hâtent. En dépit d'un crépuscule au ciel limpide, l'air est frais. A moitié vêtu, le sire s'approche de la cheminée où deux grosses bûches flambent. Les mains tendues, il reste immobile, comme fasciné par les flammes. Il ne semble pas entendre Mahaut qui, enveloppée dans une ample draperie brune, s'approche de lui.

« Ne puis-je rien faire pour vous distraire de vos tracas? Sont-ils graves à ce point? »

A ces derniers mots, elle pose sa tête sur le bras de son amant. Yvon d'abord reste sans répondre, puis, comme Mahaut esquisse un geste pour s'éloigner, il la prend brusquement aux épaules.

« Dis-moi. Si tu avais à te venger d'un homme et que tu aies le moyen de l'atteindre dans un de ses proches, vers qui porterais-tu les coups?

– Encore me faudrait-il savoir à qui vont ses préférences, sur qui il compte le plus.

– Et si tu ne le savais pas? »

Mahaut hésite un bref instant puis dit rêveuse :

« Je crois que j'hésiterais entre un enfant mâle que je ferais tuer et une fille que je ferais violer.

– Pas bête.

– Vous ai-je été utile si petitement que ce soit?

– Sans doute. »

Yvon achève de s'habiller. La nuit maintenant est complètement tombée. Une lune énorme apparaît au-dessus de la lice. La cloche de la chapelle résonne doucement, appelant à la prière. Mahaut dit :

« Eudes ne va plus tarder. »

Yvon vient à elle et l'attire :

« Tu ne me verras point de quelques jours. N'aurais-tu, jolie garce, certaines demandes à formuler?

– Je m'en remets à vous pour imaginer mon plaisir. Je souhaite seulement vous revoir au plus tôt. »

Comme il s'éloigne de nouveau, son rire fuse :

« Et animé de votre ancienne vigueur.

– Ne crains rien, Mahaut, sois certaine qu'à mon retour tu me rendras raison de tes accusations. »

11

Les huit hommes se sont restaurés à la tour de Vaux, mais sans s'y attarder. « La chasse... » a prétexté Yvon, qui ensuite a dû décliner la proposition de Mathieu de Vaux de les héberger le soir. Il était à peine plus de sixte quand ils ont repris la route. Après avoir parcouru un quart de lieue en direction de l'ouest, certains, désormais, que nul ne pouvait plus les voir, ils ont bifurqué vers le nord.

Conrad et Yvon marchent en tête, l'un derrière l'autre. A moins de cinq toises les suivent les six sergents. Toute la matinée, il a plu. Ils vont, évitant les mares, sautant les ruisseaux, contournant les fondrières. De temps en temps, Yvon pousse son cheval pour venir à hauteur de Conrad, échanger quelques mots avec lui. Le Saxon semble préoccupé. Il progresse, tendu comme un animal sauvage en présence d'un danger inconnu, flairant le vent, attentif aux moindres frémissements. Parfois, il se dresse sur ses étriers pour regarder intensément en tous sens.

Il est près de quatre heures lorsque Conrad s'arrête brusquement et attend ses compagnons.

« Que se passe-t-il? » demande Yvon, en voyant le front plissé du chevalier, et le pli dur de ses lèvres.

Le Saxon grimace, mécontent :

« Je suis persuadé que nous sommes sur le point d'être complètement encerclés. Ces démons y ont réussi. Restons un instant immobiles et que chacun retienne son cheval, qu'il l'empêche de broncher. »

Le sire de Marigné, sourcils froncés, obtempère comme les

autres. Au bout de quatre à cinq minutes, Conrad esquisse un geste de mécontentement.

« Ils sont adroits et font tout pour nous mettre en confiance. Dès maintenant, portons le heaume, ce sera plus sûr.

– As-tu des indices qui te permettent de prévoir qui nous suit de la sorte, demande Yvon, il importe de savoir si ce sont guerriers ou bandits.

– Dieu merci, ce ne sont, me semble-t-il, que bandits. Et vraisemblablement mal équipés. Le plus grand nombre se déplace à pied. Les traces ne mentent pas et confirment ce qu'on m'a dit tout à l'heure.

– Qui t'a renseigné?

– Mathieu de Vaux.

– J'espère que tu n'as pas trahi le but de notre voyage!

– Point, messire, douteriez-vous de moi?

– Certes non. Mais je tiens absolument à ce que nul ne se doute de notre destination. »

Conrad approuve de la tête, puis reprend :

« Au cours du repas j'ai fait parler Mathieu sur le pays manceau. Il m'a confié qu'à plusieurs reprises, ces dernières semaines, au cours de patrouilles, il a poussé des pointes, fait des incursions hors des limites du fief et qu'il a acquis la certitude qu'une troupe de brigands opérait, se renforçait dans cette région mal contrôlée.

– Pourquoi ne m'en a-t-il parlé? Un jour ou l'autre, elle attaquera nos hameaux et éventuellement s'en prendra à nos tours de guet. »

Conrad hausse les épaules :

« Sans doute attendait-il une confirmation de son hypothèse pour le faire. »

Yvon ne répond rien. Les huit hommes prêtent l'oreille un moment encore. Mais ne leur parvient que le bruit du vent dans les branches.

« Ne crois-tu pas qu'il serait bon que nous franchissions la Sarthe immédiatement et que nous passions une lieue au sud de Sablé?

– Si, c'est la meilleure solution. Tenez, coupons là. » Le Saxon désigne dans le sous-bois une zone moins encombrée de lianes. « Ainsi, les désorganiserons-nous. »

Et Conrad engage son cheval entre deux chênes sur sa droite. Tous le suivent.

Les branchages, encore humides, cinglent les visages. Le bois cassé crépite et le feuillage mort crisse sous les pas des chevaux. Des senteurs lourdes montent du sol. Étroitement rassemblée, la petite troupe progresse rapidement en dépit des difficultés.

Soudain, au moment où ceux de Marigné rejoignent un sentier, ils se trouvent face à face avec trois hommes, loqueteux mais armés, trois figures de cauchemar. Conrad tire sur les rênes et stoppe son cheval en même temps qu'il crie : « Halte! »

Ses compagnons l'entourent, Yvon perdu parmi les sergents.

Le brigand du milieu, au long visage maigre, rongé de barbe sale et couturé de cicatrices, a l'œil gauche crevé. Plus grand que ses compagnons, il s'appuie avec une feinte négligence sur la hampe de sa lance. Les deux autres, repoussants de crasse, les traits contractés par de vilains rictus, tiennent ostensiblement trois javelots chacun.

Un moment, hommes d'armes et brigands s'observent. Entre ces deux groupes si fortement contrastés, c'est encore un moment de trêve. Puis, Œil-Crevé porte une main à la bouche et émet un long et puissant coup de sifflet. Aussitôt, de droite et de gauche, par-dessus les fourrés, des têtes surgissent. Conrad, à qui rien n'échappe, s'assure par un rapide coup d'œil que la retraite est coupée. Comme il s'y attendait, à cent toises se tiennent immobiles six cavaliers.

Œil-Crevé éclate d'un bruyant rire qui montre une bouche à moitié édentée. Avec des grâces d'ours, il esquisse une sorte de révérence :

« Beaux seigneurs, c'est une joie pour nous de vous accueillir céans. Je savais bien que le ciel ne nous abandonnerait pas. Je le disais encore tantôt à mes amis : Dieu pourvoit aux siens. Nous lui expédions assez de pécheurs pour qu'il ait à cœur notre sauvegarde. Mais comment ne le remercierions-nous pas davantage encore quand il nous envoie troupe aussi belle, aussi riche. Quelle générosité! Que ces chevaux sont beaux, que ces armes sont étincelantes! »

Il donne un coup de coude à ses acolytes.

« Riez, mes frères. La providence des gueux a deviné nos désirs les plus chers. »

Conrad murmure :

« Le drôle cherche à nous impressionner mais, en réalité, il ne sait comment s'y prendre avec nous. Ayez l'œil, et en toutes directions. »

Cependant le brigand hausse le ton et pivotant sur lui-même d'abord à droite puis à gauche, avec de larges gestes vers ses complices :

« Eh là, vous autres, vous tous, mes bons compagnons, clamez un peu votre joie. Que ces beaux seigneurs sachent votre nombre et la vigueur de vos poitrines qui augure celle de vos bras : Alléluia ! »

De toutes parts montent des cris.

Conrad, remuant à peine les lèvres, commande :

« Wilfried et Ludolph, venez insensiblement m'encadrer. Messire Yvon, mettez-vous derrière moi. Que Gozlon et Érard soient à vos côtés, mais prêts à déborder, qu'enfin Macaire et Oger assurent vos arrières. »

Graduellement, comme au gré de l'impatience des chevaux, l'ordonnancement des huit hommes se modifie.

Œil-Crevé ricane :

« Mes beaux seigneurs, je vous sens nerveux. De grâce, ne vous laissez point aller à quelques gestes désespérés. Nous serions, mes amis et moi, désolés d'avoir à occire de si vaillants guerriers. »

Il regarde tour à tour ses deux acolytes et simulant grossièrement l'onction :

« Que pensez-vous de la situation, frères ? »

Celui qui se tient à sa droite répond d'une curieuse et dérisoire voix de tête :

« Plaire à Dieu, voilà ce que nous recommande notre bon clergé. Ce n'est point nos glorieux visiteurs qui le feront mentir. Eux qui en ont tant l'habitude nous aideront à ne point faire couler le sang. Surtout si le leur risque de se mélanger au nôtre. La sagesse et la piété leur recommandent de nous abandonner quiètement armes, bijoux et chevaux. Ensuite nous leur promettons de les laisser continuer leur route, en vrais pèlerins. Démunis des vils biens de ce bas monde.

– Mais peut-être, dit Œil-Crevé, répugnent-ils à nous abandonner ces parcelles de richesses ? »

Le second compagnon, large et épais, la trogne écarlate, qui jusque-là n'a pas soufflé mot, s'exclame :

« Frère, mon bon frère, n'imite pas ce nommé Thomas, dont le prieur, en mon bon monastère, me rebattait jadis si souvent les oreilles. Chasse le doute et crois. Crois que si nous le leur demandons gentiment mais fermement, ces nobles hommes descendront de leurs montures et se dépouilleront de leurs armes et harnachements, rien que pour conserver la vie. Cet unique don de Dieu. Pourtant, je suis partisan qu'ils gardent leurs bliauds et leurs braies. Avril est cru pour s'y promener cul nu. Et qu'ils aillent en se souvenant que la pauvreté plaît au cœur de Jésus. Et Dieu sait si nous devons lui plaire. »

Œil-Crevé éclate de rire.

« Compagnons, vos plaidoyers me dilatent la rate. Mais je souscris volontiers à vos...

– Tue, tue, tue, hurle Conrad à cet instant, entraînant avec lui ses sept compagnons. Mort à ces drôles, restez groupés. »

Dans la seconde tout se modifie. Les trois chefs brigands sautent de côté. A leur place, barrant la route, surgissent une quinzaine de bandits équipés de longues piques, dont ils fichent la hampe en terre et qu'ils tiennent inclinées de façon à former barrage contre les chevaux. Dans le bois, leurs compagnons se démasquent, des fourrés et des buissons des flèches volent. Partout, on entend courir ceux qui viennent à la rescousse.

Œil-Crevé et ses deux seconds hurlent :

« Attention aux chevaux ! Il nous les faut intacts ! »

Yvon, Conrad et les six sergents frappent et se démènent en experts, criant :

« Taille, taille, tue, tue... »

Les traits qui frappent ceux de Marigné retombent, arrêtés par la cotte de mailles dissimulée sous le bliaud. En dépit de la disproportion du nombre, le combat un temps est égal. Les six cavaliers gênés par leurs compagnons à pied tardent à prendre part au combat. Ils sont sur le point d'y parvenir quand Conrad fait faire un brusque écart à son cheval qui, du coup, renverse deux piétons qui tentaient d'atteindre le Saxon aux jambes. Conrad se trouve tout proche d'Œil-Crevé et des deux autres, qui donnent à grands cris ordres et conseils. Le Saxon, rapide comme l'épervier, se penche dans l'instant, et, d'un terrible et imparable coup de taille, il fend la tête du bandit. Puis avant que les deux autres aient pu l'atteindre de leurs javelots, il fait tourner et ruer son cheval. Touchés en pleine face, les deux hommes s'écroulent dans un hurlement. Le Saxon éclate d'un rire tonitruant et faisant volte-face il désarçonne de sa masse d'armes, qui vire au bout de sa longue chaîne, le premier cavalier qui venait à lui par le travers.

Yvon frappe comme un bûcheron expérimenté sur les hommes aux piques. La masse d'armes éclate les hampes, la chaîne en s'enroulant les arrache des mains, les sergents alors s'insinuent dans les rangs ennemis et déciment les gueux les plus proches que rien ne protège plus. Au moment où Yvon abat un nouvel homme, deux d'entre eux se jettent en avant tandis que les autres protègent leurs arrières.

Une vingtaine de corps jonchent déjà le chemin. Les brigands dans leur indécision perdent le bénéfice du nombre quand, sur un dernier piquier tué par Yvon, la tête presque décollée du tronc, le mur des lances se rompt, se débande.

« En avant ! hurle le sire de Marigné, la route est libre ! » Et il fonce suivi par quatre seulement de ses hommes. Ludolph voit, au moment de passer, Conrad entouré par les cinq cavaliers. Le Saxon pare de son écu et cogne à coups redoublés mais ne parvient plus à se libérer du cercle de fer. Ludolph crie :

« Golzon, à moi ! »

Tous deux foncent. Deux des cavaliers s'écroulent au premier choc. Les trois suivants refluent, apeurés. Le Saxon se retrouve entre les deux sergents. Yvon qui s'est arrêté et suit l'action prêt à intervenir en cas d'absolue nécessité, crie :

« Décroche, chevalier, la percée est faite. »

Conrad répercute l'ordre :

« Attention à la volte-face, en avant. »

Pour Ludolph et pour lui la manœuvre réussit à merveille et il se retrouve au-delà du gros des brigands qui reprennent courage et que le dépit de voir fuir leur proie pousse à de nouvelles audaces. Golzon, en revanche, reçoit un javelot juste à la lisière du heaume. Le fer s'enfonce dans la gorge nue. Le corps bascule en arrière. Immédiatement, tandis que retentissent des cris de victoire, trois gueux l'empoignent tandis que deux autres se jettent à la tête du cheval et le maîtrisent.

Conrad et Ludolph passent les derniers adversaires mais ils n'ont pas fait cinquante toises que la monture du Saxon, atteinte de deux flèches, s'écroule.

« Ludolph ! » hurle-t-il.

Celui-ci retient sa monture. Yvon et ses hommes reviennent faisant mine de charger, et stoppent ainsi ceux des brigands qui, déjà, accourent. Avec une incroyable agilité, en dépit du harnachement, le Saxon après avoir boulé à terre se retrouve debout juste à point pour sauter, aidé par Ludolph, en croupe de celui-ci.

« Allez, allez, crie Yvon, foncez ! »

Ils s'enfuient, poursuivis par les clameurs des bandits, dont une partie se bouscule autour du cadavre de Golzon que les premiers s'acharnent à dépouiller.

Pendant un bon quart d'heure ceux de Marigné filent, uniquement soucieux de mettre le plus d'espace possible entre eux et les brigands. Quand ils débouchent de la forêt, ils aperçoivent la Sarthe qui coule dense et boueuse à moins de deux cents toises. Ses rives apparaissent incertaines car elle a envahi une partie des prairies qui la bordent.

Yvon vient à la hauteur de Ludolph qui porte toujours Conrad en croupe.

« Ces chiens, gronde-t-il, me le paieront. Dès notre retour nous organiserons une opération pour retrouver ces canailles. Je réunirai vingt lances, et nous les exterminerons. »

Conrad, le visage dur, les yeux fixes, approuve :

« Si vous n'en aviez pas ainsi décidé, je serais revenu, au besoin, avec mes seuls hommes. Ils ont tué un de mes vieux compagnons, un de mes meilleurs sergents, mais ils ne l'emporteront point au paradis. Messire, donnez-moi le commandement de l'expédition. Je jure que ma vengeance sera exemplaire.

– Accordé, dit Yvon, mais je serai là, ne serait-ce que pour voir ce que tu sauras imaginer comme savants tourments. »

La troupe de Marigné atteint la lisière de l'eau. Conrad saute à bas et examine l'immense étendue liquide, cherchant à découvrir les bords mêmes de la Sarthe. Ses repères pris, il revient vers ses compagnons.

« Il faut traverser sans attendre. Les brigands réorganisés peuvent encore nous assaillir. La seule solution est de vous aider des chevaux.

– Et toi, dit Yvon?

– Wilfried et moi sommes les meilleurs nageurs. Nous allons faire le guet pendant que vous traverserez. Emmenez son cheval. Nous sommes capables de vous rejoindre rien qu'en nous aidant d'une grosse branche, et sans nous dévêtir. »

Puis, s'adressant aux sergents :

« Déshabillez-vous, attachez vos équipements sur le dos de vos montures, nagez en tenant les brides aussi lâches que vous le pouvez. »

La manœuvre s'opère sans difficultés majeures. Réunie sur la rive gauche, la petite troupe continue sa route. Ludolph porte en croupe Wilfried.

Il s'en faut d'une heure que ne sonnent complies, et la lune luit, roussâtre, par-dessus les bois et les guérets, dans un ciel fraîchement lavé de pluie, quand ils atteignent Malicorne. Le vent s'est, lui aussi, calmé et les arbres semblent de leurs branchages immobiles appeler à la sérénité.

Les portes de la petite ville sont closes et, en dépit de multiples supplications à son de corne, ceux de Marigné ne parviennent pas à se faire ouvrir. Yvon tempête contre ces « satanés bourgeois, plus couards que des lièvres », mais en vain. Il ne reste qu'à bivouaquer. Les sept hommes s'installent au bord de la Sarthe, là où la rive se relève par crainte d'une nouvelle et nocturne montée des eaux. En dépit de la fatigue, ils doivent organiser des tours de garde. Conrad prend le premier. Et, tandis que ses compagnons sombrent dans un pesant sommeil, le Saxon, de son grand coutelas, entreprend, rêveur, de tailler dans une branche de noisetier un sifflet.

Le lendemain matin, à peine ouvertes les portes de Malicorne, Yvon, Conrad et les cinq sergents pénètrent dans le bourg et cherchent à acheter un cheval. Le marché conclu, après s'être restaurés rapidement, ils reprennent la route. A la poterne est, ils rencontrent trois marchands lombards, suivis d'une bonne douzaine de valets, solidement armés, qui encadrent dix mules chargées de lourds ballots. Cettre troupe se rend, comme eux, au Mans, et les marchands, après avoir jaugé Yvon et ses hommes, proposent de faire route de conserve. Satisfait de mieux assurer ainsi son incognito, le sire accepte. D'autant que les risques d'une éventuelle attaque par des brigands deviennent ainsi plus improbables.

Les huit lieues qui séparent Malicorne du Mans sont parcourues en moins de quatre heures. Le soleil est au zénith quand ils franchissent les puissants remparts de la ville qui domine la Sarthe vers l'ouest.

L'auberge de *La Croix-d'Or*, à l'angle droit du parvis de la cathédrale Saint-Julien, a fort bonne mine. La maison à deux étages est neuve et la grande enseigne de fer forgé étale de séduisantes couleurs. Dans la grande salle, sous les énormes poutres d'un plafond bas, règne une joyeuse animation. Les voyageurs sont moins nombreux, à cette heure, que les artisans et marchands de la ville rassemblés là pour discuter et se distraire d'une longue matinée de labeur. Des servantes courent sans arrêt aux quatre extrémités de la salle, les bras chargés de victuailles et de pichets de vin, de cidre ou d'hydromel. Tout le monde parle haut. Rires et jurons s'entrecroisent.

Tandis que les cinq sergents conduisent les chevaux dans la grande cour qui donne sur l'arrière de la bâtisse et qu'entourent granges et écuries, afin de veiller à ce que les bêtes soient convenablement soignées, Yvon et Conrad vont s'attabler dans l'angle le plus calme et commandent du vin. Au bout d'un instant, désaltéré, le sire de Marigné se lève :

« Attends-moi là. Que les hommes, lorsqu'ils te rejoindront, se restaurent. Et tiens-les prêts à intervenir au cas où j'aurais maille à partir avec mon interlocuteur et ses acolytes. D'autant plus que nous ne nous attarderons pas ensuite. »

Conrad opine de la tête.

Le sire se dirige vers le patron de l'auberge qui veille, sourcils froncés, sur les servantes et les valets. L'homme, petit et gras, a le visage luisant de sueur, et il se démène comme un diable, l'œil partout à la fois.

La masse sombre d'Yvon, qui s'interpose soudain entre lui et la salle, semble l'importuner. Il fait un mouvement pour tourner autour de l'insolent, mais il n'a pas le temps de l'achever. Une main brutale l'empoigne à l'épaule :

« Dis-moi, l'hôte, où trouverai-je Orri-Défie-Dieu, dit aussi Orri-Taillefer? »

L'aubergiste examine avec circonspection la puissante carcasse et l'armement d'Yvon. Impressionné, il s'incline :

« Votre seigneurie est-elle de ses amis? »

Yvon se penche :

« Réponds à ma question sans te mêler de rien. Où puis-je le trouver?

– Ici même, seigneur. Mais pardonnez-moi d'insister, ce n'est point curiosité ni impertinence; le seigneur Orri-Défie-Dieu déjeune dans son appartement au premier, et il a horreur d'être dérangé. Il m'a formellement...

– A quelle porte dois-je frapper?

– Celle qui est au fond du couloir, à gauche. La fenêtre de la chambre donne face à la cathédrale. Cependant, votre seigneurie, je vous assure... »

D'un mouvement de poignet Yvon écarte sans ménagement l'aubergiste qui en manque de choir, avant de s'engager dans un étroit corridor qui s'achève par un escalier droit comme une échelle de meunier.

Le silence règne à l'étage. Les murs épais empêchent le tapage du rez-de-chaussée de parvenir jusque-là. Après s'être orienté, Yvon aboutit à une porte. Il colle l'oreille contre le battant. Ne lui arrivent que le bruit d'une forte respiration et des tintements qu'il lui semble être de gobelets ou de vaisselle. Après quelques secondes, il frappe du poing, à trois reprises.

« Qui va là? »

La voix de basse-taille grasseye :

« Que me veut-on encore? Ne peut-on me foutre la paix, mordieu? Allez au diable!

– Je veux vous entretenir seul à seul, pour affaires.

– Et moi, je ne veux point qu'on m'importune.

– Vous m'écouterez pourtant, répond Yvon en poussant le battant sans plus attendre.

– Par les cornes du diable, je n'ai point dit d'entrer. Tu vas me le payer! »

Yvon voit bondir de table une silhouette de taille moyenne, mais aux épaules d'une extraordinaire largeur, vêtue d'un bliaud de soie verte, que ne serre à la taille aucune ceinture. Sans armes à portée de main, Orri-Défie-Dieu s'empare d'un large couteau à découper.

« Eh, l'homme, crie-t-il, as-tu jamais eu peur d'un coup de dague porté de main de maître? As-tu jamais aussi entendu parler de la patience d'Orri-Défie-Dieu?

– Certes, puisque je viens le voir de la part de son vieil ami, Eustache-Corne-Vin. »

L'homme au poitrail de taureau s'arrête net, à deux pas d'Yvon qu'il toise sans aménité, et grogne :

« Répète voir le nom de qui t'envoie?

– Eustache-Corne-Vin, te dis-je. Comme toi en rupture d'abbaye. Ton vieux complice.

– Bon Dieu, voilà un nom qui te sauve la vie. Mais dis-moi au moins s'il se porte bien. L'as-tu vu récemment? Boit-il et mange-t-il toujours aussi fastueusement?

– Je l'ai quitté voici deux jours et il se portait aussi bien que son âge le permet. Quant à sa panse, c'est son plus lourd fardeau. A peine peut-il la traîner.

– Foutre! A ce point?

– Il est si gros maintenant qu'il peut à peine se lever. Mais son esprit est plus vif que jamais et c'est lui qui m'a conseillé de venir te proposer une affaire.

– M'emmerde pas avec tes histoires pendant que je dîne. En attendant, quoique tes manières ne me plaisent qu'à moitié, je n'ai point oublié ton outrecuidance; viens t'asseoir et, pendant que je me restaure, parle-moi du vieil ivrogne. »

La table devant laquelle se réinstalle Orri est encombrée de plats surchargés de victuailles appétissantes; trois bouteilles trônent au milieu.

Yvon va pour s'asseoir quand il aperçoit, trop tard, un jeune homme au visage pâle dont les yeux sont si bleus que son regard semble vide, et qui tient à la main une courte dague. Avant qu'Yvon ait eu le temps de faire un geste, il se retrouve assis de force, la tête coincée par un bras dur comme le fer et la dague appuyée sur la gorge.

Incapable de proférer le moindre son, Yvon roule des yeux blancs. Orri éclate de rire.

« Bien joué, Aimeri de mon cœur. Décidément, tu es de plus en plus adroit. Tu auras droit ce soir à partager ma couche où je te ferai plus heureux qu'un dieu. »

D'une voix glacée, Aimeri demande :

« Voulez-vous que je l'égorge à l'instant?

– Ne sois pas impatient; j'aimerais bien savoir ce qui l'amène ici. Peut-être vient-il vraiment de la part du gros Eustache. Retire-lui ses armes. »

Aimeri, après avoir rengainé son coutelas, et sans relâcher sa prise, ôte la large épée, la dague et le coutelas de la ceinture d'Yvon. Il les jette à terre. Soudain, il tâte la poitrine du sire et dit :

« Sous le cuir, il porte une cotte de mailles.

– Tiens, tiens, avais-tu par hasard, mauvais drôle, l'intention de m'occire? Aimeri, j'aimerais l'entendre, détends un peu ta prise. »

Le sire de Marigné, congestionné, ivre de fureur, n'émet d'abord que quelques gargouillis, enfin il parvient à bégayer :

« Je t'éventrerai, pourceau.

– Méfie-toi; si tu m'insultes, il va doublement t'en cuire, beau rossignol.

– Et je pendrai cette ordure d'Eustache.

– Par les cornes du démon, tais-toi. Et ne t'avise pas de toucher à un seul poil de la barbe de mon vieux complice ou tu serviras de repas aux corbeaux avant d'avoir seulement fait " Ouf ". Compris? Réponds plutôt à mes questions : avais-tu l'intention de m'occire? Qui te paie? »

A ce moment, Yvon, d'un coup de pied, renverse sa chaise et tombe en entraînant Aimeri. D'un violent coup des talons, il se projette en arrière. Aimeri, alourdi de tout le poids du sire, est catapulté et sa tête, qui porte avec violence contre l'angle d'un coffre, rend un son mat. Son étreinte dans la seconde se relâche. Yvon, vif comme l'aspic, se détourne et, à toute volée, le frappe à la face. Puis, sans perdre de temps, il se jette sur sa droite, et se retrouve à portée de main de son épée qu'il saisit.

Pendant ce temps, jurant comme un diable, Orri-Défie-Dieu a bondi jusqu'à sa couche pour s'emparer de son branc.

De part et d'autre de la table les deux hommes se retrouvent face à face, brandissant leurs armes. Aimeri gît assommé.

« Récite ton Pater Noster sans plus tarder, l'inconnu, car tu vas rendre ton âme à Dieu avant dix minutes, quoique tu sois couvert d'une cotte de mailles et que je ne le sois point.

– C'est toi qui vas crever, gros lard ! M'insulter de la sorte ! Personne n'en est jamais revenu. »

Les deux hommes tournent autour de la table, méfiants, aux aguets. Aimeri esquisse un mouvement ; Yvon lui décoche au passage un terrible coup de talon en pleine face. Orri écume de rage et se jette en avant, portant de redoutables coups de pointe. Yvon pare en ricanant et continue à tourner. Soudain, comme calmé par ce dernier coup de talon qui l'a vengé, Yvon dit :

« Maintenant, Orri-Défie-Dieu, je vais répondre librement à tes questions. Sache que personne ne me paie. C'est moi qui ai l'habitude de payer les autres. Je ne suis venu que pour te confier une affaire et t'offrir, comme premier gage, cinq cents sous d'or.

– Menteur fieffé, tu as peur pour tes os, maintenant que je t'ai au bout de mon bon branc. »

Yvon s'esclaffe :

« Je n'ai rien à en faire de ta broche. Mais pour te prouver que je ne mens pas, regarde. »

Rapidement il passe la main gauche sous son bliaud et fait apparaître une lourde bourse qu'il jette sur la table.

« Voilà ce que je voulais. Et tâche, à l'avenir, de mieux dresser ton escogriffe qui m'a fouillé sans trouver ça.

– Bon Dieu ! s'exclame Orri, recule-toi jusqu'au mur, que je puisse examiner d'un peu plus près cet affriolant sac. Je crois que je vais finir par te croire. »

Yvon, de bonne grâce, fait trois pas en arrière. Son adversaire s'empare alors de la bourse et, après avoir arraché avec les dents le galonnet qui en lie le col, il renverse le contenu dans un plat. Les pièces d'or se répandent avec de joyeux tintements. De nouveau Orri jure entre ses dents. Enfin, d'un ton amène, il demande :

« Qui es-tu ?

– Je ne puis te le dire. Sache seulement que je veux me venger d'un homme. Pour des raisons que je ne peux exposer et qui t'indiffèrent, il ne m'est pas possible d'entreprendre personnellement la besogne. A cet égard, sois certain que ce n'est pas la crainte qui m'arrête. Donc, je veux tirer vengeance. J'ai par hasard rencontré à Marigné le vieil Eustache. Il m'a conseillé de te voir en m'affirmant que, si mon prix te convenait, tu te chargerais de la besogne. Voilà tout. Là-dessus tu me fais assaillir traîtreusement par ton suppôt et tu m'accuses en plus de vouloir te tuer. Quant à ma cotte de mailles, j'ai cheminé ces jours et il ne fait point bon se promener innocemment. Je n'en veux pour preuve que cette attaque que j'ai subie, avec mes hommes, avant d'atteindre Sablé. »

Orri contemple encore un moment le tas d'or sans mot dire, puis, brusquement, il jette son épée sur le lit.

« Je te crois, dit-il, rengaine. »

Yvon s'exécute. Orri marche jusqu'au corps d'Aimeri, lui verse le contenu d'un pichet de vin sur la tête et achève de le réveiller par quelques coups de pied dans les côtes :

« Lève-toi, imbécile, et va te mettre la tête sous l'eau pour te réveiller tout à fait. Plus tard, nous discuterons et je t'apprendrai à te laisser ainsi surprendre comme le plus innocent enfant de chœur. Allez, file et au passage dis à la Truttaute de nous monter vite deux pichets d'hypocras. »

Tandis qu'Aimeri obtempère, jetant au passage un coup d'œil féroce à Yvon qui n'en a cure, Orri-Défie-Dieu reprend place et dit :

« Assieds-toi, l'inconnu, des hommes de ta trempe ne sont point faits pour me déplaire. Surtout quand ils ont des bourses aussi bien garnies que la tienne. Dis-moi ce qu'il y a pour ton service et, tandis que nous trinquerons avec de bonnes pintes d'hypocras, pour nous remettre de ces émotions, je prendrai une décision au sujet de ton affaire.

– Elle est difficile, je te préviens.

– Tant mieux, ça te coûtera plus cher.

– Mon homme est dangereux et bien défendu. Hommes et remparts ne lui font pas défaut.

– Donne-moi son nom et dis-moi ce que tu souhaites qu'il lui soit fait.

– Jure-moi d'abord de ne parler de tout ceci à personne.

– Tiens, je vais te prouver ma bonne foi : je me suis si souvent parjuré que mes serments ne valent pas cher, aussi ferai-je mieux, je te donne ma parole sur mon épée.

– Il s'agit de Simon de Segré, en Anjou. Je souhaite que tu enlèves son fils aîné et que tu en exiges une forte rançon. Puis que tu le tues au moment de le rendre. La rançon sera pour toi, et moi, outre ce sac, je t'en ferai remettre deux autres égaux en poids d'or. »

A cet instant, on frappe. Orri crie d'entrer. Apparaît une servante jeune et jolie, portant deux bons pichets, pleins d'un liquide fumant.

« Votre hypocras, messires. »

Tout en parlant, elle louche sur les pièces d'or étalées dans le plat de venaison.

« Pose ça et ne te crève pas les yeux sur cet or, la belle. Si tu viens me voir quand maître Liébaud aura fermé boutique et que ton petit cul sache m'égayer plus que celui de ce crétin d'Aimeri, deux de ces pièces t'appartiendront, douce Truttaute. »

Truttaute éclate de rire :

« Si vous disiez trois pièces, beau sire, je vous conseillerais de pousser seulement votre huis cette nuit.

– Affaire conclue, la Truttaute. Et sois sûre que, déjà, je bous d'impatience. A tout à l'heure, ma toute belle, et maintenant laisse-nous. »

La porte refermée, Orri dit à Yvon :

« Messire l'inconnu, ta proposition me convient si tu rajoutes un sac tout de suite et m'en fournis non deux mais trois quand je tiendrai le damoiseau.

– Veux-tu me ruiner, me saigner à mort, chien?

– Ne discute pas mon prix, s'il ne te convient pas, retourne d'où tu viens. »

Yvon se lève, balance alternativement d'une jambe sur l'autre, puis finit par demander :

« Qui me dit que tu ne te contenteras pas de mes deux sacs et que tu accompliras les termes du marché?

– Ma réputation. »

Yvon pèse sur la table, penché en avant :

« Orri-Défie-Dieu, si tu ne tiens pas ta promesse, sache que je saurai te retrouver quand même je devrais y passer dix ans de ma vie, et qu'alors je te saignerai comme un poulet. »

Orri hausse les épaules :

« Tu me fatigues! C'est oui ou c'est non? »

Une minute passe, enfin Yvon se décide :

« C'est oui.

– Alors tope là, et buvons pour célébrer l'accord. Ensuite, tu me fourniras les renseignements dont j'ai besoin et nous conviendrons d'un lieu de rendez-vous où je pourrai, à toi ou à tes émissaires, communiquer les résultats de mon action. »

Les deux hommes lèvent leurs gobelets avec ensemble et, tandis qu'ils s'examinent, éclatent de rire.

Conrad s'impatiente sérieusement et se tient sur le qui-vive, ainsi que les sergents, quand il aperçoit enfin Yvon ; le sire vient à lui à grand pas.

« Filons d'ici, dit-il, l'affaire est conclue, je ne tiens pas à rester là plus longtemps. Nous coucherons à l'auberge d'Allennes, où nous pourrons festoyer tranquillement. Dès demain, nous chasserons sur le fief.

– Messire, dit Conrad, j'ai réfléchi. Pour ne pas retomber sur nos brigands, nous prendrons la route de La Flèche puis celle de Durtal, de là, nous traverserons les terres du sire de Châteauneuf-sur-Sarthe qui fait bonne chasse aux bandes en rupture de ban. »

Yvon approuve de la tête et après avoir jeté une pièce d'argent sur la table dit seulement :

« Allons. »

Un mois plus tard, la nouvelle de l'enlèvement et du meurtre de Gauthier de Segré se répandait à travers l'Anjou, passait de fief en fief, de château en château. Simon se rendait à Angers pour accuser publiquement Yvon de Marigné et réclamer son châtiment au besoin par le jugement de Dieu.

Le comte Geoffroy Grise-Gonelle enquêtait. Puis blâmait le sire de Segré. La douleur et la haine, affirmait-il, l'aveuglaient. Et il le sommait, sous peine de sévères représailles, de ne rien entreprendre contre Marigné, de ne point se faire parjure.

Le résultat de l'enquête avait lavé Yvon de tout soupçon. Effectivement, en compagnie de trois invités de marque : Girard de Brissac, Garnier de Briolé et Robert de Thouarcé, Yvon, tandis que s'appesantissait le malheur sur Segré, chassait le brigand aux confins de ses terres, en lisière du pays manceau.

12

Les trois campanes, dans leur clocheton de bois, sonnent à toutes volées, au point d'éprouver la robuste charpente. Pompeux, compassés, messire de Marigné et son épouse, dame Constance, sortent à pas lents de l'église du château, après avoir entendu la grand-messe, entourés de leurs enfants et suivis par tous les hommes libres habitant dans l'enceinte. Dans le cortège l'ordre des préséances est rigoureusement observé.

L'arrivée des fidèles sur le parvis déclenche, comme à l'habitude, un mouvement de panique parmi les volailles, les porcs et les chiens errants.

La belle ordonnance de la procession en est troublée : Yvon et ses hommes jurent en décochant des coups de pied furieux aux bestioles les plus insolentes ou les moins promptes dans la fuite. Les cris discordants, de douleur ou d'effroi, provoquent des rires.

L'alerte passée, les visages se rassérènent et l'onction des gestes de nouveau s'impose.

Chaque dimanche, Yvon déserte sa chapelle pour venir prier au milieu de ses gens. Chevaliers, écuyers, sergents, artisans, ainsi que leurs familles, revêtent alors leurs plus beaux atours. Bien entendu, à cette messe solennelle et tardive – il est tierce déjà – aucun serf ou collibert n'est admis. Pour les vilains, le curé dit à l'aube un rapide office. Juste avant leur départ au travail.

Lors de la trêve dominicale, il est d'usage d'afficher une constante bonne humeur, tout au moins le matin. Les visages s'ornent donc de sourires. Et tandis que le noble sire et sa parenté regagnent le donjon – après avoir jeté à la volée quelques poignées de menue monnaie sur lesquelles se précipitent en piaillant les enfants des plus gueux – les interpellations fusent de la foule, se croisent, se contrarient. Des conversations se nouent ou se renouent. Guerriers et artisans échangent exceptionnellement quelques mots. Leurs épouses se saluent avec condescendance ou humilité. Cependant, encore une fois, les groupes qui se forment respectent le rang social.

Mahaut, suivie d'Eudes, est sortie la dernière. La modestie ne dicte pas sa conduite, personne ne s'y trompe, mais bien plutôt l'orgueil et la volonté de se singulariser. Parée de bijoux, elle traverse la foule, altière et sûre d'elle, ne répondant guère aux saluts.

Les années ont beau passer, elle est toujours aussi belle. Peut-être même, grâce à ses formes épanouies que souligne sa longue robe jaune, étroite et fortement décolletée, est-elle plus provocante et plus voluptueuse qu'autrefois. Avec une aigreur mal camouflée, les autres femmes la suivent des yeux. Douloureux constats qui poussent aux comparaisons.

Il fait merveilleusement beau et chaud, en ce premier dimanche d'octobre 977. L'automne prend résolument des allures de printemps.

Les derniers rassemblements dépassés, Mahaut se tourne vers son fils :

« Accompagne-moi, veux-tu ? Tu as bien le temps d'aller courailler derrière les filles, ou chercher querelle aux garçons. Par ce beau soleil, je désire me promener. Viens, nous avons à parler. »

Eudes acquiesce sans entrain, mais la suit. Elle se dirige vers la poterne ouest. Quand ils débouchent dans les champs ils distinguent au loin les silhouettes de jeunes gens qui déjà ont atteint la lisière des bois. La brise apporte des chants et des rires. Discrètement Eudes les observe cependant que sa mère reprend son antienne :

« Comment as-tu pu admettre qu'on me berne de la sorte ? Tu aurais pu, au moins, accepter de faire un essai à Saint-Aubin. Rien qu'une année, ensuite il n'aurait pas été trop tard, si tu l'avais voulu... »

La voix est âpre d'abord. Elle ne s'adoucit qu'au moment où Mahaut se décide à décrire la vie d'un moine savant. Elle le fait sous les plus riantes couleurs. Puis, sans transition devant le mutisme résolu de son fils, elle se fâche :

« Tu ne me diras pas que ces journées de méditation dans un cloître, ces promenades paisibles dans une paix fervente ne valent pas tes chevauchées sanglantes et vaines ! Mais, têtu comme une mule, tu ne veux rien entendre. Que t'importent mes angoisses et peut-être aussi, lorsque je serai devenue vieille, ma misère. Tu ne rêves que plaies et bosses. Pauvre fou. »

Elle secoue la tête et ajoute, l'air à la fois arrogant et dédaigneux :

« Tiens : ton père ! Tu me fais penser à ce pauvre innocent, ivre de sa force, qui s'imaginait invincible, l'esprit troublé par les compliments et les exhortations de son âme damnée, qui est aussi devenue la tienne : Conrad le Saxon. Ce soudard insatiable, ce guerrier enragé, que je hais, te conduira à ta perte. Vous crèverez, tous deux, un jour, dans un de ces combats absurdes, pour le compte d'Yvon, pour la richesse et la puissance d'un seigneur qui honnit ceux-là mêmes qui le servent. »

Mahaut, dans un grand geste, crie :

« Va, idiot ! Va te battre et jouer les fiers-à-bras. Si tu n'étais pas mon fils je te mépriserais comme je méprise les autres : ces fiers et glorieux guerriers qui ne s'en écartent pas moins sur mon passage, avec leurs sales regards concupiscents, qui m'appellent à voix basse, ou quand j'ai le dos tourné, " Mahaut la Pute ", mais qui me craignent parce que je tire le plus souvent les ficelles d'un gros pantin nommé Yvon. »

Mahaut s'arrête et fait face à son fils ; elle l'examine, attendant une réponse, soudain elle s'exclame :

« Tiens, tu m'assommes. »

Mahaut pivote sur les talons. La promenade tourne court.

« Va où tu veux, laisse-moi. »

Eudes la suit un moment. Mais arrivé près des fosses, il capitule et la laisse rentrer seule dans la cour du château, sans dire un mot. Pas besoin d'être devin pour savoir qu'elle va, de ce pas, pleurer dans le giron d'Eustache qui l'écoutera avec son scepticisme goguenard. Ensuite, elle rentrera chez elle pour attendre, selon le rituel, la visite du gras seigneur, qui refusera d'entendre ses jérémiades, lui répétant pour la centième fois peut-être qu'il ne peut plus rien, qu'il n'a pas le pouvoir de disposer de l'écuyer d'un chevalier, surtout quand celui-ci se nomme Conrad.

Car voici un mois qu'Eudes est consacré dans la charge d'écuyer de Saxon. Celui-ci a manigancé son coup de main de maître. Depuis quelque temps, Mahaut se faisait plus pressante et parlait chaque jour du départ prochain pour Saint-Aubin. Un matin, Conrad est allé trouver le gros sire et lui a réclamé, *ex abrupto*, le paiement de multiples services. La dette était de taille. Et comme Yvon, contraint, allait bien à contrecœur s'acquitter, le Saxon lui a proposé de le tenir quitte s'il lui accordait solennellement, dans l'instant, le fils d'Ancelot comme écuyer. Yvon, trop heureux d'un apurement à si bon compte, n'a pas hésité. Moins d'une heure plus tard, les serments étaient échangés.

Mahaut, à cette nouvelle, a pleuré, tempêté, furieuse de se voir ridiculisée de la sorte. Désormais, elle ne peut qu'espérer faire entendre raison à Eudes et elle ne sait que trop que son espoir ne vaut pas cher, que ses tentatives sont vouées à l'échec.

Depuis ce jour Eudes dort et mange chez Conrad.

Quinze ans dans un peu plus de trois mois, le sept janvier prochain. Eudes n'est pas encore habitué à sa nouvelle dignité, pas plus qu'il n'a pu tout à fait s'accoutumer à sa taille ou à sa force. Il n'y a pas si longtemps il n'était qu'un enfant courant et jouant à travers l'énorme cour, grimpant aux arbres pour dénicher les oiseaux ou escaladant la paroi intérieure de la lice pour combiner quelque farce aux dépens des sergents de garde sur le chemin de ronde. Ses cinq pieds six pouces font de lui le gaillard le plus grand du château. Et l'intensif entraînement auquel l'a soumis le Saxon le rend redoutable, même aux plus vigoureux chevaliers. Conrad n'a plus besoin maintenant de le châtier pour maladresse et la quintaine a cessé de l'obséder.

Un moment Eudes reste immobile, regardant sa mère s'éloigner. Mahaut marche à pas menus et rapides. Pas une fois elle ne tourne la tête. Quand enfin elle a disparu, le nouvel écuyer, les bras ballants, se met en mouvement comme à regret.

Perdu dans une mélancolique rêverie, c'est machinalement qu'il se dirige vers l'orée du bois, là où retentissent les cris et les rires. Lentement, tête basse, il marche à travers les chaumes. Les souvenirs le tiennent un long moment en leur pouvoir. Quand il émerge enfin, il n'est plus qu'à quelque vingt toises d'une bande de garçons et de filles, une quinzaine, qui s'amusent au jeu de la briche.

Un peu plus loin trois couples enlacés se promènent en lisière de bois.

« Eudes, tu entres dans le jeu? » demande une toute jeune fille, si vive et si animée que ses nattes ne cessent de virevolter. « Viens t'asseoir près de moi.

– Il n'y a pas de raison!

– Non, près de moi, près de moi! » crient à leur tour ses compagnes.

Le meneur de jeu brandit son bâtonnet.

« Si vous ne m'écoutez pas, impossible de jouer. »

Il se tourne, agressif, vers Eudes :

« Quant à toi décide vite : tu rentres ou tu t'en vas.

– Je ne joue pas », dit Eudes, en tournant les talons.

Au bout d'une vingtaine de pas il se laisse tomber dans l'herbe, sur le bord d'une sorte de talus qui sépare les champs des bois. Puis il cueille une longue graminée dont il se met la tige entre les dents et, les mains sous la tête, ferme les yeux.

Tandis que les garçons protestent, bruyants, acrimonieux, trois filles rompent le cercle du jeu et viennent le rejoindre. Les yeux mi-clos, vaguement souriant, il les observe. Elles rient, s'agitent, se trémoussent en scandant son nom et n'interrompent leur litanie que pour reprendre en chœur :

« Allez, viens avec nous. »

Comme il ne répond toujours pas, l'une d'elles lui arrache son herbe, puis, s'étant concertées, elles l'empoignent, deux par les bras, la troisième par la tête et tentent de l'emmener.

« Ne fais pas le fier, Ruffin », dit l'une.

La fille aux tresses se penche :

« Si tu viens de bon cœur, je te donne trois baisers. »

Immédiatement, les autres renchérissent. A ce moment une voix autoritaire, basse et légèrement rauque, intervient :

« Ça suffit comme ça! Laissez-le tranquille. Ce ne sont pas vos minauderies qui le décideront. »

Celle qui vient de parler est grande, avec un corps de femme déjà épanoui. Ses seins à moitié découverts tendent le corsage. Sa noire et abondante chevelure serrée à hauteur de la nuque retombe en s'évasant jusqu'au milieu du dos. C'est la fille du chevalier Ferri. Le visage aux traits réguliers serait un peu froid sans les yeux lumineux et vifs. A dix-sept ans, Millecent jouit d'un incontestable ascendant sur les jeunes gens de Marigné. Elle a pris l'habitude de régenter ses compagnons. Elle enchaîne :

« Quant à toi, Ruffin, si tu ne veux pas jouer, tu pourrais aller te coucher un peu plus loin.

– Et s'il me plaît à moi de rester là ? »

Eudes s'accoude pour faire face.

Millecent ricane :

« Ça te plaît tellement d'être sollicité ? Tu as tellement besoin d'être assuré de plaire aux fillettes ? »

Les trois adolescentes se récrient, Eudes éclate d'un rire forcé :

« La belle Millecent serait-elle jalouse ? Ce serait bien plaisant. Ai-je oublié de te dire que tu es belle entre les belles ? »

Sous les regards de toute la bande qui se tait pour mieux entendre la joute, Millecent hausse les épaules, puis sourit en prenant les autres à témoin :

« Vous l'entendez ? Le coquelet est sûr de lui au point de me compter déjà parmi ses conquêtes. »

Millecent secoue la tête, sur son charmant visage une expression narquoise et méchante apparaît :

« Désolée, petit Ruffin, de te décevoir, mais quand je te vois, tes agréments ne me font pas perdre la tête au point que je puisse oublier la putasserie qui dans ta famille est de rigueur. »

Eudes bondit et se jette sur Millecent. Dans sa trajectoire il bouscule Lizarde, la fille aux tresses. Saisissant les poignets de son offenseur il les réunit derrière le dos, et d'une seule main courbe la jeune fille jusqu'à la maintenir en équilibre sur son genou.

« Répète, garce ! »

Très pâle, mais sans que l'ironie de ses traits en soit altérée, elle dit :

« En somme, les femmes ne te font pas peur ! Que tu es donc audacieux, bel écuyer ! »

Mâchoires crispées, Eudes, après une brève hésitation, lâche Millecent et s'éloigne à grands pas. La jeune fille roule à terre, elle se redresse pour crier :

« Quel émoi, mon Dieu, quelle joie d'avoir goûté à la poigne d'un si célèbre putassier ! »

Eudes rage, son pas s'accélère. Il aimerait pouvoir frapper. Ses longues mains déliées s'ouvrent et se ferment stérilement. La gauche, un instant, triture le manche de son poignard. Inlassablement, il grommelle :

« La garce, la garce, elle me le paiera. »

Puis il jure d'impuissance. Jamais il n'a su accepter moqueries et mortifications.

Si Eudes a reçu de son père la haute taille et la tournure élégante, il tient de sa mère la beauté du visage. Sous une tignasse rousse et bouclée, ses traits sont harmonieux. Même la colère ne parvient pas à l'enlaidir.

Une légère brise, fraîche et douce, frise la cime des arbres. Les roux se mêlent aux verts encore dominants. Eudes remâche l'affront, pourtant il en a subi bien d'autres. Après avoir suivi un moment la lisière de la forêt, il atteint le chemin qui mène à la Mayenne, qui va vers Chenillé. C'est celui par lequel on a ramené son père mort. Celui où l'accident – pour autant qu'on invoque la fatalité et non la main des hommes – s'est produit. Eudes s'arrête. Son père ! En dépit de ses efforts, il ne retrouve qu'une silhouette figée. Ce qu'il connaît passe par l'intermédiaire de Conrad. Mais ce dont il est sûr c'est qu'Ancelot vivant, Millecent ne l'aurait pas insulté comme elle l'a fait. Et pendant toutes ces années il n'aurait point subi tant d'avanies. Jamais ce porc d'Yvon n'aurait pu porter les mains sur sa mère. Que la malemort s'abatte sur cette brute arrogante. Eudes se souvient de trop d'humiliations pour pardonner jamais. Mais tout n'est point dit. Il ricane : et sa mère qui souhaitait le faire moine ! Comme pour éloigner toute menace de la tête de son amant. Étudier lui plaît bien, Eustache est toujours son bon maître, mais il a autre chose à faire qu'à prier, méditer et s'instruire.

Eudes fait un effort pour changer le cours de ses pensées. Rien ne sert de rabâcher, et il n'aime pas critiquer consciemment sa mère. Relevant la tête il cherche un dérivatif. Il aperçoit alors cinq jeunes filles qui viennent dans sa direction, et ne sont plus déjà qu'à une cinquantaine de toises. Celle du milieu, c'est damoiselle Alice, la fille cadette d'Yvon. Elles l'interpellent. Alice agite dans sa direction le psaltérion qu'elle tient par le manche, tandis que ses compagnes portent des timbres. Sans leur répondre Eudes s'engage vivement dans le chemin. Pendant quelques minutes il court presque, puis, hors de vue, il ralentit et finit par s'asseoir au pied d'un chêne multicentenaire.

Peu à peu, il se laisse glisser. Le voilà maintenant allongé les bras sous la tête. Autant que des myriades de facettes, les feuilles frémissantes finissent par lui brouiller la vue. Il ferme les yeux. Une grande douceur l'envahit, tout perd de son importance, il sombre.

C'est une chanson et les notes pincées de psaltérion qui l'éveillent. La voix d'Alice est harmonieuse et l'air, lancinant et enjoué, bien rythmé par les timbres.

Eudes écoute sans bouger. Ce n'est qu'à la fin du chant qu'il s'étonne d'avoir cédé au sommeil. Sans doute est-ce le contrecoup de la colère contre Millecent, colère impuissante, qui a produit en lui ce vide. Le visage et la voix de celle qui l'a provoqué de nouveau s'imposent à lui : la garce, des idées de revanches l'assaillent. Mais très vite il se raisonne. La violence ne servirait de rien. Ils sont trop nombreux ceux qui l'ont bafoué, il ne peut les tuer tous. Même Conrad s'y opposerait. Ce qu'il faut, c'est les contraindre à se taire par crainte et respect. Le Saxon lui a juré qu'il deviendrait chevalier, grâce à son aide. Il faudra aussi qu'il gagne une terre. Chevalier chasé, il en imposera. Cette décision achève de le calmer, de nouveau il ferme les yeux.

Soudain un léger bruit et une ombre qui s'étend sur lui l'alertent. Il n'a nul besoin de soulever la tête pour voir Alice qui se tient debout devant lui. Tandis qu'ils s'observent sans mot dire, Eudes se demande comment l'extrême ressemblance d'Alice avec Yvon rend plausible la douceur de ce visage à larges pommettes, semé de taches de rousseur, aux lèvres charnues et aux yeux étirés de chat. Le charme d'Alice est si peu contestable que sa brute de père lui parle le plus souvent avec douceur. Alice a le même âge qu'Eudes et la gracilité de ses formes ajoute à son charme.

Au bout d'un moment, elle se penche et tend la main :

« Tu veux bien que je m'asseye près de toi? »

Eudes, le visage impassible, l'aide à s'installer. Appuyée le dos à l'arbre, Alice tourne la tête en tous sens. Sourcils froncés, elle prête l'oreille. Mais ne leur parvient que la rumeur du vent dans les feuillages. Elle dit :

« Ici tout le monde peut nous voir. Tu ne veux pas que nous nous éloignions du chemin?

– Non! Pourquoi?

– Certains pourraient avertir mon père, lui dire que nous nous rencontrons seuls.

– Et alors? Je n'aurais point à mentir en disant que tu es venue à moi sans me demander mon avis. »

Alice rougit en disant :

« Ça ne te fait pas plaisir?

– Je ne t'ai pas sollicitée.

– Moi, je suis heureuse d'être près de toi. »

Elle sourit avec malice, son visage en prend un air plus enfantin :

« Avant de venir te rejoindre j'ai dû patienter près d'une heure. Impossible de m'échapper plus vite. Les autres auraient tout de suite deviné où j'allais. Mais elles ne pensaient plus à toi quand je les ai renvoyées, chargées d'une mission, en leur disant que j'avais besoin de me promener seule.

– Tu pouvais ne pas me rencontrer.

– Je me doutais que tu n'étais pas loin. D'ailleurs au besoin j'aurais marché longtemps pour te retrouver. »

Eudes ricane :

« Décidément, ce doit être une manie dans votre famille de venir nous rejoindre, nous autres. De vraies habitudes qui se transmettent de générations en générations : de père en fille chez vous, de mère en fils chez nous. »

Brusquement, il s'assoit et lui tourne le dos. Alice se penche, elle chuchote :

« Eudes, pourquoi me rabrouer? Je sais que tu es parfois malheureux, mais moi, je ne t'ai jamais voulu de mal! Au contraire. Jamais je ne t'ai dit de choses blessantes. Rappelle-toi, si petits que nous étions, nous nous entendions bien. Je me souviens de t'avoir toujours aimé. »

Eudes hausse les épaules :

« Parce que tu m'aimes?

– Oui.

– Et tu me le dis comme ça, un beau dimanche, parce que ça te chante.

– Je te le dis parce que tu ne veux jamais comprendre. Tu

m'évites autant que tu le peux. Pour une fois que nous sommes seuls... »

Elle s'interrompt, le regard fixé sur ce dos qui se veut hostile.

Un moment passe. Des abeilles sauvages et des guêpes bourdonnent autour des baies, dans un buisson proche. Eudes mâchonne des herbes, nerveusement. Alice reprend :

« Je sais qu'il t'est arrivé de t'égarer par ici avec d'autres filles. Moi, tu me dédaignes. Le plus souvent tu fais semblant de ne point me voir. Suis-je coupable de quoi que ce soit? »

Eudes lui fait face. Assis à la turque, les jambes repliées sous les fesses, tout dans sa pose donne une impression de force difficilement contenue. Ses yeux sont durs et ses lèvres paraissent plus minces qu'à l'ordinaire. D'un geste brusque, doigts écartés, il rejette en arrière son épaisse tignasse éclatante :

« Tu es la fille d'Yvon, de messire de Marigné, et ça me suffit. Que tu te soucies de moi ne me fait plaisir que dans la mesure où je puis y voir une sorte de revanche.

– Ce n'est pas vrai. Je suis sûre que... »

Un bruit de sabots, venant de l'ouest, leur parvient.

« Tais-toi », ordonne Eudes en même temps que d'un geste preste il l'empêche d'ajouter un mot. « Chut, Écoute! »

Le bruit se précise, des chevaux progressent rapidement. Alors, vif comme l'éclair, avant qu'Alice ait eu le temps de faire le moindre geste, il la saisit et l'emporte à travers les fourrés.

Vingt pas plus loin, il la dépose et s'allonge près d'elle en répétant « chut ». Juste à ce moment, sur le chemin passent six cavaliers. Eudes qui guette à travers les branches dit :

« C'est Oudric d'Aviré qui arrive pour le festin. »

Un moment tous deux restent immobiles puis, l'alerte passée, ils se redressent. Alice souriante dit :

« Merci. »

Eudes d'un mouvement d'épaules rejette, semble-t-il, les remerciements qui viennent.

« J'ai ma réponse, continue Alice.

– Que veux-tu dire?

– Si je t'avais été indifférente, tu n'avais qu'à te cacher sans moi. Oudric ne pouvait rien trouver à redire de me voir assise seule près d'un arbre.

– Je n'ai guère eu le temps de réfléchir.

– Eudes, avoue.

– Quoi donc?

– Que tu n'as pas pu résister au désir de me prendre dans tes bras.

– Tu es folle! »

Elle rit et répète :

« Eudes, merci! »

Comme il grommelle, par surprise elle l'embrasse sur la joue. Eudes fronce les sourcils et l'écarte d'un bras.

« Tu ne manques pas d'audace. Mais je te préviens honnêtement, tu t'illusionnes. »

Elle n'a pas l'air de l'entendre et se lève :

« Au revoir, Eudes, je crois que je vais pouvoir passer un heureux dimanche. A bientôt. »

Elle s'éloigne tandis qu'Eudes marmonne. Mais au bout de quelques pas, avant de disparaître, elle se retourne pour dire :

« Ruffin, ce baiser, tâche de me le rendre bientôt. »

Et sans laisser à Eudes le temps de réagir, cette fois, elle disparaît en courant.

13

Le soleil est proche du zénith. Il fait si chaud que la fraîcheur du donjon est appréciée de tous. Ces guerriers sanguins pénètrent dans la grande salle de Marigné en s'essuyant le front de la manche du bliaud.

Yvon, si rogue d'ordinaire, les accueille la mine hilare. Avec tous il fait le même constat : décidément l'année est à marquer d'une pierre blanche. Aucune saison ne dément la précédente, il y a bien longtemps qu'on n'a vu aussi splendide automne. De mémoire d'homme jamais n'ont été engrangées semblables récoltes. Quant au vin, c'en est une bénédiction. Durant août et septembre, quelques copieuses pluies nocturnes sont venues à temps faire grossir les raisins que le soleil dorait à longueur de journée.

Le vin abonde au point qu'en dépit de la diligence des tonneliers, tout n'a pu être logé et que pendant des semaines on en a été réduit à distribuer les restes de la récolte précédente. Durant une bonne quinzaine, l'ivresse a obscurci les esprits, même des plus miséreux.

Pour fêter une si belle et si rare abondance, en ce dimanche, dans la grande salle d'apparat du donjon, on va faire bombance. Yvon reçoit à sa table ses chevaliers chasés. Il y a là Oudric d'Aviré, Mathieu de Vaux, Enguerran de Cherré, Robert de Querré, Ferri de Chambellai et aussi Conrad le Saxon, qui trois ans plus tôt a reçu la tenure de Chenillé.

Yvon, pour la troisième fois, déclare :

« Granges, magasins et celliers, en tous points du fief, sont pleins jusqu'à la gueule. »

Assis entre dame Constance et Rainaud – qui de plus en plus ressemble à ce qu'était son père au même âge –, le sire pérore avec suffisance. La vue de vassaux porteurs de bonnes nouvelles lui réjouit le cœur.

Yvon a maintenant quarante-quatre ans. Son visage rouge et ses yeux injectés de sang témoignent de l'excessive richesse de sa nourriture. Pourtant il demeure vif et ardent, à l'aise dans le combat.

« Nous n'avons pas eu le plus petit accrochage, constate Ferri, aucun brigand ne s'est manifesté, pas un sac n'a été dérobé, c'en est à ne pas croire.

– Pour sûr, approuve Mathieu de Vaux, on nous a transformé nos voisins. Grâces leur soient rendues. Les seigneurs du pays manceau, à aucun moment, n'ont tenté de surprendre nos charrois.

– Des bonnes récoltes en toutes régions, dit Enguerran, voilà les raisons d'une paix si exceptionnelle. »

Yvon fait la moue.

« Sagesse et satisfaction n'auraient point suffi à stopper certains, à les détourner du mal. Mais... »

On le regarde, attendant qu'il précise sa pensée.

« J'avais pris mes précautions. Dix lances, commandées par Conrad, sont restées embusquées dans le bois d'Aviré, prêtes à intervenir au cas d'une attaque de Segré.

– Et le serment de paix? s'étonne Robert de Querré.

– Les quatre ans se sont achevés fin mars, et vous savez bien que ce chien de Simon m'a publiquement accusé de félonie lorsque son fils a été enlevé et tué. Heureusement qu'alors de nobles hommes, parmi les plus importants du comté, m'accompagnaient. Ils ont pu témoigner en ma faveur. N'en doutez pas, rien ne retient jamais ce démon. S'il ne nous fait pas la guerre, c'est tout simplement qu'il ne peut pas : trop occupé ailleurs. »

Yvon éclate de rire et se tourne vers Conrad :

« Mais toi, dis-nous plutôt ce que tu as appris. »

Le Saxon, qui à belles dents mord dans une gigue de chevreuil, achève de mâcher avant de se laisser aller contre le dossier de son fauteuil. D'un revers de main, il torche ses lèvres luisantes de graisse.

« A vrai dire l'affaire est assez mystérieuse. A la fin de l'hiver, on devait être début mars ; trois hameaux, à l'ouest de Segré, et proches d'un étang appelé la Corbinière, ont été assaillis et détruits de fond en comble par des hommes d'armes qui avaient cantonné la veille dans la forêt d'Ombrée. Aussitôt qu'averti, Simon a réuni quelques lances et s'est immédiatement lancé à la poursuite de la bande. Mais trois jours plus tard, alors qu'égaré par de faux indices le sire de Segré s'approchait de Candé – qui est à son beau-frère Theirri – en pleine nuit sa tour de guet du Bois-Blin se faisait prendre à son tour. Toute la garnison y a passé, à l'exception d'un seul sergent qui a rapporté que, le massacre accompli, les assaillants croyant ne plus courir de risques avaient nommé leur chef : messire de Pouancé. »

Yvon de nouveau s'esclaffe et coupe la parole à Conrad :

« Voilà mes amis pourquoi nous n'avons pas eu à nous battre contre Segré. Depuis il fait une guerre à outrance à Gui de Pouancé qu'il accuse de tous les crimes. Le pauvre ! »

Rainaud ébranle la table d'un coup de poing :

« Et pourquoi n'avons-nous pas profité des circonstances pour combattre et détruire Simon ? »

Comme son père le regarde ironiquement, il ajoute avec une nuance de mépris :

« Vous vieillissez, mon père.

– Imbécile. Ne cherche donc pas à provoquer ma colère. Sache qu'une autre guerre ne saurait tarder et qu'à celle-là je tiens à faire bonne figure, avec des troupes nombreuses. Les gains, je l'espère, n'en seront que plus abondants.

– Quelle guerre ? demande Ferri.

– Le comte Geoffroy en a encore parlé lors du banquet à l'occasion des fêtes de l'Ascension. Il a dit que nous devions nous tenir prêts pour une grande aventure.

– Contre les Blésois ou contre les Bretons ? s'inquiète Oudric.

– L'affaire est de plus vaste envergure. De beaucoup. C'est entre le roi et l'empereur que tout va mal. Le roi Lothaire ne décolère plus depuis que son frère cadet, Charles, qu'il avait ignominieusement chassé de sa cour, a été fait duc de Basse-Lorraine par l'empereur Otton II. C'en est trop. Surtout qu'il a bien d'autres griefs. Les Germains ne cessent d'empiéter sur ses droits les plus sacrés, les plus essentiels, tels les avoueries des évêchés lotharingiens.

Les chevaliers écoutent, sans bien comprendre, ces histoires de conflits entre souverains et hauts seigneurs qui ne peuvent les concerner qu'au niveau des coups à recevoir ou à donner. Même Yvon, en dépit de ses airs supérieurs, de ses hâbleries, ne s'y retrouve guère. Enlisé qu'il est dans ses petites histoires et ses conflits d'importance mineure, enfermé dans les limites de sa province et sous la tutelle de son suzerain. Cependant il continue de pérorer car il ne lui déplaît pas de marquer une supériorité à l'égard de ses fidèles. Hardiment, il ajoute à ses maigres informations de nombreux détails de son cru qui, pour invraisemblables qu'ils soient, ne soulèvent chez ses auditeurs aucune protestation.

« Quand le temps sera venu, l'ost levé par le roi des Francs ne comptera pas moins de quatre mille lances. »

Un murmure admiratif court la tablée.

« Et, écoutez bien, chacune d'elles comptera plus de dix hommes ; le comte, comme ses pairs, veillera à ce qu'elles soient renforcées par de nombreux valets d'armes. »

Les chevaliers s'exclament. Une voix traduit le sentiment de tous :

« Jamais pareille armée n'aura encore défilé sous le soleil depuis que le monde est monde. »

Tous s'accordent : les Germains seront balayés. La puissance des Francs s'étendra sur la terre, aucun angle du grand carré n'y échappera. Ils en rient de plaisir, chacun ajoutant à son tour un commentaire louangeur. Puis ils s'inquiètent et Ferri se fait leur interprète :

« Messire, avez-vous déjà choisi ceux qui marcheront sous votre flamme ?

– Il est trop tôt pour organiser la troupe. Il faut savoir quelles sommes le comte m'allouera par lance. Mais je veux éclipser mes rivaux. »

Mathieu de Vaux intervient :

« Croyez-vous qu'il y aura, au cours de cette campagne, de riches villes à piller ?

– Ma foi, je n'ai jamais mis les pieds en Germanie, mais je le crois si ce qu'on dit de la puissance de l'empereur est vraie. »

Ferri se tourne vers Conrad :

« Toi seul peux nous répondre. Ton père t'a-t-il jamais dit si là-bas les villes sont nombreuses et belles ? Le sais-tu ? »

Le Saxon secoue affirmativement la tête.

« Oui bien ! Le vieil Arnulph ne tarissait pas quand il évoquait ses souvenirs. Entre autres, il parlait de Minden, de Verden-an-der-Aller, et aussi de Paderborn, près de laquelle se trouve une puissante et savante abbaye nommée Corvey. Le vieux a traîné ses bottes dans ces régions, au temps où il servait le roi de Germanie, Henri l'Oiseleur, qu'il n'a quitté qu'en 925. Les cités ne nous manqueront pas. Mais c'est loin.

– Loin ! dit Yvon. Qu'importe si le butin en vaut la peine. »

Les imaginations sont lancées. La conversation se fractionne, des rires tonitruent. Les guerriers, la trogne enluminée, rivalisent de prouesses verbales et supputent avec ardeur les sommes qu'ils pourront gagner au cours de cette future opération. Ils se penchent pour confier à leurs voisins, en prenant garde que ces propos ne parviennent à l'oreille des épouses, qu'ils trouveront chemin faisant maintes filles à trousser. Rainaud, la mine sombre, s'inquiète : qui gardera le château ? Car il n'entend pas être sacrifié et demeurer entre les murs de Marigné tandis que son père et ses chevaliers chevaucheront en si beau pays. Yvon fait la sourde oreille, pour aviver l'envie et la colère chez son fils.

Il y a près de deux heures que le repas dure quand après avoir vidé une dernière fois son hanap, Yvon se lève et propose d'organiser un concours d'adresse à la quintaine. L'initiative est accueillie par des cris de joie. En peu d'instants la salle se vide. Conrad retient le sire.

« Messire, dit-il, j'entends n'y point participer. Il me faut aller demain à Angers pour quelques jours et je souhaite me préparer au départ. »

Constance, qui l'a entendu, intervient auprès de son époux ; après un bref conciliabule, à voix basse, Yvon dit au Saxon :

« A ton retour d'Angers, va demander l'hospitalité au Plessis-le-Vent. Vois messires Archambault et Garnier et, surtout, informe-toi auprès de notre fils Hubert. Il y a quelques jours que nous n'avons eu de ses nouvelles et la dame s'inquiète. Tâche de savoir ce qui se trame là-bas. Le vieux ne devrait guère tarder à crever et je ne voudrais pour rien au monde que cela arrive sans que j'en sois averti. »

Les rudes prouesses des chevaliers se prolongent jusqu'au coucher du soleil. Le soir, sur le seuil de leurs huttes, les serfs assistent au retour d'un cortège où prédominent en nombre les guerriers éclopés.

14

Eudes, Conrad et les quatre sergents viennent de s'arrêter pour se restaurer. Voilà cinq heures qu'ils sont partis de Marigné. Après un lever de soleil noyé dans la brume, il fait maintenant aussi beau et chaud que la veille.

Eudes, qui a décidé de se baigner, se dirige vers la rive de la Mayenne. Au moment d'atteindre l'eau, il voit sur l'herbe, rase en cet endroit, une vipère qui glisse à moins d'une toise de lui, sa misérable petite tête à moitié dressée.

Un frisson lui passe sur l'échine, une angoisse insurmontable l'étreint. Jamais il n'a pu contrôler sa répugnance des serpents depuis le jour lointain où deux soldats l'ont empoigné et lié pour lui faire subir, sur le torse et le visage, le contact d'une couleuvre dont ils se jouaient.

La vipère file, le corps à peine ondoyant. Ses yeux glacés surveillent le garçon. Eudes, haineux et enragé par une telle insolence, dégaine son épée. Il fait un saut de côté puis frappe de toutes ses forces. Mais il a mal ajusté son coup et la bestiole habilement s'esquive sous une grosse branche de bois mort qui pourrit là.

Son aversion est si forte qu'il s'entête et guette l'endroit où elle a disparu. Comme il l'imagine tapie, prête à la détente, il sonde en vain les trous avec son épée. Jambes nues il se sent si vulnérable qu'il n'ose bouger. Soudain la voix de Conrad résonne, toute proche :

« Que fais-tu là, à bayer aux corneilles? Nous n'avons point de temps à perdre. Baigne-toi vite à moins que tu n'aies changé d'avis? »

Comme Eudes reste immobile et muet, Conrad ajoute :

« Aurais-tu rencontré quelque démon qui t'aurait figé? »

A contrecœur, Eudes parle de la vipère. Le Saxon s'esclaffe bruyamment.

« Sacré couard! Partir à la conquête du monde et s'arrêter pour une si petite bête! Décidément je ne peux guère compter sur toi. Attends-moi, surveille et ne bouge pas. » L'instant d'après le Saxon revient. Il a coupé une baguette longue d'une demi-toise, dont l'extrémité se termine en fourche à deux branches.

Doucement, Conrad déplace le bois mort. Subitement la vipère apparaît à l'autre bout et, de nouveau, file. D'un geste vif et précis, Conrad lui coince la tête dans le petit embranchement et la fixe au sol. La bête se démène, se love, se tord, s'enroule autour du bâtonnet. Eudes observe la scène comme hypnotisé.

Après un bref regard en direction d'Eudes, Conrad souriant se penche et saisissant l'extrémité de la queue lève la main, simultanément il retire sa fourche. La vipère furieuse pend maintenant au bout de son bras. Elle siffle et tente, le corps replié, d'atteindre l'homme, mais la tête ne peut remonter assez. Le chevalier rit aux éclats quand, ayant fait un pas en direction de son élève, il voit celui-ci bondir en arrière.

« Au lieu de fuir, regarde comme elle se défend. Va, ma belle, lutte pour la vie, lutte pour tuer l'ennemi qui va te tuer. »

Tandis qu'il admire les efforts du serpent, le Saxon s'adresse à nouveau à son écuyer :

« Vois, Ruffin, comme il faut se battre sans jamais se décourager. Indomptable, elle ne pense qu'à me mordre. Mais vois aussi comme elle est misérable. Et tu as peur de ce petit corps de fouet? Qu'as-tu fait de mes leçons? »

Eudes grogne :

« J'aime mieux affronter dix hommes.

– Un seul cependant peut être plus redoutable qu'un millier de serpents. Tiens, suis-moi, tu vas voir que la malheureuse n'est point si dangereuse. »

Le Saxon s'approche d'un arbre et fait soudain tourbillonner la vipère. L'instant d'après, en pleine vitesse, la tête de la bestiole heurte le tronc. Sur le sol le corps bouge à peine quand le Saxon lui écrase la tête d'un coup de talon.

« Et maintenant va te rafraîchir, dit-il, mais n'oublie pas. La prochaine fois que je te vois reculer devant un serpent, je te contrains à faire exactement ce que je viens de faire. »

Un peu plus tard, comme ils approchent de la ville, Conrad dit :

« Sais-tu pourquoi je t'emmène à Angers? »

Eudes fait la moue et hausse les épaules :

« Quelque mission pour le sire?

– Non. »

Puis, comme Eudes attend sans oser poser de nouvelles questions, le Saxon ajoute :

« Je viens t'équiper.

– M'équiper?

– Oui : épée, dague, broigne, heaume, lance, écu, sans compter des chausses et des bliauds. Nous allons t'accoutrer et t'armer de neuf. »

Le visage d'Eudes s'épanouit. Il veut protester mais Conrad aussitôt l'interrompt :

« Je veux un écuyer qui me fasse honneur et aussi qui puisse combattre dans les meilleures conditions. Et ne me remercie pas. N'oublie pas que je dépends de la qualité de tes armes. Il peut y aller de ma vie. »

Le lendemain soir, à l'auberge, recru de fatigue par un jour et demi de déambulations, de boutiques en boutiques, et abasourdi par les innombrables marchandages auxquels il a assisté, Eudes ne se lasse pas d'admirer les acquisitions du Saxon. Il a du mal à se persuader que tout ceci est à lui.

« Messire, vous vous êtes ruiné pour moi.

– Bah! ne t'inquiète pas. Je ne suis pas en peine, c'est bien le diable si d'ici peu le sire Yvon ne découvre point quelque bonne mission à me confier qui rapportera deux fois autant que tout ceci et reconstituera mon trésor. »

Un long moment encore, Eudes et Conrad discutent de la valeur et de l'efficacité des armes achetées, de la roublardise des marchands, et de l'adresse des artisans. Puis ils s'endorment, tandis que résonnent dans la nuit, alternativement aux quatre coins de la cité, les trompes des hommes de guet qui annoncent à la population que tout va bien et qu'aucun danger ne la menace.

Le donjon du Plessis-le-Vent et son enceinte sont bâtis dans le pays le plus plat qui se puisse voir. Rien, pas la moindre petite butte, ne s'élève à proximité. Eudes, qui vient ici pour la première fois, s'en étonne.

Lorsqu'ils pénètrent dans la cour, après s'être annoncés à la poterne, deux sergents s'avancent au-devant d'eux, les accompagnent jusqu'au pied de la passerelle du donjon et prennent leurs chevaux. Les quatre hommes d'escorte suivent les sergents.

Au moment où Eudes et Conrad vont atteindre la porte, Garnier et Hubert apparaissent, nerveux, agités, qui les empoignent par le bras et les tirent à l'écart. Le jeune sire du Plessis-le-Vent, dont le visage est plus que jamais agité de tics, parle le premier.

« Vous arrivez à temps! »

Il se penche pour chuchoter :

« Où sont vos hommes? Êtes-vous nombreux?

– J'espère que vous nous apportez de bonnes nouvelles de Marigné. Mon père vous suit-il à la tête de la troupe? »

Hubert semble moins tendu et montre plus de sang-froid que son oncle.

Quelque peu interloqué par ces questions, Conrad précise, répondant en même temps à ses deux interlocuteurs :

« Nombreux? Certes pas. Messire Yvon est à Marigné où tout va pour le mieux. Nous revenons d'Angers, pour affaires nous concernant et nous souhaitions simplement rapporter à notre sire et à la dame de vos nouvelles. Mais ici, que se passe-t-il? »

Garnier, tournant la tête de droite et de gauche, comme s'il craignait d'être surpris, se rapproche pour chuchoter :

« C'est la fin. Le vieux va crever. Il est à la dernière extrémité. Il faut avertir au plus vite messire Yvon, qu'il intervienne. Dépêchez à Marigné un de vos hommes.

– Pourquoi diable n'avez-vous encore prévenu personne?

– Impossible, hélas! répond Hubert; depuis le début de la crise, mes cinq hommes ont été comme escamotés, tués ou emprisonnés, je ne sais. Quant à nous, il nous est interdit de quitter le château, et la garde est stricte. »

Garnier reprend, le visage livide :

« Dès que vous aurez vu le vieux, filez si vous le pouvez, mais j'en doute, ou nous sommes tous perdus.

– Êtes-vous fou... » commence Conrad.

A ce moment ils entendent un bruit de pas dans l'escalier. Garnier enchaîne mais, cette fois, assez haut pour être entendu à la ronde.

« Sachez, sire chevalier, que mon père est malade et que nous passons ces jours en prières pour réclamer sa guérison. Mais entrez plutôt. Peut-être souhaitera-t-il vous voir, pour avoir des nouvelles de sa fille et de son gendre, qui... » Garnier hurle presque ces derniers mots « ... s'intéressent tant à lui, à moi et à son fils Hubert. »

C'est Étienne, le propre père de la jeune dame, qui apparaît. Courtoisement il emmène Conrad et Eudes mais sans un regard pour Garnier et Hubert.

Eudes attend, dans la grande salle. Conrad vient d'être admis près d'Archambault. Trois chevaliers, des écuyers et de nombreux sergents, disséminés dans la pièce, bavardent à voix basse.

Accompagné, encadré plutôt, Conrad s'immobilise au pied du lit. Le visage du vieux sire est jaune et parcheminé au point d'être méconnaissable à qui ne l'a vu depuis longtemps. Son souffle est rauque, ses narines pincées, une permanente grimace de douleur semble déformer sa bouche. Il a les yeux clos.

En même temps que Conrad, par une porte qui donne dans le chauffoir, Agnès pénètre dans la chambre. D'une inclinaison de tête, elle salue Conrad puis va s'asseoir sur le bord de la couche. Elle prend la main de son époux. Dans ses vêtements d'un blanc immaculé, Agnès est plus belle que jamais. Mais ses yeux, glacés quand elle ne se force pas à sourire, démentent l'impression de douceur de ses jolis traits.

« Mon ami, mon doux seigneur, un chevalier de Marigné, son écuyer et quatre hommes viennent d'arriver. »

Quelques tiraillements nerveux aux coins des lèvres agitent la face du vieillard. Il entrouvre les yeux.

« Que venez-vous faire céans?

– Nous souhaitons vous saluer en notre nom, au nom de messire Yvon et en celui de votre fille, dame Constance, que je sers. Et prendre aussi de vos nouvelles. »

Archambault émet une sorte de gargouillement qui se veut ironique :

« Me saluer! Prendre de mes nouvelles! Conrad, l'âme damnée de mon gendre. Quel coup fourré prépare-t-il? A qui en as-tu aujourd'hui, Saxon?

– Messire, je ne vous comprends point. Je reviens tout juste d'Angers, avec mon écuyer et quatre sergents.

– Tss, tss, tss, voire! »

Le vieux sire tourne péniblement la tête :

« Agnès, ma douce colombe, fais-moi chercher ton père, et dis-moi où sont Garnier et Hubert.

– Dans l'enceinte, cher seigneur, ne craignez rien : une demi-douzaine de vos chevaliers les tiennent à vue. Quant à mon père il est là, lui aussi, dans le chauffoir, prêt à répondre à vos ordres.

– Qu'il entre, qu'il entre! Quant à vous, chevalier Conrad, dites-moi où est Yvon. Et trêve de mensonges.

– A Marigné, messire, à moins qu'une de ses tours de guet n'ait été assaillie, ce qui n'est point vraisemblable ces temps-ci.

– Où est dissimulée votre troupe, et de combien de lances se compose-t-elle?

– En fait de troupe, j'ai quatre sergents et mon écuyer. Tous sont dans votre château.

– Voire, voire », fait encore Archambault.

Puis, apparemment épuisé par ces quelques phrases, le vieux s'interrompt. Au bout d'un moment il reprend :

« Je suis trop fatigué pour m'entretenir avec vous maintenant. Attendez à côté, je vous ferai rappeler. »

Conrad salue et sort. Son visage est tendu, et ses yeux examinent les uns et les autres avec suspicion. Dans la grande salle, il retrouve Eudes qui attend calmement. Le Saxon se penche à l'oreille de son écuyer :

« Ce qui se passe ici ne me plaît point. Partons si nous le pouvons encore. »

Tous deux se dirigent vers l'escalier. Au moment où ils vont franchir le seuil de la porte, une voix crie :

« Emparez-vous de ces deux. »

C'est une brusque bousculade. Tous les hommes présents se jettent sur ceux de Marigné et ont tôt fait de les immobiliser en dépit de leurs efforts.

Le père d'Agnès, Étienne, qui vient de donner cet ordre, s'approche :

« Mettez-les dans deux cachots assez éloignés l'un de l'autre pour qu'ils ne puissent communiquer.

– Êtes-vous fou ? crie Conrad en secouant ses puissantes épaules. Qu'a-t-on fait de mal ? Que nous reprochez-vous ? Est-ce ainsi qu'on entend au Plessis-le-Vent les lois de l'hospitalité ?

– Tu le sauras avant peu, ricane Étienne.

– Il t'en cuira, lâche.

– Voilà un mot que tu regretteras, Saxon.

– Je te l'enfoncerai dans la gorge quand tu voudras.

– Le moment viendra, je te le jure. Mais en attendant, va converser avec les rats. »

A ce moment de nouveaux cris retentissent, en bas de l'escalier. Les deux prisonniers ont le temps de reconnaître les voix de Garnier et d'Hubert. Celle de Garnier surtout qui hurle :

« Comment osez-vous porter la main sur moi ? Oubliez-vous que je suis votre seigneur ? Je vous châtierai. »

Désarmés, les bras tordus dans le dos, Conrad et Eudes descendent les marches. Ils croisent Hubert et Garnier qui montent sous bonne escorte. En passant devant la porte qui donne sur la passerelle, Conrad dit :

« Prends une goulée d'air pur, mon Ruffin, je crains fort que celui que nous allons avoir à respirer ces jours-ci ne sente pas tout à fait aussi bon. »

Les hommes qui les tiennent rient. Un chevalier dit :

« Je suis fâché, Saxon, de te voir en cette posture. J'espère que tu ne m'en voudras point et que tu sortiras bientôt. »

Le Saxon grogne :

« Pour ta santé, ne me souhaite donc pas dehors. »

Le groupe d'hommes, après avoir bifurqué sur la gauche, s'enfonce dans une opacité froide et humide. Deux sergents, porteurs de torches, les précèdent. Les marches gluantes rendent les pas incertains. Conrad décide d'en profiter pour tenter quelque chose. Brusquement, il crie :

« Allez, Eudes, à nous ! »

En même temps, il rue de toutes ses forces et se jette en avant. Eudes, qui comprend ses intentions, l'imite. Prisonniers et gardes tombent sur les porteurs de torches, tous roulent en bas des marches. Les coups pleuvent. Hurlements et jurons font une atroce cacophonie. Eudes, qui est dégagé à moitié, parvient à saisir une des torches. Il va s'en faire une arme quand il reçoit un coup sur la nuque qui l'assomme.

Lorsqu'il reprend conscience, il est allongé sur une maigre litière de paille. Un anneau, au bout d'une longue chaîne, fixée à la muraille, lui enserre la cheville droite. Il fait très sombre. Seul un rayon de lumière pénètre par une étroite lucarne défendue par deux barres de fer hérissées de barbes. Mais le mur est si épais, plus de trois toises, qu'il parvient difficilement jusqu'au prisonnier. Un silence absolu règne.

Où est Conrad ? Est-il encore vivant ? Va-t-on nous mettre à mort, ou nous laissera-t-on pourrir ici ? L'angoisse serre la gorge d'Eudes. La peur s'insinue en lui, en même temps qu'il éprouve une sensation d'étouffement et déglutit avec peine. Son parrain d'armes lui a enseigné à se battre, à ne point craindre les coups, le corps à corps, mais il ne lui a pas appris à demeurer captif dans la solitude et l'obscurité, pas davantage à demeurer enchaîné.

Soudain il pense à la vipère et aux paroles du Saxon sur la volonté de lutte. Sa pusillanimité lui apparaît. Il n'a pas le droit de trahir la confiance de Conrad, son ami de toujours, le compagnon de son père. Si celui-ci est vivant, nul doute qu'il ne cherche déjà les moyens de s'évader, de lui venir en aide, les moyens de vivre et de triompher. Ragaillardi, Eudes pense à lui faire savoir que lui aussi saura continuer d'espérer et de lutter. D'une voix forte, d'où désormais toute crainte est bannie, il hurle :

« Conrad ! Je suis là, bien vivant. Et je n'ai pas oublié la leçon de la vipère ! »

Étienne se tient au pied du lit, debout. Agnès, penchée sur Archambault, dit :

« Mon cher seigneur, vos ordres ont été ponctuellement exécutés. Tous sont derrière des verrous. »

Elle parle doucement, la bouche près de l'oreille de son époux :

« Garnier est enfermé dans une chambre, en haut du donjon, ainsi qu'Hubert. Pour le chevalier et son écuyer, ils sont dans les cachots du bas. Leurs sergents, comme les cinq gardes d'Hubert, ont été enfermés dans la crypte de l'église. Il n'y a plus rien à craindre. »

La main d'Archambault étreint faiblement celle d'Agnès.

« Bien, mon cœur, bien. Mais, écoute, tu n'es pas au bout de tes peines. Il te faut interroger dès ce soir le Saxon et son écuyer pour savoir si Yvon les attend quelque part, et se doute de quelque chose.

– Je le ferai tout à l'heure.

– Oui. Si Conrad a dit vrai, nous avons deux jours pour appliquer notre plan. Voilà, écoute-moi bien. Demain, tôt, tu vas partir pour Angers avec notre petit Hervé. Étienne veillera à ce que ton escorte soit composée des cinq meilleures lances du château.

– Ne pourrais-je plutôt accompagner ma fille, messire ? J'assurerai sa protection et celle de votre fils comme nul autre ne peut le faire.

– Non, non. »

La tête d'Archambault roule sur le coussin.

« Tais-toi, écoutez-moi tous deux. »

Archambault semble perdre le souffle. Immobile on le croirait déjà mort. Une minute s'écoule avant qu'il ne reprenne :

« Tu dois protéger le fief, Étienne. Demain nous pouvons avoir à subir un assaut. Ta présence est ici indispensable. Pense aux prisonniers, à Garnier et à Hubert... »

Le vieillard tend une main tremblante et décharnée vers son épouse.

« Hervé et toi, vous vous ferez accompagner par Dreux, le chapelain. Nous l'avons payé assez cher. Il est temps qu'il témoigne comme nous en sommes convenus. D'ailleurs je crois être sûre de lui, il a trop d'intérêt à vous voir régner ici pour trahir. Tu me l'enverras tout à l'heure que je sois assuré qu'il confirme bien tout ce que tu diras. Car à Angers il faut aller vers le comte Geoffroy et lui demander de remettre solennellement mon fief entre les mains de notre fils, toi étant sa tutrice et ton père son tuteur. Et n'hésite pas à faire appel à la pitié du comte pour conforter sa décision.

– Et de Garnier, que dirai-je ?

– Tu affirmeras qu'il est devenu fou. Que son malheur date du jour fatal où les Normands l'ont châtré. »

La voix du vieillard devient rauque.

« Auparavant, amie, va d'abord questionner ce Saxon et son écuyer. Il ne faut à aucun prix que vous tombiez entre les mains d'Yvon. Je tremble pour vous. Il faut savoir s'il ne guette pas, à la tête de ses troupes, les sorties du Plessis-le-Vent. »

De nouveau Archambault ferme les yeux, épuisé. Pourtant au moment où Agnès, suivie d'Étienne, s'éloigne, il la rappelle pour lui dire :

« Sois persuasive, dis au comte que sa décision sera un baume pour le malade que je suis. »

Étienne et Agnès sortent et s'éloignent de la tenture qui clôt l'entrée de la chambre d'Archambault. A voix contenue, Agnès ordonne :

« Va t'occuper, ainsi qu'il vient de te le recommander, de mon escorte pour demain. Et que toutes les mesures de sécurité soient vérifiées. Nous touchons au but, à l'instant décisif. Rien ne doit être laissé au hasard. Le sire de Marigné n'est pas de ceux qu'on peut négliger.

– Tu auras les meilleures troupes du château. Landri les commandera.

– Double aussi les gardes aux portes et aux remparts. Quant aux prisonniers, je te les recommande. Fais-les abattre plutôt que de les laisser échapper.

– Encore une fois, ne crains rien. »

Agnès approuve de la tête, sourcils froncés :

« Bien, maintenant, je vais aller interroger ce fameux Saxon et son écuyer. Je ne veux point que l'angoisse puisse s'infiltrer en moi dans un instant aussi crucial.

– Sois prudente, ces hommes sont redoutables.

– Je n'ai point l'intention de courir d'inutiles risques. D'ailleurs, dans deux heures, quand tu en auras fini avec tous les préparatifs, si je ne suis pas revenue, viens me chercher. »

Agnès, munie d'un flambeau, s'engage dans l'escalier qui mène aux cachots.

Conrad est allongé, le plus commodément possible, quand Agnès pénètre dans sa cellule. Nul ne pourrait deviner le cours des pensées du prisonnier tant son visage est serein. La jeune femme, sans la moindre apparence d'anxiété dans ce lieu sinistre, s'arrête à deux toises du chevalier. Hors de sa portée.

« Quels ordres aviez-vous reçus de votre maître? Parlez franc, vous en serez récompensé. »

Le chevalier s'assied sur sa couche :

« Belle dame, vous me pardonnerez de ne point me lever, la faute vous en revient. Ou plutôt, ce qui est la même chose, elle revient à cette maudite chaîne qui me scie cruellement la cheville. Mais avant de vous répondre permettez-moi de vous apprendre que je n'ai point de maître. Je suis un homme libre, mieux, un chevalier, chasé de surcroît, qui sert un seigneur. Je suis seulement son homme lige. »

Agnès a un mouvement d'impatience :

« Alors que vous a commandé votre seigneur?

– Rien qui puisse vous inquiéter, dame! De venir prendre des nouvelles de messire Archambault, ainsi que de sa parenté, dont vous êtes. Et aussi de m'enquérir d'Hubert son propre fils. Je n'ai point encore compris pourquoi nous avons, mon écuyer, mes hommes et moi, subi un traitement aussi inique.

– C'est sans doute qu'on vous connaît bien.

– Me connaître? Et que me reprochez-vous?

– Trêve d'arguties, je veux savoir où se cache Yvon et combien il a d'hommes avec lui.

– A ma connaissance, messire Yvon est à Marigné et ne se cache point d'y être. Votre visite à coup sûr l'émoustillerait.

– Vous répétez toujours la même chose.

– En dépit du désir que j'ai d'être agréable à aussi belle femme, que puis-je vous dire d'autre qu'une banale vérité! »

Le persiflage de Conrad déclenche soudain la colère d'Agnès. Ses traits ravissants s'altèrent. Un long moment elle insulte le Saxon, qui ricane, le menaçant des pires tortures s'il ne répond pas sincèrement à ses questions. Puis, voyant qu'elle n'obtiendra rien de plus, elle tourne les talons. A ce moment le Saxon, d'une voix qu'il veut la plus douce possible :

« Dame.

– Que voulez-vous ? »

Agnès de nouveau lui fait face, attendant une révélation.

« Tout à l'heure, votre père et moi nous sommes défiés. Ou plus exactement je l'ai traité de lâche, lui promettant de lui faire entrer ce mot dans la gorge à la pointe de mon épée ou de ma dague, à son choix. »

Agnès hausse les épaules :

« Vous me faites perdre mon temps avec vos sottises.

– Belle dame, mort d'homme n'est point sottise. Et justement je voulais vous donner une bonne nouvelle, vous faire plaisir avant que vous ne partiez.

– En quoi ?

– Vous m'avez fait si forte impression, vous m'apparaissez si ravissante que je vous promets de ne point tuer votre père. »

Conrad éclate de rire :

« Je me contenterai de lui couper les deux oreilles et de vous les offrir comme pendentifs. »

Agnès est sur le point de se jeter sur le Saxon qui affecte de se rouler de joie sur sa couche. Mais elle se reprend et sort sans répondre.

Lorsque la lourde porte est refermée, Conrad se dresse d'un bond et jure :

« La garce, la sale garce. J'ai bien cru que ça y était, qu'elle allait venir à portée. Mais non. Pas un moment elle ne m'a donné l'occasion de rien tenter pour nous évader. »

Au moment de pénétrer dans le cachot d'Eudes, Agnès est encore sous le coup de la colère. Elle lève haut la torche qu'elle tient avant de la ficher au mur. La vue de l'adolescent d'abord la déconcerte. Elle s'attendait à trouver un homme aussi rude et aussi âpre que son maître. La jeunesse de Ruffin, l'ouverture, la franchise de ce frais visage éloignent d'elle toute idée de machination.

La première surprise passée, elle se sent plus forte, plus assurée : que pourrait lui dissimuler ce garçon joli comme une fille, dont le regard sous de longs cils lui semble si clair. Pourtant elle se fait sévère pour réclamer sa version des faits.

Eudes, tout uniment, avoue ne rien comprendre à ce qui leur

arrive. Avec une juvénile spontanéité, il entreprend de justifier Conrad et lui-même. Il conte le voyage d'Angers où le chevalier l'a équipé.

Comme Agnès fait la moue et émet des doutes, Eudes soudain se frappe le front : mais... il y pense... la vérification est facile ! Que la dame fasse fouiller son portemanteau et celui du chevalier – tout, vêtements et armes, n'a pu être contenu dans le sien – ils sont restés sur les chevaux, leur découverte sera la meilleure preuve de sa sincérité.

Les yeux d'Agnès s'adoucissent. Cette fois, elle se sent réellement rassurée. Aucun piège n'est à redouter, elle en est convaincue : demain elle prendra quiètement la route d'Angers pour faire transmettre à son fils, et aussi elle-même, le fief du Plessis-le-Vent. La voie sera libre. Elle va pouvoir se consacrer dès à présent à préparer les ruses qu'il lui faudra déployer devant le comte Geoffroy.

La joie de toucher à ce but, depuis si longtemps entrevu, de n'avoir plus rien à craindre, amollit la jeune femme. Elle demande seulement, par acquit de conscience :

« Ferais-tu serment de m'avoir dit là toute la vérité, et de ne rien me cacher ? »

Eudes répond avec élan :

« Sur ma mère, dame ! Sur Jésus, si vous préférez ! Je vous jure de n'avoir rien dissimulé. »

Agnès sourit :

« Je te crois, n'en parlons plus. Mais il me semble que tu ne m'as point dit ton nom ?

– Je suis Eudes. Et l'on m'a surnommé Ruffin... »

Il porte la main à sa tignasse bouclée :

« ... à cause de ça ! »

Son rire sonne clair. L'espoir d'être libéré l'a envahi au cours de la conversation. Comment cette ravissante jeune femme – jamais il n'en a vu d'aussi belle – pourrait-elle se transformer en harpie qui emprisonne sans motif ? Agnès ne correspond aucunement à l'idée que Eudes se fait des geôliers.

Comme elle rit à son tour, clignant des yeux, pour tenter dans la pénombre de mieux distinguer la couleur flamboyante des cheveux du garçon, une irrépressible envie de séduire envahit Ruffin. Il se fait aussi doux et aimable qu'il le peut.

Agnès soudain va à la porte, écoute avec attention, puis, rassurée, revient après avoir tiré derrière elle le lourd panneau. Son visage ne reflète plus qu'une tendre mélancolie. Elle dit :

« En venant ici, j'étais follement inquiète. Connais-tu bien messive Yvon?

– Oui certes.

– Je ne veux point t'en dire du mal, puisque tu le sers, mais sache qu'il est fort redoutable et plus soucieux de ses intérêts que de ceux d'autrui. »

Eudes approuve vigoureusement par des hochements de tête :

« Je ne l'ignore point.

– Alors sache que notre attitude n'a été guidée que par la crainte. Je ne peux tout expliquer mais, très bientôt, tu seras libre.

– Le chevalier aussi, dame? Car je ne partirai point sans lui. Je ne pourrai l'abandonner.

– Mais oui, mais oui, ne crains rien. »

Agnès, une fois de plus, lui sourit :

« Quel âge as-tu?

– Quinze ans dans trois mois, dame. »

Agnès contemple son prisonnier. Eudes se tient debout, le corps légèrement déhanché, tout son poids portant sur la jambe droite. Quelle différence entre ce garçon et les hommes qu'elle côtoie journellement! Certes, ils ont tous des muscles puissants et de larges épaules, mais aucune grâce. Même les plus jeunes. Et chez tous affleure une bestialité lourde et vulgaire.

Voilà huit ans qu'elle vit braquée sur un unique espoir : devenir un jour maîtresse du château et du fief. Huit ans qu'elle oublie ses désirs et ses plaisirs, qu'elle refoule en elle les élans d'une ardente sensualité. Dans l'espoir d'échapper à sa condition, jamais elle ne s'est accordée quoi que ce fût qui pût mettre en péril ses projets. Née fille d'un petit chevalier, elle ne pouvait espérer qu'épouser un autre petit chevalier, une brute quelconque, qui lui aurait fait un enfant par an jusqu'à ce qu'elle soit devenue vieille et laide. La beauté vous fait convoiter mais ne vous fait point épouser. L'or est le seul maître. Sans dot, comme sans espérance d'héritage, une fille ne vaut guère. Épouser Archambault a été la chance inespérée de sa vie. Bien qu'elle fût très jeune au moment du mariage, elle l'a tout de suite compris.

Sa chance ! Mais une chance triste et obsédante. Jamais pourtant elle n'a failli, ni ne s'est laissé emporter par ses instincts. Ce soir, pour la première fois, il lui est difficile, impossible même, de détacher ses yeux des lèvres de l'adolescent. Elles lui paraissent si douces qu'un immense désir lui vient de les baiser. Tout, d'ailleurs, semble s'accorder à son élan. D'abord le secret. Qui viendrait l'épier ici ? Et, avec cet adolescent loyal, que risque-t-elle ?

Pourtant, la méfiance est trop ancrée en elle pour qu'elle agisse sans précautions. D'une voix languissante, elle murmure :

« Eudes, tu ne peux savoir ce que c'est que d'être une femme, jeune et frêle, perdue dans ce monde sans tendresse. Parfois, je me sens si lasse que je souhaiterais trouver une épaule où poser ma tête, ne serait-ce qu'un instant.

– Dame, vous êtes si belle que les dévouements ne peuvent vous manquer.

– Hélas ! Rien n'est moins sûr. La jalousie et l'intérêt, la cupidité gâtent tout. »

Comme Eudes se lance dans une nouvelle phrase consolatrice, elle l'interrompt :

« Es-tu homme de parole, Ruffin ?

– Madame, je ne suis écuyer que depuis un mois mais, pour rien au monde, je ne me parjurerais.

– Alors, fais-moi un nouveau serment, pour me rassurer complètement.

– Lequel ?

– Si je m'approche de toi, à te toucher, jure sur les reliques de saint Maurille, de ne point abuser de ta force, de ne me contraindre en rien, pas même à te donner ton immédiate liberté. D'ailleurs, je ne le pourrais, je n'ai point sur moi le clef pour ouvrir l'anneau. »

Eudes n'a aucune hésitation.

« Sur les saintes reliques je fais le serment de ne rien faire qui puisse vous contrarier.

– J'ai confiance en toi. »

Agnès s'approche lentement, ondulante, elle le prend aux épaules et l'entraîne :

« Assieds-toi, mon bel ami, et laisse-moi poser ma joue contre la tienne. »

Eudes se laisse faire, obéit sans trop réfléchir à la bizarrerie de la situation : un prisonnier qui console celle-là même qui l'a fait arrêter. Agnès, sans le savoir, s'est montrée fort adroite. Le rappel de la brutalité d'Yvon, la rancune, l'animosité profonde du jeune homme contre le sire de Marigné ont troublé sans doute son entendement. Le charme d'Agnès fait le reste.

La jeune femme s'est assise tout contre lui. De la main droite elle caresse d'abord le visage du jeune homme, s'attardant au menton et au cou :

« Ta peau est douce comme celle d'une femme.

– Pourtant ma barbe commence...

– Non, non, n'invoque pas le jour, trop proche, hélas, où les poils envahiront ces joues. Laisse-moi goûter cette présente douceur. »

Eudes ne sait ni quoi répondre, ni quoi faire. Jamais encore il ne s'est trouvé dans semblable situation. Pourtant les doigts d'Agnès deviennent sans cesse plus nerveux, plus autoritaires, plus entreprenants. Il y a loin des maladroites privautés de Ruffin avec les filles de Marigné aux initiatives et à la volontaire présence de cette jeune femme.

Soudain elle dit :

« Embrasse-moi. »

Ils s'étreignent. Elle s'appuie, le pousse en arrière, jusqu'à le faire toucher le mur des épaules. Un moment l'anneau de fer lui tord le pied au point qu'il doive s'excuser et chercher une position plus confortable pour sa jambe.

Comme, après avoir hésité, il se risque à lui caresser les seins, timidement, à travers la robe, elle se dégage brusquement. Un moment il craint de l'avoir fâchée, choquée, mais il est rassuré, puis fou de joie, de l'entendre dire :

« Déshabille-toi. »

Maladroit, hâtif, il tire brutalement sur ses beaux vêtements neufs. Un moment une pensée l'effleure : « Si je les abîme, Conrad ne sera pas content. » Mais l'importance, la qualité de l'heure présente chassent cette inquiétude.

Agnès vient de se débarrasser coup sur coup de sa robe et de sa chemise. Nue, elle s'allonge sur la couche rugueuse, chuchotant des mots dont il ne parvient pas toujours à saisir le sens. Les longs cheveux clairs, répandus, brillent doucement dans la pénombre.

« Viens, dit-elle, le tirant, le saisissant par les hanches, essoufflée, hors d'elle. Viens, je n'en peux plus d'attendre. »

Elle l'accueille, les cuisses rejetées en arrière, offerte par une sensualité soudain frénétique.

Eudes s'émerveille d'une puissance qu'il ne soupçonnait pas. Entre deux gémissements, Agnès scande son nom, griffant ses reins. Eudes dont l'ardeur se trouve décuplée caresse follement le corps fougueux. Soudain, un bruit de pas dans l'escalier se fait entendre. Dans un extrême sursaut de volonté, Agnès s'arrache à l'étreinte du jeune homme. Le bruit de pas se précise. La jeune femme, aux prises avec ses vêtements, se démène. Il ne lui faut guère de temps pour se revêtir. Parée, une seconde elle sourit à Eudes, en disant, la voix rauque :

« A bientôt, beau et doux Ruffin. »

L'instant d'après, elle sort en tirant bruyamment la porte derrière elle. Eudes, ahuri, désemparé, peut l'entendre répondre à une voix sourde qu'il croit être celle d'Étienne :

« Je crois que nous n'avons point à nous inquiéter. Yvon n'a aucune raison de venir avant plusieurs jours. »

De nouveau, pénombre, froid et humidité assaillent le jeune écuyer.

15

Garnier, dans la vaste pièce d'angle, tout en haut du donjon, va et vient, et ne décolère pas. Pour la millième fois, il jure :

« La sale garce, le vieux fumier! Me laisser coincer ainsi! Pris comme un renard à leurs pièges! Je me doutais pourtant de leur astuce. »

L'étroite fenêtre taillée en plein cintre éclaire suffisamment la pièce pour en faire ressortir l'insensible sécheresse. Il n'a pu dormir de la nuit. Seules, la rage et la peur le soutiennent.

Soudain grince l'énorme serrure qui mord la porte. On pousse le battant. En dépit de sa curiosité, de sa précipitation, Garnier ne peut qu'entrevoir les silhouettes de trois sergents en armes, attendant sur le qui-vive, car l'antique serviteur qui pénètre repousse aussitôt le vantail.

Le vieux Sulpice, la face ridée comme une pomme, le corps voûté, tient de la main gauche deux cruches, l'une de vin, l'autre d'eau, et de la droite un plat garni d'épaisses tranches de venaison et une miche de pain.

Lorsqu'il se penche, hésitant et disant d'une voix cassée mais aiguë : « Où voulez-vous, messire que je dépose tout ça? », il en profite pour cligner de l'œil et, d'un mouvement de tête, indiquer nettement qu'il souhaite avancer quelque confidence.

« Que puis-je pour vous? »

En cet instant, la vieille bouche édentée tremble, le pauvre homme renifle :

« Quelle grande misère de vous voir là, mon gentil sire. Moi qui vous ai connu si petiot et si plein d'espoirs. »

L'œil de Garnier s'éclaire. Le sang afflue à ses joues, sous le coup de la surprise et peut-être aussi d'une vague émotion. Ce brave et zélé Sulpice! Comment dans les circonstances actuelles a-t-il pu oublier ces possibles dévouements? Le salut apparaît peut-être, au moment même où il désespérait de tous et de tout, sous l'aspect de cette chétive et dérisoire silhouette.

Mais Sulpice, cependant, le tire par un pan de son bliaud : « Vite, messire, pour ne point éveiller les soupçons. »

Garnier saisit nerveusement l'épaule du vieillard :

« Écoute, me libérer ne servirait à rien. Immanquablement je serais repris et sans doute abattu. Le prétexte serait trop bon. Essaie plutôt de libérer le chevalier Conrad, qui doit être dans les fonds du donjon. Dis-lui seulement : " Vite, allez chercher Yvon. " Si tu réussis, tâche de me prévenir en heurtant ma porte de trois coups brefs. »

Garnier vient juste d'achever sa phrase quand le chef des sergents s'impatiente. Sous l'effet d'un solide coup de pied, la porte va claquer contre le mur.

« Alors, l'ancêtre, ça vient? »

Après un dernier coup d'œil à Garnier, pour marquer son accord, Sulpice proteste de sa bonne volonté :

« Je viens, je viens, mon bon sire. A mon âge vous verrez, on ne court plus. »

Vingt secondes plus tard, Garnier se retrouve seul.

Après toutes ces heures de tension, l'espoir abat le jeune sire du Plessis-le-Vent. Allongé, les yeux clos, il se laisse aller à cet espoir inattendu et fragile. Oh! il ne se fait guère d'illusions! Il sait que d'ici peu l'angoisse, à nouveau, le tenaillera et qu'il reprendra sa marche forcenée d'ours en cage.

Au-delà même du signal de Sulpice – s'il doit jamais retentir – que va-t-il se passer? Comment cela finira-t-il? Il hausse les épaules. Ce vieux Sulpice! Qui aurait cru? Sa libération, comme son accession à la tête du fief, jamais il n'aurait pu imaginer qu'elles puissent dépendre de cet obscur serviteur.

Garnier tressaille et se retourne sur sa couche, muscles en alerte : quel est ce bruit? Après un instant de guet, rassuré, il adopte une position plus confortable. S'il en sort, certains, qui dans le moment font les farauds, se balanceront bientôt au bout d'une corde. Les chiens ! Il en grince des dents. Vouloir le frustrer de son héritage ! Maudits bâtards ! Ils ne perdent rien pour attendre. Sa vengeance sera terrible. Mais il en est une qu'il se réserve tout spécialement : la belle Agnès. D'abord toute la garnison va lui passer sur le ventre. Il se reprend. Un sourire mauvais enlaidit ses traits : « Non pas ça ! la salope serait foutue d'y prendre du plaisir. » Elle, il va la découper vivante. La brûler à petit feu. La détruire savamment. Il ferme les yeux, béat, à la pensée de ce qu'il inventera pour la tourmenter. Mais son euphorie est troublée par des éclats de voix qui retentissent dans la cour ainsi que par de nombreux piétinements de chevaux. Il se précipite à la fenêtre et ne tarde guère à comprendre ce qui se passe : une troupe quitte le château. Garnier se démanche le cou pour tenter de voir qui s'en va ainsi, dans ce déploiement de forces et d'attentions. Soudain, l'espace d'un éclair, il aperçoit la blanche et blonde silhouette d'Agnès. Deviner où elle va n'est point difficile ; anxieux, Garnier murmure :

« Chez le comte Geoffroy. »

Décidément, ses chances ne tiennent qu'à un fil. Si, grâce à l'évasion du Saxon, Yvon n'intervient pas d'urgence, tout est perdu.

Et l'insupportable attente commence.

Sulpice, de mémoire d'homme, on l'a toujours vu au Plessis-le-Vent. Humble silhouette se faufilant de droite et de gauche, houspillé par les uns, bousculé par les autres et marmonnant en toutes occasions d'inutiles excuses. Seul Archambault a pu le connaître jeune, car c'est son père, Eblé le Fort, qui a fait de cet humble fils de collibert un domestique attaché au château.

Depuis des temps immémoriaux, les ancêtres de Sulpice se transmettaient le secret de la fabrication du charbon de bois. A dix ans, Sulpice, qui commençait à aider les siens dans leur travail, tomba si gravement malade qu'une fosse fut creusée à son intention. Mais après de nombreux mois d'incertitude, l'enfant, on ne sait trop par quel miracle, s'en tira. Malheureusement une de ses jambes, la gauche, resta raide et atrophiée.

A cette époque le sire Eblé, blessé dans un combat, ne supportait plus un instant de solitude, il trouva pratique de réclamer ce gamin considéré par ses parents comme une bouche inutile. On installa pour Sulpice un grabat dans un recoin du donjon, entre deux chambres. Son destin venait d'être fixé. Il ne devait jamais quitter le château.

Eblé mort, on avait tellement pris l'habitude de voir errer par tout le Plessis-le-Vent, cet infatigable serviteur, qu'aucune décision ne fut prise à son égard. Et Sulpice resta comme une sorte de factotum, mis à contribution par tous.

Sulpice, allant de-ci de-là, de sa démarche tressautante, n'inquiète jamais personne. Dans le tapage affairé d'un matin consacré au départ de la noble châtelaine, nul ne prend garde à lui, car nul n'a besoin de lui. Il n'éprouve aucune peine à gagner l'escalier donnant accès aux caves et aux cachots.

Pour descendre, le pauvre vieux doit se tenir aux murs, tant les marches sont gluantes, glissantes. Un moment encore, tandis qu'il s'enfonce dans l'antre, lui parvient l'écho du tintamarre déclenché par les préparatifs déférents. Mais lorsqu'il atteint l'étroit couloir qui prolonge l'escalier, jusqu'à une sorte de carrefour, le silence devient parfait.

Cet étage est divisé en quatre parties, séparées par d'énormes murs de soubassement. Ne disposant d'aucune indication, Sulpice prend vers la gauche, au hasard. Devant chaque cellule, il s'arrête. La plupart des portes sont entrebâillées et les cachots vides. Arrivé à la dernière, close celle-là, il fait jouer l'énorme verrou. A l'intérieur, il découvre un jeune homme que le bruit n'a pu tirer de son sommeil. Sulpice referme et revient sur ses pas. C'est le côté droit qu'il va maintenant explorer. Un instant plus tard il pénètre chez le Saxon.

Levant haut sa torche, le bonhomme observe le prisonnier. Conrad est assis, dos au mur, yeux grands ouverts comme une chouette.

« Puis-je vous demander votre nom, messire? chuchote le vieux, apeuré par la fixité de ce regard.

— Conrad. »

Le chevalier se lève. Toisant le vieillard d'un air arrogant, il dit : « Quel est ton rôle et que veux-tu? » Un sourire narquois tord sa bouche. « A-t-on l'habitude, ici, d'user des séniles comme tourmenteurs ? »

Sulpice semble se ratatiner encore sous les paroles méprisantes. Il chevrote :

« Je suis, messire, le serviteur dévoué de monseigneur Garnier. Lui aussi est emprisonné, mais en haut du donjon. C'est lui qui m'envoie. Il m'a demandé de tenter de vous délivrer et de vous faire évader. Je dois vous dire ces mots : vite alertez Yvon. »

Conrad se penche :

« Sais-tu, l'ancêtre, que tu commences à me plaire ? »

Puis, comme Sulpice remercie en bafouillant :

« Dis-moi ce qui se passe au château.

– Messire, tout est en effervescence. Dame Agnès part pour je ne sais où, avec de nombreux guerriers.

– C'est bon, c'est bon, dit Conrad, je vois ! Ne perdons pas de temps. Ouvre-moi vite cet anneau.

– Sire chevalier, c'est que je n'ai point la clef. »

Et, comme le Saxon esquisse un mouvement de colère, Sulpice ajoute :

« En revanche, j'ai apporté ceci. »

Et il lorgne le Saxon, la mine matoise, tandis qu'il sort d'un paquet de chiffons, un marteau, un burin et un poignard.

« Tu es moins bête que je ne craignais. Donne, je vais me débrouiller.

– De grâce, messire, si vous êtes repris, ne parlez pas de moi. On me toturerait impitoyablement et je ne suis plus à l'âge d'endurer...

– Ne crains rien. Dis-moi plutôt si tu sais où est enfermé mon écuyer.

– Un grand jeune homme, à cheveux rouges et à fort plaisante figure ? On l'a enfermé dans la dernière cellule au bout du couloir de gauche.

– Merci, vieillard, et que Dieu te protège. File maintenant, le reste me regarde. Tu risquerais trop en demeurant plus longtemps près de moi. »

Sulpice acquiesce et s'éloigne d'un pas. Conrad le rappelle et avec un sourire :

« Tiens, prends ceci. »

Conrad tend au bonhomme trois grosses pièces d'or. De l'autre main, il frappe sur sa ceinture :

« Dans ce château, on m'a volé mes armes, mais on ne m'a point encore pris ma bourse. »

L'acte de générosité du Saxon ne déclenche chez le vieux qu'un mouvement d'effroi. Il cache ses mains dans son dos. Peut-être tenté.

« Non, non, messire. Si vous vous évadez, on nous fouillera. Dans toute ma vie, je n'ai point gagné le quart de ce que vous m'offrez là. »

Et le vieux, ayant allumé une seconde torche qu'il camouflait sous son bliaud, marche vers la porte. Avant de sortir, pourtant, il se retourne une dernière fois :

« J'abandonnerai cette seconde torche en bas des marches. Peut-être en aurez-vous besoin. »

Le bruit amorti par le tissu dont il l'a en partie emmailloté, Conrad frappe à coups redoublés sur le burin pour briser le chaînon. S'attaquer directement à l'anneau qui lui enserre la cheville comporterait trop de risques. Infailliblement, il se blesserait. Au bout d'une dizaine de minutes le maillon cède. Alors, Conrad entreprend de se protéger de cette ferraille qu'il va devoir traîner pendant les heures qui viennent. Il lacère le bliaud, et découpe le tissu au poignard, en longues bandes qu'il entortille et attache soigneusement. Ce méticuleux travail achevé, marteau glissé dans la ceinture, burin et poignard à la main, Conrad, de sa démarche de fauve, quitte son cachot.

Eudes, ahuri par l'arrivée du Saxon, se laisse libérer presque sans réaction. Conrad, tout en s'activant, le met rapidement au courant de la situation. Puis les deux hommes gagnent l'escalier. Au moment de s'y engager ils entendent, en haut, jouer le loquet de la lourde porte. Ils se rejettent en arrière et vite dissimulent les torches dans un cachot. Embusqués à l'angle gauche du couloir, ils attendent.

Moins d'une minute plus tard, Étienne apparaît. Conrad chuchote à l'oreille d'Eudes :

« Quoi qu'il advienne, ne bouge pas, reste en renfort, quelqu'un d'autre peut survenir. »

En même temps, le Saxon s'assure de sa bonne prise du marteau. Le père d'Agnès, arrivé à leur hauteur, tourne à droite. Sans doute va-t-il rendre visite à Conrad. Dans la seconde, le Saxon bondit et frappe à la tête. Étienne s'écroule sans un cri. Sa torche roule à terre. Conrad s'en empare et, l'oreille aux aguets, demeure un moment immobile. Convaincu que personne n'accompagne Étienne, il appelle Eudes :

« Aide-moi, dit-il, ne le laissons pas là. »

Ensemble ils traînent le corps jusqu'à l'ancien cachot du Saxon.

« Déshabillons-le. On va le lier et le bâillonner. Quelle aubaine, on peut dire qu'il arrive à point nommé. Je vais revêtir son bliaud et m'emparer de ses armes, ainsi de dos pourra-t-on me prendre pour lui. »

Cinq minutes plus tard tout est fini.

« Bon Dieu! quel plaisir de se retrouver avec ça au côté », dit Conrad en finissant d'attacher l'épée d'Étienne à sa ceinture.

Comme il remarque la mine dépitée d'Eudes qui machinalement porte la main à la place du baudrier, il ajoute souriant :

« Ne crains rien, mon Ruffin, tu ne vas point tarder à être aussi rééquipé. »

Ils vont abandonner leur victime, lorsque Conrad dit :

« Ah! j'oubliais! Je dois une explication à notre compère. »

Il secoue rudement le prisonnier et pour achever de le réveiller lui renverse la cruche d'eau sur la tête. Étienne roule des yeux effarés en voyant libres ses détenus.

« Écoute, lui dit le Saxon, j'ai promis à ta fille de ne point te tuer. Je vais donc tenir parole. En revanche, je lui ai juré de lui offrir tes oreilles soigneusement coupées. Et je ne me parjure jamais. »

Quand il tire son poignard, Étienne, effrayé, parvient en dépit de ses liens et de son bâillon à se tordre en grognant. Conrad rit :

« Imbécile! Je ne te les couperai qu'en combat. Mais comme je ne veux point que tu m'oublies et que tu te défiles, je m'en vais t'en entailler une. Ainsi penseras-tu à moi en permanence jusqu'à notre rencontre. »

D'un geste vif et précis, Conrad tranche le lobe de l'oreille droite d'Étienne.

« Tu saigneras comme un porc que tu es, mais, ne crains rien, tu n'en crèveras pas. Notre départ ne saurait passer inaperçu et tes hommes viendront te libérer. Au revoir, beau sire. Je ne crois plus avoir besoin de te recommander d'accepter mon défi. Nous sommes liés désormais. »

Le rire de Conrad se répercute longuement sous les voûtes.

Par la porte de la cave, à peine entrebâillée, Eudes et Conrad guettent portail et passerelle. Un moment des allées et venues incessantes les bloquent inutilement. Enfin, l'accalmie souhaitée se produit : passe un écuyer, seul.

« A toi », dit Conrad.

Eudes laisse l'homme faire quelques pas puis s'élance. Au bruit, celui-ci esquisse un mouvement pour se retourner. Mais le marteau, qui l'atteint à la tempe, le stoppe net. Comme une masse il s'écroule. Conrad se démasque et vient aider Eudes.

Jeter le corps dans l'escalier après l'avoir dépouillé de ses armes est l'affaire de quelques secondes.

« Maintenant, viens », dit Conrad, et d'un bon pas ils s'engagent sur la passerelle. De là ils dominent la cour. Tout est calme. Pour les habitants du Plessis-le-Vent, c'est le train-train ordinaire. Hommes et femmes vaquent à leurs occupations. Des enfants jouent. A la porte sud, par laquelle Agnès est sortie, règne encore une certaine animation. On y commente le départ de la dame, la maladie d'Archambault et les arrestations de la veille.

Sans hâte, Conrad et Eudes marchent résolument vers celle du nord. Ils choisissent de passer par-derrière les habitations et les communs. Sans encombre ils atteignent ainsi l'ultime écurie avant le poste de garde. Ils y pénètrent. Quatre palefreniers s'affairent à nettoyer. Les fuyards ne leur laissent aucune chance de donner l'alerte.

« A nous, Eudes ! »

Dans la minute qui suit, quatre corps gisent, têtes à moitié décollées. Tandis qu'il selle un cheval, Eudes s'étonne de ses propres réactions. L'entraînement suivi depuis tant d'années porte ses fruits. Nul besoin de réfléchir, il frappe et tue automatiquement. Pourtant, passant devant ces corps, un instant plus tôt pleins de vie et dont deux sont ses premières victimes, un double désir, contradictoire, le domine : fuir ou regarder passionnément. Une sensation de vide nauséeux l'envahit et il ferme les yeux. Mais déjà le Saxon le harcèle, lui rappelle que la situation requiert énergie et attention.

« Tu n'as rien entendu ? Jette une fourchée de paille sur celui-là. Dépêche-toi, vite ! »

Depuis le début de l'événement c'est le mot clef : vite.

« Cache-toi le visage, sans ostentation, et va ouvrir un battant. Pendant ce temps je tenterai de donner le change. Nul ne nous connaît et aucune alerte n'est donnée, les gardes sont sans méfiance.

Tandis qu'Eudes va jusqu'au vaste portail et, dissimulé par le chemin de ronde, entreprend de manœuvrer discrètement les lourdes barres de fer qui le commandent, le Saxon laisse son cheval piaffer bruyamment en feignant, bras levés, d'ajuster son capuchon. Sur la lice quatre sergents bavardent. Au bruit, l'un d'eux se penche et, trompé par les vêtements, crie :

« Que se passe-t-il, messire Étienne ? »

Le visage toujours dissimulé par les deux bras, le Saxon grogne d'un ton rogue :

« Mission de reconnaissance, imbécile. »

L'homme s'excuse et dit :

« On descend vous ouvrir. »

A cet instant, Eudes achève de libérer un panneau et l'entrebâille. Le Saxon éperonne son cheval. Eudes aussitôt saute sur le sien et le suit. Le sergent, trouvant la porte ouverte, a un moment d'hésitation puis il prend conscience de l'insolite attitude des deux cavaliers qui s'éloignent au triple galop, et crie : « Halte ! » puis : « Alerte ! » enfin : « A moi la garde ! »

Sur la lice ses trois compagnons bandent leurs arcs et décochent en hâte des flèches. Trop tard. Les fugitifs ont atteint déjà une zone où les traits, s'ils les atteignaient, seraient inoffensifs.

Conrad, hors de portée, arrête son cheval, éclate de rire et hurle : « A bientôt. »

Dans la cour les cris s'amplifient. C'est affolant. Aucun chevalier n'est prêt à la poursuite. Les fuyards ont disparu depuis longtemps sous les frondaisons lorsque enfin commence le pourchas.

Après le départ de dix hommes chargés de courir sus aux évadés, Étienne, livide, un pansement autour de l'oreille, demeure assis un long moment dans la grande salle du donjon, dans le fauteuil même d'Archambault. Il ne peut guère se faire d'illusion. L'évasion a déjà pratiquement réussi : sauf miracle la petite troupe ne pourra point rattraper un homme comme le Saxon. Étienne soupire et jure. Cette fuite va tout remettre en question si, par malheur, Agnès n'obtient pas totale satisfaction du comte Geoffroy. Il ne saurait être question pour Étienne d'attendre passivement la suite des événements. Sa responsabilité est lourde. De nouvelles initiatives doivent corriger dans les limites du possible les conséquences de ses fautes.

Brusquement, la mine résolue, Étienne se dresse et appelle son écuyer, Évrard.

« Viens çà, Évrard. Veux-tu gagner vingt livres? »

L'œil d'Évrard s'allume, la bouche tordue par un mince sourire, il s'empresse d'acquiescer.

« Grand merci, messire, elles seront les bienvenues car ma bourse est désespérément plate, et j'ai même engagé ma solde pour les huit mois qui viennent. Que dois-je faire? »

Étienne, rogue, passe devant lui :

« Suis-moi, tu verras bien. »

D'un pas qu'il veut léger, le père d'Agnès gravit les marches du donjon. Quand il atteint la prison de Garnier, il s'arrête pour reprendre souffle et grimace en portant une main à son oreille blessée.

« Attends-moi ici, dit-il, tu entreras quand je t'appellerai. »

Garnier, allongé sur sa couche, feint de dormir, nez au mur. Par les cris des gardes, par l'affolement ensuite des hommes d'armes tourbillonnant dans la cour, jusqu'au moment du départ de la petite troupe des poursuivants, il a su que le Saxon avait réussi son évasion. Et il ne doute point que le rejoindre avant Marigné ne soit impossible. La pensée qu'avant la fin du jour Yvon alerté campera sous les remparts du Plessis-le-Vent, et que, dès demain au besoin, il se lancera à leur assaut, réconforte Garnier. Mais en attendant, il ne tient pas à exciter ses adversaires. Il se jure d'éviter toute fanfaronnade; sa position peut être encore dangereuse jusqu'au moment de sa libération.

Étienne s'approche et décoche à Garnier un coup de pied dans les côtes.

« Debout, serpent! »

Il ne faut qu'un instant à Garnier pour se dresser furieux, arrogant, ayant d'un coup oublié ses prudentes résolutions.

« Frappe-moi, encore, bête brute, et je te le ferai regretter jusqu'à la fin des temps. »

Étienne hausse les épaules, la mine désabusée.

« Tu as commis une lourde erreur, chapon, dit-il d'une voix lasse. Tu ne t'en tireras pas, car ton heure est venue.

– Que veux-tu dire? » s'effare Garnier.

La peur chez le jeune homme déjà domine la colère.

« C'est toi qui as soudoyé quelqu'un pour faire évader le Saxon?

– Non, non, Étienne, je n'y suis pour rien, je le jure sur la croix, je ne savais même pas qu'il s'était enfui.

– Tais-toi, essaie donc pour une fois de n'être point lâche. D'ailleurs, qu'importe le responsable! Le fait est que l'évasion a eu lieu et qu'elle a réussi. Sous peu, le sire de Marigné et ses hommes d'armes arriveront pour te libérer. Imbécile! As-tu cru que tout se passerait aussi aisément? Crois-tu que nous allons gentiment nous mettre le cou dans le nœud coulant? »

Étienne hoche la tête de droite et de gauche:

« Non, non, n'y compte pas. »

D'un air faussement apitoyé, il détaille Garnier de la tête aux pieds.

« Tu aurais pu finir tes jours tranquillement, sans soucis, gras comme un vrai chapon. Mais non! Il t'a fallu jouer au plus fin et tenter, contre toute raison, d'obtenir ce fief.

– Mais ne suis-je pas l'aîné d'Archambault?

– La belle affaire! Alors que tu n'es, que tu n'as jamais été en état de porter les armes et que tu ne pourras point avoir de descendants.

– Rien de cela ne supprime mon droit.

– Ton droit? »

Étienne hausse les épaules:

« Tu n'en auras guère besoin là où tu vas. »

Garnier recule, la mine défaite:

« Non, non...

– Tant pis pour toi. Je n'ai plus le choix. Agnès est à Angers. Elle saura convaincre le comte. L'investiture d'Hervé ne saurait tarder. Mais toi vivant, avec ce porc de Marigné pour contester la légitimité de la succession, tout peut être remis en question. Ta vie est devenue, à cause de ton attitude, un danger.

– Non, non », crie de nouveau Garnier, les yeux exorbités, plus effrayé par cette voix monocorde, sans passion, que par des vociférations.

« Si tu ne veux point souffrir, saute par cette fenêtre. C'est le dernier conseil que je te donne. Le moment arrive toujours où mieux vaut subir sans s'opposer.

– Non !

– Comme tu voudras. »

Étienne, sans quitter Garnier des yeux, crie :

« Évrard, viens ! »

En entendant entrer l'écuyer, toujours sans détourner son regard, Étienne ajoute :

« Ferme soigneusement la porte. »

Garnier, blotti à l'angle de la vaste cheminée, semble plus maigre et plus fragile que jamais. En bégayant, il dit :

« Vous n'oserez pas faire ça ! »

Étienne ricane :

« Non ? Tu crois ? »

Garnier tombe à genoux et joint les mains :

« Étienne, je t'en supplie, laisse-moi la vie. Je te donnerai ce que tu voudras. Je dirai ce que tu souhaites. Pitié, je ne veux pas du fief. Je t'en ferai l'héritier et tu en feras ce que tu voudras. Laisse-moi me retirer dans un monastère... »

Étienne, toujours aussi placide, dit à son écuyer :

« Aide-moi à le passer par la fenêtre, mais sans te servir de tes armes. »

Évrard s'élance. Brusquement c'est une atroce mêlée. Garnier se débat tant qu'il peut : des pieds, des mains, des dents. En même temps il hurle d'effroyable façon, et pleure. Devant cette résistance, Étienne se résout à prendre une cruche et l'assomme. Évrard, qui a saisi le corps au moment où il s'écroulait s'approche de la fenêtre, pose la tête et les épaules sur le large soubassement de pierre et pousse lentement. Le corps bascule dans un impressionnant silence.

Étienne et Évrard se font face, comme surpris.

« Je te paierai tout à l'heure ce que je t'ai promis. Mais si jamais tu contes, à qui que ce soit, un mot de ce qui vient de se passer, tu es un homme mort. »

L'écuyer hausse les épaules et grommelle :

« Comme si vous ne me connaissiez pas ! Depuis le temps que je vous sers.

– C'est vrai. N'en parlons plus. Maintenant, descends vite et va te mêler à ceux qui vont trouver le corps, si ce n'est déjà fait. Joue les curieux. Puis viens ostensiblement m'alerter, m'annoncer l'événement. Tu me trouveras chez messire Archambault. »

Archambault n'a pas dit un mot en apprenant la chute de Garnier. Il demeure immobile et semble dormir. Pourtant Étienne a le sentiment que cette mort a affecté le vieux sire, a remué en lui des souvenirs. Par deux fois, il a murmuré des mots incompréhensibles. Peut-être tout simplement commence-t-il à perdre la tête, secoué par tant d'événements survenus en si peu de temps : du départ d'Agnès à la mort de ce fils, en passant par la fuite du Saxon.

16

Le comte Geoffroy Grise-Gonelle s'entretient avec son secrétaire et son argentier des satisfaisantes récoltes de l'année ! Ensemble, ils examinent les récentes rentrées d'argent et décident d'activer ce qu'il reste à percevoir, quand un officier du palais vient annoncer que l'épouse de messire Archambault, seigneur du Plessis-le-Vent, et son fils se présentent aux portes du château et sollicitent une audience.

« Allez les chercher, dit le comte, et introduisez-les. »

Le mouvement, pour se lever, qu'esquissent alors les deux fidèles est interrompu par un geste bref de Geoffroy.

« Restez, vous autres, dit-il, nul secret ne sera révélé au cours de l'entrevue et nous pourrons reprendre nos entretiens dès que j'en aurai fini avec ces visiteurs. Ce sera bientôt. »

Lorsque la blonde Agnès, accompagnée de cinq chevaliers et de son chapelain, fait son entrée, en poussant devant elle un vigoureux bambin de six ans, son fils, Geoffroy, homme pourtant calme et passé maître dans l'art de masquer ses sentiments, ne peut retenir un mouvement de surprise émerveillée. La sobre élégance et aussi la décence des vêtements de la jeune femme exaltent plutôt qu'elles n'atténuent son éclatante et sensuelle beauté.

Agnès marche lentement, la tête légèrement inclinée. Son air de grande tristesse, ses yeux embués de larmes font sur Geoffroy et ses fidèles une impression si profonde que l'argentier se penche pour dire à l'oreille de son suzerain :

« Mordieu, monseigneur, je n'avais encore jamais vu si belle femme, au maintien à la fois si digne et si capiteux.

– Pour moi, ajoute le secrétaire qui a tout entendu, je serais honnête si j'allais confesser sur-le-champ les perverses pensées qu'elle me suggère. »

Les deux hommes rient. Geoffroy fait un mouvement brusque.

« Silence donc. »

Mais il garde son attention braquée sur la jeune femme.

Agnès, arrivée à une toise de Grise-Gonelle, tombe à genoux et contraint son fils de l'imiter.

« Justice, seigneur comte, justice ! »

Sa voix, douce et basse, tremble. Geoffroy tend la main droite et dit d'un ton affable :

« Relevez-vous, belle dame. Quoi que vous ayez à me demander, il ne m'est point agréable de voir belle et douce personne en cette posture. »

Sans obéir, Agnès dit, très vite :

« C'est cependant celle qui convient le mieux à une veuve et à un orphelin qui viennent, en chœur, vous supplier de bien vouloir les entendre et leur accorder votre appui.

– Que me dites-vous là ! »

Agnès contient difficilement un sanglot.

« Hélas ! monseigneur, Dieu a rappelé à lui messire Archambault, mon noble et valeureux époux, le père de cet enfant. Et ce n'est que par crainte, parce que mon protecteur a disparu, que j'ose venir vous importuner et réclamer votre justice. Je fuis les persécutions. »

Geoffroy se lève, prend Agnès par la main et, l'ayant fait se relever, la conduit à un siège. L'enfant les suit.

« Expliquez-vous, dame. Qui diable pourrait avoir envie de vous persécuter ?

– Monseigneur, vous vous souvenez que mon beau-fils, Garnier, a subi un atroce outrage, il y a huit ans, de la main des Normands. »

Geoffroy approuve d'un hochement de tête.

« Ce pauvre garçon, désespéré d'une blessure qui lui ôtait tout espoir de perpétuer sa lignée, est peu à peu devenu malade, ne supportant plus personne autour de lui, voyant en tout une insulte à son état. Depuis un mois, Garnier est devenu fou.

– Vous voulez dire qu'il est désormais et en permanence totalement insensé ?

– Oui, seigneur, en dépit de tous nos soins, la raison l'a abandonné. Et il nous veut malemort à mon fils et à moi. Mais, noble comte, sa maladie ne s'est point envenimée seule. Sans doute le mal se serait-il atténué jusqu'à disparaître si certains par leurs insinuations, par leurs paroles offensantes et jusque dans leurs actes, ne l'avaient soigneusement enfiévré.

– Qu'entendez-vous par là?

– D'autres, qui savent qu'il ne pourra jamais avoir de descendants, et qui guignent le fief du Plessis-le-Vent, ont décidé de lui monter la tête contre moi, pauvre et faible femme, et contre ce fragile innocent... »

Elle désigne Hervé qui, impressionné par le ton de sa mère, est au bord des larmes et commence de renifler bruyamment.

« ... son demi-frère. Hervé mort, monseigneur, la succession de Garnier ne pourrait plus leur échapper. Et quelle parfaite solution de faire supprimer celui qui vous gêne par son propre frère. »

Sourcils froncés, Grise-Gonelle dit :

« Je m'étonne, dame, de n'avoir point été informé plus tôt de ce qui se tramait. »

Agnès joint les mains et, la tête penchée sur l'épaule gauche, la mine contrite, dit :

« Seigneur, pardonnez à messire Archambault. Il est dur à un père d'invoquer la folie de son fils pour régler les problèmes de sa succession. Messire Archambault espérait toujours une rémission à ce mal maudit, qui aurait enfin permis à Garnier et à Hervé de vivre en bonne intelligence. C'est juste avant de mourir que mon époux m'a fait jurer de venir implorer votre justice et de vous supplier d'investir du fief Hervé, son seul descendant capable, si Dieu lui prête vie, de perpétuer sa lignée.

– Vous me contez là de bien sinistres histoires, dame... votre nom, s'il vous plaît?

– Agnès, monseigneur.

– Dame Agnès, donc, et qui méritent de longues réflexions. Il est fâcheux que votre époux soit mort sans me parler. »

Agnès tend une main implorante, puis rougissant, comme sous l'action de la timidité, elle reprend :

« J'ai cru pouvoir demander à notre chapelain, Pierre – le propre frère de votre écuyer, Gaudri – un homme de conscience qui a longtemps servi à la cathédrale Saint-Maurice, de m'accompagner afin de confirmer la justesse de mes dires et le bon droit de ma prière. »

Geoffroy interpelle le chapelain, qui, immédiatement, la mine grave, répète mot pour mot les arguments de la dame.

A la fin Grise-Gonelle se tourne vers Agnès qui a écouté avec soin les paroles du prêtre :

« Et Garnier, dans tout cela, qu'en faites-vous ? Quel serait son sort ?

– Monseigneur, nous le soignerons de notre mieux et le traiterons avec les plus grands égards. Nous tenterons de lui faire la vie la plus douce possible. Je ne doute pas qu'il puisse guérir, débarrassé de ceux qui le harcèlent. Une existence calme, exempte de soucis, lui plaira sans doute. Car il n'a jamais été un vrai guerrier, autant que j'aie pu jadis en juger. Et n'est-ce point regrettable de la part d'un homme tenant un fief considérable ?

– C'est vrai, dit Grise-Gonelle, j'oubliais à l'instant ce regrettable aspect de sa personnalité. »

Le visage d'Agnès s'éclaire d'un fin sourire :

« Je serais heureuse, monseigneur, si je savais vous avoir été utile, si peu que ce fût.

– Mais, reprend Geoffroy, votre fils est bien jeune et ne sera de longtemps un franc combattant. Qui lui servira de tuteur ?

– Moi, messire, et je vous jure de ne jamais vous décevoir par pusillanimité ou faiblesse. »

Geoffroy plisse les yeux pour mieux l'examiner :

« Je suis tenté de vous croire.

– D'ailleurs, mon père, le chevalier Étienne, frère cadet de votre dévoué Girard de Brissac, pourra m'aider si je le lui demande.

– Archambault n'avait-il pas d'autre enfant que Garnier d'une de ses précédentes épouses ?

– Si. Dame Constance, mariée à messire Yvon de Marigné. C'est un seigneur actif qui sait accumuler les fiefs.

– Je vois, je vois », dit Geoffroy.

Agnès a un pâle sourire pour ajouter :

« Les deux fiefs réunis, Marigné et Plessis-le-Vent rendraient l'heureux possesseur digne d'un titre de vicomte. »

Geoffroy apprécie l'allusion.

« Je m'aperçois, dame, que votre jugement n'est point à négliger. »

Puis comme Geoffroy demeure immobile, perdu dans ses réflexions, Agnès murmure :

« Puis-je, monseigneur, formuler deux autres demandes?

– Diable, vous êtes exigeante, belle dame, de quoi s'agit-il? Parlez tandis qu'il est encore temps.

– Un de vos chevaliers pourrait-il m'accompagner jusqu'au Plessis-le-Vent, pour affirmer votre protection sur Hervé et sur moi, si vous acceptez bien sûr d'investir mon fils de son fief? Et aussi, toujours dans ce cas, nous feriez-vous l'honneur d'assister aux fêtes pour l'intronisation? Vous pourriez alors, monseigneur, en ces jours de liesse, dans ce château qui m'a vue naître, mesurer à quel point je suis en tout et pour tout votre servante dévouée, reconnaissante et infiniment soumise. »

Un sourire apparaît sur le visage du comte. Il se lève et dit avec un mouvement de tête :

« Infiniment soumise?

– Oui, monseigneur! Sans restrictions.

– Vous m'avez convaincu, belle dame. Revenez dans une heure et nous procéderons à l'échange des serments en présence de tous les chevaliers du château et ceux de votre suite, devant l'évêque Rainaud. Je consens à investir votre fils Hervé à charge de foi et hommage du fief du Plessis-le-Vent et des châtellenies qui en dépendent. Et jusqu'à sa quinzième année vous serez sa tutrice. »

Agnès, d'un mouvement rapide, saisit la main de Geoffroy et la baise.

« Merci, monseigneur. Je savais pouvoir avoir foi en votre équité. La preuve que vous m'en donnez ne m'en émeut pas moins très profondément.

– Relevez-vous, dame Agnès. En d'autres temps et d'autres lieux, mais bientôt, pour les fêtes d'investiture, je compte vous rappeler vos promesses et user, voire abuser, de cette soumission si assurément proclamée. »

Un moment ils se font face, les yeux dans les yeux, puis Geoffroy fait un pas en arrière :

« Allez maintenant en ma chapelle. Nous vous rejoindrons dans un instant, mes fidèles et moi. »

Agnès est à peine sortie que Grise-Gonelle se tourne vers l'argentier et le secrétaire :

« Tudieu, amis, je veux en tâter de cette femelle. C'est un morceau de roi qu'avait dans sa couche ce vieil imbécile d'Archambault. Elle peut compter sur moi. J'éprouverai aussi loin que possible ses offres de service. »

Les deux hommes éclatent de rire. L'argentier dit :

« Voilà, monseigneur, qui vous distraira un moment de votre récent veuvage. »

Geoffroy va jusqu'à la porte, l'ouvre, donne une série d'ordres à deux officiers, puis revient, la mine maintenant sérieuse.

« Et je ne suis point fâché de cette investiture qui va couper l'herbe sous le pied à Yvon de Marigné. A la tête de ces deux fiefs il deviendrait trop redoutable. »

Le comte s'assoit.

« Mais reprenons nos comptes en attendant que tout soit prêt. »

Les trois hommes se penchent sur des parchemins. Soudain Geoffroy se redresse pour éclater de rire.

« Dans cette histoire il n'y en a qu'un qui soit à plaindre, dont le sort ne me paraît guère enviable.

– Qui donc? demandent les fidèles d'une même voix.

– Le fou, mes amis. Le pauvre Garnier. »

17

Le château vit tout entier dans l'attente. Une anormale nervosité rend irascibles ses habitants. Les consignes strictes qui maintiennent sur le qui-vive la petite garnison, la crainte de voir surgir le sire de Marigné et ses hommes d'armes avant le retour d'Agnès et des guerriers qui l'accompagnent, perturbent les esprits.

Il est none quand la garde de la porte sud annonce, à sons de corne, l'apparition de trois cavaliers qui se dirigent au triple galop droit vers le Plessis-le-Vent. Étienne se précipite au rempart et arrive juste à temps pour accueillir Lisoie, son jeune fils, âgé de vingt ans, qui, le matin même, suivait Agnès à Angers.

Étienne, visage dur, tendu par l'inquiétude, crie avant même que les arrivants aient eu le temps de mettre pied à terre :

« Alors ? Que fais-tu là ? »

Lisoie saute à bas et entraîne son père à l'écart. Le jeune homme, tout excité, rit nerveusement en secouant à le démancher le bras de son père. Celui-ci se dégage et le rabroue, bougon :

« Laisse-moi donc, qu'est-ce qui t'enfièvre ainsi ?

– C'est fait, mon père, c'est fait. J'ai quitté le château comtal quelques minutes avant le début de la cérémonie d'investiture. A cette heure, Hervé est sire du Plessis-le-Vent et Agnès officiellement proclamée sa tutrice. Elle sera ici demain. Dreux, un fidèle du comte Geoffroy, l'accompagnera à la tête de trois lances, afin de faire savoir à quiconque voudrait s'opposer à la prise de possession du fief par Hervé, qu'il encourrait, ce faisant, la colère et la vindicte de son suzerain. »

Étienne éclate de rire, épanoui maintenant. La peur dissipée, il ressent une vague de tendresse pour cette fille si belle et si intelligente qui va faire la fortune des siens, et d'abord de son père.

« La bougresse! La fine mouche! Ah! j'avais bien tort de m'inquiéter. »

Il empoigne Lisoie aux épaules, le serre contre lui.

« Alors, ça y est? Tout est réglé?

– Tout.

– Le comte Geoffroy n'a point trop marchandé? »

Lisoie rit :

« Pensez-vous! Il était aux petits soins.

– Vivat! »

Étienne serre et lève les deux poings :

« Désormais, le Marigné peut venir, nous n'avons plus rien à redouter. Il suffira éventuellement de tenir jusqu'à l'arrivée de ce Dreux. »

Il se tourne vers Lisoie, affable :

« As-tu autre chose à m'apprendre, beau-fils?

– Oui. »

Lisoie prend un visage grave et après un regard circulaire comme s'il craignait d'être entendu :

« Agnès m'a non seulement dépêché pour vous avertir de son retour en compagnie d'un homme du comte, qui demeurera céans jusqu'aux fêtes d'investiture, mais aussi pour vous prévenir qu'elle a annoncé à Geoffroy Grise-Gonelle la mort de son époux.

– Hein? »

Étienne s'arrête, la mine ahurie.

« Père, dame Agnès ne peut avoir menti.

– Certes, certes. »

Il réfléchit un long moment, puis d'un ton presque timide :

« C'est que, vois-tu, j'ai défenestré tantôt Garnier.

– Tant mieux, elle l'a prétendu fou.

– Ah! Mais maintenant le père...

– Nous n'avons pas le choix.

– Certes, certes. »

Les deux hommes repartent en silence. Ils ne sont plus qu'à une vingtaine de toises de la passerelle quant Étienne murmure :

« Dans cette mort, il va falloir faire en sorte que tout paraisse naturel.

– C'est effectivement le désir de ma chère sœur. »

Un moment, ils restent de nouveau immobiles à se regarder. Front plissé, œil vide, Étienne passe en revue toutes les solutions qui lui viennent à l'esprit. Soudain il prend Lisoie par le bras et l'entraîne.

« Viens. Je sais comment nous y prendre. Ce n'est point qu'Archambault puisse nous donner quelque peine, dans l'état où il est. Mais c'est une besogne que nous ne pouvons confier à personne. Tu vas m'aider.

– Que ferai-je?

– Tu le maintiendras en souplesse, tandis que je demeurerai assis sur un coussin que nous aurons délicatement posé sur sa face. Comprends-tu?

– Je crois. »

Étienne rit :

« Le manque d'air est logique dans son mal, il se plaint toujours d'étouffer, le pauvre. »

Ils vont franchir la grande porte du donjon quand Lisoie qui, depuis un instant, examine son père à la dérobée, se décide à lui demander :

« Qu'avez-vous donc à l'oreille? »

Étienne en grince des dents :

« Ne te mêle pas de ça. L'entaille m'a été faite par un lâche qui n'aura pas l'occasion de s'en vanter longtemps. »

18

« Depuis trois jours mon père ne décolère pas. Au donjon tout le monde vit dans la peur. Même moi. Il a roué de coups Hubert, il a failli poignarder Rainaud, quant à ma mère, elle n'ose paraître devant lui, de crainte qu'il ne se venge sur elle. »

Eudes le Ruffin et Alice de Marigné sont assis côte à côte au pied d'un énorme hêtre. Ils sont seuls. Des chiens aboient au loin mais ils ne paraissent pas les entendre. Rien ne trouble le printemps dans cette minuscule clairière.

Eudes, rêveur, tarde à répondre. Alice, après avoir vainement attendu, reprend :

« En gros, je sais ce qui s'est passé : mon père est arrivé trop tard pour réaliser ses projets, il a failli assaillir les hommes d'armes du comte Geoffroy, d'ailleurs Rainaud en a poignardé un... »

Eudes l'interrompt :

« Et si Conrad et moi n'étions intervenus, il poignardait même Dreux, le chef du département comtal.

– Mon père ne le lui pardonne pas et l'injurie à chaque instant. Mais, je n'ai point fini d'énumérer ce que j'ai pu apprendre. Je sais aussi que mon grand-père et mon oncle sont morts le même jour, que le petit Hervé a été investi du fief du Plessis-le-Vent et que sa mère en est la tutrice. En revanche ce que j'ai mal compris, c'est ce qui t'es arrivé, ce que tu allais faire là-bas. On dit que Conrad et toi avez été prisonniers.

– C'est vrai.

– Et aussi qu'avec Conrad, vous vous êtes échappés après avoir trompé toute la garnison. »

Eudes consent enfin à sourire. Il se rengorge en disant d'un ton léger :

« C'est encore vrai.

– Si je l'avais su à temps, j'aurais eu peur pour toi.

– Il n'y avait pas de quoi. »

Alice, après un regard admiratif, pose la tête sur l'épaule d'Eudes. Aussitôt il la repousse, s'écarte et dit avec dédain :

« Laisse-moi, veux-tu ? j'ai envie de rester seul. Il me faut réfléchir à des tas de problèmes.

– Pourquoi es-tu si méchant ? Toujours tu ne sais que me repousser. »

Eudes, agacé ou feignant de l'être, hausse les épaules.

Alice enchaîne :

« Oui, tu es méchant ! Jamais tu ne te soucies de moi alors que je suis à chaque minute à me demander où tu es, ce que tu fais, si tu ne cours pas quelque danger. Et lorsque je ne te vois pas, je me sens malheureuse. Pourtant, d'autres s'inquiètent de moi, si je voulais...

– Eh bien, trouve-toi quelqu'un d'autre.

– Je ne peux pas, c'est à toi que je pense et de ce fait je hais ceux qui te veulent du mal. Ainsi cette horrible femme qui t'a fait emprisonner, cette Agnès, je la déteste et je voudrais la battre. »

Eudes saute brusquement sur ses pieds.

« Tais-toi, sotte. Tu ne sais pas ce que tu dis. Tu ne comprends rien à rien.

– Mais, Ruffin...

– Non, sache que dame Agnès est belle, merveilleusement belle, et qu'elle ne me voulait aucun mal, bien au contraire.

– Pourtant, j'ai entendu le Saxon dire...

– Le Saxon dit ce qu'il sait et moi autre chose. »

Comme Alice réplique :

« Elle vous a tout de même emprisonnés ! »

Eudes ajoute :

« D'ailleurs, près d'elle, tu n'es qu'un petit laideron.

– Ce n'est pas vrai ! Moi aussi je suis jolie. Même mon père le reconnaît. »

Eudes ricane :

« Ton père ! On dit effectivement que les brutes peuvent avoir des mouvements de faiblesse.

– Ce n'est pas vrai. Les filles aussi disent que je suis belle et de nombreux garçons veulent me courtiser. Tu veux savoir leurs noms?

– Ça ne m'intéresse pas. »

Il recule d'un pas :

« Et puisque tu ne veux pas t'en aller, c'est moi qui fiche le camp. Mais sache que si je n'étais pas lié comme je le suis à Conrad, qui fut le compagnon et l'ami de mon père, si je n'étais pas son écuyer, je le quitterais pour aller proposer mes services à dame Agnès. »

Comme Alice le regarde, interdite, Eudes ajoute :

« Tu ne peux pas savoir à quel point je souhaiterais la servir. C'est une femme, elle.

– Et moi?

– Toi, tu n'es qu'une enfant. »

Alice, éberluée, les larmes aux yeux, le regarde qui s'éloigne à grands pas.

19

Sous l'ample averse, la cour semble devenue un étang fangeux. Conrad et Eudes y pénètrent, suivis de vingt-cinq cavaliers, au retour d'une patrouille qui vient de les emmener huit jours durant aux confins du Maine.

Personne n'attend, n'accueille les soldats. Hommes et bêtes ruissellent. Le cortège imperturbable s'avance jusqu'à l'écurie centrale. Mais les derniers ordres gueulés, la dislocation ne traîne pas. On se bouscule aux portes du long bâtiment où, selon l'usage, les bêtes seront pansées et bichonnées les premières.

Moins de dix minutes plus tard, dans la maison du Saxon, le chevalier et son écuyer entreprennent de retirer leurs équipements et de se dévêtir. Torse nu, les cheveux embroussaillés par une énergique friction, ayant juste pris le temps de passer des chausses propres, ils s'amusent à se fouetter à grands coups de linge.

Riant à gorge déployée, les plaisanteries fusent. Ils se provoquent, se taquinent, s'aiguillonnent. Les lanières de tissu maniées de plus en plus violemment zèbrent les peaux. Peu à peu la fustigation devient combat où se combinent adresse et force. Les deux hommes tentent, tour à tour, d'esquiver et de frapper.

Dans la pièce il n'y a place que pour eux. La table et les bancs, bousculés à maintes reprises, se trouvent maintenant repoussés dans un angle. Et la plantureuse Hildegarde n'a d'autre ressource, pour échapper aux coups égarés, que de se tenir blottie dans l'angle de la cheminée.

Elle le fait, ironique mais subjuguée. Ces deux grands corps de mâles puissants, qui s'acharnent dans une plaisante, une amicale bataille, ne peuvent la laisser de marbre. Admirative, elle observe et apprécie le jeu des muscles, sous les peaux blanches. Une sensuelle émotion la trouble, la pousse à crier des encouragements, et sa voix se fait rauque.

Soudain Conrad prend du champ et proclame en parant un dernier assaut :

« Halte, Ruffin. A la lutte maintenant. »

Ensemble, ils jettent sur une couche leurs frottoirs tordus comme des cordes.

« Prêt? demande le Saxon.

– Prêt, répond Eudes. Attention, je me sens en forme. »

Et les voilà, face à face, bras semi-écartés, mains ouvertes, jambes à demi fléchies, échine courbée mais souple.

Avec une lenteur, une méfiance de chat, ils se déplacent, aux aguets, brusquement retenus. Une feinte vive rompt parfois le rythme comme engourdi de ce ballet insolite. Amorces aussitôt oubliées! Ils savent trop l'un et l'autre que la décision a de grandes chances de se jouer dès les premières secondes de l'empoignade.

C'est Ruffin, porté par sa juvénile ardeur, qui attaque le premier. Il le fait avec tant d'à-propos, et tant d'impétuosité, qu'un instant on peut croire à son immédiat triomphe. Mais l'opiniâtre Saxon ne saurait accepter une telle défaite. Il contre l'assaut en faisant appel à ses ultimes énergies. Quelques secondes plus tard la balance est rétablie.

Et les voilà, haletants, comme soudés l'un à l'autre, usant de leurs moindres muscles. L'étreinte se prolonge, stérile. Soudain Conrad se prend la jambe droite dans un banc. Déséquilibré, il s'écroule, mais parvient à entraîner Eudes. Sur le sol ils roulent, de droite et de gauche, en dépit de leurs efforts communs, mais contradictoires, pour stopper ce mouvement à leur profit.

Hildegarde, sortie maintenant de son encoignure, se penche sur eux et gesticule en criant exhortations, insultes ou éloges.

Ils soufflent et geignent, bras et jambes mêlés sans mot dire, sans un rire, désormais tendus vers la victoire. De la cheminée au mur, puis du mur à la cheminée, l'évolution rotative ne cesse point. Deux ou trois minutes passent ainsi et finalement c'est le mur qui les départage; Eudes s'y coince l'épaule droite. Jarrets tendus, corps arc-bouté le Saxon parvient à maintenir bloqué son adversaire.

Hildegarde intervient et claque de la paume le dos du Saxon, elle dit :

« Halte, gagné ! Tu as gagné, ma brute. »

Ils lâchent prise, se désemmêlent, puis se relèvent lentement.

« C'est le mur qui t'a aidé, se rebelle Eudes, sans lui tu ne m'avais pas. »

Conrad le reconnaît sans barguigner :

« Je l'avoue. Ton bras et ton épaule étaient à moitié immobilisés. »

Debout au centre de la pièce, ils s'efforcent de retrouver une respiration normale. Conrad, soudain, dans un élan, prend Eudes par le cou et l'attire à lui.

« Sais-tu, mon Ruffin, que c'en est fait de ma domination ? J'en suis conscient. Je dois, quoi qu'il m'en coûte, en faire mon deuil.

– Tu es toujours plus patient et constant que moi, probablement plus coriace à l'épreuve.

– Peut-être. Mais ne récrimine pas ! M'égaler sur le plan de la force et de la ruse, à dix-huit ans, c'est une performance dont tu peux être fier. »

Ils rient encore tandis qu'un peu plus tard, Eudes qui se passe la main, à plat, par tout le corps, constate :

« Nous ne sommes guère malins : trempés de pluie, on s'était bien séchés, maintenant, avec nos exercices, nous voilà trempés de sueur. »

Hildegarde s'avance :

« Je vais vous bouchonner, moi, ce sera plus sûr, autrement vous allez recommencer à lutter, et à jouer. »

Conrad ricane en clignant de l'œil à Eudes.

« Ouais, ma garce, ton dévouement n'a, je le parie, rien de désintéressé.

– Par exemple ! Je n'y gagne rien, proteste Hildegarde.

– Allez, allez, dis la vérité. Avoue que tu as envie de tripoter mon bel écuyer autant, sinon plus que moi-même, et que le prétexte est bon.

– Et après, répond-elle, c'est défendu d'avoir du goût pour les beaux garçons ?

– Sacrée femelle, s'exclame Conrad, tu ne penses donc qu'à ça ! Qu'à te vautrer sur un mâle ?

– La faute à qui ? Si vous n'étiez pas là à vous exhiber, à jouer des heures durant les hercules, les infatigables, ça ne m'arriverait pas. »

Conrad se tourne vers Eudes qui assiste en souriant à la scène.

« Tu l'entends, elle est là à nous maquignonner tandis qu'on se crève en purs héros ! »

Eudes rit en disant :

« En attendant on va finir par crever de froid. Je discuterai mieux une fois séché. »

Hildegarde va au coffre, et se munit de linges secs. Revenue, elle les bouscule :

« Dépêchez-vous, mettez-vous côte à côte, que je vous frotte, bêtes brutes. »

Tandis qu'elle les frictionne, Conrad lui palpe la croupe et le corsage. Hildegarde se prête complaisamment à ce jeu. Le Saxon ricane :

« Tu vois, Ruffin, c'est l'avantage avec une ribaude, tout est simple, sans problèmes, elle n'a qu'une exigence : être troussée, vigoureusement. Je te l'ai déjà répété cent fois, toi qui es toujours empenaillé de jeunes garces uniquement soucieuses de t'emprisonner dans leurs rets amoureux, qui te jouent de l'amour comme moi de la trompe, un soir d'embuscade. Penses-y. Ici, rien à craindre. Point de jalousie, ni de complications. »

Hildegarde proteste, pour le principe, mais son visage dément ses paroles :

« T'as fini de m'insulter, salaud ? De parler de moi comme d'un cheval ou d'un ustensile ? »

Un moment encore, elle et le Saxon chahutent brutalement, leurs tapes résonnent, aussi fort que leurs rires. Soudain Conrad l'immobilise, puis d'un coup tire sur son corsage et la dénude jusqu'à mi-taille. Les seins, lourds, aux énormes pointes brun sombre, ballent à l'air libre.

« Si le cœur t'en dit, Ruffin ! »

Eudes lestement saute en l'air, fait une cabriole, marche dix secondes sur les mains et finit par se retrouver à l'autre bout de la pièce.

« Non, merci, Saxon ! Tu sais bien que j'ai tout ce qu'il me faut. Sinon plus !

– Petit salaud, dit Hildegarde, toujours prisonnière. Va, va, un jour tu le regretteras de m'avoir dédaignée.

– Ce n'est point dédain, ma belle, et sois sûre que », des deux mains il dessine dans l'air des courbes généreuses, « je mets tes mérites à leur juste valeur. Mais la résistance humaine », il prend un petit air misérable comique, « a hélas ! ses limites.

– Fi donc, le lâche !

– Lâche ? Sûrement pas. Conrad m'a seulement enseigné à ne point sous-estimer mes adversaires. Or tu es de celles qu'il ne faut provoquer qu'au mieux de sa forme et uniquement en combat singulier. Or je n'ai que trop déjà de... duels sur les bras. »

Conrad s'arrête de rire pour dire :

« Il serait même bon, mon Ruffin, de mettre une sourdine à tes entreprises. On en parle trop au château. Et comme on ne t'y aime pas tellement... »

Mais l'heure n'est ni aux remontrances ni aux considérations subtiles. Le Saxon entreprend de trousser Hildegarde. Les larges cuisses blanches apparaissent après les puissants mollets et les genoux déliés.

« Ma belle, ne regrette rien. Cette jeunesse ne sait pas ce qu'elle perd à ne point t'éprouver. Tant pis pour elle, mais moi je m'en vais te consoler de la bonne manière. »

Ruffin, habillé de sec, s'enveloppe dans une cape. Sur le point de sortir il se retourne vers la couche où le couple nu geint en s'agitant furieusement.

« Salut ! les amoureux, et pensez que ce soir j'aurai faim. Le père Eustache m'attend. »

« Alors, il me faut maintenant solliciter tes visites ? Tu n'as plus envie de venir voir ton vieil ami ?

– Ne le croyez surtout pas, maître Eustache, mais, vous le savez bien, je suis le plus souvent par monts et par vaux. Je rentre de patrouille. Pendant huit jours nous avons couru sus à des pillards qui volaient et martyrisaient sans vergogne dans la région la plus septentrionale du fief, à la frontière du Maine.

– Et avant ?

– De multiples obligations...

– Menteur. Ce sont les jupons qui t'entraînent et te mangent tout ton temps. »

Eustache, tout en parlant, examine avec complaisance, de la tête aux pieds, son ancien élève. Impressionné par les larges épaules du jeune homme, par l'extraordinaire sensation de force qui émane de cette élégante silhouette, il siffle, mi-ironique, mi-admiratif :

« Lorsque je te vois, je m'étonne moins d'être assailli de demandes à cause de toi. »

Eustache se renverse pour rire plus commodément. Plus énorme que jamais, son ventre fait tressauter les hardes et les fourrures qui le couvrent.

« Avoue que c'est drôle. Te voilà indirectement devenu le meilleur pourvoyeur de mon escarcelle.

– Comment ça? »

Eudes, souriant, s'assoit près du bonhomme. Une flamme de tendresse éclaire ses yeux quand il contemple le gras visage, où percent intelligence et ruse.

« Qu'ai-je à voir avec votre bourse?

– Attends, attends! Avant de te répondre il me faut te donner un conseil : n'accepte à boire des demoiselles qu'avec infiniment de circonspection.

– Décidément, aujourd'hui, vous vous exprimez par énigmes.

– Sais-tu que tu fais plus de ravages dans ce malheureux château qu'une demi-douzaine de loups dans une bergerie? Et qu'on ne parvient plus à dénombrer celles qui languissent d'amour pour toi?

– Moquez-vous.

– Point! Le beau rouquin! Il n'est question que de lui. »

Eudes, sans parvenir à réprimer tout à fait un petit sourire satisfait, dit :

« De grâce, mon bon maître, ne noircissez point trop la situation, ou je vais céder au désespoir. Expliquez-moi plutôt le rapport qu'il peut y avoir entre votre escarcelle, mes boissons et ces prétendus succès que vous m'attribuez si généreusement?

– C'est bien simple : tes ravages parmi les filles du château les poussent à devenir mes clientes. Toutes me réclament des philtres d'amour qu'elles me paient sans barguigner. Je peux donc les prévoir à l'affût de l'occasion propice pour te les faire ingurgiter.

– Merci de m'avoir prévenu.

– Bah ! Ne sois pas inquiet, même si tu abordes ces pintes de charmes. Par affection pour toi je les ai confectionnées avec des simples fort digestives et surtout parfaitement inoffensives. »

Il rit à gorge déployée, avant d'ajouter :

« Tout au plus, n'ai-je pu me retenir d'en fabriquer quelques-uns d'un goût bien amer, pour te punir de troubler des âmes innocentes.

– Comment s'appellent vos clientes ?

– Ah non ! Ne compte pas sur moi pour trahir des secrets, et la confiance des belles. »

Eudes esquisse un geste de protestation.

« Sois sans crainte, va, tu les connaîtras ou j'y perdrai mon latin. Ce sont elles qui se démasqueront.

– Je m'en doute.

– Fat ! Mais... bah, c'est de ton âge. Je ne te critique pas. En ma jeunesse j'ai connu cette assurance. En ma jeunesse ! »

Eustache soupire :

« Enfin ! Laissons cela. »

Il redevient sérieux et change de position.

« Dis-moi plutôt : es-tu heureux ?

– Oui, il me semble. Plus exactement je me sens dans une période de transition, un moment de trêve. Le temps des apprentissages est fini.

– Que souhaites-tu ? Le sais-tu seulement ?

– Non. Je prévois simplement que je ne me contenterai pas éternellement de manger et de boire à ma suffisance, sans autre espoir. Je ne suis pas décidé à me battre tous les jours de ma vie au profit d'un maître dont je n'ai rien à attendre et dont je ne veux rien.

– Et Conrad, qu'en fais-tu ?

– Conrad est un peu mon père et beaucoup mon ami. Je ne le dissocie jamais de mon avenir. »

Eustache reste un moment rêveur.

« Tu raisonnes, mon jeune coq, comme nul ne sait le faire dans ce château.

– Grâce à vous, maître Eustache. Je comprends aujourd'hui ma chance : savoir lire, écrire, parler latin, ça compte. Que vous en soyez à jamais remercié. Tout à l'heure avec le Saxon je connaissais les joies du corps, avec vous ce sont celles de l'esprit.

– Ta, ta, ta, mon joli merle. La chanson me plaît trop pour que je m'y complaise. A la longue tu serais capable avec ta dialectique d'attendrir le vieux loup que je suis. »

Eudes sourit. Eustache reprend :

« Dis-moi plutôt : es-tu au courant pour ta mère? T'a-t-elle parlé de notre résolution?

– Pas du tout.

– Nous avons pris une décision importante.

– Diable, et laquelle?

– Tu n'ignores pas que mon gros neveu commence à ne plus être aussi empressé que jadis. Certes il est toujours jaloux et exclusif et tuerait le premier qu'il verrait rôder autour des jupes de Mahaut. Mais ta mère se dit qu'un jour viendra où il la délaissera peut-être. Il passe déjà une partie de son temps à trousser celles qui acceptent. Comme s'il courait après le reste de sa virilité, lui, le sanguin colérique, que doit hanter la crainte d'une chute fracassante. »

Comme Eudes, la tête inclinée, demeure immobile, Eustache tend la main, lui embroussaille les cheveux.

« Pardonne-moi, mon Ruffin, je sais que le sujet t'est douloureux. Mais il faut bien que nous parlions.

– Bien sûr, maître.

– Ta mère craint donc de se retrouver un jour seule sans ressources, avec pour tout viatique la haine accumulée. Car au château on la hait. On vous hait. Tu n'y échappes pas. Et je crains la vengeance des lâches. Nous en reparlerons. Voilà donc ce que ta mère est venue me confier. J'ai longuement réfléchi et il m'est apparu que pour tout régler il serait bon qu'elle me succédât.

– Quoi?

– Oui! Ne ris pas. Prendre complètement ma place. Devenir celle qui, pourvue de pouvoirs mystérieux, confectionnera des philtres, exorcisera les démons, jettera des sorts.

– C'est une idée folle! Jamais elle ne pourra tenir ce rôle. Nul n'avalera ça.

– Tu crois?

– J'en suis sûr. »

Eustache secoue la tête, en faisant la moue.

« Décidément, je serai toujours surpris par l'incompréhension montrée vis-à-vis des proches. Parole, Eudes, tu ne connais pas ta mère.

– Enfin, maître Eustache, vous n'allez pas me dire que...

– Si !

– Mais elle ne sait rien. Vous, on vous croit parce que vous êtes savant, parce que vous avez voyagé, parce qu'on redoute des manigances secrètes.

– Me penses-tu fou ? T'imagines-tu que je lancerais ta mère ou la laisserais s'engager dans une voie sans issue, où elle risquerait de se perdre ?

– Bien sûr, je sais combien vous avez été bon pour elle, combien vous l'avez soutenue lors de notre brouille au moment où je suis devenu l'écuyer du Saxon. Mais...

– Tais-toi. Ta mère est apte à tenir ma place, nul ne peut être aussi apte à cette coquinerie. Elle en vivra, bien, et n'aura point à redouter la haine qui l'a toujours suivie. Car on la craindra. A tous points de vue, c'est la meilleure solution. »

Eudes ne répond pas. Un long moment passe. Eustache ne quitte pas son ancien disciple des yeux. Celui-ci réfléchit, le menton dans la paume, le coude appuyé sur un genou. Son visage est dur. A trois ou quatre reprises ses mâchoires se crispent et il fronce les sourcils. Enfin il se décide à relever la tête, son regard rencontre celui d'Eustache. Il dit avec un gros soupir :

« Puisque vous me dites que c'est la meilleure solution ! J'en accepte l'augure. » Il rit : « De vous, d'ailleurs, que n'accepterais-je pas !

– Menteur, dit le vieux, pendant tous ces ans, tu m'as plus souvent dit non que oui. »

C'est au tour d'Eustache de soupirer :

« Je n'ai qu'une seule inquiétude !

– Laquelle ?

– Il va me falloir faire vite pour initier ta mère.

– Et pourquoi ça ?

– Je crains bien être au bout de mon rouleau, petit.

– Maître. »

Les mains de Ruffin saisissent celles du bonhomme, les pressent avec force.

« Ne dites pas cela. »

Touché, le vieillard dit :

« Mon Ruffin... tu ne peux savoir combien cette preuve spontanée d'affection vraie me touche. Décidément, j'ai beaucoup de chance. Le vieux mécréant jouisseur que je suis a un bonheur inoui de connaître, sans avoir rien fait pour le mériter, un vrai amour filial.

– Maître, je vous en prie... »

Les deux hommes sont face à face, émus. Eustache, cependant, n'arrête pas de soliloquer :

« Voir ce grand et puissant gaillard que tu es devenu me prendre les mains avec émotion à la seule évocation de ma fin prochaine est un baume que je n'échangerais contre rien au monde, dans celui-ci ou dans l'autre, pour autant que j'y croie.

– Maître, parlons d'autre chose. Parlons de la vie, du printemps qui sera là dans moins d'un mois. Ou, si vous préférez, je vous conterai de récentes anecdotes, à moins que vous ne m'expliquiez ce que vous enseignerez à ma mère. Mais de grâce...

– Mon Ruffin, si je ne parle pas de ma mort avec toi, avec qui le ferais-je !

– Cela m'est si pénible !

– Toi qui frappes et qui tues, qui as voulu à toutes fins exercer ce métier de guerrier, comme tu es inconscient !

– C'est aussi que je n'aime point ceux sur qui je frappe.

– Égoïste. Monstrueux égoïsme, que je n'ai même pas le droit de te reprocher. »

La voix d'Eustache traîne sur la dernière phrase.

Eudes demande :

« Croyez-vous en Dieu ?

– Il fut un temps où je croyais pouvoir répondre assurément par la négative. Maintenant ce serait plutôt par une autre question : comment à la dernière minute vais-je me comporter ? Parfois, je me dis que la crainte et l'humilité, la fin de la révolte l'emporteront contre toute raison. »

Il y a dans la voix du vieillard une sorte de sérénité plus poignante pour Eudes qu'une manifestation d'angoisse totale.

« Mais en vérité, Dieu ne m'intéresse pas. Ce sont les hommes qui me passionnent. Le moindre de ceux que j'appelais naguère –

que j'appelle encore, quand ils viennent me consulter – les imbéciles, me pose une énigme insoluble. Je subodore un secret. L'homme est peut-être au-delà de ce secret. »

Eustache se renverse lentement en arrière, les yeux au plafond, comme pour mieux suivre sa pensée. Au bout d'un moment, il reprend son soliloque d'une voix monocorde.

« Au soir de ma vie, mon destin presque achevé, je ne sais plus guère où j'en suis. Pour autant que je l'aie jamais su. Ma mémoire me joue des tours. L'approche de la mort modifie l'éclairage dans lequel je vois les autres. Du fond de ma cahute je voyage dans le temps et l'espace. Et mes rêves m'obsèdent. Je revois différemment mon père, mon grand-père, mes oncles. Tous ces êtres lancés dans cette brève et tragique ronde, dominée par le choc des égoïsmes sourds, et cependant où... la complexité des hommes... »

Eustache se passe une main sur le front.

« Mais... Je déraille, mon Ruffin. Il me semble parfois que j'ai beaucoup à te dire, beaucoup encore à t'apprendre. L'heure qui suit je n'en suis plus aussi convaincu. Tout ce que j'avais préparé en pensée ne me semble plus que fatras poussiéreux, que raisonnements informes... »

Eustache se tait. Un long moment passe. Eudes tient encore une des mains d'Eustache. Le bonhomme tire soudain sur cette main pour s'aider à se relever.

« J'aimerais pouvoir encore t'être utile.

– Vous l'êtes, maître, rien qu'en demeurant vivant, en me parlant comme vous venez de le faire, même si, dès aujourd'hui, je ne suis pas capable de suivre complètement votre pensée.

– J'aimerais en être certain.

– Vous pouvez, sans crainte d'erreur. »

L'infime et irritant bruit de la pluie, contre les murs de la cahute, scande les silences comme les discours. La charge émotive des deux hommes s'en accommode.

« Si je quitte un jour prochain le service de... votre neveu, ne plus vous voir souvent me sera dur.

– Peut-être moins que tu ne le crains, ou l'imagines.

– Vous n'avez pas le droit de douter de mon affection.

– Je n'en doute pas, Ruffin, je crois seulement que je te connais bien, je pense t'avoir, au cours de tant d'années, percé à jour. »

Eudes proteste. Eustache le contraint à se taire.

« Ce n'est point te parler en mal. Je veux te dire que tu es à la fois fort et faible. Pourtant le côté fort l'emporte et l'emportera longtemps, grâce à la folle vitalité qui est en toi et qui suscite une ambition qui ne cessera pas de sitôt de s'ajuster aux circonstances, en raison même de ton imagination.

– Je l'espère », dit Eudes en se levant.

Il fait quelques pas, songeur.

« Croyez-vous en mes chances?

– Enfant! elles seront ce que les circonstances et la chance en feront. »

Brusquement Eustache éclate de rire. Tandis qu'Eudes le regarde, interdit, il se cale contre le mur :

« Allez, assez ratiociné pour aujourd'hui. Nous allons trinquer maintenant. Et comme je te le disais tout à l'heure, indirectement c'est toi qui régales. Le vin que nous allons boire m'a été fourni par une gente dame qui aimerait vivement te voir prendre de temps en temps la place de son mari dans le lit. Car, sacripant, voilà, si j'en crois la rumeur publique, que tu fais aussi des ravages auprès des épouses des nobles chevaliers. »

Eustache change de ton pour dire :

« Méfie-toi quand même! Certains ont le poignard facile quand ils n'exigent pas le jugement de Dieu. »

20

Eudes entre en coup de vent. Hildegarde, penchée au-dessus de l'âtre, la croupe haute, prépare le repas. Elle se retourne et sourit d'un air équivoque.

« Tiens, voilà mon bel indifférent. »

Une sorte de roulis, plus suggestif qu'un discours, anime la jupe, et elle écarte légèrement les jambes, jusque-là verticales.

« Cela ne te fait rien? »

Le visage fermé, Eudes demande :

« Conrad n'est pas encore là?

– Non, et il ne viendra que tard. Mais dis-moi plutôt, mon joli : te souviens-tu de ce qu'il t'a proposé tout à l'heure en exhibant mes charmes? »

Feignant de ne pas entendre les dernières phrases, Ruffin dit encore en s'approchant de la table :

« Il est au donjon?

– Oui, et il y dînera. J'ai cru comprendre qu'Yvon va lui confier une nouvelle et importante mission. »

Hildegarde va fouiller dans un coffre. Elle se retourne pour dire :

« Si vous vous absentez encore, tes belles vont pleurer, mon mignon, te réclamer à cor et à cri.

– La ferme! »

Elle rit :

« Conrad m'a demandé de te préparer un solide repas. Sans doute pour refaire tes forces. »

Eudes se laisse tomber sur un banc et s'accoude.

« En ce cas, au lieu de jouer de la croupe, sers-moi et, surtout, fous-moi la paix.

– Ça va, ça va, tranquillise-toi, tu boufferas ! Et ne crains rien, je ne te prendrai pas de force. »

Le repas prestement expédié, Eudes repart, enveloppé dans sa cape. Il fait froid et la pluie continue de tomber sans le moindre répit. La nuit est sombre. Il faut une parfaite connaissance de la cour pour s'y orienter. Eudes cependant marche vite. Simplement, il bougonne lorsqu'il met les pieds dans une flaque d'eau plus profonde.

Il gagne ainsi la chapelle, tourne autour et pousse enfin la porte du minuscule bâtiment qui sert de sacristie. Comme il referme le battant, une main tâtonnante se pose sur son épaule :

« Eudes, c'est toi ?

– Oui !

– Bloque la porte. J'ai apporté une chandelle, on va l'allumer.

– Es-tu folle ? Le premier qui passera dans les parages pourra nous surprendre.

– Rien qu'une minute.

– Non, je te l'interdis.

– Tu n'as pas d'ordre à me donner. Je n'aime pas qu'on me parle sur ce ton.

– Fais comme si tu aimais.

– Oublies-tu à qui tu parles ? Je suis de bonne race moi. Je ne suis pas la fille de... »

Eudes ricane :

« Si tu m'insultes, Millecent, si tu dis un mot de plus, sur ce sujet, je te jure que tu n'es pas près de me revoir seul à seule.

– Ça te vexe, hein, de te de sentir en état d'infériorité ?

– Oh ! je t'en prie, ta lignée ne m'impressionne pas et je me fous de ton père, de l'orgueilleux, de l'intransigeant chevalier Ferri. »

Millecent ne répond pas immédiatement. Eudes entend la respiration saccadée de la jeune fille, il peut imaginer sa colère, sa mine pincée, mais ne fait aucun des gestes susceptibles de la calmer : comme la prendre dans ses bras, la câliner ou bien encore jouer l'exaltation amoureuse. Dans un mouvement de rancune, suscité par une foule de souvenirs, il se dit même qu'avec un peu d'astuce il pourrait la mettre vraiment hors d'elle. Par avance, il imagine la scène et s'en réjouit : « M'a-t-elle assez harcelé, lorsque nous étions enfants ! La garce ne m'a jamais ménagé. Toutes les occasions lui étaient bonnes pour affirmer non seulement sa supériorité, mais mon indignité. »

Peu s'en faut qu'il ne parte à l'instant. « M'insulter semblait la mettre au comble de la joie. » Il se souvient de l'avoir haïe. D'ailleurs, même lorsqu'elle lui est tombée dans les bras, il y a tout juste un mois, il a craint qu'elle ne veuille lui jouer une nouvelle comédie afin de mieux l'humilier. Pourtant depuis, rien ne s'est produit. Ce soir c'est leur quatrième rendez-vous, le troisième dans la sacristie.

Calmé, Eudes regrette ses pensées provocatrices et hausse les épaules. La mesquinerie n'est point digne de lui. Il l'abandonne volontiers à d'autres. Comme le silence de Millecent se prolonge, il s'inquiète : « Millecent. »

Elle ne lui répond pas, alors il se décide et attire à lui la jeune fille. Silencieusement il lui caresse le visage, la chevelure. D'une voix fêlée, elle dit :

« Tu ne veux vraiment pas que je l'allume un instant mon bout de chandelle? »

Elle semble se reprendre très vite car elle retrouve un ton sarcastique pour ajouter :

« Faut-il que tu aies peur pour résister au plaisir de me voir nue! »

Son rire cascade un moment, puis sentant se contracter les muscles du bras qu'elle tient, elle l'enlace et furieusement l'embrasse.

Un peu plus tard lorsqu'elle le force à s'allonger sur la couverture, étendue par ses soins sur le sol de terre battue, elle dit :

« Lumière ou pas lumière, je m'en fiche. Je n'ai pas envie de gaspiller notre temps en misérables fâcheries. Ne soyons point ridicules, nous avons mieux à faire. Viens, Ruffin, viens, prends-moi. »

Soudain déchaînée, Millecent ne recule devant aucune initiative! Pris dans un véritable tourbillon, Eudes, à son tour, ne tarde pas à s'enflammer.

Le vent qui souffle en bourrasques agite sinistrement la porte et par mille interstices atteint les corps alanguis. Pour l'instant ils n'ont pas froid. Les deux amants reposent, côte à côte, se tenant par la main.

« Eudes, j'ai quelque chose à te dire. Quelque chose de très grave, de très important. »

Millecent chuchote et parle de façon entrecoupée. Étrangeté des sons humains dans l'opacité agitée et mugissante.

« La dernière fois, je n'ai pu t'en parler.

– Va, je t'écoute.

– Mon père a décidé de me marier.

– D'après ce que tu m'as dit ce n'est pas la première fois mais la quatrième.

– Oui, mais aujourd'hui c'est sérieux. Les pourparlers sont déjà avancés. Le projet prend corps car il s'agit d'un chevalier chasé, et riche.

– Qui?

– Enguerran.

– Enguerran de Cherré?

– Oui. Tu sais que sa femme est morte l'année dernière, durant ses sixièmes couches, et il n'a pas encore d'enfant mâle vivant.

– Pauvre Millecent! Je te plains. »

D'un mouvement lent, Eudes caresse la joue puis la gorge nue de sa compagne.

« C'est tout ce que ça te fait? Je t'annonce mon mariage, tu apprends que je vais partager la couche d'un autre homme et tu te contentes de me plaindre, d'un ton léger, et tu me flattes d'une distraite caresse, comme on caresse l'encolure d'un cheval qui boite!

– Tu déformes à plaisir, Millecent. Et sois certaine que je te plains sincèrement, car je connais ton prétendant. Enguerran est connu, réputé pour être une brute parmi les pires brutes.

– Peut-être, mais tu n'en as pas pour autant envie de chercher à me protéger, à t'opposer efficacement à ce mariage, avoue-le.

– Et d'après toi que devrais-je faire? Le poignarder par traîtrise, un jour qu'il passera près de moi? Tu sais que je ne peux même pas le défier. Il refuserait de se battre avec moi, simple écuyer, avec un homme, tu me l'as toi-même assez reproché, de petite extraction. Ni serf ni collibert, certes, seulement un rustre guerrier, juste bon à encaisser les coups, pour la plus grande gloire de son digne seigneur. »

Soudain Millecent sanglote :

« Je suis perdue, dit-elle, je n'espérais qu'en toi.

– Millecent, ce n'est pas possible, tu sais que je dis la vérité et que tu n'as d'autres ressources que de fléchir ton père. Supplie-le.

– Si tu crois que je n'ai pas essayé! »

Un long moment passe. Puis la jeune fille dit :

« Je savais que tu me répondrais comme tu l'as fait, il m'a plu d'obtenir, d'entendre, telle confirmation. »

Le ton de Millecent a changé, il est à présent presque rieur.

« Dis-moi, beau Ruffin, et si je racontais tout à mon père? Y as-tu pensé?

– Tout quoi?

– Que nous nous retrouvons ici, pour y faire ce que nous faisons, tiens!

– Sans doute ton père nous tuerait-il.

– Toi oui, mais peut-être pas moi. Si j'affirmais que tu m'as entraînée de force. Que tu m'as violée, puis contrainte de te suivre ensuite par chantage. »

Comme Eudes ne répond pas, Millecent enchaîne :

« Je crois que l'expérience peut être drôle, qu'en dis-tu? Avoue que tu as peur en ce moment, hein?

– Même pas.

– Menteur. »

Eudes se lève.

« Depuis le premier jour, depuis notre premier rendez-vous je me suis demandé ce que tu imaginerais pour me coller sur le gril, maintenant je suis fixé.

– Peut-être pas encore.

– Tu tombes mal, Millecent. Je n'ai pas marché à ta comédie du désespoir, je ne marche pas davantage maintenant. Je te connais bien! Tu es aussi imbue que ton père de “ votre race ”. Tu n'as aucune envie de rendre publiques nos relations, même en te donnant le rôle de victime. Par ailleurs, les tractations entre Ferri et Enguerran à ton sujet ne sont qu'un faux secret. J'en suis au courant par les rumeurs du château, depuis plus de deux mois. Bien avant donc que tu me sois tombée dans les bras. Ne me prends pas pour un imbécile, je t'ai même vue, un dimanche, dans les bois, aguicher le sire de Cherré. Ce jour-là, tu ne semblais pas particulièrement effrayée.

– Et toi, étais-tu seul?

– Fiche-moi la paix. Il y a quelques années j'aurais, par innocence et fatuité, donné, tête baissée, dans ton piège. Dommage pour toi. Dans le temps, tu aurais pu m'avoir. Ah! tu rirais bien de me voir pendu pour l'amour de toi. Ce petit écuyer qui assaille un noble chevalier et lui dispute sa fiancée, fi donc! qu'on le branche, haut et court. Et s'il a l'insolence de tirer alors la langue, qu'on la lui coupe. »

Eudes enfile ses vêtements. Millecent entend le froissis des tissus.

« Eudes, ne t'en va pas encore.

– La paix. »

Elle prend une toute petite voix :

« C'est qu'il m'est venu une autre idée, que je veux te dire. Peut-être la trouveras-tu meilleure encore que la première : à toi de juger. J'ai peut-être mieux que la simple pendaison pour toi.

– Ah oui? Et quoi, s'il te plaît?

– Oh! Je ne puis préciser d'avance. Le seigneur Yvon, lorsqu'il se venge, a tellement d'imagination.

– Et pourquoi le seigneur Yvon me voudrait-il malemort? »

Millecent feint de n'avoir pas entendu.

« Et puis l'avantage, c'est que vous seriez probablement deux à subir un châtiment exemplaire.

– Explique-toi clairement.

– Dame! Si je vais lui raconter que tu rencontres presque toutes les semaines, en cachette, principalement le dimanche sa fille préférée, la douce Alice. »

Dans la seconde Eudes bondit. Prise à la gorge, un genou sur la poitrine, Millecent suffoque :

« Tu es fou... non... non... Eudes... pas ça... je t'en prie... ne me tue pas... »

Elle a beau se débattre, rien n'y fait, que pourrait-elle contre les muscles d'acier du jeune guerrier. Par chance pour elle, rapidement Ruffin parvient à se contrôler. Tout en continuant de la maintenir et à veiller à ce qu'elle ne puisse hurler, il dit :

« Tu es une ignoble garce. Ce que tu voulais me faire, je m'en fous, mais si tu touches un cheveu d'Alice, je t'éventre. As-tu compris?

– Oui, lâche-moi. Je te promets de ne rien faire contre vous, contre Alice.

– Je n'ai aucune confiance en toi.

– Eudes, je t'en prie, je t'en supplie.

– Il n'y a qu'une chose à laquelle tu es dévouée : c'est ta race.

Alors tu vas me faire le serment, là, tout de suite, sur ta lignée, que tu n'entreprendras rien contre Alice.

– Jamais.

– Tu vas dire : que le diable éteigne ma famille si je me parjure. »

Il la sent se raidir.

« Et si je ne jure pas?

– Dans une minute, tu es morte.

– Tu l'aimes à ce point? Tu courrais ce risque?

– Ça ne te regarde pas.

– Pourtant si tu l'aimes tant, comment expliquer que tu coures après le moindre jupon?

– Je vais éclairer ta lanterne, ma garce, pour que tu comprennes à quel point je suis décidé à t'éliminer si tu ne jures pas. Je cours les filles, c'est vrai. Je couche à droite et à gauche, c'est encore vrai. Mais je le fais pour être plus apte à me dominer et à respecter celle que j'aime, et aussi pour détourner les soupçons.

– Je n'étais donc pour toi qu'un pis-aller?

– La paix, Millecent, hâte-toi de prononcer ton serment, sinon je ne suis pas sûr de... »

Les grandes mains sont prises de contractions nerveuses. Millecent s'affole :

« Voilà, tout de suite. »

Point par point la jeune fille jure, répète les formules dictées soigneusement. Lorsqu'elle a fini, Eudes la lâche, marche vers la porte et cherche la clenche. Il va ouvrir, Millecent est encore à genoux sur la couverture.

« Écoute, Millecent, moi aussi j'ai des idées, de ce pas je vais chez Eustache. Tu n'ignores pas qu'il est mon ami. Alors je vais lui demander de préparer un effroyable maléfice qui s'abattra sur toi et sur les tiens si jamais ta haine te poussait à te parjurer. »

C'est avec un immense soulagement qu'Eudes entend Millecent lui répondre :

« Non, non, Ruffin, tu n'as rien à craindre. Je tiendrai ce que j'ai juré. »

21

Dame Constance, assise sur le bord de la couche, et Alice, debout, pleurent tandis qu'Hubert va et vient par la chambre en parlant sourdement.

« Dame, je n'en puis plus. J'ai tenu, pour vous, aussi longtemps que j'ai pu. Maintenant c'est fini. Je m'en vais, je quitte à jamais Marigné.

– Non, non, mon fils, ne dis pas cela.

– Si, dame, il le faut. Demain, à l'aube j'enfourcherai mon cheval.

– Et pour aller où? Grand Dieu!

– D'abord à Angers, puis en Bretagne. Le comte de Nantes, Guerec le Bâtard, recrute des hommes d'armes pour faire la guerre à Conan le Tors, comte de Rennes, qui se prétend duc de Bretagne et veut exiger de lui l'hommage. Il y aura de bonnes tenures à gagner.

– Mais tu ne peux partir seul, sans même un écuyer.

– Justement, dame, justement. C'est assez dire mon dénuement et prouver la façon dont je suis traité. »

Alice s'approche de son frère, lui prend la main.

« Hubert, je vous prie, ne faites pas pleurer la dame. Vous savez combien elle vous aime, et moi aussi. De grâce, patientez encore.

– Non. Ce n'est plus possible. Mon père ne sait que m'insulter, à longueur de temps, que me traiter plus bas que terre. Depuis cette malheureuse affaire du Plessis-le-Vent, depuis que ce fief lui a échappé, je ne suis plus bon qu'à jeter en pâture aux chiens. Alors que je n'y suis pour rien, que je n'ai pas démérité. Et puis, Rainaud s'en mêle. Tous deux s'unissent contre moi. Ah! croyez-moi, ils ne s'insultent plus quand il s'agit de me ridiculiser, de m'humilier. Et je les vois identiques, impitoyables. »

La dame dit d'une voix lasse :

« Hubert, je sais tout cela. Depuis si longtemps que je supporte, moi aussi... Ah oui! je sais, je sais! »

Hubert explose :

« Non, dame, vous ne savez pas. Non. »

Il s'interrompt le temps de se camper devant les deux femmes, poings serrés, et il répète encore :

« Oh non! »

Ses yeux s'embuent, il a du mal à déglutir, en proie à une violente émotion.

« Le ciel me soit témoin, je ne voulais rien dévoiler. Mais j'étouffe. Il faut que je parle. Je ne peux partir sans avoir dit. Dame, vous souvient-il, le mois dernier, de ce jour où l'on m'a ramené de la chasse tenant à peine debout, le visage en sang, d'énormes ecchymoses par tout le corps?

– Certes oui, je me suis assez inquiétée. Lorsque tu as fait cette mauvaise chute de cheval et que la bête t'a traîné, ton pied étant resté accroché à l'étrier. »

Hubert éclate de rire. D'un rire dur, amer.

« C'est cela, dame, c'est cela! Vous y avez cru. Vous vous y êtes laissé prendre, lorsqu'ils ont déballé leur version des faits. Et je ne les ai pas démentis. Surtout pour ne point vous faire de peine, pour ne point trop vous alarmer.

– Que s'est-il passé?

– En réalité je ne suis pas tombé de cheval. Je ne suis pas d'ailleurs de ceux qui se laisseraient coincer un pied. Tout le monde s'accorde pour reconnaître que je suis un des meilleurs cavaliers d'Anjou. Je suis trop adroit, trop souple, pour commettre une telle sottise. Dame, la vérité est bien différente. »

Hubert de nouveau semble hésiter.

« Mon fils, tu en as trop dit maintenant pour ne pas aller jusqu'au bout. Je veux savoir.

– Ce jour-là, nous sommes partis pour la chasse : mon père, Rainaud et moi en petit équipage. Les dix hommes que nous avions emmenés sont allés prendre position. Sept pour rabattre, trois placés en retour. Et nous sommes restés seuls tous les trois. A un moment, les cris des rabatteurs n'avaient point encore retenti, je ne sais plus pour quelle futilité, mon père m'a giflé à toute volée. Rainaud s'est tordu de rire. Fou de rage, je lui ai dit qu'il n'avait pas le droit de me frapper et que je partirais, que je quitterais son service s'il osait recommencer. Alors il a éclaté en imprécations, m'a lancé à la tête toutes les injures imaginables, puis, pour finir, il s'est précipité sur moi. J'ai voulu fuir, n'osant me défendre contre mon propre père. Mais Rainaud, me traitant à son tour de chien galeux, d'incapable et de lâche, m'a assailli par-derrière et m'a désarçonné. Tous les deux, dame, vous entendez? Tous les deux m'ont roué de coups. Et plus ils me frappaient, plus ils riaient. Mon père disait : " Surtout ne lui casse rien, martèle-le à la bonne limite. Que ça soit bien douloureux et que ça marque. " Après avoir reçu un coup du pommeau de la dague de Rainaud sur la tempe, je me suis évanoui. Lorsque j'ai repris connaissance, ils étaient remontés à cheval et m'observaient en plaisantant. Un moment, ils ont fait mine de s'apitoyer : " Alors, disait Rainaud, on a des étourdissements? Peut-être n'est-on point en état de supporter une bénigne journée de chasse. Peut-être devrais-tu apprendre à filer la laine. " Mon père ne cessait de rire que pour renchérir : " Mais non! Notre Hubert a trop cohabité avec son cher oncle Garnier. La fréquentation d'un chapon peut se révéler néfaste. Il ne sait plus seulement monter à cheval. " Soudain, son visage a retrouvé son habituelle dureté : " C'est d'ailleurs ce que vous pourrez, Hubert, conter à la dame. M'entendez-vous? " De son épieu, il m'a donné un coup dans les côtes. " J'entends que ce soit la seule version contée. Compris? " »

Deux larmes coulent le long du nez du jeune homme.

« C'est affreux, sanglote Alice.

– Je vais leur parler tout à l'heure, dit Constance en se frottant les yeux. Je ne tolérerai pas...

– Non, dame, non, il est préférable que je parte. Seule leur mort pourrait me venger. Parfois, je crains de ne savoir résister aux bouffées de haine qui montent, qui montent. Indifféremment, je poignarderais alors l'un ou l'autre. D'ailleurs, si vous leur reprochiez cette attitude, ils en seraient furieux au point qu'ils n'hésiteraient pas à me tuer. Rester n'est plus possible. »

Hubert s'agenouille.

« Dame, je vous en prie, comprenez-moi et laissez-moi m'éloigner avant un meurtre inutile.

– Mais seul, que feras-tu? Les chemins sont battus par tant de brigands! Tu n'as pas d'argent, pas même un écuyer pour te servir et t'aider.

– Ça ne fait rien, et soyez sans inquiétude, je gagnerai Angers sans encombre. Je sais que notre suzerain, le comte Geoffroy Grise-Gonelle, a décidé d'aider le Bâtard contre Conan, bien que ce dernier soit son gendre, et qu'il a entrepris de lui fournir de puissantes compagnies d'hommes d'armes. Je vais m'engager dans l'une d'elles. On dit qu'il paie bien. »

La discussion s'éternise mais, devant l'inébranlable résolution d'Hubert, dame Constance doit s'incliner. Elle s'absente alors un moment, le temps d'aller puiser dans sa réserve d'or.

« Tiens, prends, mon fils, dit-elle à Hubert, en lui tendant une petite bourse dans laquelle tintent quelques pièces, et que Dieu te bénisse et te protège. »

Alice, songeuse depuis un moment, semble se résoudre à intervenir après d'intimes tergiversations.

« Mère, je sais que Conrad, demain, avec trois lances part pour Aviré. Il passe d'abord à Chenillé et descend ensuite le long de la Mayenne jusqu'à hauteur de Montreuil. Hubert pourrait l'accompagner, ce serait autant de parcouru sans risques.

– Comment, diable, es-tu au courant de tous ces détails? » demande dame Constance interloquée, en fixant sa fille.

Alice rougit, se trouble un court instant, puis très vite elle répond :

« C'est tout simple, ma mère, je me trouvais à servir mon père lorsqu'il a expliqué l'itinéraire choisi au chevalier saxon.

– Alice a là une excellente idée, mon fils, j'aimerais, puisque je suis incapable de fléchir ta détermination, que tu t'y rallies.

– Pour vous contenter, ma mère, je n'y faillirai pas. »

Puis Hubert prend les mains de Constance, les baise et pour finir les pose sur sa tête en disant :

« Bénissez-moi, dame. »

Hubert, la dernière bouchée à peine avalée, se lève et s'étire : « Chevalier, il me faut partir. Cinq lieues et plus me séparent encore d'Angers.

– C'est à peine si vous vous êtes restauré.

– Je n'en serai que plus à l'aise en cas de mauvaise rencontre, ami. »

Conrad et Eudes se résignent à l'imiter.

« Messire, dit Conrad, j'aimerais vous accompagner au moins jusqu'à hauteur de Grez. Ce n'est point pour vous alarmer, mais quelque chose m'inquiète, sans que je puisse par des indices précis justifier ou préciser la nature de ma crainte. Il m'a semblé à différentes reprises, surtout au cours des deux dernières heures, que nous étions surveillés, suivis. Vous n'ignorez pas que votre père craint une offensive de Simon de Segré.

– Merci de vos avis, chevalier, mais ne soyez point en peine pour moi. Vous ne pouvez ainsi vous dérouter, mon père ne vous le pardonnerait que bien difficilement. Et aussi, laissez-moi croire que vous vous faites des idées. Pour moi rien n'a troublé la sérénité des bois ou le calme des rives de la Mayenne. »

Conrad fait une laide grimace qui plisse son front et son magistral nez.

« C'est que vous n'avez point cette méfiance, ce sixième sens de vieux routier que j'ai acquis à mes dépens.

– En tout cas, je vous remercie, Saxon, et je remercie aussi votre écuyer pour ses prévenances et son affabilité. Le départ de Marigné puis ce bout de route en votre compagnie m'ont paru moins difficiles que je n'appréhendais. Moins durs que si j'avais dû m'éloigner en pensant à chaque seconde à mon définitif exil. Je me suis moins senti rejeté. »

Hubert saute avec grâce et légèreté sur sa monture. Il doit la retenir.

« Maintenant, il faut que je parte. Mais je crois que je reviendrai. Je vais me battre de toutes mes forces et tenterai de gagner un fief breton. J'espère que Guerec saura récompenser mon zèle. »

Son cheval s'agite, de plus en plus nerveux. Avec une adresse qui n'exclut pas le plaisir, Hubert joue des talons et des rênes. Il dit, s'adressant à Eudes :

« Écuyer, tu m'es apparu ce matin sous un autre jour que celui qui t'est habituellement réservé au château. »

Eudes salue, souriant.

« Grand merci, seigneur.

– Je regrette de ne pouvoir t'être d'aucune utilité, car tu comptes plus d'ennemis que d'amis entre les lices de Marigné. Je voudrais te mettre en garde. N'aie jamais confiance. Ni mon père ni mon frère n'auront le moins du monde pitié de toi, si tu commets la plus minime faute. Et tu la paieras cher. Tu plais trop à l'engeance femelle. C'est peut-être le plus grave. »

Eudes se tourne vers Conrad et dit :

« Chevalier, laisse-moi accompagner messire Hubert jusqu'au hameau dont tu parlais tout à l'heure : Grez, je crois. »

Hubert intervient, coupant la parole au Saxon :

« Cette offre part d'un grand cœur, mais je ne l'accepte pas. On m'a trop reproché ma prétendue couardise, ces temps derniers, pour que je n'aie, à moi-même, l'envie de me prouver que ce n'était que des insinuations mensongères. Non, n'insistez pas, vous me désobligeriez. »

Comme Eudes proteste :

« Laisse, petit, laisse, dit Conrad en prenant Eudes par le bras, un homme, un guerrier, a toujours le droit de choisir le danger. »

Sur un dernier salut, Hubert rend la main à son cheval qui se précipite en avant. Avant de disparaître sous les frondaisons, Hubert se retourne une dernière fois :

« Adieu, Conrad. Adieu, Eudes, et que Dieu vous ait en sa sainte garde. »

Eudes attend encore quelques instants puis il se tourne vers le Saxon :

« Pourquoi m'as-tu retenu, si tu penses qu'il court un réel danger ? »

Le Saxon hausse les épaules :

« Parce que je t'aime bien, imbécile, et que, s'il doit y avoir, comme je le crains, embuscade, il est préférable qu'il n'y ait qu'un mort et non deux.

– Mais tu ne peux le laisser partir ainsi sans défense, alors que nous avons avec nous troupe forte de trois lances. Trente cavaliers prêts à combattre. C'est indigne.

– Tais-toi, jeune chiot ! N'oublie pas que Hubert est le fils d'Yvon. Si Yvon souhaite que son fils vive, c'est à lui d'y prendre garde, non à moi. J'ai une mission à remplir. Simon de Segré fait, paraît-il, des préparatifs. On m'a chargé d'une tournée de surveillance et non de protéger un des rejetons de la famille. Pour sauver les uns ou les autres, je ne suis pas le bon Dieu. Quant à toi, tu es mon écuyer et je t'ordonne de me suivre.

– Et tu laisseras mourir Hubert sans regrets ?

– Non, avec regrets. Mais je te le répète, je ne suis pas le bon Dieu.

– Chevalier, je vais te désobéir. »

Conrad fronce les sourcils :

« Je ne crois pas, car à la moindre incartade je te fais lier sur ton cheval jusqu'à ce que nous arrivions à Aviré. »

Eudes jure, Conrad, à son tour, se fâche. La colère déforme les visages. Ils se font face, menaçants. Conrad, le premier, retrouve son sang-froid.

« Allons, allons, jeune diable, du calme. »

Puis, comme Eudes renâcle encore, le Saxon tend les mains à Eudes :

« Si tu as vraiment envie de me frapper, frappe, Ruffin. Je suis curieux de savoir si tu pourrais porter la main sur moi, en oubliant tout ce qui nous unit.

– Tu sais bien que non, soupire Eudes.

– Alors, viens t'asseoir, finissons notre repas, dérangé par cet hurluberlu. »

Eudes se rassoit à contrecœur. Conrad dit :

« Tu affirmais, il n'y a pas si longtemps, que le temps de tes apprentissages était fini et celui des apitoiements stériles mort et enterré. Il me semble à cette heure que ton appréciation était quelque peu prématurée.

– Je t'en prie, ne ricane pas.

– Je ne ricane pas et ne veux point t'offenser, mais je t'aime bien et souhaite que tu vives longtemps, en tout cas longtemps après moi. C'est pourquoi je souhaite aussi que tu te cuirasses l'esprit, comme tu as su cuirasser ton corps. Si tu t'apitoies, petit, tu n'iras pas loin. Dis-toi que dans notre monde c'est la vie qui est exceptionnelle et la mort banale. Que tu le veuilles ou non, Hubert est de ceux dont on fait de jeunes morts.

– Qu'en sais-tu ?

– Après ce que les autres lui ont fait subir, il devait s'insurger et poignarder son père ou son frère. Le fief, alors, aurait pu lui revenir. Non, Ruffin, crois-moi, ce garçon n'est qu'un vaincu. »

22

Les arbres geignent, leurs cimes oscillent, un fort vent d'ouest entraîne des masses nuageuses qui se jouent de la lumière. L'eau ridée de la Mayenne vient aigrement clapoter sur ses rives. Des mouettes passent et repassent. Parfois, elles se posent sur l'eau où elles flottent, brimbalées, mais impavides.

Conrad et Eudes, leur repas achevé, se sont allongés. Ils se délassent en regardant le ciel changeant. Ils s'amusent à découvrir dans les surimpressions de gris des formes bizarres et merveilleuses, ou encore des ressemblances avec des configurations terrestres.

A l'exception des sentinelles, la troupe tout entière sommeille. Les chevaux se reposent dans l'immobilité avec l'air résigné de l'ennui.

Un long quart d'heure passe ainsi. Enfin Conrad, d'un coup de reins, se redresse.

« Les bêtes doivent être aptes à repartir, et nous aussi. Il est temps. Eudes, debout. »

Ils s'activent, rangeant les provisions, se réharnachant, s'occupant de leurs montures ; le Saxon crie des ordres.

Les hommes bâillent, s'étirent et sellent les bêtes. On parle peu.

Soudain, tous se figent dans une attitude de guet. Gestes interrompus. Le bruit se précise, ils se regardent, toujours muets. Conrad grimace. Eudes réagit le premier, saisit le bras du Saxon, le secoue en disant :

« Ce ne peut être que lui. »

Une sonnerie de trompe, ininterrompue, leur parvient, lugubre comme une plainte, faible et lointaine, comme désespérée. Conrad jure et gueule :

« En selle, vous autres ! Je ne veux pas de traînards, restez groupés. Ludolph, choisis trois hommes et couvre-nous sur la gauche ; Wilfrid, porte-toi en avant, mais pas au-delà de trois à quatre cents toises. »

Conrad éperonne sa monture. Eudes le suit avec le gros de la troupe. Ils déferlent dans cet étroit chemin qui longe la Mayenne, par lequel Hubert est parti il y a près d'une heure.

Le bruit du galop ne permet plus de savoir si la trompe sonne toujours, mais il est plus urgent d'aller de l'avant que de s'en assurer. Le corps horizontal, presque dissimulés par le cou et la tête de leur monture, ceux de Marigné foncent.

En moins de vingt minutes, ils atteignent le confluent d'un ruisseau dont les rives s'écartent en s'évasant. Le chemin s'enfonce là dans le bois sur une cinquantaine de toises. Conrad s'arrête et impose le silence. Comme tous le craignaient, pas un bruit humain ne se mêle aux rumeurs du vent.

On repart. Eudes, qui bout d'impatience, ne cesse de maugréer et de presser le mouvement. Conrad, pourtant, ne l'autorise pas, comme il le voudrait, à se porter en avant. Plus que jamais, il tient à ce que son écuyer le suive pas à pas.

Soudain, comme le chemin après ce crochet par le bois s'oriente à nouveau vers la rivière, ils aperçoivent Wilfrid et ses hommes, qui attendent, immobiles. Conrad les interpelle :

« Que se passe-t-il ?

– Devant nous, à cent toises, nous apercevons deux corps allongés dans l'herbe : l'un d'homme, l'autre de cheval.

– Rien ne bouge ?

– Rien.

– Attendez-nous. »

L'approche des cavaliers fait lever une bonne vingtaine d'oiseaux groupés là pour un sinistre festin.

Le cadavre n'est pas réjouissant à voir : haché, percé de cent coups. Hubert gît, la face tournée vers le ciel, presque méconnaissable. Sa trompe et son épée reposent de part et d'autre de lui. Tout alentour, le sol foulé indique que le jeune chevalier s'est âprement défendu et que ses assaillants, tournant autour de lui, autant pour échapper à ses coups que pour le frapper plus commodément, ne l'ont abattu qu'après un long combat. Peut-être même a-t-il pu blesser quelques-uns de ses adversaires.

Ému, Eudes contemple le corps. Aussi loin que ses souvenirs remontent, il se souvient d'Hubert. Certes, leurs relations n'ont jamais été faciles. Le jeune noble l'a souvent attaqué par gestes ou par mots. Rien ne pouvait les rapprocher. Cependant Hubert fait partie de son enfance. Il lui rappelle nombre d'événements qui ont compté dans sa vie : ses premières escarmouches contre les pillards, ou son emprisonnement au Plessis-le-Vent et, par conséquent, la belle Agnès. Il reste également qu'Hubert était le frère préféré d'Alice, et qu'il vient de mourir victime de l'homme que Ruffin hait le plus au monde : Yvon.

En 978, tandis que le sire de Marigné et son aîné accompagnaient le comte Geoffroy et le roi Lothaire à Aix-la-Chapelle, Hubert, avec l'aide du Saxon, a gouverné le fief. Pour Eudes, ces mois furent une sorte de trêve. Non qu'il eût moins à faire. Mais on l'oubliait, certains regards ne pesaient plus sur lui. Hubert, tout ce temps, l'a ignoré.

Eudes se tourne vers Conrad.

« Chevalier, ce crime ne peut rester impuni, nous devons le venger. Ses assassins ne sauraient être loin. »

Conrad hausse les épaules.

« Les poursuivre et continuer ma mission, c'est tout un. Regarde. Ils ont tenu à laisser sur place un témoignage irréfutable. Crois-moi, ils tiennent à ce que nous les suivions à la trace. »

Effectivement, à une vingtaine de toises, au bout d'une courte hampe fichée en terre, la flamme de Segré flotte au vent.

« Qu'est-ce que ça signifie?

– Qu'ils souhaitent nous entraîner sur leurs terres et nous prendre en embuscade. Mais, par tous les diables de l'enfer, je vais leur donner satisfaction à ma manière. Nous allons y foncer tête baissée en leur gardant une surprise. »

Comme Eudes le regarde interrogatif, le Saxon ricane :

« Ne crains rien, je ne suis pas tombé fou. On y va, mais en hommes avertis. Et crois-moi, ils s'en repentiront. »

Conrad se détourne.

« Rahier, attache le corps du jeune sire en travers, derrière ta selle. Guillaume et Payen, aidez-le. Puis vous l'escorterez jusqu'à Chenillé. Vous nous y attendrez. Pour aller jusque-là, suivez rigoureusement le chemin que nous avons emprunté ce matin. Si vous ne traînez pas en route, vous n'avez rien à craindre. Mais faites vite. Les gens de Segré sont à cette heure de l'autre côté de la Mayenne, mais ils peuvent détacher quelques hommes pour tenter d'intercepter ceux qui ramèneront le mort lorsqu'ils sauront que le gros de notre troupe les poursuit. Allez... »

Conrad, Eudes et leurs hommes d'armes regardent s'éloigner Rahier et ses deux compagnons. La tête d'Hubert d'un côté, ses jambes de l'autre, oscillent à chaque pas du cheval, dérisoires et tragiques.

Puis Conrad s'adresse au reste de la troupe.

« Quant à nous, nous allons tenter de châtier ceux qui ont lâchement massacré le fils de notre sire. Si j'en crois leurs traces, nous n'avons pas à faire à une troupe supérieure en nombre à la nôtre. Je compte sur vous. En avant. »

Eudes s'inquiète :

« Comment serons-nous sûrs de ne point nous tromper sur leur itinéraire?

– Impossible, ou je me trompe fort. Ce sont eux-mêmes qui veilleront à ce que cela ne puisse nous arriver. Mais nous pouvons parier qu'ils ont franchi la Mayenne. Rester de ce côté-ci présente trop de risques. Il y a un guet à une demi-lieue d'ici, sans doute l'ont-ils franchi. Tu verras que nous retrouverons leurs traces de l'autre côté. »

Un moment, le Saxon et son écuyer galopent côte à côte sans mot dire. Eudes a la mine sombre. Le Saxon lui frappe sur l'épaule.

« Ne sois pas lugubre, mon Ruffin. A quelque chose souvent malheur est bon. Tu te plaignais de n'avoir jamais combattu contre des guerriers, mais seulement contre des brigands; si tout va bien, avant ce soir, pour la première fois tu auras participé à un vrai et grand combat.

– Le ciel t'entende.

– Je ne sais si le ciel y aura sa part, mais les hommes auront la leur. Regarde ceux qui nous suivent, et dis-toi que le tiers d'entre eux au moins ne verra pas le jour se lever demain.

– Nous courons le même risque. »

Conrad grimace :

« Oui et non.

– Je ne comprends pas.

– En principe tu as raison. Pourtant, entre eux et nous, il y a des différences.

– Lesquelles ?

– D'abord, ils ne nous valent pas, ensuite nous nous servons d'eux. Ils pensent à eux et à nous ; nous, nous ne pensons qu'à nous. »

23

Le cor des sentinelles de la porte ouest a longuement, et par trois fois, retenti. Yvon et Rainaud, l'œil dur et les sourcils froncés, se tiennent en haut de la passerelle, immobiles. A leurs côtés, Constance, tenant Guillaume, son plus jeune fils seulement âgé de dix ans, et Alice pleurent silencieusement.

Rangés en demi-cercle, tous les habitants de Marigné jusqu'aux plus humbles sont là. Aucun n'ose seulement chuchoter.

Il y a moins d'une heure, un éclaireur est venu prévenir messire Yvon que son fils Hubert avait trouvé la mort dans une embuscade. Il annonçait aussi le retour du chevalier Conrad et de ses hommes, sortis victorieux d'un âpre combat livré devant le village d'Andigné. Village situé dans le fief de Simon de Segré. Ces nouvelles se sont vite répandues à travers le château, y semant l'inquiétude.

L'attente se prolonge sans que personne ne bouge. Enfin, entre les battants grands ouverts, apparaît le cortège. Le défilé progresse lentement. En tête se trouvent Conrad, tenant par la bride le cheval sur lequel est attaché le corps d'Hubert, et Eudes, la tête bandée et un bras en écharpe. Viennent ensuite six cavaliers, derrière lesquels clopinent, à pied, les mains liées dans le dos, neuf prisonniers, plus ou moins blessés. Puis, de nouveau, un groupe de cavaliers, enfin, dodelinant sur leurs chevaux, suivent les hommes d'armes blessés au cours de la bataille.

Tandis que Constance et Alice se précipitent vers le corps d'Hubert, que des soldats déposent à terre, Yvon, d'une voix tonnante, apostrophe Conrad.

« Chevalier, dis-nous ce qui s'est passé. Conte devant tous les circonstances de la mort de notre fils bien aimé. Que le cœur de chacun s'emplisse de haine pour celui qui l'a fait tuer, lâchement, alors que ce noble chevalier rejoignait les forces que notre comte Geoffroy s'apprête à envoyer au secours du comte de Nantes, Guerec. Il faut que chacun ressente la nécessité de la lutte à mort que je vais engager contre ce fourbe qui a nom Simon de Segré. Les hostilités dureront jusqu'à l'expiation de cet abominable forfait. Parle.

– Messire, le chevalier Hubert a été assailli peu après nous avoir quittés, alors que nous avions fait halte face au hameau de Montreuil. Il nous a appelés à son secours à son de trompe. Nous nous sommes hâtés ; hélas ! quand nous l'avons découvert, il était mort. Nous avons aussitôt couru sus à ses meurtriers qui avaient signé leur crime en laissant près du corps un fanion au bout de sa hampe fichée en terre. Tel un défi. La troupe ennemie, d'une force équivalente à la nôtre, s'est volontairement laissé rejoindre devant le hameau d'Andigné. C'était un traquenard. Dans le bourg, se tenait, soigneusement dissimulée, une force de deux lances. Nous avons cependant attaqué. Le combat a duré jusqu'à la nuit. La valeur et l'astuce de ceux de Marigné ont permis de compenser l'infériorité numérique. Nous avons triomphé et nos adversaires ont dû finalement s'enfuir, à la faveur de l'obscurité, en abandonnant neuf prisonniers que voilà. »

Conrad pivote sur sa selle pour désigner du bras les captifs aux mines épuisées et indifférentes.

« Hélas ! nous déplorons la mort de dix des nôtres, ensevelis sur place. Nous avons incendié le hameau. Alors, sans nous accorder le moindre repos, craignant qu'au petit matin d'importantes forces de Segré ne se mettent en route pour tenter de nous intercepter avant notre retour ici, nous nous sommes repliés sur Chenillé où trois hommes avaient transporté le corps de votre fils. Nous avons quitté Chenillé à l'aube et nous voici.

– Merci, chevalier. »

Yvon, la mine toujours aussi sombre, réfléchit. La foule, qui tout à l'heure a injurié les vaincus, se tient de nouveau coite. Soudain, le sire de Marigné frappe du plat de la main la rambarde de fer.

« Vous tous qui m'écoutez, préparez-vous. Il est vraisemblable que nous allons avoir à subir l'assaut de ce chacal de Simon de Segré. Que chacun s'apprête et se méfie. La défense du château vous requiert tous. Nous porterons, certes, l'offensive sur le fief de Segré, mais l'ennemi tentera tout pour détruire Marigné. Dès maintenant, rentrez les troupeaux. Que personne ne s'éloigne hors de la vue des sentinelles. Emmagasinez le maximum de fourrage. Chevalier Ferri, faites doubler la garde. Tantôt notre fils sera inhumé dans la crypte de l'église, qu'on installe immédiatement neuf potences. J'entends qu'au moment où le corps du noble enfant disparaîtra à jamais, ces hommes soient hissés. »

Yvon s'interrompt, la foule est sur le point de se disperser, il lève une main.

« Chevalier Conrad, viens sans tarder me rejoindre dans la grande salle, que nous délibérions des mesures à prendre. Quant à vous, gens de Marigné, en attendant de voir pendus ces chiens qui ont tué dix des nôtres, je vous les livre, faites-en ce que bon vous semble. »

Pour la première fois, les captifs manifestent leur peur, déjà des femmes et des hommes s'en approchent menaçants, l'invective à la bouche.

Yvon ricane puis haussant la voix :

« Faites en sorte cependant que nous ayons quelque chose à pendre. »

Tandis que les hommes d'armes se dispersent, que les seigneurs regagnent leur logis, un tourbillon se forme au centre de la cour d'où s'élèvent des hurlements de souffrance et des supplications.

24

Autour de la vaste table, aux côtés de Yvon et Rainaud, seize chevaliers ont pris place. Eudes, la tête et le bras gauche toujours entourés de bandeaux crasseux, se tient debout derrière Conrad. Il est le seul écuyer.

« Pourquoi as-tu amené cet homme? demande Rainaud au Saxon. C'est assez que tu aies obtenu d'en faire un écuyer. Sa présence au conseil est un affront. »

Conrad répond avec force, tandis qu'Eudes fixe le jeune seigneur, mâchoires serrées.

« Parce qu'il s'est battu comme un lion et que nous lui devons en partie la victoire d'Andigné. Avec les sept hommes valides appartenant à la lance du chevalier André, malheureusement abattu dès le début de l'engagement, il a fait mine de se retirer pour mieux prendre l'ennemi à revers. Sa manœuvre a parfaitement réussi et, semant le désordre chez l'adversaire, il a annihilé plus de vingt hommes d'armes. C'est lui aussi qui a tué le chevalier Gauzelin qui commandait ceux de Segré. »

Yvon, la mine hargneuse, ricane :

« Du moment que tu le dis, je te crois, encore que je ne voie pas ce que cela peut changer : un rustre reste un rustre.

– Dans la guerre qui s'annonce, nous aurons besoin d'hommes aptes à commander avec jugement. Il n'y en a point tellement, ici comme ailleurs. »

Des murmures hostiles se font entendre. Conrad toise ceux qui brûlent d'envie de le contredire. Yvon plisse les yeux et frappe sur la table.

« La paix ! Saxon, tu as tort. Qu'importent ses prétendus mérites, sa place n'est pas parmi nous. Mais, enfin, pour toi, pour toi seul... » Il désigne Conrad d'un geste brusque, index tendu. « ... parce que je te considère comme mon plus fidèle compagnon, je consens aujourd'hui à l'admettre. Mais ne tente pas à l'avenir de l'imposer. Et je ne veux pas l'entendre. Parle-lui si bon te semble, ça te regarde. »

Comme Conrad tente de reprendre la parole, le sire de Marigné l'en empêche :

« Suffit sur ce sujet. Nous avons mieux à faire que d'ergoter sur le cas d'un obscur et quelconque soldat. »

D'un ton moins vif, il enchaîne :

« Chevaliers, la lutte s'avère difficile et la situation grave. J'ai tenu à vous réunir pour bénéficier de votre avis. Un plan doit être arrêté. »

Rainaud intervient :

« Tout me semble clair. Pourquoi perdre notre temps en discussion ? Mieux vaut ne pas attendre que Simon nous assaille et ruine tout, ou partie, du fief. Attaquons-le sans tergiverser. »

Yvon hausse les épaules.

« A t'entendre, tout est toujours simple. Écoute d'abord ce que j'ai à dire. »

Le sire se penche, pour bien voir chaque visage.

« Chevaliers, j'ai à vous communiquer d'inquiétantes nouvelles. Le sire de Pouancé, vaincu à la longue par Simon, a dû livrer des otages et marche désormais sous la bannière de son vainqueur avec tous ses hommes liges. Le sire de Candé, beau-frère de Simon, a accepté de lui fournir dix à douze lances pour l'aider à nous vaincre. De plus, Simon a envoyé, ou va le faire incessamment, un émissaire au Plessis-le-Vent pour tenter d'obtenir une convention d'alliance avec cette garce d'Agnès.

– Êtes-vous sûr de vos informations, ou de vos informateurs, messire ? demande Ferri.

– Certain. Je les tiens de trois religieux et d'un marchand. Ils s'ignorent entre eux, or les renseignements se recoupent dans les moindres détails. Du reste, par le passé, leurs informations se sont toujours révélées exactes. »

Après une brève interruption, Yvon grommelle.

« D'ailleurs, ces pourceaux me coûtent assez cher pour me fournir la vérité. »

Un chevalier dit :

« Depuis des années, messire, vous vous attendiez à faire la guerre à Simon de Segré, et jamais rien ne s'est produit. Aucun de vous ne se résolvait à prendre l'initiative des hostilités. Pourquoi se décide-t-il maintenant?

– Tu es jeune, Girard, et les ruses ou les raisons des vieux renards ne peuvent que te surprendre. Il fut un temps où nous ne pouvions nous faire la guerre en raison d'un serment fait au comte. Ensuite, des événements ont distrait Simon de son objectif, tandis que moi-même, soumis à une étroite surveillance par Geoffroy, après la mort du fils de Simon, je ne me sentais pas en mesure de mener jusqu'au bout une lutte victorieuse. Lors, Segré a assailli le sire de Pouancé. J'ai cru que l'occasion propice allait se présenter durant une aventure qui le privait de la majeure partie de ses troupes. Il n'en a rien été. Le comte me tenait de trop court. Mais voilà qu'aujourd'hui, discrètement, Geoffroy envoie au bâtard de Nantes ses meilleures compagnies de mercenaires, augmentées de nombreux chevaliers à son service. Voilà, Simon victorieux de Pouancé et assuré de l'appui de son beau-frère, le moment lui semble idéal pour régler notre vieux différend. Il est en position de force. »

Rainaud, qui s'impatiente, intervient de nouveau :

« Je continue d'affirmer qu'il faut attaquer sans attendre. Pourquoi donner à ce chien le temps de rameuter obligés et alliés? »

Personne ne lui répond, les chevaliers indécis se regardent, hochant la tête, d'autres froncent les sourcils, l'œil vague. Rainaud s'échauffe.

« Bon Dieu, nous n'allons pas laisser encercler Marigné sans réagir! Attendez-vous que nos hameaux soient navrés, et nos terres ravagées? »

Robert de Querré s'agite.

« C'est vrai. Messire Yvon, laissez-moi partir sans retard, il me faut aller défendre ma tenure. »

Enguerran de Cherré approuve en frappant du poing sur la table.

« Et moi de même. »

Rainaud hurle :

« Imbéciles, vous ne comprenez donc rien? Ai-je dit qu'il fallait se désunir? Vos maisons fortes ne tiendront pas huit jours. Leur raison d'être, c'est de vous protéger contre des bandits ou contre des raids, mais pas contre l'attaque d'une armée. »

A son tour Ferri se fâche :

« Nous recommanderez-vous de laisser anéantir nos biens? »

La discussion est lancée, tous interviennent. Le ton monte. Dans la cacophonie, les insultes tiennent lieu d'arguments. Certains vont jusqu'à planter leur poignard dans la table en se provoquant.

Conrad semble se désintéresser du débat. Penché en arrière, il converse avec Eudes. Yvon, qui a tout écouté sans intervenir, se décide enfin à mater le vacarme. Il se dresse menaçant :

« La paix, bon Dieu, la paix! Êtes-vous devenus fous? Gueuler ainsi! On croirait une meute affamée se disputant les entrailles d'un cerf. Silence, ou je fais arrêter sur-le-champ dix braillards. »

Douchés par la menace, les chevaliers se calment. Yvon peut se rasseoir. Après avoir jeté un regard circulaire, il dit :

« J'aimerais entendre le seul qui jusqu'ici n'ait point bramé. Conrad, donne-nous ton avis. Réclames-tu, toi aussi, le droit d'aller défendre ta tenure?

– Non.

– Que préconises-tu?

– Je crois que messire Rainaud a en partie raison : il ne faut pas diviser, mais au contraire concentrer nos troupes là seulement où elles peuvent l'être, c'est-à-dire à Marigné. En vue d'un effort commun. Pourtant, je ne crois point qu'il faille marcher d'urgence sur Segré. C'est trop tard. Ce serait se jeter dans la gueule du loup.

– Tu préfères te faire coincer comme un renard au fond de son terrier? demande Rainaud d'un ton ironique.

– Vous en connaissez beaucoup qui ont su me coincer, mon jeune sire?

– Généralement, ça n'arrive qu'une fois.

– Je ne pense pas que ce sera ce coup-ci, si l'on applique mon plan.

– Révèle-nous vite cette merveille.

– A votre convenance, dès que vous m'en laisserez le temps. »

Rainaud veut répliquer Yvon s'interpose :

« Parle, Saxon.

– D'abord vous avez dit que Simon recherche une nouvelle alliance : celle de dame Agnès. Alors il importe de la rencontrer d'urgence.

– Et comment?

– En faisant table rase du passé, en oubliant vos griefs, donc en envoyant quelqu'un au Plessis-le-Vent chargé de négocier avec elle pour obtenir si possible son aide. Ensuite, il faut, après avoir réuni ici la totalité de nos forces, envoyer une demi-douzaine de patrouilles légères, deux ou trois hommes, épier les mouvements de l'ennemi. S'il reste groupé, nous ne bougeons pas; s'il se désunit, se fractionne, nous attaquons et anéantissons la partie la moins forte et revenons au plus vite à l'abri de ces murs. Et nous pratiquons ainsi jusqu'à pouvoir le vaincre en rase campagne. »

Enguerran et Ferri s'exclament :

« C'est un plan de fou. Segré va ravager terres, hameaux, maisons fortes. Agir selon ton conseil revient à lui livrer le fief. Cette tactique est une trahison.

– Silence, tonne de nouveau Yvon. Les fous, les enragés, ce sont ceux qui ne savent rien prévoir, qui ne comprennent pas que le véritable intérêt réside parfois dans de cruels, dans d'affligeants abandons.

– L'ennemi ne sera pas assez sot pour se diviser, objecte Rainaud. Il viendra mettre le siège directement ici.

– Je parie qu'ivre de se sentir le plus puissant, il commettra des imprudences, ricane le Saxon.

– Et s'il vient mettre le siège directement ici? demande Girard.

– Il sera temps alors, pour le harceler, de lui tuer de nuit ses gens. Tandis qu'à l'abri de nos lices nous reposerons paisiblement, lui sera toujours exposé à nos surprises, dit Yvon.

– Dans ce château, au pire dans le donjon, nous sommes à l'abri, c'est vrai! mais la famine, avec le temps... »

Yvon hausse les épaules.

« Avec le temps? Mais sacré idiot, ce qui importe c'est le temps. C'est de durer, c'est de vivre. Il y a toujours l'imprévisible qui se produit, l'occasion inattendue. Conrad a raison; nous devons profiter des fautes de l'adversaire et pour cela, durer devient le premier objectif. Ceux qui ne savent point reconnaître leur faiblesse passagère sont des fous que Dieu se refuse à soutenir. Je me rallie à ton plan, Saxon. C'est d'ailleurs presque celui que je prévoyais. »

Comme Rainaud et les trois chasés renâclent encore, Yvon gueule :

« Taisez-vous ! Et puisque vous tenez tant à revoir vos tenures, vous partirez sur l'heure, non pour vous y enfermer, mais pour en ramener tout ce qu'il sera possible, à commencer par les hommes. Vous ne laisserez dans vos maisons fortes que quatre défenseurs. Juste pour assurer le petit service. Je veux que d'ici deux jours au plus tard, vous soyez de retour. Et pensez aux approvisionnements et aux fourrages. »

Yvon se tourne vers Rainaud.

« Quant à toi, envoie séance tenante un émissaire à Oudric, qu'il ne laisse, lui aussi, que quatre de ses hommes dans la tour d'Aviré et nous rallie d'urgence. Mais comme il est le plus exposé, qu'il ne s'embarrasse de rien qui risquerait de retarder sa marche ! »

Les quatre hommes désignés grommellent leur aquiescement, puis se font confirmer quelques détails. Lorsque tout a été dit, Yvon s'adresse à Conrad :

« Saxon, tu es las, il est temps que tu ailles prendre du repos, d'autant qu'il te faut te préparer à partir, dès demain, pour le Plessis-le-Vent. C'est toi que je charge d'intervenir auprès de cette pute d'Agnès. Pour la bien disposer, offre-lui de ma part six beaux chevaux, dont la jument blanche de dame Constance, je te laisse le soin de choisir les autres.

– Prenez quelqu'un d'autre, messire, je vous prie.

– Et pourquoi cela ?

– Parce que je lui ai juré, au moment de notre évasion, de couper les oreilles de son père. Ce que jusqu'ici je n'ai malheureusement pas eu l'occasion d'exécuter. Ce n'est point, me semble-t-il, une bonne introduction.

– Tu me recommandes bien de faire table rase du passé et de pardonner à cette garce. Montre-moi l'exemple. Réconcilie-toi avec le père. Et puis, songe que ta visite en bénéficiera : comme gage d'oubli, d'abandon des vieux griefs, hormis les cadeaux, on ne peut rien trouver de mieux. Tu iras.

– Je ne peux m'y résoudre.

– Et moi, je te dis que je le veux. »

Conrad grimace :

« Je ne peux vraiment pas vous garantir que vous disposerez d'un bon négociateur.

– Un sac d'or t'aiderait peut-être à t'améliorer? »

Un large sourire fend le visage du Saxon.

« Ah! messire, que voilà donc un argument convaincant! Pourtant, pour achever de m'enflammer, il vous faudrait y ajouter quelque chose.

– Tu es insatiable aujourd'hui! et quoi donc?

– La vie est dure, messire, et à votre service, hommes, armes et chevaux sont mis à rude épreuve. Ainsi, pour remplacer la dague que mon écuyer a laissée dans la gorge de Gauzelin, si vous nous faisiez cadeau de celle que vous m'avez montrée il n'y a guère que trois semaines, je me sentirais devenir plus éloquent pour cette mission délicate. »

Conrad est tout sourire tandis que le visage d'Yvon se ferme. Le sire, les poings aux hanches, l'examine un instant puis s'indigne :

« Prétends-tu me faire donner cette arme, au pommeau enrichi de pierreries, qui vient en droite ligne de Byzance, m'a certifié le marchand, à ton rustre de protégé?

– Messire, chacun se plaît ici à reconnaître que vous savez récompenser le zèle aussi généreusement que vous savez châtier sans pitié la sottise et la lâcheté. En l'occurrence vous ne feriez qu'encourager le talent. Sans Eudes Ruffin, vous risquiez de perdre dix hommes de plus dans cette affaire d'Andigné. »

Yvon se balance un moment d'un pied sur l'autre, l'air à la fois perplexe et furieux. Enfin, jetant un regard noir à Eudes qui se tient droit comme un i en dépit de ses blessures, il dit :

« C'est bon, je te la donne, à toi, fais-en ce que bon te semble, mais, par tous les saints du paradis, que ton maudit Ruffin se méfie, qu'il se batte bien est une chose, pourtant je n'aime ni ses airs insolents, ni ses manières doucereuses auprès des filles. Qu'il prenne garde qu'une autre dague ne me serve à lui fouiller les entrailles. »

Yvon va au mur et décroche l'arme qui pend entre deux épées.

« Tiens, Conrad, la voilà. »

Le Saxon la tend aussitôt à Eudes.

« Tiens, Ruffin, elle est à toi. »

Comme Eudes hésite à s'en emparer, Conrad insiste :

« Tu l'as loyalement gagnée. »

Eudes se décide et la passe immédiatement à sa ceinture :

« Merci, chevalier, je ne puis que vous jurer de savoir m'en servir. Et soyez-en sûr, j'userai de celle-là de préférence à toute autre, dans les moments de grand péril. »

Yvon, qui a suivi la scène sourcils froncés, pivote sur les talons en disant :

« N'oublie pas, Conrad, demain, le Plessis-le-Vent. »

Conrad et Eudes sortent tandis que la discussion reprend. Les chevaliers chasés partis, ils ne sont plus que douze autour d'Yvon à décider de la composition des patrouilles chargées de surveiller ceux de Segré.

25

« Les voilà », dit Hildegarde.

Eudes et Conrad pénètrent dans la pièce. La fatigue creuse leurs visages hâlés. Au moment où le Saxon referme derrière lui, Alice, qu'ils avaient pu apercevoir par la fenêtre, se précipite vers Eudes.

« Ruffin, Ruffin. »

Elle prend le jeune homme par le cou, l'embrasse, se serre contre lui avec ardeur.

« Tu es blessé, tu souffres? Et mon père qui vous retient des heures sans se préoccuper de rien! »

Elle recule d'un pas, l'examine d'un œil inquiet, puis entreprend de soulever avec délicatesse et doigté le bandeau qui enserre le front de Eudes.

« Je ne te fais pas mal? Tu as beaucoup saigné?

– Non, le heaume a bien amorti le coup. »

Le front dégagé, apparaît la plaie aux lèvres bleuies entourée d'une énorme ecchymose.

« Je vais te soigner, tu vas voir, mon Ruffin. Et ton bras, est-ce grave?

– Non, une entaille sans gravité. »

Alice se retourne :

« Hildegarde, fais bouillir de l'eau et trouve-moi vite de la charpie. »

Eudes, qui se laisse faire, sourit gauchement en regardant du côté du Saxon qui assiste à la scène sourcils froncés, mais sans mot dire. Puis, de son bras valide, Eudes caresse les cheveux de la jeune fille en répétant comme une litanie :

« Ne t'inquiète pas, Alice, ne t'inquiète pas. Ce n'est pas bien grave. D'ici peu il n'y paraîtra plus. »

Alors Alice de nouveau le prend aux épaules et se hisse sur la pointe des pieds pour l'embrasser, encore et encore.

Du coin de l'âtre, Hildegarde les observe, un sourire béat sur les lèvres. Comme le Saxon demeure toujours immobile, elle lui dit :

« Admire ces tourtereaux ! Parole, ma brute, ils m'attendrissent ces petits. Pour un peu, je regretterais de n'être plus pucelle. »

A cet instant, comme si elle avait oublié toute autre présence, Alice demande à Eudes s'il l'aime.

« Oui », répond Ruffin, d'un ton si sûr que le Saxon, qui ouvrait la bouche pour intervenir, reste coi.

« Tu les entends, dit Hildegarde, en venant tirer Conrad par un bras, c'est pas beau, ça ? »

Le Saxon, sourcils froncés, se dégage avec brusquerie.

« Fous-moi la paix avec ton sentimentalisme de putain. »

Puis, s'adressant à Alice :

« Damoiselle, vous ne pouvez demeurer ici plus longtemps. C'est folie que d'être venue. »

Comme Alice ne répond pas, ne semble même pas avoir entendu, il s'approche et lui pose une main sur l'épaule.

« Vous m'entendez, damoiselle, il faut partir sans attendre. Je soignerai Eudes de mon mieux. Soyez sans crainte. »

Toujours blottie contre Ruffin, Alice se décide à tourner la tête.

« Pardonnez-moi, messire chevalier, ne soyez pas trop sévère. Comprenez que nous nous aimons et que je ne puis demeurer indifférente à toutes ses souffrances.

– Je suis prêt à tout comprendre. Mais à votre tour, pénétrez-vous de l'idée que votre présence ici est un effroyable danger. Nous risquons tous la mort et les supplices. »

Eudes, les yeux brillants de colère, intervient :

« J'ai toujours su que tu aimais le risque. Non, Conrad, non, ce n'est point la crainte qui te fait parler ainsi. C'est cet amour que tu découvres tout à coup et qui te semble aussi fou qu'insolite. Pourtant il va falloir te faire une raison. J'aime Alice. Je n'ignore pas tout ce qui nous sépare. Mais rien ne peut m'y faire renoncer. Que tu désapprouves du fond du cœur, je l'admets, mais je croyais pouvoir compter sur quelques minutes d'hospitalité de ta part. »

Conrad ricane :

« Pauvres fous! Ce n'est point mon hospitalité que je marchande, à Dieu ne plaise que je me montre si vilainement brutal et mesquin! Mais réfléchissez : que messire Yvon apprenne votre présence ici, ou qu'il vienne par hasard, et c'en est fait de toi, Eudes. Demain tu te balances au bout d'une corde, après une matinée de tortures. C'est cela que je ne veux point.

– Si mon père venait, je lui parlerais.

– Damoiselle, tout le monde au château connaît votre pouvoir sur messire Yvon. Pouvoir unique, dont vous pouvez vous montrer fière, car ce n'est point médire que d'affirmer que votre père n'est pas commode. Cependant, ne vous illusionnez pas. Aimer Eudes passerait à ses yeux pour le pire des crimes. Ce serait comme renoncer à l'amour qu'il vous porte. Cet amour paternel qu'il s'étonne parfois, j'en sais quelque chose, d'éprouver si violent à votre égard.

– Chevalier, ne vous y trompez pas, un jour nous fuirons, Eudes et moi. Je désobéirai à mon père et refuserai tous les prétendants qu'il me présentera : alors, un peu plus tôt, un peu plus tard!... S'il surgissait à l'instant, nous fuirions à l'instant. »

Elle se tourne vers Ruffin :

« Tu es d'accord, Eudes?

– Complètement.

– Voilà qui est nouveau. Tu ne m'as jamais mis au courant de ce projet. Et moi qui, bêtement, m'imaginais que nous n'avions point de secret l'un pour l'autre! Mieux, moi qui croyais qu'entre nous c'était à la vie, à la mort, que jamais nous ne nous quitterions.

– Mais, Conrad...

– Non, tais-toi. Ainsi tu voulais partir sans me mettre au courant, me rejetant de ta vie.

– Tu fais erreur, Conrad, ce n'est pas cela.

– Qu'est-ce alors?

– Écoute-moi, laisse-moi parler, t'expliquer. Alice me démentira si je ne suis point en tout fidèle à la vérité. »

Eudes se dégage des bras d'Alice pour venir près du Saxon qui le regarde inerte et l'air désabusé.

« Conrad, je ne veux pas que tu aies ce regard. Écoute-moi. Il va falloir que tu admettes mon amour pour Alice. Celle-ci sera ma femme. Je n'en veux point d'autre. Tout ce que tu as dit à propos du sire de Marigné, de sa colère s'il apprenait l'amour de sa fille, du traitement qu'il me ferait subir, est vrai. Comme il est certain qu'il oublierait son amour paternel, ne pouvant supporter ni comprendre l'idée qu'Alice ait pu s'amouracher du vil petit écuyer que je suis. Le fils de sa putain, comme disent ceux du château, comme il doit prendre plaisir à penser lorsque, par hasard, ses yeux tombent sur moi. Mais je ne renoncerai pas à Alice, ni Alice à moi.

– Je le suivrai n'importe où dès qu'il me le demandera.

– Mais cette décision ne date point de longtemps. Nous ne l'avons prise qu'il y a deux jours. La veille de notre départ en compagnie d'Hubert. Tant que son frère est resté avec nous, durant ce voyage je ne pouvais t'en parler comme je souhaitais le faire. Ensuite les événements ne m'ont laissé aucun répit, quand aurais-je pu te le dire? »

Le regard de Conrad retrouve sa vivacité.

« C'est vrai, damoiselle?

– Je vous le jure.

– Je suis une brute. Pardonnez-moi. Pardonne-moi, Ruffin, d'avoir douté de ton affection. »

Eudes sourit.

« Tu n'en as pas le droit. »

Soudain, le Saxon fronce de nouveau les sourcils.

« Mais dans votre plan, que faisais-je? Je ne vois point de place pour moi. Et puis, oubliez-vous ma tenure de Chenillé, Yvon me saisirait mes biens.

– Nous avons pensé, peut-être un peu légèrement, soit que tu nous rejoindrais après t'être débarrassé de tes biens, soit que tu... tu...

– Tu... quoi? »

Eudes rougit.

« Que tu les abandonnerais. Évidemment, c'est idiot.

– Par tous les diables, jure le Saxon en éclatant de rire, elle est bonne celle-là, voilà qui me plaît. »

Timidement, Eudes demande :

« Qu'est-ce qui te plaît là-dedans? Maintenant que j'y réfléchis, que j'en parle à haute voix, je me rends compte de notre insouciance, de notre sottise.

– Fiche-moi la paix avec votre insouciance et votre sottise, il reste que tu as pensé à moi comme à ton ami, assez fou et assez jeune pour tout abandonner et partir tout recommencer loin, très loin. Merci, Eudes, tu ne pouvais me donner meilleure preuve d'amitié et d'amour. »

Conrad éclate d'un rire si communicatif que ses trois compagnons l'imitent aussitôt. Le premier, pourtant, il se reprend.

« Ne nous laissons pas distraire du danger, les enfants. Et prenons toutes dispositions à notre sécurité. Damoiselle, je vous donne une demi-heure pour panser votre amoureux.

– Merci, chevalier, si j'osais, je vous embrasserais.

– Ta, ta, ta, n'attendrissez pas le seul qui conserve ici un peu de raison. Hildegarde, va prendre faction devant la maison et surveille qui vient par ici. En cas de danger, frappe trois coups brefs contre porte. Damoiselle, à l'alerte, passez dans cette cavité, j'y mets du vin et Hildegarde maintes provisions ; au bout d'une toise vous trouverez une porte basse et vous déboucherez derrière la grande écurie. »

Alice acquiesce, puis sans plus se soucier d'autre chose, entreprend de soigner Eudes avec amour. Conrad, d'une claque sur les fesses, pousse Hildegarde vers la porte.

« Allez, grande jument, va. »

Hildegarde, qui n'a pas quitté des yeux les amoureux durant toute la discussion, soupire :

« Dieu bon, tu peux compter sur moi. Jamais guet n'aura été mieux monté. »

Elle atteint la porte, l'entrebâille et dit :

« Tu auras beau ricaner, grande brute insensible, ces petits, ils me vont droit au cœur. »

26

Il n'est personne à Marigné qui ait pu, au cours de la soirée, évoquer sans appréhension les prémices d'une guerre contre Segré. Les mines sévères ou coléreuses des chevaliers, chasés ou non, indiquent bien qu'une lourde menace pèse sur le fief.

Au coucher du soleil, un long et silencieux vol de grues vient ajouter aux anxiétés. Des vieilles éclatent en sanglots et, se griffant le visage, crient à travers la cour que c'est là signe maléfique, menace de malheur et de mort.

La nuit maintenant enveloppe le château. Les hommes doivent rassurer les enfants et surtout les femmes. Eux-mêmes tendent l'oreille au moindre bruit suspect. Et Dieu sait si les choses nuitamment sont bruissantes.

Dans les bois, les hululements sinistres des effraies se répondent, s'entrecroisent. Heureusement, de quart d'heure en quart d'heure, les cris clairs et précis des sentinelles témoignent d'une vigilance réhabilitée par l'événement.

Dans le petit matin, une brume, puis un dense brouillard, montent, noyant toutes choses. Au lever du soleil s'orienter dans la cour tient du tour de force. Eudes, Conrad et six sergents, tenant par la bride les chevaux à offrir, sortent par la porte sud et disparaissent aussitôt dans les vapeurs volutées.

Peu à peu, la cour se peuple. De cent points résonnent les jurons de ceux qui s'égarent, ainsi que des rires et des exclamations. Soudain retentissent les trompes des sentinelles côté ouest. Chevaliers et hommes d'armes se précipitent vers la lice. Tandis que chacun est encore affairé de lui-même ou de son équipement, on entend une brusque galopade accompagnée de cris.

Yvon et Rainaud sont parmi les premiers à rejoindre les gardes.

« Que se passe-t-il? » demande le sire.

Érard, qui commande le poste, raconte qu'une douzaine de cavaliers ont surgi, telles des ombres, et qu'après avoir longé le fossé en criant des mots sans suite et décoché une volée de flèches, ils ont disparu. Peut-être une attaque se prépare-t-elle.

« Alertez tous les hommes. Que chacun soit prêt », ordonne Yvon qui pourtant n'y croit guère, comme il en fait part à Rainaud.

Il lui semble peu adroit de perdre aussi inconsidérément le bénéfice de la surprise.

Sur le rempart, les défenseurs ont pris place, de partout on sonde l'opacité ambiante, mais sans succès. Le temps passe.

Il est plus de onze heures quand, enfin, commence à se dénouer l'oppressant bandeau de nuages. La masse de la forêt se devine sombre et confuse. Un instant plus tard les premières exclamations retentissent.

« Regardez, là, cette masse sombre. Où? Plus à droite. Plus à gauche. Ne voyez-vous pas ces corps allongés? Juste en bordure du premier champ. »

Des dizaines d'yeux scrutent le sol, cherchant des points de repère.

« Je les vois », crie tout à coup Rainaud. Et il jure.

« Où? demande Yvon, en l'empoignant par l'épaule. Montre-moi ce que tu vois.

– Là », Rainaud tend le bras, « juste dans le prolongement. A moins... »

Yvon jure à son tour, et toujours vif en dépit de son embonpoint, il se précipite vers l'échelle pour descendre.

« Trente hommes à cheval! crie-t-il. Vous autres, tenez-vous prêts à ouvrir et à refermer au plus vite la porte. »

Il enfourche un cheval que lui amène un palefrenier.

« Et restez prêts à manœuvrer de nouveau très vite, au cas où nous serions poursuivis. Attention au guet-apens, tout le monde en alerte! »

Tandis que, sur les remparts, les hommes de garde surveillent, arcs bandés, le groupe de cavaliers, l'épée au poing ou la lance basse, atteint les corps allongés.

Ils sont vingt, atrocement mutilés et alignés avec soin sur deux rangs. Ce sont les soldats de la garnison de la tour d'Aliré. Aucun n'en a réchappé. Le vieux chevalier Oudric gît un peu en avant, sa tête, détachée du tronc, est calée entre ses mains rigides.

Rainaud dit :

« Comme messire saint Denis. »

Au milieu des morts, une lance plantée droite laisse flotter la flamme de Segré.

Sans encombre, Yvon et sa troupe, chargé des vingt morts, rentrent dans Marigné. Ils défilent dans un silence pesant.

27

Yvon boucle sa ceinture et s'assure, geste machinal, de la libre disposition de ses armes.

« Retourne vite au rempart. Dis que nous arrivons. Mais que rien ne soit entrepris hors de notre présence.

– Comptez sur moi, messire. »

Nicolas, premier écuyer d'Yvon, soulève la portière et disparaît. Une nouvelle fois, le sire de Marigné secoue son fils qui grogne.

« Rainaud, bon Dieu, lève-toi. »

Le siège de Marigné, qui dure depuis deux mois, a modifié nombre d'usages. Maintenant, la plupart des habitants dorment au donjon. La moindre pièce a été transformée en dortoir. Yvon et Rainaud ont leur lit dressé côte à côte dans la chambre seigneuriale.

« Qu'est-ce qui se passe encore? Il ne fait même pas jour et j'ai veillé une partie de la nuit, marmonne Rainaud.

– Je t'expliquerai lorsque tu seras en état de comprendre. Pour le moment, dépêche-toi. »

Hermenjart, bousculée, malmenée par les gestes maladroits de son mari, à moitié endormi, qui s'efforce maladroitement de rassembler ses vêtements éparpillés sur la couche, gémit puis pleurniche.

« Quand cesseras-tu de me maltraiter? Seigneur! que tu es donc brutal! »

Ces récriminations ne lui attirent qu'une nouvelle bourrade.

« La ferme, grosse truie! »

Le jeune sire souffle en tentant d'enfiler sa broigne. D'un mouvement impatient, Yvon l'aide en disant :

« Viens, tu finiras de t'équiper en route. »

Dans les prémices du petit jour, tout paraît calme. Lorsqu'ils débouchent sur la passerelle, un vent frais qui avive la lucidité, leur fouette le visage.

« Nicolas qui était de garde est venu me prévenir. Il se passe quelque chose. L'ennemi grouille depuis des heures. Sans doute se prépare-t-il à un nouvel assaut.

– Il faut prendre immédiatement nos dispositions. Avez-vous ordonné la réunion du conseil pour prévoir la riposte?

– Pas encore. J'ai d'abord voulu que nous nous rendions compte par nous-mêmes dans la mesure du possible, de l'ampleur des préparatifs. D'après ce qu'affirme Nicolas, pour la troisième fois, ils viseraient le portail ouest. »

Sur la lice, les gardes se serrent ou s'écartent, cèdent le pas à leurs seigneurs. Yvon et Rainaud se penchent et réclament le silence pour mieux entendre ce qui se passe. Une rumeur sourde parvient aux assiégés.

Dès le début du siège, Simon de Segré a divisé ses forces en quatre groupes. Chacun d'eux a pris position devant une porte. Et immédiatement des retranchements ont été construits pour assurer la sécurité des hommes, les tenir à l'abri d'une sortie par surprise. Trois cents toises seulement séparent les deux adversaires.

Dans l'aube, des coups indistincts se répercutent. Le vent apporte pêle-mêle ces bruits confus et l'éveil de la forêt. Ceux de Marigné, tous les sens en alerte, cherchent à en percer les mystères. Yvon dit :

« Je suis persuadé qu'ils préparent cette fois des chariots de fascines et de pierres.

– Peut-être même une tour », grogne Rainaud.

Hardouin, qui commande la garde, fait la grimace :

« La journée risque d'être chaude.

– Ce sont les chariots qui t'inquiètent, demande Rainaud, ou la tour?

– Oh! la tour, on en viendra à bout. Mais le fossé comblé, ils bénéficieront du nombre.

– Et nos archers, ils sont manchots? Combien d'attelages de rechange leur faudra-t-il pour arriver jusqu'à la lice?

– N'oubliez pas, messire, qu'ils peuvent toujours tenter de protéger leurs bœufs par d'ingénieux caparaçons.

– Cette discussion ne mène à rien, intervient Yvon ; ce qu'il faut, c'est prévoir notre riposte pour chaque éventualité.

– A condition de pouvoir.

– Je n'aime pas les défaitistes, Hardouin. Tiens-le-toi pour dit. Au château nous ne manquons pas de cordes et une potence est vite dressée. »

Yvon se détourne de l'officier.

« Bon, l'ennemi n'attaquera certainement pas avant une paire d'heures. Nicolas, réunis le conseil dans la grande salle, va chercher tout le monde. Vous autres, continuez à veiller attentivement. S'il se passe quoi que ce soit d'insolite, prévenez-moi. Toi, Hardouin, tu vas t'occuper spécialement des fossés. Est-ce que les vilains ont approfondi cette nuit les douves comme j'en ai donné l'ordre depuis que l'ennemi a détourné les eaux ?

– Oui, seigneur. Des équipes se sont relayées de trois heures en trois heures.

– Bien. En attendant l'attaque, quadruple l'équipe actuelle. Il faut creuser et élargir au maximum ces douves. Et que la terre soit éparpillée.

– Seigneur, les rustres sont harassés. Leur travail s'en ressent. Ne pourrait-on...

– Fais-les fouetter, imbécile, ça les délassera. Nous sommes fatigués nous aussi, et pourtant nous combattons. »

Yvon se tourne vers Rainaud.

« Allons, viens, presse-toi. Avant de nous rendre au conseil, il est indispensable que nous allions inspecter les autres portes. »

Il est tierce, le soleil ne parvient pas à percer la couche gris uniforme des nuages, lorsque les forces de Segré sortent de leurs retranchements et se déploient sur une centaine de toises. La sortie des piétons a été précédée par celle d'une importante force de cavaliers qu'Yvon évalue aussitôt à quinze lances de dix hommes. Les cavaliers, prêts à la charge, prennent position légèrement au nord de la porte ouest, de manière à assaillir de flanc la cavalerie de Marigné, si l'envie venait aux assiégés de faire une sortie.

Quatre à cinq cents hommes d'armes occupent déjà leur ligne de départ lorsque des chariots, tirés par des bœufs, apparaissent. Comme prévu, certains sont chargés de fascines, d'autres de pierres. Rainaud enrage d'avoir à en compter trente. Derrière, viennent des valets d'armes, porteurs d'échelles. Enfin, craquant et oscillant à chaque tour des multiples roues de bois plein sur lesquelles elle a été montée, est avancée une petite tour carrée, d'environ deux toises de côté et haute de trente à trente-cinq pieds. Dix paires de bœufs la remorquent.

Conrad et Eudes, qui observent eux aussi les préparatifs, font la moue.

« La journée va être diablement rude, dit Eudes.

– Le Segré lance aujourd'hui toutes ses forces dans la bataille, approuve le Saxon. Ce soir beaucoup d'entre nous n'auront plus faim, à jamais. »

Le chef des archers, Alard, qui se tient accroupi devant eux, opine :

« En restera-t-il seulement un qui ait faim ?

– Mordieu ! tonne Rainaud, vous commencez à m'emmerder avec vos continuelles jérémiades. Je vais vous démontrer qu'aucun de ces satanés chartils ou tombereaux, et moins encore cette tour n'arriveront à moins de cinquante toises des lices. »

Yvon qui écoute, visage maussade, hausse les épaules.

« Les vantardises ne résolvent pas les difficultés.

– Quelles difficultés ? Bon Dieu, Alard, donne-moi immédiatement trente archers. »

Alard désigne les hommes qui se précipitent immédiatement vers le jeune seigneur. Au fur et à mesure, celui-ci leur assigne des places. Conrad ne cherche pas à dissimuler un petit sourire ironique devant cette fébrile activité.

« Uniquement les bœufs, vous m'avez bien compris ? Vous ne tirez sur rien d'autre, tant que ces satanées bêtes sont capables de mettre une patte devant l'autre. » Rainaud précise, revient sur chaque mot.

« Bon Dieu, soupire Yvon, que ne disposons-nous de cent hommes de plus ! Simon a dû totalement dégarnir ses autres retranchements. Je suis sûr qu'il ne reste pas en tout plus de vingt hommes devant les trois autres portes.

– Messire, pourquoi ne pas risquer le coup avec trente cavaliers? Je suis volontaire, dit Eudes.

– Toi, contente-toi d'obéir à Conrad et de faire ton devoir, grogne Yvon, les initiatives ne sont pas de ton ressort. »

Un accès de colère domine alors le maître du fief un moment.

« T'avoir sous les yeux, bâtard, m'est assez pénible, alors une dernière fois : ferme ta gueule ou je m'en charge.

– Laisse, mon Ruffin, conseille le Saxon en posant la main sur l'épaule de son écuyer bouillant de colère. La manœuvre serait par trop déraisonnable. Le choc va requérir toutes nos forces. Tout à l'heure je ne dis pas. »

Ferri, qui jusque-là n'a pas parlé, absorbé par la contemplation des forces de Segré, élève la voix :

« Seigneur Yvon, permettez-moi de répéter ce que j'ai proposé tout à l'heure au conseil et que vous n'avez pas voulu entendre. Segré va écraser nos hommes. Nous ne sommes plus en état de résister à un tel assaut. Abandonnons-lui l'enceinte et réfugions-nous dans le donjon.

– Non.

– J'insiste. Nous avons encore le temps de détruire la passerelle après avoir fait entrer tout notre monde. Plus tard, si nous opérons dans le désordre, c'est le donjon lui-même qui sera menacé.

– Bon Dieu, j'ai déjà dit non.

– Mais vous risquez trop gros jeu, messire. Votre donjon... »

Rainaud intervient :

« As-tu vraiment envie d'être coincé là-dedans? » Il désigne l'épaisse masse de pierres. « Si encore nous attendions des secours!

– Mais le comte Geoffroy ne laissera pas... »

Yvon reprend la parole :

« Le comte Geoffroy a ses forces occupées en Bretagne. De toute façon, il ne peut se mettre à dos Segré et ses alliés, pour venir secourir des hommes incapables de se défendre seuls. »

Conrad intervient :

« Ferri! messires Yvon et Rainaud ont raison. Il faut se battre ici, ou tout est perdu. N'oubliez pas : aide-toi, le ciel t'aidera. »

Cependant, les troupes assaillantes progressent lentement. Sur le rempart, la garnison attend le choc, déterminée à lutter pied à pied. L'éloignement ne permet pas encore de décocher des traits et le silence règne.

Soudain, comme les chariots ne sont plus qu'à cent cinquante toises, Simon de Segré vêtu de bleu et monté sur un splendide cheval blanc, entouré des sires Thierri de Candé et Rotrou de Pouancé, apparaît. Une cinquantaine de cavaliers les suivent. Arrivé à limite raisonnable pour se soustraire aux flèches, il crie :

« Halte ! »

Tourné vers le château, il fait un salut ironique et crie :

« Yvon, tu es perdu. Je vais t'écraser comme une bête puante. Pourtant, bien qu'aucun châtiment ne soit assez fort pour te faire expier tes crimes, je veux bien t'accorder une grâce. Ainsi peut-être, plairai-je davantage à Jésus. Voici ton ultime chance : sors de Marigné, avec ta parenté et vingt hommes d'armes, et je consens à te laisser t'éloigner sans tenter rien pour t'abattre, tu pourras aller te faire pendre ailleurs. Pour te décider je t'accorde le temps qu'un bon chrétien met à réciter une patenôtre. Quant au reste de la garnison je lui accorderai merci et resteront à mon service chevaliers, écuyers et sergents qui voudront. »

Yvon et Rainaud se dressent en même temps.

« Dis plutôt ta prière, goret. Ne te risque pas à portée de nos armes. Mais, si tu te décides, je t'attends et j'espère avoir le plaisir, avant ce soir, d'envoyer ton âme au diable. »

Rainaud hurle à s'étrangler :

« Pour autant que tu en aies une, crapaud visqueux et baveux. Viens ici que je t'égorge. »

Simon de Segré éclate de rire. D'un long rire insultant, puis se dressant sur ces étriers :

« Vous l'aurez voulu. Le Ciel et les nobles hommes qui m'accompagnent soient témoins que j'ai tenté ce jour de ne pas verser de sang innocent. Beaucoup vont mourir par votre faute, loups, que leur sang retombe sur vous : Yvon, Rainaud. Comme celui que vous avez déjà versé, tel celui de mon fils. »

Il se tourne vers ses troupes et jette un commandement bref. Dans l'instant les bouviers font faire demi-tour sur place aux chariots. Un autre ordre retentit et la progression reprend ; mais à reculons. Désormais les bœufs sont intouchables. Ce sont les culs des chariots qui s'approchent.

Rainaud jure :

« Le maudit démon. »

Mais l'imminence du combat, les préoccupations de dernière minute ne laissent à personne le temps de lui rappeler son serment provocant.

Le découragement n'atteint pas cependant le jeune sire de Marigné. Quelques secondes plus tard, il décide de faire tirer des flèches incendiaires. Las! l'ennemi a prévu aussi cette riposte : fascines et véhicules ont été abondamment mouillés et leur marche en avant continue sans grands dommages. Seule la tour reste au loin immobile.

C'est au moment où les voitures atteignent les fossés que le relatif silence qui régnait jusque-là fait place au plus incroyable tohubohu. Les hommes d'armes, protégés par ces robustes écrans, se démasquent soudain et se précipitent à l'assaut.

Insultes, imprécations, hurlements, cris de joie, de douleur s'entremêlent dans une effroyable confusion. On culbute fascines et pierres dans les douves. Les valets d'armes dressent les échelles, aussitôt escaladées par des dizaines et des dizaines d'hommes. Combat morcelé en cent duels divers. Les échelles à peine en place sont culbutées avec leur grappe humaine, mais dans l'instant elles sont redressées et escaladées, puis reculbutées, et tout recommence derechef. Des hommes de Segré parviennent parfois à prendre pied sur le rempart mais sans jamais réussir à s'y établir. Les deux parties rivalisent de courage, d'audace et de fureur.

Les archers des assaillants, à genoux derrière un rang homogène de hauts boucliers bariolés aux couleurs éclatantes, tirent en l'air de telle sorte que leurs flèches retombent sur les défenseurs protégés par la lice; des hommes s'écroulent de part et d'autre.

28

Les hommes hurlent, rient, pleurent, s'insultent. La sueur coule plus encore peut-être que le sang. Dix fois les assaillants parviennent à prendre pied sur la lice, dix fois, au prix d'incroyables efforts, les défenseurs réussissent à les en chasser. Par trois fois, ceux de Segré aboutissent à provoquer un début d'incendie du rempart, grâce à de nouveaux chartils chargés, cette fois, de fascines sèches. Par trois fois les flammes sont étouffées sous la terre et les moellons. D'heure en heure, l'intensité du combat croît.

Yvon de Marigné, pour faire face à tant d'épreuves, en est réduit à utiliser non seulement les serfs, mais aussi les femmes. Hildegarde, montée sur le rempart, manie sans relâche la hache et la masse d'armes.

Vers midi, au moment du paroxysme d'efforts de la part des assiégés, Simon de Segré décide de jeter dans la bataille ses ultimes moyens. Il ordonne d'utiliser enfin sa tour mobile et de lancer dans la lutte les cent cinquante cavaliers tenus en réserve pour contrer une sortie de Marigné. Abandonnant leurs chevaux, ceux-ci mettent pied à terre et marchent vers la porte, munis de deux énormes béliers. Ceux qui ne portent rien protègent leurs compagnons en formant la tortue avec leurs boucliers accolés. Mais derrière la porte, Yvon, prévoyant la manœuvre, a fait construire un énorme remblai. La tour inquiète bien autrement les défenseurs, car si elle joint la lice, ils ne parviendront plus à endiguer le flot des assaillants. Lorsqu'elle se met en marche, Rainaud de nouveau enrage et jure comme un perdu. Car une fois encore, il ne peut faire tirer sur les attelages. Ceux-là, par un ingénieux stratagème, demeurent hors de portée. Dans la confusion générale, les hommes de Marigné n'ont pas pris garde aux valets d'armes qui au pied des remparts enfonçaient profondément de solides piquets. Par un jeu de cordes passant autour de ces piquets, et sur lesquels tirent trente attelages de bœufs, les bêtes, en s'éloignant, rapprochent la tour.

Yvon accourt ; le gros sire souffle, son épée est couverte de sang.

« Il faut agir ou c'en est fait de nous. »

Ferri crie :

« Et que voulez-vous faire ? Vous n'avez point voulu m'écouter. Il ne nous reste qu'à subir. »

Conrad s'approche.

« Il faut incendier la tour avant qu'elle ne soit contre la lice. Sinon nous sommes perdus.

– Je le sais, mais comment faire ?

– Un coup de main, vingt hommes, des torches. Si vous le voulez, j'y vais.

– Non. Impossible, ta simple présence ici surexcite les énergies.

– Alors, j'ai une proposition.

– Laquelle ?

– Vous chargez Eudes de cette tâche. Il prend vingt de mes hommes dont Ludolph et Wilfrid. »

Yvon fixe Eudes, les yeux brillants, après une hésitation, il ricane.

« D'accord, mais dix seulement. »

Conrad relève le défi sous-jacent.

« A la condition que s'il réussit vous le fassiez chevalier.

– Non.

– Alors, il n'ira pas. »

Une nouvelle irruption des assaillants sur la lice interrompt le dialogue. Des hommes tombent. L'attaque est de nouveau stoppée.

Yvon prend le bras de Conrad et appelle Eudes. Déjà Eudes rassemble ses hommes.

« Toi, viens là. D'accord, je te fais chevalier, mais seulement si le château est libéré, seulement si nous sommes vainqueurs.

– Ludolph, Wilfrid ! »

Avant de quitter la lice, il crie :

« Merci, Conrad, de la chance que tu me donnes. »

Puis à Yvon :

« Vous ne me reverrez, messire, que victorieux. »
Et il saute dans la lice, sans même prendre l'escalier.

Eudes se fait entrouvrir le portail est, afin que les assiégeants ignorent sa sortie, et tout de suite lance son cheval au triple galop. Comme ses dix hommes, il porte une torche enflammée fichée au bout d'un javelot. Un petit sac est posé en travers de sa selle.

Longeant la lice au plus près, aussi longtemps que possible, il ne se découvre qu'à trois cents toises en ligne droite de la tour, laquelle progresse lente et pesante, pied après pied.

Dans l'infernal chaos de la lutte, l'apparition des onze cavaliers passe d'abord inaperçue. Rien ne distingue les nouveaux venus des assaillants. Ils atteignent la tour lorsque le hurlement de joie de ceux de Marigné alerte l'ennemi. Simon se retourne au moment où les javelots sont fichés sur les superstructures. Il jure :

« La peste soit de ceux-là ! Ils vont payer leur audace. En avant. »

Thierri de Candé et Rotrou de Pouancé lui emboîtent le pas, ainsi qu'une trentaine de cavaliers non encore lancés dans l'assaut des portes.

« Boutez le feu en divers points, recommande Eudes, caracolant, tourbillonnant au milieu de ses hommes, tandis que Wilfrid et moi brûlons les cordes d'attelages.

– Le feu prend difficilement aux madriers, s'inquiète Ludolph.

– Tiens, prend ce sac et verse-le sur une partie qui commence à s'enflammer. »

Comme Ludolph fait la grimace, non convaincu de l'utilité de cet acte, Eudes s'impatiente.

« Dépêche-toi, tu verras le résultat, c'est une poudre nommée soufre que vient de me donner maître Eustache. »

Wilfrid qui a achevé sa mission, revient.

« Fuyons, voilà Segré et les siens.

– Non, décrète Eudes. Il faut les empêcher d'éteindre prématurément. Mais ne les attendons pas, chargeons. En avant ! »

Le choc est rude, mais ceux de Marigné sont trop peu nombreux pour contenir longtemps l'ardeur de l'ennemi. Comme des flammes montent de la tour, Eudes crie :

« Faites retraite, sauve qui peut. »

Sur les remparts, les assiégés exultent. La tour n'est plus à craindre. Mais les onze hommes se font tailler en pièces. Six d'entre eux son abattus. Les cinq autres fuient, dont Eudes, Ludolph et Wilfrid. Soudain, une flèche atteint le cheval de Ruffin en plein garrot. La bête s'abat et, tandis que ses compagnons disparaissent, les hommes de Segré se ruent sur Eudes qui boule comme un lièvre.

« Prenez-le vivant, je veux faire un exemple », crie Simon.

29

En dépit des efforts des bouviers, aidés par de nombreux valets d'armes, la tour mobile continue de flamber. Simon de Segré jure :

« Mordieu ! Le gredin nous coûte vraisemblablement le bénéfice de la journée. »

Il se tourne vers Thierri de Candé.

« Frère, va sans tarder relancer l'assaut et tâche de faire enfoncer la porte ; c'est notre dernière chance aujourd'hui. Sinon, nous en avons pour huit jours à reconstruire une autre tour. »

Eudes, frappé à coups de hampe ou de plat d'épée, se relève. On le pousse vers Simon.

« Quel est ton nom ?

– Eudes.

– Tu es l'écuyer de qui ?

– Conrad le Saxon.

– Fichtre, je suis bien aise de t'avoir en mon pouvoir, l'ami. Si j'en crois mes hommes, c'est toi qui à Andigné m'as tué Gauzelin.

– J'ai eu ce plaisir.

– Non ! »

Simon pousse son cheval entre le prisonnier et ceux de ses hommes qui veulent le frapper pour son insolence.

« Ne me l'abîmez pas prématurément. Il va nous payer ses impudences avec le reste. Écuyer, ça va te coûter cher. »

De la main Simon désigne le brasier.

Eudes ricane.

« Ça ne vous coûte pas cher à vous ?

– Élie, va me chercher des charpentiers. Je veux une potence ici même, mais assez basse. Il sera moins pendu que découpé en lanières. »

Des rires approbateurs saluent la fin de la phrase.

« Et qu'on aille vite. Nous avons encore à besogner ce jour. »

De la lice, la garnison a assisté à l'exploit d'Eudes et l'a salué à grands cris. Tous, aussi, l'ont vu tomber et se faire prendre. Le combat, ralenti un instant, reprend de plus belle. Conrad dit à Yvon :

« Je ne laisserai pas Eudes se faire torturer. J'y vais.

– Es-tu fou? Que pourrais-tu faire? La surprise maintenant n'est plus possible.

– Je trouverai bien.

– Reste ici, nous avons besoin de toi.

– Ruffin encore plus que quiconque.

– Je t'interdis d'y aller. »

Sans répondre, le Saxon marche vers un escalier. Hildegarde au passage lui crie :

« Je t'accompagne.

– Non, tu ne pourrais que me gêner. »

Au moment où il atteint la cour, Ludolph, Wilfrid et leurs deux compagnons rescapés le rejoignent.

« Rassemblez mes fidèles encore vivants », gronde le Saxon.

Trois minutes plus tard, ils sont quinze, réunis autour de leur chef. Le Saxon, dont on sent la violente tension, dit :

« L'un de vous a-t-il une idée? Il faut délivrer le Ruffin, j'y laissera ma vie s'il le faut.

– Chevalier, s'exclame Ludolph, dès que nous apparaîtrons, si nous voulons rééditer le coup de tout à l'heure, nous serons aussitôt assaillis et nous ne pourrons approcher du prisonnier.

– Juste. Alors que nous reste-t-il? »

Wilfrid, qui se gratte le menton, marmonne :

« Ludolph n'a raison que si nous sommes à cheval. Car ils ne peuvent nous attendre qu'à cheval.

– Bon Dieu! s'exclame Conrad, rien n'est plus astucieux. Allons-y à pied. Nul ne saura nous distinguer dans cette cohue. Jouons les éclopés qui se replient. Amis, ôtez soigneusement tous signes distinctifs de Marigné.

– Y aller, à la rigueur ça va, grommelle Hadulph, un gigantesque sergent, mais c'est pour revenir.

– Imbécile, ricane le Saxon, nous nous servirons de leurs chevaux. On les leur empruntera bien poliment.

– Passons par la lice, propose Ludolph, laissons-nous glisser le long de cordes.

– Goetz, dit Conrad, tu ne peux être de la fête. Il faut quelqu'un pour nous ouvrir une porte car je n'ai pas confiance dans la promptitude des gardes. Va, nous rentrerons par le sud. »

Descendus dans les douves, à proximité des lieux de combat les hommes de Conrad restent d'abord un moment immobiles, comme morts. Nul ne leur prêtant la moindre attention, ils se redressent.

« Boitez, feignez d'être gravement atteints, tenez-vous un bras, l'épaule ou le ventre et suivez-moi en ordre dispersé pour ne pas inquiéter. »

Bancals, geignant, les quinze hommes se mettent en marche. Ils clopinent parmi beaucoup d'hommes d'armes de Segré mis hors de combat. Comme ils arrivent non loin de la potence que les charpentiers achèvent déjà, Conrad se rapproche tour à tour de chacun de ses sergents.

« A mon commandement, vous sauterez en croupe d'un adversaire et vous le saignerez au poignard. Ce n'est qu'ensuite que vous pourrez dégainer l'épée. Compris? »

Eudes, au milieu du demi-cercle formé par ses ennemis, n'a conscience à aucun moment de la proximité de ses amis, tant ceux-ci jouent bien leur rôle d'éclopés. Seul Rotrou, leur crie : « Passez au large. »

Par geste, ils acquiescent et se retrouvent tout naturellement derrière les cavaliers qui ne cessent de rire des plaisanteries faites par Simon aux dépens du prisonnier.

« Avant qu'on ne te coupe la langue, entre autres, dis-nous donc combien d'hommes valides restent encore à Yvon? »

La phrase est à peine achevée que Conrad bondit en croupe d'un chevalier et hurle :

« A moi, Marigné! »

C'est la ruée. En trente secondes, la situation s'inverse. La surprise est complète, les corps tombent. Simon n'a plus guère qu'une douzaine d'hommes d'armes valides à proximité. Mais le sire a des réflexes prompts. Il comprend le terrible danger qui le menace et laboure de toute sa puissance les flancs de son cheval. La bête s'emballe, comme folle. Le poursuivre serait vain. D'autant qu'à ses appels, déjà on s'agite là-bas. Il est sûr qu'une puissante contre-attaque va se déclencher d'ici peu. Pendant ce temps Conrad crie :

« Eudes, viens, saute derrière moi. »

En même temps, il lui lance une dague.

Les derniers cavaliers de Segré, voyant leur seigneur s'enfuir, l'imitent. Les charpentiers s'écroulent, percés de coups, les valets d'armes demeurés près des restes de la tour, courent en tous sens, affolés.

Eudes n'a pas obéi à l'ordre de Conrad. Ayant saisi au vol l'arme du Saxon, il se jette dans les jambes du cheval de Rotrou de Pouancé, demeuré isolé, et, d'un coup, tranche le jarret de la bête qui s'écroule. Pouancé n'a pas le temps de se dégager. Ruffin est sur lui.

« Rends-toi !

– Jamais. »

En même temps le sire de Pouancé, réussissant à sortir son poignard, frappe.

« Prends ça pour une reddition, chien ! »

La lame frôle la gorge d'Eudes. Celui-ci, furieux, pointe à son tour, la dague s'engage entre le heaume et la broigne. Un flot de sang jaillit, éclabousse Ruffin. Pouancé est mort.

Cependant des dizaines de cavaliers accourent entraînés par Simon. Conrad donne le signal de la retraite.

« Hadulph, tranche donc la tête de Pouancé, elle fera bien sur la lice. »

Eudes en croupe, ses hommes le suivant de près, Conrad exulte :

« Bon Dieu, mon Ruffin, tu m'as fait une sacrée peur. »

30

Le soleil décline, disparaît derrière la ligne sombre de la forêt. Après une dernière vague d'assaut, qui n'aboutit pas davantage que ses devancières, les troupes de Segré, ne se souciant point de rester en rase campagne, dans l'obscurité, crainte de raids de la part de la garnison, décrochent en bon ordre et se retirent, abritées par ce qui reste de chariots.

Jusqu'à la dernière minute, Simon de Segré, qui a reformé son corps de cavalerie, demeure aux aguets, prêt à contrer toute initiative de son ennemi. Mais au château, l'épuisement des hommes rend cette crainte vaine.

Peu à peu, la nuit étend ses ombres et le calme succède au tintamarre. Les blessés reçoivent enfin quelques soins. Les serfs creusent, en hâte, des sépultures pour les nombreux morts. Eudes va embrasser sa mère et rassurer Eustache. Mahaut serre convulsivement son fils dans ses bras, avant de le laisser repartir vers Conrad. Une fois de plus, après s'être restaurés, les chefs de la garnison siègent au conseil. Il y a là autour d'Yvon et de Rainaud blessé à la tête et au bras, Mathieu de Vaux, Ferri et six chevaliers non chasés, ainsi que Conrad et Eudes dont personne ne songe à contester la présence. Enguerran de Cherré et Robert de Querré ont été tués au cours de la matinée. L'officier Hardouin et le chef des archers Alard sont tombés dans le courant de l'après-midi.

« La journée a été tragiquement éprouvante, reconnaît Yvon, à plusieurs reprises j'ai cru que nous allions être contraints de nous réfugier céans.

– Les démons ! murmure Mathieu.

– Eux aussi ont payé cher leurs assauts, ricane Rainaud.

– Segré a perdu plus de dix chevaliers aujourd'hui, sans compter Pouancé, dit Mathieu, et deux cents hommes ou valets d'armes.

– Cela ne signifie point qu'il soit guéri, fait remarquer Conrad.

– Croyez-vous que nos pertes ne sont pas terrifiantes, s'exclame Ferri. Nous n'avons plus les moyens de subir une attaque du même genre. »

Il assène un violent coup de poing sur la table et hurle, les yeux embués :

« Messire, souvenez-vous que j'ai deux fils morts ce jour.

– Nous ne sommes pas là pour faire des décomptes, gronde Yvon, mais pour prendre des décisions.

– Quelles décisions? demande Mathieu de Vaux. Que pouvons-nous faire, hormis abandonner les lices et nous réfugier céans. Les vivres dureront longtemps. »

Le chevalier Gauthier approuve :

« Mathieu voit juste. Aucun secours à ma connaissance n'est à attendre de qui que ce soit. Simon, au contraire, peut refaire ses forces et trouver de nouveaux alliés. Nous sommes comme des renards au terrier. Il lui suffira d'être patient, de nous enfumer.

– C'est votre conclusion? demande Yvon.

– Oui. »

Ferri, pour répondre, s'est levé.

« Je crois traduire le sentiment de tous. Enfermés ici, comme l'a dit Mathieu, nous durerons longtemps et sans pertes. Surtout si nous abandonnons dans la cour serfs et colliberts avec leurs familles. Le comte Geoffroy finira bien par intervenir et obliger Segré à la paix.

– Mathieu, c'est ton opinion?

– Oui.

– Et toi Rainaud, mon jeune coq ardent? »

La voix de Rainaud est dolente, il souffre visiblement :

« Je ne suis, hélas! pas loin de penser comme eux. Mais, si nous devons nous résigner à nous laisser enfermer ici, il faut que ça en vaille la peine, et que nous mettions toutes les chances de notre côté. Notre unique espoir sera de durer assez pour décourager la patience, venir à bout de l'endurance de Simon de Segré. Chassons impitoyablement les bouches inutiles, non seulement les serfs et les colliberts, mais aussi les blessés irrécupérables, les veuves et les enfants des hommes d'armes.

– Conrad, ton sentiment?

– Ce qui a été dit jusqu'ici est judicieux mais ne tient pas compte de l'ultime possibilité : aller chercher des renforts, pour remporter une victoire complète. »

Des exclamations fusent, des protestations, des sarcasmes; la fatigue marque ces hommes, leur met les nerfs à vif. Les colères n'en sont que plus promptes, moins contrôlées.

« Propos ridicules, espoirs sans fondement, provocation... »

Conrad frappe de violents coups de poing sur la table et hurle :

« Vos gueules! Je sais ce que je dis. Si l'un de vous m'insulte, je l'égorge sur-le-champ. Compris? Foi de Saxon. »

Comme le calme revient, Conrad se tourne vers Yvon.

« Messire, le moment est venu de ne plus lésiner. Crèverez-vous avec votre trésor de guerre? Et n'utiliserez-vous pas ce que nous avons su faire réaliser? Mais ce n'est pas à moi d'en parler. Allez-y. Ne les laissez pas se morfondre plus longtemps. »

Tous les regards convergent vers Yvon, les sourcils se froncent, la tension nerveuse s'accroît. Rainaud recouvre un peu de vitalité pour s'exclamer :

« De quelle possibilité parle le Saxon? Qu'avez-vous réalisé que j'ignore? Que me cache-t-on, que nous cache-t-on? »

Yvon grimace, puis, la bouche tirée vers le bas par un rictus, il prend appui sur la table de ses deux mains posées à plat, doigts écartées :

« Il y a dix ans », il s'interrompt pour tousser et tout le conseil attend muet et figé, « il y a dix ans dis-je, peu après l'achèvement des travaux pour la construction du donjon, le Saxon et moi avons délibéré longuement. Nous en sommes arrivés à la conclusion que l'importance du donjon serait décuplée si nous le dotions d'un souterrain secret. Nous avons fait des plans et la réalisation a débuté dans le plus grand mystère. Mystère qui a pu durer jusqu'à ce jour, car les ouvriers qui y ont travaillé dormaient et mangeaient sur place. Nous leur avons fait murer légèrement les deux ouvertures, d'abord celle débouchant dans la campagne, pour finir, celle qui donne dans nos caves. Nous leur avons ordonné de murer jusqu'à laisser juste le passage d'un corps, mais c'est nous qui avons achevé le travail en les laissant à l'intérieur. »

Un véritable brouhaha succède à ce discours. Les mines s'épanouissent sauf celle de Rainaud :

« Pourquoi ne m'avez-vous pas mis au courant ? Suis-je oui ou non votre aîné, le maître de ce fief après votre mort ?

– Moi vivant, quel besoin ? »

Rainaud ricane :

« Vous avez eu cent fois l'occasion de crever. »

Yvon fronce les sourcils, mais parvient à se contenir.

« Le Saxon alors t'aurait renseigné.

– Mais lui non plus n'est pas à l'abri...

– Ah, la ferme ! Fous-moi la paix avec tes récriminations. Nous avons plus urgent. Donc, ce souterrain existe et nul ne l'a jamais utilisé.

– Où débouche-t-il, s'inquiète Ferri, assez loin ?

– Nous ne risquons pas de tomber dans un des retranchements de Segré, sois tranquille. »

Rainaud bougonne :

« D'abord il faut savoir d'où il part. Mais peut-être n'en est-il point bon d'en parler à tous. »

Mathieu frappe du poing sur la table.

« Je me fous de connaître départ et arrivée, ce qui importe c'est décider d'envoyer quelqu'un d'entre nous chercher des secours, comme le disait le Saxon. »

Yvon intervient :

« Chevaliers, comprenez que je ne révèle le secret qu'à celui qui en aura besoin, ainsi qu'à mon fils. Ce n'est point suspicion à votre égard. Simplement, il est bon de maintenir ce mystère, que le maître du fief en soit le dépositaire. »

Nul ne proteste. Après un bref silence, Ferri s'inquiète :

« Qui va partir et pour aller où ?

– En dépit de mes blessures, dès demain j'irai. »

Rainaud en parlant se tâte et grimace.

« Il n'en est pas question. Ni toi ni moi ne devons quitter le château puisque nous ne l'abandonnons pas. Notre place est ici. »

Eudes, pour la première fois, ose parler :

« Messire, comme j'étais prisonnier, j'ai entendu Simon de Segré dire qu'il attendrait huit jours pour renouveler l'assaut, le temps pour ses charpentiers de reconstruire une nouvelle tour mobile.

– Voilà, s'exclame Ferri, la preuve qu'il faut agir d'urgence si nous ne voulons pas abandonner la lice! »

Yvon a écouté Eudes, sourcils froncés. La valeur du renseignement le fait réfléchir une minute. Pendant ce temps, chacun donne son avis.

« Je ne vois qu'un seigneur capable d'intervenir victorieusement contre les forces rassemblées par Segré et ses alliés, déclare Ferri.

– Qui? demande-t-on à la ronde.

– Le baron Arthur de Craon. Lui seul peut réunir un millier d'hommes.

– Oui, mais que demandera-t-il en échange? C'est un rapace impitoyable, dit Rainaud.

– Et que veux-tu faire d'autre?

– Et s'il refuse?

– Je peux affirmer, dit Yvon, qu'Arthur de Craon n'a jamais apprécié Simon, ils ont même eu jadis une violente altercation, à la cour d'Angers. Simon a dû présenter des excuses : le comte l'avait menacé de joindre ses forces à celles d'Arthur pour raser son château en cas de refus.

– Ça ne répond pas à ma question : s'il refuse? Ou s'il se montre trop exigeant?

– Alors, l'émissaire devra agir au mieux. Mais, dans ce cas, je ne donne pas cher de notre fief et de notre peau. »

Yvon fait un grand geste des bras pour marquer son désarroi en cas de refus d'Arthur. Mais ce découragement ne dure pas.

« C'est pourquoi il nous faut un homme retors et sûr. Je propose Conrad. »

Mathieu fait la grimace.

« Vous allez priver le château d'un de ses meilleurs défenseurs. Surtout qu'il va vouloir emmener son écuyer qui aujourd'hui a fait ses preuves, ainsi que quelques-uns de ses sergents.

– Tu ne peux demander tout à la fois. Il faut choisir, dit Ferri, pour moi le choix de Conrad m'agrée. »

Un murmure d'approbation court chez les autres chevaliers. Yvon se tourne vers Conrad :

« Chevalier, il me faut te demander, à toi et aux hommes que tu choisiras d'emmener, un dernier sacrifice. Je sais combien tu es las. Pourtant c'est tout de suite qu'il faut partir. A cette heure, l'ennemi repose et ne doit guère penser à faire des patrouilles. De plus, ton écuyer nous a dit tout à l'heure que nous ne disposions que d'un minimum de temps. Il te faut faire trois ou quatre lieues dès cette nuit.

– Dans une heure nous serons prêts. Hein? Ruffin.

– Une heure, oui.

– Bien. Chevaliers, organisez les gardes et allez vous reposer. Votre courage doit être accru par ce débat. Vous savez maintenant que nous avons toutes chances d'être secourus.

– Pas sûr, maugrée Mathieu, notre posture est si fâcheuse que je me demande qui acceptera de venir se fourrer dans cet infect guêpier. »

Les chevaliers sortent un à un, la marche traînante, comme si chacun portait une énorme charge.

« Rainaud, sache que le souterrain part entre les deux ultimes rangées de cachots, côté gauche, du dernier niveau de caves. Il débouche à près de huit cents toises d'ici, dans le fond d'un étroit vallon, celui dit de " l'homme mort ", derrière le retranchement de Simon à la porte est. »

Tandis que Rainaud, les yeux au plafond, réfléchit et vraisemblablement cherche à imaginer le trajet suivi par la galerie, Yvon saisit le Saxon par le bras, le serre avec force.

« Il faut que tu réussisses dans cette mission. Je ne veux pas m'imaginer être vaincu par Simon, je ne peux accepter l'idée de lui abandonner la majeure partie du fief, de finir mes jours sous sa dépendance, dans le meilleur des cas. Cette chute de ma race, je veux l'empêcher par tous les moyens. Alors, je t'en prie, tu as ma confiance, tu le sais. Si Arthur de Craon refuse, trouve une autre solution, je te donne carte blanche. D'avance, je souscris à toutes tes exigences. Je te donnerai mille livres d'or, je te donnerai la tenure de Querré.

– Messire, j'accepte de grand cœur ce que vous m'offrez là. Mille livres d'or et la tenure de Querré en plus de celle de Chenillé. Mais cet après-midi, Eudes, que voici, a gagné je crois, par son courage et sa ruse, les éperons de chevalier. J'aimerais que vous lui promettiez en cas de réussite d'en faire non seulement un chevalier, mais un chevalier chasé : promettez-nous ici maintenant la tenure de Cherré, puisque Enguerran est mort sans enfant mâle.

– Mordieu, Saxon, perds-tu la tête! hurle Rainaud. Jamais je n'admettrai cette exigence. C'est scandaleux. »

Le Saxon, blême, marche sur Rainaud et, le visage contre celui du jeune homme, il grince :

« Mourir pour sauver votre fief, est-ce scandaleux? Combattre jour et nuit pour votre profit, risquer d'être estropié, torturé, anéanti? est-ce suffisant pour obtenir autre chose que votre hargne? Si votre père et vous ne promettez pas immédiatement par serment, je ne bouge plus d'un pouce. Et si vous osez m'offenser, moi, chevalier qui vous vaut, vous, votre donjon et votre château du diable, je vous défie en jugement de Dieu. »

Le Saxon l'observe un moment puis ricane :

« A votre place, je fermerais ma gueule. Car aussi vrai que j'ai combattu en cent occasions pour vous et votre père, je jure de vous étriper, de ne vous faire nulle merci. A vous de décider.

– Allons, allons, Conrad, tâche de comprendre ses répugnances, dit Yvon.

– Non, je ne veux rien comprendre, je ne reviendrai pas, quoique depuis tant d'années ce poids parfois m'étouffe, sur la mort d'Ancelot, mon ami, mon frère. C'est vous qui devez comprendre que Eudes Ruffin est plus que mon fils, que je tiens à lui cent fois plus qu'à ma vie. Ergotez sur qui vous voudrez, sur ce que vous voudrez, mais pas sur lui, en ma présence. Et mes conditions sont ce que j'ai dit. J'ai trop accepté déjà. Je vous ai trop laissé l'humilier, le mépriser. Vous ne pouvez mettre ma loyauté en doute. Je servirai votre cause de toutes mes forces, à condition que vous le considériez désormais comme je le veux, c'est-à-dire mon fils. A Andigné comme à Marigné, il a montré sa valeur. Certains n'ont jamais prouvé la leur. »

Un pesant silence succède au plaidoyer de Conrad. Les deux sires s'observent, la colère obscurcit leurs regards. Du temps passe. Yvon se ressaisit le premier. Après un soupir las, il dit :

« C'est bon, Saxon, tu l'as dit tout à l'heure, le temps n'est plus à ergoter. Ta formulation ne me plaît guère, pourtant en raison de notre vieille entente, de ton long dévouement je veux oublier les paroles blessantes comme le désobligeant défi. Aussi vais-je souscrire à ta proposition. Tu as ma promesse. Rainaud, dis que tu acceptes ses exigences.

– J'accepte, mais...

– Silence, bon Dieu! Tu vois, Saxon, il accepte. Alors, maintenant que tout est réglé, va. Et dis-toi encore une fois que tu as carte blanche. Saxon, au besoin, pactise avec le diable. Mais dégage-nous. »

Une heure plus tard, une petite troupe de dix hommes, le Saxon, Eudes et huit sergents, débouchent dans une étroite et triste vallée, non loin d'un ruisseau parmi les éboulis. Il y a près d'un demi-siècle, un prieuré s'élevait là. Une incursion normande l'a détruit et nul n'est venu le relever de ses ruines.

Personne ne s'approche jamais de ces décombres où, dit-on, des revenants vêtus de capuches guettent de jour comme de nuit les imprudents qui tenteraient de s'aventurer là.

Les montures sont fraîches si les hommes sont épuisés. Yvon et Rainaud accompagnent leurs ambassadeurs jusqu'à la sortie, pour dégager d'abord, puis camoufler au mieux ensuite l'entaille du souterrain.

Les sabots des chevaux enveloppés de linges, les armes également protégées, aucun cliquetis, aucune résonance n'est à craindre. Les hommes chuchotent.

« Saxon, murmure Yvon au moment de la séparation, notre sort est entre tes mains. Va, et que Dieu te bénisse. »

31

Les barons de Craon supportent impatiemment leur allégeance aux comtes d'Anjou. La prudence seule les maintient dans une relative et ergotante obéissance. Fiers de leur authentique puissance, ils dominent, orgueilleux, et se complaisent dans le rôle d'arbitres. D'arbitres qui n'hésitent guère à descendre dans l'arène pour faire respecter leurs décisions ou prévaloir leurs droits.

En apprenant l'arrivée d'un émissaire du sire Yvon de Marigné, le baron Arthur, soucieux d'afficher sa puissance, réclame aussitôt ses fils et ses vassaux. La cour au complet, il ordonne d'introduire l'ambassadeur.

Pour la circonstance, Arthur est vêtu d'un bliaud bleu turquoise du plus ravissant effet, qui tranche sur les teintes des vêtements de son entourage. Les doigts chargés de bagues, de somptueuses armes byzantines accrochées à sa ceinture, il se redresse tant qu'il peut dans l'immense et haut fauteuil qu'il s'est spécialement fait fabriquer pour recevoir ses visiteurs. Ses longues jambes lui causent bien du souci : elles lui font un buste court qui le désavantage lorsqu'il s'assied. Chauve, le nez aquilin, les joues creuses – en dépit d'un appétit vorace –, les lèvres minces et sinueuses, tout concourt chez lui à accentuer son caractère autoritaire et dominateur.

Cérémonieusement, il fait signe à Conrad de s'avancer. Eudes demeure près de la porte, jambes rassemblées, le poing droit à la hanche. Arrivé à six pas du fauteuil seigneurial, le Saxon s'incline profondément. Craon l'invite à se redresser et dit :

« De quel message es-tu porteur, chevalier? »

Sa voix de basse résonne dans la salle voûtée. Le soleil qui joue sur les vitraux coloriés enlumine la pièce.

« Seigneur baron, salut. Le ciel soit avec vous dans toutes vos entreprises. »

Le baron se signe, ses courtisans l'imitent.

« Messire de Marigné, que vous avez bien voulu honorer de votre amitié, m'a chargé de venir vous informer de ses difficultés et de ses inquiétudes.

– Moi? Et pourquoi moi plus qu'un autre? Yvon de Marigné ne relève-t-il plus en ligne directe du comte Geoffroy? Qu'ai-je à faire à Marigné?

– Votre gloire, seigneur, et votre puissance vous confèrent droits et devoirs que ne retiennent ou ne mentionnent point nécessairement les chartes ou les documents.

– On m'a pourtant souvent reproché de penser ainsi et lorsque j'ai prétendument outrepassé mes obligations, j'en ai été bien mal récompensé.

– Messire Yvon s'est toujours montré un fidèle zélateur de votre seigneurie. Il n'a jamais permis, en sa présence, la moindre remarque à votre égard. C'est bien pourquoi il m'a envoyé ici et non à Angers. »

Arthur de Craon éclate de rire. Sa cour l'imite.

« Adroit, sire chevalier, très adroit. Messire Yvon a de la chance de vous compter au nombre de ses fidèles. Pourtant, laissez-moi tenter de me dérober à votre dialectique. S'il préfère s'adresser à moi, ne serait-ce pas parce que sa supplique peut lui faire craindre une mainmise plus âpre, plus permanente que la mienne? A moins, chevalier, qu'il ne se soit dit qu'il pourrait toujours, en cas de désaccord avec moi, ou si je devenais trop avide de ses biens, avoir recours à une autre autorité, celle du comte. Le contraire n'étant pas possible.

– N'en croyez rien, seigneur baron. Messire Yvon... »

Arthur interrompt le Saxon.

« Bon, bon, nous y reviendrons éventuellement. Contez-moi plutôt les raisons qui vous amènent devant moi. Que se passe-t-il à Marigné?

– Seigneur, nous avons été assaillis, voici tantôt deux mois, par les troupes de Simon de Segré, alliées à celles du sire Rotrou de Pouancé, mort depuis des mains de mon écuyer...

– Peste, c'est là une recommandation pour des éperons de chevalier, il me semble.

– Je le crois aussi ; il y a aussi des troupes de Thierri de Candé. Elles font le siège du château. Notre résistance les a tenues jusqu'ici en respect. Seigneur, nous espérons que vous ne tolérez pas à proximité de vos fiefs une telle agitation. Plaise à votre seigneurie de venir infliger à ces bandits le châtiment qu'ils ont cent fois mérité. Dans toutes les tenures, dans tout le fief de Marigné, ce ne sont que ruines et désolation.

– De quelles forces disposent les assaillants ?

– Après les lourdes pertes que nous leur avons infligées, quatre à cinq cents hommes.

– A combien se monte la garnison ?

– Messire, nous avons eu beaucoup de tués et de blessés, il ne doit pas nous rester plus d'une petite centaine de combattants.

– Combien d'assauts avez-vous repoussés ?

– Huit en comptant celui d'hier, qui a été, sans conteste, le plus violent et le plus meurtrier de tous.

– Qu'avez-vous à me proposer si j'accepte de me jeter avec toutes mes forces dans la bataille ?

– Sire baron, sur la rive droite de la Mayenne, messire Yvon possède, sur plusieurs lieues, des terres et des hameaux protégés par une maison forte appelée la tour d'Aviré. Il se déclare prêt à vous les céder ainsi qu'une somme de dix mille sous d'or. »

Le visage d'Arthur de Craon, pourtant guetté par Conrad, demeure impassible. Il attend une bonne minute avant de dire avec un sourire ironique :

« Tout à l'heure, chevalier, vous n'avez point vraiment répondu à ma question : pourquoi n'avoir pas demandé, de préférence à la mienne, l'aide de Geoffroy Grise-Gonelle ?

– Je ne puis me substituer à messire Yvon. Je sais seulement qu'il a confiance en vous et qu'il m'a ordonné de venir à Craon vous solliciter. Il connaît votre puissance et votre équité. Il sait, en outre, que vous êtes homme de décision et que vous disposez des moyens de faire respecter vos amis. C'est ce dernier titre qu'il ambitionne le plus.

– Messire chevalier, si je suis homme de décision, je suis aussi homme qui aime les conseils judicieux. C'est pourquoi je vais vous demander de vous retirer, le temps de conférer avec ma parenté et mes vassaux de votre proposition. Allez ; je vous enverrai chercher tout à l'heure. »

Conrad et Eudes déambulent dans la cour du château.

« Le vieux grigou, dit Eudes, quelle adresse, quel savoir-faire pour parvenir à hausser les prix !

– Sûr qu'il se montrera exigeant. Mais je ne m'entêterai pas. Il va connaître une rude déception.

– Que veux-tu dire ?

– Que nous ne traiterons pas avec lui s'il est par trop insatiable. Il est en position de force, il le sait. Malheureusement, je ne suis pas disposé à céder.

– Es-tu fou ? Il faut sauver Marigné. Ma mère, Eustache et aussi...

– Et surtout Alice, dis-le, hypocrite.

– Oui. Je veux les sauver.

– Moi aussi, figure-toi. Mais je veux aussi que tu sois chevalier et chasé de surcroît. Crois-moi, l'occasion est chaude. Il faut utiliser au maximum ces circonstances.

– Mais encore ?

– Laisse-moi faire et aie confiance. »

Un peu plus tard, Conrad demande :

« Comment te sens-tu, mon Ruffin ?

– Bien. Encore que certaines ecchymoses soient douloureuses quand je fais certains gestes. »

Un chevalier de Craon appparaît alors, qui les invite à rentrer en salle d'apparat. Eudes tire sur le bliaud de Conrad.

« Négocie, je t'en prie, il faut agir vite pour la sauver et tous ceux que j'aime. »

Arthur de Craon affecte une mine plus altière que jamais. Il attend patiemment que chacun ait repris sa place pour débuter d'une voix forte :

« Les propositions que vous nous faites, sire chevalier, ne correspondent en rien aux efforts que je devrai déployer pour délivrer Marigné. »

Il marque une pause puis reprend :

« Toutefois, eu égard à la bonne foi de messire Yvon, je consens à intervenir. Voici mes conditions, et je vous préviens tout de suite qu'il ne servirait à rien de discuter ; elles sont à prendre ou à laisser. Chevalier, outre les possessions sur la rive droite de la Mayenne, il me faut quarante mille sous d'or, dont vingt mille immédiatement. Pour les autres, je donnerai un délai de trois ans. Il me faut aussi la tenure de Chenillé.

– C'est la mienne ! s'exclame Conrad.

– Justement. Vous m'avez fait assez bonne impression pour qu'il me soit agréable de vous compter au nombre de mes vassaux. Mais continuons : il me faut celles de Cherré, de Querré et de Vaux. A ce prix, dans deux jours je marcherai à la tête de soixante-dix lances au secours d'Yvon.

– Pardonnez-moi, baron, je ne suis point habilité à traiter à ce prix.

– Alors, chevalier, retournez au plus vite à Marigné. Et n'oubliez pas de dire à votre seigneur que c'est moi, et non lui, qui dicte les conditions. »

Arthur de Craon se lève.

« Cette demeure vous est ouverte, chevalier. J'attends une réponse avant la fin de la semaine. Allez. »

« Je te l'avais bien dit qu'il formulerait des prétentions impossibles. »

Eudes s'insurge :

« La vie de ceux que nous aimons vaut n'importe quels sacrifices.

– Patience, mon Ruffin, tu vois que je n'ai point rompu les ponts. Pourtant avant d'accepter, il faut savoir prendre le risque de relancer les dés. Nous allons jouer une nouvelle fois.

– Espérons que ce sera la bonne. »

32

Le camp a été installé dans une clairière ronde de deux cent cinquante à trois cents toises de diamètre. Une solide palissade le protège et une dizaine de guérites surélevées qui lui sont accolées, à distance régulière, permettent de surveiller les approches.

La petite troupe s'arrête devant le portail. Des guetteurs, à son de trompe, ont déjà annoncé sa venue. Aussitôt un des lourds vantaux s'entrouvre, en grinçant, et cinq gardes sortent. Celui qui commande demande d'un ton rogue :

« Quels sont les deux émissaires ? Le chef n'autorise personne d'autre à pénétrer. »

Conrad et Eudes se détachent du groupe.

« Il ne vous reste qu'à nous attendre sous les arbres, mangez et buvez mais restez disponibles, conseille Eudes aux sergents, au cas où nous aurions à repartir bientôt. »

Puis il rejoint Conrad qui a déjà franchi le seuil.

Angebault marche à longues enjambées. Curieusement, son torse demeure cependant immobile, comme indépendant des jambes. Sa broigne noircie de fumée et ses chausses crasseuses, sur lesquelles des armes bien entretenues étincellent, accentuent un aspect inquiétant. En lui, il y a de la bête sauvage.

Depuis cinq heures que le nommé Angebault a retrouvé, au rendez-vous fixé, la petite troupe de Marigné, il n'a pas prononcé trois mots. Chaque tentative d'Eudes et de Conrad pour nouer le dialogue s'est soldée par un échec. Lassés, les deux compagnons ont fini par renoncer.

Dans l'enceinte, des tentes multiformes ont été montées sans grand souci d'ordonnance. Devant chacun, dans un trou circulaire abrité par des pierres, un brasier fumeronne. Alentour traînent divers ustensiles de cuisine.

Eudes est surpris par le spectacle qu'il découvre. A travers tout le camp règne une joie libre, brutale, sauvage. Rien ici ne rappelle la cour du château de Marigné. Les visages ne sont pas fermés, tristes, apeurés. Les femmes débraillées chantent, crient ou rient avec violence. Les enfants s'abattent, totalement déchaînés. Et ceux des hommes que la garde ne retient point, jouent aux dés, luttent, astiquent leurs armes en sifflant, ou flânent, lutinant, patinant les femmes au passage, sans souci ou vain respect.

La tente du chef, ronde, vaste et haute, occupe le centre du terrain. Sous un auvent, soutenu par quatre lances, ont été installés une table et une demi-douzaine de tabourets. Le tout grossier, mal équarri.

Arrivé près du pavillon, Angebault s'arrête et, d'une voix de stentor, crie :

« Messire, voici vos visiteurs. »

Un grognement lui répond. Suit une série de bruits inidentifiables. Enfin, la porte de toile est soulevée et apparaît Orri-Défie-Dieu. L'homme n'a pas changé depuis le jour où Yvon de Marigné lui confiait, incognito, la mission d'enlever puis de supprimer le fils de Simon de Segré. Simplement, des fils blancs apparaissent, nombreux, dans son épaisse crinière brune, mais c'est toujours la même poitrine profonde, les mêmes épaules puissantes. Par l'ouverture de son luxueux bliaud de soie bleue, froissé et taché, sortent des touffes de poils noirs et blancs. Les traits accusés, le menton agressif, les lèvres rouges et luisantes de graisse, comme s'il venait tout juste d'achever de dévorer un quartier d'oie, Orri-Défie-Dieu contemple un moment sans rien dire ses visiteurs. Puis, penchant un peu la tête, il laisse s'épanouir un sourire matois sur sa face léonine.

D'une voix de basse profonde, il constate :

« Alors, comme ça, vous me cherchez? Moi, ce bon Orri-Défie-Dieu, qui », il éclate de rire, « par la même occasion emmerde les hommes! »

Conrad reste impassible, insensible au clin d'œil d'Orri qui sollicite le rire de connivence. Froidement, il dit :

« Nous ne connaissions qu'un seul endroit pour entrer en contact avec toi : l'auberge de *La Croix-d'Or*, au Mans. Nous avons dû longuement parlementer avec l'aubergiste pour qu'il accepte de nous mettre en relation avec Roberge Agace-Pie. C'est sans doute son fils qui est venu te prévenir?

– Oui-da! Jean-le-Niflart a ma confiance, bien qu'il soit né d'hier. C'est un vrai jeune brigand : rusé, méfiant, haineux. Enfin, vous voilà. Tout ce que tu viens de dire, l'ami, est vrai. Ça s'est passé comme ça. Et sais-tu? J'apprécie toujours quand on ne me dit point de mensonges. »

De ses petits yeux malicieux et madrés, Défie-Dieu examine, avec toujours la même acuité, ses visiteurs.

« Alors, les gars, quels sont vos problèmes? Vous n'êtes point venus, j'imagine, jusqu'au fond de ces bois pour conter fleurette à un vieil ours de mon espèce. Dites-moi voir la proposition passionnante que vous avez à me faire. Je suis comme les chattes. J'aime point languir.

– Nous t'apportons, comme sur un plateau, l'occasion de gagner des monceaux d'or.

– Oh! oh! voilà un mot qui plaît à mon oreille. De l'or, dis-tu? Et par monceaux? Mordieu! Explique un peu.

– Je ne mens point, Orri, mais je dois te prévenir que, pour le gagner, il y a quelques risques et il faut que tu disposes de pas mal d'hommes.

– Ce n'est donc point d'un simple coup de main qu'il s'agit, d'une quelconque embuscade? »

Sans laisser le temps à Conrad de lui répondre, il enchaîne :

« Remarque, ce n'est point pour me déplaire. Trop de mes hommes sont restés inactifs ces temps-ci. L'oisiveté convient encore moins aux brigands de grands chemins qu'à ceux qui osent s'affirmer orgueilleusement des honnêtes gens. Et puis, je tiens plus difficilement mes gars en main quand ils restent longtemps sans se battre. Ma troupe, vois-tu, c'est comme un corps. Un grand corps solide et sanguin. Lorsqu'il bouffe trop, quand il tripote trop les gueuses, il fait du lard et s'alourdit le sang. Alors je ne connais qu'un seul remède : une bonne saignée. »

Il éclate de rire et reprend aussitôt :

« Et puis, comprends-tu, je suis un lyrique, moi. L'escarmouche à la longue, ça me paraît mesquin. Il me faut de temps à autre un grand machin, avec des dizaines de cadavres, des odeurs et des lueurs d'incendie, avec des cris de filles violées et les piaillements des vieilles qu'on étripe pour animer le tout. »

Il s'interrompt, puis se penche, comme pour une confidence :

« Si je vous disais que depuis quelques semaines je soupire tellement après un vrai combat, que je me demandais si je n'allais pas entreprendre une action pour me caser. Me choisir un château et le conquérir pour jouer ensuite le vassal loyal et régulier. Le noble chevalier. Ah! que voulez-vous, faudra bien que je finisse par là. La forêt », d'un geste circulaire il montre le camp, « c'est gentil, quand on est jeune. Puis vient le temps où on sent un besoin d'aises. »

Eudes sourit. Orri-Défie-Dieu le montre du doigt :

« Tu verras, petit gars! Ça t'arrivera à toi aussi, comme le reste : le gros ventre, les cheveux blancs, les douleurs et le délirant sentimentalisme. En attendant, bien sûr, de passer de vie à trépas. Remarque, moi, je ne suis pas d'une famille chanceuse. Depuis que le monde est monde, tous, tant que nous sommes, de pères en fils, nous finissons par trépasser. Mais, t'es peut-être pas de la même espèce, quoique... »

Un gros rire, de nouveau, le secoue puis :

« Pour en revenir aux aises, ici, l'été, on s'y plaît. Mais, bordel de Dieu, pas l'hiver. Je vous jure que mes gars ne rient pas tous les jours. Et je suis bien content d'aller de temps en temps passer une semaine à *La Croix-d'Or* où je trouve un bon logis. Comme je ne peux constamment abandonner mes hommes, j'ai toujours avec moi mes bouillottes, en revenant ici. »

Orri lorgne ses interlocuteurs d'un air malin, espérant une question. Conrad restant impassible, c'est encore à Eudes qu'il s'adresse :

« Veux-tu les voir, mon joli? Ça te ferait plaisir? Tu es trop mignon pour que je te refuse ce plaisir. Car il faut te dire que mon éclectisme sensuel... Bon, suffit, ne roule pas ces yeux. Oh là! mes biches! montrez-vous. »

Comme il n'obtient aucune réponse, sa voix se fait grondeuse :

« Faut-il, mes douces, que j'aille vous chercher à coups de pied dans l'arrière-train? »

Une petite voix dit :

« C'est qu'on est toutes nues.

– Tant mieux, mes belles. On verra que j'ai bon goût et votre succès n'en sera que plus éclatant. Il y a là un jeune loup qui va en perdre le souffle, sinon la vue. »

Tandis qu'Orri-Défie-Dieu se tord de rire, la portière est soulevée et trois filles, entre dix-huit et vingt ans, apparaissent dans le plus simple appareil. Elles sourient effrontément en se dandinant de façon lascive.

« Que pensez-vous de mes bouillottes? Avec ça, voyez-vous, je risque moins le rhume que la congestion. Tant qu'à crever, j'ai mes préférences. Bon. Allez, les filles, rentrez maintenant, on vous a assez vues. »

Il leur applique de solides claques sur les fesses, et ajoute :

« Et toi, le jeune loup, ne t'avise pas de tripoter mes moyens de chauffage. »

Brusquement, Conrad s'assied et gronde :

« Quand tu en auras fini d'amuser ton monde pour chercher à deviner qui on est et ce qu'on te veut, dis-le. Tes pitreries ne m'amusent pas. »

Défie-Dieu fronce les sourcils et reporte toute son attention sur Conrad. Les trois filles ont disparu. On les entend fredonner et rire. Orri se laisser aller, lui aussi, sur un tabouret. Son visage n'est plus que dureté et ses yeux ont des reflets implacables :

« Mes pitreries, comme tu dis, n'avaient peut-être pour but que de te donner le temps de te présenter, car je ne sais pas qui tu es, qui vous êtes. Et... »

Ses sourcils se froncent, il frappe sur la table :

« J'aime pas les inconnus, ni les mystères. Parler sérieusement ne commencera qu'après cette formalité : quel est ton nom? »

Conrad secoue la tête.

« Ce serait trop facile. Tu ne le sauras que si nous faisons affaire.

– Et d'après toi, je devrais conclure un marché sans savoir avec qui je m'engage.

– Non, certes. Mais je ne te le révélerai que lorsque nous nous serons mis d'accord sur un certain nombre de points. »

Orri-Défie-Dieu s'accoude à la table et, secouant la main droite, index tendu :

« Si tu n'avais parlé tout à l'heure de " monceaux d'or ", je te ferais jeter par-dessus la palissade, rien que pour voir comment tu planes. Et... », il regarde Eudes, « je me serais octroyé une bouillotte de plus. Mais, ces sacrés mots ayant été prononcés, va, je t'écoute. »

Conrad, d'un ordre bref, calme Ruffin qui n'a pas apprécié les paroles de Défie-Dieu. Puis il poursuit :

« Réponds d'abord à mes questions. Peux-tu disposer de cent cinquante hommes?

– Aujourd'hui, cent quatre-vingt-quatre, plus moi, qui en vaut facilement cent.

– Sont-ils disponibles immédiatement?

– Dans deux heures, si je veux.

– Quelle est leur valeur? Je veux dire : sont-ils à l'origine des soldats, des mercenaires, ou d'anciens serfs en rupture de ban ou, comme toi, d'anciens moines défroqués?

– Tous d'anciens soldats, d'anciens mercenaires, et solidement entraînés. Pas des brigands d'occasion, des spécialistes adroits.

– Quel est leur armement, leur équipement?

– Celui que tu imposes à tes sergents. Tous portent la broigne ou le haubergeon. Tous ont des heaumes avec nasals.

– Savent-ils obéir et manœuvrer?

– Dans le camp règne la liberté, en campagne c'est moi qui règne. Celui qui désobéit une fois ne recommence jamais. C'est trop difficile avec six pieds de terre sur le ventre. Mes hommes au combat ont un maître et un Dieu : moi. Quant à manœuvrer! Je veux bien prendre n'importe laquelle de ces troupes de balourds prétentieux qui se pavanent au fond de leurs châteaux et pour qui le fin du fin est de foncer sur l'homme comme ils foncent sur le sanglier.

– Vivat! Je te crois sur parole.

– Tant mieux pour toi, car malheur arrive à qui la met en doute quand je ne suis pas là. »

Conrad feint de ne pas entendre la provocation contenue dans cette dernière phrase.

« Accepterais-tu avec ta troupe d'assaillir une force quatre fois plus nombreuse? »

Orrie-Défie-Dieu s'agite sur son tabouret. Puis il crie :

« Mes biches, apportez-nous immédiatement une paire de cruches de mon vin de messe. »

Les filles, vêtues à la diable, plus provocantes peut-être que la première fois, viennent servir les trois hommes. Ils trinquent. Orri-Défie-Dieu s'essuie les lèvres d'un revers de main et fait claquer sa langue :

« Foutre ! Du temps que je servais les offices, jamais je n'en ai bu d'aussi bon. Qu'en dites-vous ? »

Eudes et Conrad apprécient d'un simple geste de tête.

Orri maintenant se gratte le crâne, fourrage dans sa tignasse. Une série de mimiques animent son visage.

Il répète trois ou quatre fois :

« Foutre. »

Puis remplissant les gobelets :

« Sais-tu que tu commences à m'intéresser ?

– Pourquoi ? Le danger t'exalte ?

– Oui et non. Y a autre chose. Bien que tu aies une sale gueule et à coup sûr un sale caractère, tu me plais car tes questions me prouvent que tu es, toi aussi, un rude homme, un vrai spécialiste dans ce dur métier des armes. Tu donnes confiance. Et puis je commence à comprendre pourquoi tu parlais de beaucoup d'or. Mais je te préviens que si j'accepte ça va te coûter chaud ! Mais continue.

– Tu n'as pas répondu à ma question.

– Dis-moi d'abord ton plan. Bien que je ne sache pas même ton nom, je commence à bien te connaître et je me doute que tu ne viens pas me proposer un suicide collectif, que tu as prévu une bonne manœuvre qui compensera, partiellement au moins, notre infériorité numérique.

– Tu veux d'abord mon plan ?

– Tiens, cette blague ! Je ne vais pas risquer toute ma fortune, car mes hommes constituent tout mon avoir, sans savoir où je vais, sans savoir ce que je risque et si le jeu en vaut la chandelle.

– D'accord. Ta demande me semble raisonnable. Alors voilà, il s'agit d'attaquer par surprise, en pleine nuit, quatre retranchements, simultanément, forts de plus de cent hommes chacun.

– Tu les attaques, sentinelles dans le nez ?

– Non, par-derrière.

– Ah ! bon. Ces quatre retranchements abritent des gars qui font le siège d'un château ?

– Oui.

– Tu en es sorti en douce pendant le siège ?

– Oui.

– Donc il dispose d'un souterrain ?

– Oui.

– Pourquoi ne tentes-tu pas l'opération avec la garnison ? Tu économiserais ton or ?

– Ce n'est pas praticable. Le souterrain est étroit et ne débouche pas assez loin d'un des retranchements. Sortir à dix, sans bruit, est une chose ; sortir à cent, plus les chevaux, est une entreprise qui friserait la démence.

– D'accord. Tu n'as point tort. Décidément, tu es homme de tête.

– Donc, nous divisons ta troupe en quatre compagnies. Je commande l'une, Eudes la seconde, toi la troisième, et Wilfrid, un de mes sergents qui a toute ma confiance, la quatrième.

– Non, ça ne va pas.

– Pourquoi ?

– Si je marche, ce seront mes lieutenants et moi qui commanderons les quatre.

– Pas question. »

Orri ricane :

« Avec tes gars, tu te crois vraiment plus fort que nous ? Plus astucieux, plus fin ?

– Il n'est pas question que je nous croie plus quelque chose. Simplement mes hommes et moi, nous connaissons parfaitement le terrain. De plus, nous luttons pour nos biens, nos femmes, certains, leurs enfants, d'autres leur mère ou leur douce amie. Cette lutte est la nôtre, comprends-tu ? Pour nous, il n'est pas seulement question d'or.

– Y a peut-être du vrai dans ce que tu dis, mais je ne suis pas complètement convaincu.

– Et la haine, Orri, est-ce que ça te dit quelque chose ? Nous haïssons férocement ceux qui ont tué nos camarades de combat, des gens que nous voyons, côtoyons tous les jours depuis des années. La haine nous guide, Orri.

– Là, je te crois. Y a pas meilleur aiguillon. Pourtant, comme je ne veux point que mes hommes s'habituent à combattre sous un commandement étranger, je te propose ceci : vous aurez un adjoint, qui commandera la manœuvre que vous, vous aurez décidée.

– Dangereux. Ordres retardés, mauvaise efficacité.

– Non, si entre mon gars et le tien il y a compréhension et si je lui ai donné l'ordre d'approuver automatiquement. L'important, c'est que mes gars croient que c'est le mien qui exerce la réalité du commandement.

– Comment ça je marche.

– Tout beau, tout beau, mon gaillard. Achève d'abord de me révéler ton plan.

– Oh! le reste est assez simple. Nous nous approchons sans bruit des quatre retranchements. Linges enveloppant les sabots des chevaux, armes protégées aussi. Nous laissons les bêtes à quatre ou cinq toises de l'ennemi.Nous nous glissons jusqu'à lui. Des guerriers choisis parmi les plus souples et les plus vifs vont égorger les sentinelles sans donner l'alarme, puis, tandis qu'un petit groupe de cinq ou six gars va libérer et affoler les chevaux, pour ajouter à la confusion, nous attaquons. Là aussi, il faut prévoir une équipe spécialisée pour incendier les tentes. Très vite. Quant aux autres, ils lardent et étripent les adversaires endormis surpris sans armes, sans broignes, sans heaumes, qui tenteront de s'enfuir. »

Conrad s'énerve en parlant. Ses yeux lancent des éclairs, ses poings se crispent. Pour finir, il gueule :

« Nous exterminerons cette vermine.

– Du calme, du calme, l'ami. Parole tu t'y vois déjà. Dis donc, j'ai l'impression qu'il ne fait guère bon être ton ennemi. »

Conrad se passe les mains sur le visage, grimace et dit :

« Bon Dieu! Tu as raison, je voudrais déjà y être. Les fumiers! Sois sûr que je me délecterai en les étripant. »

Eudes pose la main sur l'épaule de Saxon.

« Calme-toi. C'est pour bientôt. »

Orri-Défie-Dieu les observe en souriant. Comme le Saxon retrouve son sang-froid, il demande :

« Et le signal? En as-tu prévu un, pour que les quatre groupes puissent réellement opérer en même temps? Car c'est là sans doute la faille de ton plan. Il implique pour réussir pleinement une parfaite simultanéité.

– Je l'ai prévu. Il n'a rien d'original. Ce sera le cri de la chouette hululé trois fois de suite. Deux coup sur coup, le troisième après un bref arrêt. C'est moi qui le lancerai. Pour le reconnaître, nous nous entraînerons.

– Bien. Je crois que tu as satisfait à mes préoccupations pratiques. Maintenant, dis-moi quelle somme tu offres pour une telle expédition.

– Cinquante sous d'or par homme d'armes, deux cents sous d'or pour tes quatre lieutenants, cinq mille sous d'or pour toi. Plus le butin partagé en deux : moitié pour toi, moitié pour nous.

– Je t'arrête tout de suite : non.

– Mon offre est honnête. Jamais on ne t'a proposé meilleure affaire.

– Rarement on m'a proposé action plus risquée. Tout repose sur une série de paris. L'un d'eux échoue et c'est la catastrophe, le massacre de mes hommes.

– Pourquoi échouerions-nous?

– Il suffit d'un détail qui mette la puce à l'oreille de l'ennemi : un cliquetis d'arme, un hennissement, ou, plus grave encore, un impondérable : un type avisé, un soldat qui braconne la nuit pour améliorer sa pitance, une patrouille de routine alertée, un homme d'armes qui va baiser une serve dans le bois. Les bizarreries sont imprévisibles. Mais, en tout cas, c'en est fait de ma fortune, sinon de moi-même!

– Tu te fous de moi? Ne me dis pas que tu crois à ces élucubrations. Pourquoi n'ajouterais-tu pas le gars pris d'une brusque colique qui va poser ses chausses loin dans le bois ou celui qui, pour se gratter l'omoplate gauche, fait cinq cents toises dans la nuit à la recherche d'un arbre qui épouse le mieux la forme de son dos?

– Trêve d'arguties, monsieur l'inconnu, c'est moi qui décide seul.

– Alors c'est non?

– C'est non à tes conditions, oui aux miennes. »

Conrad se tourne vers Eudes :

« Es-tu prêt, mon Ruffin?

– Oui. »

Tous deux se lèvent.

« Ça ne vous intéresse pas, les gars, de connaître mon prix?

– Non.
– Comme tu veux.
– Merci pour le vin, Orri. »

Eudes rit en ajoutant :

« Et aussi pour le spectacle des bouillottes. »

D'un geste à hauteur de poitrine, Eudes précise son allusion. Comme Défie-Dieu demeure immobile et muet, Conrad s'arrête brusquement :

« Après tout, savoir tes exigences ne coûte rien. Vas-y, dis ce que tu pensais.

– Le double de ton offre.

– Tu n'est pas fou ?

– Attends, en revanche, pour le butin, les armes, les chevaux, trois quarts pour toi, un quart seulement pour mes hommes et moi. »

Conrad semble osciller d'une jambe sur l'autre. L'oscillation s'accentue pendant trente secondes, lorsqu'elle prend fin, il se trouve penché vers Orri.

« Avec un tel partage, je marche. Tope là ! »

Conrad tend sa main largement ouverte. Orri frappe de son énorme battoir et fait la grimace en constatant que sur le plan de l'épaisseur, de la longueur de la paume et des doigts, il est largement battu.

« Merde, dit-il, quand tu frappes on doit le sentir passer. »

Conrad rit et désigne Eudes :

« Vrai, mais dis-toi que celui-là ne frappe pas pour rire. Un jour que tu en auras le temps, propose-lui donc un petit combat à la lutte.

– Tu veux rire, avec sa petite gueule de jolie demoiselle ? »

Eudes se dresse.

« Tu veux que je t'étrille ?

– Allons, allons, mon Ruffin, tu vois bien que notre ami et allié plaisante. »

Eudes soupire et dit, toujours furieux :

« Parfois, j'ai le sens de la plaisanterie obstrué. Je me sens d'humeur, dans ces moments-là, à dégonfler les grosses panses des hâbleurs. »

Orri feint de ne pas entendre la provocation et crie pour réclamer du vin.

« On va arroser ça. Et régler aussi les derniers problèmes. L'or, il me le faut avant le combat.

– Non. Moitié avant, moitié après.

– Comment est le donjon de ton seigneur : pierres ou bois?

– Pierres.

– Alors je répète : tout avant le combat. »

Conrad hésite un instant, puis :

« D'accord à condition que ce soit juste avant.

– Bien. Maintenant quel est ton nom?

– Conrad le Saxon.

– Et celui de ton seigneur?

– Yvon de Marigné.

– Celui de l'ennemi?

– Simon de Segré. »

Orri se frappe sur le front.

« Dis donc, ton seigneur ne serait-il pas, par hasard, ce lourd gaillard qui m'a fait enlever et tuer le fils de Simon de Segré?

– Oui.

– Bon Dieu, mais alors tu connais Eustache Corne-Vin? »

Eudes intervient :

« C'est lui qui a été mon maître. Il m'a appris à parler et à écrire latin.

– Oh? »

Il y a tant d'incrédulité dans le ton d'Orri qu'Eudes tient à donner des détails.

« Pas croyable, on me l'a changé, mon Eustache. »

Pour couper court aux protestations d'Eudes, Orri s'inquiète :

« Vit-il toujours?

– Oui, dit Eudes, heureusement.

– Petit, tu me fais plaisir. Mais j'y pense! En sauvant Marigné, je sauve du même coup mon compère?

– Certes.

– Bordel! Je suis si content de lui rendre service que, sur ma part, je vous demande de lui compter cent sous d'or. »

Il hausse les épaules :

« Mais trêve de sentimentalisme. Au travail! Je prépare mes gars. On se donne rendez-vous, l'un va chercher l'or et en avant!

– J'y pense, dit Eudes, il faut aussi que la garnison soit prête, qu'elle ait, si possible, tenu en haleine ceux de Segré toute la journée. Et puis le soir, lorsque les hommes de Simon pour échapper à nos coups fuiront vers le château, il serait bon qu'elle puisse faire une sortie générale pour n'en laisser réchapper aucun.

– Tout doux, mon damoiseau. La nuit tous les chats sont gris. Je ne tiens pas à ce que ceux de la garnison se trompent et me tuent bêtement mes hommes.

– Je prévoyais ton objection. Il suffira que ceux du château, comme les tiens, portent un brassard blanc au bras. »

Conrad a un mouvement d'orgueil.

« Tu l'entends, Orri; chez ce petit tout fonctionne. Les bras et la tête.

– Pour les bras, je veux bien croire qu'avec toi il a eu un bon maître, mais pour le crâne il me semble, sans vouloir te vexer, qu'il y a de l'Eustache. »

Et Orri, une fois de plus, rit aux éclats.

33

Eudes, que suit au plus près Angebault Pute-Foi, se faufile silencieusement entre les mille et un obstacles que la forêt lui oppose. La nuit est noire et rébarbative, mais le Ruffin a tant couru à travers ces bois dans son enfance qu'il lui semble en reconnaître chaque arbre et chaque buisson. Pas un souffle ne trouble les ramures. Des frémissements provenant des bêtes furtives qui s'écartent et fuient accompagnent seuls le passage de cette troupe fantomatique.

En dépit des strictes consignes, une branche parfois craque sous un pas, un bond étouffé est prolongé par un halètement fugace. Les hommes alors s'immobilisent, le temps de laisser douter, à un guetteur attentif, du bien-fondé de son entendement.

Les ordres de Ruffin, précautionneusement chuchotés, passent d'oreilles en oreilles.

« Appuyez sur la droite. Halte ! Franchissez la sente et suivez-la. »

L'exécution se fait avec tant de précision et tant de souplesse qu'à la longue vient à Eudes la curieuse impression de commander à une part invisible de lui-même.

Cependant le souci d'être en place à temps le tenaille. Dès que les quatre compagnies se sont séparées, après que le but de chacune eut été fixé, l'anxiété l'a saisi.

« Et si je ne suis pas en poste au moment où le Saxon, par trois fois, chuintera dans ses mains pour déclencher le grand assaut ? »

Car c'est la troupe d'Eudes qui a le plus de chemin à parcourir, puisqu'elle s'est vu attribuer le retranchement sud. Conrad doit attaquer à l'ouest, Wilfrid au nord et Orri-Défie-Dieu à l'est. Avec Ludolph comme guide.

« Halte ! »

L'ordre semble se fondre aussitôt dans l'air opaque. Eudes se retourne, tâtonne et trouve l'épaule d'Angebault, il tire à lui. Pute-Foi se hisse à son niveau. Bouche contre oreille, le Ruffin murmure :

« Nous approchons. Cent toises à peine nous séparent de l'ennemi. Désigne le responsable qui, avec trois hommes, s'occupera des chevaux.

– Je l'ai fait dès le départ.

– Alors que tous les quatre glissent un peu vers la gauche, pas plus de trente ou quarante toises. C'est par là, peu après, qu'ils trouveront l'enclos, légèrement en retrait par rapport au camp. Mais attention, deux sentinelles, en principe, veillent. Qu'ils les éliminent au plus vite.

– Ne crains rien, mes hommes sont efficaces.

– Bon, maintenant que les six autres prévus pour supprimer les veilleurs du camp soient prêts à me suivre.

– Attends-moi. »

Angebault Pute-Foi disparaît sans bruit. Trois minutes après, il est de retour.

« C'est fait. Ils sont juste derrière moi.

– Alors, tu as bien compris, tandis que nous allons éliminer toute surveillance, toi, avec le reste de la troupe, tu ne bouges pas. Dans un moment – base-toi sur le temps qu'une vieille dévote met à dire la moitié de son chapelet –, remets-toi en route. Je viendrai à ta rencontre pour éviter toute erreur. Nous prendrons alors tous position contre le remblai extérieur du camp, à l'exception des porteurs de torches, qui demeureront légèrement en retrait. Pour allumer et intervenir, ils attendront mon signal.

– Lequel ?

– A ce moment, nous n'aurons plus rien à ménager, ou à cacher, je crierai seulement " au feu ". »

Les quatre retranchements de Simon de Segré sont conçus de façon identique. Tous comportent une grossière palissade, en demi-lune, qui fait face au château. L'arrière du camp étant juste à la lisière du bois, il n'a pas semblé utile aux assiégeants de fortifier ce côté – qui ne se prête pas à une attaque de cavalerie – autrement qu'avec un remblai de terre guère plus haut qu'une demi-toise. Les sentinelles éliminées, c'est précisément derrière cette levée de terre que les brigands devront prendre position.

Les dernières toises sont longues à franchir. Eudes et les six hommes abandonnent au pied d'un énorme chêne l'épée et la hache. Le poignard suffira à leur besogne. Allégés, ils reprennent leur reptation.

Au travers des feuillages, des étoiles scintillent dans un ciel bleu sombre, la nuit est moins opaque. Derrière la patrouille, les bêtes de la forêt reprennent leur quête.

Le moment est venu où chacun des six tueurs va opérer en solitaire. Eudes, brièvement, leur rappelle ses indications sur l'emplacement des sentinelles. Si souvent il les a vues, du temps où, assiégé, il venait la nuit espionner les retranchements.

« Allez, toute l'opération repose sur vous. »

La seconde qui suit, il est seul.

Nerfs tendus, Eudes guette leur retour. Jamais minutes ne lui ont semblé plus longues. Mais sans doute ses compagnons savent-ils opérer avec une parfaite précision, rien ne vient troubler la nuit.

Il tressaille quand le rejoint le premier homme de son commando qui, sans mot dire, se couche dans l'herbe humide. Puis, de minute en minute, les autres reviennent à leur tour.

Allongés près d'Angebault, dont il perçoit l'imperturbable calme, il lui suffit d'attendre le signal convenu. Même si un obstacle venait à troubler leur plan, Eudes est certain qu'il anéantirait les ennemis qui dorment paisiblement à quelques pas de lui. Rien ne peut plus les sauver. Sa tension dans l'action est telle qu'il constate, surpris, une impossibilité à rêver aux êtres qu'il aime et qu'il va délivrer.

Soudain, distincts, chuintent les trois appels du Saxon. Angebault est debout en même temps que Ruffin. Puis jaillissent, plus devinées que vues, des ombres à droite et à gauche. Eudes saute sur le remblai où il demeure debout, immobile, l'espace de dix secondes, le temps que sa silhouette se distingue. Un grouillement de proche en proche lui indique qu'il est imité de tous.

Au moment de sauter dans le camp, il hurle :

« A mort! »

Et c'est la mort qui déferle, brutale et impitoyable sur le camp endormi. Surpris en plein sommeil, désarmés et nus, les soldats de Simon de Segré sont hors d'état d'esquisser le moindre geste de résistance. Ils ne comprennent rien à ce qui leur arrive. Machinalement, les plus proches des ouvertures de toiles se lèvent, se précipitent sur le seuil où ils sont aussitôt abattus, comme à loisir. Les brigands courent et frappent, à deux mains, de la hache, de l'épée.

Une monstrueuse rumeur monte, s'amplifie de seconde en seconde. Elle va rejoindre celles qui parviennent maintenant du nord, de l'est et de l'ouest. Les cris de désespoir et de douleur répondent aux hurlements joyeusement féroces des assaillants. La terreur, une terreur monstrueuse, s'installe dans les esprits engourdis. Elle bloque alors certains de ces audacieux guerriers au fond de leur tente, avec la même obstination que les bêtes sauvages mettent à se laisser coincer au fond de leur terrier. La vision des silhouettes amies qui s'écroulent sous les coups paralyse les survivants.

C'est le moment que choisit Eudes pour lancer son dernier ordre :

« Au feu! »

Son cri est repris, d'abord par Angebault, puis par tous. Les boute-feu bondissent comme des diables. Brusquement, au fond des esprits embrumés, surgissent les vieilles notions, cent mille fois rabâchées, d'enfer et de damnation. Le feu force les hommes. Et l'hécatombe des soldats hébétés reprend de plus belle.

Le désastre est à son comble. A aucun moment le moindre embryon de résistance n'a pu naître. Et voilà que, de surcroît, affolés, poussés par le bruit et le feu, des chevaux déments envahissent le camp; piétinant les corps, sabotant tout sur leur passage.

Eudes frappe et frappe encore. Des pensées simples le mènent, sans qu'il parvienne à se distraire de leur apparente logique :

« Cette fois, je gagne mes éperons de chevalier. Demain, chasé, je pourrai sans ridicule prétendre à Alice. »

Dans les trois autres camps des scènes identiques se produisent.

C'est fini. Le camp est jonché de morts, figés la plupart dans des attitudes grotesques. Les blessures énormes et multiples, pour affreuses qu'elles soient, ne semblent pas gêner le moins du monde les brigands qui parcourent le retranchement en tous sens.

Eudes, qui cherche Angebault, l'aperçoit au moment où il pénètre dans la tente ronde qui devait abriter les chevaliers commandant le détachement.

« Angebault ! »

L'autre s'arrête en grognant :

« Qu'est-ce qu'il y a ? T'es content, non ? »

Eudes, encore essoufflé, reconnaît :

« Certes. Il n'y a plus âme qui vive chez ceux de Segré.

– Oh ! t'exagères un peu. Il doit bien y en avoir autant que j'ai de doigts à mes deux mains qui ont réussi à nous filer dans les pattes et qui, culs nus et mains vides, doivent à l'heure qu'il est être déjà loin. »

Il hausse les épaules. Eudes fait une moue légère :

« Oui, c'est sans importance. Nous ne craignons plus rien. »

Il jette un regard circulaire avant de dire :

« Maintenant tu peux rassembler tes hommes.

– T'es fou, non ?

– Que veux-tu dire ?

– Mes gars se sont battus comme tu souhaitais. Ils ont le droit de se détendre. »

Eudes se retourne. Les soldats d'Orri-Défie-Dieu fouillent, furètent de-ci, de-là, sondent les cendres des tentes, tournent et retournent chaque cadavre. La scène est éclairée par de grands feux où des hommes jettent de temps à autre du bois à brassées.

« Mais ils pillent.

– Et alors ?

– Une convention a été passée entre Orri et Conrad. Les trois quarts du butin nous reviennent, un quart seulement à vous.

– C'est vrai pour les chevaux et les équipements. Pas pour le reste. »

Angebault est secoué d'un rire qui découvre dans sa bouche des chicots noirâtres. Il se penche vers Eudes qui recule sous l'effet d'une haleine fétide.

« Par exemple, cette tente...

– Comment? N'a-t-elle pas été incendiée?

– J'avais dit de ne pas y toucher. Tu sais, petit gars, tuer ça ne nous gêne pas, mais griller des trucs qu'ont de la valeur, on n'est jamais d'accord. Pour les tentes des hommes d'armes, d'accord, c'était utile. Et puis ces miteux n'avaient rien ou presque, en dehors de leurs armes. Pour les chevaliers, c'est pas pareil. Alors je me la suis réservée.

– Tu as l'intention de te servir?

– Un peu, oui.

– Et si je préviens Orri?

– Orri? Oh! tu sais, tu peux pas lui apprendre grand-chose. Mais moi à ta place, je le ferais pas.

– Et pourquoi, s'il te plaît?

– Parce que mes quarante-cinq gars et moi on apprécierait pas. Ça nous mettrait de mauvaise humeur.

– Ça je m'en fiche.

– Moins que tu crois. »

Les deux hommes, les yeux dans les yeux, se fixent. Eudes, d'un geste vif, dégaine son poignard.

« Tu en veux la preuve? »

Angebault, non moins rapide, bondit en arrière. En même temps qu'il dégaine, il pousse un long coup de sifflet suivi de deux autres, très brefs. Avant que Eudes n'ait eu le temps d'entamer ce duel, quinze brigands sont là, l'arme à la main.

Pute-Foi ricane, puis d'une voix apaisante :

« T'as compris, petit gars? »

Convaincu de son impuissance, furieux, Eudes reconnaît :

« Tu es le plus fort avec l'aide de ceux-là. Mais j'aimerais te voir accepter d'en découdre loyalement avec moi. »

Angebault éclate de rire.

« T'es fou. Pourquoi veux-tu courir un risque, ou me le faire courir? Pour satisfaire ta petite vanité? Je ne marche pas. Orri non plus n'apprécierait pas, à juste titre : que je te tue en combat singulier ça risquerait de lui causer des ennuis, peut-être de lui faire perdre des pratiques, et, si je me faisais estropier, il m'achèverait, la vache. Rengaine, mon gars, c'est plus sage, et fous-nous la paix. »

Eudes, au milieu de la quinzaine de brigands dont l'attitude calme, désinvolte n'est ni insultante ni menaçante, se trouve quelque peu confus, gêné. Il se dit qu'il ne va tout de même pas se faire exécuter pour quelques deniers ou quelques bijoux sur lesquels il n'a aucun droit.

« Tu as gagné, dit-il, en remettant son poignard au fourreau, mais un jour peut-être...

– Ça va, les gars, vous pouvez y aller. »

Angebault congédie ses hommes en rengainant à son tour. Puis il vient vers Eudes.

« Ça m'aurait emmerdé de te faire trouer la paillasse, mon gars, car tu es un bon compagnon au combat. »

De nouveau, il a un grand rire.

« Tiens, je ne vais pas être vache, je vais te prouver que j'ai pour toi de l'estime. Viens dans la tente, on fait part à deux.

– Non, je ne veux rien.

– Tu as tort.

– Peut-être mais c'est ainsi. »

Eudes recule.

« Je ne peux pas t'empêcher de piller, mais je n'y participerai pas. »

Brusquement, la fureur déforme les traits de Pute-Foi.

« Tu m'emmerdes toi, le sais-tu ? Tu te crois peut-être du camp des honnêtes gens ? Mais, dis-moi, les troupes de ton seigneur, que feront-elles tout à l'heure ? La même chose que moi. Alors ? Et le sac des villes, et le sac des châteaux ? Tiens, fous le camp ! J'aime mieux plus te voir. Tous, tous sans exception vous êtes là à rêver d'or, sous une forme ou sous une autre. Tous, vous tuez ou vendez parents, alliés, amis mais vous n'avez que la mentalité du chien couchant. Féroces, hargneux, sournois mais rapportant à votre maître. »

Eudes crie : « Ta gueule ! » Et s'éloigne.

Pendant un moment encore, il peut entendre les insultes d'Angebault. Puis elles finissent par se perdre dans le tintamarre général. Comme il se retourne, il voit le lieutenant d'Orri-Défie-Dieu disparaître dans la tente. Les arguments de Pute-Foi ont fini par ébranler sa volonté de faire respecter l'accord passé par Conrad. Après tout, qu'en a-t-il à faire que la part de butin du gros Yvon soit plus ou moins opulente ?

34

Dans le petit jour humide et gris, les vainqueurs rassemblent leur butin et procèdent au partage, tandis que les serfs de Marigné se mettent au travail et creusent des sépultures. Le curé passe de corps en corps, bénit en marmonnant inlassablement.

Yvon et Rainaud jubilent à l'idée que leur ennemi, Simon de Segré, a été l'un des premiers morts de la nuit. Ils n'ont pu se contenir en voyant son cadavre mutilé. La haine les a poussés à frapper sauvagement sa dépouille. Une brève relation des faits a laissé apparaître qu'il a été décapité par un des hommes d'Orri, comme il sortait de sa tente, hurlant : « Aux armes ! » Et le Saxon n'a pu intervenir à temps pour le capturer vivant.

Entre Yvon et Orri-Défie-Dieu, l'entrevue est brève, elle ne donne lieu ni à échanges courtois, ni à confrontation. Le sire de Marigné, méfiant et précautionneux, ne permet à aucun moment à ses occasionnels alliés de pénétrer dans la place. Tout se règle donc au pied des lices.

Il n'est que tierce et déjà la troupe d'Orri-Défie-Dieu attend à cheval les ordres de son maître. Orri sollicite l'autorisation d'aller embrasser son vieil ami, Eustache Corne-Vin. L'entrevue ne dure pas. Quelques instants après, le chef brigand se hisse en selle et, debout sur ses étriers, il lance l'ordre du départ.

Après ce long encerclement de fer, le château respire. A tous, la disparition du danger imminent donne un incroyable courage. La vie semblait si précaire, les jours si comptés, que la promesse de paix, pour brève qu'elle puisse être, fait déjà oublier les morts et le chagrin. Les survivants en liesse s'embrassent et chantent à tue-tête, se congratulent longuement : leur tour n'est pas encore arrivé. Quant aux blessés, revigorés, ils espèrent.

Mais le travail est tel qu'il ne saurait être question de parlotes. Les fêtes sont remises à plus tard. Yvon, Rainaud, Conrad et Eudes, tous les chevaliers, et aussi toutes les dames et leur parenté vont, de droite et de gauche, organisant, prescrivant les besognes.

Lorsque descend la nuit, Marigné a, en partie, retrouvé son aspect habituel.

Tout le monde, au château, est non seulement harassé mais ivre : du donjon aux cabanes. Yvon a fait procéder à une distribution exceptionnelle de vin.

Eudes se refuse à assister au grand repas organisé pour fêter l'événement. Rien ne parvient à le décider, pas même les exhortations de Conrad.

« Mais enfin, pourquoi? s'insurge le Saxon. Il n'y a pas huit jours, tu aurais revendiqué cet honneur à cris de putois. »

Eudes, souriant, secoue la tête :

« J'ai mieux à faire.

– Et quoi donc?

– Devine! »

Hildegarde ne peut se retenir :

« Ma bonne grosse brute! Tu n'es vraiment pas fin. Les choses de l'amour te seront toujours étrangères. »

Le Saxon se frappe le front.

« Alice?

– C'est pas trop tôt, commente la compagne de Conrad, faut vraiment te mettre les points sur les i. »

Eudes se fait grave pour dire :

« Depuis des jours et des jours nous n'avons pas pu nous voir. Je n'y tiens plus. »

Conrad prend Eudes aux épaules.

« Mon Ruffin, as-tu conscience de l'importance de ton refus? On s'attend à te voir là-bas ce soir.

– Ça ne peut être si grave.

– Tu as tort.

– Hein?

– Comprends-moi. Tu n'as pas tort de vouloir retrouver vite Alice. Je crois pouvoir imaginer ta hâte, bien que... » il a un grand mouvement de bras, « je n'aie jamais rien éprouvé de pareil. »

Hildegarde s'exclame :

« Au moins, voilà de la franchise. Si je m'étais fait la moindre illusion, elle prendrait un rude coup.

– La ferme! »

Le Saxon a la mine renfrognée.

« Tu as conquis ta place de haute lutte. Bientôt tu dois être fait chevalier, et chasé de surcroît. Cependant, il faut te dire que rien n'est jamais simple. Le fer doit être battu lorsqu'il est chaud. Jamais il n'est bon de sembler négliger ou dédaigner ses droits.

– N'insiste pas, Conrad, ce serait en pure perte. »

Le Saxon hausse les épaules.

« Tête de mule! »

Il marche vers la porte. Hildegarde le plaisante encore quand il se retourne :

« Enfin! Compte tout de même sur moi pour tenter de détourner l'attention de la parenté de ta douce amie si quelqu'un prend conscience de son inexplicable absence. »

Alice lui a donné rendez-vous dans le jardinet coincé entre le donjon, la lice, l'église et une grange à fourrages. Ce paradis de verdure est clos de tous côtés. Nul donc ne pourra les voir.

L'étroite porte en est toujours soigneusement fermée à clef. Dame Constance veille personnellement sur ce lieu où elle aime venir se promener, ou se reposer, en admirant deux volières installées sur son ordre.

Eudes, arrivé très en avance, doit, pour y pénétrer, escalader le gerbier et sauter du toit dans les branches d'un gros cerisier. Après avoir enjambé une épaisse bordure de lys, il commence d'errer dans les allées sablées.

Après tant d'événements, tant d'aventures, cette promenade solitaire, dans l'attente de celle qu'il aime, lui semble douce. Il va rêvant à l'avenir, admirant, s'étonnant des imprévisibles détours de la fortune qui vont permettre à un petit écuyer, mal aimé, de gagner les éperons de chevalier. Sa poitrine se gonfle, rien maintenant ne pourra l'arrêter en si bon chemin.

Il hume, sans y prendre garde, les parfums qui montent des fleurs et de la terre. A haute et intelligible voix, il se surprend à dire : « J'ai besoin d'une revanche sur la vie. »

Une tenure dans le fief de Marigné, il ne saurait, à jamais, s'en satisfaire. Ce ne peut être, pense-t-il, qu'un premier échelon. Mais il en gravira d'autres. Bien d'autres. Angers, le comte Geoffroy, des combats, de vastes conflits... Les images se bousculent. Il sera bon d'y mettre de l'ordre. En attendant, pour fixer à nouveau son esprit sur celle qu'il aime, il doit faire un effort.

Dans la grande salle d'apparat cependant, chansons et plaisanteries deviennent sans cesse plus grossières. Sous l'écu de Marigné, par dérision, pend celui de Segré, la tête en bas et souillé de crachats.

Le grand hanap de vermeil, qui fit partie du butin rapporté de l'expédition contre Aix-la-Chapelle, sorti pour la circonstance, passe de mains en mains. L'écuyer Nicolas n'a, entre deux convives, que le temps de le remplir, les chevaliers, cramoisis et débraillés, s'appliquent à le vider d'un trait. Dans la confusion, dans ce tintamarre, nul ne prête attention à Alice qui discrètement se glisse vers l'escalier.

Eudes s'assied sur un banc, se lève et va s'installer un peu plus loin. Il a oublié sa fatigue, ses veilles. L'impatience le domine et, aussi, une joie immense. Alice va venir. D'un instant à l'autre, elle sera là. Il pourra la prendre, la serrer dans ses bras, lui dire qu'il l'aime. Leurs serments jusqu'ici étaient toujours empreints de mélancolie. Leur amour semblait si précaire qu'ils devaient échafauder, n'y croyant qu'à moitié, les projets les plus fous. Ce soir, il n'en est plus de même.

D'émotion, il ferme les yeux, mais un bruit ténu le fait sursauter. La porte vient d'être refermée. Il contourne un arbuste et la voit s'avancer vers lui, à pas vifs, serrée dans un manteau de laine.

Eudes court. L'instant d'après, elle est contre sa poitrine, les bras noués autour de son cou, qui lui répète inlassablement :

« J'ai eu si peur pour toi. Laisse-moi t'embrasser, mon amour, mon cher amour, mon Ruffin. »

Lui ne sait que répéter :

« Alice, Alice... »

Un peu plus tard elle l'écoute émerveillée, tandis qu'il lui conte les circonstances dans lesquelles les deux promesses d'Yvon ont été faites.

35

Le soleil s'est dégagé tôt ce matin et les oiseaux chantent. Avant de contourner la passerelle, pour rejoindre la cabane d'Eustache, Eudes regarde la ligne verte de la forêt visible au-dessus des lices. L'air est doux et Eudes se sent, comme jamais encore, heureux de vivre. Il sifflote en frappant à la porte de son vieux maître.

Même dans l'obscure tanière, la luminosité aujourd'hui est meilleure qu'à l'ordinaire.

« Satanés ivrognes, grogne Eustache, ne voilà-t-il pas que, sur le coup de minuit, l'envie leur vient de hurler des insanités à la belle étoile. Et de se réunir aussitôt pour gueuler des insultes contre ce Simon de Segré de malheur, qui est, à mon goût, fort bien où il est, mais qu'ils pourraient maintenant s'efforcer d'oublier. Ils sont venus sur la passerelle, juste au-dessus. Leurs beuglements m'ont coupé dans mon premier sommeil et pratiquement je n'ai pas pu me rendormir. Je n'ai ensuite cédé qu'à quelques-uns de ces états de somnolence que je déteste tout particulièrement : ils se transmutent tous en cauchemars. »

Eustache essuie de sa manche son front moite et bougonne :

« La victime, dans ces hallucinations n'est jamais moi, mais un des rares êtres que j'aime. »

La parole du vieillard est entrecoupée. Le souffle court, il respire mal. Son énorme ventre saille plus que jamais sous des fourrures affreusement crasseuses. Son visage boursouflé est livide.

« Pourquoi n'étais-tu pas avec ces braillards, puisque d'après ce que tu nous as conté, tu y as droit? A aucun moment je n'ai reconnu ta voix. »

Il ricane.

« Si tu ne te soûles pas de temps en temps, jamais tu ne deviendras un vrai chevalier. »

Mahaut, d'un mouvement vif, vient à Eudes. Son visage est souriant. Les fossettes de ses joues sont plus accentuées, maintenant qu'elle a pris de l'embonpoint. Elle se hausse sur la pointe des pieds, saisit la tête de son fils à deux mains et, sourcils froncés, l'examine avec attention. Lorsqu'elle le lâche, elle se tourne vers Eustache.

« Pas besoin de savoir tout votre latin pour deviner ce qu'il en est. Regardez-moi ce grand nigaud! C'est clair comme le jour, il est amoureux.

– Allons bon! dit Eustache, voilà que je vais regretter le temps où il courait derrière chaque jupon.

– Peut-on connaître le nom de l'élue? demande Mahaut.

– Alice, dit Eudes.

– La fille d'Yvon? s'exclament Mahaut et Eustache en même temps.

– Oui.

– Sa préférée? »

Incrédule, Mahaut semble avoir absolument besoin d'une confirmation.

« Oui.

– Décidément, tu es fou. Si tu crois qu'il consentira à te la donner.

– Et pourquoi refuserait-il, une fois que je serai chasé?

– Question de race d'abord, mon gars, dit Eustache. Il préférerait certainement la marier à un autre de ses chevaliers, même le moins brillant, s'il ne peut lui faire épouser un des feudataires de la région. Question de dignité, d'orgueil et de sympathie ensuite.

– Pourquoi? Je serai l'égal...

– Tu seras, tu seras, conte-moi ce que tu veux mais, à ses yeux, tu ne seras jamais que le fils d'un obscur écuyer, d'un homme pauvre qu'il a, de surcroît, haï et jalousé. Ça fait beaucoup. Ne te fais pas d'illusions.

– Ce sera elle et pas une autre. »

Eustache secoue la tête.

« Je te reconnais bien là. Décidément, tu as le génie de compliquer tout à loisir. »

Mahaut fait asseoir Eudes près d'elle.

« Mon Ruffin, laissons un peu de côté ce problème. Nous y reviendrons lorsqu'il sera temps.

– Je ne céderai pas...

– Laisse, laisse, je voulais te dire, j'ai été si inquiète ! J'ai eu si peur pour toi que je ne pouvais plus t'en vouloir de m'avoir jadis désobéi.

– Tu deviens bien sentimentale, Mahaut, dit Eustache. Tu ne nous a pas habitués à tant de mansuétude. Méfie-toi, ça peut, dans ton nouvel état, te faire du tort. »

Eudes sourit et porte la main de Mahaut à ses lèvres. Puis, faisant face au vieillard :

« Parlons de vous, maître Eustache, comment vous sentez-vous ces temps-ci ?

– Si je te réponds honnêtement, tu vas pousser des cris d'orfraie.

– Pourquoi ?

– Parce que je suis au bout de mon rouleau.

– Je ne vous crois point.

– Tu as tort.

– Non, vous êtes, sitôt qu'il s'agit de vous, toujours des plus pessimistes. Je me souviens vous avoir entendu affirmer la même chose à cinq ou six reprises.

– Peut-être, puisque tu le dis. Mais, cette fois, le terme est proche. Je partirai en même temps que les feuilles, avec l'automne. »

Eudes et Mahaut lui répondent en même temps, il s'insurge :

« Non, non, taisez-vous. Ne cherchez point de vaines consolations. Je ne suis pas attristé. La mort m'apparaîtra comme une délivrance. Je regrette seulement de vous causer quelque chagrin. Mais n'oubliez point que je souffre chaque jour un peu plus. Je ne suis même plus libre de réfléchir comme je le faisais, voici encore pas si longtemps. Un vieillard impotent, passe encore. Mais s'il n'a même plus sa tête, c'est-à-dire la possibilité de rêver la vie, que signifie-t-il ?

– Où avez-vous mal ? » s'inquiète Eudes.

De l'index, Eustache désigne son ventre.

« Là, petit. Heureusement que j'ai appris à Mahaut les recettes de certaines potions calmantes, puisque je ne suis même plus capable, en période de crise, de me lever. »

Eustache hausse les épaules. S'essuie pour la centième fois le front.

« Bah! Laissons cela aussi. Oublions cette grosse panse qui, après avoir fait si longtemps ma joie, est cause de mes déboires. Dis-moi plutôt, mon Ruffin, sais-tu que ta mère a déjà ses pratiques?

– Vrai, mère?

– Ne compte pas qu'elle t'avoue incontinent ses succès. Elle est tellement méfiante qu'il lui faut des certitudes à vous crever les yeux. Mais moi, je suis fixé. Tout ira bien pour elle. »

L'œil de Mahaut s'éclaire.

« Vrai? répète Eudes, qui lui tient toujours la main.

– Vrai. Messire Eustache a raison.

– Sais-tu qui elle a su convaincre de ses pouvoirs? »

Devant la mine interrogative de Ruffin, Eustache dit en éclatant de rire :

« Mon imbécile de neveu. Ce gros Yvon. »

Les rires de Mahaut et d'Eudes se confondent avec celui du vieillard.

Un peu plus tard, comme Eudes est sur le point de partir, Mahaut soudain propose :

« Messire, m'autorisez-vous à organiser ici demain soir un bon repas pour nous trois?

– Rien ne pourrait davantage me faire plaisir. »

Elle s'adresse à Eudes :

« Tu veux bien?

– Oui, mère.

– Alors je compte, nous comptons sur toi. Mais je sais que tu as d'importantes choses à faire. Va, mon fils, va chercher ta récompense. »

36

Conrad et Eudes, vêtus de bliauds de soie, l'un jaune et l'autre bleu, apparaissent dans l'encadrement de la porte principale. Rainaud, assis dans le fauteuil de son père, sous l'écu de Marigné, bavarde avec Ferri et Mathieu de Vaux. A grands gestes, il appelle les nouveaux arrivants qui se sont immobilisés sur le seuil.

« Venez, venez ! Vous n'êtes point de trop. Ferri et Mathieu partent à l'instant pour aller voir ce qui reste de leurs tenures et prendre toutes dispositions afin de les remettre en état. »

Ferri demande :

« Et toi, Conrad, quand comptes-tu te soucier de Chenillé ?

– Incessamment, répond le Saxon, nous avons encore quelques problèmes à régler puis je filerai voir ce qui reste debout par là.

– Le spectacle risque de n'être point réjouissant.

– Bah, reconstruire sera vite fait. »

Durant quelques minutes, des généralités sont échangées, puis les deux chevaliers chasés saluent et sortent.

« Que vouliez-vous ? demande Rainaud. Conrad, tu as la mine de celui qui va quémander.

– Messire, nous souhaitions vous voir, Eudes et moi, ainsi que votre père.

– Il est parti aux aurores pour Cherré. Il ne rentrera point avant une paire d'heures. »

Rainaud se verse une large rasade de vin et, la mine hilare, les yeux légèrement troubles, s'exclame :

« Si le cœur t'en dit, Saxon ?

– Non, pas maintenant.

– A ton aise. Moi, depuis cette satanée blessure, il désigne sa cuisse droite enveloppée d'un énorme pansement, depuis que je ne tiens que difficilement à cheval, et encore, pour un court trajet, je me console en buvant. »

Le visage du Saxon est sévère et impassible. Après un silence, il dit :

« Messire Yvon m'avait demandé de venir le voir, à cette heure, pour discuter de questions importantes. Je suis surpris qu'il ne m'ait point attendu.

– Mais, Saxon, c'est aussi une chose importante qu'une tenure sans vassal.

– Précisément elle ne m'en semble point dépourvue, si vous faites allusion à Cherré.

– Que chantes-tu là? »

Rainaud, une nouvelle fois, vide son gobelet puis le remplit.

« C'est moi qui bois et c'est toi qui perds la tête. Tu sais bien qu'Enguerran est mort sans enfant mâle.

– Certes, mais vous pourriez vous souvenir qu'elle a été pourvue, peu après. Donnée à mon écuyer que voici, en raison de ses succès, de la destruction en particulier de la tour mobile. »

Rainaud repose son gobelet d'un geste brusque :

« Quelles sont ces sornettes? »

Eudes fait deux pas précipités et s'exclame :

« Je n'avais encore jamais pensé qu'un serment puisse être qualifié par un homme noble de " sornette ". »

Conrad saisit Eudes par la manche et le tire en arrière.

« Tout beau, mon Ruffin. Point de colère, ni d'affolement. Du calme. Laisse-moi parler. »

Cependant, Rainaud cherche à se mettre debout. Son ivresse, plus encore que sa blessure, l'en empêche. Il bégaie de rage, ses yeux sont injectés de sang.

« Le chien! Il ose, ici même, cet infâme bâtard, ce rustre, attends voir, tu ne perds rien pour attendre. »

Conrad, qui maintient Eudes à grand-peine, se fâche à son tour.

« Bon Dieu. Lorsque sur la lice le serment a été fait par messire votre père, ça chauffait dur, votre foutu château vacillait sur ses bases. Vous risquiez fort d'être envoyé *ad patres* ainsi que nous tous. Et vous-même avez souscrit à la promesse. Vous aussi avez promis.

– Moi? Mensonges. »

Le front inondé de sueur, Conrad dit :

« Ruffin, va-t'en. Sors d'ici. Je vais m'expliquer avec l'ivrogne. » A ce mot les cris de Rainaud redoublent, mais sans en tenir compte, Conrad enchaîne. « Mais de grâce, Eudes, laisse-moi en paix ou nous n'en sortirons pas. »

A contrecœur, Eudes, livide de colère, accepte :

« D'accord, je sors, mais je te jure, Saxon, si on ne me rend pas justice, je l'étripe, je les étripe tous. »

Tandis qu'il s'éloigne, le Saxon fait face à Rainaud :

« A nous deux maintenant et tâchez, mon jeune sire, de vous souvenir, et aussi de comprendre. »

Eudes descend l'escalier quatre à quatre, franchit la passerelle en trombe, et commence de marcher à grands pas dans la cour. Sa fureur est telle qu'il parle à haute voix sans prendre conscience des regards surpris de ceux qui le croisent. A aucun moment ne lui vient l'envie de cherche refuge près de sa mère ou d'Eustache, ou bien encore d'alerter Alice. Incapable de demeurer en place, il va à travers la cour, sans s'arrêter.

« Le fumier, l'ignoble porc, grince-t-il pour la centième fois. Jamais je n'aurais dû avoir confiance. J'aurais dû me douter que, le danger passé, il n'accepterait pas de gaieté de cœur de me voir devenir chevalier. Il me fallait prévoir qu'ils tenteraient de ne pas tenir leurs promesses. Conrad avant-hier avait raison, j'aurais dû suivre son conseil, aller à ce maudit repas, m'imposer. L'ivrogne! C'était trop beau! Et le gros Yvon osera-t-il se parjurer? Bon Dieu que je les hais! Si jamais ils refusent de tenir leur parole, je... »

A cet instant la trompe de la porte sud retentit, signalant l'apparition de cavaliers. Machinalement, Eudes se dirige vers eux.

Comme il arrive à la porte, il voit Yvon et une dizaine d'hommes d'armes qui pénètrent dans la cour. Le sire descend pesamment de cheval, jette la bride au palefrenier le plus proche et, à grands pas, se dirige vers le donjon. Sans plus réfléchir, Eudes court :

« Messire! »

Yvon se retourne. En reconnaissant Eudes, son visage se rembrunit.

« Que veux-tu?

– Justice. »

Yvon s'arrête pile et, les yeux durs, corne :

« Quoi?

– Je réclame justice.

– Contre qui?

– Personne d'autre que votre fils. »

Yvon marche sur Eudes, se fait menaçant.

« Qu'entends-tu par là?

– Rainaud conteste votre commune promesse de me faire chevalier et de me chaser. »

Tandis qu'Yvon le contemple, un moment muet, Eudes, à moitié calmé par son éclat, commence à se demander s'il n'a pas agi et parlé dangereusement. Il ajoute, s'efforçant au ton conciliant :

« J'ai peut-être tort de m'emporter. Messire Rainaud, blessé, a peut-être beaucoup trop bu pour se souvenir. »

Avec un rire sardonique Yvon dit :

« En tout cas, tu n'as point tort de t'inquiéter. Car tu ne seras pas chevalier, et chasé moins encore. »

Un grand froid envahit Eudes, il déglutit avec peine, d'abord il reste sans réaction cependant qu'Yvon crache son mépris :

« Pauvre bâtard! Comment as-tu osé t'imaginer siégeant à ma table, prenant part aux conseils, toi, le fils d'un rustre et d'une catin? »

A ces mots Eudes grince, hors de lui :

« Misérable, lâche, parjure! »

Yvon le saisit au col.

« En te battant pour moi, tu n'as fait que payer un peu de ta dette. Depuis le temps que je te nourris après avoir nourri ton cocu de père. Enfiler ta mère ne pouvait assez me dédommager. »

Eudes se dégage et hurle.

« Méfie-toi, gros porc ignoble.

– Hein? Tu oses m'insulter? C'en est trop! » En même temps, Yvon dégaine sa lourde épée, il ricane : « Attends, petit salaud, que je te coupe les oreilles avant de te faire pendre! Bon Dieu! depuis que j'en ai envie!

– Et moi, depuis que je souhaite te trouer la paillasse. Ah! tu insultes mon père et ma mère, eh bien, tu vas payer. »

Des soldats indifférents passent au loin. Eudes sort la luxueuse dague qu'Yvon lui a donnée, à regret, par l'intermédiaire de Conrad, il répète :

« Tu vas crever, gros porc. Dis ta prière quoique ça ne serve à rien. Le diable lui-même refusera de te recevoir. »

Yvon, l'épée haute, se jette sur le jeune homme. Celui-ci esquive avec souplesse et provoque :

« Alors, gros lard, c'est aux cuisines que tu as appris à te servir de ta broche. »

Yvon frappe à coups redoublés mais Eudes n'est jamais là où il l'espère. Le sire hurle des obscénités ; une rage folle le domine, soudain Eudes, d'un bond d'une audace folle, passe sous la lourde épée ; Yvon, surpris, sent contre lui ce corps musclé et nerveux. Une poigne implacable saisit le bas de sa broigne, la trousse en lui faisant perdre l'équilibre. L'instant d'après, un corps dur, mince et froid s'enfonce dans son ventre que rien ne protège plus.

La somptueuse poignée de la dague byzantine continue de maintenir retroussés la broigne et le bliaud. Ahuri, les membres soudain très faibles, Yvon se regarde le ventre comme s'il ne comprenait pas. Incrédule, il répète par deux fois :

« Tu as osé, tu as osé ! » Puis il crie : « A la garde.

– Crève, ordure, crève. Et dis-toi que c'est Eudes Ruffin qui t'a définitivement vaincu.

– Tu seras... » Yvon s'écroule sur le dos.

« Je me fous de ce que je serai. Toi, tu ne seras pas là pour le voir, et moi j'ai l'immense plaisir de te voir crever. »

Eudes éclate de rire. Puis il se baisse et saisit Yvon à la gorge.

« Tiens, j'aime mieux encore ça que d'être chevalier et chasé. Avoue, ordure, que c'est toi qui as fait tuer mon père. »

Le sire de Marigné tente de peser sur les bras qui le maintiennent, son visage devient exsangue, ses yeux se ferment. Il ne souffre point mais ressent comme une immense envie de dormir, de fermer les yeux. Il se contraint pourtant à sourire. La dernière question s'est vrillée en lui. Répondre est un peu une ultime volupté. Il chuchote :

« Oui, c'est moi. Mais sans l'aide de personne. Moi, tout seul. Et l'autre imbécile qui croyait que j'étais venu le rejoindre par amitié. Le pauvre con... »

Eudes lâche ce grand et lourd corps, puis, à coups de pied, il lui laboure les côtes.

« Fumier, fumier, je voudrais t'arracher le cœur! »

Eudes crie de façon démentielle. Soudain, à genoux, il prend la tête du sire et âprement, questionne :

« Ma mère était au courant? Hein? Réponds? L'était-elle? »

Yvon ouvre les yeux au prix d'un visible effort.

« Elle n'était qu'une jeune sotte... » le sire chuchote difficilement « ... coquette, vaniteuse, qui ne comprenait rien. Après, elle a préféré ne jamais savoir... »

Les soldats, enfin accourus, saisissent Eudes. On le frappe en le traînant vers le donjon.

Rainaud s'efforce de dominer son ivresse, Constance, les yeux rouges, fixe immobile le jeune écuyer. Alice, en apprenant la nouvelle, s'est évanouie. Conrad, comme fou, vient d'être enfermé dans une des salles en haut du donjon, après avoir été à grand-peine désarmé. Sur la vaste table repose le corps d'Yvon tandis que les serviteurs préparent le lit d'apparat mortuaire.

Clignant des yeux, la voix pâteuse, Rainaud dit :

« Qu'on l'enferme dans un des cachots de la cave. Des émissaires doivent partir pour faire revenir Ferri et Mathieu avant la nuit. A l'aube demain, ce maudit bâtard sera supplicié, roué, et pendu en présence de tous. »

Chevaliers, écuyers et sergents ont entendu la sentence, impassibles. Ils s'apprêtent à sortir lorsque Rainaud les rappelle et frappe avec une cruche sur la table. Le vin se répand, éclaboussant le cadavre.

« Et n'oubliez pas qu'à présent, c'est moi le seul maître. »

37

Sinistres, les coups de marteau des charpentiers lui parviennent assourdis. S'y mêlent parfois des cris et des ordres. De vagues lueurs dansantes découpent l'étroit soupirail, unique prise d'air du cachot. Les serfs éclairent le travail des ouvriers au moyen de torches fichées au bout de longs bâtons. Il faudra une partie de la nuit pour construire l'échafaud, et la tribune, d'où la famille du noble sire pourra se gorger du spectacle de sa vengeance.

De temps en temps, Eudes se répète pour se donner du cœur au ventre.

« Je ne regrette rien. Si c'était à refaire je recommencerais. Je devais le tuer. »

Pourtant, le souvenir du visage livide et hébété d'Yvon perd de son importance. Eudes a d'autres soucis : Alice, sa mère, Eustache, Conrad. La révolte aussi gronde et le domine. Il aime si puissamment la vie. Mourir à dix-huit ans! La résignation lui convient mal.

Ces réflexions tournent et retournent en lui. Puis, vers une heure du matin, l'incroyable tension nerveuse, qui, jusque-là, l'a soutenu, s'apaise, d'un coup. Eudes sombre dans un sommeil de brute.

Lorsqu'il se réveille, l'obscurité est complète et il n'entend plus rien. Sans doute les préparatifs sont-ils achevés. Combien de temps a-t-il dormi? Impossible de le savoir, mais l'aube ne doit plus être loin. De nouveau, l'idée de sa fin prochaine s'empare de lui, le tenaille. Aux moments de désarroi succèdent des moments de haine et de défi puis le souvenir de ceux qu'il aime l'accable. Que vont-ils devenir? Quel sera leur sort?

Vingt fois, trente fois il se lève, marche, tourne en rond dans l'étroite cellule où on n'a point pris, tant elle est inutile, la précaution de l'attacher.

« Le malheur est mon lot. »

Il se répète ces mots, y trouvant comme une consolation à son impuissance. Mais, lorsque l'assaille la pensée des tortures qui vont lui être infligées, il s'affole.

« Je vais crier, pleurer, implorer, donner le spectacle affligeant de la lâcheté. Mieux vaudrait mourir dans l'instant que de m'offrir ainsi à mes bourreaux, leur fournir cette immense joie. »

Il se jette à genoux, cherchant à tâtons avec quoi il pourrait mettre fin à ses jours. Rien ne peut l'aider. Le sol est nu. Il se redresse, hésite à se frapper la tête contre le mur. Il sait que ce geste serait inefficace. Alors?

Peut-être pourra-t-il, lorsqu'on viendra le chercher, voler le poignard d'un soldat et se percer le cœur. Plus il réfléchit, plus il croit avoir trouvé la solution. Tout dépendra de sa vivacité. Il se rattache à ce geste comme à une libération.

A un moment même, sûr de lui, il éclate d'un rire amer : ce sera le dernier coup qu'il pourra porter à ces maudits, à l'ignoble Rainaud. Quel plaisir pourrait éprouver cet imbécile à voir supplicier un corps sans vie?

Assuré d'échapper au bourreau, il peut maintenant rêver plus librement à ceux qu'il aime. Mais il a un mal fou à imaginer Alice. Il sait qu'elle aimait son père. Lui pardonnera-t-elle? Peut-elle deviner qu'il a été sinistrement, ignoblement poussé à ce meurtre?

De nouveau, il ressent le besoin de bouger. Au moment où il va se dresser, un léger grincement attire son attention. Il se fige pour mieux entendre. C'est bien cela, quelqu'un bouge tout près, derrière la porte.

Souple et silencieux comme un chat, sans s'interroger sur la personnalité de celui qui peut avoir intérêt à venir le voir, il bondit et se plaque contre le mur, juste à côté du battant.

Celui-ci grince imperceptiblement en tournant sur ses gonds. La lueur jaunâtre d'une torche dessine alors, en ombres chinoises, la silhouette du visiteur. Au premier regard, il l'a reconnue :

« Alice. »

La jeune fille l'embrasse, frénétique. Eudes la serre contre lui, lui rend ses baisers, balbutiant de joie. Brusquement, Alice s'écarte, le visage tendu par une volonté, une détermination farouche.

« Non, Eudes. Je suis ici pour te sauver. Ne gaspillons pas des minutes précieuses.

– Mais, mon amour...

– Tais-toi, ne me fais pas perdre ce qui me reste d'énergie. Je t'en supplie. Tu vas fuir. Je jure de t'attendre. Tant pis pour moi si tu ne peux jamais revenir, ou si tu m'oublies. Maintenant, prends : voilà une dague, une hache, une corde et une bourse avec quelques deniers et huit sous d'or. Je te jure de n'en point posséder d'autres. »

Elle pose une main sur les lèvres d'Eudes qui veut protester.

« Je t'ai demandé de m'écouter sans jamais m'interrompre. Tu vas me suivre ; j'ai non seulement la clef de la porte du donjon, mais aussi celle du jardin de ma mère. Je vais t'y conduire. Escalade la lice et, au moment où la sentinelle ne regarde pas, saute. »

Elle a un petit sourire :

« J'ai confiance dans ta force, ton agilité et ta ruse. Viens et à la garde de Dieu. »

Eudes l'arrête :

« Et Conrad, chuchote-t-il, et ma mère et Eustache ?

– Conrad est emprisonné tout en haut du donjon. Je m'arrangerai pour le voir demain. Mais, te sachant sauf, il pliera devant Rainaud pour tirer son épingle du jeu. Ta mère est sous la protection d'Eustache ; d'ailleurs, Rainaud craint la sorcellerie plus que tout au monde et Mahaut a déjà bonne réputation. Il ne s'y frottera point. Mais assez parlé, allons. »

Ils escaladent l'escalier. Déjà Alice a déverrouillé la lourde porte. En se glissant vers le jardin, Eudes aperçoit les lignes sombres de l'échafaud et de la tribune. Il ne peut réprimer un frisson. Dans la closerie, de nouveau les deux jeunes gens s'étreignent. Mais Alice est impatiente.

« Va, mon Ruffin.

– Quelle heure est-il, mon amour ?

– Un peu moins de quatre heures. Fuis. Avec un peu de chance, tu as trois heures devant toi. »

Ils sont au pied de la lice.

« Alice, je reviendrai te chercher. Compte sur moi. Et ne doute jamais de mon amour.

– Je jure de t'attendre, mon Ruffin. Je t'aime. »

Au moment où Eudes commence l'escalade, Alice disparaît, soucieuse de ne donner en rien l'éveil, de prendre le moins de risques possible.

Le soldat de garde marche lentement, s'accoude parfois à la palissade, puis repart, revient. Eudes l'entend bâiller. L'homme doit trouver le temps long. Deux ou trois minutes s'écoulent ainsi. Ruffin, sur des charbons ardents, dominé par un besoin fou d'agir, de fuir, se demande s'il ne sera pas obligé de le poignarder. Dans l'ombre, il ne peut le reconnaître, mais la pensée d'exécuter froidement un de ceux avec qui, il n'y a pas si longtemps, il combattait le retient. Soudain le soldat tousse puis se penche et ramasse quelque chose. Une seconde plus tard Eudes sourit. La sentinelle a apporté de quoi boire, de quoi se réchauffer.

Le chemin de ronde franchi, Eudes fait coulisser la corde autour d'un pieu. Les pieds entortillés, il pèse de tout son poids d'un côté, de l'autre il se tient à deux mains et n'a plus qu'à laisser filer progressivement de la corde.

Cet exercice pour lui est un jeu d'enfant. Il touche bientôt le fond du fossé. Par chance, les travaux pour le remettre en eau ne sont pas achevés. Recevoir sans bruit le second bout de corde – il ne veut pas qu'un indice dénonce trop tôt son évasion – lui semble dangereux mais tout se passe bien ; il parvient a en saisir l'extrémité avant qu'elle ne heurte le bois.

Le voilà hors de Marigné. Vers où va-t-il se diriger ? Il est sur la partie est du château, est-ce la bonne direction ? Indécis, il préfère y réfléchir. Pour le moment, il est urgent de s'éloigner, de gagner la forêt.

Il rampe sur le sol avec adresse, tenant d'une main la dague, de l'autre la hache. Il lui faut près de dix minutes pour faire les cinquante premières toises. Ensuite, il peu filer courbé. Impossible de le distinguer dans l'obscurité.

Lorsqu'il atteint la lisière du bois, une dernière fois il se pose la question : « Quelle direction dois-je prendre ? »

Pour échapper aux poursuites, brouiller les pistes, il ne voit pas d'autre possibilité que de gagner au plus vite la Mayenne. L'eau dépistera les chiens. Ses pas ne laisseront aucune marque. Il part, réglant son pas de façon à pouvoir courir longtemps, très longtemps.

Échappera-t-il ? Il s'interroge tandis qu'il file, soucieux de sa respiration. Une lieue et demie le sépare de la Mayenne. Avec leurs chevaux, les autres l'auront bientôt rejoint. Pourtant, c'est sa seule chance.

Quand il se trouve au niveau de la porte ouest du château il prend le chemin de Chenillé. Tant que la poursuite n'est pas commencée, il a intérêt à le suivre. Il se détourne de temps en temps pour écouter. Mais tout est calme.

Soudain, il se dit que c'est sur ce chemin qu'on a jadis retrouvé le cadavre de son père. Curieux retour des choses, voilà que lui, le meurtrier de celui qui tua Ancelot, cherche la vie grâce à ce chemin.

La sueur inonde son corps bien qu'il fasse doux, mais la course n'est pas seule responsable. Quelle chance a-t-il d'échapper à ses poursuivants ? Dans tout l'Anjou, Rainaud va envoyer des messagers pour demander l'aide des seigneurs. La chasse à l'homme est si excitante qu'il ne manquera pas d'aide. Eudes doit au plus vite sortir de la province.

Sa chance, il va la défendre de toutes ses forces. Mais... Il a un moment d'émotion à la pensée d'Alice, à la confiance qu'elle lui a manifestée.

« Pour elle, je dois tout faire pour vivre et un jour la retrouver. »

38

Vivre ! Eudes Ruffin est prêt à toutes les luttes. Fuir, profiter au plus vite de la maigre avance qu'Alice a su lui ménager. Il rampe, glisse, ombre collée à l'ombre.

A plus de deux cents toises de la lice il se redresse et, perplexe, délibère un instant : quelle direction prendre ?

Ce premier choix presse. Ensuite, il disposera d'un peu de temps pour élaborer, arrêter le plan qui doit lui permettre d'échapper à tant de guerriers. Impossible de se fier à la seule improvisation. Ceux de Marigné bénéficient de tels avantages : équipements et auxiliaires, chevaux et chiens !

A l'ouest, moins de deux lieues, coule la Mayenne, épaisse et calme, presque amicale dans les souvenirs du fugitif. Il n'y a que l'eau pour dépister le flair des dogues.

Eudes entreprend de contourner le château. Inutile de gagner la forêt. L'obscurité est telle qu'à cette distance nulle sentinelle ne peut soupçonner sa présence.

L'herbe est souple. Il marche d'un pas vif, attentif à la masse sombre des bois qui lui sert de repère. Aboiements sinistres des chiens dans la grande cour du château de Marigné. Dans l'haleine sourde et douce de la nuit une buse crie, puis il l'entend voleter dans les branches.

Pour la énième fois, Ruffin se redit qu'il n'a aucune illusion à se faire. Rainaud de Marigné, poussé par son arrogante jalousie et par sa haine ancienne, a beau ne pas avoir aimé messire Yvon, il ne voudra pas laisser sans vengeance exemplaire le meurtre de son père. Si justifié qu'ait été le geste de Ruffin.

Eudes tressaille. Satisfaction et dégoût! Sa dague s'enfonçant dans le ventre épais du gros sire de Marigné soudain gémissant : « Tu as osé, tu as osé! », s'interrompant pour crier d'une voix rauque et éteinte : « A la garde! », puis, l'instant d'après, finissant par avouer avec un ultime ricanement que les soupçons d'Eudes étaient justifiés, que, seul, il avait assassiné Ancelot, père si regretté du Ruffin.

Aucun doute : la poursuite sera féroce. Car les chevaliers et les hommes d'armes, surexcités par des promesses et les délices de la chasse à l'homme, sauront aider avec un zèle impitoyable leur nouveau maître.

Jamais guérets et jachères environnant Marigné ne lui ont paru si vastes. Il lui tarde d'atteindre le chemin des bois. Par raison, il a su réprimer l'envie folle de courir à toutes jambes, il adopte maintenant un petit trot régulier qu'il sait pouvoir tenir des heures.

Au rythme de la foulée sa pensée vagabonde. Nul besoin d'être voyant ou prophète pour prévoir qu'à peine sa disparition constatée le donjon retentira de clameurs et connaîtra la fébrile activité du branle-bas de combat. Il tente d'imaginer les multiples scènes, y parvient au point d'entendre injures, menaces et ordres.

Sa jeunesse, ses forces intactes le poussent au défi : qu'ils y viennent! Il va la vendre chèrement, sa peau. Et s'il en réchappe, il en est qui regretteront, au sang, un entraînement criminel et aveugle.

Mais l'angoisse supplante tôt le désir de provocation et de vengeance. C'est qu'il n'est point seul en jeu. Sa disparition met en péril ceux qu'il aime et qu'il abandonne sans recours derrière lui. Que va-t-il advenir d'Alice, son amour; de Mahaut, sa mère; d'Eustache, son bon maître; de Conrad le Saxon, qui fut toujours moitié l'ami, moitié le père adoptif?

Quand les reverra-t-il, et même... les reverra-t-il jamais? De toute l'ardeur de son optimisme naturel il rejette cette dernière hypothèse et revient au présent. Alice lui a juré n'avoir rien à craindre. Nul, a-t-elle affirmé, ne pourrait se douter que la propre fille du seigneur Yvon a fait échapper son meurtrier. Et elle a promis aussi de veiller sur Mahaut. Eudes a d'autant plus confiance qu'il connaît les trésors d'astuce et de rouerie dont peut faire preuve sa mère. A Conrad, Rainaud ne saurait rien reprocher : le pauvre chevalier n'a-t-il pas été enfermé, mis au secret la veille au soir, tout en haut du donjon? Quant à Eustache, le vieux bonhomme est assez fin pour se tirer d'un mauvais pas, surtout s'il n'a rien à se reprocher. Eudes ne parvient pas à réprimer un sourire ému en se rappelant l'intelligence et la malice de son regard.

Lorsque Ruffin atteint le chemin forestier qui mène à Chenillé, puis, au-delà de la Mayenne, à la tour de guet d'Aviré, son analyse l'a quelque peu rasséréné et il se sent l'esprit plus libre pour mener son combat. L'assaille alors la pensée de son père, l'écuyer Ancelot, qu'on a un soir retrouvé là, sanglant, le crâne fracassé, le pied coincé dans l'étrier, quatre serfs maîtrisant sa monture hagarde. Pour la première fois un sentiment de calme tempère sa vivace amertume : « Mon père est vengé, se répète-t-il, messire Yvon est mort de ma main comme mon père est mort de la sienne. Ce n'est que justice. »

Pourtant il s'attarde un moment à souligner la différence entre ces deux morts : « Yvon a été occis de face, les armes à la main, comme dans un duel, en un jugement de Dieu impromptu. Il est tombé au moment où il pensait m'accabler. Alors que mon père a été meurtri, par infâme surprise, de la main de celui qu'il servait. »

A courir sous les arbres multicentenaires, Eudes éprouve une sensation de soulagement, presque de sécurité, qu'il a tôt fait de qualifier de « ridicule ». Pour s'en sortir il devra veiller à éliminer de tels fantasmes. Unique élément rassurant, jusqu'ici, dans sa fuite : au moment de quitter l'immense clairière de Marigné, son évasion ne semblait point encore éventée. Tout paraissait dormir dans la cour et au donjon.

De quelle avance disposera-t-il? Ses chances de survie reposent sur une différence de quelques minutes. Brève panique : vite, vite, accélère! Il se reprend : céder à l'affolement serait faire la courte échelle à la mort. Foin donc des imaginations et des chimères. Premier impératif : ménager ses forces et atteindre pourtant la Mayenne bien avant ceux de Marigné. Eudes décide de prendre des raccourcis, en dépit des risques d'erreurs. Surveillant sa respiration, il se lance par les travers.

La rosée transperce ses chausses et le bas du bliaud. Les ronces le griffent, l'agrippent comme pour tenter de freiner son avance. Rameaux et branchages lui cinglent cruellement le visage. Pas une seconde, cependant, sa foulée ne se désunit.

A travers les frondaisons, au hasard des clairières, il voit le ciel peu à peu s'éclairer de gris, parcouru par de longues traînées noirâtres de brumes lourdes. Déjà, par milliers, les oiseaux s'éveillent au chant. L'air est doux.

Lorsque Ruffin émerge des profondeurs du bois, il découvre avec joie la Mayenne qui va, large et indolente. Ses eaux, particulièrement basses pour la saison, ont des reflets opalescents et donnent une curieuse impression de consistance ligneuse. Après s'être repéré, Ruffin estime n'être plus qu'à une demi-lieue de Chenillé.

Bientôt, il lui faudra traverser la rivière, afin d'éviter les habitants du hameau qui, déjà, doivent commencer à s'activer, à vaquer aux premiers travaux. Eudes grimace à la pensée du bain qui l'attend et préfère en retarder le moment : encore quelques minutes et le soleil apparaîtra.

Il n'a pas parcouru deux cents toises, le long de la rive, qu'une lointaine rumeur l'alerte. Sans plus barguigner il plonge. Non sans s'être au préalable assuré que dague et hache tenaient solidement à sa ceinture.

Le souffle coupé, d'abord il suffoque. Mais il est trop volontaire, et surtout trop sévèrement aiguillonné par la menace, pour ne point surmonter cette première défaillance. Nageant avec une énergie farouche, rapidement il s'adapte.

Ainsi qu'il l'escomptait, le courant le déporte et l'entraîne vers le sud (la direction est bonne qui l'éloigne de Marigné). Loin de le contrecarrer, de toute sa force il s'applique à l'utiliser.

Vers le milieu de la Mayenne il connaît un moment d'angoisse. Happé par des tourbillons puissants et profonds, il ne parvient plus à contrôler son avance. Tandis qu'il lutte il s'encourage : « Force, bon Dieu ! Si n'importe quelle mort vaut mieux que celle que Rainaud te réserve, vivre est aussi la meilleure réplique à sa haine. »

Lorsque, par une série de brasses énergiques, il parvient à sortir d'une si désagréable situation, brusquement il oblique et file au plus court, vers la rive droite.

Accroché successivement aux herbes ou aux ronces, il parvient à se hisser des coudes et des genoux, frémissant, jusqu'à la berge, haute en ce lieu de deux bonnes toises. Les dynamiques lueurs du jour naissant lui apportent, paradoxalement, un soulagement. Non qu'il sous-estime les dangers accrus de la lumière. Mais ce paysage qu'il connaît si bien retrouve enfin son habituel aspect et de nouveau relève d'un ordre familier.

C'est à cet instant que la petite cloche de Chenillé tintinnabule. Le son aigrelet court sur l'eau. Une bouffée de souvenirs, une ruée d'images tendres émeuvent Eudes. Combien de fois ne l'a-t-il pas entendue résonner tandis qu'il se promenait à l'abri de tout regard indiscret en compagnie de la belle et douce Alice ! « La petite damoiselle », comme l'appelaient serviteurs ou chevaliers, la fille préférée du gros Yvon. Douces et calmes heures où personne ne songeait à le forcer comme un gibier, une bête malfaisante. Où il parvenait même, par la grâce de l'amour, à oublier qu'il était le fils de « la belle Mahaut », de « Mahaut la pute », ainsi qu'on nommait tout bas sa mère, depuis la mort de l'écuyer Ancelot, ce père tant admiré.

Dire qu'hier matin encore, après ses faits d'armes accomplis pour la défense de Marigné, il espérait être fait chevalier ! Promesse même lui avait été jurée. Puis c'est Yvon, comme Rainaud reniant leur parole ! Mon Dieu, mon Dieu, où est le temps où Alice et lui, enlacés, rêvaient de pouvoir un jour unir leurs vies ? Cruelle désillusion ! Mais la colère chasse le désespoir. Ses poings se serrent. Par tous les diables il n'appartient point à la race de ceux qui se résignent. Si par bonheur il échappe à ses poursuivants, rien n'est joué, il en fait serment. Un jour viendra où...

Glacé par le petit vent du matin dans des vêtements imbibés d'eau, Eudes suspend un instant sa course, le temps de les essorer tant bien que mal, en les pressant contre lui, méthodiquement, de haut en bas. Puis il repart le long de la ligne des buissons qui bordent la Mayenne.

Moins de cent pas plus loin il s'arrête pour prêter l'oreille. Cette fois il en est sûr : d'incessants aboiements, de multiples cris de menace et d'incitation annoncent l'approche d'un détachement.

Voici l'heure de la confrontation, et pourtant il ne sait encore que faire, pour échapper à ses ennemis. Idées, combinaisons folles, qui se bousculent et qu'il rejette tour à tour. Espoirs échevelés à partir d'invraisemblables et miraculeuses interventions. A la longue, force lui est de revenir à la menaçante réalité : dans ce pays à peine vallonné, quel refuge, quelle cache pourrait le dissimuler efficacement?

Chenillé, encerclé de halliers sur l'autre rive. Il entrevoit les premiers toits des huttes et le dérisoire clocher, fait de hourd et de bois, de son église. Un temps il va devoir courir courbé en deux pour demeurer invisible.

A travers les branchages, il s'efforce parfois de lorgner vers le village, attentif à tout ce qui bouge. Entre les bâtisses misérables, des silhouettes vont et viennent. Déjà sont ouvertes les portes des basses-cours. Des hommes et des femmes s'interpellent.

A coup sûr les premières corvées s'apprêtent au départ. Un gamin surveille trois vaches étiques, s'amuse au jeu des ricochets. Un autre harcèle et pousse devant lui une demi-douzaine de porcs noirs, hauts sur pattes. Les bêtes flairent, de-ci de-là, capricieuses, anarchiques, puis s'abreuvent et s'ébrouent dans la boue noirâtre d'une petite crique.

La dernière maison dépassée, persuadé que désormais la haie des arbustes suffit à le camoufler, Eudes se redresse. C'est maintenant l'heure cruciale de la décision. Il lui faut un plan. Mais lequel? Se cacher dans un boqueteau ne vaut pas mieux que grimper à un arbre, ou courir à perdre haleine au travers de la lande ou des bois. En tout cas, son sort serait vite réglé. Alors?

Certes, les chiens dépistés vont s'arrêter un moment au bord de la Mayennne, là où il a plongé. Eudes va gagner ainsi quelques minutes, mais guère plus. Car la troupe se scindera en deux moitiés, chacune battant une rive. Après quelques tâtonnements ils ne pourront pas ne pas retrouver sa trace. Et à partir de cet instant tout ira très vite.

L'eau! Il ne lui reste d'autre refuge que l'eau. Mais combien de temps pourra-t-il nager? Et aussi : il ne progressera pas vite. Et aussi : sa tête émergeant attirera infailliblement l'attention, comme pour offrir une cible parfaite.

Toujours dans l'incapacité de résoudre ces problèmes, Eudes décide de courir un moment encore. Ses forces le lui permettent. Il accélère même et se fixe un but à atteindre. Il choisit de rejoindre ce lieu où la forêt descend jusqu'à la rivière.

Il n'a pas parcouru la moitié de la distance prévue que des aboiements plaintifs, auxquels se mêlent appels, jurons et cris de rage lui indiquent l'arrivée de ses poursuivants sur les rives de la Mayenne, et la découverte du point où il plongea. Et Eudes, une fois de plus, de s'interroger : combien de temps vont-ils mettre pour retrouver sa piste ? L'émotion lui fait serrer les dents ; il pense : « Je suis foutu si d'ici dix minutes je n'ai pas trouvé une solution. »

Eudes ne peut se retenir de jurer en se précipitant en avant. Tandis que, là-bas, les bêtes dépitées tournent en rond et geignent, pleurant la proie momentanément perdue.

39

Avec ses murs énormes le donjon n'est qu'une sombre glacière. En dépit de la chaleur de jours ensoleillés, de la douceur de l'air nocturne, ses habitants, afin de trouver le sommeil, n'ont d'autre recours que de s'enfouir sous des fourrures. Rainaud, surexcité par la mort de son père, qu'il n'osait espérer de sitôt, a mal dormi. Maintes fois, dans l'agitation de rêves tour à tour pénibles ou enchanteurs, il a éparpillé ses couvre-lits, et chaque fois il a dû se relever pour les rassembler.

Dès avant cinq heures il est définitivement éveillé. Pourtant, malgré d'anciennes habitudes, il diffère le moment d'abandonner sa couche. Il ne peut même pas invoquer, pour justifier cette insolite indolence, la blessure reçue au cours de l'attaque de Marigné par ceux de Segré : à peine le fait-elle boitiller. Mais, en vérité, où serait-il mieux pour réfléchir à ses nouvelles responsabilités?

Son père l'a si souvent accusé de n'être qu'une brute brouillonne, sans grand discernement, qu'il brûle d'envie de faire mentir ce jugement. Apprendre à se dominer, trouver le moyen de contrôler sa fougue et juguler ses emportements, voilà son souci. Souci que parfois des bouffées de joie balaient, lorsqu'il se souvient, se répète, qu'un grand jour va se lever : le premier de son règne.

Dès ce matin, Rainaud est décidé à frapper les esprits de sa ménie en affirmant son implacable autorité. Eudes Ruffin va lui en fournir l'occasion. Et une fois de plus le jeune sire de Marigné se complaît dans l'évocation du judicieux agencement des cérémonies qui précéderont le supplice.

Il en est au moment d'arrêter ses décisions lorsque des cris retentissent, accompagnés de galopades furieuses dans les escaliers. Rainaud se dresse aussitôt, grimaçant, enfile des chausses à la diable et, muni de son épée, se précipite dans la grande salle. En même temps que lui, mais par la grand-porte, y pénètrent Ferri de Chambellai et trois sergents. Les quatre hommes, essoufflés et fébriles, sont livides. Rainaud les hèle :

« Que se passe-t-il, pourquoi ce tapage?

– Messire, s'exclame Ferri, c'est diablerie en vérité, le plus savant saint homme y perdrait son latin! Jamais je...

– Au fait!

– Eudes Ruffin a disparu!

– Que dis-tu? »

L'incrédulité du ton se nuance d'une sorte de désespoir.

« Disparu? Ruffin?

– Oui, seigneur! Mais le plus fort c'est que la porte de son cachot et aussi celle du donjon sont closes, toutes barres tirées, et que les hommes de garde cette nuit jurent sur les saints évangiles n'avoir rien touché, n'avoir rien vu, rien entendu.

– Alors, courez, bon Dieu! Au lieu de gémir comme de vieilles femmes! Fouillez le donjon de la terrasse aux caves.

– Messire, nous venons de sonder l'étage des cachots et ceux des vivres et réserves sans aucun résultat. Voilà pourquoi j'invoquais les manigances du diable.

– Le diable! Plutôt la sottise et la trahison. Qui commandait le poste de garde cette nuit?

– Moi, seigneur », dit l'un des sergents.

Rainaud s'avance de trois pas et frappe au visage l'homme qui s'écroule.

« Chien! Tu t'es saoulé, tu as dormi, peut-être même t'es-tu vendu! »

Saignant de la bouche le sergent se relève. L'air hagard, il joint les mains :

« Sur Dieu, seigneur, je jure qu'avec mes trois hommes nous n'avons en rien failli et respecté scrupuleusement toutes les rondes.

– Alors, Ruffin s'est fait souris? »

Brusquement, Rainaud le repousse, puis s'adressant aux autres gardes :

« Saisissez-le. Ferri, veillez à ce qu'il soit pendu sur l'heure avec ses complices. »

Le sergent pleure. Retombé à genoux, il se traîne, suppliant :

« Pitié, monseigneur, pitié !

– Pour le pendre, n'attendra-t-on le résultat des recherches ? » s'inquiète Ferri.

Brusquement hors de lui, Rainaud empoigne le bras du chevalier et le secoue violemment. Il hurle :

« As-tu jamais osé, Ferri, discuter un ordre de mon père ?

– Jamais, messire, mais...

– Alors, ta gueule ! Et obéis vite. Je ne suis pas plus patient que lui. Ne l'oublie pas. Cette charogne et ses compagnons ont failli. Je veux un exemple. »

Maté, Ferri ordonne :

« Emmenez-le et au passage prenez six hommes au corps de garde pour arrêter les trois autres. Dès que la grand-porte sera ouverte vous irez les brancher en bordure nord du bois. »

Cependant que les deux sergents tentent de l'entraîner, leur camarade résiste et se débat, criant à perdre haleine :

« Grâce, seigneur, grâce ! Je n'ai point trahi, ni mes compagnons, je le jure... »

Mais déjà d'autres gardes accourent à la rescousse et le groupe tumultueux, que Rainaud feint de ne plus seulement voir, disparaît bientôt. Le calme revenu, Rainaud commande :

« Ferri, prenez autant d'hommes qu'il faut et passez le donjon au peigne fin avant que d'ouvrir la porte. Si personne ne m'a trahi, Ruffin ne peut qu'être mussé dans un recoin. Il me le faut, et vif. Aucun lieu ne doit vous être sacré. Fouillez la chapelle, fouillez chez ma mère et mes sœurs, fouillez chez moi, mais trouvez-le. »

Le chevalier va s'éloigner, Rainaud le rattrape par sa manche pour demander :

« Et Conrad ? Qu'en est-il de lui ?

– Toujours bouclé à double tour dans la petite salle, juste en dessous de la terrasse. Depuis que vous l'avez fait enfermer, hier soir, après le meurtre de messire Yvon, crainte qu'il ne prête main-forte à Ruffin. Il n'a pas bougé.

– Je vais le visiter. Pendant ce temps, exécutez mes ordres. Et, lorsque je redescendrai, que vous tous, ceux du donjon, soyez en alerte. »

Conrad, la mine sombre, est assis dos au mur. Toute la nuit il a marché de long en large, désespéré, rongeant son frein. Maintenant, nerveusement las, il rêve : à sa vie passée, aux longues années où avec une vigilante sévérité, dissimulant souvent son immense tendresse, il a formé Eudes. Parvenant à faire du fils de son ancien frère d'armes un guerrier accompli, un homme solide et souple telle une lame d'acier.

Comme dans toute vie, heurs et malheurs ont jalonné les jours du Saxon. Mais il est des infortunes dont on ne se relève point. La mort d'Eudes ôterait tout sel à son existence. Une ferme décision l'habite : à la première occasion il jouera le tout pour le tout et tentera de délivrer Ruffin. S'il échoue, qu'il ait au moins le privilège de mourir le même jour que son fils adoptif.

Yeux clos, des sanglots sans larmes ont secoué une partie de la nuit la dure, la sèche, la puissante carcasse. Eudes après Ancelot ! Décidément, Conrad aura tout raté. Son amour n'aura sauvegardé ni le père ni le fils.

Soudain, il tressaille en reconnaissant la voix hargneuse et autoritaire de Rainaud, qui résonne toute proche. Le jeune sire houspille un garde :

« Abruti, dépêche-toi de m'ouvrir cette porte. »

Une bouffée de haine envahit le Saxon. Ceux de Marigné, qu'il a servis avant tant de dévouement aveugle, ont ruiné sa vie. Ce sont eux les bourreaux de ceux qu'il a aimés. Pourquoi n'a-t-il pas vengé Ancelot ? Ou bien emporté Eudes loin d'eux ? Bon Dieu, avec quel plaisir il assisterait à la ruine de leur race ! Il en est là de ses réflexions quand s'ouvre la porte sous la poussée du garde. Conrad s'efforce de dominer son ressentiment, de le dissimuler. Le moment d'agir est sans doute venu. Il doit ruser et tenter de s'emparer de cette brute présomptueuse. Rainaud pénétrant dans la pièce, rien n'est encore perdu. Quand il le tiendra, Conrad saura bien le contraindre à un marché. Même s'il doit lui rompre les côtes une à une de ses mains nues.

Le jeune sire apparaît, entouré de quatre gardes. Conrad debout, adossé au mur, muscles bandés, feint l'engourdissement, le mauvais réveil, mais en réalité guette l'instant propice pour bondir.

Les premières paroles de Rainaud bouleversent de fond en comble le projet et frappent Conrad le Saxon d'une paralysante stupeur.

« Où est Ruffin, Saxon? Parle ou je te préviens qu'il t'en cuira.

– Où est qui? Que signifie...? »

L'ahurissement du grand chevalier est tel qu'en dépit de sa méfiance et de sa balourdise Rainaud ne peut s'y tromper : la sincérité du Saxon ne fait aucun doute.

« Voulez-vous dire qu'Eudes s'est échappé?

– Ne te réjouis pas trop tôt. Il ne peut aller loin. Avant le coucher du soleil nous l'aurons retrouvé. »

Pour ne pas laisser voir la joie qui l'envahit, Conrad doit se contraindre. Un bref instant, il clôt les yeux : « Dieu bon, grâces vous soient rendues, le petit à cette heure est libre. Nul doute qu'il ne court les bois. » D'une voix qu'il souhaite juste, Conrad s'exclame :

« Le gredin! »

Rainaud, yeux plissés, aux aguets, a un bref ricanement, puis :

« Toi qui le connais si bien, ce maudit bâtard dont tu as fait ton écuyer, tu devrais pouvoir nous dire où il a pu avoir l'idée d'aller se musser?

– Oh! vous savez », Conrad fait la moue, « sans indices, ce n'est pas bien facile à deviner. Il me faudrait traîner de-ci, de-là, flairer les pistes. Je suis comme un vieux dogue moi. Je sens plus que je ne raisonne ».

Le Saxon rit, fait l'aimable, dissimulant son anxiété du mieux qu'il peut. Il imagine déjà la diabolique et féroce poursuite que Rainaud avec l'aide de ses chevaliers organisera tout à l'heure. Il en a froid dans le dos. Si seulement il parvenait à s'y faire admettre, il trouverait bien le moyen de ralentir, de perturber le pourchas et de faire gagner de précieuses minutes au fuyard. Il insiste :

« C'est vrai, messire, que je connais Ruffin comme moi-même, et qu'aussi je sais lire une piste mieux que personne ici. Pour vous donner une preuve d'attachement et de fidélité, laissez-moi vous aider à retrouver et à capturer ce brigand. »

Rainaud restant muet, visiblement perplexe, le Saxon s'anime, se veut persuasif :

« La nuit, dit-on, porte conseil. J'ai réfléchi et me suis convaincu que ce jeune meurtrier m'a fait grandement du tort. Hier soir, il vous a semblé que j'allais prendre sa défense, excuser son impardonnable forfait, m'opposer à son châtiment. Il n'en est rien. Encore une fois, messire, laissez-moi vous aider. »

Rainaud examine encore pendant une vingtaine de secondes son interlocuteur, puis il secoue négativement la tête, avant de ricaner :

« N'y compte pas, chevalier. J'accepte ta défense. Ton ralliement me plaît. Mais tu t'illusionnerais si tu espérais m'abuser. J'ai trop d'estime pour toi. Tu es un homme trop redoutable pour que je ne veuille me garantir contre une ruse éventuelle. Tu vois, j'apprécie trop ta valeur pour courir le risque de devoir me priver de tes services.

– Messire...

– Aujourd'hui, et durant toute la poursuite du Ruffin, tu resteras enfermé ici.

– Pourtant...

– N'insiste pas. Je ne te laisserai pas commettre la folie d'encourir ma vindicte. Libre, peut-être serais-tu tenté d'aider encore ce Ruffin que tu as déjà trop longtemps favorisé.

– Je vous jure que non.

– Remercie-moi, au lieu de protester. Je te protège contre toi-même. A mon retour, je viendrai en personne te délivrer. »

Ce n'est qu'après avoir entendu décroître le pas de Rainaud que le Saxon se laisse aller à jurer. Mais, s'il regrette sa passivité forcée, l'espoir désormais l'habite : Eudes a au moins une chance.

La grande salle est pleine d'hommes et de femmes lorsque Rainaud y revient. Toute la ménie de son père, la sienne à présent, y est assemblée. Sa famille comme ses chevaliers qu'ont accompagnés proches et écuyers. Les langues vont bon train. Ce ne sont que suppositions, jurons, exclamations. Le sire de Chambellai, qui se tient au premier rang, crie :

« Silence ! »

A l'entrée de Rainaud, front plissé, celui-ci questionne :

« L'avez-vous découvert ?

– Non, seigneur ! C'est diablerie, vous dis-je.

– C'est trahison qu'il faut répéter. J'en suis sûr désormais. Un complice a refermé derrière lui. Mais tout beau ! Celui-là ne perd rien pour attendre. Sans doute est-il parmi vous. Bon Dieu ! quel que soit son rang je le démasquerai et le ferai écorcher vif. En attendant, ouvrez la porte du donjon et fouillez toute la cour, toutes les bâtisses, bien que je sois sûr que notre gaillard est loin. Sondez la moindre cache possible. »

Comme Ferri esquisse un mouvement pour s'éloigner, il le rappelle.

« Attendez ! Si votre battue est vaine, organisez quatre troupes. Que chacune dispose de chiens. Je prendrai le commandement de celle qui partira vers le nord. Ce puant tente peut-être de rejoindre le bandit Défie-Dieu, pour s'engager dans sa troupe. Vous, Ferri, commanderez celle de l'ouest. Choisissez deux chevaliers pour diriger celles du sud et de l'est. »

Dame Constance, muette jusque-là, appuyée au bras d'Alice, le jeune Guillaume, son cadet, accroché à sa jupe, s'avance d'un pas :

« Mon fils, je comprends que vous souhaitiez venger votre père. L'intention est louable. Cependant, il ne me semble point judicieux que vous quittiez le château en cette journée de deuil pour courir bois et guérets. Laissez faire vos hommes et remettez-vous-en à Dieu. Ne tentez pas, à tout prix, de vous substituer à lui. Il saura, comme il sied, châtier le coupable. Pensez plutôt à rendre les derniers devoirs à votre père, à vous recueillir sur sa dépouille.

– Dame, vous n'êtes bonne qu'à cela. Prenez-en la charge. C'est votre rôle à vous, femmes. Le mien est de pourchasser ce bâtard meurtrier. Je ne reposerai point qu'il n'ait subi mille morts.

– C'est péché que de ne pas porter son père en terre.

– Dame, vos jérémiades commencent à m'échauffer. Vous m'offrirez vos conseils lorsqu'il me plaira de les solliciter. Je suis le maître à présent. Ne l'oubliez jamais. »

Rainaud se tourne vers ses guerriers et, avec un grand geste du bras, crie :

« En route, vous autres, suivez-moi ! »

Alice, pâle et muette de peur devant cette implacable résolution, cette rage, regarde partir son frère. La drapière retombée, ardemment elle murmure, pensant à Eudes :

« Seigneur, seigneur, protégez-le ! »

Dame Constance, pensant à Rainaud, qui l'entend, s'étonne :

« Es-tu folle, petite, que crains-tu? Sois tranquille, il ne risque rien! Comme la mauvaise herbe que rien n'empêche de pousser. C'est probablement pitié d'entendre ainsi parler une mère. Mais j'ai tant souffert avec le père! Et celui-ci, je le pressens, ne vaudra pas mieux. Souviens-toi de sa dureté pour Hubert, mon pauvre puîné. Messire Yvon et lui le poussant à la mort. »

Constance soupire, hausse les épaules, résignée, puis s'en va tenant par la main son dernier enfant, Guillaume, âgé de six ans.

« Viens, ma colombe, viens, mon doux cœur! Je tenterai de t'éviter le rude apprentissage des armes, ainsi te conserverai-je plus longtemps près de moi. On fera de toi un petit moine et peut-être garderas-tu une place dans ton cœur pour ta pauvre vieille mère. »

Mahaut n'a pu, la veille, se résigner à rentrer chez elle. Le meurtre de son amant par son fils l'a trop profondément bouleversée. Se retrouver seule dans un logis tout rempli de souvenirs l'effrayait. C'est sur une couche de fortune, dans la cahute du vieil Eustache, qu'elle a passé la nuit.

Le vieillard a surmonté tant bien que mal sa propre peine, son propre désarroi, pour essayer de la soutenir. Des heures durant, Mahaut a sangloté, discuté, ragé. Revenant sans cesse, pour finir, sur ses regrets qu'Eudes n'ait point tenu compte de ses avis et ne soit devenu moine à l'abbaye de Saint-Aubain d'Angers, comme elle l'a tant souhaité jadis.

« Comprenez, maître Eustache, je savais ce que je voulais et les raisons ne me manquaient pas. Rien ne serait arrivé. Yvon vivrait et mon fils n'attendrait pas dans un trou l'heure des supplices.

– Jamais on ne fit un âne d'un lion. Eudes a grandi ici, mélangé à tous ceux qui portent des armes. Conrad le voyait chaque jour, avant même qu'il ait entrepris de lui enseigner son métier. Il lui parlait de son père. Et puis les humiliations que subissait ton Ruffin à longueur de jour lui faisaient souhaiter pouvoir tenir tête. Crois-moi, Mahaut, si je ne t'ai pas alors soutenue, en dépit de mon influence sur ton enfant, c'est que j'y aurais risqué sa tendresse et sa confiance. Et cela en vain. »

Fort tard, elle a fini par sombrer dans un sommeil lourd et agité.

Plus percée qu'une écumoire, la cahute laisse entrer le jour par mille interstices. Dès les premières lueurs, Mahaut s'éveille et s'étonne aussitôt de retrouver sur elle le regard d'Eustache. Il semble ne pas avoir bougé de toute la nuit. Pourtant, le trouble de ses yeux globuleux, le visage boursouflé et comme exsangue impressionnent la jeune femme. Elle s'inquiète :

« Qu'avez-vous, messire, êtes-vous souffrant? »

La réponse tarde. Enfin, d'une voix sourde et lointaine, lui répond le vieil homme :

« Ne crains rien, ma belle! Ce n'est qu'une succession de malaises qui m'ont tenu éveillé après m'avoir passablement étouffé. Ne t'alarme pas. Au regard de ce qui arrive à notre Ruffin, ça a si peu d'importance! La mort quand on l'accepte cesse d'être, au moins pour soi, un scandale. Depuis hier soir je sais que j'ai trop vécu, trop attendu.

– Messire!

– Si, si, j'aurais dû crever plus tôt.

– Ne parlez pas ainsi, maître. C'est trop de générosité de vouloir partager ma peine.

– Tu te trompes sur toute la ligne. Pardonne-moi, belle Mahaut, de te décevoir, mais mon intérêt pour toi n'est point en jeu, et c'est l'amour de moi et non la générosité qui me pousse à regretter une mort tardive. Le proche supplice d'Eudes ne me bouleverse point par sympathie pour toi. Ce n'est pas ta peine que je partage. J'ai assez de la mienne. Car je l'aime autant que tu peux l'aimer.

– Vous oubliez que je suis sa mère.

– Et alors? Certes, Mahaut, il tenait la vie de toi. Mais de moi il tenait bien autre chose : ses facultés de raisonnement, l'éveil de son esprit. J'en avais fait mon fils spirituel. Pour nous, alchimistes, c'est l'essentiel. Et puis, je t'ai parlé d'absence de générosité chez moi! Alors comprends que, grâce à lui, je me prolongeais. Je me retrouvais jeune, je pouvais m'identifier à son personnage. Je vivais à travers lui. Mais entends-moi : déjà, je parle de lui au passé. Comment ne serais-je pas désespéré? »

Eustache soupire en secouant la tête, l'air désolé. Mahaut balbutie des protestations, mélangées à des mots de tendresse. De nouveau, la voix fatiguée d'Eustache résonne :

« Je te le répète, j'aurais dû crever plus tôt. Je me serais ainsi épargné les tourments que j'éprouve depuis hier. Jadis, avant de connaître Eudes, je me croyais fort. Soigneusement barricadé dans mon scepticisme. A l'abri de mon intérêt pour moi-même, rien, croyais-je, ne pouvait m'atteindre. Et voilà que, vieil idiot, impardonnable rêveur, à l'heure du définitif repos, je redécouvre l'affection. Je finis même par croire à mon rôle et à la vie par personne interposée.

– Tout est ma faute, dit Mahaut, j'ai trop péché, je n'ai pas été bonne mère. J'aimais trop robes et bijoux, j'étais trop fière de ma beauté. Mon emprise sur Yvon me détournait de mon fils. J'ai trop vite oublié mon époux, le malheureux Ancelot. C'est Dieu qui me punit.

– Paix, Mahaut ! Laisse là cette sornette, cette niaiserie. Je sais que le moment est mal choisi pour te chercher noise, mais fais-moi grâce d'une stérile mortification. Qu'une fille comme toi se raccroche à cette banalité me déplaît.

– Mon impuissance à le secourir me rend si malheureuse, maître, que je suis prête à invoquer le diable, s'il peut lui venir en aide.

– Oui, tu as raison ! Notre impuissance n'est pas le moins horrible. Le savoir si près et ne rien pouvoir faire en sa faveur. Il y a de quoi crever de rage. Une femme et un impotent, quel programme !

– J'ai beau chercher et rechercher, je ne vois personne qui puisse l'aider.

– Hélas ! Tiens, à cette heure je puis bien te l'avouer, souvent il m'est arrivé de jalouser le Saxon. J'ai envié son influence sur le petit et l'affection qu'Eudes lui témoignait. Pourtant, aujourd'hui, combien je regrette de savoir Conrad emprisonné ! Libre, il aurait sûrement tenté de délivrer notre Ruffin. Fort et rusé comme il est, il aurait sans doute réussi. Alors que nous n'avons plus, inutiles et démunis, qu'à attendre et à subir un destin imbécile et monstrueux. »

Au moment où Eustache termine sa phrase, la porte, sous une violente poussée, va durement battre contre le mur. Surpris, Eustache et Mahaut tressaillent et se redressent. Rainaud alors apparaît. Et la cabane semble, dans l'instant, plus exiguë :

« Où est Ruffin ? Maudits suppôts de Satan ! Quel a été votre rôle dans l'affaire ? Craignez de me mentir. »

Le vieil homme et la femme restent d'abord interloqués sous l'apostrophe. Rainaud, d'un furieux coup de pied, crève la paillasse sur laquelle est encore assise Mahaut.

« M'entendez-vous, ou êtes-vous abrutis? A moins qu'un provisoire succès ne vous ait endormis. Répondez, nom de Dieu! »

Eustache, sourcils levés, après s'être passé deux ou trois fois la langue sur les lèvres, se décide à réclamer confirmation de ce qu'il croit comprendre :

« Veux-tu dire, beau neveu, que notre Ruffin, défiant toute surveillance, s'est échappé, a déserté sa geôle?

– Comme si tu ne le savais pas!

– Hein?

– Mais si, comme j'en suis persuadé, vous l'avez aidé, vous n'allez pas tarder à le regretter. »

Cependant que Mahaut répète, n'osant y croire, l'ahurissante nouvelle : « Mon Ruffin s'est échappé, il a fui, il ne mourra pas ce matin! », Eustache part d'un formidable éclat de rire.

Hors de lui, Rainaud dégaine son épée et marche vers le lit, rouge, mâchoires crispées :

« Oserais-tu te moquer, vieux gredin? »

La menace est pressante. Eustache tend la main gauche comme pour contenir son neveu et de la droite saisit une des fioles rangées entre la cloison et la couche. Il crie d'une voix sépulcrale :

« Arrière, nigaud, ou par maléfice j'anéantis ta descendance et te plonge en d'infâmes, en d'effroyables douleurs!

– Sornettes! Tu n'as pas tort de craindre pour tes os. Rien ne m'empêchera d'en finir avec toi. »

D'un geste vif, imprévisible chez un homme si lourd et si vieux, Eustache verse quelques gouttes de liquide sur un couteau qui traîne au fond d'une écuelle de terre.

« Et ça, imbécile, c'est une sornette? »

Une vapeur nauséabonde monte en volutes, et, sous les yeux exorbités de Rainaud, l'épaisse lame de fer se ronge et s'effrite.

« Quel effet crois-tu que j'obtiendrais sur ta grosse trogne satisfaite avec tout le contenu? »

Ahuri, décontenancé, les yeux fixés sur le couteau rongé, Rainaud recule d'un pas.

« C'est magie, bredouille-t-il. Le curé a raison, vous mériteriez d'être brûlé vif pour commerce journalier avec le diable.

– Rainaud, tu as mal dormi. La charge, la responsabilité du fief t'enivrent comme dix hanaps de vin. Es-tu heureux, hein, dans le fond de ton cœur? Toi qui si souvent songeais à tuer ton père et qui jamais ne t'y résolvais. Par peur de tout perdre. Veux-tu, pour te prouver ma puissance, que je décrive tes rêves?

– Taisez-vous, maudite vieille charogne puante. Vous mentez mieux que vous ne respirez.

– Beau neveu, oublierais-tu par hasard que je suis ton grand-oncle, le propre frère de ton grand-père, et qu'un même sang coule dans nos veines?

– Je devrais sur l'heure vous larder de coups.

– Tais-toi, on ne parle que de ce qu'on peut faire ou comprendre. Remarque, j'en reviens à notre parenté, en te regardant tu m'ôtes toute velléité de fierté. Foutre! voilà un parentage peu flatteur.

– Prenez garde! »

Eustache ricane en agitant doucement la fiole :

« Essaie donc! »

Rainaud fait un nouveau pas en arrière, cependant qu'Eustache s'esclaffe :

« C'est une manie de la branche aînée de la famille que de vouloir assaisonner la cadette. Vois-tu, belle Mahaut, déjà son père a caressé toute sa vie l'espoir de me voir crever un jour sous les coups. Mais... » Eustache toise Rainaud, puis pointe vers lui l'index... « toujours il a eu la sagesse de s'en tenir à l'intention. Toi, la brute malgracieuse, tu feras bien de l'imiter. Quant à Mahaut, au cas où ne retrouvant pas le fils tu voudrais t'en prendre à la mère, sache que mes pouvoirs, ma science, elle en est dépositaire. Et qu'elle peut se révéler aussi redoutable que moi. Veux-tu, pour t'en convaincre, tenter une expérience?

– Non, non, laissez-moi! Je ne veux rien avoir à faire avec vos philtres et multiples magies démoniaques. »

Les yeux toujours fixés sur la lame du couteau, réduite désormais de moitié et d'aspect tourmenté, Rainaud se force pour demander :

« Et ma question, où est Ruffin? »

Eustache prend un ton de commisération pour répondre, hochant la tête :

« Comment oses-tu poser à sa mère et à son vieux maître cette sotte question? Mais si nous le savions, mule obtuse, au péril de notre vie nous ne te dirions rien! Attends, ne bronche pas au moindre mot comme un étalon enfiévré dès le premier hennissement d'une jument! Avant ton arrivée nous ignorions cette fuite. Et c'est ce qui, précisément, a déclenché mon rire, tout à l'heure. A la pensée que le destin avait l'ironie de faire de toi un porteur de bonne nouvelle. Avoue que c'est inattendu, surtout lorsqu'on te connaît bien. Nous étions là à nous morfondre, nous ressassions notre peine, lorsque tu es, si délicatement, entré. Alors, renseigne-nous.

– Je ne comprends rien de ce que vous dites.

– Ça ne m'étonne pas! Mais trêve d'ironie. Eudes, dis-tu, a disparu?

– Ouais.

– Quand?

– Cette nuit.

– De quelle façon? Comment s'y est-il pris?

– Si je le savais! »

Rainaud tourne les talons et va jusqu'à la porte. Au moment de soulever la clenche, on le voit hésiter, osciller d'une jambe sur l'autre. Enfin, il se décide et, le corps en oblique sur les hanches :

« Vous qui êtes si fort, par vos machinations vous pouvez peut-être apprendre où il se terre?

– Non.

– Ah! bon. Et pourquoi?

– Beau neveu, mes pouvoirs ont parfois de curieuses limites. C'est précisément parce que j'aime Eudes Ruffin que je suis impuissant à le suivre par magie. »

Comme Rainaud continue à le fixer, Eustache avec un sourire railleur reprend :

« Ça t'étonne, hein? Veux-tu que je t'explique les relations de l'amour obscursissant et des philtres ombreux? »

Le jeune sire ouvre le battant et claque derrière lui la porte. A peine sur la passerelle on l'entend crier :

« Ferri, l'as-tu? »

La réponse négative n'est point perçue par ceux de la cahute. Mais aussitôt après Rainaud hurle :

« Alors, à cheval, tous! Et n'oubliez pas, je le veux vif, vous entendez : vif! »

Des chevaux hennissent et piaffent, des chiens aboient, des armes cliquètent, les commandements vibrent, gutturaux et brefs. Puis, tout de suite après, le sol est ébranlé par les sabots de tant et tant de bêtes! Cinq minutes plus tard le calme est revenu.

Depuis la sortie du sire, peu à peu s'est ralenti, a fini par mourir le rire d'Eustache et de Mahaut. Pendant les derniers moments ils n'ont plus fait qu'écouter, sans prononcer un mot, sans même, impressionnés, se regarder. Lentement maintenant, ils se tournent l'un vers l'autre. Eustache dit :

« Courage, ma belle! Notre Ruffin vit.

– Oui, messire, mais vous les avez entendus?

– Je n'ai pas seulement raté un cliquetis, tu t'en doutes. Mais n'empêche qu'il leur a faussé compagnie.

– Ah! maître, quelle joie de le savoir libre! Mais ne va-t-il pas être tôt repris? C'est presque toute la garnison qui lui donne la chasse. Rainaud, pour le capturer, ne négligera rien.

– Certes, certes, il court encore de grands dangers. Je ne les dédaigne pas. Je t'avoue que... » les yeux d'Eustache s'éclairent d'une lueur malicieuse, étrangement jeune « ... si je croyais en Dieu, je serais tenté de dire : " Le seigneur bénisse le grand Saxon d'avoir su en faire un aussi rude guerrier de notre Eudes! " Car, tu le sais, Ruffin est fort et souple. Et n'oublie pas que j'ai forgé son esprit. Il est intelligent.

– Vous croyez qu'il va s'en tirer? »

Eustache réfléchit un moment, puis soupire :

« Si tu savais comme je l'espère! »

Mahaut se prend le visage à deux mains, puis les yeux pleins de rêve murmure :

« Permettez-moi, pour une fois, de dire au risque de vous déplaire : le Ciel vous entende! »

40

Eudes a atteint le bois. De nouveau, il court sous une futaie, mais sans jamais s'éloigner de la Mayenne. Aucune solution miracle ne s'est présentée à son esprit. Il attend seulement, pour se remettre à l'eau, d'entendre les chiens, après qu'ils auront retrouvé sa trace.

De toute façon, il sait qu'il ne pourra longtemps encore demeurer sur cette rive. A la sortie du bois il serait trop proche du village de Chambellai, qui est au chevalier Ferri. Il lui faudra donc soit retraverser la Mayenne, soit trouver une cache.

La forêt, en cet endroit, est dense. Les troupeaux n'y doivent jamais venir paître. L'enchevêtrement des arbres gêne sa course. Maintes fois, il trébuche : le pied pris dans une ronde, ou coincé sous une branche morte dissimulée par l'humus et la mousse. Le craquètement des branchages brisés par son élan farouche retentit à ses oreilles au point qu'il a l'impression de pouvoir être entendu, dénoncé à trois lieues à la ronde.

Cette course folle, qui réclame toutes ses ressources physiques, devient à la longue comme irréelle. Insensiblement il glisse de cette irréalité à des sortes d'hallucinations oppressantes, où des personnages inidentifiables mènent une ronde endiablée autour de lui.

En dépit de ses vêtements trempés, Eudes a chaud. Voilà près de trois heures qu'il court. Le soleil, monté haut dans le ciel, darde ses puissants rayons jusque sous les frondaisons. Les gouttes de sueur qui ruissellent sur le front de Ruffin finissent par franchir la ligne protectrice des sourcils. Leur acidité lui pique les yeux, le pousse à grimacer.

Comme il vient d'atteindre une étroite et longue clairière, Eudes s'arrête pour mieux écouter les bruits que lui porte une légère brise d'ouest. Sa respiration saccadée et le bourdonnement du sang au fond des oreilles l'empêchent d'abord de rien discerner. Un instant plus tard, il pâlit : plus de doute, sa trace est retrouvée. Les chiens ont abandonné ce ton geignard qu'ils avaient pour courir, de-ci de-là, le flair en défaut, et donnent régulièrement de la voix.

Afin d'en avoir le cœur net, Ruffin s'accroupit et colle une oreille à terre. Comme il l'avait prévu, le trot, également régulier, d'une importante troupe à cheval ébranle le sol. Alors, il se relève et sans plus hésiter entre dans la rivière.

La fraîcheur de l'eau, cette fois, ravive son énergie. Il nage en force, éprouvant une sorte d'agressif plaisir à rejeter puissamment l'eau des deux bras, à la cisailler de ses jambes. Tandis qu'il s'éloigne, parallèlement à la rive, Eudes s'interroge encore : doit-il traverser immédiatement? En aura-t-il le temps? Ses ennemis ont dû prendre la précaution de laisser quelques hommes sur la rive gauche, des guetteurs, qui avancent au même rythme. Il ne gagnerait donc à passer que fatigue et retard.

Il en est là de ses hésitations lorsque juste devant lui, après un léger coude, il aperçoit une sorte de promontoire dont les rives sont encombrées d'énormes et difformes vieux saules. En cet endroit, l'eau forme de nombreux tourbillons, qui se prennent, s'enlacent, se distendent autour de puissantes racines, mises à nu, et qui ressemblent à des doigts crochetés sur une proie. Elles étreignent la terre sans qu'on puisse définir si c'est pour la retenir ou la protéger.

Cette vue rend un immense espoir à Eudes : voilà peut-être la cache si ardemment souhaitée. Comment diable cette anecdote ne lui est-elle pas revenue plus tôt en mémoire? C'était il y a deux ou trois ans, lors de ses tout débuts d'écuyer. Ce jour-là, avec le Saxon, il accomplissait une patrouille dans les régions est du fief. La chaleur était telle qu'ils avaient, vers midi, décidé de pousser jusqu'à la Sarthe pour s'y baigner.

Ils sautaient d'une sorte de minuscule presqu'île et s'ébattaient à grands cris. Une demi-heure déjà s'était écoulée lorsque Ruffin décida de grimper sur une grosse branche afin de plonger de haut. L'escalade puis le saut lui firent perdre Conrad de vue durant quelques instants. Quand il reparut à la surface il n'aperçut plus le Saxon. Après l'avoir vainement appelé et cherché, il commença de s'inquiéter, bien que le sachant remarquable nageur, et finit par hêler à la rescousse les hommes de l'escorte. Les investigations se firent méthodiques et n'eurent point de résultat. Il désespérait lorsque, soudain, le Saxon réapparut à ses côtés, riant à gorge déployée.

Tout le temps des recherches, expliqua-t-il, dissimulé sous le promontoire, il était confortablement assis derrière les racines, dans une sorte de grotte.

Eudes atteint l'avancée. Agrippé à une branche dont les feuilles effleurent l'eau, il reprend d'abord souffle et examine le lieu. Persuadé qu'il va renouveler la prouesse du Saxon. Après s'être soigneusement repéré, avoir compris le site, il plonge.

Les remous, au fond, ne sont pas assez puissants pour l'entraîner. En revanche, ils charrient tant de sable et de terre qu'il ne distingue rien. Et cette opacité s'accentue au fur et à mesure qu'il avance.

Lorsque au jugé il s'estime suffisamment engagé sous l'avancée, il remonte. Hélas! c'est pour se heurter à la terre et aux racines. A trois reprises, tâtonnant, il renouvelle sa tentative; par trois fois il subit le même échec. Finalement, à bout de respiration et l'angoisse au ventre, il parvient à refaire surface à peu de distance d'où il avait plongé.

Eudes tousse, crache, avale l'air à grande goulée, puis jure : « Bon Dieu, quelle malchance! ce n'est pas possible, il doit bien y avoir un trou quelque part, là-dessous! »

Pour se reposer il fait la planche et en profite pour se frotter les yeux et se pincer le nez. C'est à cet instant que sur l'autre rive des cris retentissent. Eudes redresse la tête et voit un cavalier, juste à sa hauteur, qui le désigne, bras tendu, en criant comme un damné : « Alerte! alerte! par ici, dépêchez-vous, il nage, avancez tout droit, serrez la rive. »

Un concert de clameurs lui répond. Eudes, le cœur serré, ne peut se retenir de penser : « Foutu, je n'en sortirai jamais. » Puis, tout de suite après : « Nom de Dieu! ils ne m'auront pas vivant. Plutôt finir noyé là-dessous que tomber dans leurs mains. »

Le souvenir de Conrad au milieu du danger lui revient : « Sois calme en toute occasion, garde ton sang-froid, petit, disait le Saxon, tu en vaudras dix fois mieux. »

Après avoir absorbé assez d'air, de nouveau Ruffin plonge. Cette fois, décidé à changer de tactique, il descend jusqu'au fond pour suivre ensuite la remontée du sol. La pente est forte. Il ne peut la voir mais en éprouve la courbe des pieds et des mains. L'inquiétude, cependant, resurgit : va-t-il, une fois de plus, se heurter à quelque obstacle?

Il pense aux autres, là-haut, à toute cette meute d'ennemis qui le cherche, à celui qui l'a signalé et qui s'attend d'une seconde à l'autre à le voir réapparaître. Ils doivent le guetter, attendre impatiemment le moment de le saisir pour rire de sa déconvenue et de son désespoir.

L'air dans ses poumons s'épuise vite. Sa poitrine devient douloureuse. Une seule pensée désormais l'habite : trouver une goulée d'air, bon Dieu! et vite! ou il crèvera là. Il a trop attendu cette fois. Il joue son va-tout. Le voudrait-il qu'il ne pourrait plus, désormais, rejoindre vivant ses ennemis.

L'oppression, l'étouffement deviennent insoutenables, il est sur le point d'ouvrir la bouche et de renoncer, lorsque brusquement sa face émerge. Il peut respirer. Il ne tente même pas d'ouvrir les yeux, fermés au pire moment. Goulûment il s'abreuve d'un air froid. Une minute il reste là, soucieux de récupérer force et conscience. Lorsqu'il devient capable de se dire qu'il gagne un important répit, l'envie lui vient de définir les limites de son havre.

Lentement il progresse, visage crispé. Ses épaules puis sa poitrine à leur tour émergent. Il n'a plus d'eau que jusqu'à la ceinture, et ses mains, bras levés, ne touchent pas encore le plafond. Bien calé sur les jambes, les pieds à plat sur un sol uni, Eudes s'arrête de nouveau et s'ébroue. Il fait uniformément noir autour de lui, sauf vers sa gauche où apparaît une traînée claire. Aucun bruit de l'extérieur ne lui parvient. Il a la sensation d'être loin de tout, enseveli à jamais. Pourtant la bande à la lueur glauque le rassure un peu. Grâce à elle le contact entre la caverne et le monde extérieur est tangible. Elle l'aide à dominer une panique atavique des espaces trop clos.

Un frisson lui fait prendre conscience du froid humide qui l'enveloppe. Bouger devient urgent. Tâtant le sol du pied avant la moindre progression, les mains tendues en avant pour déceler les obstacles, il avance en direction parallèle à la lueur.

Au bout d'une demi-douzaine de pas il n'a plus d'eau que

jusqu'à mi-cuisse et ses mains rencontrent enfin la voûte qui décline en une sortie d'uniforme arrondi. Terre, cailloux et bois la composent. Deux enjambées plus loin il devient évident que la grotte s'achève en angle aigu, à peu de distance. Ruffin oblique vers sa gauche. Sol et plafond, par là, remontent presque parallèles. Trois toises plus loin il sort complètement de l'eau, mais désormais ne peut plus se tenir droit.

Eudes se laisse tomber, plus qu'il ne s'assoit, sur un sol gluant, presque boueux. Avec satisfaction il constate qu'il n'a pas perdu ses armes. Il soupire. A-t-on dans sa position le droit de se croire sauvé ? Les Rainaud et leurs séides ne vont-ils pas le supposer noyé ? Eudes en doute, ils poursuivront leurs recherches tant qu'ils n'auront point retrouvé son corps. Mais qu'ils y viennent, maintenant qu'il règne sur le domaine des rats. Il en rirait volontiers si son optimisme n'était battu en brêche par la chape d'air froid qui l'enveloppe dans ses vêtements trempés. Il grelotte au point de prendre la décision de se dévêtir complètement pour les mieux essorer.

Tandis qu'il s'active, ses yeux s'habituent à l'obscurité et, peu à peu, devinent en partie, grâce à la zone nacrée, les contours de son nouvel univers. A la longue même, une sorte de rumeur indistincte lui parvient de l'extérieur. Mais cet extérieur perd de l'importance. Il préférerait répondre à la question : comment survivre ici ?

En suivant le ras de l'eau il se rapproche de la lueur. Il n'est guère plus qu'à une toise de son extrémité lorsqu'il atteint la limite de la caverne. En esprit il la reconstitue. Elle a une forme sensiblement arrondie, comme une sorte de cloche inégale. Sans doute a-t-elle été creusée par les tourbillons en période de hautes eaux ou de crue. Tout le promontoire ne doit tenir que par les puissantes racines des arbres à son extrémité.

La satisfaction d'avoir défini son repaire, d'avoir constaté qu'il constitue un refuge sûr, est gâchée une nouvelle fois par le froid. Un temps il tente de se réchauffer en se blottissant dans un angle, mais cette terre humide lui vole sa chaleur. Que ne dispose-t-il de feuilles sèches et d'herbes pour se constituer une sorte de niche ! En attendant, mieux vaut faire un peu d'exercice. Et de sauter et de gesticuler.

Un très long moment passe, qu'il ne peut évaluer. Alternativement, il s'active et se repose. Soudain son attention est attirée par une ombre indécise qui trouble la lueur blanchâtre. Puis un clapotis nouveau se mêle aux légers gargouillements qu'il entendait jusque-là.

Tous les sens en alerte, Eudes Ruffin s'avance au bord de l'eau et prend sa hache en main, s'en assure la prise comme à l'instant du combat. Une fureur sans nom le revigore. Vont-ils oser le poursuivre jusque-là? Ce rappel de la chasse qu'on lui mène élimine peur et froid. Paradoxalement, la proche présence d'un ennemi devient même tonique.

Tandis qu'Eudes cherche à suivre par l'ouïe la progression de l'homme, il constate que celui-ci n'a pas pris le même chemin que lui pour rejoindre son antre. Sans doute là-haut a-t-on pensé, ne le voyant pas reparaître, à sonder la rive et a-t-on logiquement déduit la possibilité d'une grotte.

C'est à moins de deux toises de Ruffin que l'homme émerge. Il a beau tenter d'agir silencieusement, l'eau qui ruisselle de ses vêtements le dénonce, le situe de façon précise.

Insidieusement, soucieux de ne pas l'alerter, Ruffin, muscles bandés, bouche ouverte, la mâchoire inférieure projetée en avant pour contrôler jusqu'au bruit de sa respiration, glisse un pied après l'autre. Il s'est enfoncé jusqu'aux genoux dans la rivière lorsqu'il se juge assez proche et en position favorable. Alors avec un « han » de bûcheron, il frappe.

Sa hache, il le sent, porte sur une partie relativement molle et flexible. Un hurlement de douleur et d'angoisse retentit sinistrement dans cet espace hermétique et exigu. Puis, dans un grand éclaboussement, le corps de son adversaire s'effondre.

Eudes se contraint à demeurer immobile, comme figé, sa hache de nouveau en position de frapper. A trois pas de lui, on patauge. Des bras ou des jambes battent l'eau. Ruffin sent le long de ses cuisses courir des vaguelettes. L'homme doit être maintenant courbé à demi, préoccupé de sa blessure, qu'il tâte. Des sanglots résonnent doucereusement. Chaque pleur se prolonge, se répète d'un mur à l'autre, s'entrecoupe de mots.

Comme, encore une fois, Eudes cherche à localiser le blessé, une voix rauque implore :

« Mon épaule, mon épaule, pitié, Ruffin, pitié! »

Eudes fait un pas de côté, puis glisse en avant des deux pieds. L'homme affolé pleure :

« Je ne suis plus dangereux, Ruffin, ne me tue pas, nous sommes d'anciens compagnons d'armes. Côte à côte jadis nous... »

De toute sa force, Eudes abat de nouveau sa hache.

Cette fois, il sent, dans le manche, que le fer a rencontré des os. La tête probablement. Le soldat doit être mort sur le coup car l'arme ne peut que suivre un corps qui s'affaisse définitivement, avec une sorte d'infinie langueur.

Eudes s'apprête à remonter au sec lorsque, pensant aux vêtements du mort, à voix haute il s'exclame :

« Bon Dieu, mais c'est une aubaine! »

Il lui faut tâtonner pour retrouver le cadavre qui a commencé de s'éloigner, emporté par les incessants tournoiements de l'eau.

Eudes hale le mort, le tirant par une jambe. Un instant il se demande qui il a bien pu tuer. L'équipement révèle un sergent. Mais lequel? Ruffin les connaît tous à Marigné.

L'inconnu a perdu ses armes à l'exception d'un court poignard à large lame, qu'Eudes accroche aussitôt à sa ceinture. Mais il porte un souple et fort corselet de cuir corroyé. En prévision probablement du combat qu'il espérait avoir le temps de livrer.

Ruffin continue son inspection, mais il retire précipitamment la main lorsque ses doigts effleurent la matière gluante et molle qui recouvre le crâne du mort. Son haut-le-cœur réprimé, Eudes se hâte de le déshabiller puis de le rejeter à l'eau.

Par-dessus ses propres vêtements il enfile d'abord un épais bliaud de grosse laine rèche, puis il a la satisfaction de se serrer le torse dans le corselet de cuir. Le reste des vêtements il l'utilise pour s'enrouler d'une part les hanches, d'autre part les pieds.

Ainsi équipé il espère pouvoir résister au froid. Adossé à la paroi, dans l'angle gauche de la grotte, jambes repliées, genoux ramenés sous le menton, les bras enserrant à la fois les cuisses et les mollets, Eudes s'applique à récupérer sa propre chaleur.

Sa vigilance n'en est pas pour autant relâchée. Il n'est guère qu'à cinq ou six toises de la zone lumineuse et le manche de sa hache est juste à bonne portée de main.

Quelle heure peut-il être? Après de minutieuses estimations, Eudes pense que midi ne doit guère être loin. Au-dessus de lui ceux de Marigné montent la garde. En plein jour il serait vain de vouloir tenter une action.

Attendre! jamais le temps ne lui a paru si lent. Il aimerait fermer les yeux et tenter de dormir. Mais il ne s'en reconnaît pas le droit. Il a pu éliminer le premier adversaire qui ait osé venir l'affronter dans sa sinistre forteresse, mais il est vraisemblable que d'autres surgiront.

Et l'avenir? Eudes ne veut rien prévoir. Tout plan risque d'être plus dangereux qu'utile. Seul compte l'instant présent : il n'a plus aussi froid et la faim ne le tenaille pas encore.

41

Si Ferri de Chambellai n'a pas perdu de temps depuis le départ de Marigné, la chance l'a servi. Le fuyard a commis une lourde erreur en décidant de prendre des raccourcis, en s'engageant à travers futaies et taillis. Sur le chemin traditionnel, les trop nombreuses allées et venues auraient immanquablement noyé sa piste. Ruffin n'a pas réfléchi qu'il permettait ainsi aux chiens d'isoler son odeur.

Lorsque, arrivés au bord de la Mayenne, les dogues se retrouvent en défaut et museau levé aboient à la lune, Ferri devient sûr de son fait. Seul un homme trop pressé, résolu à tout, un homme en perdition, comme le Ruffin, a pu se résoudre, plutôt que d'attendre le passeur et sa barque de Chenillé, à se jeter dans une eau aussi froide.

Tandis qu'il fait procéder, sur les deux rives, à des recherches méthodiques (l'éventualité de ruses, comme nager le long du bord ou à contre-courant, ne peut a priori être écartée), le chevalier décide d'envoyer trois émissaires : l'un à Rainaud, les deux autres aux troupes parties vers le sud et l'est. Leur tâche est désormais inutile.

Ferri se frotte les mains. L'affaire décidément se présente bien : impossible de douter une seconde de la joie du jeune sire à l'annonce de cette bonne nouvelle. Et le chevalier de supputer quelque récompense.

Il n'est pas encore sept heures quand partent les messagers.

Une heure et demie plus tard enfin, l'un des guetteurs chargés de suivre la progression sur la rive gauche de la Mayenne jette l'alarme. Il vient d'apercevoir Ruffin nageant à proximité de la rive droite. Retenant son cheval, l'homme demeure sur place afin de préciser l'endroit même où il a surpris le fuyard.

Arrivé le premier sur le promontoire, Ferri cherche en vain. Il crie :

« Bon Dieu! où l'as-tu vu?

– Droit devant vous, messire, il a plongé peu avant votre arrivée. Il doit se dissimuler parmi les herbes et les racines. »

La fouille s'organise aussitôt. Sergents et gardes sondent aussi bien la végétation que l'eau. Sans résultats. Ils ont beau passer et repasser : pas la moindre trace du fugitif n'apparaît.

Une heure s'écoule ainsi. Ferri jure comme un possédé. Remettre Eudes entre les mains de Rainaud, quel succès! Et voilà que... Cependant, Ferri en est certain, Ruffin n'a pu s'enfuir et doit se trouver inéluctablement prisonnier dans une invisible cache. A moins qu'il ne soit mort et que des racines ne retiennent son corps.

Après avoir fait établir une garde sévère, apte à contrôler chaque pouce carré de la rivière et de ses abords sur un quart de lieue, le chevalier envoie chercher des barques à Chambellai.

Les lourdes embarcations apparaissent au moment précis où une rumeur significative annonce qu'une troupe descend le long de la Mayenne. Un des hommes d'armes laissés en poste à l'entrée du bois accourt alors pour annoncer la proche arrivée du sire de Marigné. Ferri enfourche son cheval et va au-devant de son suzerain.

Visage tendu, Rainaud, dès qu'il aperçoit son lieutenant, crie :

« Ferri, le tiens-tu? »

Le visage du sire grimace de joie et d'espoir.

« Point tout à fait, messire, mais ce ne saurait tarder, il est cerné.

– Comment ça?

– Messire, il ne peut nous échapper. »

Le sourire de Rainaud s'est progressivement effacé. D'un ton rogue il demande :

« Explique.

– Cette charogne a plongé et n'est point ressorti. Il a dû parvenir à se musser dans un trou dissimulé par des herbes et des arbres.

– Es-tu sûr qu'il n'a pu vous fausser compagnie?

– Certain, messire.

– Au donjon aussi tu t'affirmais certain. »

De plus en plus mécontent, Rainaud se montre soucieux de tout savoir. Sans relâche, il questionne, se faisant même expliquer en détail les péripéties de la poursuite depuis le départ de Marigné. Enfin, à pied il inspecte les parages. Ferri ne respire qu'en l'entendant approuver son dispositif.

Pourtant, comme les barques manœuvrent afin d'occuper les places qui leur ont été assignées, Rainaud s'inquiète encore :

« Depuis combien de temps dis-tu qu'il est là-dedans?

– Plus de trois heures, messire.

– Et sans bouger? Bon Dieu, mais il devrait être crevé de froid. »

Le ton de Rainaud se nuance de scepticisme :

« Le retrouverons-nous maintenant? »

Pendant une heure, ceux des embarcations s'affairent, sous la vigilante conduite de Rainaud et de Ferri, mais vainement une fois de plus. Le sire de Marigné rage. Cette impuissance à saisir le Ruffin, qu'il sait tout proche, l'exaspère. Il a l'impression d'être joué, nargué par le fuyard.

Force pourtant est de constater l'échec. La colère du jeune sire se déchaîne. Les menaces pleuvent. Ses compagnons tremblent. Ferri, lui-même, n'ose plus dire un mot. C'est alors qu'un des serfs de Chambellai, un de ceux qui ont ramé, s'approche et murmure en regardant Rainaud :

« Seigneur... »

La voix de l'homme est tremblante. Ses larges épaules sont voûtées et ses bras pendent, immobiles, le long du corps. Il roule de globuleux yeux gris que la crainte rend inexpressifs. Ses larges doigts noueux s'agitent comme s'ils voulaient agripper un objet.

Rainaud, qui ne l'a pas entendu, continue d'aller et venir, à grandes enjambées, injuriant ceux qu'il côtoie, leur distribuant des coups au passage.

« Seigneur... », se hasarde à redire le serf, en faisant un pas en avant au moment où Rainaud vient dans sa direction.

« Quoi? Que veut cette brute? Chassez-le. »

L'homme se jette à genoux et dit très vite :

« Pardonnez, seigneur, mais je sais où se trouve celui que vous cherchez.

– Hein ? » s'exclame Rainaud.

Puis aux gardes qui déjà rudoient l'homme, terrorisé :

« Attendez. Et toi, répète ce que tu viens de dire.

– Je peux vous indiquer où est celui que vous cherchez, seigneur. Rien d'autre.

– Comment le saurais-tu ?

– Je suis du village de Chambellai, messire, mes parents tenaient avant moi la manse, là, derrière la forêt. Enfant, je venais me baigner ici. Il y a une grotte, en période de basses eaux. »

Rainaud fronce les sourcils et examine le serf avec attention. Puis d'un geste il congédie les gardes qui maintiennent encore l'homme.

« Comment te nommes-tu ?

– Baudry. »

Ferri, qui s'est approché, intervient :

« Que racontes-tu à notre suzerain, l'Épaulard ? »

Fixant alternativement Rainaud et le chevalier, à qui il appartient, l'Épaulard, l'échine courbée, reste bouche ouverte.

C'est Rainaud qui répond.

« Il prétend savoir où se cache le Ruffin.

– Bon Dieu ! dis-nous ça et tu ne le regretteras pas. »

Baudry prend un air rusé et, tapant du pied, sa bouche édentée fendue dans un grand rire.

« Là-dessous, qu'il est.

– Comment ça ? Explique.

– Je m'y suis mussé plus de dix fois quand mes parents me cherchaient pour me battre.

– Si tu dis vrai et qu'on retrouve celui que je cherche, tu auras trois sous, l'Épaulard. Mais, bon Dieu, veille à ne pas nous faire perdre de temps, car tu pourrais bien te retrouver branché sous peu. »

Comme Baudry proteste de sa bonne foi, Ferri l'empoigne par le lacet qui ferme au cou son bliaud :

« Parle, et vite. »

L'homme tend le bras vers la rive, tout rire évanoui :

« C'est par là.

– Guide-nous. »

Rainaud et Ferri le suivent. Baudry, à grands pas, se dirige vers la partie sud du promontoire, à l'opposé du courant et des tourbillons. Quand il s'arrête, il désigne le bord de l'avancée juste à la lisière de l'eau.

« Là-dessous, il y a une grotte. C'est noir et c'est froid, mais c'est une bonne cache. L'entrée est là sous ça de terre.

– Faites sonder tout de suite, Ferri, ordonne Rainaud.

– Vous ne trouverez rien comme ça, ricane niaisement l'Épaulard, c'est bien trop profond. »

Mais ni Rainaud ni Ferri ne l'écoutent plus. Quelques jeunes arbres, abattus sur leur ordre, fournissent de longues perches. Les bouilles s'enfoncent dans l'eau facilement, sans rencontrer d'obstacles.

« L'Épaulard a raison, dit Ferri, le fond est loin. »

Rainaud se tourne de nouveau vers Baudry :

« Raconte comment c'est là-dedans. »

Tant bien que mal, avec de pauvres mots et beaucoup de gestes, le serf décrit la cavité.

« Ça explique, dit Ferri, pourquoi nous ne l'avons pas trouvé, bien qu'on le sache à proximité.

– Il faut le déloger, tonne Rainaud. Chevalier, demandez un volontaire pour aller assaillir Ruffin.

– Il faut un rude nageur, messire, et un non moins rude combattant.

– Holà ! Un courageux pour déloger le Ruffin. »

Les hommes d'armes se regardent sans mot dire.

« Alors, ricane Rainaud, aucun de vous n'a envie de devenir mon écuyer ? »

Un des sergents, nommé Varin, fait un pas.

« Le volontaire deviendra votre écuyer, messire ?

– Foi de Rainaud.

– Alors, seigneur, donnez-moi le temps de me préparer. J'y vais.

– Fais vite, Varin, je suis pressé. »

Sous les yeux de Rainaud, de Ferri et de tous les hommes d'armes qui ne sont pas de faction, Varin plonge. Deux fois d'abord pour reconnaître les lieux. Et les deux fois il revient questionner Baudry. Le sire de Marigné s'impatiente. Avant de plonger la troisième fois, Varin dit :

« Je vais vous le ramener, messire, ou j'y laisserai la vie.

– N'oublie pas qu'il me le faut vivant. Ne l'estropie pas trop, qu'il puisse encore sentir tout ce que je lui réserve. »

La troupe est surexcitée et tendue quand le sergent disparaît. On admire son courage, on commente les propos de Baudry. L'Épaulard est assailli de questions. Le froid, mais surtout l'obscurité qu'il décrit, font grosse impression sur les esprits. Le jeune sire, les traits crispés, attend immobile, les yeux fixés sur le bord de la rive. Soudain, il saisit le bras du chevalier :

« Regardez ! » dit-il.

Une longue traînée rouge, sortant de la grotte, se dilue, s'étire dans le courant.

« Pourvu qu'il ne me l'ait pas tué, grogne Rainaud.

– Nous n'allons pas tarder à le savoir.

– Montons tous dans les barques, que nous puissions plus aisément les saisir et les hisser », ordonne Rainaud.

La consigne s'exécute rapidement, puis l'attente recommence. Désormais, nul ne dit plus un mot. Les minutes s'écoulent, personne n'apparaît. La tension monte. Rainaud guette toujours. Il s'est écoulé près d'une heure quand enfin il grogne :

« Maintenant, nous sommes fixés. C'est Ruffin qui a tué Varin. Le maudit chien !

– Nous finirons bien par l'avoir, messire.

– Ça ! Ferri, envoyez deux autres guerriers d'un coup, puisqu'un seul ne suffit pas.

– Messire, combattre dans l'eau et l'obscurité n'est pas à la portée de beaucoup. Pourquoi ne pas attendre que Ruffin sorte de lui-même ? La faim va le débusquer.

– Attendre ? Et cette nuit, imbécile ? Mais il va s'enfuir à notre barbe !

– Point, seigneur, si nous entourons le promontoire de filets reliés les uns aux autres, cousus.

– Il passera dessous.

– Pas si nous les lestons de lourdes pierres, fort rapprochées les unes des autres et traînant au fond.

– En ce cas, il trouera le filet.

– Comment pourrait-il en avoir le temps entre deux respirations?

– En s'y reprenant à plusieurs fois.

– Dans l'obscurité, sans aucun moyen pour s'y retrouver?

– Mort dieu, Ferri, je crois que tu as raison. Nous allons camper ici. Envoie vite prendre tes filets à Chambellai. Mais hâte-toi. Que tout soit en place avant le coucher du soleil. »

Comme Ferri donne ses ordres, Rainaud, que l'idée de saisir le Ruffin au filet séduit fort, ajoute :

« Et fais-nous ramener ici des victuailles et du vin, en abondance. Nous allons faire ripaille en attendant la sortie de notre affamé. »

42

Opacité froide et humide, étranges clapotis, sourdes et indistinctes rumeurs. Le temps résiste et bride l'impatience. Eudes n'a appris qu'à combattre des hommes à l'air libre. Ici, l'épreuve se révèle redoutable. A force de fixer l'étroite lisière blafarde, ses paupières s'alourdissent, sa lucidité s'amoindrit.

A deux reprises, Ruffin, en dépit de ses efforts et de ses inquiétudes, s'est assoupi. Pas vraiment dormi, rien, croit-il, que de légères somnolences. Il se les reproche avec une angoisse acrimonieuse : et si on en avait profité pour l'assaillir? Les deux fois, d'ailleurs, son émoi se prolonge une dizaine de minutes. Hanté par la crainte de ne plus être seul dans la grotte, que quelqu'un, quelque part dans l'ombre, un adversaire inhabile, jusque-là, à le localiser, ne soit tapi, prêt à frapper.

Pour brefs qu'ils aient pu être, ces sommes l'ont engourdi. De nouveau, il se sent gagné par le froid. Et Ruffin de s'imposer une gesticulation violente qui lui remettra le sang en mouvement. C'est le moment que choisit la faim pour se manifester. Tandis qu'il saute d'un pied sur l'autre en agitant les bras, il rêve de viandes, de soupes chaudes, de pain.

Réchauffé mais essoufflé, Eudes se rencogne, armes savamment disposées à portée de main. Que faire d'autre qu'attendre? Jamais heures ne lui ont paru plus longues, même dans le cachot du Plessis-le-Vent, quand, revenant d'Angers (écuyer frais émoulu) avec le Saxon, où celui-ci l'avait équipé et vêtu de neuf, ils s'étaient fait emprisonner à l'improviste, pour une sombre histoire de tenure et de fief concernant le gros Yvon ; même, la veille, dans la geôle de Marigné en attendant la mort.

Tant qu'il fait jour aucune manœuvre n'est possible. La ruse et l'ombre sont ses naturels recours contre la puissance. Il ne s'en formalise point. En revanche, le trouble une inexplicable atonie intellectuelle qui l'empêche de profiter de son inaction forcée, de ce répit inespéré, pour imaginer des solutions et décider ce qu'il devra faire.

Les yeux fixés sur la bande nacrée qui, seule, peut le renseigner sur la chute du jour, il ressasse son bonheur passé ou rabâche les mêmes questions : que font ses ennemis ? Rainaud est-il présent ? pourquoi, après la défaite du sergent, aucun autre homme d'armes n'est-il venu l'assaillir ? que manigance-t-on là-haut ?

La lueur se ternit puis doucement s'efface, et c'est comme le signal du réveil d'Eudes. Enfin, il peut réfléchir à son problème immédiat : sortir de là. Ses conclusions sont simples : si les autres n'ont point renouvelé leurs attaques, c'est qu'ils ont su mettre au point un dispositif qui leur permet d'espérer le forcer par la faim. Et ils ne craignent point la nuit, se croyant sûrs de leurs moyens. Au-dessus et alentour, la surveillance doit être efficace.

Eudes n'a pas gardé un heureux souvenir de son arrivée dans la grotte, le chemin qu'il a pris ce matin n'est pas commode et il a bien failli y laisser la vie. Mais il devient évident que c'est par celui-là seul qu'il pourra avoir une chance de s'échapper. Ce serait folie que de vouloir sortir par où est entré le sergent. La garde doit y être plus forte que partout ailleurs, et Eudes donnerait à coup sûr, tête baissée, dans un piège. Il ne reste donc qu'à reprendre la même voie.

Pourtant, avant de jouer son va-tout, Ruffin décide de reconnaître les lieux, et si possible d'éventer les artifices de l'ennemi. Inutile pour l'heure de s'embarrasser d'armes, à l'exception du coutelas qu'il a prélevé sur son visiteur. Il ôte aussi le corselet de cuir et le bliaud passé sur le sien.

Ainsi allégé, résolument il s'immerge, se dirigeant vers le coin opposé où apparaissait la lueur. Lorsque l'eau atteint sa bouche il plonge. L'obscurité qui l'environne est totale. Eudes cependant s'efforce de contrôler scrupuleusement sa direction. Il ne doit point dévier, sinon, au retour, sa position deviendra vite dangereuse. Il compte ses brasses.

C'est à la onzième qu'il se heurte à ce qu'il reconnaît, au toucher, pour un filet. Stoppé, il descend le plus bas possible en suivant les mailles. La poche va jusqu'au fond. Eudes veut la soulever, mais il a trop perdu de temps et, à court d'air, il ne lui reste qu'à rejoindre au plus vite la caverne.

Voilà donc ce qu'ils ont imaginé : le prendre comme dans une nasse. Certes, le moyen est astucieux. Mais Ruffin n'a pas l'intention de leur donner satisfaction. Franchir une telle barrière doit être possible en se glissant par-dessous.

Après quelques minutes de repos, Eudes repart. Cette fois il s'efforce de suivre le fond. Lorsqu'il atteint le filet il s'agrippe et tente de le relever. Mais ses efforts restent vains. Ses ennemis ont su le lester avec d'énormes pierres. De nouveau l'air lui manque et il repart vers son repaire, presque désespéré et épuisé.

A peine a-t-il atteint la petite plage qu'il s'écroule. Le froid le brise et le torture. Le moindre geste s'avère douloureux, ses dents claquent sinistrement. Que peut-il encore espérer? Il se sent coincé dans un piège parfait, implacable.

Sa dernière ressource serait de se faufiler en tranchant assez de mailles à ce maudit filet. Mais un tel travail lui semble surhumain. D'autant qu'il ne devrait pas trop l'agiter pour ne point donner l'alerte. Car Rainaud, ou Ferri, ou quelque autre, a dû prévoir un système d'alarme.

Eudes a besoin de toute sa volonté pour s'obliger à sauter, à remuer, à contracter bras et torse. Grâce à cette discipline, au bout de quelques instants, il récupère la possibilité de mettre deux idées bout à bout.

D'ici l'aube il ne sera pas en mesure de se remettre à l'eau plus de deux ou trois fois. Au-delà, le froid aura raison de lui. Or dans le temps d'une seule respiration, il ne peut sectionner assez de mailles pour passer, et atteindre l'air libre. Il va devoir s'y reprendre à deux fois, avec, entre les deux, un repos, une période de ranimation plutôt, qu'au jugé il évalue à une bonne demi-heure.

Eudes se dispose à repartir lorsqu'un autre problème se présente à son esprit : comment retrouver l'endroit du filet déjà entaillé? A moins d'un extraordinaire coup de chance il ne reviendra pas, ou il lui faudra tâtonner au risque d'user son souffle.

Son moral retombe au plus bas. La partie est trop rude. L'envie d'abandonner, d'en finir avec la vie le hante. Pourtant sa jeunesse, son goût de vivre s'insurgent, l'incitent à chercher encore : « Si je pouvais aller droit au bon emplacement, peut-être aurais-je une chance. » Et de rêver d'un idéal repère, d'un fil conducteur.

Soudain, il se frappe le front : les chausses du sergent vaincu sont faites de grosse laine. S'il les détricote il l'aura son fil d'Ariane.

Avec une infinie patience. Eudes s'acharne pour obtenir un long cordon résistant. Afin d'en renforcer la solidité, il le tresse de trois brins. Plus que ses doigts gourds, l'obscurité le gêne, le retarde, sans parvenir à le décourager. L'espoir, une fois de plus, triomphe.

Après avoir attaché une des extrémités de la cordelette à un morceau de racine, enroulé le reste autour et passé le bout à sa ceinture, Eudes repart.

Dans cette eau noire, l'effort est plus redoutable que prévu. Ses mains répondent maladroitement à sa volonté. Le poignard a beau avoir été soigneusement aiguisé, les mailles résistent. Eudes n'est pas sûr d'avoir tranché la moitié de ce qu'il faudrait lorsque la nécessité d'aller reprendre souffle s'impose. Retour atroce. Grelottant, exténué, une souffrance à la fois diffuse et lancinante le tord. Il ne sait d'abord que se rouler sur le sol boueux. Un long moment passe avant qu'il soit capable de se relever et tenté de réagir. Une fois de plus, c'est le souvenir de ceux qu'il aime, soutenu par un orgueil farouche, qui permet la résurrection de sa combativité.

Debout, au bord de la petite plage, Eudes sait que ce départ doit être le bon. Un nouvel échec lui serait fatal. Comme il se frictionne le torse, ses doigts heurtent le morceau de racine passé à sa ceinture. Le cordonnet tressé, ce lien qui le rattache au filet, n'a pas été rompu tandis qu'il se vautrait. Pourvu qu'il n'ait point donné l'alerte ! Heureusement, il avait prévu large. De se sentir ainsi relié au seul obstacle qui le sépare de la liberté ravive son espoir.

Méticuleusement, Eudes se prépare. Il réendosse, veillant à ce qu'ils lui laissent sa liberté de mouvements, le bliaud et le corselet de cuir. Et cette fois il fixe ses armes. Un moment encore, il fait jouer ses muscles. Lorsqu'il se croit paré, résolument, il entre dans l'eau.

Tout de suite le froid ravage ses énergies, neuves. L'emprise de glace monte le long de ses jambes, de ses cuisses, atteint le ventre puis le torse. L'angoisse progresse en lui au même rythme. On croirait deux forces maléfiques synchronisant leurs assauts.

Il lui faut se violenter pour avaler une ultime goulée d'air et plonger.

Grâce au fil, Ruffin ne tâtonne pas pour retrouver la brèche déjà pratiquée. Le poignard, qu'il a pris soin d'affûter à sa dague, fait merveille. Il s'énerve cependant et une angoisse sans nom le tenaille. Le trou a beau s'élargir vite, la hantise de manquer de souffle le pousse à s'engager avant qu'il ne soit temps.

La tête et les épaules glissent à travers l'échancrure, mais, à la taille, le fer de hanche se prend. Coincé, Eudes se débat. Dans un moment de panique il déboucle sa ceinture. Un ultime réflexe lucide lui permet seulement de rattraper à temps sa dague.

A demi asphyxié, congestionné, Eudes use ses dernières forces pour se propulser vers la surface. C'est à moins de trois toises de la berge nord qu'il émerge.

Régurgiter l'eau avalée et retrouver sans bruit le souffle est, pour un homme épuisé, un véritable tour de force. Eudes s'inquiète. Des voix proches confirment ses doutes :

« Gonthier ! t'as rien entendu ?

– Si, des gargouillements bizarres. Viens m'éclairer. »

Des pieds raclent sur les planches d'une barque qui doit osciller. L'eau clapote.

« Hé ! vous autres.

– Élie et Leutgard, approchez aussi. Penchez-vous par là.

– Ce ne serait pas plutôt... »

Les lueurs orangées des torches percent la nuit. Depuis quinze ou dix-huit heures, Eudes n'a rien vu d'aussi vif, d'aussi beau. Pourtant, le moment n'est pas à la contemplation. Déjà, il s'enfonce en s'efforçant de ne pas agiter la surface de l'eau.

Quand il émerge, il a presque atteint le milieu de la Mayenne. Ce ne sont point quelques brandons résineux qui pourront à cette distance le dénoncer.

Transi, Eudes a beau endurer mille morts, la joie d'être libre, l'espoir d'échapper à Rainaud dominent tout. Il commence par fixer solidement dague et poignard dans son corselet de cuir avant de goûter un air doux et chargé du parfum des plantes en se repérant.

Masse terne et sombre, le promontoire et ses arbres trapus se détachent sur le ciel comme par rapport à la Mayenne. Toute une journée là-dessous ! Eudes prend plaisir à répéter : « Sorti, j'en suis sorti ! », tandis que faisant la planche il observe, tête relevée, le dispositif de ses poursuivants : trois grosses barques, deux aux bases de l'avancée, la troisième à la pointe contrôlent tout et forment un triangle lumineux.

La rivière porte loin les voix des hommes qui montent la garde. A terre, derrière le rideau de saules, de grands feux lancent de hautes flammes vers le ciel. De par là aussi des éclats de voix lui parviennent, et aussi des rires claironnants. Il croit un moment reconnaître celui de Rainaud. Mais il a bien d'autres chats à fouetter. Prendre le large importe plus que tout.

Cette fois son avance va être substantielle. Il ne doit guère être au-delà d'une ou deux heures du matin. Et les limites du fief, même si Rainaud n'en a cure, ne sont pas loin.

En dépit d'une folle envie de toucher terre, Eudes s'oblige encore à nager. Car ceux de Marigné occupent à coup sûr les deux rives. Durant plus d'une demi-heure, il s'active ou fait la planche, emporté doucement par le courant. Il dépasse ainsi Chambellai dont il n'aperçoit, dans l'ombre, que la découpe des toits.

Enfin, se jugeant assez loin, il gagne cette rive gauche à laquelle il rêve depuis si longtemps, et aborde entre des roseaux et des salicaires. Un moment il demeure allongé, bras en croix, sans un geste. Bien que l'air soit infiniment plus doux que celui de la grotte, le froid l'étreint comme jamais.

Au prix d'un farouche effort, il trouve le courage de se dévêtir et, nu, d'essorer ses vêtements. Conscient de la tache claire et insolite que fait son corps parmi les herbes, il se blottit un instant et tend l'oreille. Mais rien à proximité ne bronche, hormis les herbes qui frémissent au vent. Les autres bruits n'appartiennent qu'aux bêtes en chasse : des renards jappent, des chouettes chuintent, un loup plus loin hurle une longue plainte.

Avec des poignées d'herbes Eudes tente de sécher le corselet de cuir, et même sa chemise et ses bliauds. Dans l'air tiède il a la sensation de renaître. La nuit lui semble à la fois obscure et luisante. La silhouette des arbres s'y dessine couleur de charbon. Et dans le ciel les étoiles attendent pour lui indiquer la route du sud, s'il devait quitter les rives de la Mayenne. Même l'odeur irritante des salicaires lui semble aimable.

Il se rhabille, si joyeux qu'il sifflote entre ses dents un de ces chants que lui a enseignés maître Eustache. Chants qui proviennent des abbayes où l'ancien moine a plus ou moins séjourné. Et Eudes sourit en se remémorant les paroles du bonhomme : « La musique en est belle, petit, et nous autres, mécréants, la comprenons mieux qui quiconque. Dépouillée du fatras de mots ineptes dont les frocards l'avaient attifée, elle devient un plaisir. »

Eudes est prêt maintenant. Remis d'aplomb, il n'y a plus que la faim pour le tourmenter. Mais il est résolu à prendre son mal en patience. D'ici l'aube ce serait bien le diable s'il ne trouvait le moyen de manger. Pour l'heure, l'impératif reste le même : mettre quelques lieues entre ses poursuivants et lui.

Avec précaution il se hisse en haut de la berge. Quelques secondes encore il écoute attentivement les bruits nocturnes, puis, rassuré, il se dresse et reprend son petit trot du matin.

43

Eudes court depuis près d'une heure, lorsqu'il atteint le confluent de la Mayenne et de l'Oudon. Il a sans encombre dépassé les hameaux de Chanteusé et Thorigné, bâtis à quelque distance de l'eau. Encore une demi-lieue et il cessera d'être sur les terres des seigneurs de Marigné pour passer sur celles du Plessis-le-Vent.

Un moment Eudes s'interroge : que ferait la belle Agnès, l'idéale geôlière, s'il allait lui demander secours? Hélas! la réponse est aussi facile que décevante. Pour éviter une guerre contre Rainaud elle le livrerait sans hésitation, pieds et poings liés.

La pensée de quitter le fief de Marigné est stimulante. Certes, Rainaud ne se laissera pas arrêter dans sa poursuite par les limites de ses terres, mais hors de chez lui il ne disposera plus des mêmes facilités.

La faim se fait pressante. Eudes n'a rien mangé depuis la veille. Cependant, il ne veut toujours pas s'attarder, se méfiant de tout.

La lune s'est levée, facilitant sa course. Il doit être deux heures du matin. Désormais la Mayenne coule entre deux rangées de collines. Sur sa gauche il sait qu'il ne va pas tarder à dépasser le village de Grès, tandis que de l'autre côté de l'eau s'élève la maison forte de Neuville, qui était à Simon de Segré. Eudes l'a plus d'une fois surveillée avec Conrad, au temps de la grande querelle Simon-Yvon.

Soudain, à la sortie d'une ormaie, Ruffin trébuche et va rouler au fond d'une ravine, profonde de deux toises, dans laquelle court un filet d'eau. La tête d'Eudes a porté sur une pierre et il reste un moment étendu. Un peu de sang coule d'une longue et étroite coupure à la lisière des cheveux et du front. Eudes assis, les mains pressées sur la plaie et toute l'ecchymose, attend de recouvrer ses esprits, puis il suit la ravine et gagne la rivière pour s'y baigner la tête.

Il en est à s'éponger, lorsqu'il distingue des battements dans l'eau. Aussitôt tapi dans les herbes, il épie l'ombre. Les clapotis se rapprochent. Eudes, reconnaissant les bruits d'une barque avançant à la godille, dégage et saisit ses armes : la dague de la main droite, le poignard de la gauche.

Dans cet instant d'amers regrets le tourmentent : quelle sottise d'avoir perdu sa hache! En présence d'hommes d'armes normalement équipés, son armement ne lui laisse que peu de chances.

La barque accoste. Un homme saute à terre. Eudes distingue les chuchotements de deux voix. De qui s'agit-il : sergents de Marigné ou de Segré? Mais que feraient-ils là? Ou bien brigands en maraude? Ruffin veut en avoir le cœur net, il rampe, se faufile dans les herbes, avec des allures, des grâces de chat, vers ceux qui osent se promener à pareille heure, en pareil lieu.

Au détour d'un buisson, il aperçoit les inconnus : ce sont deux serfs, en train de haler une barque grossière, faite dans un tronc d'arbre, et de la camoufler parmi les roseaux. Eudes se sent rassuré. Il n'a rien à craindre de ces malheureux.

Il juge cependant préférable de demeurer invisible, crainte qu'ils ne puissent témoigner demain l'avoir rencontré. Le Ruffin les observe en dépit de sa folle impatience. Une barque! sa jeunesse s'enivre à la pensée d'une telle aubaine. C'est à peine croyable! Il ne pouvait rien souhaiter de mieux. Pour un peu il danserait de joie.

Enfin, il va pouvoir dépister définitivement les chiens, en descendant la rivière sur des lieues. Tapi parmi les herbes : roseaux, sagittaires, iris, Eudes attend que s'éloignent les deux serfs. Mais au moment où ils passent devant lui brillent les écailles de poissons enfilés par les ouïes sur une longue baguette portée par le dernier.

Sans plus réfléchir, il bondit :

« Halte! »

Les hommes se figent, perclus de crainte, n'osant même pas se retourner. Ce sont deux habitants de Grès qui, poussés par la faim, la leur et celle de leurs familles, se sont risqués à braconner la rivière, et ont su se fabriquer secrètement une barque.

Ruffin n'a pas besoin d'observer les visages, de sonder les yeux. Il ne connaît que trop ces silhouettes, appesanties et résignées, qu'il méprise. Inutile de se donner la peine, avec de semblables adversaires, de dégainer une arme.

« Au moindre geste je vous tue! »

Il s'approche à moins d'un pas derrière le dernier. Les dos restent immobiles, mais la terreur affaisse les nuques. Ruffin en conçoit un sentiment de pitié, et de vague solidarité : ces hommes aussi souffrent par la faute des Yvon et des Rainaud. Cette commisération neuve le pousse à dire d'un ton radouci :

« Je ne vous veux pas de mal. Donnez-moi seulement vos poissons. »

Comme le porteur de la pêche esquisse un mouvement, Ruffin dit brusquement :

« Ou plutôt non, ne te retourne pas, lâche seulement la baguette. »

Les poissons heurtent doucement le sol, s'y étalent.

« Maintenant, vous allez repartir sans vous retourner. Ne tentez rien ou je vous occis sans pitié. Ne parlez de moi à personne. Compris? »

Les voix tremblent pour chuchoter :

« Oui, messire.

– Attendez! Toi, là devant, tu as une ceinture de cuir, il me semble?

– Oui, seigneur.

– Défais-la et laisse-la tomber à terre. Bon. Maintenant, fichez le camp! Et vite. Gare aux horions! »

Eudes regarde les deux hommes achever d'escalader le talus et démarrer à toutes jambes. Décidément, avec eux, il ne risque rien. Évoquer cette rencontre équivaudrait pour eux à avouer leur braconnage.

Tandis qu'il dégage la barque, il se dit que ses chances d'échapper à ses poursuivants viennent singulièrement d'augmenter. Il dispose encore de quatre ou cinq heures, au moins, et sans doute infiniment plus, avant qu'on ne découvre sa deuxième évasion. D'ici là, bien qu'il souffre quelque peu de la tête, il sera loin.

Pendant un temps qu'il évalue à plus de deux heures, se servant de l'unique rame comme d'une godille, Eudes se consacre à sa barque et résiste au désir de manger pour prendre plus de champ.

Enfin, après avoir dépassé d'un quart de lieue la petite maison forte de Pruillé, bâtie sur la rive droite, il décide de faire halte et cherche une anfractuosité dans la berge où il pourra sans risque allumer un feu.

Eudes, épuisé par tant d'efforts, souffre encore de son ecchymose. De plus, le bois de la rame grossière qu'il manie l'a blessé aux deux mains. Des échardes lui lardent les paumes, et la peau, entre pouce et index, est à vif.

Allongé dans l'herbe, près d'un bon feu, après avoir dégusté la chair savoureuse de quatre truites, Eudes racle sans ardeur le manche de sa rame avec son poignard. Pour un peu il s'endormirait.

Sa tête est douloureuse et pesante, ses yeux le brûlent, ses membres engourdis aspirent au repos. Voilà près de vingt heures qu'il a quitté Marigné. Vingt heures de tension, d'angoisses, d'efforts. Après tout, il doit être assez loin pour s'octroyer une heure de sommeil.

Un dernier sursaut de sa volonté le soulève. S'il doit dormir, qu'il ait au moins le courage de remonter en barque et de se guider jusqu'au milieu de la Mayenne. Le courant ainsi l'aidera pendant son repos à gagner encore sur l'adversaire. D'ici Angers aucun rapide ne peut le faire chavirer. Tout au plus risque-t-il de s'échouer. Qu'importe ! le jeu en vaut la chandelle.

Eudes se hisse péniblement dans la barque, la pousse vers le large, en plein courant. Il se répète qu'une heure de sommeil le remettra d'aplomb et qu'en somme ce n'est pas le diable. Ce qu'il veut c'est atteindre l'île Saint-Aubin avant le jour.

La barque glisse. Eudes s'allonge, sa rame près de lui. Fermer les yeux lui donne un merveilleux plaisir. A deux reprises, il trouve la force de s'asperger le visage d'eau fraîche, puis le sommeil s'empare de lui.

Tandis que le courant emporte la barque comme il ferait d'une branche morte.

44

« Sautez à l'eau, bon Dieu ! allez-y, autrement elle nous filera sous le nez.

– Ta gueule ! Merde ! Elle va pas fondre. Le courant va sûrement nous la pousser.

– Et s'il l'entraîne ?

– Pourquoi t'y vas pas, toi, si t'es pressé ?

– C'est vrai, ça ! Il a raison ! Au lieu de beugler, plonge, gros malin !

– D'autant qu'après le bain tu pueras un peu moins !

– Vous savez nager vous autres, pas moi. Sans ça... ! Mais si vous préférez la randonnée, tant mieux ! Quant à moi, par toutes les putains du monde, je vais me démerder de l'agripper cette barque. Et vous me paierez le voyage. »

Le lourd gaillard qui parle domine ses deux compagnons d'une demi-tête. Armé d'une hache et d'une framée, alors que ses acolytes disposent d'épées et de plommées, il attache un lourd poignard à large lame à une longue cordelette, elle-même fixée à l'extrémité de sa framée, juste sous le fer. Après une dizaine de moulinets, sans cesse élargis, qui démontrent la vigueur de son poignet, il projette le poignard en direction de la barque au fond de laquelle dort Ruffin.

C'est une aube blanche et ouatée qui, après la chaleur de la veille, annonce une nouvelle journée étouffante. Une légère brume monte entre les arbres. Les oiseaux volettent comme n'osant encore prendre leur essor du plein jour. Toute la vallée bruit de leurs chants joyeux.

De la rive, Eudes est invisible. Il a fini par glisser, dans son sommeil, tout contre la coque de l'embarcation, qui dérive lentement au gré de l'eau, à moins de cinq toises de la berge gauche.

Le manche du poignard qui heurte le rebord et le frappe à la cuisse le réveille en sursaut. Il se redresse nerveux, affolé, et apparaît soudainement à la vue des trois hommes ahuris et déçus.

Comprenant la situation, Eudes ne tergiverse pas : il saisit l'arme, tranche le filin qui la relie à son propriétaire, puis, empoignant sa rame à deux mains, il entreprend de redresser la direction de l'embarcation, de la diriger vers le milieu de la rivière. Les inconnus surmontent leur déception et réagissent à leur tour. Pour l'heure ils ne peuvent que parlementer. Ils se font aimables :

« Eh! l'ami! crie l'un d'eux, un blond aux yeux clairs. Excuse le coup du poignard. Ne va pas croire à de mauvaises intentions. Nous avons cru ta barcasse vide. »

Le second agite les bras de manière engageante, après avoir repoussé le lanceur toujours empêtré de sa framée et de sa curieuse ligne maintenant inutile.

« Ne pourrais-tu nous prendre à ton bord, beau compagnon? Comme toi nous descendons la rivière. Faire quelques lieues sans user nos malheureuses guibolles nous mettrait aux anges. Il nous reste encore du pain et quelques oignons : nous partagerons. »

Eudes secoue la tête :

« Impossible, à quatre nous la ferions couler.

– Tu rigoles! Elle en porterait le double.

– Double ou pas, je n'en ferai pas l'expérience.

– C'est que tu nous rendrais service, l'ami. On est aussi pressés que fatigués.

– Pas tant que moi. »

Le blond reprend la parole. Une fois encore il adopte un ton doucereux qui ne concorde guère avec son allure et son équipement guerrier.

« Je ne puis croire à ton indifférence. Est-ce la mode qu'un chrétien abandonne dans la misère d'autres chrétiens, refusant même de les entendre? »

Eudes ne se donne pas la peine de répondre et godille de plus belle. Les trois inconnus se concertent, se chuchotant à l'oreille, sans laisser l'embarcation les gagner de vitesse, réglant leur pas sur elle.

Le colloque dure, animé et pourtant silencieux. Eudes, qui se maintient à égale distance des deux rives, au plus fort du courant, manœuvre sans perdre de vue les quémandeurs. Chemin faisant il examine la vallée, se demandant jusqu'où il a dérivé pendant son sommeil. A-t-il, ou non, dépassé l'île Saint-Aubin? Il ne le pense pas. Une certitude, cependant, l'arrangerait. Dans ses échanges avec les trois inconnus aucune indication ne s'est fait jour. Sans doute sont-ils étrangers à la région. Ils ne semblent pas même connaître le nom de Mayenne.

Il en est là de ses réflexions lorsque de nouveau on lui adresse la parole. Mais cette fois le ton a changé, devient comminatoire :

« Ne nous force pas à nous fâcher. Arrive de bon gré. Ton intérêt n'est pas de nous pousser à bout. »

Son nouveau refus déchaîne injures et menaces. Le plus grand, entre autres, trépigne de colère :

« Ah! bon Dieu! Tu ne perds rien pour attendre. Si je savais seulement nager j'irais te foutre à l'eau, salaud! »

Il continue sur ce ton cependant que, soudain, les deux autres s'éloignent au galop. Eudes s'inquiète et les suit des yeux. Quel piège vont-ils lui tendre? Depuis qu'il les examine, Eudes en est arrivé à la conclusion que ces hommes, tout comme lui, fuient un danger. Mais il est prêt à parier que ce sont des brigands qui s'éloignent, leur mauvais coup accompli.

Les deux plus petits ont pris soixante ou soixante-dix toises d'avance lorsqu'ils plongent brusquement et nagent en force avec, visiblement, l'intention d'intercepter l'embarcation.

Le gros maintenant danse une vraie gigue triomphale tout en gueulant des encouragements qu'il n'interrompt que pour se tordre de rire :

« Forcez, mes beaux, forcez! Courage! Allez, allez! Ah! le couillon! La gueule à l'eau comme il va me plaire! Nagez ferme, mes jolis! »

Ruffin godille de toutes ses forces et manœuvre. Mais il devient rapidement évident qu'il ne pourra complètement éviter l'attaque. Cependant, un sourire amusé continue d'éclairer son visage.

Au moment où les deux nageurs ne sont plus qu'à deux ou trois toises de lui, il met brusquement son embarcation en travers et oblique vers l'autre rive.

Les assaillants, de côte à côte qu'ils étaient, se retrouvent l'un derrière l'autre. Quelques secondes passent. La barque a ralenti. Deux paires de bras battent l'eau avec une énergie accrue. Le premier homme n'est plus qu'à deux ou trois brasses, lorsque Eudes dégage sa lourde rame et le frappe.

Atteint à l'omoplate, le blond a le temps de pousser un cri de douleur avant de s'enfoncer dans l'eau.

« Salaud ! Si tu as tué mon frère, je jure de t'éventrer ! »

Son compagnon montre le poing et plonge. La barque dérive. Ruffin immobile attend. Soudain, les deux hommes réapparaissent. Le blessé, soutenu par son frère, gargouille. Jure et gémit en même temps. Ruffin ricane :

« Tu vois qu'il va s'en remettre. Pas vrai, mon joli ? Il ne faut pas se montrer trop audacieux, j'espère que ça vous servira de leçon. Maintenant, si tu ne veux pas que je t'assaisonne, toi aussi, dépêchez-vous d'achever votre traversée. Allez, vite !

– Mais, et notre ami, tu veux nous séparer, tu veux notre mort, fumier !

– Il est bien où il est, obéis ou je cogne ! »

L'homme, empêtré de son frère dont il maintient la tête hors de l'eau, maugrée mais obtempère.

Eudes les surveille jusqu'à ce qu'ils soient sur la terre ferme. Pendant ce temps, le grand gaillard, arrêté face à ses compagnons, braille tout ce qu'il sait. Prières et injures s'entremêlent. Ayant remis la rame en place, Eudes godille et file dans le courant. Il est à une centaine de toises en aval lorsqu'il oblique vers la rive gauche, celle du braillard.

Avant que ce dernier n'ait compris la manœuvre, Ruffin a le temps de descendre de son bateau, de l'amarrer à des roseaux et même de se hisser sur la berge. Alors seulement l'autre arrive dans un pesant galop. Eudes le regarde venir, bien campé en travers du sentier, sa dague dans la main droite et un long et solide bâton de noisetier trouvé au fond de la barque, dans la gauche.

L'homme est sensiblement de la taille de Conrad, c'est-à-dire à peine plus grand que Ruffin, mais il est infiniment plus lourd. En découvrant Eudes, prêt à la bataille, son visage épais reflète une surprise qui se transforme vite en expression de joie. Dans un gros rire il dit :

« Bon Dieu ! jeunot, faut bien croire que tu es bel et bien le dernier des fous. J'avais encore jamais entendu parler d'une pareille sottise ! Toi qu'étais bien tranquille dans ta barcasse, hors d'atteinte de ce bon Haribert ici présent, et voilà que de toi-même tu viens te foutre dans ses pattes. »

Ruffin sourit :

« J'espère que tu m'en sauras gré. D'ailleurs, notre sainte mère l'Église a toujours recommandé de ne point faire tort aux simples d'esprit. Puisque tu me juges tel, tâche de bien te conduire avec moi. »

Haribert hausse les épaules :

« Tais-toi, beau merle ! Donne-moi ta barque au lieu de raisonner. Ou plutôt laisse-moi la prendre. Ne reste pas dans mon passage et je jure de ne te faire aucun mal. Foi d'Haribert. Tu me donneras l'occasion de gagner un petit bout de paradis en ne m'obligeant pas à te tuer.

– J'ai une meilleure idée, mon poussif.

– Laquelle ?

– Remets-moi gentiment ce qui me fait tellement envie que je suis descendu le chercher.

– Et quoi donc, bon Dieu ?

– Ta hache.

– Hein ?

– Ta hache, te dis-je ! Quant à ta framée, je consens à te la laisser. »

Haribert, le premier étonnement passé, éclate de rire. Son ventre tressaute de joie.

« Tu ne manques pas d'audace, mon jeune coq, faut le reconnaître. Et, par dieu, dommage que je sois si pressé, tu m'amuses. Mais nécessité oblige. »

Les mains en entonnoir autour de la bouche, il crie en direction de ses deux compagnons :

« Attendez-moi, soyez patients, le temps de liquider ce fou et j'arrive avec la barque.

– Crois-tu ? »

Au moment de faire à nouveau face à Ruffin, le visage d'Haribert se tend, ses yeux se rapetissent :

« Toi, le blanc-bec, gare à tes os ! »

Il incline sa framée, pointe à hauteur de poitrine, hampe tenue à deux mains. Ruffin, souriant, dit :

« Sois sage, voyons, donne-moi ta hache et je te laisserai continuer ta route. »

Haribert ricane et fonce.

D'un coup de dague, Ruffin détourne le fer et saute de côté. Les deux combattants se croisent. Mais au passage Eudes assène un solide coup de gourdin sur le dos de son adversaire, qui en devient furieux.

« Bordel de Dieu, enfant de salaud!

– Tu as tort de t'obstiner, gros lard! Tu es mal parti! Je te préviens encore une fois. Car mon bon maître, que je n'ai pas ici à nommer, a passé des années et des années à me faire apprendre l'esquive et l'art de dauber sur les brutes. »

Haribert fonce de nouveau. Le combat continue; les mêmes phrases, les mêmes gestes se répètent. Droit et souple comme à la parade, Eudes évite avec agilité chaque coup et nargue son adversaire ulcéré. Peu à peu, chez Haribert la rage l'emporte sur la prudence. Le besoin d'enfoncer du fer dans le corps de cet insolent intouchable devient une absolue nécessité, une exigence à laquelle toute prudence peut être sacrifiée.

Il bredouille des obscénités et change de tactique. Cessant de tenir sa framée à deux mains – du coup elle va perdre de sa mobilité –, il la coince sous son bras gauche afin de pouvoir empoigner sa hache. Puis il se rue en avant.

Ruffin attendait cette erreur. Au moment où le fer va l'atteindre, il plonge au sol et d'un geste brutal et vif glisse son bâton entre les jambes de son adversaire qui trébuche et s'effondre, la tête la première.

Cependant, Eudes, déjà relevé, est sur lui et d'un terrible coup du plat de sa dague le frappe à la nuque. Le corps d'Haribert se détend. Ses armes lui échappent. Eudes ramasse la hache et sourit en caressant le fer de l'arme. Voilà réparée la négligence de la nuit. Il gagne même au change. Celle-ci est une véritable hache de guerre, lourde et large. Après un dernier regard appréciateur il la glisse à sa ceinture.

Sur la rive opposée les deux frères, qui ont suivi le combat, semblent médusés, abasourdis par la défaite de leur vigoureux compagnon.

« Démon, tu l'as tué, gémit le blond d'une voix plaintive, qu'allons-nous devenir?

– Sois maudit », crie l'autre en agitant ses poings.

Ruffin se penche sur le corps de son adversaire, soulève une de ses paupières, puis se redresse :

« Non, n'en croyez rien, il a le cuir dur. Et pourtant il l'aurait mérité. Mais il va s'en remettre. Trois ou quatre jours à clopiner en se plaignant de son épaisse caboche suffiront. »

Il se tait un instant. Les deux autres l'observent immobiles, atterrés. Brusquement, Ruffin se décide :

« Restez où vous êtes, sans bouger d'un pouce, et je vais vous faire un cadeau.

– Et quoi?

– Je vais lui faire traverser la rivière. Mais encore une fois, restez où vous êtes. »

Tandis que les deux frères l'observent en silence, Eudes traîne le corps inanimé. La barque tangue dangereusement quand elle reçoit sa charge.

Une demi-heure plus tard, Ruffin atteint l'île Saint-Aubin et peut engager son embarcation dans le bras d'eau qui relie la Mayenne à la Sarthe.

La chaleur est déjà lourde, mais la lumière oblique du matin est pimpante et génératrice d'espérance. Eudes respire profondément. Il se sent capable d'exploit après ce combat. Certes, la poursuite n'est pas terminée, mais ses chances maintenant sont certaines. Seule la faim de nouveau le tourmente.

45

La tête lourde, un goût amer dans la bouche, Rainaud grogne et s'étire. Sur le promontoire règne l'odeur fade et entêtante d'une eau poissonneuse. Les feuilles des saules scintillent aux premiers rayons du soleil levant. La lumière blanche dissout les lignes : toute chose n'apparaît plus que dans une sorte de flou mouvant.

D'un coup de reins, le jeune sire de Marigné s'assied. Front plissé, il grimace, se racle à plusieurs reprises la gorge, puis éructe bruyamment. Enfin il trouve la force de se frotter les yeux avant de laisser errer autour de lui un regard encore effaré. La rivière seule retient son attention. Des poissons sautent, nombreux, qui en retombant claquent gaiement la surface de la Mayenne.

La mémoire revient d'un coup à Rainaud : la poursuite, le campement, Ruffin le fuyard coincé là-dessous, piégé comme un rat. Diable! La journée promet d'être bonne. La perspective d'une capture, âpre et délicate à la fois, met Rainaud de bonne humeur. Il lance quelques solides bourrades à Ferri qui, couché à son côté, peine lui aussi à s'éveiller.

« Ton vin était généreux, chevalier! Bon Dieu! tu peux t'en vanter, il endort solidement mais, par ma panse, il me convient à merveille. Faudra que tu m'en fasses porter trois ou quatre muids.

– Quand vous voudrez, messire. Bien heureux qu'il vous plaise.

– Bon, en attendant, va donc voir si ceux des bateaux ont monté bonne garde et n'ont rien à nous signaler pour la nuit. »

Ferri se redresse lentement, puis s'éloigne d'un pas encore mal assuré, cependant que son jeune seigneur crie tant qu'il peut pour réclamer de nouveau à boire et à manger.

Lorsque le chevalier est de retour, le sire de Marigné l'invite à prendre place à son côté puis, tout de suite, s'inquiète :

« Alors ?

– Rien de particulier. Tout va bien, messire.

– Notre homme a tenté combien de sorties ?

– Apparemment aucune de sérieuse. A deux ou trois reprises les grelots ont tinté, mais jamais longtemps, pas de façon inquiétante. Les hommes sont formels.

– Pas de façon inquiétante, dis-tu ?

– Oui.

– Et pourtant ils ont tinté ? »

Rainaud s'arrête de mastiquer et demeure un instant songeur, la bouche ouverte. Enfin il hoche la tête.

« Sais-tu que ça me déplaît fort. Que ça m'inquiète même foutrement.

– Et pourquoi, grand Dieu ?

– Parce que ça ne lui ressemble pas ! Mais alors pas du tout, de se décourager, de renoncer, à ce chien.

– S'il s'est heurté aux filets, que vouliez-vous qu'il fasse ? Il a compris son impuissance.

– Tais-toi ! Voyons, ces clochettes ne pouvaient résonner que s'il agitait le filet ?

– Oui.

– Il a pu se douter que nous avions un système d'alarme et prendre de savantes précautions.

– Lesquelles donc ?

– Je l'ignore. Mais je te le répète, ça ne me plaît pas. Mangeons vite, chevalier, puis nous ferons remonter les poches. Mais ne pourrait-il être tout de même passé par-dessous ?

– Messire, lestées comme elles l'ont été, un homme immergé n'aurait pas la force de les soulever. Les remonter des bateaux, à quinze ou vingt, va déjà être un rude labeur.

– Qu'importe, si c'est nécessaire ! Donnez les ordres, chevalier. Que nous ne perdions pas de temps. »

Il n'est guère que huit heures lorsque Rainaud et Ferri peuvent examiner les filets. Soudain, Rainaud s'exclame :

« Nom de Dieu ! Regarde, Ferri ! Que t'avais-je dit ? »

Il désigne la brèche pratiquée par Eudes. Le fil mâchuré, haché, les mailles informes.

« Ce chien, une fois de plus, nous a faussé compagnie. »

Ferri, atterré, se prend la tête à deux mains.

« Quel enragé! Comment a-t-il pu s'y prendre, trouver le temps et le souffle nécessaires à ce travail?

– Je m'en fous, il l'a fait. »

Rainaud tempête, hurle un bon moment, casse quelques gourdins sur l'échine des hommes qui se hasardent à sa portée. Comme enfin il se calme, Ferri ose se rapprocher pour dire :

« Messire, je ne suis pas convaincu que le Ruffin ne soit pas encore dans ce trou à loutre. »

Le sire de Marigné hausse les épaules :

« Envoie quelqu'un pour t'en assurer. Mais ne te fais pas d'illusions. Pendant que nous festoyions, lui a trouvé le moyen de passer à notre barbe. »

L'homme désigné pour explorer la grotte revient une heure plus tard, ramenant le corps nu du sergent Varin qui était resté coincé par des racines.

« Regarde, chevalier, ricane Rainaud, en lui envoyant cet imbécile nous n'avons fait que fournir des hardes à Ruffin et peut-être des armes. »

Visiblement furieux, Ferri ne répond pas. Il se contente de hurler ses ordres.

« Enterrez Varin au plus vite. Ramenez les barques et les filets à Chambellai. Quant aux hommes d'armes, tenez-vous prêts à reprendre la poursuite. »

Rainaud, silencieux depuis cette déconvenue, relève la tête et empoigne Ferri par un bras. Il le secoue :

« Tudieu, chevalier! laissez là votre grise mine, faites comme moi. Nous avons la chance de pister un gibier de choix. Une bête puissante et hardie, qui ne recule devant rien pour se défendre et use d'autant de courage que de ruse. Alors, jouissons de l'occasion et, avec l'aide du diable s'il le faut, coinçons la bête.

– Et où le prendre maintenant ce renard?

– Il a dû faire du chemin. Les dogues désormais ne nous servent plus à rien et risquent de nous gêner. Faites-les enfermer à Chambellai. Mais, avec des chevaux, on regagnera vite ce qu'on a perdu. Combien avons-nous d'hommes?

– Trente-huit, messire.

– Avec nous deux, ça fait quarante. Alors formons dix groupes de quatre pour battre le pays et il ne saura nous échapper.

– Nous pourrions réclamer d'autres sergents à Marigné.

– Je n'aime pas dégarnir le château plus de quelques heures, comme feu mon père. Et puis nous perdrions un temps précieux.

– Quelle direction allons-nous prendre?

– Pas une, chevalier : dix! Jusqu'où peut-il être allé?

– Sûrement au-delà de l'Oudon. Peut-être même au-delà de Saint-Aubin. A condition, bien sûr, qu'il ait continué de fuir en suivant la Mayenne.

– A sa place, qu'aurais-tu fait?

– Dame, seigneur, je crois que je ne me serais pas écarté de la Mayenne avant plusieurs lieues. Probablement jusqu'aux abords d'Angers. Ensuite seulement, j'aurais couru à travers landes et guérets.

– Logique, Ferri, soyez certain que Ruffin a raisonné de même. La prudence même le contraignait, à cause des chiens, à suivre cette route.

– Mais ensuite, quelle direction? Il avait le choix.

– Nous n'allons rien négliger. Trois groupes iront battre le pays au sud de l'Oudon. Un autre traversera les terres relevant du Plessis-le-Vent et continuera au-delà, toujours face à l'ouest. Sauf indications particulières. Et pas d'hésitations. Il faut interroger dans les hameaux, rudoyer les hésitants, ceux qui semblent savoir quelque chose. Depuis le lever du soleil il ne peut passer partout inaperçu.

– Et si un chevalier ou un seigneur se plaint?

– Que nos hommes invoquent le droit de poursuite d'un serf fugitif. Qu'ils réclament de l'aide, au besoin.

– Ruffin n'est pas serf.

– Il l'est à mes yeux et ça suffit.

– Mais les...

– Silence! Apprenez à ne pas me faire perdre de temps. Quant aux six autres groupes ils descendront la Mayenne jusqu'à hauteur de Saint-Aubin, trois sur chaque rive. Mais, arrivés là, ils se sépareront. Trois prendront la direction d'Ancenis, les autres celle de Beaufort et de Saumur.

– Bien, messire.

– Tâchez de former des groupes solides, équilibrés en fonction des qualités de chacun.

– Comptez sur moi. Mais...

– Quoi encore?

– Jusqu'où ces groupes peuvent-ils aller?

– Le plus loin possible si nécessaire. C'est-à-dire aux limites du pays angevin.

– Et si nous ne le trouvons pas?

– Il nous restera à crever de mâle rage. Mais je refuse d'y croire. Nous l'aurons rejoint, et pris, bien avant. Que les hommes ne cèdent pas au découragement. La poursuite peut encore durer quatre ou cinq jours. Car Ruffin saura se cacher. Tous les hameaux doivent être visités, sans exception.

– Messire, arrivé à l'île Saint-Aubin, par où prendrez-vous? Droite ou gauche?

– Droite, Ferri, vers Ancenis.

– En ce cas, j'irai vers la gauche.

– Et le ciel fasse que nous le retrouvions.

– Pardonnez-moi, messire, mais je préfère dire, quant à moi : le Ciel fasse que *je* le retrouve! Il m'en a assez fait voir pour souhaiter le tenir.

– Tout beau! Ne va pas me le tuer!

– Non, messire! Mais il regrettera vite que je ne le fasse pas. »

46

En cette période de basses eaux, les joncs et les herbes aquatiques ont, d'une rive à l'autre, envahi le lit du bras mort qui relie la Mayenne à la Sarthe. Mille fois accrochée par la moindre aspérité, son fond ne reposant plus parfois que sur de la vase mélangée de plantes, la barque glisse malaisément.

Eudes, cependant, s'acharne et peine pour gagner le plus petit pouce de terrain. Tout à l'heure, il aura besoin de son embarcation pour traverser la Sarthe. Car il ne souhaite ni la franchir à la nage, ni devoir s'engager sur un pont et parler aux hommes du péage.

Ses vêtements sont secs maintenant, et propres. Il a passé un long moment à les nettoyer tandis que la barque filait, emportée par le courant. Ruffin ne tient nullement à attirer l'attention dans les hameaux qu'il devra traverser ou longer. Un homme boueux aux vêtements dégoulinants suggère immédiatement des idées de fuyard, d'individu en rupture de ban.

Peu après s'être engagé dans ce bras mort où il peine à cette heure, Eudes, descendu de sa barque, s'est précautionneusement hissé sur la berge. N'ayant remarqué personne il s'est dressé pour contempler un moment les remparts d'Angers qui se découpaient net au sommet de la colline, sur un ciel laiteux. Le souvenir de la journée où Conrad l'a promené dans la ville, afin de lui acheter son équipement d'écuyer, l'a fait soupirer.

Mais Ruffin ne pouvait s'attarder, fiché droit en plein vent. Vite il est redescendu dans sa barcasse. La région proche de la cité principale du comté d'Anjou ne saurait lui être favorable. Trop de gens errent, de-ci, de-là, dans les parages. Trop de gens fouineurs et curieux.

Ici, au milieu de cette végétation dense et haute, il se sent à peu près en sûreté. Pour l'instant il n'a comme voisins que des grenouilles, des poules d'eau, des canards sauvages et des hérons.

Plus d'une heure et demie d'un labeur acharné lui est nécessaire pour rejoindre la Sarthe. A peine débarqué, Eudes guide le canot jusqu'à un lieu d'eau profonde, remarqué pendant la traversée, et le coule. Personne ainsi ne pourra disposer de point de repère pour continuer la poursuite.

Caché dans les buissons, Ruffin examine le paysage où il va devoir se lancer. En cet endroit, guérets et jachères l'emportent sur les friches ou les boqueteaux. Les villages sont proches les uns des autres. Il sait qu'immanquablement nombre d'yeux suivront sa progression. Courir ne serait que la meilleure façon de fixer, puis de retenir l'attention.

D'un solide pas de voyageur, Eudes s'avance dans la plaine. Il va passer entre Escouflans et un autre hameau dont il ne parvient pas à se rappeler le nom. Il a emporté le bâton de noisetier, qui a été si efficace dans sa lutte avec Haribert, pour s'en servir comme d'une canne.

De loin en loin, Eudes aperçoit les silhouettes de serfs au travail, isolés ou en groupes. La chaleur est telle qu'il desserre le corselet de cuir. Le ciel pourtant se couvre. Des masses nuageuses arrivent de l'ouest. Quelques bouffées de vent, d'une humidité tiède, les précèdent. Afin de marcher sans trop de difficultés, il s'efforce de suivre les limites des champs.

Après avoir pensé à ceux de Marigné qui l'aiment et doivent attendre les nouvelles dans l'anxiété, Eudes s'accorde le droit de réfléchir quelques minutes à ce que vont pouvoir entreprendre ses poursuivants. Mais il tient à limiter ce temps de méditation car sa méfiance est grande de finir par ressasser inutilement toujours les mêmes appréhensions. Son esprit d'initiative en sortirait amoindri. Le danger prendrait de telles proportions qu'il lui ferait perdre toute lucidité.

Sans contestation possible, sa position s'est grandement améliorée depuis hier soir. La barque lui a été d'un merveilleux secours. Pourtant, aussi longtemps qu'il ne sera point largement sorti des limites du comté, il ne pourra s'estimer en sûreté.

En vérité, malgré d'honnêtes efforts, Eudes ne parvient pas à pressentir les ordres donnés par Rainaud pour une reprise de la poursuite. Cette brute imbécile doit enrager et éructer contre tout et tous. Eudes en rit silencieusement.

Mis en bonne humeur par l'espoir de la déception et des embarras de son mortel ennemi, Ruffin revit différentes périodes de la matinée. La manière dont il s'est débarrassé des trois coquins qui en voulaient à son embarcation le réjouit aussi. Conrad serait fier de lui. La gueule qu'ils faisaient! Mais le plus ahuri a dû être le gros Haribet quand il s'est réveillé du bon côté de l'eau.

A quelle impulsion a-t-il cédé en transportant son adversaire assommé? Perdant, pour ce faire, quelques précieuses minutes. Eudes s'interroge. Conrad ne s'en serait pas soucié. Et lorsqu'il l'apprendra, il bougonnera. Eudes croit l'entendre argumenter :

« Tu n'avais rien à espérer de ces hommes. Leur vie ou leur mort ne t'importait que s'ils se mettaient en travers de ta route. En ne frappant cet Haribert que du plat de ta dague tu avais assez fait. Le transportant tu as agi comme un faible. Seuls les faibles ont de ces bizarreries qu'ils nomment générosités. »

Bien entendu, Conrad a partiellement raison. Eudes n'ignore pas qu'il n'avait aucune pitié à attendre des deux frères et de leur compagnon, en cas de défaite. Tous trois, pour disposer du bateau, volontiers l'auraient tué. Alors?

Sans doute le sentiment qui a poussé Ruffin, d'abord à assommer et non à tuer, ensuite à transporter le corps inanimé, lui vient-il de l'éducation du père Eustache. En dépit de ses ricanements et d'un scepticisme outrancier, le bonhomme en fin de compte lui a inculqué le mépris de la haine, le souci de ne jamais détruire une vie inutilement, et même le désir d'aider les vivants. Par des sophismes assortis de sarcasmes, il s'efforçait parfois de justifier ou de cacher cette générosité :

« Il faut aider les gens à vivre, petit! Et tant pis s'ils s'emmerdent. L'existence est une singulière expérience, infiniment plus complexe que celles qu'il m'arrive de réaliser pour mes travaux d'alchimie. Eudes, interrompts le moins possible les expériences en cours. En tranchant une vie, tu brimes dame Nature. Tu l'empêches de s'amuser comme une petite folle ou d'imaginer d'autres merveilles. »

Eustache aussi, apprenant le geste de Ruffin, éclaterait de rire. Il larderait même son élève de brocards. Pourtant, Eudes est persuadé qu'il finirait, en guise de conclusion, par lui glisser dans l'oreille :

« Tu as agi comme il fallait, petit. C'est ce que j'attendais de toi. »

Au besoin, pour justifier sa position, Eustache lancerait quelque diatribe contre « les brutes insensibles qui détruisent sans comprendre ». Et le Saxon serait le premier visé : « Des bêtes, pas des hommes ! Des bêtes qui ne comprennent rien à rien. De stupides paquets d'os et de muscles sans la moindre imagination et qui rapetissent l'univers à leur seule dimension. Être intelligent, petit, c'est d'abord s'intéresser aux autres, et aussi tenter de comprendre et d'expliquer les grands mystères. »

Il doit être près de dix heures quand Eudes arrive à la lisière d'une agglomération qu'il n'a pas cherché à contourner. Il a trop faim pour attendre encore. Ses forces déclinent, lui semble-t-il. Depuis une lieue il se traîne.

Ce n'est qu'une bourgade, toute en longueur, un chemin raviné à travers deux rangées de huttes face à face. Le travail, quelque corvée, l'a vidée de ses habitants. Ruffin doit traverser la moitié du hameau avant de découvrir au fond d'une hutte une femme, jeune et solide, qui s'active à demi courbée.

Lorsqu'elle se tourne vers l'intrus, elle a les mains rouges de sang, et des débris de viande et d'os collent à ses doigts.

Interdite, elle se tient entre une table couverte de morceaux de chair pâle et sanglante et quatre saloirs assez bas en terre noirâtre.

Cette vue ne rebute point Ruffin. Le temps des délicatesses est passé.

« La femme, dit-il, je suis un voyageur affamé et perdu dans la contrée. »

Immobile, les épaules ramenées en avant, la serve jette des coups d'œil apeurés sur cet inconnu, corseté de cuir, aux armes apparentes.

« Ne crains rien. Je ne te veux aucun mal. »

Ruffin sourit, s'efforce de parler d'une voix douce et aimable pour la rassurer.

« Donne-moi à manger et tâche de m'offrir à boire autre chose que de l'eau. »

Après un moment d'hésitation, la jeune femme se décide enfin à répondre :

« C'est que... » des deux mains elle fait un geste court et gauche « ... ici rien n'est à moi. Je ne suis là que pour tuer le cochon, et puis le préparer, et puis le mettre au saloir.

– Qu'importe un morceau de plus ou de moins ! Nul n'y verra rien et moi je te donnerai un denier.

– Un denier ? »

Son ton est effaré. Cependant elle continue de regarder Eudes sans bouger d'un pouce.

« Tu ne me crois pas ? »

Ruffin plonge la main sous son bliaud et saisit la petite bourse que lui a donnée Alice, et qu'il a accrochée à un cordon de cuir pendu à son cou. Il fouille, et dit, tendant le bras :

« Tiens ! Et dépêche-toi ! »

Comme elle ne bouge pas, Ruffin s'avance et pose la pièce sur un coin de la table. Après un mouvement de recul, la fille tend le cou, et regarde alternativement Ruffin et la petite monnaie blanche. Son expression d'incrédulité peu à peu fait place à celle d'une convoitise forcenée. Ses yeux deviennent luisants.

« Prends et hâte-toi de me servir. Mon voyage est encore long et je suis pressé. »

La fille s'avance prudemment, puis d'un geste brusque rafle le denier. Elle recule aussitôt et le dissimule dans ses haillons. Durant ce temps Ruffin ne bouge pas d'un pouce. Sans doute à moitié rassurée, la jeune serve se dépêche de plonger un épais morceau de porc dans une marmite suspendue au-dessus d'un feu chétif. De l'eau éclabousse les braises.

« Tu pourrais bien m'en faire cuire deux morceaux pour ce prix-là. »

Elle grimace :

« On me battra.

– Tu n'auras qu'à donner le denier.

– J'aime mieux encaisser les coups. »

Eudes hausse les épaules et rit :

« C'est ton affaire. Mais moi je veux deux morceaux. Le second tu me l'envelopperas dans un linge. Qui sait où je coucherai cette nuit. »

Avec un regard en dessous, elle obéit. C'est une grande et forte fille, tout au plus âgée de vingt ans. Fesses et seins tendent ses hardes. Elle doit être d'une force peu commune.

Après avoir rajouté quelques bûchettes de bois sec sous la marmite, elle demeure accroupie, à souffler sur les braises. L'effort, autant que la chaleur, rougit ses grosses joues.

Ruffin tire à lui un escabeau rudimentaire et s'assied. Quelques minutes passent.

Dès que les flammes jaillissent de manière continue, la fille se redresse et recommence à s'activer autour de la viande et des saloirs.

De temps en temps, Eudes va, jusqu'à la porte, jeter un coup d'œil dans la rue.

Comme, impatient et inquiet, il lui dit : « C'est assez cuit comme ça », elle plisse les yeux pour le toiser, de bas en haut; tout son visage se fronce, prend un air rusé et narquois :

« Angers n'est pas loin, messire, et les hommes libres y peuvent, dit-on, trouver le boire et le manger.

– Angers n'est pas sur ma route.

– Tiens donc! »

Elle dépose le premier morceau de viande dans une écuelle de bois, reniflant et faisant la moue.

« Dame, vous l'aurez voulu, il est peut-être pas assez cuit.

– Ne t'inquiète pas, ça ira. »

Ruffin empoigne le morceau et, sans prendre le temps de le tailader avec son coutelas, mord à belles dents. La fille, qui s'enhardit de plus en plus, se rapproche et, les poings sur les hanches, dit :

« C'est par où donc votre route? »

Ruffin force son rire. Cette curiosité, qui va lui permettre de se renseigner, l'irrite et l'inquiète.

« Pour te répondre, encore faudrait-il que je sache où je suis. Je te l'ai dit : dans la région je m'y perds.

– Vous venez d'où?

– De Normandie.

– Vous êtes pas chevalier?

– Écuyer.

– Et votre cheval?

– On me l'a volé. Mais si tu me disais plutôt le nom de ce hameau.

– Ici, c'est Saint-Georges.

– Et par là? Attention! ne me donne pas les noms des bourgades, mais ceux des villes que tu connais. »

Ruffin indique le nord.

« J'entends souvent nos hommes parler avec ceux du prévôt d'une ville nommée Durtal.

– Et par là?

– Oh! bien, c'est Angers, où vous ne voulez pas aller. Puis au sud il y a la Loire. A l'est, je ne connais que les noms de Beaufort et Baugé. »

Sans dévoiler la direction qu'il compte prendre, Eudes continue de faire parler la fille qui, à l'aise désormais, complètement rassurée, passe aux confidences :

« J'ai été mariée trois mois. Pas un de plus. »

Elle haussa les épaules et fait une moue méprisante.

« Il avait l'air robuste pourtant. J'étais contente. Parce que vous savez, moi », elle cligne de l'œil et se frotte entre les cuisses, « faut pas m'en promettre ».

Pendant deux ou trois minutes, son rire résonne, qu'elle entrecoupe d'obscénités.

« Enfin, il a pas tenu le coup. Une sorte de langueur l'a pris un soir. Il se plaignait aussi de là-dedans. » Elle se tape sur le ventre. « Un point de feu, qu'il disait. Il voulait que j'aille chercher le sorcier de Mazé, qu'on prétend capable de guérir même les entrailles et se battre victorieusement contre les pires démons. Du coup, je lui ai ri au nez. Ben merde! Pour un bon à pas grand-chose, donner à celui de Mazé un plein saloir ou un demi-sac de grain! J'y ai dit : " T'as qu'à guérir tout seul si tu ne veux pas crever! " Furieux, il a voulu me taper. J'ai cogné la première. Bing! En pleine face. Miséricorde! Il s'est recouché. Le sang lui pissait tant par le nez, que je lui ai dit (pour le faire rire) : " Veux-tu que j'en fasse du boudin? " Trois jours plus tard, je l'enterrais.

– Une forte fille comme toi ne doit pas manquer de galants. Tu pourrais facilement retrouver un époux.

– Oh? j'y tiens pas.

– Et pourquoi ça? »

« J'aime mieux comme je suis, avec mon travail.

– Les cochons?

– Oui? A vingt lieux à la ronde il n'y a pas plus maligne que moi pour tuer les cochons, les préparer, les saler en économisant le sel, et faire bon.

– Où habites-tu?

– La troisième hutte à gauche en venant de par la Sarthe. Et vous savez, on me réclame de loin. Tous les villages alentour.

– Ça te plaît tant que ça, ce travail? »

Elle hausse les épaules.

« La nourriture, ça vous semble facile à vous qu'êtes écuyer. Les pauvres, les esclaves, c'est pas pareil. Moi, avec ce travail, je sais que je vais manger tous les jours à ma faim. J'ai pas le ventre trois quarts creux, deux jours sur trois, comme les autres serfs. Et puis, c'est de la viande que je bouffe, pas du brouet.

– On doit t'envier?

– Y en a même qui gueulent après moi. Paraît que j'avale trop. Mais, eux partis aux champs, ou en corvée, hein, je fais ce que je veux. La preuve : J'ai même pu vous refiler deux morceaux. Ce soir, ils auront beau beugler, c'est fait.

– Où sont ceux du village?

– Partis dès l'aurore. Et la corvée de messire de Beaufort les retiendra jusqu'à la nuit.

– Où sont les enfants?

– Messire de Beaufort ne veut pas que les femmes paressent. A peine accouchées elles retournent aux corvées, leurs petits sur le dos. Dans tout Saint-Georges, à l'heure que je vous parle, il n'y a plus que trois vieillards par là, en train de crever des coups reçus hier parce qu'ils ont voulu fainéanter, qu'a dit l'homme du prévôt. En vrai, les pauvres vieux sont perclus depuis des mois. »

Eudes a fini son repas, il achève de boire le pichet de piquette qui, après tant d'eau, lui semble délectable, puis il s'approche de la porte et dit :

« Enveloppe-moi mon second morceau. »

Au moment précis où il se penche à l'extérieur de la hutte, de larges gouttes d'eau commencent à s'écraser dans la poussière de la rue. Il recule en disant :

« Diable! maintenant voilà la pluie. »

La fille soupire et s'approche :

« C'est pas trop tôt! Je suis en nage, moi, avec cette chaleur. »

Elle s'essuie le front d'un revers de main, puis, avec un sourire provocant, elle regarde Eudes par en dessous. « Vrai quand il fait si chaud on n'est bien que cul nu ! »

Négligeant le sous-entendu, Eudes observe le ciel, à droite et à gauche. Pour formuler son diagnostic il fronce les sourcils et fait la moue :

« Sacré orage ! Bon Dieu, ça va cogner ! D'ici dix minutes les champs vont être noyés.

– Du coup vous n'allez peut-être pas partir aussi vite?

– C'est sûr ! Va falloir que j'attende que ça passe. Bien qu'un retard ne m'enchante pas. »

Une minute s'écoule. La pluie devient averse. Définitivement convaincu que partir serait une folie, Eudes retourne à l'escabeau.

La grosse fille qui l'a suivi de près s'accote à la table et l'observe un instant avant de minauder :

« Comment vous vous appelez?

– Eudes. » Elle ricane. « Ça te fait rire?

– C'est pas votre prénom. Mon mari, lui, y s'appelait Payen. Non, c'est qu'y m'est venu une idée.

– Laquelle?

– Puisque vous restez là, à ne rien faire, peut-être bien que... »

Elle s'interrompt, se redresse pour se dandiner d'un pied sur l'autre. Comme la suite ne vient pas :

« Peut-être que quoi?

– Eh bien, vous n'auriez qu'à me donner un autre denier, et moi... je vous donnerais du plaisir. Regardez. »

Elle tire sur les chiffons qui lui servent de corsage, les écarte. Deux gros seins blancs, aux pointes brun-mauve, larges comme le creux de la paume, apparaissent fermes et oscillants.

« Vous voyez, mon joli sire, j'ai ce qu'il faut. Et ce n'est pas tout, si vous voulez voir le reste. »

Elle rit bruyamment, empoignant sa jupe à deux mains.

« Non, dit Ruffin, je ne veux pas. »

Son rire se fige.

« Je ne vous plais pas? On est difficile? Ou bien encore : peut-être que l'amour on n'aime pas ça? » De nouveau elle rit, mais avec une lueur mauvaise au fond des yeux. Elle se campe mains aux hanches. « A moins encore qu'un joli cœur dans votre genre ne préfère se frotter dans la couche aux poils durs d'un farouche et épineux guerrier? »

Eudes, furieux, grommelle :

« Ferme ça! garde pour toi tes sornettes. »

Il lui tourne le dos et va se poster dans l'angle de la porte restée grande ouverte. L'eau crépite furieusement sur le sol et rejaillit jusque dans la hutte. Murs et toits servent comme autant de tambours. Mais il ne tonne toujours pas. Il semble même que l'orage proprement dit s'éloigne.

Deux ou trois minutes passent dans la contemplation de l'averse, soudain Ruffin est alerté par un hennissement. Déjà sur le qui-vive, il se penche avec précaution. En dépit du dense rideau de pluie il aperçoit des silhouettes de cavaliers qui, négligeant l'avalanche, avancent lentement, s'arrêtant devant chaque hutte pour l'examiner, de part et d'autre de la rue. Il dénombre quatre hommes, deux de chaque côté.

Eudes rentre précipitamment et saisit le bras de sa compagne.

« Veux-tu gagner non pas un mais trois deniers?

– Vous avez changé d'avis?

– Écoute-moi. Tout à l'heure je ne t'ai point dédaignée. Seul le dépit de ne pouvoir accepter ton offre m'a irrité. T'as beau être belle, je ne pense guère à l'amour. J'ai d'autres chats à fouetter en ce moment. Il y va de ma vie. Cache-moi, des cavaliers qui souhaitent me tuer arrivent.

– C'est donc ça! Je me disais aussi! Alors, on vous poursuit?

– Oui.

– Et à mort!

– Acceptes-tu de m'aider?

– J'aime pas risquer ma peau! »

Eudes est tenté d'user d'intimidation avec la fille et de brandir ses armes. Mais alors, quelle confiance lui faire? De nouveaux hennissements, plus proche, l'aiguillonnent. Il fait un effort pour se contrôler et demande :

« Comment t'appelles-tu?

– Liégarde.

– Liégarde, rends-moi service, cache-moi. Tu vois, je suis armé. Je pourrais te menacer, au besoin te tuer. Mais tu es trop belle, je préfère te promettre mes trois deniers.

– Donnez-les-moi.

– Non. Seulement quand ceux qui me cherchent seront passés. Hâte-toi, car ils arrivent. S'ils me trouvent je me battrai, je me défendrai à mort et toi tu n'auras droit qu'à leurs coups. Peut-être même, tu les connais, les guerriers excités, fous, te tueront-ils aussi.

– Sauvé, vous ne vous dédierez pas, après, pour les trois deniers ?

– Non, juré ! Foi de Eudes. Regarde mes yeux et dis-moi s'ils mentent ?

– Vous êtes si bellot, mon écuyer, que j'ai plaisir à vous croire. Venez. »

Liégarde empoigne Eudes par la manche et le tire. Dans le coin gauche de la hutte elle lui désigne un étroit passage entre une sorte de coffre grossier, aux planches mal rabotées, et le mur de torchis.

« Blottissez-vous là, mon joli. Je vais vous enfermer avec ces sacs. » Elle désigne deux balles de grain. « Dépêchez-vous ! »

On distingue maintenant le pas des chevaux et les voix des hommes. Comme un ordre est gueulé, Eudes reconnaît la voix de Ferri. Il n'est plus temps d'hésiter, bien qu'il soit parfaitement conscient de la précarité de sa situation, qu'il n'ait qu'une maigre confiance dans celle à laquelle il est contraint de se confier. Il se faufile dans la cachette. La fille, se demande-t-il, saura-t-elle tenir sa langue et contrôler sa frayeur ?

Les sacs tirés d'une main ferme, Eudes se retrouve dans une obscurité totale. Il n'est plus qu'une paire d'oreilles attentives, qui s'efforce, avec le peu d'éléments recueillis, de reconstituer les différentes scènes.

Les coups de couperets qui résonnent sur la table et les chocs sourds dans les saloirs lui indiquent que Liégarde a repris ses occupations et que ses ennemis ne sont point encore arrivés à la hutte.

Soudain, une voix grasse crie :

« Messire chevalier, il y a quelqu'un ici. Une femme. »

Quelques secondes passent, puis celle de Ferri, toute proche, se fait entendre. Elle hache les mots :

« Hé, toi, la femme, as-tu vu un inconnu depuis ce matin ? »

L'espace de quelques secondes, l'angoisse étreint le cœur de Ruffin. C'en est fait de lui si Liégarde le dénonce ou, seulement, se trouble.

« Vous dites, depuis ce matin? »

Ruffin note qu'elle a repris ce ton niais et craintif qu'elle affectait au début de leur entretien.

« Es-tu idiote? Ouais, depuis ce matin.

– Ah! non, messire. Hier il est passé deux hommes avec des capuches qui se disaient pèlerins et qui réclamaient le plus court chemin pour Angers. Mais depuis, rien.

– Que fais-tu là toute seule?

– Le métier de mon père, messire. Ce brave homme, que Dieu l'ait en sa gentille sauvegarde, était collibert et ne s'occupait que de tuer, de saler les cochons et de préparer leurs tripes et leur sang. »

Ferri n'écoute pas.

« Anselme, vérifie si elle est seule. »

Eudes entend un pas pesant, puis Liégarde qui pleurniche :

« Dieu me pardonne, messire, mais si vos hommes brisent tout, je serai battue.

– Fous-nous la paix, grosse truie! Et cesse de pleurnicher ou je t'étrille. »

Le raclement des pas tourne et s'arrête enfin près du coffre. L'homme d'armes soulève le couvercle, le laisse retomber. Le cœur du Ruffin bat la chamade. Soudain les sacs tremblent sous un choc nerveux, l'instant d'après le bruit du grain qui se répand fait rire l'homme d'armes, tandis que Liégarde se lamente de plus belle.

« Dieu bon! qu'est-ce que je vais dire à ceux du hameau quand ils rentreront? Leur réserve de grain éventrée! Pitié, seigneurs, pitié!

– Elle est seule, messire. Je n'ai crevé la paillasse qu'à des sacs ventrus. »

Ferri ne semble pas disposé à rire car il ne répond pas et crie à Liégarde :

« Ta gueule! Et méfie-toi! Nous reviendrons. Si tu vois quelqu'un, tâche de savoir où il va. Quand ceux du village rentreront, préviens-les : si par malheur vous donnez asile à un fuyard, si vous l'aidez, si vous lui donnez à manger, nous incendierons vos huttes. Compris?

– Oui, seigneur. Mais je le jure, j'ai rien fait de mal.

– Allons vous autres, qui bayez aux corneilles! Continuons! Hâtez-vous! »

Lorsque Liégarde vient délivrer Eudes, voilà plus de vingt minutes que Ferri et ses hommes se sont éloignés. Coincé, n'entendant plus rien bouger, Eudes en dépit de ses efforts n'a pas pu sortir de son trou.

« Que faisais-tu, bon Dieu? Où es-tu allée? »

Le large visage taché de rousseurs s'épanouit dans un grand rire, puis elle minaude :

« Me donneras-tu un denier de plus et un doux baiser, mon joli, si je te dis la direction qu'ont prise tes ennemis? »

Eudes ne peut s'empêcher de rire à son tour :

« J'aurais mauvaise grâce à te refuser, Liégarde. Tu as bien joué le jeu.

– Eh bien, la dernière maison fouillée, ils ont piqué, tous quatre ensemble, droit en direction de Fontaine, un petit hameau juste au bord du Couesnon, sur l'autre rive, à moins d'une lieue d'ici.

– Merci, Liégarde! Tiens, voilà tes quatre deniers.

– Et le baiser? »

Sans attendre de réponse, Liégarde empoigne la tête de Ruffin et colle ses lèvres aux siennes. Elle se serre contre lui, se trémousse, lui prend les mains pour les placer sur ses seins.

Eudes a du mal à se dégager de l'étreinte. Liégarde en sort avec des yeux nébuleux et la narine palpitante. Cherchant encore et encore à le caresser, elle murmure :

« Mon joli guerrier, mon joli cœur, quel dommage que tu sois si pressé! Tu reviendras, hein? Dis-moi que tu reviendras. Tu verras que tu ne le regretteras pas. »

La tenant aux poignets pour échapper à un nouvel enlacement, Eudes dit :

« Bien sûr que je reviendrai. Mais, en attendant, il faut que je parte et vite si je veux sauver ma peau. Ceux de tout à l'heure peuvent tourner bride. Quelqu'un peut m'avoir vu pénétrer dans le hameau. »

Comme il arrive sur le pas de la porte, Liégarde lui reprend le chiffon qui enveloppe le second morceau de viande.

« Que fais-tu?

– Attends, mon joli, dit-elle, que je t'en rajoute une tranche, que tu ne m'oublies pas.

– Merci, Liégarde. »

Après un dernier sourire, et une allègre tape sur la croupe de la charcutière, Eudes s'éloigne sous un œil passionné.

La rue n'est plus qu'un lit de boue, glissant, gluant, parsemé de vastes flaques d'eau. La pluie a cessé mais le ciel reste sombre. Vers l'est il pleut encore. Ruffin, sans hésiter, rebrousse chemin et sort de Saint-Georges par là même où il est entré.

Aussitôt Liégarde hors de vue, il bifurque et file droit au sud, vers l'Authion.

47

Dans l'humide grisaille, Eudes a l'impression d'être moins visible, moins exposé. En dépit de la boue qui retient ses pas et le fait déraper, il court à un rythme soutenu, en direction de Mazé.

Il a l'intention de contourner le village par l'ouest, crainte que Ferri ne descende de Fontenay-sur-Gée puis qu'il ne suive le cours du Couesnon. Le temps pour Ferri d'inspecter chaque bourgade, Eudes aura le loisir, croit-il, de franchir l'Authion.

Le silence de la campagne, après la violente averse, est presque angoissant. Le vent est tombé et pourtant aucun oiseau ne volette encore. Un arc-en-ciel tente de se déployer du côté du Couesnon.

A un quart de lieue de Mazé, Ruffin découvre de vastes jachères qui semblent décrire un demi-cercle autour du hameau. Il s'y engage, quittant avec joie la gadoue des chemins aux ornières remplies d'eau, pour progresser sur des herbes drues et rases, parsemées de touffes de chardons et de buissons fleuris d'aubépines.

La pluie n'a pas fraîchi l'air. Une légère brume chaude et blanchâtre monte d'un sol longtemps chauffé.

Eudes parcourt deux lieues sans penser à autre chose qu'à la menace de Ferri et de ses hommes. Où sont-ils? Quelles directions suivront-ils tour à tour?

Alertes brèves : à trois reprises il aperçoit des silhouettes de cavaliers. Quelques instants d'observation, et il conclut que ces hommes se désintéressent de lui, qu'ils vaquent à de pacifiques affaires.

Enfin il atteint l'Authion, à peu de distance d'où se termine la grande île.

Les eaux de la rivière sont fort basses. Après un écran de prêles et de roseaux s'étale une zone fangeuse où croupissent des herbes aquatiques. Eudes perd quelques minutes à chercher comment franchir l'obstacle sans trop s'embourber.

Il doit s'approcher à moins de trois cents toises de Mazé, avant de trouver un grand peuplier tombé par le travers du premier lit de l'Authion. Pour passer le deuxième bras il s'aide de troncs morts et de branchages. Lorsqu'il a achevé sa traversée, seul le bas de ses chausses est mouillé.

Dépasser l'Authion est un baume à l'inquiétude latente du Ruffin, quoique la barrière soit dérisoire. Il est cependant convaincu que les plus rudes étapes du chemin de la liberté sont franchies et que le pourchas touche à sa fin.

Dans la bande de terre, large presque régulièrement de deux lieues, qui sépare l'Authion de la Loire, croît une forêt de charmes, de bouleaux et de hêtres. Eudes décide de la traverser sans attendre. Puis, si les conditions sont favorables, de passer la Loire dans la foulée.

Certes, il est possible que des patrouilles de Rainaud opèrent au-delà du fleuve. N'importe! les mailles du filet ne peuvent à distance que se distendre. Avec un peu de chance, il passera plus facilement au travers. Et le duché d'Aquitaine sera à moins de dix lieues.

Le ciel s'est maintenant éclairci à l'ouest. En revanche, loin au sud il tonne. Eudes atteint l'orée du bois. Des ronces et des orties en protègent l'entrée. Il s'arrête, méfiant : tout est calme. Des émouchets planent au-dessus de la pointe ouest de l'île; à vingt toises de Ruffin, deux pies affairées et jacassantes sautent, pattes jointes, d'une motte de terre sur l'autre.

Au moment où il va pénétrer dans le bois, Eudes aperçoit un cavalier qui en débouche, à un quart de lieue sur sa droite. Le temps que Ruffin s'accroupisse, un second surgit puis deux autres, presque côte à côte. C'est à coup sûr, il en mettrait la main au feu, un détachement de Marigné.

Les quatre hommes d'armes font route vers l'ouest. Ruffin les imagine en train de rivaliser en connaissances équestres, car ils montent avec passablement d'artifices. Sans doute cherchent-ils à se distraire de l'ennui d'une trop longue poursuite infructueuse.

Lorsqu'ils ont presque disparu à l'horizon, Eudes se redresse.

Une fois de plus il a changé d'avis. Sans doute ces hommes viennent-ils d'inspecter le bois et les bords de Loire. Ne suivant aucune piste, n'ayant aucun itinéraire précis, ils peuvent parfaitement avoir la fantaisie de faire demi-tour, de revenir sur leurs pas. Mieux vaut prendre du champ pour éviter toute surprise. Eudes va donc suivre pendant une bonne heure la lisière nord du bois.

Chemin faisant, Eudes ne peut s'empêcher d'admirer les dispositions prises par ses ennemis. Décidément, il avait sous-estimé Rainaud. Mais sans doute Ferri l'a-t-il aidé de ses conseils. Qu'importe, à eux deux ils s'y entendent pour la chasse à l'homme.

A coup sûr, le détachement qu'il vient de voir n'est point celui de Ferri. La silhouette du chevalier lui est trop familière pour ne pas la reconnaître, même à distance.

Au soleil, qui brille de nouveau, il doit être près de quatre heures. Eudes veut à tout prix franchir la Loire avant la nuit. Ensuite seulement, il s'accordera une pause pour dormir et manger. Atteindre l'Aquitaine à l'aube, voilà son rêve. Ainsi en serait-il quitte avec ceux de Marigné.

Il devine plus qu'il n'aperçoit les lignes géométriques du donjon de Beaufort lorsqu'il estime pouvoir entreprendre la traversée de la forêt. Une allée qui s'évase dans un delta d'herbe dense et souple le sollicite. Il vient de s'y engager lorsqu'il s'entend interpeller : la voix est énergique. Le temps de faire volte-face, un cavalier est sorti d'un bosquet de saules, proche de la rive, et n'est plus qu'à une trentaine de toises.

Eudes s'arrête. Une curieuse impression de froid lui glisse le long de l'échine, tandis qu'il constate à mi-voix : « Ils m'ont rejoint ! »

Fuir est impossible. Ruffin reconnaît dans le sergent qui s'approche un fidèle de Ferri, dont il avait identifié la voix dans la hutte : « Surtout ne lui tourne pas le dos : au choix, il t'embroche, ou il t'assomme. »

Le cavalier a l'air réjoui.

« Rends-toi, Ruffin. Finie l'équipée ! »

Eudes se demande où sont ses trois compagnons. Sans doute à proximité. Isolé, il n'aurait pas cette allure désinvolte. Haguenier, homme vigoureux et résolu, âgé de vingt-cinq, vingt-sept ans, a fait preuve de brio pendant les batailles du siège de Marigné par Simon de Segré. Pourtant, il ne peut ignorer les exceptionnelles qualités de Ruffin, vainqueur de maintes joutes.

« Où sont tes aides, mon gars? » ricane Eudes en brandissant ses armes.

Le soleil fait étinceler le solide équipement de l'arrivant comme pour rendre plus dérisoire les pauvres moyens du Ruffin.

« Tout près, sois tranquille. T'as aucune chance d'en réchapper. »

Le cavalier n'est plus qu'à trois ou quatre toises du fugitif, lorsqu'il s'arrête lance pointée.

« Mauvais soldat, se dit Eudes, l'imbécile aurait dû garder davantage de champ. » Lentement, il commence d'avancer pouce après pouce : « Réduisons encore sa marge. »

Haguenier dit :

« Jette tes armes.

– Tu veux pour toi seul le mérite de ma capture, hein?

– C'est chose faite, Ruffin. Et ça me plaît de coincer le fils de la putain, l'orgueilleux écuyer du Saxon.

– Si c'est fait, viens donc chercher ces deux ustensiles. » Ruffin agite sa hache et sa dague. Et se rapproche encore.

« Reste où tu es ou je t'assaisonne sans attendre!

– T'as peur, Haguenier? Un gaillard de ton espèce?

– N'approche pas davantage, bon Dieu! »

Haguenier tire sa monture en arrière. Alors Ruffin, sans cesser de lui faire face, commence un mouvement tournant.

« Si je te fais peur à pied, que ferais-tu me voyant à cheval? T'as rien dans le ventre, Haguenier!

– Bon Dieu! s'exclame l'autre, l'ordre est de te prendre vivant, mais on n'a pas dit intact. »

Le sergent pousse son cheval en avant et veut frapper du travers de la lance. La tactique mouvante d'Eudes le gêne, son coup manque de précision. D'autant que Ruffin, qui guettait l'occasion, esquive par un saut suivi d'une flexion qui le fait passer sous l'encolure du cheval. Et le voilà presque collé au cavalier.

Haguenier brandit sa plombée. Ruffin prévient le coup en le frappant au bras, qui retombe inerte, puis à la cuisse. Haguenier hurle : « Alerte! » Son cheval se cabre. Lâchant sa hache, Eudes empoigne le mors pour tordre en force. La bête qui saute et rue désarçonne son maître sévèrement blessé.

« Doucement, doucement, mon beau », dit Eudes flattant maintenant le museau de l'animal pour le calmer.

Cependant Haguenier, étalé sur le dos, gémit et crie avec ce qui lui reste de force :

« A moi, Marigné, à moi ! »

Le chevalier Ferri se découvre, au bord de l'Authion, mais sur la rive opposée. En voyant Eudes, il hurle ordres et appels. Les deux autres hommes d'armes apparaissent à leur tour mais plus éloignés de cent ou deux cents toises.

Eudes, cependant, après avoir ramassé sa hache, sans un regard pour Haguenier qui gémit, étendu dans une herbe rouge, s'empare de la lance, enfourche le cheval et fonce dans le chemin.

Ferri est déjà entré dans l'eau.

Penché sur l'encolure de la bête pour ne faire qu'un avec elle, Eudes l'encourage, lui disant à l'oreille des mots ronds et harmonieux.

Il se retourne de temps en temps pour voir si Ferri apparaît. Mais l'allée qui serpente ne lui laisse pas assez de champ pour apercevoir ses ennemis.

Lorsqu'il débouche à l'extrémité sud du bois, une zone spongieuse, presque marécageuse, plantée de peupliers et de quelques ormeaux, ralentit son train.

Il parvient cependant, sans trop de difficultés, à rejoindre le chemin qui borde la Loire. Son avance demeure substantielle. Ferri n'est encore qu'une silhouette. Sans doute a-t-il perdu pas mal de temps à se tirer de l'Authion. Et ses deux sergents sont tout juste visibles.

Le cheval de Haguenier est une robuste bête habituée à porter un homme lourd, de poids et d'attirail. Les bonnes manières de Ruffin, ses cajoleries, lui font parfois pointer les oreilles et son œil devient tendre. Eudes apprécie qu'il ait une grande sûreté de jambe. S'il doit livrer combat – selon toute vraisemblance il n'y échappera pas –, il pourra lui faire confiance pour certaines manœuvres délicates.

S'il ne veut crever sa monture, et même lui conserver quelques ressources, il est préférable de ne pas trop la forcer. Eudes cesse de la pousser à fond tout en surveillant derrière lui.

Le paysage défile. Que n'a-t-il pu avoir plus tôt un cheval ! il serait déjà loin, hors d'Anjou. Vingt minutes après avoir rejoint le chemin de Loire, Eudes distingue devant lui la silhouette d'une maison forte. Il décide de ne point s'en soucier, de ne faire qu'un minimum d'efforts pour la contourner.

Lorsqu'il passe à proximité, trois appels à sons de trompes lui parviennent qu'il néglige.

Pendant la traversée du hameau il n'a aperçu que quatre ou cinq visages qui l'épiaient, craintifs, dans les angles de portes. Cent toises plus loin il rejoint sa route.

Ferri gagne peu à peu du terrain sur lui. Les deux sergents aussi. Mais ils risquent à ce train de crever leurs montures avant de le rattraper.

Une autre maison forte se devine, au loin, droit devant lui, au moment où il remarque une île qui, sur un quart de lieue environ, coupe la Loire en deux. Pourquoi attendre? Pourquoi ne pas traverser ici? Ruffin ralentit, cherche l'endroit propice pour atteindre le lit du fleuve. Une échancrure dans la berge se présente, la pente en est douce et dégagée.

Éclaboussement lumineux, l'eau irradie au soleil sous le piaffement du cheval qui peine à lutter dans le gravier contre la vigueur du courant.

L'îlot offrira un instant son sol plus ferme où l'exubérance des herbes contient et durcit le sable.

De l'autre côté, changement de décor : la Loire coule, profonde et traîtresse. Eudes doit aider sa bête à nager, à se défendre sous la violence des tourbillons. En dépit de ses efforts, le flot les déporte.

Ce n'est qu'en prenant pied sur la terre ferme qu'Eudes constate combien Ferri, profitant des circonstances, a su se rapprocher. Il est maintenant à portée de voix. Des insultes lui parviennent auxquelles il ne perd pas de temps à répondre.

La rive gauche de la Loire en ce lieu est bordée de collines recouvertes de forêts. Eudes s'enfonce aussitôt dans le sous-bois. Sans doute aura-t-il là plus de chances d'égarer ses ennemis, plus de facilités à manœuvrer qu'en rase campagne où ses moindres mouvements étaient immédiatement suivis et utilisés.

Ferri doit craindre de le perdre dans l'enchevêtrement forestier, car Eudes l'entend crier des ordres. Il lui semble comprendre qu'il conseille à ses sergents de se séparer pour l'encadrer assez largement.

Les rayons du soleil commencent de caresser à l'oblique la cime des arbres lorsque Ruffin arrive sur une sorte de tertre d'où il peut apercevoir une assez vaste étendue de pays. Aussi loin que porte le regard la forêt moutonne.

Du sommet de la colline, Eudes va devoir redescendre par une pente assez douce, au fond d'un vallon. Puis une nouvelle colline se présentera qu'il n'aura qu'à gravir à son tour. Combien de temps va encore durer cette usante poursuite? La répétition niaise des mêmes efforts l'irrite, le pousse à imaginer une possible rupture! « La plaisanterie a assez duré, se dit-il. Et si de gibier je devenais chasseur? »

Eudes repart en cherchant un hallier assez dense pour former un écran efficace.

Deux minutes passent. Soudain, sur sa gauche, il aperçoit un enchevêtrement inextricable de chênes verts aux branches desquels pendent d'immenses tiges de viorne. Eudes stoppe brutalement son cheval et disparaît à couvert des yeuses.

Moins de deux minutes plus tard, Ferri surgit, lancé au triple galop. Le chevalier éperonne sa bête en murmurant encouragements et injures. Eudes, penché sur l'encolure, s'applique à museler son cheval.

Ferri arrive, atteint puis dépasse le rideau des chênes verts. Il fonce comme s'il avait tous les diables à ses trousses.

Au moment précis où le chevalier double le fourré, Eudes rend la main à son cheval et en même temps lui cingle la croupe d'un coup de lance.

Le cheval bondit. Ruffin se retrouve derrière Ferri, à une dizaine de toises, lorsqu'il hurle :

« Ferri, à moi! »

Surpris, le chevalier se retourne et comprend trop tard la manœuvre de celui qu'il pourchasse. Il commet une double faute : d'abord, il retient son cheval, puis, sans plus attendre, tente de faire demi-tour dans ce bois trop touffu, encombré de jeunes pousses, où ses armes s'accrochent de partout. Il perd ainsi ses dernières secondes.

Il est par le travers, quand déjà Eudes est sur lui, qui crie avec un grand rire triomphant :

« Va au diable, Ferri de malheur! »

La lance prise à Haguenier s'enfonce dans le côté gauche du chevalier. Juste au-dessus de la hanche, mais sous le corselet d'acier et en rompant la cotte de mailles. Le cheval de Ruffin, emporté par l'élan, heurte l'autre destrier. Le buste du lieutenant de Rainaud bascule. Une pesée, un violent mouvement rotatif et Ruffin arrache l'arme de la plaie devenue béante. Affolée, la monture du mort se cabre, rue, s'emporte hennissante. Eudes voit le corps accroché à un étrier bringuebaler en tous sens, se déchirer, s'écraser de ronces en arbustes et en arbres.

Cependant Eudes exulte, sa victoire le domine. Frénétique, faisant caracoler son cheval et brandissant ses armes, il hurle des provocations :

« Où êtes-vous, bêtes brutes, charognards, lâches, que je vous abatte comme je viens d'abattre votre maître ! Montrez-vous, répondez, Anselme et toi que je ne sais encore nommer ! »

Comme nul ne répond, il se lance à travers bois, côté gauche.

Lorsque, moins de cinq minutes plus tard, le sergent Anselme voit arriver, droit sur lui, Ruffin, avec sa lance rouge de sang, de saisissement, il stoppe son cheval.

Le rire de Ruffin n'est qu'une insulte qui précède le défi.

« Holà ! toi qui pourfends les sacs de grains, es-tu si courageux en face d'un vrai guerrier ? Approche, c'est le moment. »

Anselme n'hésite qu'un bref instant : il fait demi-tour et fuit.

Mais dans son élan Ruffin le rejoint presque aussitôt. Dédaignant d'user de sa lance, il précipite si violemment sa monture contre la jument d'Anselme que celui-ci vide les étriers, tombe comme un sac et reste étendu à terre parfaitement assommé.

Toujours animé par la fureur du combat, Eudes cabre son cheval ; caracolant, il s'approche et brandit sa lance.

« Je te tue ou je ne te tue pas ? » demande-t-il.

Mais l'inertie de ce corps calme son excitation. Un moment il demeure immobile, à peser le pour et le contre. Il ne veut à aucun prix se laisser encore menacer par les survivants de la patrouille. A deux, si celui-là reste intact, ils pourraient être dangereux. Seul, l'autre, à coup sûr, renoncera. Alors avec un haussement d'épaules :

« Tiens, imbécile, juste pour calmer toute velléité de zèle et te laisser un souvenir de ce jour mémorable. »

De sa lance il transperce la cuisse d'Anselme, peu au-dessus du genou.

Le sergent, toujours évanoui, ne tressaille même pas.

Ruffin se redresse et tend l'oreille : que fait le dernier des quatre? Dans le bois aucun bruit alarmant ne lui parvient. Eudes hoche la tête et fait la moue : cette fois, c'est fini. Ceux de Marigné ne le pourchasseront plus, ne le rattraperont plus.

« J'ai gagné, dit-il à haute voix. Mon évasion est réussie. » Et il s'éloigne au petit trot, direction sud.

La nuit qui tombe se colore de mauve et de violet. Le ciel est redevenu d'une admirable pureté et la tiédeur de l'air incite au calme.

Deux heures de trot et une de marche, le tout en direction du sud-est, voilà les seules et grossières indications que possède Eudes. Il ne sait pas où il est. La seule chose dont il soit sûr, c'est d'avoir quitté le comté d'Anjou. Mais ici, est-ce le Saumurois ou l'Aquitaine?

Désormais, pour ceux de Marigné, le chercher équivaudrait à chercher l'aiguille dans la botte de foin. Cette pensée l'enchante. Pour un peu il en oublierait sa fatigue. Mais la lenteur de son cheval qui bute tous les trois pas se charge de lui rappeler que la journée a été particulièrement éprouvante.

La forêt est toujours aussi dense. Eudes cherche un endroit propice pour passer la nuit. Le terrain, qui descend à ce moment, lui fait espérer la possibilité de trouver un ruisseau où il pourra se rafraîchir et aussi bouchonner son cheval.

Effectivement, deux cents toises plus loin il entend un bruit d'eau. Elle court sur un lit de cailloux, sous un véritable dôme d'épines et de ronces. D'un regard circulaire il apprécie l'endroit. Inutile d'aller plus loin : ici il sera bien.

Sa bête propre et bien frictionnée commence à somnoler lorsque Ruffin peut enfin s'asseoir. Il déploie le linge que lui a donné Liégarde. Voir, sentir cette viande appétissante et saine lui fait soudain prendre conscience de sa faim. Comme ce matin il mord goulûment, arrache à belles dents morceau après morceau. Ce n'est qu'avec la deuxième tranche qu'il s'allonge dans l'herbe et prend le temps de savourer le plaisir de mastiquer.

Il rêve. Ou plus précisément des images multiples et totalement différentes l'assaillent. Les combats de la journée, les heures passées dans la grotte d'eau, ceux qu'il aime, ceux qu'il hait, la mort de

Ferri, la grosse Liégarde, les serfs à la barque, autant de visions animées qui s'imposent en force, un bref instant, puis cèdent leur place sans raison analysable. Aucune ordonnance ne préside, semble-t-il, à cette succession.

Ne parvient à s'intercaler qu'une même phrase : je suis sauvé. Rainaud ne m'a pas eu. Même la pensée de ceux qu'il aime, et dont il est peut-être définitivement séparé, ne peut ternir cette joie profonde de la victoire.

Que fera-t-il demain? Qu'importe, pour l'heure! Il aura tout le temps d'y songer durant ce long voyage dont il ne connaît que la première étape, ce long voyage vers le sud.

Non, en vérité, son avenir ce soir ne peut le préoccuper, pour précaire qu'il puisse apparaître.

La viande achevée, déjà il s'assoupit lorsqu'un léger froissis, juste derrière lui, le pousse à se redresser sur un coude.

Il n'a pas achevé son mouvement que deux hommes, qu'il n'a pas le temps de voir, sont sur lui. Celui de gauche le frappe à la tête avec un gourdin, tandis que l'autre lui porte un coup de poignard.

Le corselet de cuir dévie quelque peu le coup. La lame s'enfonce cependant dans la poitrine, juste au-dessus du sein droit. Eudes se renverse en arrière dans un râle.

Tandis que l'homme au poignard entreprend de lui ôter corselet et bliaud, celui au gourdin houspille le cheval à coups de pied et rassemble les armes. Il demande :

« Truitier, est-il mort?

– Je crois qu'il a son compte. De toute façon, aucune importance. Mais si tu préfères que je lui tranche la gorge!

– Perds pas ton temps! Pour ce qu'il en restera demain. »

Les deux hommes s'affairent.

« T'avais raison, l'Anglais, ça valait le coup d'attendre et de le suivre.

– Je te l'ai dit qu'il nous aurait donné du fil à retordre!

– J'ai bien cru que ce salaud ne s'arrêterait jamais.

– Tu sais que la prise est bonne? Nous voilà à moitié équipés. Avec ça le prochain sera plus facile.

– Oh! merde, dis, l'Anglais?

– Quoi?

– Au cou il a même une petite bourse !
– Pleine ?
– Je sens des pièces.
– L'ouvre pas surtout, tu en perdrais. On verra au jour. Maintenant, rapplique !
– Attends !
– Quoi encore ?
– Y vient de bouger.
– Merde ! perds pas de temps, Truitier. Foutons le camp. Une nuit de marche arrangera nos affaires. Le Géduin de Saumur peut encore faire demain une de ses putains de patrouille, j'aime mieux pas être sur son chemin et recommencer la comédie d'aujourd'hui.
– C'est toi le chef. »

Les deux hommes, silencieux, furtifs, s'éloignent, entraînant le cheval recru de fatigue.

Eudes perd son sang en abondance. Et sa chemise claire fait une curieuse tache sur le sol sombre.

48

Dans l'aube incertaine, la forêt entamée de clair cesse d'être un mur uniforme et hostile. Des geais et des pigeons, folâtres et bruyants, en émergent par couples. La clairière ne se révèle qu'en hachures grises.

Almodis sort de la hutte, bâille, puis fait quelques pas l'air rêveur. Vere, qui parlait à Gérard, affairé près du feu, demande d'un ton léger, presque ironique :

« Va-t-il mieux? »

Almodis hoche la tête, une moue indique sa perplexité. Sa voix est inquiète :

« Si Boson avait encore un peu de poudre de vipère...

– Tu veux que j'aille le lui demander?

– Oui.

– Toi, si ton blessé en réchappe, il pourra te remercier! »

Plantureuse, appétissante et vive, Vere pivote sur elle-même et, roulant des hanches, marche vers la deuxième cabane, distante d'une trentaine de pas. Elle ne se détourne que pour dire, dans un éclat de rire :

« Espérons qu'il est riche. » Puis elle crie : « Boson! »

Son mari paraît sur le pas de la porte, torse nu. Seul le mot « poudre » est audible dans leur conversation. Ils rient. Vere a un geste enlaçant, auquel Boson répond avec fougue, et le couple disparaît à l'abri des murs de branchages et de terre.

Almodis hausse les épaules et se tourne vers Gérard, accroupi devant le foyer. Elle l'observe un moment tandis qu'il achève, avec sa coutumière placidité, de boucler les deux poches de sa besace.

« Crois-tu que les sergents risquent de passer aujourd'hui? Depuis le temps qu'on ne les a vus! »

Gérard approuve :

« Bien possible. Mais rappelle-toi : attention! ne les laisse pas entrer, ne parle pas du blessé.

– Ne crains rien.

– Oh! si, je crains. Nous n'avons pas le droit, et les risques... »

Le reste de la phrase se perd, tandis que Gérard, redressé, ajuste son bliaud et accroche son large couteau à la ceinture.

« Et s'ils m'interrogent sur ton travail?

– Dis que tout va normalement. Une trentaine d'essaims, dans leurs ruches, seront prêts au transport dans deux mois. Et pour l'automne j'aurai miel et cire en bonne quantité. »

Almodis glisse du bois sous la marmite qui pend, accrochée à trois piquets réunis en faisceaux. Gérard tousse, puis :

« Indique-leur aussi les derniers tas d'écorces, le long du ruisseau des Terres-Noires. A rester là ils ne s'arrangent pas. »

Comme il passe la tête et le bras dans la bretelle de son sac, il ajoute :

« A ce soir! »

Gérard n'est pas plus grand que son épouse, mais il est presque aussi large que haut. Son visage rond, aux yeux clairs, au nez légèrement retroussé, reflète toujours l'étonnement et une immense naïveté.

Almodis sourit tandis qu'il l'embrasse par trois fois, sur la joue, près de l'oreille, et que, d'un geste gauche mais très doux, il lui caresse les cheveux, oscillant d'un pied sur l'autre en répétant :

« A ce soir!

– Tâche de revenir avant la nuit. »

Il opine :

« Bien sûr. »

Un moment la jeune femme suit des yeux la silhouette trapue qui s'éloigne d'un pas solide, un long crochet de fer à la main.

« Ma belle, voilà tout ce qui me reste. »

Almodis tressaille, découvrant Boson au moment où elle commençait de verser le liquide bouillant de la marmite dans une écuelle de bois. Il lui tend une sorte de petit paquet, gros comme quatre noix, fait de feuilles de vigne vierge roulées et repliées. La marmite raccrochée, Almodis s'essuie les mains à plat sur sa jupe avant de s'en saisir. Boson rit.

– Ton satané blessé aura épuisé toute ma réserve?

– Depuis quinze jours la fièvre ne l'a pas quitté, le pauvre! Mes provisions de sauge et de sirop de violette, aussi, y ont passé. En tout cas, merci, Boson. Je dirai à Gérard de te le revaloir. »

Boson lève les mains au ciel :

« Oh! Almodis, je ne disais pas ça pour ça. La poudre, c'est pas grave! J'en fabriquerai d'autre. Dès cet après-midi, je prendrai le temps de capturer une demi-douzaine de vipères. »

Comme d'habitude, Boson a la mine hilare et ses yeux pétillent de joie et de rouerie. Tout à coup, tandis qu'Almodis glisse le paquet dans son corsage, à l'improviste, il l'empoigne par la taille et l'embrasse fougueusement, au petit bonheur la chance. La jeune femme aussitôt réagit :

« Boson, vas-tu finir! »

Furieuse, elle se dégage, le repousse avec force et menace :

« Ne t'avise pas de recommencer! »

Boson éclate de rire, mimant le désespoir, se plaquant les deux mains à plat sur la poitrine :

« Cruelle! Ingrate! Moi qui donnerais dix vies pour un baiser de toi! »

Désarmée par ces attitudes burlesques, la jeune femme hausse les épaules :

« Décidément, tu seras toujours aussi fou.

– Almodis, ma belle! le rêve de mes nuits ardentes! toi qui t'épuises à calmer la fièvre d'un moribond inconnu, ne feras-tu rien pour calmer la mienne?

– Tu as Vere pour ça.

– Et alors? Toi tu as ce brave Gérard, tu n'en délaisses pas le blessé pour autant!

– Ça n'a rien à voir.

– Pourquoi?

– Je ne pèche pas.

– Oh! le péché, le péché! Si tu ajoutes foi aux histoires de curés on ne pourra même plus remuer le petit doigt. C'est si bon, pourquoi se priver?

– Fiche-moi la paix, Boson. Tu finiras en enfer et tu ne l'auras pas volé. D'ailleurs, tiens, tu vas te calmer, Vere arrive à point.

– Et alors ? Elle le sait bien que tu me plais. »

Boson se tourne vers son épouse :

« Viens par ici, ma diablesse énamourée, viens dire à cette biche ignorante et trop chaste que tu ne lui en voudrais pas si elle soulageait un peu mes ardeurs. »

Vere s'approche de sa démarche languide.

« Surtout ne t'affole pas, Almodis. Boson en dit toujours plus qu'il n'est capable d'en faire. Et ce matin, crois-moi », Vere cligne de l'œil, « il ne peut plus guère être dangereux. Laisse-la en paix, maudit coq !

– Mauvaise pie, qui jacasse pour médire de son mari.

– Tais-toi, vantard vaniteux ! »

Puis à Almodis :

« Les soins qu'il réclame sont toujours les mêmes, il ne peut pas voir un cotillon sans piaffer. Je dois pourtant lui rendre justice : il parle souvent de toi. Même dans des moments où je préférerais qu'il t'oublie. Remarque que si un jour tu souhaites le consoler, moi, je n'y vois point malice.

– Merci ! Garde-le, ton Boson !

– Faudra bien.

– Avec vous, il semble que je n'aie guère mon mot à dire ! s'exclame Boson. Dans ce cas je préfère m'en aller.

– C'est ça, dit Vere, va surveiller ton charbon de bois. Autrement, tu seras encore battu, comme l'autre fois. Trop cuit, messire le prévôt l'a trouvé terne et insonore, et on t'a fouetté.

– Ouais, le bel et bon souvenir rappelé à plaisir ! Toi, tâche de ne pas oublier de venir me rejoindre vers midi, une heure de relevée au plus tard. Il nous faudra préparer l'aire de deux nouvelles meules.

– Je ne pense qu'à ça, beau merle ! »

Boson ricane et fait un entrechat :

« Salut, rêves de mes nuits ! »

Muni lui aussi d'une besace et la hache sur l'épaule, il s'éloigne en direction de l'ouest en chantant : « Ah ! qui dira jamais la peine des pauvres colliberts ? »

Lorsqu'il a disparu, Vere souriante se tourne vers Almodis :

« Quel bon compagnon ! les coups, la misère, rien n'entame jamais sa belle humeur et son plaisir. Que c'en est une bénédiction un homme comme ça ! »

Almodis se contente de sourire. Vere fait demi-tour et repart vers sa hutte. A mi-chemin, elle appelle :

« Almodis !

– Oui.

– Si tu as besoin de moi, ou si ton blessé se décide à parler, préviens-moi.

– Bien sûr. »

Almodis n'a pas relevé la tête. Elle s'affaire à diluer une dose, la grosseur d'un pois chiche, de la poudre apportée par Boson dans l'écuelle pleine de chaudeau.

La clairière circulaire ne fait pas plus d'une soixantaine de pas de diamètre. Aux deux extrémités, une cabane de bois et de terre y a été construite à l'usage des boisilleurs.

Pour l'heure deux ménages y vivent : celui de Boson, le charbonnier, et celui de Gérard le Bigre.

Dans le coin droit de la hutte d'Almodis, une large litière, couverte de peaux de divers animaux, rugueuses et malodorantes, garde l'empreinte des deux corps qui ordinairement l'occupent. A gauche, dans un recoin facile à dissimuler par des fagots ou des perches, une autre couche a été aménagée.

Almodis entre, marchant avec précaution pour ne point verser le liquide de l'écuelle. Elle s'approche doucement, le regard fixé sur l'homme étalé sur le dos, dont la respiration saccadée alarme et trouble.

Accroupie, la jeune femme regarde un long moment le visage émacié, livide. Comme elle tente d'une main légère de repousser les cheveux collés sur le front par la sueur, les paupières bistres battent :

« J'ai soif », dit l'homme.

Un soupir profond gonfle la poitrine dure.

« Tout de suite, mon beau, tout de suite. »

En dépit de sa féminine sveltesse, la jeune femme est vigoureuse. La vie dans la forêt, près de neuf mois par an, les soins du ménage, ses travaux de vannerie, et les multiples besognes qu'elle accomplit pour aider son époux ont exercé ses muscles.

En quelques instants elle parvient à redresser et à caler, à l'aide de deux toiles remplies d'herbes pressées, le torse du gisant. Puis, ayant repris son écuelle, elle s'assied sur le bord du grabat.

Les lèvres desséchées tremblent au contact du récipient. Par des aspirations saccadées et bruyantes le malade manifeste son impatience impuissante. Dès les premières gorgées, il s'engoue. Du liquide lui coule de chaque côté du menton, et glisse le long de son cou.

L'homme est torse nu. Mais l'épaule et le haut droit de sa poitrine sont serrés dans un épais pansement. Son bras droit en est immobilisé.

L'écuelle vidée, Almodis allonge de nouveau son patient. Penchée au-dessus de lui elle l'observe un moment. Il lui semble qu'un peu de couleur est revenue aux joues creuses. La respiration, à coup sûr moins bruyante, s'apaise.

Lorsqu'elle est sûre que l'homme repose calmement, elle va s'installer sur le pas de la porte pour reprendre le tressage inachevé d'un van.

Le soleil monte, monte et atteint la verticale. La chaleur est bonne, pour qui ne fait point trop de gestes, sous les arbres puissants, hauts comme des clochers. La clairière serait un four sans les réserves d'air frais qui arrivent des sous-bois. Le chant des oiseaux, la rumeur grésillante des insectes, un mélange de senteurs dans la plus faible brise, une luminosité drue qui exalte les nuances des feuillages ou la tonalité des fleurs, composent, imposent une heureuse sensation de paix.

Vere, avant de partir rejoindre son époux, est venue s'enquérir du blessé. Almodis interrompt son travail pour manger un bout de lard et une tranche d'un pain cuit depuis une dizaine de jours sous la cendre du foyer. Elle s'est installée les jambes au soleil, la tête et le torse à l'ombre.

Son repas achevé, après avoir constaté que le blessé n'est point sorti de son épaisse torpeur, elle descend, munie d'une lourde cruche en terre noirâtre, jusqu'au ruisseau pour chercher de l'eau fraîche.

Il lui faut près d'un quart d'heure pour accomplir le double trajet. A son retour, comme elle débouche face à la hutte, elle aperçoit, affolée, le corps de l'homme étendu en travers de la porte.

« Miséricorde! que se passe-t-il? »

Elle regarde en tous sens, s'attendant à voir soldats ou bandits. Mais personne ne trouble le calme des lieux. Elle heurte dangereusement son récipient en le posant à terre et se précipite. Avec des difficultés infinies elle transporte le corps inanimé jusqu'à la couche. Un long moment de soins est nécessaire pour que le blessé entrouvre les yeux.

« Où suis-je? » murmure-t-il. Son regard est trouble et une expression affolée ravage ses traits.

« Laissez-moi! laissez-moi! Je ne veux pas. Lâches! Attendez que je me relève! »

Almodis le maintient en pesant de tout son poids sur lui. Mais en même temps, pour l'apaiser, elle lui caresse le visage.

« Ne craignez rien, mon doux sire, ici vous n'avez point d'ennemis. Nul ne vous veut du mal. »

Aucune lueur de compréhension n'éclaire les yeux hallucinés. Pourtant, grâce peut-être à la douceur de la voix et à la tendresse du geste, le corps se détend et Almodis peut lui faire absorber un peu de brouet. Quelques minutes plus tard, le blessé s'endort et la jeune femme, partiellement libérée de sa préoccupation, peut à nouveau vaquer à ses travaux.

Almodis s'affaire tout en restant sur le qui-vive. Pour la centième fois elle se demande ce qu'il arriverait si les hommes du prévôt découvraient qu'elle et son mari soignent et cachent un étranger. Rien de bon, à coup sûr. Gérard n'a pas tout à fait tort de craindre le pire. Tant risquer, peut-être pour rien! La vie de l'inconnu ne tient qu'à un fil.

Pas une seconde Almodis ne s'interroge sur le sens de la lutte qu'elle mène contre la mort. Et la peur de voir s'éteindre ce souffle de vie l'obsède plus que l'éventuelle arrivée des soldats du prévôt.

49

Dans leurs mouvements rapides et précis, les mains d'Almodis semblent exécuter un ballet, par avance savamment réglé. Les brins d'osier, souples, conciliants, finissent par s'accommoder des pires contorsions et par se muer, à volonté, en vans, en paniers, en corbeilles.

Pour la première fois depuis nombre de jours, Almodis chantonne, à voix basse, une lente et douce mélopée. Prise au piège des mots simples, émue par l'histoire triste, ses grands yeux en deviennent pathétiques.

Il n'est guère plus de huit heures et, depuis longtemps déjà, la clairière a été désertée par Gérard, Boson et Vere. Malgré l'heure matinale, la chaleur est si forte que c'est à peine si on peut supporter un linge sur la peau.

La jeune femme est pratiquement nue sous un misérable corsage fait d'une étoffe bistre, rêche et lourde, à gros entrelacs, et un jupon grisâtre cent fois rapiécé. Pourtant, sa beauté parvient à surmonter ces handicaps, et s'impose.

Croyant avoir perçu un appel, Almodis interrompt son chant, ses mains s'immobilisent. Trente secondes plus tard elle reprend l'air sur la note même où elle l'avait abandonné.

Depuis deux jours, celui qu'elle n'appelle que « mon blessé » va mieux. La fièvre s'est calmée et, tandis qu'elle lui refaisait son pansement, avec l'aide de Gérard, la veille au soir, elle a pu constater une nette diminution de l'inflammation autour des lèvres de la plaie. Et, pour la première fois, l'homme a pu s'alimenter d'un brouet un peu plus consistant qu'à l'accoutumée.

Soudain, l'appel lui parvient, précis. Aussitôt, elle se précipite.

Appuyé sur le coude gauche, son long corps hâlé à moitié hors de la couche, l'homme crie en même temps qu'il regarde autour de lui avec curiosité :

« Dame!

– Me voilà, me voilà! »

Almodis s'accroupit près de lui.

« Soyez prudent, messire. »

Elle l'oblige à se recoucher.

« Vous n'êtes point si fort, et la blessure peut se rouvrir à la moindre imprudence. Vous avez soif?

– Oui.

– Restez calme, je reviens tout de suite. »

Après avoir vidé goulûment deux pleins gobelets d'eau, le blessé sourit et remercie.

« Je vous dois belle reconnaissance. »

Son regard se fait aigu pour examiner la jeune femme. Il en fronce les sourcils :

« C'est vous qui m'avez soigné en permanence, n'est-ce pas, et sans aide? »

Gênée, Almodis se lève :

« Mon mari et les autres ne se sont pas désintéressés de vous, au contraire. »

Elle ajoute :

« Il fallait bien que ce soit moi. Les autres sont pris par leur travail.

– Et vous, vous ne travaillez pas?

– Bien sûr que si. Mais pour la vannerie je ne m'éloigne point de la hutte. »

Elle fait quelques pas à reculons, atteint le rectangle du soleil. Mais déjà l'homme tend la main et l'appelle :

« Dame! »

Almodis s'arrête.

« Dame, de grâce, restez un instant encore.

– Il vaudrait mieux que vous essayiez de dormir. Ne parlez pas trop, vous vous fatigueriez.

– Je me fatiguerais bien plus si vous ne répondiez point aux questions qui me tourmentent depuis que j'ai repris connaissance. Si vous saviez... »

Almodis revient vers la couche, les yeux fixés sur ce visage hâve et creux sous une abondante crinière bouclée, d'un roux insolite. Inconsciemment, elle admire l'harmonie des traits.

« Dame, s'il vous plaît. »

Un sourire l'émeut et elle obéit à l'injonction du geste à peine esquissé : elle s'assied. Une longue main, encore brûlante, se pose sur son bras.

« Il faut que vous me disiez. Je ne comprends plus. Parfois il me semble que je ne suis ici que depuis très peu de temps, une journée au plus ; à d'autres moments je crois me souvenir d'une longue période, noire et douloureuse, traversée d'incompréhensibles fulgurances.

– Il y a eu mardi trois semaines que vous êtes ici.

– Trois semaines ! C'est incroyable ! Et je suis resté...

– Sur cette même couche. Oui.

– Quel jour sommes-nous ?

– Vendredi. »

Le blessé s'agite, grimace. Un moment plus tard, il reprend :

« Qui êtes-vous ? Vous qui avez pris soin de moi, sans me connaître, comme d'un proche ?

– Je suis Almodis, fille de collibert, mariée à un collibert, un bigre, qui travaille tout alentour.

– Nous sommes en forêt, loin d'un village ?

– Oui. »

Comme l'inconnu réfléchit, impressionné sans doute par ce qu'il apprend, la jeune femme à son tour l'interroge :

« Et vous, messire, quel est votre nom ?

– Attendez, attendez, dites-moi d'abord... »

Les mots sont hachés, nerveusement.

« Durant tant de jours, j'ai dû souvent délirer ?

– Souvent, oui.

– Je parlais ?

– Parfois.

– Qu'ai-je dit ?

– Oh ! des phrases très bizarres, très obscures, que nous ne comprenions pas. Vous avez même parlé latin et Vere affirme que vous êtes un clerc.

– Je prononçais des noms ?

– Vous appeliez.

– Clairement?

– Oui.

– Répétez ces noms.

– Deux noms de femmes revenaient constamment : Alice et Mahaut, l'une doit être votre mère. Et de nombreux noms d'hommes : Conrad, Eustache, Yvon et d'autres, bien d'autres dont je ne me souviens plus. »

Le blessé fronce les sourcils pour demander d'une voix brève et autoritaire :

« De qui relevez-vous?

– Du seigneur de Saumur, Géduin, de son prévôt plutôt. »

Un soupir de soulagement gonfle la poitrine de l'homme. Son visage se détend et il dit :

« Je m'appelle Eudes. Et, à cause de ça », il porte une main à ses cheveux, « on me nomme Ruffin.

– Vous êtes chevalier?

– Non. »

Eudes ferme les yeux et ses mâchoires se crispent.

« Non, répète-t-il, je suis écuyer. Mais laissons cela. Dites-moi, Almodis, quand, où et comment m'avez-vous trouvé?

– C'est mon époux qui vous a découvert, un soir, à demi mort, perdant votre sang en abondance. Vous gisiez à plus de deux mille pas d'ici, dans un vallon qu'on nomme les Terres-Noires, comme le ruisseau qui y coule.

– Comment a-t-il pu me transporter?

– Nous nous sommes mis à trois pour vous ramener. Vous savez », Almodis sourit, « vous êtes lourd et encombrant.

– Mais votre mari était seul lorsqu'il m'a découvert?

– Bien sûr. Il s'est dépêché de revenir jusqu'ici et nous sommes repartis avec lui, un voisin et moi, un charbonnier qui habite aussi la clairière, Boson.

– Par quel hasard votre mari se trouvait-il si tard dans ce vallon? Car je me souviens que je m'endormais lorsque j'ai été assailli et il faisait presque nuit noire.

– Ce jour-là, Gérard a eu grand-peur, il me l'a conté dix fois. Un groupe de sergents, depuis la veille, pourchassait une bande de brigands qui, voilà près d'un an, avait établi ses quartiers au bord du Layon, à proximité d'un gué, juste à la limite du comté d'Anjou. Jusque-là, les rusés passaient en pays angevin sitôt que les hommes d'armes de Géduin montraient le bout de leur nez. Il a sans doute fallu qu'ils ne puissent se risquer de l'autre côté pour donner tête baissée dans les jambes de notre prévôt et de ses soldats. Gérard a même été averti par trois sergents alors qu'il travaillait sans se méfier de rien. Ils lui ont dit : " Reste pas là, idiot! si les brigands te trouvent, ils sont tellement enragés aujourd'hui que nous ne donnons pas cher de ta peau. " Du coup, il a pris peur et a décidé de s'en revenir. Mais voilà-t-il pas qu'à proximité de ce maudit vallon il en aperçoit quatre ou cinq qui débouchent à trois cents pas. Il n'a eu que le temps de se cacher dans un fourré, et n'a plus osé en sortir. Préférant attendre la nuit bien noire. Faut dire qu'il connaît si bien tout ce canton qu'il serait capable de s'y retrouver un bandeau sur les yeux.

– Bon Dieu! Almodis, j'ai eu de la chance dans mon malheur. C'est miracle qu'il m'ait trouvé.

– Vous pouvez le dire, et plus encore. Car les Terres-Noires ont la réputation d'être un repaire à loups.

– Ces deux qui m'ont assailli devaient donc être membres de la bande pourchassée.

– Pour sûr, messire.

– Point de messire entre nous, ni de dame, Almodis. Je vous ai dit que je me nomme Eudes.

– A un écuyer, comment oser...

– M'avoir sauvé la vie donne bien des droits. »

Comme Almodis baisse la tête, intimidée, Eudes renoue avec le récit :

« Assommé d'un coup de trique et la poitrine ouverte au poignard, je me suis évanoui. Pourtant, j'ai repris conscience comme on me dévêtait. Je me souviens même du nom des assaillants, le chef c'était l' " Anglais " et celui qui avait l'air d'obéir à l'autre : Truitier. Puis les moments de lucidité et d'inconscience se sont peu à peu mêlés jusqu'à ce que je sombre définitivement.

– Boson pariait que vous ne survivriez pas au matin, tandis qu'on vous ramenait. »

Eudes ne répond pas. Visage dur, il réfléchit. Almodis s'inquiète :

« Quelque chose vous fâche?

– Non, non, Almodis, rien ici ne peut me fâcher, au contraire. Je songeais seulement à ces hommes : l'Anglais et Truitier. La chance fasse qu'un jour je puisse les retrouver.

– Messire Eudes, pourquoi ne penser qu'à la vengeance, à vous battre encore et encore? Pourquoi ne pas oublier des misérables accablés et en fuite? »

Eudes, surpris, examine Almodis. Pour une fois, les yeux largement fendus ne fuient pas son regard. Il murmure :

« Ce n'est point si souvent qu'on entend pareil conseil. Ainsi donc ces brutes me tuent plus qu'à moitié et je ne devrais pas songer à leur rendre la monnaie de leur pièce?

– Pardonnez-moi, je ne sais rien de ce qu'a été votre vie, sauf que vous appartenez à la caste des guerriers. Se venger, se battre, attaquer, courir sus, voilà ce que vous apprenez depuis votre enfance. Nous apprenons, nous, à subir. Et certains excècrent la violence, les femmes en particulier. Nous avons si souvent peur! Tous les jours.

– Justement. Il faut vaincre avant d'être vaincu. Et ne jamais tolérer la moindre atteinte. »

Almodis se lève sans répondre et, d'un geste machinal, repousse sa chevelure. Eudes dit :

« Je ne vous ai point convaincue?

– Nul ne le pourrait. Mais c'est beaucoup parler pour un début de convalescence. Il faut maintenant que vous dormiez.

– Restez encore quelques minutes, Almodis.

– Je ne puis, il me faut travailler. »

Devant la mine dépitée du jeune homme elle s'empresse d'ajouter :

« Je ne vais pas loin, juste à droite de la porte, au milieu de mes fagots d'osier qui trempent là. Si vous avez besoin de quelque chose, appelez-moi. »

Le soir même, avant le coucher du soleil, Eudes fait connaissance avec les trois autres habitants de la clairière, qui tous, à des degrés divers, ont participé à son sauvetage, ou à sa guérison. Leurs mines lui inspirent confiance. Il se convainc aisément de ne pas avoir à craindre d'eux quelque traîtrise. Car le comté d'Anjou est si proche ! Le seigneur de Saumur a beau être l'ennemi juré des Angevins, Rainaud a dû promettre une récompense, la faire publier un peu partout. S'il apprenait qu'Eudes est à proximité il n'hésiterait pas à monter une expédition pour l'enlever.

50

Le mois de juillet s'écoule. Les jours commencent à ne plus être aussi longs. De violents orages éclatent, et la foudre déracine, le calcinant à demi, un superbe et altier vieux hêtre qui s'élevait en bordure de la clairière.

Eudes chaque jour fait un léger progrès sur la voie de la guérison, retrouve le jeu d'un muscle, rapprend un geste. Parfois, cependant, il s'affole : pour combien de semaines est-il encore confiné là? Il y a une telle marge entre le fragile convalescent et le fougueux guerrier qui parvenait à échapper aux forces, aux pièges de Rainaud!

Il n'en est qu'à se lever, trébuchant, pour aller s'asseoir dehors, près du foyer. A quelques pas de lui, Almodis tresse son osier. Souvent Eudes se demande ce qu'il pourra imaginer pour récompenser ceux qui l'ont sauvé. A partir de là il se trouve pris dans un terrible engrenage. Fourmillent les questions insolubles et peu réjouissantes. Comment va-t-il faire pour simplement survivre? Sans un sou, sans armes, sans équipement, sans même de vrais vêtements, son existence est grièvement menacée. D'autant qu'à peine guéri il devra s'éloigner, mettre des lieues et des lieues entre lui et cette région trop proche de Marigné.

Il dit parfois sa perplexité à Almodis. Non pour se faire plaindre, encore moins dans l'espoir d'une aide efficace, peut-être dans celui d'un démenti, avec le secret espoir de s'entendre répondre que sa situation est moins noire qu'il ne veut bien le dire. Mais la jeune femme ne sait alors que prendre un air de tristesse et de résignation, et n'ose plus risquer un mot. Sans doute, son impuissance la désole.

A deux reprises les soldats du prévôt sont passés, mais en coup de vent, visites de routine. Eudes en a été quitte pour aller s'allonger sur sa couche tandis qu'Almodis se hâtait d'entasser des fagots d'osier afin de le dissimuler.

Le soir ramène Gérard, Boson et Vere. Très vite les deux hommes irritent Ruffin. Humilité et résignation lui répugnent. Leurs attitudes l'excèdent : cette voix sourde et peureuse de Gérard, ses manières ferventes pour sa femme, comme les sempiternelles plaisanteries égrillardes de Boson qui ne visent qu'à dissimuler une veulerie que Ruffin juge congénitale.

Pour Vere, c'est différent. Eudes très souvent l'observe à la dérobée. De son corps aux formes épanouies se dégage une sensualité latente qu'il ne peut ignorer, qui souvent l'émeut. Lorsque la jeune femme surprend ce regard braqué sur elle, elle ne le fuit pas mais fixe à son tour, et de manière si provocante qu'Eudes se détourne, de crainte qu'Almodis ne le remarque.

Le repas en commun expédié, ils restent parfois tous les cinq à bavarder jusqu'à la mi-nuit autour du feu. Boson et Vere parlent d'abondance. Gérard de loin en loin leur donne une réplique mesurée. En revanche, ni Almodis ni Eudes ne se mêlent vraiment à la conversation. Comme s'ils se réservaient pour des moments privilégiés, pour leur solitude.

Les premiers jours du retour à la conscience, Eudes, prisonnier encore de sa couche, les travaux d'Almodis ne permettaient que des bavardages décousus, des informations globales et simplistes. L'un et l'autre ne faisaient que se définir sans jamais rien approfondir. Dès qu'Eudes a pu faire quelques pas, il a souhaité se retrouver au soleil. Almodis le soutenant il est venu prendre place près du foyer. Confortablement installé sur des herbes, le dos bien calé, les bavardages ont fait place à de longues conversations, suivies peu après par le flot des confidences.

L'intelligence généreuse et discrète d'Almodis ne pouvait qu'inciter Eudes à s'épancher. Il en éprouvait un pressant besoin. Ses dix-huit ans, l'extraordinaire et brutal bouleversement de son existence devaient l'entraîner à une réflexion sur le passé. La misère jouant un rôle révélateur, parler s'avérait une nécessité pour lui. Ainsi a-t-il pu mieux mesurer et comprendre le chemin parcouru et certains aspects de sa mutation en cours. Toute sa vie n'est-elle pas remise en question depuis la mort d'Yvon?

Devant Almodis il rêve, à voix haute, sachant qu'il n'a rien à craindre de la jeune femme. Égoïste, il ne se demande pas une seconde ce qu'elle éprouvera en retour. La concordance de leur âge, elle n'a que vingt ans, comme l'étrangeté de leur rencontre, aide à faire choir les barrières sociales.

A longueur de jour, Eudes confie, explique, commente son amour pour Alice, son affection pour Mahaut, pour Eustache et Conrad. Tandis que la jeune femme travaille, il se laisse aller à d'interminables divagations.

De loin en loin, le brin d'osier s'immobilise, Almodis relève la tête le temps de poser une question. Puis les doigts retrouvent leur adresse et le froissement des rameaux travaillés scande la fuite du jour tandis que Ruffin, relancé, cherche de nouveaux mots pour exalter sa vie passée.

Il n'y a guère que les raisons profondes de sa haine d'Yvon qu'il taise. Les relations amoureuses entre Mahaut et le sire de Marigné sont tues, comme si jamais elles n'avaient eu lieu.

Parfois, Eudes a honte de tant parler de lui-même. Il propose alors à la jeune femme :

« A ton tour de conter ta vie. »

Car désormais ils se tutoient. Ainsi l'a-t-il voulu. Ces épanchements n'en prennent qu'un tour plus intime.

« Raconte-moi, Almodis, ton enfance, ta jeunesse, ce que tu as vu ou fait. »

Almodis sourit et hausse les épaules.

« Que puis-je t'apprendre? Ma vie se résume tout entière dans ce que je t'ai dit le premier jour lorsque tu m'as demandé mon nom.

– Tu simplifies. C'est qu'en vérité tu ne souhaites rien dire.

– Non. Tu en veux la preuve?

– Va.

– Mon père, Evrard, un collibert comme mon époux, était aussi un bigre. Toute sa vie, il l'a passée dans les forêts de ces régions-ci, au sud de Saumur, à proximité de l'Anjou. La seule chose qu'il savait faire c'était son métier. Il n'avait pas son pareil, Gérard l'affirme chaque fois qu'il en parle, pour repérer et capturer les essaims d'abeilles sauvages et pour ramasser la cire et le miel. Ma mère, qui s'occupait de vannerie – c'est elle qui m'a enseigné les rudiments de son métier, à coups de taloches et de réprimandes –, est morte comme je n'avais pas onze ans. C'était une femme grande et vigoureuse pourtant. Et dure! et autoritaire! A la voir on l'aurait crue bâtie pour durer mille ans. Une nuit, je m'en souviens encore, ses cris ont réveillé les habitants des deux autres huttes proches de la nôtre, elle souffrait de douleurs dans le ventre. Au point qu'immédiatement elle a eu des difficultés pour parler. Un gémissement continu s'échappait d'elle. Mon père et moi l'avons gardée, soignée deux jours et deux nuits sans désemparer. Nous avons tout essayé. Toutes nos connaissances comme celles des deux voisins ont servi : sans résultat. Le midi du deuxième jour elle a trépassé, les yeux agrandis de terreur.

– Quel âge avait-elle?

– Je ne sais au juste. Moins de trente ans.

– Et ton père à cette époque?

– Pareil ou un peu plus. Il ne s'est jamais remarié. Nous nous entendions à merveille, sans presque avoir besoin de parler. Les meilleures années de ma vie datent de cette période.

– Dans les bois, en grandissant, tu devais courir de plus en plus de risques. Une fille belle et seule, quand ton père partait travailler, est une proie facile qui en attire plus d'un.

– Belle! c'est vite dit. Quant à être seule je ne l'étais pas vraiment. Mon père s'arrangeait pour ne jamais s'installer dans des huttes solitaires. Plutôt dans des clairières comme ici, où il y en a deux, parfois trois. Remarque, ça ne m'a pas empêchée d'être un jour assaillie. Dans un campement où il y avait même trois cabanes. J'avais quinze ans. Les autres s'étaient absentés. Un homme est arrivé qui se disait pèlerin. Il m'a demandé à boire et a tout de suite compris que j'étais seule. Alors il a tenté de me forcer.

– Tu as pu lui résister? »

Almodis sourit :

« Je suis plus vigoureuse qu'il n'y paraît, tu sais. Et puis j'ai hurlé à en perdre la voix. Tant et tant que mon père, qui par chance ne travaillait pas loin – c'était en mai et il tailladait les chênes pour récolter l'écorce –, a eu le temps de revenir. »

Almodis s'interrompt, troublée visiblement. Eudes s'étonne :

« Et alors?

– Nous ne l'avons jamais dit à personne. Dieu sait ce qui risquait d'arriver à mon père.

– Je ne comprends pas. Risquer quoi?

– Même Gérard ignore cette histoire. Elle est si grave!

– Raconte-moi.

– Mon père m'avait fait jurer. Bien sûr, puisqu'il est mort, désormais je suis relevée de mon serment. Mais c'est quelque chose que j'avais enfermé au fond de moi, tant j'étais terrifiée. J'en ai été malade des mois.

– Tu sais bien qu'à moi tu peux te confier.

– Lorsque mon père est arrivé, l'autre forcené n'a rien entendu tant il se démenait et criait des obscénités et des injures. J'étais tombée et il était sur moi. Ma jupe troussée, il tentait de m'arracher des vieilles braies coupées à mi-cuisse que je portais, et aussi de me paralyser car je tapais et griffais. Un tel spectacle a fait perdre tout sang-froid à mon père : sans même chercher à calmer l'inconnu, il l'a frappé à trois reprises avec son coutelas. »

Almodis se passe les mains sur le visage. Elle est pâle à cette évocation et balbutie :

« Ç'a été affreux, tu ne peux pas savoir, tu ne peux pas savoir. Le sang partout, les derniers tressaillements du mourant, son dernier regard. Et moi coincée sous lui, tandis que mon père, hébété, répétait : "Le maudit porc, c'est de sa faute!" »

Almodis, le visage enfoui dans les mains, se tait. Eudes ne sait que dire pour tenter de la calmer. Un moment passe, enfin elle reprend :

« Nous l'avons enterré dans un fourré, la terreur au ventre. Après avoir soigneusement tout nettoyé, tout lavé, effacé les moindres traces de son passage, de sa violence et de celle de mon père.

– Personne ne s'est douté de rien?

– Non. Je ne pense pas. Mon père, aux autres du campement, a dit qu'il m'avait battue afin d'expliquer les bleus que je portais aux bras, au cou et au visage; certains ont ricané que ça me ferait du bien, que les corrections me manquaient. Voilà, c'est tout.

– Et ensuite?

– Ensuite? Mon père est mort, deux ans plus tard, d'un mal de langueur. Sa fin a duré des semaines et des semaines. Dans les derniers temps, il devenait de jour en jour plus faible. Se rendant compte de son état, il a tenu à ce que je me marie. De longue date il connaissait Gérard. Ils avaient même eu l'occasion de travailler ensemble. " C'est, m'a-t-il dit, le meilleur garçon du monde. De lui, jamais rien de mauvais ne pourra te venir. Épouse-le avant que je disparaisse, que je parte rassuré sur ton avenir. "

– Et toi, tu le connaissais, Gérard?

– Oui, bien sûr, je l'avais vu vingt fois déjà. Mais je crois qu'il ne m'avait pas dit trois phrases en tout.

– Tu te sentais attirée par lui?

– Mon père m'avait dit que je devais avoir de l'amitié pour lui. Il me paraissait gentil.

– Et maintenant, tu l'aimes? »

Almodis soupire :

« J'ai beaucoup d'affection pour lui. Mon père ne s'est pas trompé. Gérard ne m'a jamais causé le moindre tort. »

La jeune femme sur ces derniers mots se lève.

« Mais assez parlé, tu connais ma vie maintenant de bout en bout. Je vais préparer le repas. »

51

Eudes aime conter. Seul, il se dit qu'il est redevable à Eustache, à son éducation, de ce besoin des mots. Pendant des jours et des jours, il parle à Almodis de son amour pour Alice, sans que jamais la jeune femme ne manifeste le moindre signe d'impatience ou d'ennui. Jamais il n'aurait pu rêver meilleure auditrice. Son attitude est un modèle. Les yeux bruns quittent l'osier au moment précis où il le souhaite, comme pour mieux entendre une phrase, ou afin de mieux entrer dans la confidence. Elle s'exclame à point nommé et sait aussi par une question, touchant un infime détail, relancer le plaisir du conteur amoureux. Et de nouveaux aperçus préparent le prochain soliloque.

La curiosité d'Almodis semble insatiable, sans jamais devenir équivoque ou indiscrète. Elle colle trop à l'épanouissement du récit. Et Eudes se laisse complaisamment aller. Il décrit dans les moindres détails les charmes d'Alice : ses yeux, ses cheveux, sa bouche, son corps. Il parle de sa façon de chanter ou de rire. Puis il évoque leurs secrets rendez-vous et les longues promenades sous les arbres protecteurs. Ces rappels, ces incantations se font si précis, si émouvants qu'Eudes finit souvent par éprouver le besoin de s'enfoncer dans le sous-bois et de déambuler, prisonnier de son rêve.

Ce matin, Eudes, qui s'est endormi après le départ de Gérard et de Boson, est réveillé par des chuchotements. Leur rythme est si lancinant qu'en lui le guerrier ressuscite à l'instant. Sens en alerte, il se dresse et, à pas de loup, s'approche de la porte pour risquer un œil.

Tout de suite il est rassuré. Il est même sur le point de s'exclamer, de lancer une plaisanterie : ce n'est que Vere en conversation animée avec Almodis. D'entendre prononcer son nom l'arrête. Les deux jeunes femmes parlent de lui. Plus par jeu que par indiscrétion ou suspicion, toujours caché, il tend l'oreille.

« Moi, je veux bien, dit Vere, n'empêche que si j'étais à la place de Gérard, la situation ne me plairait guère.

– Tes sous-entendus, eux, me déplaisent, et je suis certaine qu'ils déplairaient plus encore à Eudes.

– Tiens!

– Si tu crois qu'il fait seulement attention à moi, tu te trompes! C'est de celle qu'il aime que nous parlons. Sa solitude le pousse à chercher une présence amicale. Je suis là.

– Bon, bon, si tu veux! Vous passez votre temps à parler de son Alice. Mais crois-tu que, tandis qu'il te parle, il devient aveugle et ne te voit pas assise à quelques pas de lui, à demi nue dans tes haillons, belle, désirable à damner un saint?

– Tu es folle! Belle, dis-tu? Que suis-je à côté de son Alice? Une souillon, une pauvre femme qui ne cherche qu'à l'aider. Ne sois pas ridicule.

– Ridicule? Tâche donc de me le prouver. Et puis il n'y a pas que lui en jeu.

– Que veux-tu dire?

– Et toi, il ne te plaît pas ce bel écuyer? Rendu plus séduisant encore par ses malheurs. Plus émouvant lorsqu'on pense à sa triste position.

– Fiche-moi la paix! Tes idées de chienneries me répugnent.

– D'accord, d'accord! » Vere émet un petit ricanement sarcastique. « Mais avoue qu'il est beau ce rouquin, que s'abandonner dans ses bras est tentant! Boson et Gérard à ses côtés ont piètre allure.

– Parle plus bas, je t'en prie.

– Tiens, veux-tu que je te dise, Almodis? Eh bien, à moi il me plaît et pas qu'un peu!

– Ça, ça ne me surprend pas.

– Attends, si un jour j'en trouve l'occasion, je peux t'affirmer que je lui tomberai dans les bras, juste à point. »

Almodis devient brusquement furieuse.

« Fiche le camp tout de suite, Vere.

– Ah! ça commence à te toucher, hein? Oui, ma belle, tant pis si ça t'ennuie, je me laisserai faire l'amour en le secondant de toutes mes forces, ce bel Eudes, crois-moi.

– Encore une fois, va-t'en! »

Le ton d'Almodis devient aigu. Sa voix semble sur le point de se rompre.

« Si ça ne te touchait pas, pourquoi serais-tu si hargneuse? Et puisque tu ne veux rien en faire, ça ne te regarde pas.

– Ma pauvre Vere, il se moque bien de toi. Il rêve de retrouver celle qu'il aime.

– Parfait, nous allons toutes les deux conclure un marché : toi, tu te chargeras d'entendre ses souvenirs, tandis que moi je lui offrirai de douces et efficaces consolations.

– Tu n'es qu'une garce. Et je te le répète : tu me répugnes. »

Vere éclate de rire.

« Tu vois, tu dévoiles tes sentiments en dépit d'astucieux mensonges. Ta rage me prouve que tu es amoureuse. Remarque, je m'en moque. Et, ne crains rien, je ne suis pas femme à le répéter. Non. Ce qui m'amuse c'est que toi étant l'amoureuse ce sera moi qui le consolerai. »

Almodis menaçante marche sur Vere, qui se sauve riant toujours. Eudes se recouche craignant d'être surpris. Il n'a que le temps de fermer les yeux : Almodis pénètre dans la cabane. En l'apercevant sur sa couche, elle se rassure et ressort aussitôt.

Un peu plus tard, assis près du foyer, Almodis travaillant, Eudes tente de renouer avec leur rituel. Mais il a beau se forcer, il lui semble découvrir quelque chose de faux dans leurs relations. Quelque chose qu'il n'avait pas jusque-là discerné. Tandis qu'il se cantonne dans des anecdotes anodines, des histoires de chasse en compagnie du Saxon, il contemple la jeune femme, se répétant : « C'est pourtant vrai qu'elle est belle! d'une beauté touchante, qui émeut et capte. » Comme il se tait, elle s'inquiète :

« Qu'as-tu ce matin? Tu ne te sens pas bien?

– Non, répond Eudes machinalement.

– Ta blessure te fait mal? Plus mal que d'ordinaire?

– Oui, c'est ça. »

Il ne tarde pas à se repentir de ce mensonge, qu'il croyait protecteur. Car Almodis exige d'examiner sa plaie. Et la voilà penchée sur lui, contre lui, défaisant le pansement. Eudes ne peut plus ignorer ou feindre d'ignorer le charme et la séduction d'Almodis, les bras frais, la poitrine frémissante, le cou gracieux.

« Je ne vois rien d'inquiétant, dit-elle, entreprenant de resserrer les bandelettes, ce doit être la cicatrisation qui te fait mal, de l'intérieur. »

Elle a un visage serein, et c'est d'une voix calme et douce qu'elle demande :

« Alice a-t-elle eu l'occasion de te soigner? »

Brusquement Eudes se sent incapable de répondre. Il n'a plus envie de conter ses amours, d'accumuler les confidences. Une gêne l'étreint. Certains termes de la conversation Vere-Almodis restent dardés en sa mémoire. Alors il se lève et d'un ton violent déclare avoir besoin de marcher.

A son retour Almodis a préparé le repas. Il déjeune rapidement et fuit une nouvelle fois en se réfugiant sur sa couche. Pendant le dîner, puis durant toute la soirée, il épie Almodis et Gérard. Leurs gestes, leurs attitudes, leurs sourires, il passe tout au crible d'une critique rageuse et sans défaillance. Tout entre eux, décidément, lui déplaît. Mais ce n'est qu'au moment de dormir que la situation lui devient réellement pénible. Lorsque, lui-même allongé sur sa couche, il entend Gérard puis Almodis s'installer sur la leur.

La situation devient si intenable qu'il se lève. Sans doute le couple a-t-il déjà sombré dans le sommeil car nul ne l'interroge lorsqu'il sort, et nul ne s'inquiète, bien qu'il reste des heures et des heures à déambuler au clair de lune.

Gérard n'est pas le moins surpris, lorsque, le lendemain matin, Eudes lui demande de l'emmener avec lui à son travail.

« Mais la fatigue...

– Il faut que je réagisse. »

Almodis affolée a beau le supplier :

« Tu es fou, Eudes! Te rends-tu compte de ce que tu risques, pour rien, comme ça, par caprice, alors que ta guérison définitive n'est plus qu'une question de deux ou trois semaines?

– Je ne crois pas aux risques dont tu parles.

– Mais ta blessure n'est pas suffisamment cicatrisée. Elle peut se rouvrir. Ton corps est encore aussi trop las pour fournir pareil effort. Gérard, dis-lui. »

Almodis secoue son mari par l'épaule. Celui-ci, après un moment d'hésitation, se décide à intervenir.

« Dame, c'est que ça va être dur pour quelqu'un qui n'a plus l'habitude. Faut en faire des mille et des mille pas dans une journée.

– Eudes, tu entends? »

Gérard, avant d'enfourner une grosse bouchée de pain, dit encore :

« Me paraît que ça doit pas être raisonnable. »

Mais Eudes a son visage des mauvais jours :

« Ça suffit, je fais ce qu'il me plaît. J'ai décidé que j'avais assez paressé. Désormais, je vais hâter ma guérison. »

52

La première semaine du nouveau rythme de vie est si pénible que, la dernière gorgée de brouet avalée, le dernier morceau de pain mâché, Eudes n'a plus qu'un désir : dormir.

Les relations avec ceux de la clairière sont réduites à peu de chose : quelques mots le matin, avant de partir ; à peine une série de grognements au retour.

Almodis, pâle et triste, demeure silencieuse ou s'affaire sans jamais récriminer. Elle semble résignée à son nouveau rôle, à ne plus être bonne qu'à la préparation des repas.

Tandis que Gérard travaille, Eudes se découvre des occupations dont certaines participent d'une remise en condition de ses muscles. Les unes sont gratuites, les autres permettent de rapporter de la nourriture.

Dès la deuxième semaine, Eudes part et revient seul. Il piège désormais de petits animaux, déniche des nids et chasse avec un arc rudimentaire qu'il est parvenu à se confectionner. Ses flèches sont pointées avec des barbes de fer prélevées sur des ustensiles usagés.

Au bout d'une douzaine de jours ses progrès physiques lui permettent non seulement d'oublier la fatigue, mais aussi d'exécuter des exercices de souplesse et de force. A ses retours dans la clairière, il parade devant les deux couples et fait la preuve de sa vigueur nouvelle en triomphant aisément de Boson et de Gérard provoqués simultanément à la lutte.

Les deux colliberts, malmenés et vaincus en un tour de main, admirent sa souplesse et sa puissance. Ils en conçoivent un immense respect pour ces guerriers si habilement entraînés qui les dominent insouciamment.

Alors qu'Almodis se tient à l'écart et regarde en silence, effacée, Vere est prodigue de petits cris admiratifs et d'excessives pamoisons. Tandis que dans le crépuscule, comme ivre de sa vigueur retrouvée, Ruffin court, fait le saut périlleux, marche sur les mains ou passe d'un arbre à l'autre, d'une branche à l'autre, ne s'interrompant que pour lancer avec une diabolique précision une longue perche, soigneusement lissée, sur un but désigné.

Lorsqu'il claironne son prochain départ, ses compagnons, mélancoliques, se taisent.

A l'aube du 8 août, dans un air très doux, vibrant du crissement métallique des grillons, Eudes s'en va relever des collets posés la veille.

Vêtu d'un vieux bliaud rapetassé qui fut à Gérard, il marche d'un bon pas, se dirigeant vers le nord, légèrement à l'ouest du vallon des Terres-Noires.

Tout est paisible et rassurant, Eudes s'efforce, comme ces derniers jours, de ne connaître, de n'entendre que le jeu de ses muscles. En moins de deux heures, il ramasse deux lièvres, des mâles râblés, et trois lapins. Sa charge le décide à retourner à la clairière.

D'avance il imagine les visages à la fois inquiets et heureux de ses compagnons. La chasse est interdite aux colliberts. Ils ne se livrent au braconnage qu'avec prudence, poussés par le besoin et hantés par la crainte d'être vus ou dénoncés.

Eudes va de son long pas agile. L'œil et l'oreille aux aguets. Juste après un carrefour, il croit percevoir des voix et des cris. La clairière n'est guère qu'à cinq ou six cents pas. En quelques secondes il cache son butin et s'approche, se faufilant d'arbre en arbre.

Dans la trouée, une dizaine d'hommes d'armes ont mis pied à terre. Boson est au milieu du groupe et le sergent qui commande le malmène. Eudes, rageur mais impuissant, voit ensuite le pauve gars attaché à un arbre et vigoureusement fouetté. Cris, exclamations, approbations, pleurs se mélangent, puis les soldats rigolards enfourchent leurs chevaux et disparaissent vers l'ouest.

Après avoir, par prudence, attendu une dizaine de minutes, Eudes rejoint ses compagnons. Boson, étendu à plat ventre, à l'endroit même de son supplice, le dos sanguinolent, pleure et geint, tandis que Vere et Almodis s'affairent autour de lui.

Ruffin, qu'une colère impuissante bouleverse, ne sait que faire tant les deux femmes savent être diligentes. Silencieusement, il regarde.

Un bruit soudain attire son attention : un colosse, plus de six pieds, et le torse d'un ours, sort de la cabane de Boson, et s'approche :

« Alors, Queue-d'Ail, t'es prêt? »

L'homme parle d'une voix de basse profonde. Sa découpe est à moitié paysanne (bliaud et braies) et à moitié militaire (corselet de cuir et large et long poignard, presque une dague, pendu à la ceinture).

Des cheveux hirsutes, un large et long visage avec une galoche en guise de menton, le nouveau venu est propre à inspirer de l'angoisse aux moins craintifs.

« Foutez le camp, les poulettes! »

De ses énormes battoirs il claque en riant les fesses des deux femmes, sans que ses yeux trahissent autre chose que la hargne et le mépris.

« Morbleu, les appétissantes drôlesses! Je commence à t'apprécier, Queue-d'Ail, tu as bon goût. Je suis sûr que mes nuits seront, par ici, fort bien employées. Et, cré nom... » de nouvelles claques résonnent « ... avec du gibier de choix! »

Eudes, d'abord ahuri, fronce les sourcils et va réagir, quand Almodis le saisit discrètement par la main et le tire en arrière. Elle cligne de l'œil en même temps qu'elle chuchote :

« Laisse, Eudes, laisse! »

Intrigué et méfiant, Ruffin obéit. L'énorme individu, qui ne semble même pas l'avoir remarqué, laboure de nouveau, à coups de pied, les côtes de Boson.

« Debout, poule mouillée! Au travail! Une bonne correction n'est jamais qu'un encouragement de ton seigneur. »

Boson, le dos enduit des substances délicatement étalées par les deux jeunes femmes, se redresse, puis se lève, toujours geignant :

« J'arrive, Drogo Vide-Écuelle, j'arrive! »

Son visage est complètement tuméfié. C'est à peine si on lui voit les yeux, et les sons franchissent difficilement des lèvres gonflées qui lui font une lippe monstrueuse.

L'un poussant l'autre, les deux hommes disparaissent vers le nord où Boson a installé la plupart de ses meules. Drogo se manifeste toutefois une dernière fois en hurlant :

« Préparez-vous, poulettes, ça sera votre fête ce soir. »

Eudes, les mâchoires crispées, regarde attentivement Vere et Almodis :

« Qui est cet homme et que se passe-t-il? Pourquoi les hommes d'armes ont-ils battu à ce point ce malheureux Boson? »

Vere hausse les épaules :

« Oh! misère de Dieu! Boson sera toujours le même, partout. Il ne pense qu'à rire ou à paillarder. Ce n'est point que je lui en fasse grief! oh non! mais les pires leçons, les plus dures épreuves glissent sur lui comme l'eau sur l'ardoise.

– Qu'a-t-il fait?

– Comme trop souvent! Voilà le troisième chargement de charbon de bois qui s'avère plus que médiocre. Messire le prévôt a dépêché une patrouille pour châtier ceux dont il n'est pas satisfait. Boson, bien entendu, était du nombre. Mais le plus grave c'est que notre bon maître nous a délégué Drogo Vide-Écuelle, bien connu dans la région depuis deux ans qu'on l'y envoie.

– Que vient-il faire?

– Améliorer, surveiller le travail, mettre à la raison les paresseux récalcitrants. Ce monstre va habiter avec nous pendant un mois ou deux. »

Almodis, silencieuse jusque-là, soupire :

« Et Dieu seul sait ce que nous allons avoir à subir de cette brute. J'en tremble! »

Vere approuve, puis :

« Il faut que vous partiez, tout de suite, avant son retour. Rien ne vous contraint à rester dans cette clairière, Gérard et toi Almodis et aussi Eudes. Cherchez une autre hutte pour vous y installer.

– Mais Vere...

– Tais-toi! Je te le répète : que ce Drogo de malheur ne vous retrouve pas ici ce soir!

– Et vous? Je refuse de vous abandonner...

– Je t'en prie! Boson et moi ne pouvons pas lui échapper. Ce soir, tu le sais bien, je serai contrainte de le subir dans ma couche. »

Eudes sursaute :

« Et tu acceptes ça, comme ça? »

Vere, sourcils froncés, lui fait face. Ruffin, blanc d'indignation, se fâche. Ses paroles sont dures. Soudain, la jeune femme l'interrompt et de l'index lui frappe à petits coups sur la poitrine.

« Écuyer, depuis quand ignores-tu que serfs et colliberts subissent tout? Tu entends? Tout ce que vous appelez la loi du plus fort.

– Mais...

– Là d'où tu viens, comment ça se passe? Le seigneur et ses hommes n'auraient-ils pas, par miracle, la libre dispostion des femmes des vilains? »

Eudes pâlit et ne dit plus mot. Almodis intervient :

« Vere, je t'en prie.

– Non. Qu'il comprenne, au moins! Eudes vient de vivre deux mois paisibles avec nous. Deux mois de calme dans ce coin retiré. Qu'il sache que c'en était comme une bénédiction, une trêve heureuse et rare. Car, demain, Drogo aussi te prendra de gré ou de force, comme il fera ce soir avec moi; qu'il sache que s'insurger n'est même pas possible.

– Bon Dieu, jure Ruffin, ce n'est pas fait.

– Pour moi, c'est tout comme, pour elle non, à condition que tu agisses et vite. Va chercher Gérard, aide-les à déménager leurs ustensiles et son osier. Accompagne-les, que ce soir il n'y ait plus dans cette clairière maudite que Boson, Drogo et moi. »

Comme Ruffin reste immobile et songeur, Vere le pousse :

« Va vite!

– Non!

– Si! C'est aussi ton intérêt. Si tout à l'heure Almodis t'a retenu, t'a empêché d'intervenir, c'est que cet homme a l'oreille du prévôt. Il te poserait des questions, il apprendrait qu'on te soigne et qu'on te cache depuis deux mois et plus, notre situation n'en serait qu'aggravée; quant à toi ils t'emmèneraient et Dieu sait où tu finirais.

– Mais il m'a vu déjà.

– Oh! il a dû, tout à l'heure, te prendre pour un collibert de passage. Mais, ce soir, il questionnera. Il voudra savoir. Va, cours chercher Gérard.

– Non! »

Vere examine un moment Eudes avec une curiosité neuve. Ses épaules peu à peu s'affaissent et ses bras pendent inertes, elle a un petit rire sans gaieté :

« Après tout, peut-être as-tu raison de ne pas vouloir te mêler de ça. Tu as assez de tes propres difficultés. »

Elle se tourne vers Almodis :

« Vas-y, toi. Et pendant que tu courras, je m'en vais te préparer tout ton fourniment. »

Almodis semble figée depuis les deux refus d'Eudes. Comme elle ne répond ni ne réagit, Vere la secoue :

« Tu m'entends? »

Almodis secoue la tête et à son tour murmure :

« Non.

– Tu n'es pas folle? »

Mais se dégageant de l'emprise de Vere, Almodis recule et pour finir court vers sa hutte.

Eudes et Vere, restés seuls, demeurent un moment silencieux. Eudes dit :

« Attends-moi, je reviens tout de suite. »

Quelques minutes plus tard il tend lièvres et lapins à la jeune femme.

« Tiens, Vere, cuisine-nous ça.

– Le tout?

– Dame! N'avons-nous pas un invité de choix, ce soir, dont le surnom, me semble-t-il, est Vide-Écuelle? »

Puis, sans se retourner, de nouveau Ruffin s'enfonce dans la forêt; son allure est calme. Vere le regarde jusqu'à ce qu'il ait disparu. Elle grimace en s'asseyant sur une pierre pour préparer le gibier.

53

Peu après sept heures, une brève ondée fait fumeronner les feux. Le ciel a commencé de se couvrir dès le début de l'après-midi. Eudes, revenu le premier, interpelle Vere :

« Fais attention, bon Dieu! ne va pas gâcher ma chasse, nous faire souper de travers. »

Triste et silencieuse, contre son habitude, la jeune femme grommelle :

« Oui, oui! »

Puis, tandis qu'elle s'affaire autour de la broche de fortune, elle lui jette un regard en dessous :

« La belle affaire, on avalera comme ça sera. Peu d'entre nous, ce soir, auront le cœur d'apprécier le repas. »

Sans lui répondre, Eudes hausse les épaules et va s'asseoir sur un billot. Un moment, il contemple en silence Almodis qui, installée sur le côté de sa hutte, tresse comme d'habitude. Elle confectionne aujourd'hui des sortes de corbeilles en forme de jarres.

Le visage pâle et les traits tirés, la jeune femme semble absente et paraît ignorer l'examen qu'elle subit. C'est Eudes qui tente de nouer le dialogue.

« Alors, dit-il, tu n'as finalement pas été à la recherche de Gérard?

– Non, tu vois!

– Tu as pris ton parti de ce qu'a prévu Vere? »

Elle hausse les épaules puis, relevant la tête :

« Partir avant l'arrivée de Drogo ne servirait à rien. Il nous retrouverait si facilement!

– Donc, tu acceptes?

– Lutter ne servirait pas davantage. »

Au moment où Eudes va lui répondre, Gérard débouche du sous-bois. Almodis ajoute très vite :

« Drogo, dans sa rage, serait capable de tuer Vere et Boson puis, nous ayant rejoints, d'estropier Gérard. Et moi après. »

Ruffin se détourne pour regarder le bigre tandis qu'il vient vers eux. Pour la centième fois depuis qu'il vit ici, il se répète que jamais il n'a vu yeux et visage plus ingénus, aussi candides. N'importe qui, au premier coup d'œil, peut savoir que cet homme est incapable non seulement de méchanceté mais aussi de malice.

« Bonsoir à tous », dit Gérard, en posant sa besace et son bâton ferré.

Le Ruffin ne répond que par un grognement. Un ricanement, qui lui vient du Saxon, trouble sa réflexion : une victime née, un vaincu de toujours, voilà ce qu'est le mari d'Almodis. La phrase du Saxon s'impose, cette phrase qu'il a entendue des dizaines et des dizaines de fois : « Encore un qui a tout ce qu'il faut pour mourir jeune et en bonne santé. » Ruffin doit faire un effort pour revenir à la réalité.

Gérard n'a pas encore embrassé son épouse que déjà il s'inquiète :

« Qu'y a-t-il? Un malheur? »

Gérard prend Almodis dans ses bras. La jeune femme doit fléchir le buste afin de poser la tête sur l'épaule de son mari. C'est Eudes qui répond, soudain rageur :

« Oui, dit-il, un malheur qui a nom Drogo Vide-Écuelle, qui bat Boson jusqu'à l'estropier, en attendant de le faire crever, qui baisera Vere cette nuit, et ta femme demain soir. Pour toi, sacré veinard, il n'a encore rien décidé, mais tous les espoirs te sont permis, en plus d'être cornard. »

A trois reprises, sur un ton désolé, Gérard répète : « Drogo Vide-Écuelle est ici. » Ruffin lui tourne le dos et, tandis qu'Almodis conte à son mari la journée par le menu, il rend dans la hutte, va s'allonger sur sa couche. Il n'a guère le temps de rêver. La voix de basse profonde ne tarde pas à retentir :

« Holà! les belles, c'est le retour des guerriers. J'ai une faim à bouffer la lune si on me la présente. Et toi, ma Queue-d'Ail, t'as pas faim ? Manger t'emmerde ? Faut bien reconnaître qu'il doit te manquer quelques dents. Allez, les filles, dépêchez ! »

De sa couche, Eudes entend bruits de voix et préparatifs divers pour le repas. Il décide de n'apparaître qu'à la dernière minute. En attendant, il s'étire et s'amuse à faire jouer ses muscles, principalement ceux du bras droit et du haut de la poitrine. « Décidément, se dit-il, je suis bien guéri, je peux y aller. Force et souplesse, tout est récupéré. » Sans s'aider des mains, d'un coup de reins il bondit sur ses pieds.

Eudes s'est arrêté sur le pas de la porte. Les cinq participants sont déjà en place de part et d'autre du foyer, installés sur deux troncs d'arbres. Boson et Gérard, assis côte à côte, font face à leurs femmes, entre lesquelles, les dominant de la tête, trône Drogo.

A Vere qui vient d'apporter un plateau de vannerie sur lequel elle a déposé lièvres et lapins rôtis, Vide-Écuelle demande, surpris :

« Oh là ! la belle, d'où sortent ces viandes ? »

Ses yeux font le tour de ses hôtes forcés, et il éclate de son rire tonitruant :

« Vous ne semblez guère craindre les interdits de vos seigneurs, mes amis. »

Personne ne lui répondant, il reprend :

« Vous auriez tort de vous moquer... »

Eudes, que Drogo n'avait pas vu s'avancer, dit :

« Celui qui ne craint pas les interdits, c'est moi. » En même temps qu'il prend place à côté de Gérard, Ruffin s'adresse à Vere toujours immobile, son plateau à la main. « Donne-moi ce plateau, Vere, il est juste que ce soit moi qui offre, puisque c'est moi qui prends les risques. »

Drogo qui le regardait, sourcils hauts et bouche ouverte, se décide à questionner :

« D'où sort celui-ci ?

– De la hutte », répond Eudes en tendant le bras et avec un large sourire.

Drogo plisse les yeux.

« Tiens ! c'est amusant ça. Mais peut-être sauras-tu aussi me dire qui tu es et ce que tu fais ici ?

– J'habite, de ce temps, chez mes amis. »

Eudes d'un geste circulaire désigne la tablée. Gérard toussote et commence :

« Il a été très malade, c'est... »

Eudes, autoritaire, le coupe :

« La paix, Gérard! Ne te mêle pas de mes affaires, tu ne t'en porteras que mieux. Pourquoi mentir à notre hôte? »

Drogo ricane :

« Que voilà donc un petit coq malcommode, même avec ceux qu'il nomme ses amis. Foutre!

– C'est, Drogo, qu'il me déplaît d'être interrompu. Je réponds donc à la première partie de ta question : je m'appelle Eudes Ruffin. Quant à savoir qui je suis, au juste, dis-toi que, dans l'immédiat, ça n'a pas grande importance. Mais je te le dirai, foi de Ruffin, et même avant que le soleil ne soit totalement couché. »

Les yeux de Vide-Écuelle ne quittent pas Eudes une seconde. Il va parler lorsque Eudes tend la main, paume verticale, doigts réunis :

« Un moment, veux-tu? »

Eudes saisit sur le plateau le plus gros des trois lièvres. De la viande, bien dorée, se dégage un fumet délicat et puissant à la fois. Il le tend à Drogo :

« On m'a dit que tu portes le surnom de Vide-Écuelle, alors je pense que ce produit de mes lacs ne peut que te plaire. Je te l'offre bien volontiers; qu'il te soit profitable. »

Depuis le début du dialogue, mis à part l'intervention sans suite de Gérard, les deux couples sont restés attentifs mais figés. Le silence est lourd tandis que Drogo, après la dernière phrase d'Eudes, hésite fort visiblement entre l'esclandre, la brutale colère et une feinte bonhomie. C'est ce dernier parti qui finit par l'emporter, la curiosité le poussant.

Lorsque Drogo éclate de rire, les colliberts semblent retrouver leur respiration et ils osent commencer de manger.

« Tudieu! l'ami, tu es un drôle de corps. Par chance pour tes os tu disposes pour me convaincre d'arguments de choix : quand mon ventre crie famine, j'oublie tout. En vérité, ce lièvre ne peut que m'incliner à la bonne humeur! Au diable les soucis. »

Vide-Écuelle arrache, d'une brusque torsion, une cuisse à sa bête :

« Pas vrai, les belles? »

Sans attendre de réponse il entreprend de se repaître. En quelques bouchées, il engloutit deux bonnes livres de chair. Eudes mange lui aussi de bel appétit. Vide-Écuelle, un peu calmé, prend un air appréciateur :

« La chasse pour le vilain est certes un péché. Mais il faut bien reconnaître que c'est tentant. Pas vrai, l'ami Ruffin? Une bonne viande vous tient autrement au ventre qu'un vague brouet au froment ou au seigle. »

Ruffin s'arrête de sucer un os :

« L'as-tu, toi, Vide-Écuelle, le droit de chasse lorsque tu viens, comme ici, surveiller le travail?

– Oui, je l'ai, ou plus exactement on me le tolère. » Vide-Écuelle se tape sur la poitrine et sur les biceps avec une évidente satisfaction. « Faute de l'entretenir, que deviendrait ma force? Mes muscles ne tiendraient pas le coup, et les coquins, dans le genre de ton ami Boson, n'auraient plus peur de moi.

– Mais alors, on doit t'attendre avec impatience. Ta présence est la bénédiction des affamés.

– Tout doux, tout doux, mon petit Ruffin. Ce que je tue je le mange. Les autres n'y ont point droit. Sauf... »

Vide-Écuelle s'esclaffe puis se penche du côté de Vere :

« Sauf les mignonnes que je veux récompenser. »

Passivement, Vere se laisse embrasser dans le cou et caresser les seins.

« Comme celle-ci, oh! que ta peau est douce, Vere! Foi de Drogo, il me tarde d'être dans ta couche. Ou comme celle-là. » Almodis d'abord se recule, puis pour échapper se lève. Droite, le visage sans expression, elle attend, espérant que Drogo se détournera d'elle, pour se rasseoir. Vide-Écuelle fronce les sourcils. « Oh là! ma mignonne. Si tu t'en vas quand je m'approche pour te licher, tu risques fort de n'y avoir point droit à mes cadeaux. Veux-tu que je te baise pour rien, sotte? »

La colère monte en Drogo, sa voix s'enfle et tremble :

« Dès ce soir tu y passeras. Mais pour la viande tu attendras. C'est le début du dressage. »

Empoignant l'écuelle d'Almodis, il la jette avec son contenu, à vingt pas de là.

Le silence qui suit est lourd de menace. Les deux colliberts, figés, fixent Drogo. Soudain, Gérard se décide et va ramasser l'écuelle. Drogo gueule :

« Reviens tout de suite à ta place, minable cornard, si tu ne veux pas te faire bosseler la trogne. »

D'une voix bizarrement sifflante Boson implore :

« Reviens, Gérard, je t'en prie, reviens! »

Gérard hésite, puis laisse retomber le récipient et revient à pas lents.

Ruffin a regardé toute la scène en souriant. Drogo cligne de l'œil dans sa direction.

« Tu vois, c'est facile de s'entendre avec moi : on ferme sa gueule et on obéit. »

Il se tourne vers Almodis :

« Quant à celle-là, elle ne perd rien pour attendre. C'est elle que je choisis et que je baiserai ce soir. Toi, Vere, tu peux bien attendre, hein, qu'en dis-tu? »

Eudes saisit son gobelet et le lève à hauteur des yeux :

« Vide-Écuelle, tu viens de m'ancrer dans ma conviction. Mais avant toute chose, buvons!

– Buvons, Ruffin, on s'expliquera après. »

Ruffin vide son gobelet puis, d'un geste brusque, frappe en le remontant dans le coude de Drogo. La piquette inonde le visage du colosse, qui s'engoue. Eudes prend une mine désolée.

« Bois pas si vite, goulu, tu vas te faire crever! »

Drogo toussant comme un perdu se dresse. Les deux couples semblent atterrés.

« Es-tu devenu fou, pleure Boson, que va-t-il faire de nous? »

Calmement Ruffin s'empare du coutelas de Gérard.

« Prête-moi ça. »

Puis il se lève à son tour après avoir ramassé le lourd bâton taillé pour ses promenades.

Drogo retrouve le souffle et s'essuie les yeux en grondant furieusement.

« Bon Dieu, tu vas me le payer : enfant de putain! »

Le visage de Ruffin devient dur, ses mâchoires saillent :

« Voilà trois mots qui vont te coûter cher, gros porc, très cher : on n'insulte pas impunément ma mère. »

Drogo, qui a désigné son arme, hurle des insultes. Vere se dresse soudain entre les combattants en disant :

« Fuis, Eudes, fuis! »

Drogo, d'un revers de main, la jette par terre et se précipite en avant. Eudes, d'un coup de couteau, après avoir sauté de côté, lui fend la manche de son bliaud, de l'épaule au coude. Brusquement calmé, Drogo s'arrête pour l'observer :

« Oh ! oh ! dit-il, ce coup-là sent son homme d'armes, mon jeune coq n'est point un quelconque collibert de passage.

– Tu l'as dit.

– Et qui es-tu ?

– Un écuyer.

– Foutre ! quel plaisir je vais prendre à crever la panse d'un gaillard sachant se battre ! Je sers tes semblables sans les aimer pour autant, fumier. »

Gérard et Boson ont entraîné leurs épouses vers la hutte. Ils se tiennent tous quatre blottis les uns contre les autres. Almodis tremble mais ne souffle mot, alors que ses compagnons invoquent le Ciel et tous les saints patrons.

« Approche, charogne », dit Drogo.

Ruffin s'esclaffe.

« Garde-toi de tout conseil, l'un d'eux sera le pire de tous, il te fera crever. »

Jambes légèrement fléchies, bras en avant, les deux combattants tournent lentement, guettant l'occasion de frapper. De temps en temps l'un des deux porte un coup que l'autre adroitement esquive. Drogo, lui aussi, s'est muni d'une trique.

Sur une vive attaque de Vide-Écuelle, Eudes recule et passe de l'autre côté du foyer. Désormais, le trépied auquel pend toujours la marmite sépare les combattants. Mais Eudes en est le plus proche. Quelques secondes ils s'observent, puis, sur une feinte, Eudes parvient à porter un coup de bâton à la tête de Drogo. Le horion n'est ni grave ni douloureux. Mais Ruffin éclate d'un rire ostentatoire et irritant. Drogo aussitôt, qui cherche à riposter, fait deux pas en avant. Eudes du pied droit frappe alors de toutes ses forces le fond de la marmite, et de telle sorte qu'elle ne puisse basculer que du côté de son adversaire.

Le récipient atteint Drogo à mi-poitrine, tandis que le trépied se désagrège et retombe de côté. L'eau bouillante coule sur la poitrine et le ventre de Drogo, le brûle en dépit de ses vêtements. L'atteinte ne serait cependant pas grave si Drogo, l'espace de quelques secondes, n'en oubliait de maintenir sa garde.

Ruffin se fend et lui porte une botte au ventre. Les colliberts toujours figés peuvent voir le coutelas de Gérard disparaître dans l'abdomen du colosse jusqu'à la garde pour en ressortir rouge.

Drogo hurlant de rage se rue en avant. Ruffin une fois de plus esquive. Les regards des spectateurs convergent désormais sur le bliaud de Drogo qui, d'instant en instant, s'imprègne davantage de sang.

Ruffin ricane :

« Foutu, Vide-Écuelle. Tu vas crever!

– Rien n'est encore moins sûr. Pas avant de t'avoir étripé. J'ai la peau dure. »

Eudes hausse les épaules :

« Oh que si! Et tu sais bien que j'ai raison. A quoi bon te fatiguer? »

Cependant, le colosse ne se tient pas encore pour battu. Une main sur le ventre il se rue en avant, acharné, fou. Ruffin, qui ne tente même plus de lui porter des coups, s'applique uniquement à esquiver les attaques. Mais il le fait avec une ostentation insultante. Et il commente le combat comme pour mieux ridiculiser son adversaire.

« Boson et toi, Gérard, prenez-en de la graine. Regardez comme cette grosse charogne peut être méprisable et inoffensive si la crainte, la peur stupide que je vous ai vue, ne vient pas vous paralyser. Allez, frappe encore, Vide-Écuelle, profites-en tandis qu'il te reste quelques gouttes de sang. »

L'œil de l'autre s'empreint de désespoir; il ne répond même plus, désireux de réserver ses dernières forces à l'ultime tentative de vengeance.

« Sais-tu que tu as une mort digne de toi? Porc tu as vécu, porc tu crèves. Vidé de ton sang tel un goret saigné. »

La voix de Ruffin est calme et froide, comme si le combat ne le concernait pas. Il lui suffit d'énoncer des évidences.

« Ah! voilà la fin, mon gars. »

La démarche de Drogo devient de plus en plus chancelante, et soudain il s'écroule, lâchant sa dague et son bâton, roulant sur le dos.

Devant le colosse gisant les bras en croix, le mufle d'une extraordinaire pâleur, les deux colliberts et Vere prononcent des phrases confuses et des prières. La crainte n'a pas fini de les obséder :

« Mon Dieu, mon Dieu, que va-t-il advenir de nous? »

Boson pleure :

« On m'accusera de l'avoir tué! »

Vere répète sans avoir l'air d'y croire :

« Crevé! il est crevé! Avec toute sa force! Mon Dieu, Ruffin, il faut que tu sois un terrible guerrier! »

Seule, Almodis n'a pas bougé. Elle observe les uns et les autres, mais ne dit toujours rien. Eudes qui semble excédé par les jérémiades s'approche du corps et crie :

« La paix, la paix! Quand cesserez-vous de pleurer et de vous plaindre? Il ne vous arrivera rien; j'en réponds. »

Il les écarte rudement et se penche sur Drogo :

« Il vit encore », dit-il.

Les autres se reculent vivement comme s'il y avait à craindre du colosse. Les yeux déjà embrumés de Drogo s'entrouvrent, ses lèvres bougent :

« Tu veux me parler? »

Ruffin colle presque son oreille contre la bouche du moribond :

« Tu m'as eu, fumier, je suis si faible.

– Souffres-tu?

– Non! Rien, rien. »

Ruffin va se redresser, l'autre halète :

« Ruffin...

– Oui.

– L'enfer est mon lot. Mais tu m'y rejoindras et je me vengerai. »

Eudes rit :

« Non, Drogo, n'y compte pas : ni enfer ni paradis, ni vengeance ni amour, le vide, le vide, le rien, comme m'a dit souvent maître Eustache. »

Mais la face du colosse pivote lentement, sa tête roule avant qu'Eudes ne finisse sa phrase.

« Mort », constate Ruffin en se relevant.

Le ciel est devenu obscur. Les nuages sombres contribuent à hâter l'arrivée de la nuit. Gérard relève la marmite et, le dos rond, s'affaire, méticuleux et dérisoire, à reconstituer le trépied.

« Mangeons, dit Eudes, nous allons avoir besoin de force. Car il reste beaucoup à faire. »

Les deux hommes reprennent place, lorsque Vere s'exclame : « Eudes, mais tu es blessé ! »

La manche gauche de Ruffin est effectivement humide de sang. Déjà la jeune femme retrousse le tissu sur le bras musculeux.

« Rien qu'une estafilade, dit Ruffin. Dans l'ardeur de la lutte je ne m'en suis même pas aperçu. Peut-être me la suis-je faite moi-même.

– Je vais t'y appliquer un pansement.

– Tu as raison ! Pour prendre la route demain j'aurai besoin de mes bras en bon état. »

Seule Almodis refuse obstinément de regagner sa place et de goûter au gibier.

54

Morne et silencieux le repas s'achève. Ranimé, le foyer éclaire les convives, ombres et clartés dansantes au gré des flammes. Le vent définitivement calmé, à deux reprises quelques gouttes de pluie sont tombées. Eudes, le dos calé contre une pierre depuis un moment examine la dague de Drogo, la faisant jouer dans son fourreau, fronce soudain les sourcils et relève la tête :

« Il faut maintenant tout prévoir. Écoutez-moi. Voilà comment nous allons procéder : tout d'abord les femmes vont retirer à Drogo son corselet de cuir, son bliaud et sa ceinture. J'avais besoin de m'équiper : avec sa dague me voilà en partie servi.

– Corselet et bliaud sont trop grands pour toi, dit Vere.

– Le corselet se lace, j'en fais mon affaire. Quant au bliaud, j'allais y venir. Je vous charge de le mettre à peu près à ma taille et de le laver, que je n'aie l'air ni d'un voleur ni d'un boucher. »

Vere s'incline et dit riante :

« Bien, messire. Que ne ferait-on pour vous?

– Quant à vous deux », le Ruffin s'adresse aux colliberts, « une tâche importante vous attend. Le corps de Drogo, c'est évident, ne saurait être trouvé ici, on vous poserait tant de questions que vous n'en sortiriez plus et que l'un ou l'autre se couperait. Il faut l'emmener ailleurs.

– On risque d'être vus, objecte Gérard.

– Pas si le transport a lieu de nuit. C'est donc immédiatement qu'il faut agir.

– Pour le mettre où?

– Boson, ce soir en revenant, as-tu rencontré qui que ce soit? Réfléchis bien.

– Personne, j'en suis sûr.

– Alors, vous allez porter le corps à proximité de tes meules. Saccagez-en d'ailleurs deux ou trois.

– Mais on va dire que c'est moi qui l'ai poignardé. On me tuera sans seulement vouloir m'entendre. Sans prendre conscience que jamais je n'aurais pu venir à bout d'un colosse pareil!

– Mais non, imbécile!

– Qui les retiendra? Je serai seul devant le prévôt.

– Écoute-moi et tu ne risqueras rien. Voilà la version des événements que tu présenteras : hier soir, vers six heures, quatre hommes vous ont rejoints près des fours. Ils t'ont frappé. Avec la gueule que tu as, impossible de deviner qui t'a arrangé de cette façon. L'un d'eux, le chef, s'est battu avec Drogo; finalement, ils l'ont emmené après l'avoir assommé par traîtrise. Tu es rentré ici, affolé, espérant vaguement que Vide-Écuelle pourrait leur fausser compagnie ou qu'ils le relâcheraient. Comme tu n'as vu personne, dès demain à l'aube tu fileras les alerter.

– Mais s'ils ne me croient pas?

– Ils viendront voir et trouveront le corps.

– Et alors?

– Alors, un détail leur prouvera qu'il y a eu effectivement une intervention d'inconnus.

– Et quoi?

– Je vais écrire une insulte pour Géduin de Saumur, sur un morceau de tissu qu'on accrochera à la poitrine de Drogo. Nul ne sait lire et écrire dans les parages, à des lieues à la ronde. »

Gérard, qui s'agitait depuis un moment, intervient.

« Mais les bêtes, qui vont attaquer le corps quand on l'aura abandonné, risquent de détruire ce linge.

– Pas si vous hissez Drogo, si vous le pendez à un arbre.

– Il est lourd!

– A deux, vous le halerez. Seuls ainsi les oiseaux pourront picorer le visage et les parties dénudées. »

Boson et Gérard réfléchissent encore un moment puis finissent par convenir que toutes leurs objections sont vaincues. Il n'y a que Boson qui intervienne une ultime fois :

« Tu es sûr, Eudes, qu'il est nécessaire que ce soit moi qui aille prévenir le prévôt?

– Tu préférerais me charger de la mission?

– Toi, ce n'est pas possible.

– Alors, qui? »

Il faut encore près de cinq minutes pour convaincre le mari de Vere de la nécessité de cette démarche.

Tandis que Ruffin écrit, avec du charbon de bois, sur la chemise de Drogo : « mort à Géduin », les deux colliberts préparent une grossière civière pour porter plus aisément le cadavre.

« Peut-être ne vous reverrai-je pas, dit Ruffin aux deux hommes lorsque tout est prêt, demain je partirai tôt. »

Gérard et Boson bredouillent et protestent de leur reconnaissance. Il coupe court à leurs effusions, rappelant qu'un travail urgent les attend. La lune s'est levée lorsque la funèbre procession se met en marche. Ruffin les accompagne jusqu'aux premiers arbres en faisant d'ultimes recommandations.

Almodis et Vere sont parties se coucher. Ruffin, assis sur un des troncs d'arbre, près du feu qui rougeoie encore, s'absorbe dans un rêve. La nuit est douce et un rossignol chante à quelques toises de là. A la gêne, jamais atténuée, ressentie depuis qu'il a surpris un certain matin la conversation des deux jeunes femmes, s'ajoute la mélancolie du départ proche.

Il se sent mécontent : mécontent de lui et des autres, mais plus encore mécontent de la vie, qui pour la première fois lui paraît absurde et douloureuse.

Il a beau tenter, pour se changer les idées, de réfléchir à ce qui l'attend, aux aventures heureuses ou malheureuses qui demain lui échoiront, toujours il revient à l'existence qu'il a menée ici, à cette longue renaissance qui a duré plus de deux mois.

Lorsqu'il se lève et se dirige vers la hutte, celle d'Almodis qui pour un dernier soir est encore la sienne, son siège est fait, il est définitivement convaincu qu'il ne peut partir, s'éloigner sans doute à jamais, sans s'être, une bonne fois, expliqué avec la jeune femme.

Bien que ses yeux soient habitués à l'obscurité, l'opacité, en entrant dans la cabane, le surprend. D'abord il ne distingue rien et le voilà chuchotant comme si quelqu'un d'autre risquait de l'entendre :

« Almodis! »

On pourrait croire la hutte vide.

« Almodis, tu m'entends? Je suis certain que tu ne dors pas. Pourquoi ne veux-tu pas me répondre? Moi qui suis tellement désemparé... »

Il a tourné à droite en pénétrant et s'avance maintenant, glissant les pieds avec précaution, vers la grande couche du couple. La voix d'Almodis enfin résonne :

« Tu as raison, je ne dors pas. Que veux-tu? »

Eudes bute à ce moment précis contre l'escabeau qui reste toujours placé près de la tête du lit. Il le repousse et se penche. Ses mains rencontrent la paille et les herbes, puis les fourrures de la couche. Elles tressaillent et vivement se retirent en effleurant un sein et un bras nus.

« Pardon », murmure-t-il, cependant qu'il s'assoit.

La jeune femme ne dit mot mais un froissis lui indique qu'elle se recule vers la cloison. Après un silence :

« Que veux-tu? répète-t-elle.

– Te dire adieu.

– Eh bien, adieu, Eudes Ruffin! Que Jésus te protège et qu'il te fasse retrouver très vite celle que tu aimes et aussi ta mère et tes amis.

– Ce ne sont pas ces souhaits que je suis venu chercher. Ils ne peuvent me suffire.

– Je ne comprends pas.

– Tu comprends très bien, au contraire.

– Et que dois-je comprendre?

– Je ne veux pas partir sans t'avoir dit un peu de ce que je ressens, de ce que j'éprouve. Jamais je n'oublierai ces deux mois passés près de toi.

– De nous.

– Non. Je dis bien : de toi. Leur souvenir me poursuivra aussi longtemps que je vivrai. Je pars d'ici avec deux plaies : celle qui est cicatrisée, grâce à toi, et celle que ta beauté et ta bonté ont ouverte en mon cœur.

– Tes accents, Eudes, ne me semblent point très convaincants.

– Ne plaisante pas en cet instant, Almodis, je t'en prie. Ce ne serait guère charitable. J'ai tellement à dire, que je ne sais même plus par où commencer.

– Le mot adieu ne peut-il tout résumer?

– Tu sais bien que non! Tes soins, ta générosité, ta patience, l'amitié que dès l'abord tu m'as témoignée, puis ensuite ce qui est né entre nous, a progressé...

– Non, veux-tu? ça suffit. »

La voix d'Almodis est si brève et si posée à la fois que Ruffin en est désarçonné, perdu. Elle reprend :

« Tu as assez énuméré. Ne te fatigue pas davantage.

– Mais que se passe-t-il, Almodis? Depuis quelques jours déjà je ne te retrouve plus, tu me sembles étrange, je ne parviens plus à comprendre tes réactions ou tes attitudes.

– Dis-moi simplement adieu, Eudes, ça vaudra mieux. Regagne ta couche, va te reposer, demain tu reprends ta route. Nos chemins ne se sont croisés que pour une brève période, maintenant révolue.

– Ça ne peut pas être aussi brutal, aussi simpliste. J'aimerais que tu m'entendes, que tu saches. »

Almodis soupire.

« Puisque tu y tiens tellement!

– C'est que je suis infiniment maladroit, Almodis. Je m'en veux du temps gâché. Depuis des jours et des jours, je ressasse les mêmes pensées sans jamais pouvoir me décider, sans oser. Je veux tenter, ce soir, de te dire ce que je n'ai jamais su exprimer au grand jour, ces jours où nous pouvions être merveilleusement seuls. Je vais essayer, car de te savoir nue, et à portée de mes mains, me trouble. C'est une terrible tentation. Si tu savais comme je t'ai désirée tandis que je t'observais tressant ton osier.

– Eudes...

– Non! laisse-moi te décrire les désirs qui montaient, qui montent toujours en moi à ta seule évocation : celui de te prendre dans mes bras, celui de te caresser les cheveux, le cou, d'embrasser tes lèvres et tes seins, celui de te prendre, Almodis, de m'enfoncer en toi.

– Eudes...

– Oui, je sais, comme un reproche tu peux prononcer le nom de celle dont je t'ai si souvent entretenue et me demander ce que j'ai fait de mon exaltation passée. Almodis, si tu pouvais savoir comme en moi tout est complexe!

– Je t'en prie, Eudes : tu ne dois oublier ni ce que je suis, ni ce que tu es.

– Laissons toute raison, toute logique, et dis-moi que toi aussi tu m'aimes et que tu as rêvé de cet instant. »

Eudes se penche vers le recoin où il sait que se tient blottie Almodis, et la prend dans ses bras. Une seconde plus tard, tandis qu'il l'embrasse un peu partout, sur le visage et dans le cou, ses mains courent, caressent affolées les seins, le ventre, les cuisses.

D'abord surprise, la jeune femme réagit et violemment se dégage.

« Non! Arrête, dit-elle, je ne veux pas! »

Comme Eudes tente de s'imposer, elle a, tout en continuant de lutter, un rire bref :

« Si tu insistes, tu me feras croire que tu ne m'as tirée des pattes de Drogo que pour ton propre usage. »

Eudes, piqué au vif, se redresse vivement.

« Tu es folle, c'est indigne, s'écrie-t-il.

– Je ne faisais que constater.

– Comment oses-tu comparer? »

Au bout d'un bref silence, de sa voix toujours aussi calme et distante, Almodis dit :

« Tu souhaites que nous nous expliquions, tu y tiens, eh bien, d'accord. Quoique je ne croie pas que nous puissions le faire complètement, certaines choses doivent être dites en priorité. Tu me reproches mon attitude d'aujourd'hui et de ces derniers temps?

– J'ai affirmé que tu avais changé.

– Oui, tu n'as pas tort, j'ai changé depuis le moment où j'ai pensé te comprendre.

– Quand ça?

– Il n'y a pas de date précise. Mettons, pourtant, depuis que tu es à nouveau capable de courir les bois, depuis le matin où tu es parti avec Gérard.

– Et peut-on savoir ce que tu as compris?

– Ton mépris, d'abord. Puis qu'un infranchissable fossé nous séparait.

– Quel mépris? Si tu le vois dans le fait que j'ai décidé

d'accompagner, ce matin-là, Gérard, c'est le contraire qu'il y faut découvrir. Almodis, je te fuyais, empêtré dans mes sentiments. Je venais de comprendre qu'il ne m'était plus possible de te traiter simplement en amie ou en confidente, que mes pensées, mes sentiments pour toi allaient bien au-delà.

– Ta réponse est inexacte, elle est trop partielle, elle ne tient pas assez compte que, dans l'éventualité d'un choix, tu ne pouvais oublier que j'étais serve. Mais si tu n'as pas montré clairement, jusqu'à ce matin, ton mépris pour moi, tu ne t'es pas gêné avec Gérard et Boson.

– Comment ça?

– Eudes, Eudes, je t'en prie! Reconnais que tu les as toujours honnis. Je voyais tes regards, les expressions de ton visage. Tu les juges veules, lâches, peureux et par-dessus tout te rebute leur inhabileté à manier les armes. La bonté de Gérard t'est un mystère. Car tu es parfaitement à l'aise dans ta caste : celle des guerriers qui rudoient et oppriment. En vérité, Drogo, l'ignoble brute, te plaisait davantage que Gérard; lui tu le comprenais.

– Il me plaisait tant que je l'ai tué.

– En effet, mais quels ont été tes motifs vrais? As-tu essayé de répondre en conscience à cette question?

– Mais parce qu'il vous menaçait! Parce que je savais que lui vivant vous souffririez et auriez tout à craindre. Et qu'il me semblait impensable de m'éloigner, vous abandonnant soumis à cette menace.

– C'est faux! Ça ce n'est que la façade, le motif avouable. En vérité tu ne l'as tué que parce qu'il troublait ton rôle de coq de la clairière.

– Tu es complètement folle.

– C'est ça! fuis par des insultes une réalité déplaisante. Accuse-moi de folie plutôt que d'accepter l'idée que je te voie nu. Ah! pour moi non plus rien n'a été simple. Ce mourant que je soignais contre l'avis de tous. Émouvant dans sa pitoyable beauté, puis ce jeune homme qui, grâce à moi en partie, échappait aux ténèbres et me parlait d'une vie que je ne connaîtrai jamais, où des femmes disposent un peu, oh! pas beaucoup, d'elles-mêmes, ne pouvait pas ne pas me séduire. Il a fallu que Vere me parle un matin, et que tu changes d'attitude, pour me permettre de te voir sous un autre jour.

– J'ai entendu ce que t'a dit Vere, et tu sais maintenant pour quelles raisons je te fuyais.

– Petit à petit, notre vie à tous les quatre s'était organisée en fonction de toi. Tu étais devenu le pivot, tout tournait autour de toi. Tu savais Vere à ta portée, ne demandant qu'à t'ouvrir bras et cuisses; moi je te l'ai dit, ta force et ta beauté m'attiraient et tu pensais, à juste titre, que j'étais une proie disposée à te céder dès que tu en manifesterais le désir. Quant aux hommes, tu les dominais de si haut! Ta position d'écuyer, puis un peu plus tard tes exhibitions de force et d'agilité, ta maîtrise dans l'art de tuer les avaient subjugués. Et ce n'est pas ta lutte de ce soir qui les exorcisera. Entre nous tous, donc, tu jouais un jeu idéal pour un seul gagnant : toi! Drogo est venu perturber ce jeu. Tu ne l'as pas tué pour nous rendre service, mais d'abord et surtout parce qu'il marchait sur tes brisées et te choquait. Dès ce matin, dès le moment où cet imbécile s'est posé en maître, annonçant à tous vents qu'il coucherait cette nuit avec Vere et avec moi demain, son sort était réglé.

– Almodis, tu es folle, complètement folle. Tu déformes tout à loisir, mêlant des parcelles de vérité, mon orgueil par exemple, le plaisir de faire jouer mes muscles ou mes provocations, à des inventions laides qui ne correspondent à rien. Lorsque je te fuyais pour ne point trahir Alice, Gérard faisait aussi partie de mon souci.

– Eudes, tu ne parviendras pas à me donner le change. Tiens, je vais te fournir de nouvelles preuves : tout aujourd'hui tu as pris plaisir à jouer avec nos nerfs. Lorsque Vere t'a demandé d'aller prévenir Gérard d'urgence, afin que nous puissions, avec toi, quitter la clairière avant le retour de Drogo, tu as dit " non "...

– Je sentais que ce n'était pas la solution.

– Tu as dit " non ", sans rien préciser, essayant par ton attitude d'indifférence de nous convaincre de ta future passivité. Ça aussi c'est du mépris. Pendant tout ce temps tu réfléchissais et combinais la meilleure façon d'abattre Drogo. Et, la journée entière, tu es resté absent, afin que ton intervention ait un air merveilleusement providentiel, que nous en soyons surpris comme d'un coup de tonnerre dans un ciel bleu.

– Je me suis simplement préparé à affronter ce molosse, cette extraordinaire force de la nature.

– C'est faux!

– Quoi?

– C'est faux! Ton combat contre Drogo n'était en fin de compte qu'un spectacle, qu'une parodie.

– Une parodie dont on meurt, curieuse parodie!

– Une parodie, je le répète. Car Drogo, contre toi, n'avait pas plus de chances que Gérard ou Boson contre Drogo. Il y avait entre vous le même déséquilibre. En dépit de sa force, d'avance, ce pauvre idiot était promis à la mort.

– Me reprocherais-tu ma victoire? Regretterais-tu la défaite de l'homme-bête? Tu souhaiterais peut-être qu'il soit ici, à ma place, non en train de discourir, ou de se faire insulter, mais en train de te violer, à moins qu'il ne t'ait heureuse et consentante...

– Merci! Mais je ne prendrai pas la peine de me défendre longtemps, car tu sais bien que, moi, j'ai réellement horreur et peur de la violence. Cette violence que tu révères, à laquelle tu as consacré ta vie, sur laquelle tu comptes pour établir ta fortune. La violence et l'or sont tes dieux. Tu ne rêves que de puissance. Et comme tu es intelligent, avant chaque combat tu mesures les risques. Quant à ta science des armes, jointe à un entraînement parfait, elle t'assure une large sécurité. Drogo n'avait pour lui que sa force et une connaissance rudimentaire du combat. Toi tu es aussi habile à tuer que je le suis à tresser.

– La différence entre tresser et livrer un assaut s'appelle la mort.

– Eudes, veux-tu répondre à une question, mais y répondre du fond de l'âme?

– Si ça peut te faire plaisir : oui.

– Ce soir, as-tu craint, une seconde, d'être vaincu?

– Bien sûr que non, mais...

– Assez! Tu m'as répondu. »

Eudes n'a plus envie de prolonger ce dialogue de sourds. L'énervement et la colère ont peu à peu remplacé les élans de tendresse et de désir. Durant une ou deux minutes, un silence parfait règne dans la hutte, puis :

« Il vaut mieux nous en tenir là, dit Eudes.

– Je le crois. »

Ce n'est pourtant pas sans un violent sentiment de dépit que Ruffin se lève. La conscience d'avoir irrémédiablement perdu Almodis et l'image de ce corps voluptueux dont il s'éloigne le font soupirer.

Almodis dit :

« Adieu, Eudes, nous sommes l'un et l'autre prisonniers d'une façon de vivre et de penser. Adieu ! Retrouve vite Alice et tous ceux pour lesquels tu as de l'affection. Je ne crois pas nécessaire de te recommander de nous oublier, nous, ceux de la clairière.

– C'est inutile, en effet. D'ici trois jours, ce sera fait. Adieu, Almodis !

– Oh ! nous nous reverrons encore demain matin, juste avant ton départ. Je serai debout.

– Sois certaine que je ne m'attarderai pas. »

Eudes éprouve le besoin de marcher. Couché, son irritation rancirait, tuant toute possibilité de repos. Il sort donc de la hutte pour tourner en rond dans la clairière.

Il détaille une à une les critiques, les accusations d'Almodis, et sa colère grandit encore cependant que cent arguments se présentent à son esprit pour les combattre et les réfuter. A trois ou quatre reprises, il est même tenté de retourner dans la cabane pour reprendre la discussion.

S'il n'en fait rien c'est que d'un moment à l'autre il varie. Tantôt il se dit que ce n'est pas possible, qu'un pareil malentendu ne peut durer, qu'il n'a pas le droit de laisser se perpétuer pareille somme d'incompréhension, qu'Almodis l'aime et qu'elle n'attend qu'un signe de lui pour se rendre, tantôt la conviction s'impose, à ses sens plus encore qu'à son esprit, que leur brouille est irrémédiable et toute tentative de rapprochement vouée à l'échec.

La douceur de l'air, la magique beauté de la clairière éclairée par la lune : autant de motifs pour accentuer sa colère et son dépit. Et Eudes n'en marche que de plus belle comme un ours en cage.

La pression d'une main douce sur son épaule le fait soudain tressaillir de joie. Almodis revient au monde. Il se retourne d'un bloc. Vere se tient devant lui, souriante. D'un mouvement très gai, avec un plissement d'yeux complice, elle porte l'index à la bouche :

« Chut ! ne fais pas de bruit, viens ! »

Elle le prend par la main, l'entraîne. Docile, Eudes la suit dans sa hutte. La porte poussée elle le lâche, le temps d'allumer une torche.

« Alors, mon bel écuyer, elle a donc été méchante? »

Eudes, un instant, tente de donner le change :

« De qui parles-tu? »

Vere hausse les épaules :

« Me prends-tu pour une idiote? »

Eudes observe la jeune femme, guettant une éventuelle curiosité malveillante. Rassuré, il fait la moue.

« Méchante, non! mais hargneuse, acerbe et injuste.

– Qu'a-t-elle trouvé pour t'interdire sa couche? Car elle t'a renvoyé?

– Oui, c'est vrai. Mais pour des motifs... Je n'ai pas envie d'en parler. »

Vere rit.

« Comme tu veux. Mais je la connais bien notre Almodis, et je me doute que tu n'as pas eu la partie belle. C'est une maîtresse femme, plus intelligente que nous tous réunis.

– Pourquoi dis-tu ça? »

Vere tire Eudes par la manche :

« Assieds-toi près de moi. »

Ils prennent place sur le bord de la couche.

« Almodis, vois-tu, n'est pas comme nous, elle nous domine et nous subissons sa loi, même si cette loi est des plus douces. Tu ne la connais pas.

– Elle m'a parlé d'elle.

– Bien sûr, mais en taisant l'essentiel.

– C'est-à-dire? »

Vere, après un moment de réflexion pendant lequel, d'un geste tendre, elle repousse en arrière une mèche d'Eudes, se décide :

« Ce n'est pas tellement pour discuter d'Almodis que j'ai envie d'être près de toi, mais je sens que, si je ne t'en parle une bonne fois, je ne pourrai pas détourner d'elle ton attention, alors! »

Les yeux perdus, tenant une main de Ruffin, Vere soliloque :

« Personne ne connaît mieux Almodis que moi. Même si nous sommes comme le lait et le vin. Son père et le mien ont souvent travaillé en commun, ce qui fait que nous avons joué, dormi, vécu ensemble. Évrard Grosse-Tête ne s'entendait guère avec les autres colliberts. Beaucoup le fuyaient. Opposé à toute violence, il n'arrêtait pas, à longueur de jour, de sermonner, de critiquer gestes et attitudes. Mon père l'écoutait parce qu'il parlait bien. Mille fois mieux que les autres. Souvent, en se couchant, il marmonnait : " Dieu bon! cet Évrard m'a tant parlé que j'en suis tout ébaubi! Il a plus d'idées en une demi-heure que moi dans toute une année! "

– Et d'où tirait-il ses connaissances?

– J'y viens. L'oncle d'Évrard, un curé, l'avait élevé, lui enseignant même le latin.

– Bah! tu m'étonnes. Il n'y a pas un curé sur cent qui sache le latin, surtout ceux désignés parmi le peuple. Ils apprennent par cœur et récitent sans comprendre.

– Pas celui-là qui, toujours fourré avec les moines de Saumur, soutenait avec eux de longues discussions.

– Et pourquoi Évrard n'est-il pas devenu curé ou moine?

– Un jour, entre l'oncle et le neveu il y a eu une scène terrible dont on n'a jamais connu la cause. Et Évrard a à moitié tué le curé. Le bonhomme a été retrouvé gisant grâce à Évrard qui s'était dénoncé. Le prévôt, bien sûr, aussitôt condamna le père d'Almodis à la pendaison. Par chance, l'oncle, ayant repris connaissance à temps, a obtenu sa grâce. En revanche, il l'a, à jamais, banni de sa vue. Et Grosse-Tête n'a eu d'autre ressource que de se faire bigre. Il disait que les abeilles le passionnaient. Voilà pourquoi Almodis ne parle pas comme nous et nous gouverne. Voilà pourquoi aussi, souvent, nous ne comprenons rien à ce qu'elle dit ou fait. »

Ruffin réfléchit un instant, puis :

« Ça n'explique pas tout, mais je comprends mieux peut-être son horreur de la violence. Son père a dû tellement regretter son malheureux emportement...

– Eudes?

– Oui.

– Et si on parlait d'autre chose?

– Et de quoi? Tu as une idée? »

Vere fait une moue gentille. Ils se regardent pendant quelques secondes, les yeux dans les yeux, puis la jeune femme se lève et, avec une tranquille et heureuse impudeur, défait et laisse tomber son minable corsage. Ses seins opulents oscillent doucement dans le clair-obscur. Eudes regarde comme hypnotisé. Des ombres opportunes en exaltent la douceur et l'harmonie.

Lorsqu'elle dénoue son jupon, elle sait déjà ne plus avoir à craindre une rebuffade de Ruffin. Nue, elle demeure un bref instant dans une parfaite immobilité, puis elle se penche et, prenant la main d'Eudes, le fait se relever. La seconde d'après elle noue les bras autour de son cou et colle son corps au sien.

Les seins et les hanches de Vere tanguent. Savant roulis auquel Eudes ne peut rester longtemps insensible. Ses bras enserrent ce corps provoquant :

« Mon Ruffin, depuis le temps que j'attends ce moment. »

Le baiser d'Eudes est d'abord timide, puis il s'anime. Les grandes mains habiles du guerrier s'emparent tour à tour des seins, du ventre, de la croupe.

« Déshabille-toi, chuchote Vere, aidant déjà le jeune homme avec une efficace nervosité. »

Lorsqu'ils choient sur la couche, une même ardeur les possède. Le nom scandé ou syncopé de Ruffin retentira longuement dans la clairière, émergeant d'interminables plaintes heureuses.

55

Après trois journées de marches et de contre-marches, après mille et un détours, rendus indispensables par la volonté de ruser avec les limites du comté d'Anjou, afin de contourner le fief de Loudain – enclave angevine dans le duché d'Aquitaine –, Eudes se retrouve, en cette soirée du 11 août 981, sur les rives de la Vienne, une lieue au nord de Châtellerault.

Installé au milieu d'un épais buisson, à une douzaine de pas de la rivière, il mange l'ultime morceau de lièvre rôti et le quignon de pain que Vere a glissés dans l'humble besace faite d'un lambeau de tissu prélevé dans la chemise de Drogo.

Comme à l'accoutumée, l'eau exerce sa fascination sur Eudes. L'œil fixe, il contemple l'irrésistible coulée, large et rapide. Un ciel strié, pas encore terni d'ombre, bariole l'opacité profonde. Les cercles concentriques, les bouillonnements brefs ou les éclairs d'argent, qui en troublent alternativement la surface, révèlent la présence de multiples poissons. Tout alentour, les collines douces et décroissantes s'arrondissent en cirque. Une brume bleutée déjà dissimule, vers le sud, la ligne brutale des murailles de la ville, encore visibles lorsqu'il s'est arrêté.

Eudes réfléchit, s'efforçant de rassembler les différentes données de son problème : le moment de prendre une décision est venu. Il ne peut que fort difficilement vivre plus longtemps sans argent, dans une fuite éperdue qui, croit-il, doit le conduire jusqu'en Espagne.

Pourquoi ne tenterait-il pas, demain, de pénétrer en ville et n'irait-il point se présenter au château du vicomte ou en quelque hôtel de chevalier? Rainaud n'a peut-être pas obtenu que le meurtre de son père soit communiqué dans toute l'Aquitaine. Et l'un d'eux sera peut-être heureux d'engager à son service, même pour un temps limité, un écuyer de sa valeur. Plus tard, dans quelques mois, une année au plus, il pourrait toujours reprendre la route. Mais, rééquipé et la bourse garnie, pour tenter d'aller conquérir un fief au service des rois chrétiens en lutte avec les mécréants qui dominent la majeure partie de l'Espagne.

Il en est là de sa méditation, lorsqu'une série de frôlements et de raclements attirent son attention. Il s'aplatit au sol pour voir sans être vu. Quelques secondes plus tard un homme apparaît visiblement las et traînant les pieds. L'inconnu s'arrête à proximité du buisson et se laisse choir dans l'herbe.

L'homme, jeune et trapu, a la mise et l'allure d'un soldat sans engagement. Il est armé d'une dague, d'un coutelas et d'un javelot. Tout en s'essuyant le front de sa manche il marmonne incompréhensiblement. Puis, sans motif apparent, il rit en lançant un caillou dans l'eau.

Depuis trois jours, Eudes n'a pu parler à qui que ce soit. Le visage ouvert et les attitudes juvéniles de ce voisin inattendu lui donnent envie de bavarder. Peut-être, par la même occasion, recueillera-t-il des renseignements précieux.

Dès qu'il manifeste sa présence, l'autre s'alarme, saute sur ses pieds et présente la pointe de son arme de jet. Eudes tend les mains ouvertes :

« Holà, l'ami! calme-toi! mes intentions ne sont nullement belliqueuses. Regarde, tu es venu t'asseoir à trois toises du lieu où j'avais, pour la nuit, élu domicile. »

Le garçon baisse immédiatement la pointe de son javelot et fronce comiquement les sourcils pour examiner Eudes.

Un large sourire ne tarde pas à éclairer son visage de blond aux multiples taches de rousseur.

« Ma foi, dit-il, sans savoir qui vous êtes, messire, votre tête me revient. En dépit des dictons, je juge sur la mine et ne me trompe jamais. A moins que vous n'y voyiez un inconvénient, j'aimerais bien demeurer près de vous. Vous semblez de bonne compagnie : or les nuits ne sont point sûres; à deux on a plus de chance de n'être pas détroussé et surtout de se réveiller vivant. »

Eudes rit :

« Bah! répond-il, pour moi le risque est maigre : j'ai la peau dure et pas le moindre sou vaillant.

– Une dague, un corselet de cuir, un bliaud suffisent amplement pour tenter les voleurs.

– Je ne le sais que trop.

– Donc vous êtes d'accord?

– Oui.

– Noël! je porte immédiatement mes pauvres trésors près des vôtres. »

Quand il a rejoint Eudes sous les arbustes :

« Je m'appelle Lisoie, surnommé l'Avisé.

– Et moi, Eudes Ruffin. »

Lisoie pouffe :

« J'aurais pu le trouver tout seul. »

Tandis que l'Avisé organise sa litière à deux pas de celle d'Eudes, les deux jeunes hommes bavardent. Lisoie conte que, soldat dans une compagnie de mercenaires au service de l'évêque de Toul, Gérard, sa compagnie, en avril dernier, s'est disloquée à la mort de son chef. Avec trois de ses amis, l'Avisé a d'abord pris la direction du nord-ouest pour se rendre à Reims. N'ayant pas trouvé là un engagement à leur convenance, les quatre hommes sont descendus sur Troyes. Nouvelle déconvenue. Trois jours plus tard, entre Troyes et Sens, ils ont été assaillis par des brigands. Deux d'entre eux ont disparu à cette occasion. A Sens le dernier compagnon de Lisoie lui a fait faux bond en entrant au service d'un marchand flamand pour remplacer un soldat qui venait de mourir. Et Lisoie a continué sa route seul, musant, bayant au soleil. Maintenant la situation peut passer pour préoccupante : sa bourse, relativement bien garnie au départ de Toul, ne contient plus, hélas! qu'un seul denier.

Eudes se sent tenu, lorsque Lisoie se tait, de fournir à son tour quelques précisions quant à son origine et aux aventures qui l'ont conduit là. Il le fait brièvement, omettant toutefois le meurtre d'Yvon et le nom de Marigné.

Lorsque l'Avisé apprend qu'il a affaire à un écuyer, il commence de bredouiller et tient à lui donner du « messire ». Ruffin, après avoir longtemps tenté de l'en dissuader, lui répétant que ce respect risquerait devant des inconnus d'attirer une inutile curiosité, finit par se résigner.

Le jour décline lorsque Lisoie demande à Eudes s'il a mangé ou se sent de l'appétit.

« A te dire vrai, quand tu es arrivé je finissais juste de dévorer le reste de mes provisions. Mais mon estomac ne semble point rassasié, car il renâcle en ce moment même, en apprenant qu'on va se coucher sans plus.

– Moi, messire, je n'ai rien absorbé depuis la fin de la matinée, c'est encore pis ! Mais patientez un peu, nous allons arranger cela. »

L'Avisé passe une main dans l'échancrure de son bliaud et de sous sa chemise fait apparaître une sorte de petit sac, cousu près du col. Il en sort un paquet où sont soigneusement roulés des crins de cheval, et, piqués sur un bout de roseau, quelques menus crochets de fer.

« Qu'est ceci ?

– Mon trésor.

– Alors tu n'es pas plus riche que moi.

– Ne le sous-estimez pas ! Avec lui je suis sûr de manger, chaque jour, presque à ma faim.

– Et comment ?

– En attrapant des poissons. »

Eudes a beau se moquer, Lisoie, imperturbable, coupe une longue et fine branche, l'ébarbe, y accroche sa ligne faite de crins liés ensemble, puis, ayant garni l'hameçon d'un gros ver trouvé dans la vase, se faufile, courbé, silencieux, le long de la Vienne, dandinant son appât en lisière des roseaux et des herbes.

Une demi-heure plus tard il a tiré de l'eau une douzaine de beaux poissons. C'est encore lui qui se charge de les écailler, de les embrocher par les ouïes sur une baguette de bois et, pour finir, de les faire griller.

Lorsque le moment de dormir est venu, Eudes et Lisoie se réjouissent encore de leur rencontre.

A leur réveil une brume légère, vaporeuse, glisse sur les eaux. Il fait frais. Tandis que Lisoie s'occupe à capturer encore quelques poissons pour calmer une impérieuse fringale matinale, Eudes, torse nu, s'amuse, dans les branches des plus solides arbustes, à faire des exercices de voltige. Puis, après avoir un moment marché sur les mains, il clôt sa séance quotidienne d'entretien en bonne souplesse, par une série de simples et de doubles sauts périlleux.

Lisoie n'en revient pas ! Il ne cesse de s'exclamer, ébahi et admiratif :

« Jamais, messire, je n'avais vu pareille adresse. Où diable avez-vous appris tout ça ? Vous n'êtes pourtant point de la race des bohémiens !

– Celui qui fut mon maître d'armes s'appelle Conrad le Saxon. C'était la chose à laquelle il tenait le plus. Si je te disais combien de fois j'ai été fouetté pour n'avoir point réussi ces tours, tu serais sans doute beaucoup moins ahuri et tu ne chanterais pas miracle.

– Et pourquoi y tenait-il tant ?

– Parce qu'il m'aimait.

– Comment ça ?

– Gros malin, pour que je vive, afin que je devienne le plus adroit guerrier qui se puisse imaginer ! Crois-tu que je ne tire pas avantage de cette supériorité ?

– Je n'en doute pas. »

Eudes se fait rêveur :

« Tiens, il n'y a guère que quatre jours, quelqu'un me faisait remarquer qu'en face de moi un balourd n'a aucune chance et que le combat est par trop inégal.

– Ça, je le crois. C'est même ce que je m'étais dit, quand des bateleurs sont venus à Toul. Avec des sauts moins réussis que les vôtres, ils faisaient l'admiration des badauds. C'était de ces hommes aux cheveux aile de corbeau et bouclés, à la peau couleur de pain cuit et aux yeux de charbon, qui errent aux quatre coins du monde, vivant moins de quêtes que de rapines. Ils avaient installé leurs campements sur la rive droite de la Moselle, la rivière de par là-bas. Un soir, deux soldats de ma compagnie, pendant que nous autres admirions leurs tours, ont surpris et tenté de prendre de force une de leurs femmes. Le bâillon a glissé et elle a pu hurler, vous auriez entendu ! Une vraie louve, à vous glacer les sangs ! Son homme a tout de suite compris et il est intervenu, poignard au poing. Nous étions une trentaine, la bagarre a failli devenir générale. C'est un vieux de chez eux qui a proposé le duel. Heureux d'un spectacle improvisé, on a fait cercle. On a même pris le temps, ne voulant manquer aucun détail, d'allumer trois ou quatre brasiers de plus, pour éclairer le champ clos, ainsi délimité par la nuit.

– Ils ne se sont pas battus à deux contre un!

– Non, évidemment! Nos deux camarades se disputaient le plaisir, disaient-ils, de trouer la paillasse du bohémien. Tous les deux prétendaient avoir plus de droit que l'autre. Pour finir ils ont dû tirer à pile ou face. Et le combat a commencé. Eh bien, ça n'a pas traîné. Il n'a pas duré trois minutes. Ça s'est fait si vite qu'on n'y a vu que du feu. Certains ont même parlé de magie. En tous les cas, bien que le nôtre ait eu l'avantage de l'allonge, avec sa dague contre le poignard, il n'a pas pu comprendre ce qui lui arrivait. L'autre s'est mis à bondir, à sauter en tous sens, comme un cabri, et hop! d'un seul coup on a vu notre soldat s'écrouler, le ventre fendu du sexe au nombril. Et l'autre de ricaner, du sang plein sa manche.

– Et comment ça s'est terminé?

– Il y a eu d'abord un moment de stupeur. On ne comprenait pas. Et puis l'un de nous a gueulé en montrant les tripes qui sortaient du ventre; alors, ça n'a été que cris, menaces, insultes, tous debout et gesticulant. Mais les autres salauds ont fait face, couteaux et triques à la main. Ils étaient une bonne quinzaine en comptant les vieux. Et nous, on se méfiait, personne n'était très chaud pour aller se frotter à des gars capables d'ouvrir un ventre en si peu de temps. Leurs femmes pendant ce temps rassemblaient bêtes, hardes et fourniments divers. Pour finir, on est rentré en ville afin de chercher des renforts. Cependant, personne n'est ressorti, cette nuit-là, crainte d'un traquenard dans l'obscurité. Mais le lendemain! terminé, ils avaient déguerpi. Ils avaient dû faire un sacré chemin pendant la nuit car nos patrouilles, à près de quatre lieues à la ronde, n'ont pas seulement retrouvé leurs traces. A croire que la terre les avait bus. Ou que des ailes leur avaient poussé. Certains d'entre nous disaient qu'ils étaient retournés en enfer, d'où ils venaient. »

Le frugal repas achevé, Eudes et Lisoie se mettent en marche. Ils suivent le sentier du bord de l'eau. Lisoie chantonne, fouette les branchages de la pointe de son javelot; soudain, il s'exclame :

« J'ai une idée !

– Peut-on savoir ?

– Oui da ! Avec le denier qui me reste, je vous offre un verre d'hydromel, messire Eudes.

– Ce n'est pas raisonnable.

– Au point où j'en suis, où est-elle la raison ? Par ailleurs, j'ai soif. Et me direz-vous que vous n'avez pas envie de cette bonne liqueur qui fait chaud aux entrailles ?

– Non, effectivement, car j'ai eu mon compte en fait d'eau, ces temps-ci.

– Alors c'est dit : la première auberge, dans la première rue que nous empruntons, nous verra attablés.

– J'ai beau chercher, je ne vois pas ce que je pourrais t'offrir à mon tour !

– Contez-moi donc quelque aventure, racontez-moi donc un de vos souvenirs heureux. J'aurai ainsi l'impression de le vivre. »

Eudes, qui tient à faire plaisir à son généreux compagnon, entreprend de lui conter l'histoire de l'incendie de la tour roulante, pendant le siège de Marigné. Le récit les conduit jusqu'aux abords immédiats de la ville.

Châtellerault est construite sur la rive droite de la Vienne. Ils doivent donc emprunter le pont de bois qui la relie aux régions ouest du Poitou. Ils sont en train de le franchir lorsque l'Avisé s'exclame :

« Messire, il me vient deux idées !

– Encore ?

– Encore !

– Et en même temps ?

– Ça n'est pas pour rien qu'on m'appelle l'Avisé. »

Eudes éclate de rire. Lisoie prend une mine digne :

« Ne riez pas ! Les deux sont bonnes et fort profitables pour vous et pour moi.

– Dis-les-moi sans attendre. »

L'Avisé fait la grimace :

« Promettez-moi d'abord de ne pas vous fâcher de l'une des deux.

– De laquelle ?

– De la seconde.

– Foi d'écuyer, je ne broncherai pas.

– Alors, voilà la première : Messire, on ne se connaît que depuis hier soir, mais je sais déjà que je suis heureux de marcher, de vivre à vos côtés. Un écuyer, certes, peut trouver du service tout seul. Mais s'il dispose d'un homme d'armes il n'en est que plus apprécié. Voulez-vous que je demeure avec vous pour les bons et les mauvais jours ? Et lorsque, plus tard, vous deviendrez chevalier, peut-être alors me choisirez-vous comme écuyer, si j'ai assez progressé dans ma connaissance des armes et, bien sûr, si je ne suis pas mort.

– Ta demande me touche, l'Avisé.

– Alors, tout est dit. Et dès demain vous me donnerez vos premières leçons de voltige et de saut de carpes, comme vous faites si bien.

– Tout beau, tout beau, ce n'est pas si simple et je ne me crois pas en droit d'accepter ta proposition.

– Mais vous avez dit...

– Que ton offre m'aille droit au cœur ne suffit pas.

– Pourquoi ?

– Parce que... c'est difficile... je ne t'ai pas tout dit en ce qui me concerne. Mon passé est lourd. Certains dangers me menacent, que je n'ai pas le droit de...

– Messire, le danger est partout dans notre monde. Que puis-je risquer de plus en votre compagnie ?

– Pour vivre il faut de l'argent...

– Si c'est d'argent que vous voulez parler, ça n'est pas grave, on peut s'arranger.

– Tu ne me laisses pas parler, l'Avisé ! Écoute, bon Dieu ! Pour avoir de l'argent il me faut trouver un seigneur ou un chevalier qui consente à me prendre à son service. C'est là que je deviens inquiet.

– Et pourquoi diable ?

– Je ne puis te le dire. »

Lisoie prend un mine désappointée et s'abîme dans ses réflexions durant quelques minutes. Quand il en sort :

« En attendant, m'autorisez-vous à vous accompagner ?

– Si tu vas dans la même direction que moi, pourquoi refuserais-je une agréable présence ?

– Merci ! Alors je vous suis. En attendant.

– En attendant quoi ?

– Que vous régliez vos problèmes ou que, les ayant par hasard appris, je décide si je peux assumer ma part de danger. Vous êtes d'accord?

– Entendu. Mais n'oublie pas : aucun serment ne te lie à moi. Tu peux me quitter à n'importe quel moment.

– Oui da. »

Lisoie fait un entrechat pour mieux marquer sa joie de l'accord. A cet instant ils franchissent la porte de la ville, et les gardes regardent, étonnés, l'hurluberlu qui danse de joie en pénétrant dans la cité du puissant vicomte Airault.

Dans les rues étroites, il y a foule. C'est jour de marché. Commerçants et artisans poussent leurs cris habituels pour attirer à eux les chalands. De nombreuses femmes vont et viennent, corbeilles ou paniers sous le bras. Parmi les promeneurs, écuyers et chevaliers s'arrêtent plus volontiers aux éventaires des selliers, des bourreliers et des couteliers.

« Tu ne m'as point encore parlé de ta deuxième idée », dit le Ruffin à son compagnon qui tourne la tête en tous sens et ne souffle plus mot.

Lisoie semble revenir à lui. Les yeux écarquillés, la mine gourmande il s'exclame :

« Tudieu, messire, que de nourritures appétissantes! Savez-vous que cette cité de Châtellerault me plaît bien, et que j'y séjournerais volontiers un certain temps?

– Ton idée, tête de bois?

– Allons à l'auberge. Une fois attablés, la gorge bien humectée, je me sentirai mieux pour vous en parler. »

Un cabaret, à l'enseigne du *Bois sans soif*, leur propose une longue et étroite salle, dont le plafond, réglé par des poutres énormes et difformes, est si bas qu'Eudes, sans même se hisser sur la pointe des pieds, peut l'effleurer de la main.

Servis par une lourde et rieuse commère aux yeux vifs et malins, qui, s'ils n'y prenaient garde, s'installerait pour leur tirer les vers du nez, ils dégustent à petites gorgées leur succulent hydromel.

« Dieu bon, s'exclame Eudes, je ne soupçonnais pas à quel point j'en avais besoin!

– Et moi donc! »

Lisoie se pourlèche d'une longue langue.

« La route peut être agréable, messire, mais l'étape dans une cité offre de bien grandes joies.

– Tu vois, toi qui méprisais l'argent il n'y a pas une heure, tu y reviens.

– Je reviens surtout à mon idée.

– Enfin, je vais la connaître !

– Voilà, et notez que je ne savais pas, lorsqu'elle m'est venue, qu'aujourd'hui c'était jour de marché.

– Je note.

– Dites, messire, ne vous fâchez pas, surtout.

– Non, va !

– Vous me le promettez ?

– Oui.

– Bon. J'ai pensé : puisque mon compagnon est peut-être plus souple et plus adroit encore que des bateleurs, pourquoi ne ferions-nous pas comme eux ?

– Que veux-tu dire ?

– Ceci : nous irions nous installer en un lieu commode et vous feriez la démonstration de vos talents : marche sur les mains et sauts multiples. Bien entendu, j'aurais d'abord ameuté les badauds par des clameurs appropriées. Lorsque vous auriez fini, ou pendant les derniers sauts, je passerais dans la foule, main tendue, et nous récolterions quelques deniers qui ne pourraient qu'être les bienvenus. »

Eudes regarde Lisoie non sans ahurissement.

« Ça, par exemple, du diable si je m'y attendais !

– Qu'en dites-vous ?

– Comment ! tu veux qu'un écuyer joue les bateleurs ?

– L'hydromel, messire !

– Quoi, l'hydromel ?

– Hélas !

– Parle clair, je ne comprends rien à ce que tu marmonnes. Es-tu devenu fou ?

– Messire, je ne sais comment je m'y suis pris, mais j'ai perdu mon denier.

– Alors, nous ne pouvons pas payer ?

– Exact.

– Mais l'aubergiste va nous faire arrêter.

– Exact.

– Mais c'est une catastrophe!

– Pas tout à fait.

– Comment ça?

– Grâce à mon plan. Les sauts devant les chalands. Nous récolterons bien plus.

– Tu n'es qu'une canaille.

– Non, messire, un malchanceux. »

Eudes regarde Lisoie et finit par grogner :

« Humm!

– Malchanceux, messire, mais avisé.

– Comment allons-nous nous y prendre?

– Je me charge de tout. C'est bien le moins. »

L'Avisé se lève. Après un court conciliabule avec la bonne femme qui les a servis, il revient, lampe la dernière gorgée d'hydromel et entraîne Eudes qui ne sait quelle contenance prendre. Dès qu'ils ont franchi le seuil il s'exclame :

« Que lui as-tu raconté pour qu'elle accepte de nous laisser partir sans payer?

– Que vous étiez un noble écuyer très affamé, qu'une visite urgente nous obligeait à nous absenter mais qu'elle veuille bien se hâter de nous préparer un plantureux repas. Bien entendu je solderai la dépense en une seule fois.

– Et elle t'a cru?

– Question de mine, messire : j'inspire confiance.

– Tu ne manques pas d'audace, mon gaillard.

– Le renard n'en manque pas lorsqu'il a soif et faim.

– Et si la représentation échoue, que nous ne récoltions pas le moindre denier?

– Ça, messire, je suis bien tranquille.

– Tu crois?

– Dame, il y aura vos exercices, ce qui est bien, et puis il y aura mes clameurs et mes commentaires pour déchaîner l'ardeur, l'enthousiasme et la générosité. »

Ruffin hausse les épaules et éclate de rire. Comme il marche à grands pas, Lisoie le rattrape et le tire par sa manche :

« Pas par là, messire, venez par ici.

– Et pourquoi? Tu connais la ville?

– Non, mais l'hôtesse m'a dit aussi que la plus belle place de la ville se trouvait devant l'église Notre-Dame, et que je devais tourner à droite au premier carrefour. »

Les deux jeunes gens s'engagent dans la rue désignée, qui est plus animée encore que la précédente. Ruffin tout à coup saisit le bras de Lisoie :

« Sais-tu bien, l'Avisé, que si l'on m'avait prédit cette aventure, une heure seulement avant que je te connaisse, j'aurais roué de coups le prophète? »

Deux heures plus tard, l'Avisé et Eudes sont de retour au *Bois sans soif.* Trônant devant dix plats, plus appétissants les uns que les autres, deux gros pichets de vin (blanc et rouge) devant eux, ils s'en donnent à cœur joie en fait de ripaille.

« Alors, messire, mon idée, comment la trouvez-vous?

– Ne me rappelle pas des souvenirs douteux! Surtout en cet instant! Laisse-moi déguster, savourer à mon aise. »

Ruffin engloutit un épais morceau de pâté et s'en repaît, les yeux au ciel. Brusquement, il avale, puis se penche, la mine inquiète :

« Es-tu sûr que nous ayons récolté assez pour tout payer?

– Mieux! beaucoup mieux! nous pouvons encore nous offrir, avec ce qui restera, trois autres repas comme celui-ci.

– Fichtre! tu m'impressionnes. »

L'Avisé boit une large rasade, puis :

« Au milieu de tous ces gens, comme vous me l'aviez recommandé, je me suis renseigné. Le vicomte Airault n'est point en sa bonne cité, ces jours-ci. Il y a trois jours qu'il est parti pour Poitiers, à la cour de son souverain duc, le puissant Guillaume Fier-à-Bras.

– Voilà qui est contrariant, dans une certaine mesure. Car j'ai hâte maintenant de savoir.

– Quoi?

– Je te prie d'être discret.

– Bien, bien. Mais vous ne m'avez pas laissé finir. En son absence on peut demander à voir le sire Gonthier, son intendant, qui est aussi son homme de confiance.

– Voilà qui est mieux.
– Et il y a encore d'autres gens à voir si vous voulez, ou si la maison du vicomte est au complet.
– Qui ça?
– Trois chevaliers, si riches et si considérables qu'ils possèdent de fort belles et vastes maisons dans la ville.
– Leurs noms?
– Ce sont ceux d'Ingrandes, de Chasseneuil et de Beaumont. Et on les sait à Châtellerault de ce temps.
– Merci, je me hâte d'achever ce merveilleux repas et j'y vais.
– Nous y allons.
– Non.
– Et pourquoi ça?
– Non, te dis-je, car c'est là, pendant cette démarche, que le danger peut se manifester.
– Alors je dois vous quitter?
– Plus exactement, tu restes ici. Si tout va bien, je reviens te chercher; si, dans une heure, je ne suis pas de retour, file, crainte qu'on ne se souvienne de t'avoir vu en ma compagnie.
– Vous me faites jouer un beau rôle! Plus tard, si je prends femme et que j'aie une nombreuse nichée, je ferai part à mes enfants de mes exploits, et de celui-ci plus particulièrement. De la meilleure façon d'abandonner ses amis. Les petits seront fiers de leur père!
– L'Avisé, tu m'énerves avec ton ironie. Tu fais ce que je te dis et nous n'en parlons plus.
– Bien, messire.
– Heureux de te voir enfin raisonnable. »

A la suite d'un serviteur, Eudes pénètre dans une vaste salle voûtée, divisée en carrés réguliers par une rangée centrale de trois piliers.

Se tourne vers eux un homme vêtu d'un riche bliaud vert, qui marche en dictant à un scribe assis devant une petite écritoire de chêne. D'un ton rogue, il questionne :

« Que me veux-tu, André? Ne sais-tu pas que j'ai interdit qu'on vienne me déranger?

– Pardonnez-moi, messire Gonthier, mais voici un écuyer qui a tant insisté pour vous entretenir un moment que j'ai craint commettre une erreur en lui interdisant l'entrée.

– Tu n'es qu'une bête brute!

– Oui, messire!

– C'est bon, fiche-moi le camp. »

André s'éloigne sans paraître autrement effrayé. Gonthier s'approche d'Eudes. Ses yeux gardent leur expression d'extrême froideur. Il dit de sa voix brève :

« Que me voulez-vous? Est-ce si important?

– Pour moi : oui! Je suis un écuyer qui n'est plus au service de personne. Dans les bois, j'ai un soir été assailli par des bandits qui m'ont laissé pour mort, un trou dans la poitrine, après m'avoir dépouillé de mes vêtements, de mes armes et de mon cheval.

– Qu'y peut-on?

– Si monseigneur Airault a besoin d'un homme sachant se battre aussi bien que les meilleurs, mieux même peut-être, je me propose. »

L'intendant plisse le front en fixant Ruffin. Soudain, bras tendu, index pointé, il s'exclame :

« N'était-ce point vous qui, tantôt, sur le parvis de Notre-Dame, faisiez le bateleur? »

Ruffin rougit violemment et bredouille :

« Comment savez-vous...?

– J'y étais, tout simplement, je passais, j'ai même donné trois deniers à votre acolyte.

– Pardon, messire, je suis honteux...

– Il faut, effectivement, que vous soyez réduit à la dernière extrémité pour agir de la sorte. Toutefois, laissez-moi vous dire que j'ai apprécié votre souplesse et votre force.

– Messire, ce n'était rien...

– Ne reniez pas vos qualités. Je dis vrai, j'ai admiré. Et je ne doute point que vous ne puissiez être un redoutable combattant. Malheureusement, la maison du seigneur Airault est au complet. C'est pourquoi je ne vous demanderai pas même votre nom. Ce serait inutile. Toutefois, je vais vous indiquer notre plus important chevalier chasé, qui, j'en suis persuadé, sera heureux de vous prendre. »

Eudes commence de remercier. Gonthier, sans rien vouloir entendre, enchaîne :

« Allez chez messire Louis de Chasseneuil. Adieu! »

C'est André qui indique à Eudes le chemin pour aller chez Louis de Chasseneuil. Deux minutes plus tard, Eudes arrive à destination. Gonthier n'a certainement pas exagéré. Il faut que ce chevalier soit riche pour disposer d'un pareil hôtel. Trois corps de bâtiments, réunis par deux tourelles, entourent une vaste cour.

Eudes, après un regard circulaire, marche vers la grand-porte. Tout est calme, personne ne vient au-devant de lui. Il dépasse quelques palefreniers affairés, certains en train de bouchonner des chevaux, d'autres en train d'en seller.

Il va heurter du marteau lorsque le battant s'entrouvre. Un sergent, l'air endormi, lui demande ce qu'il veut.

« Voir messire Louis de Chasseneuil. »

Les mêmes questions, les mêmes réponses. Eudes a l'impression de revivre sa dernière demi-heure. Enfin, le sergent revient et le fait entrer dans une pièce oblongue. Le dos à une vaste cheminée, le ventre contre une table chargée de victuailles, le chevalier Louis se restaure. Mais ses mains n'apparaissent pas pour saisir les aliments, elles ont disparu sous les jupes de deux filles, une de chaque côté, qui, tout en poussant petits cris et rires, se tortillent en lui présentant à portée de lèvres des pincées d'aliments.

Louis de Chasseneuil est un homme énorme, au visage bouffi et écarlate, aux yeux porcins. Dans la pénombre, son crâne parfaitement chauve brille comme s'il avait été vigoureusement ciré.

D'une voix grasse et rauque le chevalier conseille à Eudes d'expliquer son cas le plus vite possible. Mais c'est à peine s'il semble écouter le discours de Ruffin tant il est occupé de l'entrecuisse des deux filles.

Une bonne minute s'écoule. Louis ricane en demandant :

« L'écuyer, dans tes propos il n'a jamais été question de préciser d'où tu venais : conte-moi ça plus en détail. »

Ruffin hésite puis, mâchoires crispées, dit :

« Je suis originaire du Maine, messire.

– Comment s'appelait ton chevalier?

– Conrad.

– Et ton seigneur? »

Nouvelle hésitation du Ruffin qui finit par se résigner à un nouveau mensonge :

« Archambault.

– Ah! oui? »

Le chevalier ricane. Son gros ventre tressaute :

« Petites putains chéries, aidez votre vieil amoureux, dites-lui la couleur des cheveux de ce bel adolescent. »

Les filles piaillent à qui mieux mieux.

« Doucement, doucement, vous écorchez mon oreille, ribaudes! Méfiez-vous qu'un jour je puisse me passer de vos adorables langues. Alors? Comme ça, vous le voyez rouquin? Comme c'est drôle! quelle coïncidence. Savez-vous, mon jeune ami, qu'il n'y a guère qu'un mois notre duc souverain, Guillaume Fier-à-Bras, a tenu un plaid en sa bonne ville de Thouars – j'y accompagnais mon seigneur Airault – et il a fait état d'un écuyer meurtrier de son seigneur. L'annonce était faite au nom de messire le comte d'Anjou Geoffroy Grise-Gonelle, à la demande du fils de son féal meurtri? »

Brusquement, Louis se lève :

« Le meurtrier était un jeune rouquin. »

Il pointe son index :

« Comme toi! et, comme toi, écuyer. »

Louis hurle :

« Gardes!

Ruffin, hors de lui, brutalement déchaîné, saisit le bord de l'énorme table et d'un effort la bascule, la précipite sur le chevalier et ses putains. Dans un épouvantable tintamarre, la vaisselle, les cruches et tous les aliments glissent et s'écrasent. Les jambes coincées, Louis et les deux femmes se mettent à glapir. Les appels : « A moi! à moi! » se mêlent aux gémissements et aux injures.

Mais, déjà, Eudes est sorti de la salle. Il claque la porte et dévale les escaliers. De la demeure, un instant plus tôt engourdie, sourdent des rumeurs inquiétantes. On court de-ci, de-là, on s'interroge.

Le sergent de garde, celui-là même qui a introduit Eudes dix minutes plus tôt, apparaît et veut barrer le passage, au moment même où Ruffin va sortir. Le malheureux n'a que le temps de dire :

« Mais qu'est-ce qui... »

Eudes frappe, du poing droit, l'atteint juste sous le menton. L'homme s'écroule. Cependant, les bruits se transforment rapidement en criaillements furieux. Eudes n'est qu'au quart de la cour lorsque surgit, sur le pas de la porte, le premier garde hurlant :

« Alerte ! Saisissez-le ! Saisissez-le ! »

Les palefreniers, toujours occupés des chevaux, hésitent à se poster sur le passage d'un gaillard qui maintenant a dégainé sa dague et fait des moulinets peu rassurants.

Les premiers s'écartent, mais ceux qui sont plus près du portail ramassent des pelles et des fourches et se resserrent, formant barrière.

Ruffin s'inquiète de ce mur humain, lorsque, soudain, un nouveau cri retentit :

« L'Avisé à la rescousse, messire ! Place, vous autres ! »

Deux des palefreniers s'écroulent, pris à revers les quatre autres refluent vers les écuries.

« A cheval, messire, à cheval, comme moi ! »

Eudes ne peut se retenir de pousser un cri de joie en sautant sur le cheval dont Lisoie tient la bride, alors que celui-ci est déjà en selle sur un second.

« Faites ruer, messire ! »

Sous les sabots, les silex étincellent. Ceux des poursuivants qui se rapprochaient stoppent.

« A gauche ! » crie encore Lisoie.

Les deux jeunes gens foncent, franchissent le portail et disparaissent. Comme ils dévalent les rues, l'Avisé, qui a pris la tête, hurle :

« Place ! service de monseigneur le vicomte ! »

Et les bonnes gens ahuris, de s'assembler après le passage des cavaliers pour commenter cette cavalcade inattendue, de sortir des boutiques et de boucher les rues.

Le pont de bois est encombré des chariots de ceux qui reviennent du marché. Eudes et Lisoie doivent se faufiler. Lorsqu'ils atteignent les tours, commandant la herse qui boucle le pont la nuit ou en cas de danger, l'Avisé crie aux soldats de garde :

« Abaissez la herse derrière nous ! Ne laissez passer personne sans l'ordre exprès de messire Gonthier. »

Un sergent apparaît sur le seuil d'une poterne et demande :

« Que se passe-t-il?

– Un grave différend avec le chevalier Louis de Chasseneuil.

– Nom de Dieu! Aux poulies! »

Paysans et marchands, refoulés, protestent.

« Vos gueules, dit le sergent, attendez les ordres! »

Après une heure de course folle, sans mot dire, à travers bois et guérets, les deux jeunes hommes ralentissent le train, puis s'arrêtent au bord d'un ruisseau pour permettre aux chevaux de se rafraîchir et de souffler.

« Qu'en dites-vous, messire? Je crois avoir bien fait en ne suivant pas vos conseils et en vous accompagnant discrètement.

– Tu guettais déjà lorsque j'étais au château?

– Bien sûr! Mais j'étais inquiet. S'il s'était produit ce qui est arrivé chez Louis de Chasseneuil, je me demande comment j'aurais pu intervenir.

– En tout cas, sans ton aide j'étais cuit! Tu m'as sauvé la vie, Lisoie. Je ne suis pas près de l'oublier. Tu as des droits sur moi.

– Alors, je vais en user sans plus attendre. »

Ruffin le regarde, surpris :

« Que veux-tu dire?

– Puisque vous m'accordez des droits, je vous requiers, messire, d'accepter mon serment d'allégeance. Désormais, messire, je suis votre homme. Je vous dois aide, obéissance et fidélité. Je fais le serment de n'y jamais faillir. En revanche, messire, me jurez-vous aide et protection?

– Avec joie. Lisoie, entre nous, à partir d'aujourd'hui, c'est à la vie à la mort. Et je jure aussi de tout tenter pour que tu ne le regrettes jamais. »

56

« Bon Dieu, lève-toi, Lisoie, j'ai faim à hurler! Tâchons de trouver de quoi nous mettre sous la dent. Et vite!

– J'arrive, j'arrive! »

L'Avisé grogne et rampe hors du fragile abri de branchages assemblés pour la nuit. Debout, il commence de faire jouer ses muscles engourdis par le froid et l'humidité. En dépit de leurs recherches, la veille au soir, pour s'assurer une litière protectrice, ils n'ont pu trouver que de la mousse et des feuilles imprégnées d'eau.

« Dépêche-toi, tu gesticuleras en chemin. Gagnons la rivière.

– Je me dépêche, vous fâchez pas. »

Eudes fait une grimace puis hausse les épaules :

« Si tout va bien, on va encore dévorer du poisson. Rien que cette idée me lève le cœur. J'en ai assez, plus qu'assez. »

Lisoie ramasse sa besace et ses armes, tire sur ses chausses, rajuste son bliaud. Sans répondre directement à Ruffin, il dit, la tête rentrée dans les épaules :

« Si je me retenais pas je grelotterais. Bouh! sale et triste temps! »

Il jette un regard circulaire : tout est gris alentour, le ciel, la nature, les bêtes et les hommes. Tout sauf le sol, devenu roux, par la grâce des feuilles mortes. Mais en un petit matin de la mi-novembre, qu'espérer d'autre que cette lugubre grisaille? D'une vigoureuse tape dans le dos, Ruffin le projette en avant :

« Marche, ça ira mieux. »

Lisoie secoue la tête :

« Remarquez, faut pas se plaindre. Chez moi, du côté de Toul, à cette époque on a souvent de la neige. »

Ruffin grommelle :

« Tu raconteras en chemin, avance! »

Les deux jeunes gens s'engagent d'un pas saccadé dans une sente mal tracée. Au bout d'une centaine de toises Eudes s'arrête pour demander :

« Es-tu certain que nous soyons sur la bonne voie? Ne pouvait-on pas la rejoindre plus vite cette foutue rivière?

– Il me semble que c'est par là, mais vous savez, messire, je ne suis plus sûr de grand-chose. »

Depuis leur fuite de Châtellerault, tout va de mal en pis. La vie devient chaque jour plus âpre. Manger et dormir s'avèrent de redoutables problèmes.

Depuis la fin de septembre leurs conditions d'existence se sont rapidement dégradées. Et voilà maintenant un bon mois que la froidure et la faim les harcèlent sans répit.

Le plan d'Eudes était de gagner le sud au plus vite, de franchir les montagnes qui, il l'a souvent entendu dire, séparent le royaume franc de l'Espagne. Arriver enfin dans une contrée dont les seigneurs ignoreraient tout de son passé.

Jamais il n'aurait cru être recherché avec une telle constance, une telle hargne. Le duc d'Aquitaine, Guillaume Fier-à-Bras, aiguillonné sans doute par Geoffroy Grise-Gonelle, n'a pas tenu un seul plaid sans parler de lui et de son « forfait », promettant argent et honneur à qui se saisirait du jeune écuyer « félon ». Depuis lors, le moindre chevalier, alléché par la récompense, est aux aguets.

Villes et bourgs lui sont interdits. S'y risquer serait folie, un vrai suicide. Cependant, la campagne elle-même n'est pas de tout repos. Les innombrables patrouilles qui parcourent inlassablement landes, forêts et guérets, contraignent les deux fuyards à revenir sans cesse sur leurs pas. Depuis des mois ils tournent, tournent, comme dans une ronde échevelée.

Encore heureux que Ruffin ait un compagnon. Sans Lisoie, il n'aurait sans doute pas pu tenir le coup. Se défier de tout et de tous devient vite épuisant, démoralisant. La moindre défaillance peut entraîner une issue fatale.

N'est-ce point par coupable inconséquence ou optimisme exagéré qu'ils ont perdu les chevaux dont ils s'étaient emparés dans la cour de Louis de Chasseneuil? Le surlendemain de leur fuite, depuis l'aube il pleuvait, ils n'ont pas résisté au plaisir d'un abri. A la sortie d'un village, une hutte vide. Ils s'y sont installés. Mais le lendemain, à l'aube, cris et jurons les réveillaient en sursaut. Une vingtaine de soldats entouraient leurs bêtes, s'enquéraient d'où se trouvaient les cavaliers. Ils n'ont eu que le temps de fuir par-derrière, franchissant haies et palissades, se dissimulant de l'une à l'autre.

Trois mois d'errance, de misère, de difficultés de toutes sortes, finissent par endommager le courage, la bonne humeur et l'espoir. Maintenant, épuisés, misérables, ils ne savent plus guère à quel saint se vouer.

Il leur faut marcher près d'une demi-heure avant d'atteindre la rivière. Eudes s'assied et Lisoie, une fois de plus, exerce ses talents de pêcheur.

Science et patience ne suffisent pas, les prises sont rares. Lorsque l'Avisé se résigne et, dépité, se prépare à griller son maigre butin, Eudes a l'œil dur et hargneux.

« Si ça continue on est foutus.

– Messire... demain peut-être...

– Demain ne m'intéresse pas! Si nous ne mangeons que ça », Eudes désigne les quelques poissons accrochés sur une baguette, par les ouïes, « nous n'aurons bientôt même plus assez de force pour tenter la moindre opération.

– Et que faire d'autre? Chaque fois que nous nous mettons en marche, notre route est coupée par des patrouilles. Il ne nous reste alors qu'à nous dissimuler, parfois même à rebrousser chemin. Tout est compliqué : franchir une rivière, passer à proximité d'une ville ou d'une simple maison forte...

– Cesse de gémir.

– Je ne gémis point, simplement...

– C'est pire, tu te complais à ressasser nos malheurs, à susciter le découragement.

– Mais c'est vous-même qui, tout à l'heure, disiez... »

Brusquement furieux, Eudes se lève et crie :

« Si tu n'es pas content, fous le camp! Ce n'est pas toi que toutes ces brutes recherchent. Seul, tu n'aurais plus rien à craindre. Allez, file, va dès ce soir te goinfrer!

– Messire, vous savez bien que je suis lié par mon serment de fidélité.

– Je t'en délie. Va au diable!

– Je refuse. Vous n'avez pas pouvoir de me renvoyer ainsi. »

Eudes fait un moulinet avec le lourd gourdin qu'il s'est taillé depuis la fuite de Châtellerault, et dont la pointe a été soigneusement affinée et durcie au feu.

« Que veux-tu dire? »

L'Avisé, qui s'est aussi levé, ne bronche pas devant la menace. Il continue de parler d'une voix paisible.

« Je n'oublie pas que je vous ai fait vœu de fidélité et d'obéissance, mais vous m'avez de votre côté juré aide et protection. Je les réclame. Moi, je ne vous délie pas de votre serment. »

Eudes ricane :

« Et comment veux-tu que je le tienne, imbécile, quand je suis en train de crever?

– C'est vous le chef. A vous les initiatives.

– Méfie-toi, l'Avisé, ne me pousse pas à bout! Et avant qu'il ne soit trop tard : fous le camp!

– Non!

– Je peux t'y contraindre. Le sais-tu?

– Et comment, si je refuse de m'éloigner de vous? »

Les deux hommes se font face.

« Je peux tout simplement t'assommer et partir ensuite. Du diable si tu me retrouves jamais.

– Vous ne le ferez pas.

– Et pourquoi? »

Ruffin, les yeux plissés, continue de faire des moulinets menaçants. Lisoie hausse les épaules.

« Et que feriez-vous, seul, perdu dans l'hostilité générale? M'abandonner serait, pour vous, renoncer à tout espoir d'en sortir, de surmonter les obstacles. Et puis, messire, me frapper et m'abandonner serait grande lâcheté. »

Eudes, un long moment, continue de dévisager son compagnon. Ses maxillaires se contractent et se décontractent sans répit. Finalement, le calme et la dignité de Lisoie jouent. Il baisse les yeux, soupire, puis se rassied. Après s'être passé les mains sur le visage, il dit :

« Réfléchissons, compagnon ! Tu dis vrai, je ne serais pas capable de t'abandonner ainsi. Je ne t'obligerai pas à partir. Mais sans doute as-tu tort. En le faisant tu sauverais sûrement ta peau. »

Lisoie reprend lentement sa place sur le talus. Il détache les poissons de la baguette et en tend deux à Ruffin.

« Je n'ai rien d'autre à vous proposer, messire. »

Eudes, violemment, frappe du poing droit dans sa paume gauche.

« Bon Dieu de bon Dieu ! Si tu savais comme j'ai envie d'agir, de me battre, de sortir de ce cycle infernal où nous sommes plongés depuis des mois ! Mais d'abord il faut que nous mangions autre chose que ça, tu m'entends ? Manger du pain, de la viande, boire du vin, de l'hydromel, comme l'autre fois. »

Lisoie hoche affirmativement la tête, tout en mastiquant lentement. Ruffin désigne les bois environnants :

« Putain de saison ! Les forêts à cette époque sont désertes. On n'a même pas la ressource d'aller assaillir un campement de boisilleurs afin de piller leurs provisions.

– Messire, jusqu'ici vous n'avez pas voulu me laisser faire ; pourtant, je peux facilement pénétrer dans une ville, repérer soigneusement les issues, les rues, puis m'introduire dans une boutique au moment où elle sera vide de chalands, et réduire à merci les tenanciers afin de me servir. Ce serait bien le diable si je ne ramenais de quoi nous conforter pendant plusieurs jours.

– Tiens-tu tant que cela à nous faire pincer ou encore à te faire pendre sans profit ?

– Pourquoi ? J'ai mes chances d'échapper et de sortir de la ville.

– Ah oui ?

– Sûr !

– L'Avisé, tu ne l'es guère, décidément. Tu ne te dis pas que même si tu t'en sors, ce qui est moins que sûr, un quart d'heure après, dans le meilleur des cas, nous aurons toute une meute à nos trousses. »

Lisoie fait un grand geste résigné :

« Alors, je ne sais plus.

– Laisse-moi réfléchir, te dis-je. »

Quelques minutes s'écoulent. Ruffin, la tête dans les bras, semble définitivement figé. Un vent froid hérisse la peau. Sur la rivière passent des oiseaux presque au ras de l'eau. Enfin, Eudes se redresse et pose une main sur l'épaule de Lisoie.

« Écoute, dit-il, voilà comment nous allons nous y prendre : nous allons nous mettre en route sans plus attendre ; il faut que nous repérions un hameau, point trop important, mais suffisamment cependant pour être muni d'une maison forte.

– Et pourquoi ?

– Parce que de se savoir surveillés, défendus, accroît le sommeil des vilains, le rend plus lourd. Dès que nous aurons découvert un village à notre convenance, nous nous cacherons à proximité et attendrons la nuit pour agir. Vers minuit nous pénétrerons dans une hutte, au choix, dans le centre du hameau. Si nous n'y trouvons pas suffisamment de provisions, ou pas à notre convenance, nous recommencerons dans une seconde. »

Lisoie fait la moue :

« Une telle entreprise, rien qu'à deux, c'est risqué.

– Nous n'avons pas le choix si nous ne voulons pas crever.

– A ce petit jeu on risque autant si ce n'est plus qu'avec ma proposition de tout à l'heure.

– Pas si nous opérons silencieusement.

– Au moindre cri nous aurons tout le hameau sur le dos. Et Dieu sait si la crainte de la famine rend les serfs enragés ! Sans compter que les soldats suivront de près. Le petit jour risque de nous voir branchés de la belle manière.

– Nul ne criera si nous tuons sans formalités, si nous agissons en loups enragés. »

Lisoie fait un geste résigné.

« Peut-être.

– Et puis, au diable les risques. Au point où nous en sommes, crever pour crever, qu'importe ! »

Ruffin se lève, reste un moment immobile, tous les sens en éveil. Rien ne venant l'alerter il dit :

« En route, l'Avisé. »

Les deux jeunes gens suivent le bord de l'eau en direction du nord.

« Attention, messire, par là nous remontons vers la baronnie de Ruffec !

– Je sais. Je ne cherche qu'un gué pour traverser. Je préfère marcher vers l'ouest. »

Eudes s'arrête :

« Remarque, encore une fois, rien ne t'oblige de me suivre, tu peux reprendre ta liberté.

– Non ! je ne vous quitterai point.

– En ce cas, en route ! Et que la chance, enfin, nous accompagne. »

57

Finalement, pour traverser la Charente, trois lieues au sud de Ruffec, les deux compagnons n'ont d'autre ressource que de passer à la nage. Le plus dur, par cette température hivernale, est de se mettre à l'eau nu. Le vent froid, qui arrache les dernières feuilles et couvre la rivière de vaguelettes, les fait frissonner. Mais nécessité commande. S'ils mouillaient leurs vêtements, ils souffriraient encore plus durablement du froid.

Après s'être vigoureusement bouchonnés, fouaillés avec de longues tiges, ils ont pris une allure soutenue. Des nuages gris sale, maigrement étirés jusqu'à leurs bords frangés de jaune, parcourent le ciel d'un bout à l'autre de l'horizon. Les bourrasques bousculent les vols de lourds et gras corbeaux qui désertent la cime des arbres pour se réunir à l'abri au creux des jachères.

Ils ont déjà contourné deux hameaux, qui ne convenaient point à leur prochaine entreprise, lorsqu'ils rejoignent un large chemin dont le sol durci et dépourvu de végétation témoigne de la fréquence de son utilisation. Après réflexion, son orientation est-sud-ouest et les facilités de marche qu'il offre séduisent Eudes.

« Suivons-le un moment, propose-t-il, mais tenons-nous prêts à tout moment de le quitter. »

Ils n'ont pas fait plus de cent pas que le vent leur apporte du nord une confuse et lointaine rumeur. Ils s'arrêtent pour tendre l'oreille. Un instant plus tard Eudes entraîne Lisoie à l'écart :

« Viens ! Il faut que nous sachions. »

Ils sautent par-dessus des broussailles et vont s'allonger derrière un fourré. Plusieurs minutes passent. Le cou tendu, mâchoire en avant, ils ne sont plus qu'écoute. Le bruit insensiblement grandit. Ruffin hoche la tête avant d'apprécier :

« Ce n'est point une troupe de soldats, dit-il, aucune arme ne cliquette.

– Il n'y a ni chevaux, ni mules de bât, ce ne peut être non plus des marchands.

– Entends-tu cette sorte de permanente rumeur, comme un mâchouillement énorme ?

– On parle, messire, à n'en point douter on n'arrête point de parler ?

– En tout cas, la marche de ces inconnus est lente.

– Peut-être pourrait-on s'avancer quelque peu dans leur direction pour savoir de quoi il retourne.

– Tu as raison, viens ! »

Lisoie emboîte le pas d'Eudes qui souplement se faufile d'arbre en arbre, de buisson en buisson. Cinq minutes plus tard, juste après une courbe du chemin, ils voient venir vers eux un groupe d'hommes vêtus de longues tuniques brunâtres faites d'étoffes grossières, la tête encapuchonnée et portant de hautes croix.

« Des pèlerins qui psalmodient actions de grâces et prières », chuchote Eudes.

La troupe composée d'une cinquantaine de personnes forme une masse compacte. Trois notes, au plus, toujours répétées par des voix qui ont fini par s'uniformiser, par s'accorder, suffisent au monotone récitatif.

Pieds nus, le bourdon d'une main, la croix haut portée de l'autre, une épaisse cordelière serre à la taille les tuniques de bure. Les visages tannés et barbus sont inclinés vers le sol. Ils avancent, étrangers à la réalité des choses, tout entiers absorbés par l'obstinée tentative de toucher leur Dieu.

Les deux garçons regardent un moment, immobiles, puis l'Avisé tire Ruffin par la manche :

« Messire, dit-il, voilà peut-être l'occasion de manger sans courir de risques. »

Ruffin, les yeux plissés, d'abord, ne répond pas. Puis il a un rire bref et silencieux.

« C'est bien possible ! Pour leur plus grande chance ces bons frères vont entrer sans le savoir dans les vues du Seigneur. A leur insu ils vont commettre une bonne action. Jamais ils ne se douteront que leur simple rencontre aura vraisemblablement sauvé quelques manants que nous aurions occis, résolument, mais sans haine.

– Vous savez, haine ou pas...

– Tais-toi et viens ! Ne les effrayons pas en surgissant sur la route comme des diables émergent, dit-on, d'un bénitier. Retournons au-delà du tournant, puis marchons au-devant d'eux. La rencontre aura ainsi un air naturel et nous ne leur apparaîtrons point comme des fuyards que nous sommes. »

Lorsque les deux jeunes hommes arrivent en vue des pèlerins, au beau milieu du chemin, un léger flottement se produit dans la troupe. Le premier stoppe aussitôt. Les autres viennent s'agglutiner autour de ceux qui les conduisent. Le récitatif décline et s'éteint. Un grand gaillard, dont le nez aquilin émerge d'une forêt de poils, et dont les cheveux longs ne semblent pas pouvoir tenir dans la capuche pointue, fait deux pas en avant et crie :

« Hommes dans le siècle, porteurs d'armes, qui que vous soyez, que nous voulez-vous ? »

Il ne laisse pas aux deux compagnons le temps de répondre. Sa voix s'enfle :

« Dieu, Dieu de miséricorde vous bénira si vos intentions ne sont point belliqueuses. Mais, qu'il vous sauve des flammes éternelles, dans son infinie bonté, et qu'il fasse descendre la paix dans vos cœurs, si elles sont malignes. »

La main sur le cœur, Eudes et Lisoie s'inclinent et répondent aux souhaits.

« Messires pèlerins, dit Ruffin pour finir, soyez rassurés. Nous ne sommes que de pauvres hommes qu'un sort contraire et une série d'épreuves, de misères conduisent au désespoir.

– Ne vous insurgez point, jeunes gens, les épreuves du Seigneur ne visent jamais qu'à nous permettre de gagner notre salut éternel. N'est-il pas dit que les voies de Notre Seigneur sont impénétrables ?

– Nous ne nous insurgeons point, digne pèlerin, cependant depuis deux jours nous souffrons cruellement de la faim. Ne disposeriez-vous pas de quelques provisions ? »

A ces mots une rumeur court dans la troupe. Des mains fouillent dans les besaces. Quelques tranches de pain apparaissent çà et là. Leur interlocuteur sourit et les appelle à grands gestes :

« Approchez, approchez ! Certes, nous avons fait vœu de pauvreté, mais les âmes charitables pourvoient le plus souvent à nos besoins. Hier soir nous avons couché à Ruffec où l'intendant du comte d'Angoulême Arnaud Taillefer nous a traités de la plus chrétienne façon, et ce matin encore il a tenu à nous pourvoir de vivres, avant notre départ. »

Tandis qu'Eudes et Lisoie reçoivent de la nourriture, l'homme au nez aquilin, qui apparaît de plus en plus comme le chef de la troupe, celui qui a aussi le souci des questions matérielles, lève les bras pour obtenir le silence de ses compagnons.

« Frères, si vous le voulez nous suspendrons notre marche un moment, le temps de nous reposer et de restaurer nos forces. Asseyons-nous à la ronde. »

Obéissants, les pèlerins se répartissent de part et d'autre de l'allée. Avant de toucher au moindre aliment, de nouveau ils s'abîment dans la prière. Quelques-uns pourtant, sans doute désignés à l'avance, vont se poster de façon à surveiller les approches.

« Venez vous installer à mes côtés, reprend l'homme en s'adressant à Eudes, vous me conterez vos malheurs. Peut-être pourrai-je vous être de quelque secours.

– Votre générosité me touche. Nous vous sommes reconnaissants, grand merci !

– Ne me remerciez pas. Je ne suis qu'un pauvre pécheur parmi tant d'autres. Ayant pris conscience de mon indignité je recherche la miséricorde divine.

– Venez-vous de loin ?

– Nous avons déjà parcouru plus de cent cinquante lieues.

– C'est vous qui avez la charge de vos compagnons ?

– Je suis le baron Haguenier de Montreuil. C'est avec nombre de mes féaux et de mes hommes que j'ai pris le bourdon de pèlerin. D'un commun accord ils m'ont sollicité d'être à leur tête afin de leur éviter de mon mieux les embûches du siècle. Cependant », Haguenier fait un grand geste des bras, « assez parlé de moi, de nous, laissez-moi vous demander ce qui vous a ainsi réduits à la faim.

– Des brigands, messire...

– Ne m'appelez point messire, mais seulement frère. Frère je suis à tout chrétien.

– C'est juste. Des brigands, frère, qui nous ont assaillis une nuit, mon homme lige et moi, qui suis écuyer.

– Et où alliez-vous ?

– En Espagne.

– En Espagne dites-vous ?

– Oui ! J'avais obtenu de mon seigneur le baron Arthur de Craon l'autorisation d'aller combattre contre les infidèles.

– Louable intention, sire écuyer, qui ne peut que plaire au cœur de Jésus. Mais savez-vous que nous-mêmes nous nous rendons en Espagne ?

– Puis-je vous demander quel est le but de votre pèlerinage ? demande Eudes avec onction.

– Certes. Nous allons nous recueillir sur le tombeau de saint Jacques le Majeur, à Compostelle, dans la corne de l'Espagne.

– Saint Jacques le Majeur ?

– Oui. »

Un moment encore la conversation se poursuit. Eudes cependant semble rêveur. Sur une nouvelle question de Haguenier il se tourne vers Lisoie.

« Lisoie, dis-moi, n'aurais-tu pas profonde envie, comme je la sens en moi grandir, d'aller demander au très glorieux saint Jacques le Majeur la rémission de tes péchés ?

– J'en brûle de désir, messire. »

Eudes se tourne vers le baron de Montreuil :

« Accepteriez-vous la charge de deux pèlerins de plus ? »

Haguenier observe un moment les deux compagnons sourcils froncés :

« N'est-ce point là décision hâtive ?

– Un chrétien ne doit-il pas céder à ses impulsions lorsqu'elles vont dans le sens de l'amour et de l'humilité ?

– Certes, certes.

– Alors ?

– Je ne crois pas devoir vous répondre immédiatement. Il me plairait que nous bavardions plus avant, que nous fassions plus ample connaissance. Suivez-nous quelques jours, sans véritable engagement. Puis, si vous tenez encore à prendre l'habit et le bâton de pèlerin, il me sera doux de vous accepter parmi nous. Mais alors, il vous faudra quitter vos armes pour le bourdon.

– Nous le ferons avec joie.

– Si vous voulez, gardons cet entretien secret. Ce n'est que lorsque votre décision sera définitive que nous offrirons la nouvelle à la joie de tous. »

Eudes et Lisoie acquiescent. Haguenier se dresse et donne l'ordre de reprendre la marche.

58

La seconde journée qui a vu cheminer Ruffin et l'Avisé en compagnie des pèlerins s'achève. Déjà, bien qu'il ne soit que quatre heures de relevée, le ciel s'obscurcit. Durant toute la matinée il a plu. Les vêtements imbibés d'eau glacent les corps.

Certains hommes, parmi les plus âgés, semblent avoir atteint les limites de leur résistance physique et ne progressent plus qu'appuyés aux bras de plus solides qu'eux. Le train s'est encore ralenti. Haguenier va de l'un à l'autre, sans trêve, afin d'exhorter le courage et la patience de chacun.

La limite de la forêt est atteinte, le chemin débouche dans une vaste étendue où alternent champs cultivés et jachères. A cinq ou six cents toises de là, sur la droite, Haguenier qui est en tête repère, et les désigne aussitôt à ses compagnons, les bâtiments aveugles et trapus d'un monastère. Une immense croix de fer, qui surmonte un toit plus pointu que les autres, localise la chapelle.

« Frères, clame Haguenier, attendez-moi un moment. Je vais de ce pas réclamer aux bons moines le pain et l'asile pour la nuit. »

De nombreux cris d'approbation, suivis immédiatement d'actions de grâces, retentissent. Passer la nuit hors de la protection de solides murs en effrayait plus d'un dans la troupe. Depuis la veille une inquiétude travaille les esprits. La nuit précédente, et une partie de la matinée, ont retenti les hurlements obsédants, plaintifs ou féroces, d'une bande de loups affamés. Et vers midi la troupe de pèlerins a découvert sur le talus de la route la carcasse toute fraîche d'un cheval dont même la selle et les harnachements avaient été rongés. Aucun reste humain n'apparaissant, Haguenier a appelé à tous vents mais sans résultat.

Serrés les uns contre les autres, comme un troupeau de moutons apeurés, les pèlerins, toujours marmonnant, attendent le retour de leur chef en jetant des regards craintifs à la ronde. Enfin le baron de Montreuil revient, porteur de la bonne nouvelle espérée : l'abbé consent le vivre et le couvert à ses frères en Jésus-Christ.

« Il ne fera procéder par ses moines qu'à la vérification que nous ne sommes pas armés. »

Tandis que les voyageurs épuisés retrouvent un peu de forces pour gagner ce havre de paix, Haguenier s'adresse à Eudes et à Lisoie.

« Quant à vous, il vous faudra quitter vos armes avant de pénétrer dans l'enceinte. Disposez-les de telle sorte que vous les récupériez aisément demain au moment du départ. N'oubliez pas que leur vente vous permettra d'acquérir dans deux jours la robe de bure, le bourdon et tous les autres éléments utiles pour le pèlerinage. »

Quelques heures plus tard, réchauffés et rassasiés, les voyageurs dorment dans la grande salle qui sert, pendant le jour, d'atelier aux moines, surtout lorsque le temps les retient à l'abri.

Ruffin et l'Avisé, qui ne parviennent pas à trouver le sommeil, bavardent sourdement.

« A l'allure où nous allons, dit Eudes, nous ne sommes pas près de voir briller le soleil d'Espagne. Aujourd'hui, nous n'avons pas parcouru plus de trois lieues.

– Vous l'avez dit ! Ces gens me tueront à marcher si lentement. Dieu qu'ils sont lents et qu'ils me fatiguent les oreilles avec leurs chants !

– Le baron, avec qui j'ai, aujourd'hui encore, bavardé un bon moment, m'a affirmé que nous avions encore plus de deux cents lieues à parcourir avant d'atteindre Saint-Jacques-de-Compostelle.

– Et franchir la montagne ?

– Il compte, pour l'éviter, rejoindre la route qui suit au plus près le littoral.

– Deux cents lieues ! pour lui ! Vous n'avez tout de même pas l'intention de le suivre jusqu'à Saint-Jacques ?

– Non, bien sûr. Lorsque nous serons de l'autre côté des monts nous lui fausserons vite compagnie. Mais d'ici là, je compte bien obtenir de nombreux renseignements de lui. Ce baron de Montreuil peut nous être précieux. Il en est à son troisième pèlerinage et il connaît par le détail ces pays dans lesquels nous devrons vivre. Entre autres il m'a parlé d'un royaume de Navarre, dont la capitale se nomme Pampelune. Les souverains de cette contrée, m'a-t-il dit, ne songent qu'à se renforcer sans cesse et accueillent nombre de guerriers, afin de porter la guerre et la ruine dans les terres que dominent les Maures.

– Je nous y vois déjà, messire. »

Eudes sourit.

« Du calme, l'Avisé, du calme! Pourtant, sans doute as-tu raison. Nous tenterons de nous engager sous la bannière de ces rois, afin de gagner des éperons de chevalier, d'abord, puis un bel et bon fief ensuite. Et si tout va bien, l'Avisé, sais-tu que tu pourrais... »

Eudes est interrompu soudain par un ricanement étouffé qui retentit dans son dos. Brutalement, il se retourne. Surpris et inquiet, Lisoie rampe pour se rapprocher, prêt à intervenir. Une voix rocailleuse chuchote, et le ricanement demeure perceptible : « Les illusions perdent la jeunesse. »

Bien qu'il fasse fort sombre – deux torches seulement sont restées allumées, sur l'ordre des moines qui tiennent à pouvoir surveiller la nuit durant, par une sorte de soupirail juste en dessous du plafond, les inconnus qu'ils hébergent –, Ruffin distingue la tête barbue de celui qui se moque.

« Tu nous épies?

– Alors, mes doux compagnons, on n'a point tellement le goût de la rédemption? On complote?

– Je n'aime guère qu'on se mêle indiscrètement de mes affaires, il pourrait t'en cuire.

– Tout doux, tout doux, point de menaces, je ne les aime pas plus que toi. Votre conversation m'intéressait fort, il n'y a point là de quoi fâcher d'aussi bonnes gens. »

Eudes ne sait au juste quelle attitude prendre. Il craint de donner l'alarme, de susciter la colère d'Haguenier, qui pourrait alors refuser de les admettre dans sa troupe, et espère vaguement que l'indiscret ne fera pas état de la conversation qu'il vient de surprendre.

« Que veux-tu?

– Rien que vous parler.

– Ton seigneur n'apprécierait peut-être pas ce genre de messe basse.

– Le Haguenier n'est pas mon baron, sachez-le une bonne fois. Je ne relève de personne depuis longtemps, si ce n'est de moi-même.

– Qui es-tu?

– Un homme qui se cache comme vous deux et qui, aussi comme vous, a profité, en se mêlant à cette troupe de pèlerins, d'une protection efficace pour traverser des régions diablement dangereuses pour ses os.

– Quel est ton nom?

– Écoutez, nous ne pouvons pas parler ici. Ne restons pas au milieu de tous. Certains, à coup sûr, ne dorment pas plus que nous, à commencer par ce fichu baron qui semble de fer. Allons dans l'angle, là-bas, nous y serons mieux et converserons plus sûrement. »

Avec des précautions infinies pour ne pas heurter dans la pénombre les corps couchés en tous sens, les trois complices gagnent le lieu désigné par l'indiscret. A peine adossé au mur, de nouveau Ruffin questionne :

« Dis-nous d'abord ton nom.

– Joceran le Louchart. Mais laisse-moi te prévenir tout de suite que pour ce surnom je suis chatouilleux. Je n'aime pas qu'on se foute de ma gueule, avec mon œil qui regarde ailleurs.

– J'ai mieux à faire qu'à me moquer. Joceran, que nous veux-tu? Explique-nous pourquoi tu nous épiais. Est-ce par hasard que tu étais allongé à côté de moi ou as-tu recherché cette proximité?

– C'est volontairement que j'étais là. Depuis que vous vous êtes joints à la troupe, je vous observe. Je me doutais bien que vous n'étiez point des petits saints, confits en dévotions. Mais j'avais besoin d'entendre ce que j'ai entendu pour vous parler directement. J'ai une proposition à vous faire.

– Je n'aime pas qu'on tergiverse. Parle!

– Laissez-moi d'abord vous préciser qu'il m'importait de savoir si vous étiez de vrais guerriers. Car c'est de combats, de luttes âpres que je vais vous entretenir. »

Lisoie dit :

« Ce n'est pas pour nous effrayer.

– Paix, Lisoie! »

Ruffin serre violemment le bras de son homme lige pour lui rappeler qu'il dirige le débat. Puis à Joceran :

« J'ai changé d'avis. Avant de nous faire ta proposition, dis-nous d'abord qui tu es et d'où tu viens.

– A ta convenance. Sache donc qu'il y a bien des années de cela, j'étais sergent au service du comte de Rethel, Manassès. J'ai un jour d'hiver essayé de détourner un chariot de vivres avec la complicité de l'intendant. Nous avons été dénoncés. L'intendant s'est tiré d'affaire en me collant toute la responsabilité sur les reins. Manassès convaincu, sans même faire procéder à l'interrogatoire, a décidé de me faire écarteler entre quatre chevaux. Le matin du supplice, j'ai pu m'enfuir.

« Grâce sans doute à l'intendant qui devait craindre que je ne gueule au dernier moment certains détails sur ses activités. Mais je n'ai plus eu d'autre ressource que de me faire bandit. Avec quatre compagnons j'ai vécu des mois dans une immense forêt de par là-bas, appelée Ardennes. Cependant, la vie y était trop dure; alors, nous sommes partis. Pendant deux ans, nous avons tourné en rond, toujours fuyant, toujours pourchassés. J'ai fait des recrues et suis devenu le chef d'une petite bande. On vivotait. Tués en combat ou pendus, mes premiers compagnons ont disparu, les uns après les autres. Plus d'une fois j'ai regretté ma cupidité et ce maudit chariot de vivres, le temps où, paisible, je mangeais et dormais chaque jour dans le château du Manassès. Puis un jour notre troupe s'est enrichie d'une nouvelle recrue. Un homme terrible de force, d'adresse et de courage. Et de ruse aussi. Avec lui ça a changé, ça marchait mieux. Il me dominait tellement, et pourtant je ne suis pas de la race des victimes, que le jour où il a exigé le commandement de la troupe, je le lui ai cédé sans récriminer. A partir de ce jour, je suis devenu son second.

– Tu me donnes envie de connaître un pareil homme.

– Attends la fin. Il ne tiendra qu'à toi. Ensemble donc nous avons lutté. Malheureusement, nous n'avons jamais disposé d'une troupe solide sur laquelle nous puissions réellement nous appuyer. Un homme a surgi encore, mais, celui-là, je le hais, qui a su devenir l'ombre du chef. Passons. Voilà un an à peu près, lui et moi, à l'issue d'un combat par trop inégal, dans le nord du Gâtinais, nous avons été séparés. On s'est perdus. Mais je sais qu'on ne s'est pas pour autant oubliés. Je craignais quand même qu'il ne fût tué. Mais voilà-t-il pas qu'il y a trois semaines, je me trouvais au sud d'Orléans, j'apprends par un transfuge breton, qui faisait du recrutement, qu'une troupe de bandits, rien que des anciens guerriers, se formait sous le commandement d'un chef redoutable. Et c'est mon homme qu'on me décrit ! Avec mon gars, je ne doute pas un instant que de grandes choses se préparent. Immédiatement, je me suis mis en route pour le rejoindre.

– Et que faisons-nous là-dedans ?

– Vous m'avez fait bonne impression, des hommes entraînés, jeunes et vigoureux. Nous, brigands, manquons toujours de vrais guerriers. Ce ne sont ni serfs ni colliberts en rupture de ban qui nous intéressent.

– Tu veux nous recruter ?

– Oui ! Venez avec moi. Ce n'est pas loin d'ici. Quittons ces pleurnicheurs imbéciles.

– Je regrette, mais nous préférons filer en Espagne.

– En Espagne ?

– Oui.

– Sais-tu bien ce qui vous attend ?

– Que veux-tu dire ?

– Que votre déception sera rude. J'y ai fait un tour, moi aussi, il y a deux ou trois ans. Comme vous, je me disais : la reconquête sur les infidèles sera pour moi une aubaine. J'espérais un fief à portée de main. De bons coups de taille et de pointe, de solides portées de lance ne m'ont jamais fait peur. Jamais je n'ai renâclé au combat. Dans mes rêves je devenais écuyer, chevalier, et chasé de surcroît. Ouais ! j'ai vite déchanté. Ces salauds, là-bas, pire qu'ici te manipulent. Que tu sois un fuyard leur sautera aux yeux. Si un seigneur t'engage, et ça il y en aura un, ce sera en qualité de soldat. Pour te faire seulement reconnaître ta qualité d'écuyer, des années et des années te seront nécessaires. Tu auras couru d'abord d'innombrables dangers. Quant à gagner un fief, on te refusera la terre plus que l'argent ! Et puis, il y a plus grave : les chrétiens depuis quelques années n'ont pas la partie belle. Les Maures ont un nouveau chef. Un homme qu'ils ont surnommé, dit-on " Le Victorieux ». Al Mansur, comme ils disent dans leur langue, les infidèles. Et les rois chrétiens, vaincus les uns après les autres, reculent et cèdent du terrain. Alors, les nouveaux fiefs... tu parles!

– Tu es sûr de ce que tu avances?

– Foi de brigand! J'en ai vu plus d'un, ces derniers temps, qui revenaient à jamais dégoûtés du pays.

– Et avec ton extraordinaire brigand, quel est l'avenir? Tu ne crains pas que ce soit aussi la mort ou la misère qui nous guettent, selon la chance?

– Quand tu le connaîtras, tu verras! C'est un homme terriblement rusé. Je l'ai déjà dit. Son intention n'est pas seulement de piller, mais de créer et tenir un solide fief. Son but est d'être fort au point que les plus puissants seigneurs préfèrent traiter et pactiser avec lui, faute de pouvoir le vaincre. Il aurait reçu des promesses, se serait assuré des accointances chez les puissants, que je n'en serais pas autrement surpris. »

Eudes se tourne vers l'Avisé :

« Et toi, qu'en dis-tu? Donne-moi ton opinion.

– Je ne sais au juste, messire. Ce qu'il dit, le Louchart, semble se tenir. Et si c'est vrai : pourquoi aller si loin quand on peut trouver mieux, tout près. Quitte à prendre des coups, autant les recevoir ici. »

Joceran opine à la réponse de Lisoie :

« Bien raisonné, sagement dit. » Il se tourne vers Eudes. « Et toi, qu'en dis-tu?

– J'ai besoin d'autres renseignements pour prendre mon parti. L'Espagne m'attire. D'abord, où est-il, ton chef?

– A moins de dix lieues d'où nous sommes présentement. Dans la forêt de Chizé, où il a, m'a dit mon informateur, fait construire un retranchement pour pouvoir, en toute sécurité, recruter suffisamment d'hommes. Je le crois d'autant plus volontiers qu'il n'a jamais aimé entreprendre sans être sûr de ceux qui marchaient avec lui.

– Tu crois qu'il m'accueillerait comme je le mérite? Tu sais que je suis écuyer, et que Lisoie est mon homme lige.

– Je me porte garant que tu auras un commandement.

– Tu ne nous as pas encore dit son nom.

– Il se nomme Jean, mais il porte le surnom de l'Anglais parce que son père venait de ce pays. »

Joceran ne peut pas remarquer le tressaillement de Ruffin tant il a envie de convaincre.

« L'Anglais, dis-tu?

– Oui.

– Et il y a longtemps qu'il est dans ces parages, dans cette forêt de... comment dis-tu?

– Chizé.

– C'est ça.

– Non, il n'y est arrivé que depuis quelques mois.

– Un homme comme lui doit bien avoir un fidèle, qui le suit partout, comme moi j'ai Lisoie.

– Tu l'as dit. Il en a un. Je l'ai d'ailleurs évoqué tout à l'heure pour dire que je le haïssais.

– Connais-tu le nom de cet homme?

– Certes, mais il ne me plaît point d'en parler. Je souhaite, d'ailleurs, qu'il soit crevé.

– Son nom?

– Milon, dit Truitier.

– Joceran, je suis ton homme. »

Joceran se recule et reste un moment sans voix. Lorsqu'il se penche à nouveau, ses sourcils sont froncés et il ne semble pas tranquille :

« Tu hésites et, après, d'un coup tu te décides! Qu'est-ce que ça veut dire?

– Ça te gêne, l'énergie?

– C'est ta façon qui est drôle.

– Je prends toujours mes décisions ainsi. N'est-ce pas, l'Avisé? Dis-lui!

– Ça c'est sûr. On voit qu'il ne vous connaît pas.

– Allez, Louchart, assez parloté. Dis-nous maintenant si tu as un plan, puisque tu dois être notre guide. »

Joceran soupire et marmonne entre ses dents.

« Il y a quelque chose de pas clair! J'avais pas fini de dire Truitier que tu disais oui. Tu le connais?

– Jamais vu. D'ailleurs, tu t'en rendras compte lorsque je le rencontrerai. »

Après avoir encore réfléchi, Louchart semble se résigner à ne pas comprendre :

« Ouais ! Enfin, d'accord, j'ai mon plan. Demain, lorsque nous nous serons éloignés d'une lieue de ce monastère, laissez-vous distancer, au besoin plaignez-vous des pieds, et à mon signal, suivez-moi. Il vaut mieux que les autres ne sachent pas à quel moment on leur aura faussé compagnie. Par déception, ils nous signaleraient à la première patrouille rencontrée, ce serait les ennuis.

– Et de quel côté ira-t-on ?

– Vers l'ouest, donc vers notre droite.

– Toi qui es avec eux depuis plus longtemps, peux-tu te charger d'obtenir des vivres pour la fin du voyage ?

– Comptez-y, je m'en occupe.

– Alors, tout est réglé.

– Oui, séparons-nous pour ne pas donner des soupçons sur notre connivence, et dormons. Demain la journée sera rude. En effet, il nous faudra mettre le plus d'espace possible entre les pèlerins et nous. Quant à la suivante, avec un peu de chance, elle nous verra vers le soir à Chizé. »

Joceran le Louchart s'éloigne en rampant, il prend vers la gauche. Ruffin souffle à Lisoie :

« Surveille exactement où il va s'installer. Vois s'il parle à quelqu'un. »

Cinq minutes plus tard, Lisoie rejoint Eudes et lui chuchote à l'oreille :

« Il est resté un peu à l'écart, près du mur, à deux toises de la cheminée. Maintenant, roulé dans son manteau, il repose. Personne ne l'a approché.

– J'aime mieux ça. Sans doute est-il sincère.

– Messire, me direz-vous maintenant le mystère de votre soudaine décision, ou n'avez-vous pas encore assez confiance en moi ?

– Cesse d'être idiot et écoute : je vais te conter une histoire, l'Avisé. Il était une fois un jeune écuyer qui fuyait un pays où on lui voulait malemort. Après deux journées redoutables et épuisantes il venait enfin d'échapper à ses poursuivants, en ayant occis quatre ou cinq, et s'apprêtait à prendre un repos mille fois mérité. Sa lassitude, son épuisement étaient si grands que ses sens comme émoussés ne lui étaient plus d'aucun secours. Allongé à plat dos dans le fond d'un vallon près d'un ruisseau courant, il achevait de se restaurer. Son cheval, à deux pas de lui, dormait déjà, recru de fatigue. Ses armes gisaient dans l'herbe, signe de paix. Deux hommes, soudain, jaillirent de l'ombre et le frappèrent sauvagement, d'un coup de gourdin sur la tête, d'un coup de poignard dans le torse, et ils le laissèrent pour mort et en pâture aux loups. Son cheval, ses armes, dont une merveilleuse dague, sa bourse, sa broigne, son bliaud, les deux brigands, l'un d'eux commandant l'autre qui scrupuleusement obéissait, emportèrent tout. Au jeune écuyer il ne restait vraiment que la bosse sur le crâne et le trou dans la poitrine. »

La voix de Ruffin est devenue plus rauque et comme essoufflée vers la fin de son récit. Il saisit le bras de Lisoie et le serre.

« Tu penses bien, l'Avisé, que le jeune écuyer, lorsqu'il revint à la vie des semaines plus tard, ne put que faire le serment de se venger si l'occasion se présentait. Et même de poursuivre jusqu'en enfer, s'il le fallait, ses maudits agresseurs.

– S'il ne l'avait pas fait ce ne serait point celui auquel je pense en vous écoutant.

– Par chance pour cet esprit de vengeance, les deux bandits en s'affairant près de leur victime avaient parlé, et prononcé leurs noms. Le plus miraculeux est que ces noms, entendus dans une semi-inconscience, l'écuyer plus tard les a retrouvés nets, fichés dans sa mémoire comme des échardes dans la peau.

– Et ces noms sont...? »

Ruffin rit silencieusement, d'un rire cependant âpre, et qui n'anime point son regard. Il donne une violente bourrade à Lisoie :

« En route pour Chizé, l'Avisé, il me tarde d'être arrivé. Et ne te fais donc pas plus bête que tu n'es avec des questions idiotes. »

59

Les nerfs à l'épreuve ! Le long cérémonial, commencé bien avant l'aube, s'éternise. Haguenier et ses hommes, les trois complices parmi eux, s'abîment à genoux sur les dalles froides de l'abbatiale Saint-Fraigne, pour suivre l'office, puis pour marmonner prières sur prières. Et l'autel entouré, surmonté de hauts cierges d'un blanc pur, luxe suprême, et l'officiant levant haut, le tendant vers Dieu, un merveilleux calice de vermeil.

Le baron de Montreuil a réclamé Eudes près de lui. Lisoie et Joceran ont eu bien garde de se mettre côte à côte. Parfois, cependant, d'un regard furtif ils s'adressent un encouragement, une exhortation à la patience.

La messe dite, tandis que les moines encapuchonnés, les mains enfouies dans leurs larges manches, s'en vont dans un glissement silencieux et fantomatique, Haguenier reste prostré, la tête dans les mains. Et tous ses compagnons de l'imiter.

Des mots, toujours les mêmes, des mots cent fois, mille fois répétés, parviennent à Ruffin.

« O Dieu, roi des Cieux !... votre pitié sans limite... si faibles devant les tentations du Malin... voyez notre infinie misère... pardonnez-nous nos péchés innombrables... oh ! mériter les béatitudes célestes... »

Les sanglots secouent les puissantes épaules habituées à la cuirasse et à la cotte de mailles. Pourraient aussi leur convenir les luxueux bliauds de soie aux vives couleurs. Enfin, Haguenier se redresse. Sa large main prend appui sur l'épaule de Ruffin :

« Demain, chuchote-t-il, je vous invite à prendre le bourdon et à porter la bure. Demain, vous serez mon jeune frère en Jésus-Christ. »

Tandis que, sous la conduite de Joceran le Louchart, ils approchent de Chizé, Eudes revoit les différentes scènes de la fin du voyage et de leur fuite. Le moutonnement des robes brunes, tous ces dos surmontés de croix tenues de travers sous les effets de la fatigue, le choc des bourdons sur les cailloux, et les voix qui psalmodient. C'est très précisément l'envers de leur première vision des pèlerins, sur le large chemin, trois jours plus tôt. Similitudes, portions de vie, brèves et déjà à la dérive, et pourtant indélébiles souvenirs.

Après il y a eu le redoutable passage d'une zone de marais, où Lisoie a bien failli rester. Puis ce renard qu'ils ont poursuivi et tué, et dont en fin de matinée ils se sont régalés. Il y a eu aussi la nuit passée dans les arbres, tous trois contraints de s'attacher avec des lianes afin de n'en point choir durant le sommeil. Tout ça crainte d'une troupe de loups dont ils entendaient les cris tourner, tantôt vers la droite, tantôt vers la gauche, au gré, à n'en point douter, d'une farouche poursuite d'un cerf ou d'un chevreuil.

Il y a moins d'une heure qu'ils ont franchi une rivière. Maintenant, de nouveau ils cheminent, à la file, sous bois. Toutes les cinq minutes le Louchart s'entête à répéter :

« Nous n'allons pas tarder à être repérés par les guetteurs si ce n'est déjà fait.

– Alors, fais-toi reconnaître. »

Et Joceran qui tient la tête d'imiter de temps en temps le cri de la chouette.

Les souvenirs assaillent Eudes. Il se souvient de ce jour où, avec Conrad, conduit par Angebault Pute-Foi, il marchait vers le camp d'Orri-Défie-Dieu. Mais il lui semble aujourd'hui assister à une sorte de parodie triste. Sa vie alors paraissait si bien assurée, ses éperons de chevalier pratiquement gagnés, la nature se révélait plus belle que jamais en cette fin de printemps. La perspective des combats à livrer pour libérer Marigné l'excitait, l'enthousiasmait. Qu'en est-il aujourd'hui? Fuyard courant après sa vengeance, écuyer perdu allant se fondre dans les rangs d'une troupe de pillards. Qu'a-t-il encore à espérer ? Et pourtant sa jeunesse s'insurge ; il ne renoncera pas de sitôt à ses rêves.

Une trompe soudain résonne, à laquelle d'autres, plus lointaines, répondent. Le Louchart s'exclame exultant :

« Ils nous signalent, ça y est ! Je vous l'avais bien dit ! Nous sommes arrivés.

– Méfie-toi qu'un guetteur trop zélé ne nous décoche une série de flèches, dit Ruffin, je me suis toujours méfié des soldats de fortune.

– Mais non...

– Mais si, idiot, recommence à crier pour te faire reconnaître plus sûrement, donne le nom de l'Anglais et celui de Milon Truitier. »

Joceran, mécontent, hausse les épaules, mais s'exécute. Quelques minutes plus tard des raclements sourds dans le bois leur indiquent l'approche de cavaliers. Six hommes débouchent, soudain, à une cinquantaine de pas des trois arrivants. Celui qui est en tête lève la main pour stopper ses hommes. Dans le bois maintenant des silhouettes s'agitent, se démasquent. Les guetteurs veulent assister à la scène.

« Halte ! »

L'homme pousse son cheval et s'approche. Soudain, après s'être penché pour mieux contempler Joceran et ses compagnons, il frappe d'une claque sonore l'encolure de son cheval.

« Par exemple ! Mais je ne me trompe pas ! » Sa large face camuse, aux yeux largement écartés, se fend dans un sourire sardonique. « C'est notre Louchart que je vois là ! Ça fait un sacré temps ! Salut, grande gueule, mais triste vue !

– Ne commence pas à m'emmerder, Truitier. Hâte-toi de nous conduire à l'Anglais.

– Si j'avais pu deviner que c'était toi, je t'aurais rendu service. On t'aurait logé un trait dans cet œil qui dit merde à son copain. Excuse-moi.

– Ta gueule, et méfie-toi, je te le répète.

– Quels sont ces gaillards que tu traînes avec toi ? Encore deux de ces recrues dont tu as le secret ?

– Toi, tu te feras étriller un de ces quatre matins ! Quant à mes compagnons, tu connaîtras leur nom si ton maître a envie de le dire à son chien couchant.

– Louchart, mon gars, un de ces jours je mesurerai la longueur de tes tripes avec le manche de mon poignard. »

Truitier ricane encore un moment. Eudes et Lisoie observent, impassibles. Enfin Milon donne l'ordre à trois de ses hommes de prendre les nouveaux arrivants en croupe. Pendant tout le trajet (ils ont près d'une lieue à parcourir), Truitier continue d'asticoter le malheureux Louchart qui, de plus en plus hors de lui, se répand en vaines menaces.

Extérieurement, le camp de l'Anglais est assez semblable à celui qu'a connu Eudes lorsqu'il rendit visite, dans la forêt Mancelle, à Orri-Défie-Dieu : même enceinte de rondins, mêmes postes de guet disposés aux angles, mêmes lourds vantaux. A l'intérieur, au contraire, tout diffère. Ici, il n'y a guère de femmes et pas du tout d'enfants. Les brigands ne logent pas sous la tente mais dans des abris de bois, à moitié enterrés. Tout est plus primitif, plus triste aussi. Le centre du camp est marqué, dominé, par une vaste cabane d'une construction un peu plus soignée. Par un trou dans le toit s'échappent de lourdes volutes de fumée blanchâtre. C'est devant sa porte que Milon Truitier fait descendre les nouveaux arrivants.

Quelques escabeaux autour d'une table, cinq avenantes litières – surtout pour des hommes las – de mousses et de feuilles, en partie couvertes de lambeaux de tissu, disposés le long des murs ; au centre de la pièce, à l'abri de murets de pierre hauts de trois pieds au moins, un large foyer ronfle.

L'ouverture soudaine de la porte provoque des tourbillons de flammes et la dispersion de la fumée. Les trois hommes assis qui discutaient disparaissent aux trois quarts, ils toussent, grimacent, se frottent les yeux.

« Démerde-toi d'entrer, bon Dieu, ou on sera enfumés pire que des jambons, Truitier. Je te l'ai déjà dit vingt fois, de ne pas laisser ouvert avec cette saloperie de bois mouillé.

– C'est que je ne suis pas seul. Vous avez de la visite. »

La porte soigneusement calée, l'atmosphère ne tarde pas à

s'éclaircir. Les hommes assis peuvent distinguer les nouveaux venus, debout et immobiles. Celui qui vient de protester se lève à la vue de Joceran, marche vers lui en s'exclamant :

« Joceran le Louchart, mon vieux compagnon ! Du diable si je m'attendais à te revoir aujourd'hui ! Alors, Truitier, tu ne pouvais pas me l'annoncer ? Où étais-tu passé, Louchart, depuis tout ce temps ? La vie a-t-elle été facile ? Je jurerais que non. Mais on s'est retrouvés et, crois-moi, cette fois ça va changer. »

Joceran, débordé par le flot de paroles, bafouille, fier de l'accueil. L'Anglais reprend :

« Bon Dieu, qu'on va avoir de choses à se dire dans les moments de calme ! Pas vrai ? »

Les deux hommes, qui se tiennent aux épaules, se secouent et rient à pleine gorge. Puis Jean se calme le premier et se tourne vers Eudes et Lisoie :

« Mais explique-moi, dis-moi qui t'accompagne. Te connaissant comme je te connais, je me doute que ce ne sont pas des enfants de chœur. »

Tandis que le Louchart présente ses recrues, Eudes examine non sans surprise Jean dit l'Anglais. Jamais il n'aurait imaginé ainsi son ancien agresseur. Il s'était complu à se forger le portrait d'une brute. Devant lui se tient un homme dont la force autant intellectuelle que physique saute aux yeux. L'Anglais est de la taille de Ruffin mais un peu plus lourd en raison de son âge, une trentaine d'années. Dans le visage, énergique quoique harmonieux, brillent des yeux sombres, dont l'éclat est parfois difficile à soutenir. L'impérieuse proéminence du nez en bec d'oiseau de proie se voit corrigée par la bouche sensuelle, étroite et charnue. La silhouette est celle d'un redoutable guerrier : épaules larges, torse puissant. La souplesse des muscles s'impose comme une évidence.

Jean fait un pas de côté, sa voix de basse garde la tonalité chaleureuse de l'accueil à Joceran :

« Eudes Ruffin, content de t'admettre parmi nous avec ton homme lige Lisoie l'Avisé. Un écuyer, ça ne se rencontre point trop souvent chez les brigands, même momentanés. La bande en sera à coup sûr renforcée. »

Pour répondre, Eudes s'efforce de conserver un ton froid et il rejette la tête en arrière :

« Grand merci, l'Anglais, pour tes généreuses paroles. Cependant, n'oublie pas que, Joceran vient de te le dire, je ne resterai que si tu me confies un commandement.

– Nous allons en discuter sous peu ; mais en attendant n'aie aucune inquiétude : tu ne seras pas lésé. Crois-moi. Ici j'ai déjà près de cent hommes.

– En cette saison, assurer des vivres à telle troupe ne doit pas être commode.

– J'en ai fait mon affaire. »

L'Anglais rit et tapote l'épaule du Ruffin. Joceran qui tient à placer son mot en profite :

« Je te l'ai dit qu'il est fort et malin, notre chef.

– Et l'entraînement ? dit Ruffin.

– Question pertinente. Quotidien. Et ici tu ne trouveras que d'anciens sergents, d'anciens hommes d'armes. Il n'y a que deux ex-moines, et encore : des frères guerriers de Cluny. L'abbaye n'en voulait plus, ils font mon affaire. Là-bas on les jugeait trop zélés et doués d'une fâcheuse tendance à arracher le bon grain en même temps que l'ivraie. Et ça, surtout lorsque le bon grain s'annonçait pourvu d'or ou bien revêtait l'aspect de charmantes pucelles. »

L'Anglais s'interrompt, le temps de se retourner vers les deux acolytes qui siégeaient tout à l'heure à ses côtés et qui n'ont jusqu'ici pas bougé de leurs escabeaux. Il se penche pour poser avec un sourire la main sur leur épaule :

« Celui-ci c'est Adhémar le Bègue, et celui-là Gillebert Barbe-Sale. »

Les deux hommes saluent d'une inclinaison de tête. L'Anglais reprend un ton sérieux.

« Il faut te dire qu'après de trop nombreuses expériences malheureuses, j'ai pris la décision de refuser l'entrée de ma troupe à tout collibert ou serf en rupture de ban, aux domestiques comme aux artisans en fuite. Ces malheureux, tous tant qu'ils sont, n'ont aucune compréhension guerrière et, neuf fois sur dix, ne sont bons à rien dans un combat. »

Ruffin approuve avec chaleur :

« Voilà qui est parler. Mais, si tu veux, revenons à mon problème : quel sera mon rôle ? Qu'envisages-tu de me confier ?

– Jusqu'ici nous étions cinq au commandement. Moi, le chef de l'ensemble, plus quatre chefs de groupes : Truitier, mes deux ex-moines, et Turpin le Fort, que tu connaîtras ce soir, car aujourd'hui c'est lui qui dirige la garde et commande le camp. Désormais, avec Joceran et toi, nous serons sept qui siégerons ainsi au conseil. »

Ruffin fait une grimace de dédain :

« Si mon rôle ne doit pas être supérieur à celui d'anciens moines ou à d'anciens insoumis, je ne crois pas, l'Anglais, que je vais pouvoir accepter. »

D'un coup, le sourire de Jean s'efface.

« Écoute, Ruffin, ici c'est moi qui commande, sans appel pour certaines questions. Dans nos rangs la valeur seule peut s'imposer indépendamment des origines ou des dignités.

– Et alors?

– Alors? Quel âge as-tu? Dix-huit ou dix-neuf ans? Quelle est ton expérience? Est-ce que je te connais? Il va falloir, simplement pour être chef d'un groupe, que tu fasses tes preuves, que tu démontres tes qualités. Tu ne passeras pas avant ça sur le ventre d'hommes qui m'ont prouvé dix fois valeur et dévouement.

– Faire mes preuves? Soit. Mais sache que je n'attendrai pas dix ans. » Ruffin ricane. « Comme toi, je ne suis pas patient et n'ai pas envie de moisir dans un état subalterne.

– Dès demain, l'écuyer, on te mettra à l'épreuve. Nous avons, comme tout bon sire, une quintaine. J'aurais plaisir à te voir évoluer. »

Un sourire ironique tord les lèvres du Ruffin.

« Une quintaine? Je vais me croire revenu aux temps déjà lointains de mon apprentissage. N'aurais-tu rien de mieux, Jean, à me proposer? Quelques jouteurs par exemple?

– Non. J'ai dit la quintaine. On ne tue pas ici par jeu. »

Pendant un moment encore, la discussion se prolonge. Joceran, fier de ses recrues mais inquiet des réactions de son chef, tente de concilier les points de vue. Tout se calme lorsque soudain Truitier, qui n'a jusque-là pas bronché, prend Louchart une fois de plus à partie :

« Moi, j'aime pas les emmerdeurs! Décidément Louchart, tu n'as pas meilleure vue lorsqu'il s'agit de faire des recrues que lorsque tu te bats. »

Ruffin saisit Joceran par le bras et dit d'une voix forte pour couvrir une éventuelle réponse :

« L'Anglais, je reviens à mon idée. Plutôt que de viser cette inerte quintaine, qui n'y peut mais aux coups qu'on lui porte, pourquoi ne m'offrirais-tu pas pour cible ce gros tas puant et ridicule que vous avez je ne sais pourquoi surnommé le Truitier? Il doit bien arriver à se remuer de temps en temps, et ça distrairait tes hommes de voir se dégonfler sa panse. »

Après un premier moment de stupeur, il faut Adhémar, Gillebert, et Joceran lui-même, pour retenir Truitier et l'empêcher de se jeter sur Eudes. Les obscénités s'embrouillent dans la bouche de l'homme lige de l'Anglais. Celui-ci, devenu furieux, frappe la table du poing et hurle :

« Truitier, du calme, bordel de Dieu! Cesse tes simagrées. Viens t'asseoir, tu m'entends?

– Ouais, ouais mais, bon Dieu, un jour ou l'autre il me le paiera. Je le pèlerai, ce chien.

– Tu ne feras rien du tout si tu ne veux pas avoir affaire à moi, tu m'entends?

– C'est trop demander.

– J'exige.

– Bon!... d'accord. Mais quand tout sera fini...

– La paix! »

L'Anglais se tourne vers Ruffin :

« Quant à toi, si tu dois insulter mes fidèles, tu me trouveras sur ton chemin. Les querelles intestines ici ne sont point de mise. Tiens-le-toi pour dit. Autrement, je t'expédie *ad patres* à coups de dague dans le ventre. La plupart des troupes de brigands meurent de leurs absurdes batteries. Ici, je ferai régner ma discipline, coûte que coûte. »

60

Tous les hommes du camp, à l'exception de ceux retenus par leur tour de garde, ont tenu à assister aux exercices du nouveau postulant. A moins de cinq cents toises du retranchement, une clairière a été aménagée depuis trois mois en champ d'entraînement. Jean l'Anglais et ses acolytes directs, dont Joceran, se sont installés en bordure du bois. Derrière eux il y a la foule des brigands. Deux anciens sergents ont la charge de régénérer la quintaine et d'apprécier la précision des coups, de crier tel ou tel résultat lorsqu'il n'est point visible à distance.

Les estocades, les bottes les plus délicates dans les pires positions, la précision à la lance et au javelot, Eudes porte ses coups comme en se jouant et fait étalage avec une feinte désinvolture de son exceptionnelle souplesse comme de sa force.

Moins d'une heure après le début des manœuvres, Jean donne l'ordre d'arrêter les évolutions. Il se lève et se dirige vers Ruffin. Ses commensaux le suivent. Joceran, qui ne se tient plus de joie, ne cesse de dire :

« Alors, l'Anglais, qu'en dis-tu de mon homme? Cette recrue ne vaut-elle pas de l'or? »

Truitier, impressionné comme les autres, faisant grise mine, est contraint d'approuver.

Eudes s'essuie le visage et se frictionne le torse, Lisoie s'empresse auprès de lui, lorsque le groupe des spectateurs le rejoint.

« Ruffin, félicitations, dit l'Anglais, tu m'as convaincu. Ton maître d'armes devait être un sacré gaillard, comme on en rencontre peu. Fichtre ! Je dois reconnaître que bien rarement il m'a été donné d'assister à de telles évolutions. »

L'Anglais frappe sur l'épaule d'Eudes, puis se tourne vers la foule des bandits qui là-bas, admirative, commente la démonstration. Il crie :

« Tous tant que vous êtes, prenez-en de la graine. Et voyez quelle chance est la vôtre d'être commandés par des chefs de cette trempe. »

Puis, sur un ton plus bas, il dit à ses compagnons :

« De même pour vous, amis ! Entraînez-vous, bon Dieu, pour ne point faire, devant Ruffin, trop mauvaise figure. »

Eudes le remercie et, souriant, questionne :

« J'espère que tu te livreras un jour devant moi à semblable exhibition. Que j'aie, à mon tour, l'occasion d'admirer.

– Sois sans crainte, ce jour-là, tu ne seras pas déçu. »

Turpin le Fort, un gaillard aussi large que haut mais vif comme un lézard, s'exclame :

« Bordel de Dieu ! si un jour vous devez vous battre à mort, prévenez-moi. Deux gars comme vous, ça vaudra le coup d'œil. »

L'Anglais hausse les épaules :

« J'espère que nous aurons mieux à faire que nous entretuer et qu'ensemble nous allons réaliser de grandes choses. Ruffin, rentrons, nous avons à parler. »

Eudes saute sur sa monture.

« Je suis prêt. »

Au bout d'une centaine de pas, l'Anglais retient son cheval :

« Ruffin, nous serons mieux pour parler si nous allons seuls par les bois. Vous autres, rentrez. Nous vous rejoindrons d'ici un moment.

– Je pourrais vous suivre à distance avec quelques hommes, intervient Truitier, ce serait peut-être plus prudent. Une mauvaise rencontre n'est jamais à exclure. »

L'Anglais éclate de rire, cabre son cheval, puis le lance contre celui de Truitier qui manque de peu, sous le choc, d'être désarçonné.

« Rentre, imbécile ! Pour venir à bout de deux hommes comme le Ruffin et moi, lorsqu'ils sont armés et disposent de bons chevaux, il faut une armée. Fous-moi le camp. »

Lorsque le groupe a disparu :

« Viens par là. Je connais un creux où ne poussent que de grandes yeuses aux formes de sorcières sur un bûcher. L'endroit n'est pas seulement beau, mais toujours désert, ces arbres effraient les esprits obtus. »

Moins d'un quart d'heure plus tard, les deux hommes s'assoient au pied d'une yeuse multicentenaire. Pendent des énormes branches tordues d'immenses tiges de viornes. Aucune autre espèce d'arbre n'a pu se maintenir dans ce canton et le sol est plus dégagé qu'ailleurs.

« Ruffin, je n'irai point par quatre chemins. J'ai une proposition à te faire. Tu me diras que je ne te connais que depuis hier et que c'est m'engager bien promptement. Mais nous autres, brigands, n'avons jamais de temps à perdre. Il nous faut décider vite. Veux-tu être mon second?

– Oui, pour autant que tes entreprises ne se bornent pas à piller et massacrer des hameaux de serfs, où, si le danger est mince, on ne gagne que maigre pitance.

– Sois tranquille, ce n'est pas mon intention. Avant de continuer, je tiens cependant à te prévenir que je suis méfiant comme un serpent et prudent comme un corbeau. Longtemps, jusqu'à ce que je sache que je peux avoir confiance en toi, je te surveillerai, même sans le vouloir. Truitier, qui se ferait hacher pour moi, je le surveille encore. C'est ainsi que j'ai pu jusqu'ici me maintenir en vie.

– J'ai été formé aussi à l'école de la prudence. Je te comprends. Et sois sûr que moi non plus, je ne suis pas prêt à te donner ma foi. Une seule heure j'ai cessé de me méfier : mal m'en a pris.

– Ah oui? Conte-moi cela puisque nous avons le temps.

– Non. Pas aujourd'hui. Le moment n'est point venu encore pour moi d'évoquer ce souvenir.

– Comme tu veux. Revenons à ma proposition. Vois-tu, Ruffin, le malheur d'un homme comme moi c'est l'entourage. Truitier, Joceran, les trois autres ont des qualités certes, on peut se servir d'eux. Mais on ne pourra jamais les utiliser qu'au niveau de l'exécution. Inutile d'attendre la moindre idée, le judicieux conseil. J'ai toujours été seul à mon niveau. Avec toi, cela va peut-être changer.

– En courras-tu le risque?

– Sur quel plan?

– Les exigences.

– Qu'importent les exigences si les résultats sont multipliés par dix. Il y a part pour deux.

– A voir. L'avenir nous le dira.

– Je suis assez confiant. Et j'ai des raisons pour cela. D'ici peu, tu les connaîtras, tout au moins en partie. Mais sache que je dispose de solides appuis.

– Je m'en doute.

– A quoi?

– Ton manque d'inquiétude pour le ravitaillement, ton implantation dans cette forêt où nul ne vient te chercher noise, ta façon de recruter, presque au grand jour. Voilà des signes qui ne peuvent tromper.

– Bien raisonné.

– Quels sont tes projets?

– Je ne puis encore te les dévoiler. C'est trop tôt et je ne te connais pas suffisamment. Pourtant, je puis te dire mon but : devenir le seigneur d'une belle et grande terre. Et, crois-moi, je suis exigeant. Il me faut un château de taille d'où il sera impossible de m'extirper.

– Et pour moi?

– Jusqu'à hier tu n'existais pas. Ce sont donc deux fiefs que nous devrons conquérir. La semaine prochaine, si tout va bien, tu m'accompagneras. Je dois faire un petit voyage. Un moine doit passer me chercher.

– Et pour la troupe?

– Nous la divisons en sept, comme je l'avais dit, mais nous la répartissons en deux corps de bataille. Le tien se composera de tes hommes et de ceux de Joceran et de Turpin. Trois groupes avec toi, quatre avec moi. Ça te va?

– Pour un début, oui », dit Eudes en souriant.

L'Anglais reste de marbre. Un moment encore la discussion tourne autour des problèmes d'organisation. Lorsqu'ils semblent réglés, Jean fait mine de se lever :

« Il nous reste à annoncer ces décisions aux autres. Et ne te soucie pas s'il y a quelques grincements de dents. »

Ruffin saisit le bras de son interlocuteur :

« L'Anglais, dis-moi : j'ai été écuyer, tu le sais, j'ai dû fuir le château qui m'a vu naître, tu en connais la raison, mais moi je ne sais rien de toi, pas même ce qui te vaut ce surnom d'Anglais. Es-tu écuyer, chevalier, simple guerrier? Y a-t-il longtemps que tu es brigand? Qui t'a poussé dans cette voie? J'aimerais te mieux connaître. »

L'Anglais se dégage, d'un saut se retrouve debout, son visage reste impassible :

« J'ai horreur des questions, Ruffin. Qui je suis ne regarde que moi. Lorsque je t'ai interrogé, tu étais libre de ne pas me répondre. La quintaine avait déjà tranché pour toi. Alors, ne m'interroge pas davantage. La seule chose que je puisse te rappeler, c'est ceci : le précédent roi s'appelait Louis IV d'Outremer; il avait été élevé dans les îles que peuplent les Angles et les Saxons; il n'est point revenu seul en Neustrie, des fidèles l'accompagnaient, des gens de là-bas. »

L'Anglais détache son cheval et se met en selle. Eudes est encore assis.

« Allez, viens, et ne te mets pas martel en tête. Ce qui importe, c'est l'avenir. Et le tien, ou je me trompe fort, passe par moi. A cheval! Les autres vont finir par s'inquiéter et l'inquiétude est mauvaise conseillère pour les têtes faibles. »

Ils chevauchent en silence jusqu'aux abords du camp. Les nuages sont hauts et le soleil semble vouloir percer. Jean a ce sourire que, depuis la veille, Eudes qualifie de désarmant, pour dire :

« Tu dois être affamé. Moi, qui n'ai fait qu'admirer tes exploits, je me sens capable de dévorer un mouton!

– Nous sommes sans doute de différente nature, pour moi je ne ressens encore aucune hâte.

– Non, Ruffin, tu ne m'en feras point accroire : tu es de la race des rapaces. Celle que je connais le mieux. Cesse de jouer. N'oublie pas notre pacte. »

Tard dans l'après-midi, sous prétexte de surveillance, Eudes et Lisoie vont faire une patrouille avec quelques hommes. L'Avisé s'approche d'Eudes :

« Alors, messire, que pensez-vous de la conversation de l'Anglais? Y prenez-vous plaisir? »

Rêveur, Eudes dit :

« C'est une chose incroyable ! Sais-tu qu'en dépit de mes efforts je ne parviens point à haïr cet homme ?

– Un gaillard qui vous a tué aux trois quarts !

– Oui ! A n'en pas douter. J'ai beau le savoir, ce diable me séduit. Je m'étais plu à imaginer une bête brute, un tueur sans entrailles, je découvre quelqu'un d'intelligent et parfois de sensible. Je finis par ne plus comprendre mes sentiments. Il faudra que je me violente pour en tirer vengeance.

– Partons-nous ? restons-nous ?

– Nous restons, l'Avisé. En permanente alerte, mais nous restons là. Je suis intrigué. Je ne sais à quelle entreprise au juste il se prépare. Ce matin il m'a seulement dit qu'il disposait d'appuis. Il me faut savoir. Nous devons faire un voyage d'ici une dizaine de jours.

– Prenez garde, messire. Je ne nous sens pas en sûreté dans ce camp. Beaucoup vous jalousent. Votre démonstration de ce matin a pu les refroidir. Désormais, ils se méfieront et ils ne vous attaqueront plus que par traîtrise. Votre brusque ascension au rang de second du grand chef ne peut pas plaire.

– Et Joceran, qu'en penses-tu ?

– C'est le seul qui ne vous soit pas hostile. Vous êtes un peu sa gloire.

– Arrange-toi pour en faire un allié. Ne lui dis rien de précis, n'explique rien. Qu'il soit seulement solidaire. Qu'il se sente de notre camp dans la mesure où il y aura deux camps.

– Comptez sur moi, ce sera fait. Sa haine de Truitier m'aidera dans ma tâche. »

Ce n'est qu'au crépuscule, gris et terne, que la petite troupe rentre au camp. Eudes prend plaisir à faire défiler ce petit groupe de brigands comme les meilleurs soldats à la parade.

« Êtes-vous sûr de n'être venu chercher ici que la vengeance ? questionne Lisoie.

– Sait-on jamais au juste ce qu'on cherche ? Le simple balancement de ma monture peut me donner un grand bonheur. Depuis des mois j'en avais assez. Non seulement de crever de faim, mais d'avoir perdu un certain rythme de vie.

– Méfiez-vous, messire, c'est peut-être ainsi qu'on devient un vrai bandit.

– Face à gauche », hurle Ruffin.

Les hommes obéissent comme un seul homme.

« Aux écuries ! Pied à terre ! Bouchonnez immédiatement les chevaux. Gauzlin, prends mes rênes. »

Comme les deux garçons marchent vers la cabane, Eudes empoigne Lisoie aux épaules pour lui dire à l'oreille :

« Compagnon, un conseil : tu aurais tort de vouloir m'enfermer dans des limites toutes faites. Maintenant tais-toi, on vient ! »

L'Anglais marche au-devant d'eux, visage souriant, plus séduisant que jamais.

61

Illumination inattendue du camp : ce matin brille un pâle soleil d'hiver. Les ombres des arbres s'allongent sur le sol durci par le gel. Les fumées des multiples foyers montent droites vers un ciel de porcelaine bleue. Depuis la veille au soir le grand vent, qui s'est acharné à dissiper les nuages, s'est apaisé. Dans les lointains, au-delà des palissades, la lumière irradie, toujours plus blanche.

Devant les écuries accolées aux remparts, quarante hommes à cheval – troupe en tout point semblable par l'équipement, la tenue et l'unification des oriflammes, à celle de quelque puissant seigneur – attendent l'arrivée des chefs, s'impatientent et grommellent.

La porte de la cabane s'ouvre. L'Anglais sort le premier, immédiatement suivi de Ruffin. Truitier et Lisoie détachent les quatre chevaux sellés, qui piaffaient d'impatience entre deux arbres.

« Encore une fois, Turpin, je compte sur toi. Tu portes en notre absence la responsabilité du camp. Respecte strictement mes instructions et détourne-toi de toute initiative. Tu as bien compris? »

Turpin le Fort fait osciller sa grosse carcasse d'un pied sur l'autre, cependant qu'il marmonne son accord :

« Compte sur moi. »

Jean se tourne vers les deux ex-moines :

« Quant à vous, Adhémar le Bègue et Gillebert Barbe-Sale, n'oubliez pas que vous devez le seconder. Je ne veux, à mon retour, entendre parler d'aucune rivalité, de jalousie bête. La désignation de Turpin comme chef n'a rien pour vous d'infamant. Vous deviez rester à trois, il fallait bien que l'un de vous prenne le commandement. »

N'obtenant que des approbations du bout des lèvres, l'Anglais s'arrête un instant, le temps de menacer :

« Si une faute est commise en mon absence, dites-vous bien que nul coin de ce vaste monde ne saurait vous mettre à l'abri de ma vindicte. »

Pendant la fin du trajet, l'Anglais égrène encore des conseils. Enfin, les chefs rejoignent la troupe sous les armes. Le portail est ouvert.

« Truitier et Lisoie, dit l'Anglais, prenez chacun cinq hommes. Truitier se portera en avant-garde, deux cents toises devant le gros des forces. Lisoie suivra à même distance en arrière-garde. »

Il faut une dizaine de minutes pour que s'organise la totalité de la colonne. L'Anglais et Ruffin cheminent, côte à côte, en tête de la troupe. Après un long moment de silence, et comme ils pénètrent dans une zone récemment essartée, Ruffin dit :

« Alors, l'Anglais, es-tu décidé maintenant à me dire les raisons de cette expédition, et sa destination ?

– Pas encore.

– Et pourquoi ?

– Tout va dépendre de mon rendez-vous. »

Ruffin lève les sourcils en signe d'incompréhension.

« Sur les rives de la Boutonne, la plus proche rivière vers laquelle nous marchons, un moine m'attend. On m'a prévenu hier qu'il atteindrait aujourd'hui, en fin de matinée, un lieu que nous avions désigné par avance. C'est lui qui assure la liaison entre un puissant seigneur et moi.

– Ne peux-tu m'en dire plus ?

– Pas pour l'instant. Je tiens d'abord à m'accorder avec cet envoyé. J'agirai avec toi selon les nouvelles.

– Veux-tu dire qu'après le rendez-vous il est possible que nous poussions plus loin, qu'une aventure commencera réellement ? Et que cette aventure justifiera », Eudes d'un geste désigne la troupe, « ce déploiement de forces ?

– Sans doute. »

Après cette laconique réponse, l'Anglais se lance dans le récit confus d'une insipide battue au sanglier.

L'adipeux, le bedonnant Orderic s'impatiente et se fait des reproches : c'est sa faute! il est arrivé trop tôt. Attendre est un supplice qu'il souhaite en permanence s'éviter, car son imagination, affirme-t-il, lui joue alors des tours pendables, transforme le moindre bruit en signe alarmant. Et pourtant son goût de l'exactitude l'expose souvent à des erreurs d'appréciation. Il savait bien que l'Anglais avait trois bonnes lieues à parcourir et qu'un chef méfiant, même à la tête d'une troupe solide, doit prendre des précautions. Orderic, ce matin, est parti trop tôt, ou bien il a cheminé trop vite.

La litière dissimulée derrière un rideau d'arbres tangue soudain tant il fait des gestes désordonnées de ses bras ridiculement courts :

« Taisez-vous, jeunes imbéciles! Vos rires m'empêchent d'entendre si on vient. Que je rate mon homme, et je vous le ferai regretter! »

Les deux jeunes oblats assis près de lui, jolis adolescents en robe de soie verte et bleue, qui l'accompagnent en tous lieux et le servent nuit et jour, font effort pour se contraindre. Pourtant, ils pouffent encore de temps en temps.

Orderic grogne :

« Appelez-moi mes deux guerriers. »

Dans leur élan pour lui obéir, les têtes des garçons se heurtent. Après qu'Orderic eut donné l'ordre à ses gardes de s'avancer quelque peu dans le bois, afin de mieux discerner les bruits caractéristiques d'une troupe, il s'apitoie, attendri par l'involontaire preuve de bonne volonté :

« Ça, mes jolis angelots, mes douces et tendres brebis, ne m'en veuillez point de vous brusquer. Vous savez combien votre seigneur et maître vous chérit, mais aussi combien il peut se montrer nerveux lorsque l'inquiétude le taraude. Approchez, approchez que je baise vos cheveux plus doux que la soie, que je vous console. »

Les oblats affectant encore de renifler bruyamment, bien qu'ils exagèrent manifestement leur douleur, Orderic prend plaisir à faire semblant d'y croire, durant une minute, pas plus. Car de nouveau ses sourcils se froncent. Plus pour lui-même que pour ses jeunes commensaux il marmonne :

« Vous ne pouvez pas savoir. Cette rencontre avec la brute rusée, cupide, que j'attends est tellement importante! » Il s'interrompt un instant puis prononce des mots sans suite, ne prenant même plus la peine de former des phrases : des sacs et des sacs d'argent... des terres... peut-être même, avec de la chance, une abbaye...

D'un geste machinal, tout en parlant, il a commencé de caresser les épaules des adolescents. La tiédeur des corps finit par le rappeler à la réalité présente. L'œil devenu brillant, ses mains commencent de pétrir les dos. Sa face grasse se congestionne déjà, quand soudain il se fâche et pince et griffe. Ses victimes, en vain, tentent de lui échapper ; elles pleurent sur un mode aigu et par à-coups véhéments.

« Petits salauds, je ne vous connais que trop. Ames mesquines et sales, je vous devine. Le gaillard qui sera là tout à l'heure est aussi beau que fort. Je vous imagine déjà frétillants, excités, serviles, dans une volonté adroite de séduction. Mais, attention ! je vous préviens : n'allez pas vous enticher de ce guerrier mal dégrossi. Je ne vous le pardonnerais jamais et vous regretteriez bientôt votre perversité.

– Maître, de grâce, jamais nous n'avons voulu... »

A cet instant, à proximité, retentit une toux discrète. La correction cesse aussitôt. Orderic écarte vivement les rideaux de la litière. Sur fond de ciel bleu s'encadrent les visages rigolards des deux gardes.

« Qu'y a-t-il, brutes stupides, pour que vous osiez me déranger ? Eh bien, parlez au lieu de ricaner !

– Celui que vous attendiez vient d'arriver. Suivi de son homme lige il demande à vous rencontrer dans l'instant.

– Et son escorte ?

– Comme vous nous l'aviez recommandé nous avons été discrètement l'inspecter.

– Alors ?

– C'est une belle, très belle troupe. Elle stationne à moins de trois cents toises d'ici.

– Nombreuse ?

– Une quarantaine d'hommes.

– Bon ! Aidez-moi à descendre. Je préfère le rencontrer dehors. Portez des coussins sous cet arbre et allez chercher mon ami cher, l'Anglais. »

L'Anglais, visage fermé, œil scrutateur, écoute un moment le gros moine. Énervé, il se frappe soudain sur la cuisse et explose :

« Au fait, vite! Je n'ai rien à faire de tes discours fleuris. D'autant que j'en connais la valeur!

– Mon Dieu, Jean, seras-tu donc toujours aussi brutal?

– Nous ne sommes là que pour parler affaire. Alors, hâte-toi. Ta vue n'a jamais été pour moi réjouissante. »

L'Anglais toise Orderic. Les coins de sa bouche indiquent clairement son mépris. Orderic, se voulant conciliant, ignore l'insulte :

« Bien, bien, mon brave Jean, comme tu voudras. Pourtant, reconnais avec moi que les douceurs de langue...

– La paix, j'ai dit : au fait! »

Orderic grimace, son visage perd toute affectation débonnaire et ses yeux deviennent durs.

« Je ne suis revenu de Poitiers que pour filer sans désemparer sur Périgueux, où je me trouvais encore il y a trois jours et où je n'ai couché que deux nuits. Laisse-moi t'affirmer que ma fatigue n'est jamais gratuite. Au château, le comte Hélie étant absent, j'ai pu facilement rencontrer monseigneur Audebert. Le vicomte de Melle, Atton, était avec lui et a assité à tous les entretiens.

– Pourquoi celui-là? »

Orderic hausse les épaules :

« Mon pauvre Jean! Je te reconnais bien là! Tu n'as jamais été qu'une bête brute. Un vigoureux et bel animal, mais combien inculte! »

Le moine plisse les yeux, ricane méchamment.

« Je revois encore ce jour où ton père est arrivé à l'abbaye de Saint-Maixent pour te confier à moi : lui, l'ancien compagnon de Louis IV d'Outremer, le valeureux guerrier, ne parvenait même pas à te dresser! Faut-il en rire ou en pleurer? Et dire qu'il voulait faire de toi un savant religieux! Au premier coup d'œil, j'ai mal auguré de ta nature. Le regard en dessous, le visage dur et buté, tu étais déjà ce chien enragé, indocile, qui ne veut jamais rien entendre, rien savoir, qui mord, ou veut mordre, tous ceux qui, croit-il, risquent de se mettre en travers de la route qu'il a décidé de suivre. Un de ces êtres n'appréciant que la violence. »

L'Anglais, visage pâli, saisit brutalement Orderic par le bras et le secoue en grondant :

« Moine, fous-moi la paix! Lâche tes souvenirs idiots.

– Si tu savais comme ça me fait du bien de te dire ce que j'ai depuis si longtemps sur le cœur!

– N'oublie pas que je ne suis plus l'enfant que tu pouvais régenter, brutaliser, et... j'en passe! Ta domination est à jamais morte. C'est moi aujourd'hui qui commande. A quelques centaines de pas d'ici une troupe redoutable, savamment disciplinée, m'attend.

– Et à qui la dois-tu? Qui t'a fourni subsides et provisions en tous genres?

– Ça aussi c'est du passé. Maintenant, obéis! »

Brusquement, Orderic se dégage. La colère l'anime à son tour.

« Par le Ciel et tous ses habitants, par leur céleste puissance, c'est toi qui vas te taire. Crois-tu que n'importe qui, même un Jean l'Anglais, puisse ainsi me rudoyer? »

Le chef brigand éclate de rire :

« Voilà que tu deviens drôle! Comme si tout le monde ne savait pas que tu es non seulement un couard, mais la couardise faite homme.

– Couard? C'est bien possible! C'est même sûr, les trois quarts du temps. Cependant, laisse-moi te dire qu'il est préférable, pour beaucoup, de ne point trop chercher à m'asticoter. Et tu es de ce nombre. Ne querelle point ce bon Orderic! Dis-toi que sa mémoire est solide et sa rancune tenace.

– Allons, allons, vieille bourrique adipeuse! Tu veux paraître plus redoutable que tu n'es. Tu as trop peur pour oser quoi que ce soit contre un homme qui, tu le sais mieux que quiconque, est capable de te mettre les tripes à l'air sans seulement sourciller.

– Détrompe-toi, l'Anglais. Tu fais très précisément partie de ceux que je ne crains pas.

– Tiens, comme c'est curieux! En es-tu si sûr? Et pourrais-tu me dire d'où te vient ce courage?

– Certes! Mais tiens-tu réellement à ce que je te fournisse de telles précisions?

– Oui, vraiment. »

Orderic va pour répondre quand, soudain, il se fige, la réflexion lui fait froncer les sourcils, trente secondes passent, puis il éclate de rire. Son gros ventre tressaute, fait trembloter la douillette robe spécialement endossée pour le voyage.

« Serpent, dit-il, tu soupçonnes que mon idée pour prendre barre sur toi n'est peut-être pas la bonne, ce qui te mettrait à l'abri de mes coups éventuels.

– Eh, eh, une fois de plus je dois constater que tu as l'esprit diablement délié.

– Je vais, l'Anglais, t'ôter toute illusion. Ce que tu crains probablement le plus au monde, avant même, mécréant, la justice divine, c'est qu'un jour ton frère, que tu hais, et ta mère, que tu adores, apprennent ce que tu es devenu. Tu ne rêves que de leur revenir un beau matin, cousu d'or et pouvant te vanter de beaux et grands fiefs. »

Orderic s'interrompt le temps d'un éclat de rire :

« Est-ce que je me trompe? »

L'Anglais, le visage déformé par la colère, grogne :

« Continue!

– Si par malheur pour... nous, tu me " crevais la panse ", mon petit Jean, quelques gentils moines – un c'est trop peu, un accident est si vite arrivé! – se mettraient en marche, pour informer mère et frère de tes exploits passés et présents.

– Gros porc!

– Tes insultes me fatiguent, elles ne sont même pas drôles. En outre, elles nous font perdre du temps. Efforce-toi de faire abstraction de tout ressentiment et sois attentif. Consens-tu à m'écouter?

– Ouais!

– Melle, sache-le une fois pour toutes, est un des centres où l'on bat monnaie pour nos bons rois des Francs. Près du château, à un quart de lieue, est exploitée une mine d'argent, où de nombreux esclaves travaillent, jour et nuit. Le vicomte de Melle est chargé de sa protection. Il est donc un des hommes des Gaules les plus aptes à se rendre maître, sans coup férir, de sommes importantes.

– Qu'attend-il pour le faire?

– Seul, il serait vite brisé. Mais, désormais, Atton marche avec nous. Plus précisément, il est devenu l'allié de monseigneur Audebert.

– Depuis quand?

– Depuis le début du projet, idiot! Sans lui tout avortait dans l'œuf. Où prendre l'argent pour la formidable aventure qui se prépare? Le vicomte était la pièce maîtresse dans le jeu d'Audebert.

– Peut-être, Orderic, le temps est-il venu que j'en sache un peu plus. Explique!

– Impossible.

– Tu sais que je n'accepterai jamais le rôle d'un simple chef de bande. Je ne vais pas risquer ma peau pour rien.

– Ta peau, comme celle de n'importe quel exécutant, ne vaut pas cher. Souviens-t'en : si je n'étais pas là, tu n'aurais aucune chance de sortir de ce rôle.

– Grand merci, beau moine.

– Ricane, l'ami, ricane ! Enfin, je vais tout de même te dévoiler la première partie des projets. Je ne trahis personne puisque tu vas être le principal exécutant. Atton et Audebert sont liés par un pacte secret qui prévoit d'abord ceci : quand Audebert aura réussi à faire éliminer son propre frère, Hélie, et qu'il sera à sa place devenu comte de Périgord, il donnera au vicomte une seconde vicomté.

– Laquelle ?

– Celle d'Aulnai.

– Et après, que se passera-t-il ?

– Oh ! les projets vont loin. Ceci n'est qu'un début.

– Quel est le rôle d'Atton ?

– Je te l'ai déjà dit, c'est lui qui fournira le nerf de la guerre, c'est-à-dire les subsides.

– Ça peut être risqué. Précise un peu.

– Audebert, devenu comte de Périgord, sera en mesure de protéger ce brave vicomte de Melle qui, depuis un certain temps, freine les livraisons de pièces.

– Le duc d'Aquitaine et le roi des Francs n'ont pas protesté ?

– Jusqu'ici tout s'est bien passé, c'était un risque à courir. Cependant il devient urgent qu'Audebert succède à son frère Hélie.

– Mais Audebert, lorsqu'il disposera des ressources du comte de Périgord, n'aura plus besoin de cet argent redoutable, pourquoi irait-il se mettre à dos le duc et le roi ?

– Je ne puis t'en dire plus, Jean.

– A quoi ont servi les sommes détournées ?

– Rien que toi, depuis quelques mois, combien as-tu coûté ?

– Et si Audebert échoue ?

– Il n'échouera pas. Le plan est de moi. »

Orderic se rengorge, puis éclate de rire.

« Pourquoi ris-tu ?

– Je viens de penser que, si j'ai commis une erreur, c'est toi qui te retrouveras branché après avoir subi quelques petites et intéressantes mutilations. Qu'en dis-tu ?

– Je n'envie ni ta lâcheté ni tes ruses démoniaques. Pour moi, vivre c'est risquer. Il m'importe seulement que le jeu en vaille la chandelle. »

L'Anglais se tait. Un long moment il reste sans rien dire, à supputer ses chances sans doute, les yeux au ciel.

« Brrr ! » Orderic s'agite et frissonne. « Sais-tu bien qu'il ne fait pas chaud ? Si tu n'as plus rien à me demander je vais te communiquer mes dernières instructions, puis je me hâterai de regagner ma douillette litière.

– C'est ça, précise-moi mon rôle, que je sache à quoi m'en tenir.

– Il te faut gagner dans les plus brefs délais, et avec la troupe que tu as amenée selon mes instructions, la maison forte d'Apremont. Monseigneur Audebert te fixera lui-même la tâche qui t'attend. Je n'ai pas le droit de t'en parler. Mais tu peux me croire si j'affirme qu'elle est primordiale. J'ai dû plaider ta cause pour que ce soit toi qui sois chargé de cette mission de confiance.

– Bah ! puisque tu la connais, éclaire ma lanterne sans attendre. Foi de Jean, nul ne saura jamais que tu m'en as touché un mot.

– Non, mon gars, rien à faire.

– Orderic...

– Non, je te dis ! En revanche, avant de nous quitter, je tiens à te rappeler les conditions de mon alliance.

– Quelles conditions ?

– Celles concernant le partage des profits.

– C'est prématuré de...

– Non ! Je t'ai engagé pour cette affaire parce qu'il ne m'était pas possible de la mener à bien seul. Mais j'en garde l'absolu contrôle. Lorsque tu m'as rejoint à l'abbaye de Saint-Maixent, en juin dernier, après ton équipée en Anjou et dans le Saumurois, ta déconfiture était complète et Truitier composait à lui seul toute ton armée. Alors, n'oublie pas : je veux le tiers de ce que va te donner Audebert. Le tiers de tout ce qu'il te donnera par la suite. Et lorsque tu disposeras d'un fief, je veux, à vie, le quart de tes rentrées.

– Es-tu devenu subitement fou ?

– Du tout.

– Mais c'est infiniment trop ! le tiers ?

– Et ne crois pas t'en tirer par une astuce. Tu jureras, le jour venu, sur la croix, impliquant ta mère dans les flammes éternelles en cas de reniement de ta part. Et je prendrai de nombreux témoins.

– Je te le répète, Orderic, c'est beaucoup trop. Qui paie les hommes, qui les équipe, les nourrit et les arme?

– Je peux, si ça ne te convient pas, prendre quelqu'un d'autre. Je me passerai de toi, adieu! »

Orderic se lève. L'Anglais le saisit par sa manche et le contraint à se rasseoir.

« Reste, vieille canaille! Tu en profites, hein? Tu jouis de me tenir dans tes griffes!

– Je ne contrains personne.

– Fieffé menteur!

– Assez discutaillé. Es-tu d'accord oui ou non?

– Le moyen de refuser!

– Alors, file. Contourne soigneusement Angoulême et fais très attention au comte Arnaud, il est tout acquis au duc d'Aquitaine, Guillaume Fier-à-Bras, et, s'il apprenait la moindre chose, si seulement il se méfiait, tout le plan échouerait.

– Où est exactement situé Apremont?

– A environ dix lieues au sud d'Angoulême, non loin d'un hameau nommé Chavenat. Tu trouveras là une maison forte. Monseigneur Audebert t'y attend au plus tard dans cinq jours.

– J'y serai.

– Moi aussi. Je n'aime point faire crédit à un gaillard de ton acabit. La tête te tournerait. »

Presque d'un même mouvement les deux hommes se lèvent. La dissymétrie de leur silhouette est pour un observateur assez réjouissante.

« Adieu, Gras-à-lard!

– Adieu, sèche caboche. »

Tandis qu'Orderic remonte dans sa litière où les jeunes oblats l'accueillent avec des hennissements de joie, Jean l'Anglais rejoint Truitier qui surveillait les lieux en tenant les chevaux par la bride.

62

Méfiance foncière vis-à-vis de son frère ou ladrerie, le comte Hélie de Périgord ne s'est jamais décidé à faire construire un donjon de pierre à Apremont, Audebert, avant même d'être investi de ce fief, a, maintes fois, tenté de lui expliquer les avantages qu'il tirerait d'une puissante forteresse, s'élevant à une relative proximité de la ville principale des Taille-Fer. Angoulême est à moins de dix lieues. Aucun argument n'a porté.

Tel qu'il est le château impressionne. Audebert a fait surélever et renforcer les lices, élargir et mieux approvisionner d'eau les fossés, dégager les approches et doter le sommet du donjon d'une structure élargie et protégée par une toiture en bois, fortement inclinée.

Lorsqu'ils arrivent en vue du château, l'Anglais dit à Ruffin : « Que les hommes restent en lisière de forêt, mais sans jamais apparaître. Et qu'ils se reposent. Tiens-les cependant prêts à repartir.

– Tu crois qu'on ne couchera pas ici ce soir?

– Je ne le pense pas, à moins d'une éventuelle, mais imprévisible, difficulté de dernière heure.

– Combien veux-tu d'hommes pour t'accompagner au château?

– Je n'ai droit qu'à un seul. Je prendrai Truitier. »

Au cours du voyage, les deux hommes ont eu le temps de faire plus ample connaissance. Qualités et défauts mis en lumière par mille tracas et cent obstacles. Ils demeurent pourtant sur leurs gardes, l'un et l'autre.

L'Anglais est rejoint par Truitier et s'apprête à partir lorsque Ruffin lui lance :

« J'espère que tu me mettras enfin au courant des buts de l'expédition, dès ce soir. Sinon, je pourrais bien décider d'aller chercher fortune plus loin. »

Jean ne répond que par un mouvement de bras signifiant l'ignorance et l'impuissance. Puis il crie :

« Truitier, en route ! »

L'instant d'après, les deux hommes galopent dans la plaine en direction du château.

« Es-tu certain de ce que tu avances, moine ?

– Oh ! monseigneur, comment oserais-je tromper un homme aussi puissant et aussi emporté que vous ? Je craindrais bien trop pour mes os. »

Le comte Hélie de Périgord, véritable force de la nature, haut de six pieds trois pouces et large à ne passer les portes que de biais, secoue la tête d'un air de doute.

« Comment tu oserais ? Je n'en sais rien, mais je ne te le conseille pas. Je me méfie de l'engeance des informateurs, des traîtres et des espions. »

Son visage brutal, marqué de trois cicatrices – deux au front, une à la joue droite –, sous une chevelure noire et drue, ressemble au mufle d'un taureau. Audebert, à peine moins grand que son frère, mais d'une musculature plus féline et dont les yeux sont aussi ceux du chat, intervient :

« Raconte-nous ce que tu sais, depuis le début. Comment tu as eu vent de l'affaire, de quelle manière tu as réagi. Ensuite, si tu as une proposition à formuler, mon frère daignera peut-être t'écouter. »

Les deux seigneurs, vêtus de bliauds brodés – Hélie de blanc sur fond bleu, Audebert de rouge sur fond vert –, sont installés dans de grands fauteuils à dossier raide et à pieds croisés. Orderic se tient debout devant eux. Chaque fois qu'une question lui est posée il s'incline. Non sans difficultés : son ventre le gêne et il se congestionne si vite !

L'ordre d'Audebert provoque un fin sourire sur sa face grasse. L'air à la fois rusé et admiratif, il pose une main sur son cœur :

« Monseigneur Hélie sait combien je lui suis dévoué. Ai-je

jamais démérité au cours d'une mission que, dans sa grande bonté, il a bien voulu me confier? La fidélité suscite adresse et vigilance. Il y a un mois de cela, je me trouvais en ma bonne abbaye de Saint-Maixent, tout occupé d'abstinences et d'intenses prières... »

Hélie, avec un gros rire, l'interrompt :

« Prudence, moine, prudence! Ne va pas trop jeûner. Dans l'état où je te vois, tu ne saurais tarder à claquer d'anémie. »

Après un sourire obséquieux, Orderic reprend :

« ... quand, un soir, un frère de l'entourage de l'évêque de Limoges, un de ces frères à qui je rends parfois de menus services, comme de garnir leur bourse afin qu'ils connaissent de loin en loin une humble joie de la vie, vint demander l'hospitalité pour la nuit. En sortant du réfectoire, le voilà me tirant par la manche. Je l'emmène dans une petite salle où l'on tresse l'osier, mais déserte à cette heure, et il m'informe que le vicomte de Limoges, Géraud, et le comte de la Marche, Boson, ont sollicité et obtenu une audience de Sa Grâce Eblé, évêque de Limoges, l'oncle paternel du duc d'Aquitaine Guillaume Fier-à-Bras. Pendant deux heures ils ont supplié Sa Grâce de prendre leur défense contre vous, d'intervenir auprès de son puissant neveu pour le décider à vous châtier, monseigneur.

– Sous quel prétexte?

– Tous les deux ont invoqué de graves sévices. Ils ont fait état de terres saccagées par vos troupes, de châteaux pillés et brûlés et, plus grave encore, de territoires volés.

– Les porcs!

– Ils ont affirmé avoir la possibilité de fournir autant de témoins qu'il serait nécessaire et ont juré que, si notre duc n'intervenait pas, ils se risqueraient, bien que sans illusions, seuls contre vous. Ils ont même affirmé que Sa Grâce et le duc porteraient la responsabilité du sang versé si aucune action n'était menée contre vous. »

Hélie ricane :

« S'ils se plaignent maintenant, qu'est-ce que ce sera l'été prochain? Je vais leur en faire voir de toutes les couleurs à ces pleutres geignards. Je les réduirai à merci. Ils devront me rendre hommage pour l'ensemble de leur fief.

– Monseigneur...

– Par le sang du Christ, je veux qu'ils reconnaissent publiquement leur allégeance à Hélie, comte du Périgord. »

Audebert dit :

« Qu'a répondu Eblé?

– Sa Grâce, après les avoir écoutés attentivement, leur a déclaré qu'elle voulait s'informer, qu'auparavant il ne lui était pas possible d'intervenir.

– Bien, ça! s'exclame Hélie. Il faut agir au plus vite pour circonvenir ce bon vieillard.

– Le lendemain, Sa Grâce partait pour Poitiers, où son neveu Fier-à-Bras l'attendait.

– Nom de Dieu! N'as-tu rien pu faire?

– J'y viens, monseigneur, j'y viens. Je me suis bien douté que Sa Grâce ne prendrait aucune décision, ne ferait pas même état de cette plainte sans en avoir parlé à son conseiller favori : le chorévêque de Limoges, Benoît. Aussi ai-je décidé de filer, sans attendre, à Poitiers pour tenter de circonvenir l'évêque, de le gagner, si possible, à votre cause.

– Es-tu arrivé à temps? demande Audebert, avec un regard en coin pour savoir comment réagit son frère.

– Non, messire, hélas! non.

– Tu n'as pas pu lui parler?

– Pratiquement pas.

– Imbécile! Tu as traîné en route, chien!

– Écoutez-moi, messire, je vous en prie! Ce n'est point ma faute! Mon informateur avait eu besoin d'une dispense de son abbé pour venir me prévenir. Il a perdu forcément du temps. Lorsque je suis arrivé, l'évêque était là depuis plus de huit jours et le chorévêque était attendu le lendemain matin. Logiquement, il aurait même dû me devancer. S'il n'avait eu l'idée d'aller se recueillir, donc de faire un large détour, à l'abbaye de Saint-Michel-en-L'Herme par bonheur! »

Le comte Hélie fronce les sourcils :

« Par bonheur, dis-tu? Je ne le vois guère ce bonheur.

– Monseigneur, arrivant avant Benoît, du moins étais-je certain de pouvoir connaître le verdict avant tout autre, et donc de vous avertir avant que personne n'eût eu le temps d'agir contre vous.

– Ouais! »

Le comte fait signe à Orderic de se taire. Se caressant le menton, il réfléchit. Puis :

« Tu as donc pu assister aux entretiens entre le duc et les deux prélats.

– Oui, certes.

– Sous quel prétexte t'es-tu fait admettre?

– Oh! monseigneur, pour un moine de ma qualité », Orderic s'incline plus bas qu'il ne le fait d'ordinaire, « cela, je dois l'avouer en dépit de ma naturelle modestie, n'était que jeu d'enfant. J'avais prévu, avant même mon départ de Saint-Maixent, les moyens d'être accueilli selon ma valeur. L'abbé m'avait chargé d'une mission concernant les revenus d'une demi-douzaine d'églises pour lesquelles une contestation opposait notre maison à monseigneur le duc.

– Et alors?

– L'évêque, dans l'espoir que je serais plus coulant avec son neveu, m'a pris comme secrétaire pour le plaid qui devait suivre. »

Hélie secoue la tête, semblant convaincu.

« C'est bon, va!

– Admis dans la suite de Sa Grâce, j'ai donc assisté à tous les conseils. La plainte du comte de la Marche et du vicomte de Limoges a été évoquée dès la seconde audience.

– Conte par le menu, moine, les détails aussi m'intéressent.

– Monseigneur Eblé n'a fait qu'exposer les doléances des plaignants, sans prendre parti.

– La réaction de Fier-à-Bras?

– Il ne semblait pas outre mesure ému ou alarmé. Peut-être, dans son esprit, méritiez-vous un blâme, voire un discret rappel à l'ordre, lorsque tout à coup le chorévêque Benoît s'est levé, hors de lui. Il bafouillait presque sous la pression d'une indicible colère. Chose bien étonnante de la part d'un homme de si haute éloquence.

– Contre qui sa fureur?

– Contre vous, monseigneur.

– Nom de Dieu! répète-moi ses paroles.

– Oh! monseigneur, impossible de vous rapporter de si abominables propos! Il n'a usé que de termes offensant gravement votre dignité et votre famille.

– Le chien ! »

Audebert intervient, hurlant et frappant à coups de poing sur la table :

« Je veux savoir ! Ne nous cache rien ! Il ne sera pas dit qu'on peut si facilement esquiver les outrages faits à mon frère. Et ma vengeance sera proportionnée à la gravité des injures contre ma race. »

Hélie saisit son frère à l'épaule.

« Audebert, grand merci pour ton souci de me voir respecté. Mais calme-toi. Quant à toi, Orderic, mon frère a raison, tu dois répéter tout ce qu'a dit Benoît.

– Monseigneur, comment oserais-je ?

– Parle, bon Dieu ! ou je te fais accrocher dans l'heure au sommet du donjon, crie Audebert qui plante sa dague dans le panneau devant lui.

– Non, messire, non, ne vous fâchez point, ce n'était que par amour pour vous. Mais je vais tout dire. »

Le gros ventre d'Orderic soubresaute comme si l'agitait la plus extrême terreur.

« Mais parle donc, gueule à son tour Hélie, que la colère gagne.

– Il a dit que vous n'étiez qu'un chien enragé, la souillure de la Chrétienté... »

Le moine hésite, Audebert une fois de plus lui intime l'ordre de continuer, tandis qu'Hélie jure et tempête.

« Il a dit que vous ne valiez pas la corde qui vous pendrait, car, comme à un vilain, la corde vous convenait. Il a dit que vous écraser comme on fait pour une vipère serait un acte doux au cœur de Jésus, et même qu'un porc sanglant de votre espèce ne méritait pas le nom d'homme... »

La colère des deux frères se déchaîne. Les cris sont tels qu'Orderic doit attendre pour continuer son récit. Enfin, Hélie et Audebert se rassoient. Orderic enchaîne aussitôt :

« Ce n'est qu'après cette marée d'injures que Benoît a repris, point par point, les thèses de Géraud et de Boson.

– Que disaient le duc et l'évêque ?

– La fureur de Benoît, d'abord, a dû les surprendre. Puis, petit à petit, insultes, cris, anathèmes les ont ébranlés. Mais pour couronner ses arguments, pour obtenir la décision qu'il voulait de toutes ses forces, le chorévêque est allé plus loin encore...

– Bon Dieu! que lui ai-je fait à cette charogne? Pourquoi s'acharne-t-il ainsi sur moi? »

Audebert ricane :

« Géraud et Boson ont dû lui faire de grasses promesses, peut-être de le soutenir du poids de leur famille : quand Eblé mourra, l'évêché de Limoges sera une belle proie.

– Continue, Orderic, gronde Hélie.

– Benoît s'est jeté aux genoux du duc et l'a supplié de réunir son ost au plus vite pour vous assaillir et vous destituer. Et il n'a pas hésité à joindre le nom de votre digne frère au vôtre. Il tendait les mains en criant : " C'est toute cette race qui est maudite et qu'il convient d'exterminer pour plaire au cœur de Jésus! " »

Audebert se lève. Droit et immobile, la voix tonnante, il s'adresse à son frère :

« Comte, mon frère, je ne sais quelle sera votre décision. Quant à moi, je suis résolu : Benoît doit mourir! Notre vengeance devra être éclatante et terrible. »

Hélie, à son tour, se dresse :

« Oublies-tu qu'il s'agit du chorévêque de Limoges, et que porter le fer sur un prélat peut s'avérer dangereux?

– Monseigneur, peu m'importe! Je ne veux me souvenir que des atteintes à ma race.

– Crois-tu qu'elles m'indiffèrent?

– Comte! laisserez-vous un pourceau vous cracher à la face? Cet homme issu des serfs, qu'Eblé a sorti d'un couvent pour des raisons que personne n'a jamais pu expliquer, justifier, ne peut échapper à notre courroux.

– Comment as-tu appris, pour ses origines?

– Je le sais parce que depuis longtemps je me méfie de ce fils de serve. Comte, libre à vous d'accepter insultes et dénigrement. Je prendrai en charge l'honneur de...

– Paix, mon frère! Moi seul commande ici. Ne l'oubliez pas. Et si un châtiment doit être infligé à Benoît, c'est à moi qu'en revient la décision. »

Audebert baisse la tête et se tait. Hélie de l'index frappe le moine à la poitrine :

« Toi, dis-nous maintenant quelle a été la sentence du Fier-à-Bras?

– Oh! monseigneur, vous connaissez le duc. Lent et lourd, mais, une fois convaincu, inébranlable. Jamais plus il ne pardonne. Vous le savez...

– Tu nous ennuies! Qu'a-t-il décidé?

– Il a déclaré qu'il lui était difficile de réunir une armée suffisante pour vous écraser avant le mois d'avril, mais qu'il allait tout prévoir, secrètement, afin que vous ne soyez point sur vos gardes, que vos forces au besoin soient dispersées, qu'en tout cas les carcasses de votre frère et de vous-même engraisseraient, l'été prochain, les loups et les corbeaux. »

Hélie réfléchit une minute, puis d'un ton de parfaite détermination dit :

« Dans ce cas, nous n'avons plus rien à perdre. Audebert, je suis d'accord avec toi. Seule une terrible mort peut châtier ce Benoît. »

Il vient à son frère, le prend aux épaules :

« Frère, tu es un homme rusé. Imagine un plan pour que nous tirions rapidement vengeance de ce chorévêque de malheur. Orderic doit être un homme à l'esprit fertile, il peut t'aider si tu le souhaites. Pour moi, je vais prier jusqu'à l'aube et méditer. Que les portes de la chapelle soient condamnées à tous, veilles-y. A demain? »

Le battant claque derrière le comte de Périgord. Audebert attend une minute, puis de son pas souple va jusqu'à la porte. Discrètement, il l'entrebâille. L'escalier est désert. Alors il siffle, doucement. Un chevalier apparaît dans l'instant.

« Gaucelm, tu l'as vu partir?

– Oui.

– L'as-tu suivi?

– Jusqu'à la chapelle. Il s'y est enfermé.

– C'est bien. Veille désormais personnellement ici. Si jamais tu le voyais revenir, gratte discrètement à la porte.

– Oui, messire. »

Audebert, de retour dans la grande salle, va prendre place dans le fauteuil qu'occupait précédemment son frère. Un mince sourire, une seconde, éclaire son visage vif et dur. Puis il désigne le second siège à Orderic.

« Installe-toi là et conte-moi maintenant ce qui s'est réellement passé. Fais vite, tout doit être mis au point ce soir. Car Hélie est homme à changer d'avis d'ici une paire d'heures.

– Oh! monseigneur, mon rapport sera bref. J'ai mêlé le vrai et le faux. Un de mes hommes n'a eu aucun mal à convaincre Géraud d'abord, Boson ensuite de l'utilité de se plaindre à Eblé, qui devait partir pour Poitiers. Le chorévêque Benoît a vraiment fulminé contre votre frère. Mais le duc n'a prévu qu'un blâme. Encore ai-je eu du mal à le lui arracher.

– Bon. Quand le chorévêque doit-il quitter Poitiers?

– Demain.

– Par où doit-il passer?

– Il rentrera en trois étapes. Par Montmorillon et Bellac.

– Quelle sera son escorte?

– Comme d'habitude, une dizaine d'hommes, plus l'escorte journalière que lui fournira le duc d'abord, puis à tour de rôle les seigneurs de Montmorillon et de Bellac.

– Il sera préférable, pour ne point risquer de se mettre à dos un de ces gaillards, d'isoler sa troupe sans la lui tuer.

– Monseigneur, la chose est relativement facile. Vous savez bien que les deux troupes ne se mélangent jamais.

– Nos brigands sont-ils arrivés?

– Ils n'attendent que notre signal. Leur chef se rendra à vos ordres dès que vous le souhaiterez.

– Est-il sûr?

– Un loup, messire, ne mord qu'affamé ou acculé.

– Bien, bien. J'espère que tu as eu la main heureuse.

– J'en jurerais pour autant qu'on puisse jurer de qui n'est point dans notre peau.

– Dressons le plan de bataille. Mais, par-delà l'embuscade, il faut mettre au point pour le château dont je veux me rendre maître. »

Orderic sourit. Il se frappe sur le front :

« Si vous voulez bien, tout est là.

– Alors, vas-y, expose! »

63

L'Anglais tire si brutalement sur les rênes pour stopper sa monture, que la bête se cabre et que celle du Truitier la dépasse et emporte son cavalier vingt pas plus loin.

« En selle, tous ! Ruffin, où es-tu ? »

Le cheval hennit. Le heaume de l'Anglais heurte une branche. Dans la pénombre du sous-bois la voix au timbre métallique est nuancée pour l'heure d'une sorte de joie difficilement contenue. Il appelle de nouveau : Ruffin ! alors que celui-ci, qui attendait assis, le dos contre un arbre, se dresse déjà à ses côtés.

Les deux hommes, les yeux dans les yeux, se fixent d'abord un moment en silence. Puis un large sourire distend peu à peu les lèvres de l'Anglais :

« Nous tenons le bon bout, Ruffin. »

Eudes plisse les yeux. Impassible, il attend sans même faire l'effort d'interroger.

« Tu vas avoir satisfaction. Ce soir, tu connaîtras les buts de l'expédition et je te préciserai aussi la tâche qui t'incombe. Je te jure que nous touchons au but si nous sommes adroits et efficaces.

– J'en accepte l'augure. Tant mieux ! Et où nous emmènes-tu maintenant ?

– Passer la nuit à deux lieues d'ici, dans une petite maison forte qui relève du fief d'Apremont.

– Qui est seigneur d'Apremont ?

– A cheval, Ruffin ! Je t'expliquerai tandis que nous cheminerons. On va nous rejoindre là-bas. »

Une fine brouillasse commence de tomber. Les hommes grimacent et s'essuient le visage. Ils se hâtent aussi de remonter à cheval. La promesse que leur fait l'Anglais d'un copieux et chaud repas, ainsi que d'une nuit abritée, leur donne du cœur au ventre.

Un moment la nécessité d'émettre de multiples ordres sépare les deux chefs. Mais la colonne se réorganise avec Truitier en tête et Lisoie en queue, et ils finissent par se retrouver botte à botte. L'Anglais, après un dernier regard en arrière, dit :

« Pour répondre à ta dernière question, Ruffin, sache que c'est le frère puîné du comte Hélie de Périgord qui a reçu l'investiture de la seigneurie d'Apremont.

– Veux-tu me laisser entendre que c'est lui qui te patronne et que nous allons guerroyer pour son compte?

– C'est à peu près cela.

– Diable! »

Le rire de l'Anglais claironne. Une claque vigoureuse s'abat sur l'épaule du Ruffin :

« Tu ne t'attendais pas, en rejoignant une bande comme la mienne – " des bandits! " disais-tu avec mépris –, à œuvrer sous les ordres d'un si haut personnage?

– Je dois avouer que ça change beaucoup de choses.

– Quoi, par exemple?

– Dis-toi seulement que ce serait trop long à énumérer. Mais qu'entre autres ton information modifie l'intérêt que je peux avoir pour l'action qu'il va m'être donné de conduire à bien.

– Bon ça, Ruffin! Il me plaît de t'entendre raisonner ainsi.

– Et contre qui va-t-on se battre?

– Du calme, ami, du calme! Donc nous gagnons ce soir la maison forte de Ronsenac. Audebert viendra tout à l'heure inspecter les hommes. Je lui ai parlé de toi. Il souhaite te connaître. L'importance du rôle qui dans l'affaire t'est dévolu fait qu'il tient à s'assurer de tes qualités.

– Et le moine dont tu m'as parlé, que fait-il dans tout ceci?

– Orderic est notre allié. C'est par son intermédiaire que nous communiquons, Audebert et moi.

– Ouais! Tout ça ne me renseigne pas quant à notre tâche. Est-ce un château ou une ville que nous allons investir?

– Nous devrons enlever un château, mais plus tard. Auparavant nous allons tendre une embuscade.

– J'aime moins cela.

– Il ne s'agit pas d'aimer, mais de combattre avec adresse. Surtout pour toi !

– Explique !

– Attends ! Je ne t'ai pas encore révélé qu'avec nous, dans cette action, il n'y aura pas seulement messire Audebert, mais aussi le comte Hélie de Périgord. »

Ruffin grimace et dit :

« Ça se complique. Je te suis mal.

– Pour comprendre, tu dois savoir que nous allons intercepter un haut personnage qui veut la mort d'Hélie. L'escorte de ce personnage se compose de deux troupes distinctes : la sienne, qui entoure la litière, et une autre plus considérable qui suit ordinairement à une cinquantaine de pas.

– A qui est cette troupe ?

– Celle-ci relèvera, le jour où nous attaquerons, du baron de Bellac. Or le comte Hélie n'a à formuler aucun grief contre le sire de Bellac. Il ne tient pas à lui tuer ses hommes pour exciter son ressentiment. Tu vas donc être chargé d'une délicate manœuvre. Tu fonceras le premier pour couper en deux l'escorte, pour isoler et disperser les hommes de Bellac avec le moins de casse possible. Retiens tes hommes, fais qu'ils ne portent pas à fond leurs coups.

– En somme, il me faudra manœuvrer comme à la parade. Jouer les loups et me transformer en agneau ?

– N'exagère pas, mais c'est un peu cela.

– Bah ! » Ruffin réfléchit puis hausse les épaules. « Dompter un cheval rétif ne me déplaît pas, maîtriser des brutes peut donc m'amuser.

– C'est la soudaineté et la rapidité qui seront tes meilleurs atouts. La surprise doit jouer à plein et créer un mouvement de panique.

– Combien aurai-je d'hommes pour une telle manœuvre ?

– La majeure partie de notre troupe. Tu prendras trente guerriers. Simplement je choisirai les miens. »

De surprise Ruffin s'exclame :

« Si peu ?

– Oui, comprends bien : avec les dix restant j'accompagnerai pas à pas messire Audebert.

– Diable ! Tu disais qu'il n'y avait qu'une dizaine d'hommes autour de la litière ; même en comptant sur la surprise, vous risquez de n'avoir pas la partie belle. Dix contre dix !

– Qui te parle de dix contre dix ?

– Toi.

– Es-tu fou ? Moi, je prends dix hommes pour suivre Audebert. Mais le comte sera là et il doit disposer d'une trentaine de sergents.

– Pourquoi Audebert te demande-t-il de l'accompagner ? Pourquoi n'use-t-il pas de ses soldats habituels ?

– Ça fait partie de son plan.

– Lequel ?

– Eh bien... » l'Anglais se trouble un peu « ... sans doute préfère-t-il pouvoir compter sur...

– L'Anglais, il y a dans tout ça des choses que je ne saisis pas, qui ne sont pas du tout claires. Tes explications n'arrangent rien. La besogne pourtant qui m'est assignée me convient, me semble logique.

– C'est ainsi, Ruffin, qu'il te faut raisonner et parler.

– Je n'en suis pas sûr. Mais précise un peu : l'embuscade où doit-on la tendre ?

– Loin d'ici. Demain, dès avant l'aube, nous partirons car après-demain soir nous devrons être à vingt-cinq lieues. En un lieu choisi par Orderic.

– Comment savez-vous que votre gibier passera là ?

– On le sait, ça doit te suffire, comme je m'en contente moi-même. Quelqu'un sans doute les renseigne, dans l'entourage du... personnage.

– Pourquoi as-tu hésité ? As-tu ordre de me cacher le nom et la dignité de celui que nous allons surprendre ?

– Mettons qu'il m'a été conseillé d'être discret.

– Pourquoi ?

– Par prudence.

– C'est idiot. Je le saurai sans difficulté rien qu'en interrogeant un prisonnier.

– Juste. Aussi vais-je te le dire. Il s'agit du chorévêque de Limoges : Benoît.

– Bien.
– Ça ne te gêne pas, j'espère?
– Que voudrais-tu que ça me fasse?
– Certains répugnent à s'en prendre à un prélat. Ça s'est vu.
– Bah! Tant d'eux font la guerre, que je ne vois pas la différence avec les autres seigneurs.
– Nous l'attendrons donc en un lieu propice. Le chemin longe de vastes étangs. Ainsi les hommes de Bellac, que tu auras chassés devant toi, auront-ils toutes les peines du monde s'ils veulent se regrouper et opérer un mouvement tournant. Pour autant, d'ailleurs, qu'ils en aient envie. Ce qui n'est pas prouvé.
– Sais-tu ce que le comte et son frère ont l'intention de réclamer au chorévêque?
– Nullement.
– Où l'emmèneront-ils en captivité?
– On ne me l'a pas révélé et je m'en moque. Les hommes du comte se chargeront de cette besogne. Pour moi, j'ai l'ordre, le succès obtenu, de te rallier. Nous devrons nous éloigner le plus vite possible. Afin que nul ne sache notre présence, ce jour-là, près des étangs de Cieux. »

Ruffin hoche la tête en faisant la moue :

« Décidément, l'Anglais, tu dois me dissimuler quelque chose, ou alors...
– Non, Ruffin, je ne te cache rien.
– C'est plus grave si tu dis vrai. Mais permets-moi d'en douter. Tes histoires, tes explications ne sont pas claires. Il y a dans cette affaire une dimension qui me fait défaut.
– Je te jure que je ne sais rien de plus.
– Alors depuis des mois on te donne la possibilité de rassembler une troupe considérable, on la nourrit, on l'arme, par tes soins on l'entraîne, et tout ça pour une action de si peu d'envergure? Où il faut laisser survivre nos adversaires?
– Attends, je n'ai pas tout dit. Après la réussite de l'embuscade, nous regagnons au plus vite la forêt de Chizé. Nous rassemblons la troupe et repartons après avoir détruit le camp et son retranchement.
– Et pour où, cette fois?
– Coussac.

– C'est le nom du château dont nous devons nous emparer?
– Oui.
– Qui en a l'investiture?
– Un seigneur nommé Wilfrid.
– Une fois conquis, à qui devons-nous le remettre?
– A moi. » L'Anglais rit, puis cligne de l'œil. Devant l'air étonné du Ruffin il précise : « Si possible je dois m'y installer définitivement. J'ai la promesse d'un véritable appui de messire Audebert. Bien entendu, c'est à lui que je rendrai hommage.
– Pourquoi Coussac de préférence à tout autre château?
– Sa situation, non loin de Limoges dont le vicomte est l'ennemi d'Audebert, d'abord; ensuite, le fait qu'il possède un donjon de pierre. Messire Audebert, pour ses projets futurs, a besoin de points d'appui dans la région.
– Mais le duc Fier-à-Bras va nous assaillir!
– Bien pourvu de vivres, Coussac est, dit-on, imprenable.
– Alors, comment nous en emparerons-nous?
– Par la ruse. Le moine Orderic vient avec nous. Il doit nous introduire dans la place. »

Ruffin cesse de poser des questions. Pensif il se laisse porter, véritable centaure, faisant corps avec son cheval.

Le ciel devient toujours plus sombre. La fine pluie s'est arrêtée, mais s'accroît la menace de fortes ondées. L'ordre de presser le pas est bien accueilli. Depuis un moment déjà, les hommes ont cessé tout bavardage.

Noire sur fond noir, silencieuse et rapide, presque fantomatique, passe la troupe. Les serfs qui l'aperçoivent s'écrasent derrière des buissons ou se dissimulent au creux de la moindre ornière. Apeurés, ils se signent en tremblant.

Tard dans la soirée, Lisoie chuchote à l'oreille d'Eudes, allongé près de lui :

« L'Anglais, m'avez-vous dit, reçoit pour prix de ses services le château de Coussac. Mais vous, quelle sera votre récompense?
– Sais-tu, l'Avisé, que tu parles comme nos compagnons bandits?
– Comment ça?

– Reçoit le château de Coussac : c'est une façon de voir un peu particulière. Il est plus juste de constater qu'un grand personnage lui conseille de le conquérir. Ça ne signifie pas que l'Anglais parviendra à en recevoir jamais l'investiture. Il faut d'abord qu'il démontre que nul ne peut le lui reprendre. Ce qui n'est pas fait, si ce qu'on dit du duc Fier-à-Bras est vrai, en fait d'énergie et de justice.

– Tout ça, c'est des racontars. Renard en terrier ne se laisse jamais prendre. A l'Anglais on promet, et dans quelques jours la promesse sera tenue. Mais vous, quel sera votre salaire?

– Audebert à moi aussi a donné de l'espérance.

– En quoi?

– Celle de m'aider à conquérir un château situé au sud-est, sur les terres du comte d'Angoulême, Arnaud.

– Pour quand cet assaut?

– Doucement, l'Avisé! Pas avant l'automne prochain. Car il va falloir tenir d'abord celui de Coussac. Si le duc attaque, crois-moi, la troupe de l'Anglais au grand complet ne sera pas de trop. »

Lisoie ergote encore quelques minutes, puis la fatigue l'atteint. Il bâille avant de dire :

« Méfiance, messire, méfiance! L'Anglais est trop poli pour être honnête. Quant au Truitier, lorsqu'il vous regarde, ses yeux lancent des éclairs.

– Je veille, ne t'inquiète pas.

– Moi aussi je veille, messire, de mon mieux. Pourtant, il me déplairait que vous oubliiez votre serment de vengeance.

– Lisoie, tu me connais bien mal si tu me supposes capable d'oublier la trace que je porte au-dessus du sein droit. »

L'Avisé sourit de contentement, les yeux fermés; près de sombrer dans le sommeil, il dit encore :

« Voilà qui va m'aider à m'endormir, messire, mais il y a un personnage, dans vos récits, qui ne m'inspire point confiance, lui non plus.

– Qui ça?

– Orderic. »

64

Le chorévêque Benoît, qui jusqu'ici semblait perdu dans un rêve, s'anime. Son visage grave, creusé de rides – le front surtout, et de part et d'autre de la bouche –, reprend vie. Les yeux bruns retrouvent leur acuité. Sa Grâce Eblé lui a souvent dit :

« Comme c'est curieux ! tu as ce même regard fixe que possèdent les oiseaux de proie et les hommes impitoyables. Et cependant nul ne s'en est jamais effrayé. Tous, nous devons être sensibles à cette bonté profonde qui parvient à transparaître. »

Benoît se redresse, change de position, tapote ses coussins, lisse le drap froissé. Dans la litière, a pris place près de lui son secrétaire et ami, frère Jaufré.

« Ami, lui dit Benoît, ce matin, d'ici une paire d'heures, nous devons passer près d'un petit oratoire bâti sur un tertre au bord de la Glane. Ce lieu incite à la paix toute âme sensible et pieuse. Il me sera agréable de m'y arrêter pour prier un moment. »

Jaufré fronce les sourcils afin de mieux réfléchir ; soudain, il s'exclame :

« Je le connais ! Vous m'avez envoyé par là il y a bien trois ans, lorsque le pays était terrorisé par ce petit seigneur fou, dont j'ai oublié le nom. Vous en souvenez-vous ? Il faisait enlever les serves jeunes sur ses propres terres afin de les martyriser. Puis feignant de retrouver leurs cadavres il se jetait sur ses voisins en les accusant d'homicide et de diableries. »

Benoît hoche la tête et fait la moue. Ce souvenir lui échappe visiblement. Sa bouche garde le pli désabusé. Jaufré s'inquiète :

« Ces jours-ci, vous semblez triste. Ne me parlez-vous pas, à moi votre ami, de vos soucis, de vos tourments?

– Que te dire? J'éprouve de plus en plus souvent une sorte d'effroi. Nous vivons dans un monde si atroce, si monstrueux, qu'il m'arrive de douter, ô sacrilège! de cet être que Dieu fit à son image, de cet homme que Jésus est venu sauver. Ainsi, peu à peu, en suis-je venu à douter de ma mission, de son utilité.

– Vous! Vous que chacun se plaît à nommer " le bon chorévêque ", que j'ai connu si généreux et enthousiaste?

– Oui, Jaufré, moi.

– Mais, hier encore, vous me parliez de vos projets et notre activité, me semblait-il, allait devenir encore plus folle. Vous me disiez le plaisir et le réconfort que vous trouviez au cours de vos rencontres avec Sa Grâce Eblé. Et l'espoir, la certitude même, de pouvoir à nouveau soulager quelques misères vous transfigurait.

– Tu n'as point tort. Dans mon cœur l'espoir est tenace. C'est la raison qui souvent pousse au désenchantement.

– Écoutez votre cœur, en ce cas. Et n'oubliez ni vos amis ni votre protecteur.

– Je n'oublie personne, Jaufré. Toi en particulier, et aussi Sa Grâce. Jamais monseigneur Eblé ne s'est départi de son affectueuse générosité, depuis ce jour lointain où je lui ai été confié, ou, plus exactement, depuis l'instant où il m'a pris en charge.

– Quel âge aviez-vous?

– Quatre ou cinq ans, à ce que je crois. Peut-être davantage, peut-être sept ou huit. Je mangeais si rarement à ma faim que je ne pouvais grandir bien vite.

– Alors, à quatre ans près vous ne savez pas...

– Oui, Jaufré, je ne sais qu'approximativement mon âge. Mais dans le peuple c'est sort assez commun.

– Ça me gênerait si je ne connaissais pas le mien.

– Bien sûr! Tes parent étaient d'une caste où les événements de la vie prennent leur véritable sens. Mais ma famille était si malheureuse! Il faut être né dans la classe des serfs pour savoir et pour comprendre la misère profonde de notre peuple.

– Pardonnez-moi, mais vous me semblez bien restrictif. Je ne crois pas l'ignorer. Vous m'avez chargé de tant de missions charitables qu'il me faudrait être aveugle et sourd pour méconnaître les souffrances des hommes et des femmes, serfs ou colliberts.

– Jaufré, Jaufré, ne t'y trompe pas : toi, fils d'homme libre, ne pouvais, jusqu'à ce que tu viennes vivre à mes côtés, avoir qu'une vision extérieure du peuple.

– Sans doute, mais...

– Ne proteste pas ! Je te sais animé par la foi et loyal serviteur de notre divin Jésus. Je ne mets en doute aucune de tes qualités profondes. Seulement, vois-tu, tu n'es point né parmi la classe serve, cette classe écrasée, spoliée, niée, où la vie n'est jamais que l'antichambre de la mort. Où l'abominable souci de se prolonger, ne serait-ce que d'un jour, absorbe inévitablement toute l'énergie. Comment pourrait-on, je ne dis pas rêver, mais seulement réfléchir, lorsque tout se transmue en menace : soleil ou pluie, chaleur ou froid, lorsque tout homme peut receler, et recèle neuf fois sur dix, un ennemi prêt à tout ?

– Je n'en ai jamais conçu qu'une plus grande admiration pour vous, mon maître. En dépit de la plus sinistre et définitive adversité, vous avez su devenir un homme de grand savoir et aussi conquérir puissance et autorité, tout en conservant intacte votre vertu de charité.

– Tu ne parles pas justement, ami, en voulant me glorifier de ce qui ne relève pas de mon mérite mais d'une chance extraordinaire. Les facilités exceptionnelles que Dieu m'a accordées en me faisant croiser la route de Sa Grâce expliquent l'invraisemblable transformation de mon existence. Elles m'ont permis de m'élever, mais je n'y ai aucun mérite.

– Prenez garde, mon maître, de pécher par excès d'humilité. Dieu n'aime point que l'on méprise les dons qu'il octroie.

– Je ne méprise pas, Jaufré. Je crois seulement qu'il faut rendre à Dieu ce qui lui appartient, et aux hommes ce qui leur est propre. Tu parles de dons. Je veux bien considérer que c'est Dieu qui m'a octroyé ma nature. Mais je connais des êtres qui avaient, au départ, autant de qualités que moi, mais à qui, hélas ! l'occasion de les utiliser a été refusée.

– Maître, ne niez point l'évidence. Votre générosité aurait eu cent fois l'occasion de s'émousser. Nous constatons tous qu'elle est intacte. Et quoi que vous disiez, il n'est personne d'honnête qui ne soit contraint de reconnaître en vous une générosité et une intelligence également merveilleuses.

– Des mots, tout ça, Jaufré. Il est vrai que je me serai usé à tenter de rénover l'idée de justice et d'amour en ce bas monde, et que l'enseignement du Christ je l'ai voulu vivant. Mais à quoi suis-je parvenu ? Les résultats que j'obtiens sont dérisoires. Si dérisoires, si inexistants, au regard de ce qui reste à faire, que j'aurais honte de te répondre !

– Le seul reproche qu'il m'ait été donné d'entendre, chez certains, à votre égard, c'est celui d'excessive mansuétude. »

Benoît, des deux mains, se voile le visage. Il reste ainsi un long moment sans bouger. Jaufré l'observe et respecte ce retrait en lui-même. Enfin, le chorévêque dit :

« Peut-être ai-je tort en effet de ne jamais me résigner à croire qu'un homme est perdu à jamais, qu'il ne saurait plus s'amender. Mais l'abandon est si grave ! Cela peut m'amener, certes, à ne point condamner des hommes qui se sont conduits de la plus indigne manière.

– Mon ami, mon maître, permettez-moi de vous dire qu'entre autres je ne vous ai point trouvé assez sévère à l'égard de cette brute définitive qu'est Hélie de Périgord. Le blâme que vous avez réclamé et obtenu contre lui n'est point une peine assez sévère. Lui et son hypocrite de frère méritaient d'être à jamais destitués de toutes charges.

– Ne sont-ils pas, eux aussi, fils de Dieu ?

– Des ténèbres plutôt. Satan lui-même a dû présider à leur naissance et leur a imposé sa marque. Cet Audebert, je doute qu'il ait seulement une âme. »

La voix de Benoît se fait dure :

« Jaufré ! je t'interdis...

– Maître, auriez-vous oublié leurs innombrables violences, leurs méfaits accumulés ? Avec eux il n'est question que de meurtres, viols, incendies, embuscades. Pas un seul de leurs voisins qui n'ait eu à se plaindre d'exactions diverses, cent fois répétées. Et le peuple ! Serfs et colliberts, dont vous souhaiteriez tant soulager les misères, dont vous voudriez, et avec quelle passion, améliorer définitivement la condition, les avez-vous vus sur leurs terres ?

– As-tu oublié le précepte de charité ?

– Ne comptez pas sur moi, au jour du Jugement dernier, pour plaindre ces deux monstres ! Seules les flammes éternelles pourront les récompenser de leurs méfaits.

– Jaufré, Jaufré, tu n'as point le droit, même pour une hypothèse, de te substituer à notre divin Seigneur.

– Mais...

– Tu juges, tu condamnes, alors que tu ne sais rien de ce qui se passe dans le secret des cœurs.

– Maître, vous n'avez pas le droit...

– Non, Jaufré, je refuse de t'entendre. Ton discours m'irrite et m'inquiète. »

Un moment, dans la litière, règne le silence. Les deux hommes ressassent en secret leurs arguments. Puis la main de Benoît vient se poser sur le genou droit de Jaufré : la voix du chorévêque a retrouvé son habituelle douceur.

« Laissons là ma prétendue mansuétude excessive et pensons aux tâches de cette journée.

– M'avez-vous pardonné mon indignation peut-être exagérée?

– Bien sûr, mon ami! Car je sais que tu exprimes, même quand tu te trompes, la vérité de ton cœur. N'en parlons plus. Dis-moi plutôt où nous sommes maintenant. »

Jaufré soulève un rideau de la litière :

« Regardez, maître, nous longeons les étangs.

– Quel calme! Comme c'est beau! Vois-tu, Jaufré, j'aimerais pouvoir venir... »

Benoît ne peut finir sa phrase, de surprise effarée et inquiète. Le grondement d'une multitude de sabots sert tout à coup de bruit de fond sur lequel se détachent de farouches clameurs :

« Tue, tue, pille, à mort! »

Les assaillants, répartis en deux troupes distinctes, surgissent : l'une d'un bois situé à moins de trois cents toises, l'autre d'un boqueteau de moitié plus éloigné.

« Maître, crie Jaufré, c'en est fait de nous!

– Du calme, il me faut leur parler, à ces âmes perdues. »

D'un brusque mouvement il arrache presque les rideaux de son côté et saute à bas de la litière. Conduits par un chef dont la jeunesse éclatante semble faire de cette ruée un jeu monstrueux, les guerriers déferlent et dépassent la litière, fonçant droit sur les hommes de Bellac. Benoît brandit aussi haut que possible une mince croix de bronze en criant :

« Paix, chrétiens! Miséricorde pour toutes les âmes! Arrêtez,

arrêtez! La vie de vos frères est aussi sacrée que la vôtre! N'ajoutez pas à la douleur du Christ! »

Ses dix gardes, surpris et affolés, tournent et caracolent, ne sachant que faire. La troupe du sire de Bellac, qui suivait à une soixantaine de pas derrière le dernier homme du chorévêque, est elle aussi en pleine confusion. Confusion qui ne tarde guère à se transformer en panique lorsque les premiers guerriers assaillants commencent de frapper, hurlant toujours comme des damnés.

Les hommes du Ruffin cognent du plat de leur lance, arrachent les armes d'adversaires devenus soudain malhabiles et désemparés, et qui finissent par n'entrevoir leur salut que dans une fuite éperdue.

En moins de cinq minutes les hommes de Bellac, serrés de près, houspillés, malmenés, ont disparu. Quant à ceux de Benoît, rejoints par la seconde blande, déjà ils gisent pour la plupart ensanglantés.

Le chorévêque a beau s'évertuer à crier l'amour et la paix, ce ne sont autour de lui que scènes de violence meurtrières. Pourtant, jusqu'ici, Jaufré et lui ont été épargnés, comme s'ils devaient être réservés à d'autres fins.

Le chorévêque et son secrétaire, à genoux et suppliant, ne peuvent qu'assister au massacre. Soudain, Jaufré se penche vers Benoît et tendant le bras s'exclame :

« Mon maître, mon bon maître, regardez qui vient vers nous. Regardez les vrais meurtriers, ceux qui commandent les bras des brutes qui nous assaillent. »

Hélie et Audebert, sortis les derniers du sous-bois, s'approchent, droits et impassibles, sur leurs chevaux richement harnachés. Ils parlent, détendus, entre eux, et leur calme, leur apparente bonhomie ne rendent que plus insolite et monstrueux le spectacle de la tuerie.

Les Périgourdins ne sont plus qu'à une cinquantaine de pas des deux clercs lorsque soudain, hors de lui, Jaufré se dresse et hurle :

« Maudits! Monstres! Que les forces de l'Éternel vous anéantissent. Retournez vers votre maître, Satan, rendez-lui compte de vos œuvres. Des félicitations abominables vous attendent. Mais craignez le courroux de Dieu. »

Benoît tire Jaufré par sa robe :

« Mon ami, ne les excite pas, je t'en conjure!

– Mourir pour mourir, je dirai ce que je pense de ces scélérats indignes de l'humanité! »

Cependant, Audebert se tourne souriant vers le comte :

« Mon frère, nous laisserez-vous insulter par ce frocaillon? Donnez-le-moi, que je lui fasse à jamais entendre raison et qu'il sache avant de rendre son âme quel respect il vous doit. M'autorisez-vous?

– Fais à ta guise; tu n'es pas un homme à rater pareille mise au pas.

– Gaucelm! » crie Audebert.

Le chevalier qui tournoyait autour de la litière s'approche aussitôt et retire son heaume avec un grand rire.

« Ceci est superflu pour autant qu'il ait jamais été utile ce matin, sinon à nous protéger éventuellement de la pluie. »

Audebert consent un sourire puis, tendant la main pour désigner Jaufré toujours debout :

« Fais-moi amener celui-là. »

Jaufré, les bras tordus par deux sergents, doit s'agenouiller devant Audebert. N'ayant plus à tuer ou piller, les soldats se rassemblent, curieux d'assister au dénouement. Hélie, la mine réjouie, attend confiant les initiatives de son frère. Quant à Benoît, pâle et une expression désespérée sur le visage, il ne fait qu'entrecouper ses prières d'appels à voix contenue :

« Jaufré, mon ami, Jaufré le frère loyal... »

Audebert se penche et prend appui sur le pommeau de sa selle :

« Alors, le frocard, on ironise, on insulte ses maîtres? Rappelle-moi donc ton nom.

– Mon nom importe peu. Je ne suis et n'ai jamais voulu être qu'un serviteur anonyme de Dieu tout-puissant.

– Dis-le-moi tout de même, que je sache au moins qui je vais faire mettre à mort.

– Pourquoi te répondrais-je? L'as-tu demandé à ceux-là?

– Je parle à qui je veux et quand j'en décide, moine. Et de toi j'exige une réponse précise. »

Jaufré ne lui répondant pas, Audebert se tourne et crie :

« Gaucelm! Emmène-moi cet imbécile et fais-le parler. Ensuite, avec ta dague coupe-lui la tête. Mais, attention! qu'il sente ce qui lui arrive. Lorsque ce sera fait tu me l'apporteras et on la jettera dans l'étang, voir si elle flotte.

– Et le corps, messire?

– Laisse-le pour les loups. »

Jaufré, tandis qu'on l'entraîne, crie :

« Bénissez-moi, mon père. »

Benoît se précipite en avant :

« Seigneur comte, ayez pitié! »

D'un geste, Hélie désigne le chorévêque à ses hommes qui immédiatement l'empoignent :

« Ta gueule, lâche bâtard! Bénis-le pendant qu'il est encore temps car il lui sera fait ce que mon frère a décidé. Et hâte-toi, ton tour est proche.

– Mon bon Jaufré, absous-moi comme je t'absous. »

La plupart des hommes d'armes ricanent, quelques-uns seulement se dissimulent, se retournent pour se signer.

« Emmenez ce Jaufré plus loin, ordonne Audebert, on ne s'entend plus. »

Gaucelm et la demi-douzaine d'hommes qui s'occupent du frère secrétaire s'éloignent de quelques dizaines de toises. L'attention se reporte sur Hélie et Benoît.

« Alors, dit le comte, il paraît que je suis un monstre indigne de la chrétienté, et que tu me dénonces aux plaids de notre sire le duc Guillaume?

– Ah! miséricorde! Je n'ai point assez mal parlé de toi. J'avais encore sous-estimé ton mérite. Ce matin pèsera lourd dans la balance pour le Jugement dernier.

– Au lieu de me débiter des sornettes, si tu me répétais le discours que tu as prononcé contre moi à Poitiers? »

Les hurlements de Jaufré qui leur parviennent font tressaillir Benoît. Échappant aux mains de ses gardes il se précipite en avant. Mais il n'a pas le temps de faire seulement une toise : Hélie pousse son cheval vers lui et se penche pour le frapper à la face.

« Répète, chien, bâtard fils de putain, esclave! »

Audebert intervient vivement :

« Monseigneur, à quoi bon l'interroger? Ne perdons pas trop de temps. Nous ne nous sommes que trop attardés ici. Une troupe peut surgir à tout instant. Taille-Fer patrouille par ici, on me l'a rapporté. Réglez son sort à cette vipère. Vous seriez inconsolable si par malheur il en réchappait.

– Tu as raison. Qu'on l'attache à ce saule, qu'on lui tranche la langue, le nez et les oreilles, et qu'on l'abandonne là! »

Avec célérité et une joie macabre Benoît est entraîné vers l'arbre. Là-bas, du côté de Jaufré, maintenant règne le silence. Gaucelm, qui s'affaire agenouillé près du corps, est à demi dissimulé par ses soldats.

Les lianes qui fixent Benoît au vieux saule le ceignent des chevilles jusqu'au torse. Benoît, alors, crie les yeux tournés vers le ciel :

« Mon Dieu de bonté et de miséricorde, pardonnez à ceux qui portent la main sur moi. Car ils ne savent pas ce qu'ils font. Mais conviez au plus tôt à votre tribunal ceux qui les commandent, pour leur perte. »

A ces mots, Audebert saute à bas de son cheval, se précipite sur le malheureux Benoît et lui plante son poignard dans le ventre.

« Tiens, charogne, prends ça pour tes vœux!

– Mon frère, mon frère, que vous êtes emporté! dit Hélie, tandis que celui-ci se remet en selle. Voilà un acte que vous devrez confesser à votre chapelain.

– Bah! je m'arrangerai avec Orderic. »

Après avoir ri de la plaisanterie, Hélie et Audebert commentent à haute et paisible voix le supplice infligé au chorévêque. Ce n'est qu'ensuite qu'Audebert dit à Gaucelm qui depuis un moment lui présente la tête de Jaufré :

« L'étang. »

La tête s'enfonce doucement, rougissant l'eau. Audebert fait face à son frère :

« Comte, il nous faut déguerpir. Inutile qu'on nous voie ici. Votre vengeance est accomplie. Le duc et l'évêque vont avoir le temps de pleurer celui qu'ils appelaient leur " ami ", sans savoir qui leur a porté ce coup. »

Hélie opine sans répondre. Dix minutes plus tard, la troupe réformée chevauche dans la forêt.

« Où sont passés les dix nouveaux hommes qui vous accompagnaient ce matin, mon frère? s'exclame soudain le comte.

– Je les ai envoyés patrouiller sous la conduite de leur chef, avec ordre de supprimer tout passant ou serf qui aurait pu assister à l'embuscade.

– Bien, bien, décidément vous pensez à tout. Vous êtes un homme précieux et expéditif, mon frère.

– Votre compliment me va droit au cœur, monseigneur. Pour votre service... Ah! Nom de Dieu!

– Hein? Qu'y a-t-il?

– Comte, je suis impardonnable!

– Que veux-tu dire?

– Il y a que je ne mérite point vos compliments.

– Et pourquoi? Parle!

– J'ai commis la sottise de laisser mon poignard dans le ventre de cette bête puante qui avait nom Benoît.

– Bah! Qu'importe!

– Comte, le pommeau porte mes armes.

– Halte! » Hélie lève le bras. « Il faut aller le rechercher! Envoyez vite votre Gaucelm.

– Avec votre autorisation, j'irai moi-même.

– Et pourquoi?

– Une telle faute mérite une sanction. Je préfère me l'imposer personnellement. »

Hélie sourit :

« Après tout, pourquoi pas? Nous cheminerons plus lentement en espérant votre retour. Que Dieu vous garde des mauvaises rencontres!

– Merci, comte, avant une demi-heure je vous aurai rejoints. »

L'Anglais, entouré de son petit contingent de bandits, attend avec une impatience anxieuse : et si Audebert avait changé d'avis, ou décidé de faire porter la responsabilité de la matinée sur les épaules de quelque bouc émissaire? Il frissonne en s'imaginant dans ce rôle. Aussi quand Audebert sort du bois, seul, ainsi que prévu, il soupire, soulagé. A peine arrivé, le Périgourdin l'interroge :

« Tu as pu agir comme convenu?

– Oui, monseigneur.

– Où est-il?

– A cinquante toises sur les bords de l'étang, dissimulé dans les roseaux.

– Personne n'a rien remarqué?

– Personne. J'ai joué le rôle de celui qui allait le noyer.

– Éloigne tes hommes.

– Truitier, emmène-les dans le bois, là-bas. Que personne ne regarde dans la direction de monseigneur et de moi.

– Bien, ça va être fait. »

A peine les bandits disparus, Jean dit :

« Venez, monseigneur. »

Ils approchent de la cache, lorsque Audebert empoigne le bras de son compagnon :

« Pourvu que le butor n'ait rien entendu de ce qui s'est passé. Il serait capable de ne pas croire ce que nous allons lui raconter et de me dénoncer publiquement. »

L'Anglais ricane :

« J'avais prévu ce danger, messire, n'ayez crainte, j'ai pris mes précautions.

– Qu'as-tu fait?

– Simplement, je lui ai bourré les oreilles avec deux bouts de tissu découpés dans son bliaud en lui disant : " Le danger est pressant, l'ami. Laisse-toi faire : moins tu entendras, moins tu auras peur; moins tu auras peur, plus tu te tiendras immobile, donc en sécurité."

– Décidément, l'Anglais, tu es un homme précieux. J'ai besoin de serviteurs comme toi. Je te promets que tu ne le regretteras pas. A mon service il va y avoir de bons fiefs, bien pourvus en revenus, à gagner. »

Ils ont de l'eau jusqu'aux chevilles pour aller chercher le corps de l'homme ficelé. Détaché, ayant récupéré l'usage de ses sens, ce sergent de la garde personnelle du chorévêque roule des yeux effarés.

« Quel est ton nom? demande Audebert, d'une voix qui se veut douce et prévenante.

– Auberi, monseigneur.

– Comme tu peux t'en rendre compte, Auberi, grâce à moi et au dévouement efficace de ce serviteur, tu es le seul à avoir eu vie sauve. Hélas! le regret de ma vie sera de n'avoir pu intervenir, comme je l'aurais souhaité, pour soustraire à la férocité de mon frère tes compagnons et surtout Sa Grâce Benoît et le savant secrétaire Jaufré, un serviteur en tous points digne du maître. »

A pas lents, les trois hommes reviennent à travers le champ de bataille. Arrivé devant le saule du supplice, Auberi se jette en pleurant aux pieds du chorévêque, dont le corps pèse de grotesque façon sur ses liens.

« Mon maître, mon doux seigneur, crie-t-il, que vous a-t-on fait? Miséricorde! Vous si généreux, si exemplaire, qui jamais ne frappiez, ni ne punissiez! Vous qui aimiez tant vos frères en Jésus-Christ! Qui a osé vous mutiler, vous meurtrir de la sorte? »

L'Anglais prend Auberi par le bras :

« Mon pauvre garçon, je te comprends, je ressens la même indignation. Et regarde ce qu'il reste de tes compagnons, vois l'acharnement féroce sur de simples cadavres!

– Et Jaufré, dit Audebert, regarde, il lui manque la tête. Je peux t'affirmer qu'à cette heure les poissons s'en repaissent. »

Avec une compassion attristée, le frère d'Hélie tapote l'épaule du sergent, qui soudain sort de son hébétude pour hurler :

« Mais pourquoi m'avoir épargné? Moi, moi? Pourquoi?

– Je puis te répondre, Auberi, en te confiant une mission qui plairait au cœur de Benoît. S'il nous voit du Ciel, et j'en suis persuadé pour ma part, sans doute s'impatiente-t-il de la voir accomplir.

– Je suis votre homme, monseigneur.

– Je ne sais si tu m'as reconnu, mais je suis Audebert de Périgord, le frère puîné du comte Hélie. Comme tel, à longueur d'année, je dois subir sa loi. Mon frère est un fou monstrueux, dont les desseins et les caprices l'entraînent à supplicier et à massacrer. Comme toi j'aimais Sa Grâce Benoît qui, je crois pouvoir le dire, me le rendait bien. Ce massacre odieux rompt mes derniers scrupules. Je n'en puis plus. Il faut que cela cesse. Tu sais combien pour un homme de ma sorte compte sa race! Qu'importe! Je veux que moi, pauvre pécheur, puisse offrir à Sa Grâce l'immense joie de servir une dernière fois ses frères en Jésus-Christ. Va, cours dire à monseigneur Eblé et au duc Guillaume Fier-à-Bras ce que tu as vu et aussi ma peine. Dis-leur, sans même ménager leur sensibilité, quel est l'homme qui règne sur le Périgord. Dis-leur que seul le sentiment familial m'avait jusqu'ici retenu près de lui mais que la coupe est pleine. Va, dénonce, et que Dieu et les hommes ne soient pas trop sévères pour le pauvre pécheur que je suis.

– O monseigneur, votre attitude est noble et belle ! Comptez sur moi, humble sergent, pour dire tout ce que je sais, et que j'affirmerai même au péril de ma vie. Mais, seigneur, comment pourrais-je aller jusqu'à Poitiers ?

– Jena, donne à Auberi le cheval que tu es parvenu à dissimuler pour lui, remets-lui aussi des armes. Moi, c'est ma bourse que je lui donne. Cours, crève autant de chevaux qu'il faut ! Et que la grâce du Seigneur te conduise à bon port. »

Au moment de partir, Auberi s'arrête encore une fois près d'Audebert :

« Grâces vous soient à jamais rendues, monseigneur. Je dirai tout de cette sinistre matinée, mais, laissez-moi vous le répéter, votre modestie dût-elle en souffrir, j'insisterai sur la noblesse de votre rôle.

– Bien trop petit, hélas ! Auberi, bien trop petit ! »

A peine le sergent disparu, Audebert éclate de rire et se frotte les mains.

« Notre homme est si bien endoctriné que j'accepte de me faire ermite si, avant la fin du mois, le Fier-à-Bras n'a point destitué ou occis mon bon Hélie. »

L'Anglais laisse apparaître un sourire discret, puis, la mine humble :

« Seigneur comte, êtes-vous vraiment satisfait de votre serviteur zélé ?

– Tudieu, oui ! Tu es adroit et fort. Je te ferai puissant, si tu sais aussi être fidèle. Mais il est temps que je parte, Hélie pourrait s'impatienter, s'imaginer des choses.

– Adieu, monseigneur.

– Adieu. D'ici quelques mois nous nous reverrons. Et ne néglige rien pour t'emparer de Coussac, je tiens à cette place. N'oublie pas aussi que ce sera ton fief. Le premier. »

Audebert disparu, l'Anglais s'attarde un moment sur les lieux du massacre. La litière, dépouillée du moindre morceau de tissu, enchevêtrement ridicule de planches et de montants, gît renversée sur le côté. Les cadavres sont aux trois quarts nus. La curiosité pousse l'Anglais à examiner le chorévêque. Ce n'est pas sans surprise qu'il constate que toute vie n'est pas encore éteinte dans ce corps mutilé. Benoît respire mais a sombré dans le coma.

Des cris, des jurons troublent soudain ce calme qu'admirait Benoît avant l'attaque. Le tintamarre provient du bois dans lequel a disparu Truitier. L'Anglais est déjà à cheval, lorsque deux cavaliers s'invectivant surgissent entre les arbres. Il s'agit de Ruffin aux prises avec Truitier qui tente de le dissuader de rejoindre l'Anglais.

« Fiche-moi la paix, Truitier, ou je coupe les sangles de ta selle et tu te retrouves cul par terre. »

Un moulinet blanc d'acier finit de convaincre Truitier qui par prudence s'écarte et crie :

« J'ai fait ce que j'ai pu, mais cet enragé ne veut rien entendre ! »

L'Anglais, après avoir hésité, se décide à attendre son second sur place. Il lui est impossible de dissimuler ce qui s'est passé en ces lieux.

« Alors, l'Anglais, dit Ruffin l'œil agressif, la voix mordante, il paraît que tu m'as roulé comme dans la farine.

– N'en crois rien, Ruffin, je n'ai appris qu'en dernière minute certains aspects de l'affaire.

– Des aspects de meurtres ! Comme par hasard. Fichtre ! tu n'y vas pas de main morte : un chorévêque. Laisse-moi te féliciter, mais peut-être conviendrais-tu que me prévenir aurait été logique ?

– Allons, Ruffin, ne te fâche pas. Notre part du gâteau n'en sera que plus belle.

– L'Anglais, si tu me confonds avec une de ces brutes auxquelles tu étais jusqu'ici associé : tel Gillebert Barbe-Sale ou Turpin le Fort, tu commets une grave erreur.

– Jamais l'idée ne m'en est venue, Ruffin.

– Dans ce cas, mets-moi au courant de tout, à l'instant même. Nous sommes isolés, personne ne peut nous entendre : parle !

– Comme je te l'ai dit, ce n'est qu'à la dernière minute qu'Audebert a décidé...

– Non !

– Quoi, non ?

– Et ce cavalier, Auberi, ce sergent du chorévêque avec qui j'ai échangé quelques mots ? Qui l'a si providentiellement protégé, et dans quel but ? Pourquoi t'a-t-on chargé de cette besogne et à l'insu de qui ? Quel rôle jouent exactement cet Audebert et le gros Orderic ? Tu vois, j'en sais plus que tu ne le supposais, alors ne te fatigue pas à mentir inutilement. »

L'Anglais, au nom d'Auberi, a tressailli :

« Qu'as-tu fait subir à Auberi?

– Rien. Il m'a quelque peu renseigné avant de continuer sa course. Et il était pressé.

– C'est bien vrai?

– Ma parole. »

L'Anglais pousse un soupir de soulagement :

« Tu m'as fait peur, bon Dieu!

– Pas de faux-fuyants, l'Anglais. Je le répète : j'exige d'être mis au courant. Des actions comme celle de ce matin ne me plaisent pas. A quoi tendent-elles?

– Simplement à substituer au comte Hélie son frère Audebert.

– Fichtre! Voilà un complot d'importance.

– Plus que ça encore. Et je vais te mettre au courant. Mais non pas à cause de tes menaces, Ruffin. La vérité, c'est que j'ai besoin de chevaliers de ta trempe.

– Je ne suis qu'écuyer.

– Idiot! Audebert va y pourvoir, je t'assure. Mais écoute plutôt... »

65

La neige a réduit la forêt à l'immobilité et à un beau, un surprenant silence. Ciel et terre confondus, les graffiti mystérieux de l'envers noir des branches semblent de redoutables signes à d'inconnus destinataires.

Le vent plaqué au sol depuis trois jours, par tant de touches légères, ne doit plus seulement pouvoir circuler : renoncement passager ou mort?

Brisure! Glissent entre les troncs piliers, brillants et laqués, des cavaliers enveloppés par d'amples capes rondes, retombant sur les croupes et pendant aux flancs des chevaux.

Le sommet du petit mont chauve, étroite clairière, tonsure pratiquée sur l'ordre des moines, pour bâtir là l'oratoire dédié à l'abbé sanctifié, saint Aredii, est lentement, mais inexorablement, envahi.

Il faut attendre près d'un quart d'heure pour que la troupe y soit au complet.

D'une voix assourdie, comme par respect du lieu, l'Anglais appelle :

« Turpin, Joceran, Adhémar et toi Gillebert, faites-moi dégager un espace en lisière du bois. Que les chevaux soient, autant que possible, dans un endroit sec. Protégez-les par une palissade de fortune, mais efficace, et qu'il y ait en permanence vingt hommes de garde.

– Depuis ce matin nous n'avons entendu aucun loup, dit Adhémar le Bègue.

– Cela ne prouve pas que la nuit sera calme.

– Les hommes sont épuisés.

– Sans montures, il ne nous resterait qu'à crever. »

Turpin le Fort, assis de biais sur sa selle, demande après un regard circulaire :

« Pour les bêtes d'accord, mais les gars, où vas-tu les mettre ? La nuit sera froide. »

C'est Gillebert Barbe-Sale qui répond :

« L'oratoire n'est pas fait pour les chiens.

– Bordel de Dieu ! On ne l'a pas construit non plus pour des hommes, surtout de notre sorte ! s'exclame Turpin en se signant plusieurs fois de suite.

– Eh bien, ça va changer ! Pour une fois, il sauvera les corps de préférence aux âmes. »

Le Bègue éclate de rire.

« Mécréants, maudits impies, crie le Fort, le diable vous saisira avant même que vous ayez rendu votre dernier soupir. Vous êtes pires que des chiens !

– Rien qu'avec la tienne, d'âme, il aura fort à faire !

– Comment osez-vous blasphémer près d'un lieu saint ? Je suis ce que je suis, mais moi...

– Toi, tâche donc de nous foutre la paix, dit l'Anglais, c'est bien la première fois que je te vois de tels scrupules. De ta part j'avoue que c'est assez drôle. Et répète-toi bien que nos âmes à tous, ici présents, sont si noires, déjà, qu'une nuit passée dans un oratoire ne pourra point les obscurcir davantage. »

Joceran, qui un des premiers a mis pied à terre, apparaît sur le seuil de l'oratoire.

« Les vitraux sont en bon état et les portes ferment. On sera peut-être un peu serrés mais tant mieux, on n'en aura que plus chaud. »

L'Anglais approuve :

« Alors, au travail, exécution ! » Puis il se tourne vers le Ruffin. « Prens ton Lisoie, Truitier va m'accompagner, nous filons tous les quatre.

– Sans attendre ? Mais l'organisation !

– L'organisation ? Si tout n'est pas parfait, demain je leur coupe la gueule. Nous, nous avons à faire. Mieux vaut arriver à l'abbaye avant la nuit. Il nous reste plus de deux lieues à parcourir, et avec toute cette neige... »

La troupe est déjà au travail lorsque les quatre hommes disparaissent dans le bois.

L'abbaye de Saint-Aredii (Saint-Yrieix) est bâtie sur la rive gauche de la Loue. L'ensemble des bâtiments conventuels encercle l'église abbatiale. Un enclos, accolé à la partie sud-ouest des murs de défense, protège les serfs au service de la communauté.

Depuis quelques dizaines d'années cet enclos tend à s'agrandir. Des artisans et quelques marchands sont venus, viennent encore, y chercher refuge. Se forme là peu à peu l'embryon d'un bourg.

Le jour décline lorsque l'Anglais et ses compagnons se présentent au moine porte-clefs, pour réclamer asile et la faveur de rencontrer frère Orderic qui, selon des renseignements fournis par son abbé, doit faire retraite parmi la sainte communauté.

Les quatre hommes doivent patienter une dizaine de minutes avant d'être admis. Tandis que Truitier et Lisoie s'occupent des montures, leurs maîtres suivent un moine porteur d'une torche. Sur l'aveugle couloir donnent deux rangées de cellules. Enfin, leur guide s'arrête et silencieusement désigne une porte. Puis, après leur avoir donné son flambeau, il se fond dans l'obscurité.

Orderic occupe un alvéole étroit et long d'une toise et demie, aux murs de pierre apparente. Allongé sur sa couche, yeux clos, il semble dormir. L'Anglais d'un coup de genou fait osciller le gros corps :

« Alors, Gras-à-Lard, comme à l'accoutumée tu ronfles tandis que les autres peinent. »

Orderic s'accoude sur sa couche en grimaçant :

« Enfin, te voilà. Dieu bon, ça n'est pas trop tôt! Depuis le temps que je me morfonds parmi toutes ces bonnes âmes! Que faisais-tu, gibier de potence! Vingt fois j'ai cru mourir d'ennui.

– Si tu avais chevauché en notre compagnie tu n'aurais pas eu le temps de t'ennuyer, je te le garantis. Nous n'avons pas chômé depuis la matinée près des étangs de Cieux...

– Chut! Pas de nom ici, je te prie.

– Qui pourrait nous entendre?

– Les murs ont des oreilles chez les clercs. Celui qui parle trop est un imbécile. Il me semblait t'avoir enseigné ce principe avant même que tu n'aies eu le temps de trousser ta première fille.

– Trêve de souvenirs, Orderic. Nous voici, fidèles au rendez-vous.

– Qui est celui-ci?

– C'est toi qui m'as demandé de l'amener quand je t'en ai parlé au château d'Apremont. C'est mon second, un ancien écuyer, un guerrier redoutable, qui espère devenir, au service d'Audebert, chevalier chasé. »

Orderic examine Eudes avec complaisance, il sourit même en hochant la tête :

« Fichtre! l'ami, tu as dû être un adolescent adorable. Je regrette infiniment de te connaître un peu tard pour mes goûts.

– Ne regrette rien, Orderic. » Ruffin rit. « Tu n'as jamais dû posséder les appas et le minois d'une jouvencelle, et telles sont mes préférences. »

Orderic soupire, les yeux au ciel :

« Ah! miséricorde, je l'ai toujours dit : ces maudites femelles nous font bien du tort! »

L'Anglais s'impatiente :

« Tu nous feras part de tes conceptions amoureuses une autre fois, moine. Quelles directives as-tu reçues de messire Audebert? Tu as dû le revoir au cours de ces dernières semaines. Mes hommes, à l'heure actuelle, se morfondent...

– Du calme, du calme! Pas ici, t'ai-je dit. Tenez, aidez-moi à me sortir de là. »

Assis, son ventre repose sur ses cuisses. Il tend les mains. L'Anglais et Eudes le tirent à eux. A peine debout, Orderic se libère et les bouscule pour se précipiter sur la porte qu'il ouvre à toute volée. Une ombre, un glissement furtif sur les dalles mieux qu'un discours renseignent les trois hommes.

« Vous avez compris maintenant? »

L'Anglais sort son couteau et marche vers la porte, l'air furieux.

« Bon Dieu, je vais aller lui couper les oreilles et la langue à ce cafard.

– Mais non, mais non! Tu nous créerais des ennuis bien inutilement. »

Orderic retient l'Anglais par la manche. Ruffin suit la scène, imperturbable.

« Fais comme Ruffin, ma brute. Je voulais seulement te prouver que nous ne pouvons point parler dans cette cellule. Prenez votre flambeau et venez avec moi, nous allons gagner le réfectoire. A cette heure on n'y rencontrera pas un chat et nous y serons à l'aise.

– On va nous suivre! s'exclame Ruffin.

– Sans doute, jeune buse, sans doute. Mais dans une salle aussi vaste, si tu t'installes au milieu et que tu t'exprimes à voix basse, personne ne pourra surprendre tes secrets. »

On descend par un escalier dans l'immense réfectoire, de forme rectangulaire. Le plafond de pierre est voûté. Le moindre bruit s'amplifie et se répercute. Les trois hommes vont s'asseoir à la table centrale, faite, comme les autres, d'une seule épaisse planche de chêne, large d'au moins trois pieds.

« Comment diable font-ils pour s'entendre? demande Ruffin. Les repas doivent se dérouler dans un infernal tintamarre à rendre heureux un sourd.

– Tu te trompes, bel écuyer, car tu ignores que la règle suivie par la communauté de l'abbaye est celle de saint Basile et de Cassien. Le silence, indispensable à la réflexion, est encouragé. On se tait en mangeant.

– Jamais ils ne parlent?

– Si. Mais seulement pour faire progresser leur foi et leur connaissance de Dieu. Saint Basile a donné sa règle sous forme de questions et de réponses. Le dialogue est donc à l'honneur, mais point pour les choses futiles, celles du siècle. »

L'Anglais s'exclame :

« Ça y est, ça recommence, après l'amour les règles monacales. Quand te décideras-tu à nous foutre la paix ou à nous parler de choses sérieuses? »

Orderic rougit de colère :

« Voilà deux semaines que, par ta faute, je supporte la vie de ces bonnes âmes. J'ai eu le temps d'observer, surtout privé de mes deux angelots. J'ai bien le droit de vous en faire profiter, que cela te plaise ou non. Mes joies, ces jours-ci, se sont bornées aux occupations coutumières de l'abbaye : l'étude de l'Écriture sainte, la prière et le travail des mains. Vous vous rendez compte, ils ont tenu à me faire tresser des brins d'osier! »

L'Anglais éclate ostensiblement de rire. Orderic lui jette un regard noir sans pour autant s'interrompre.

« Et, bien entendu, j'ai participé au dialogue. Je ne pouvais même pas me réfugier dans mes rêves.

– Bah! tu geins, tu geins, comme si tu n'en avais pas l'habitude. Que fais-tu d'autre dans ton abbaye de Saint-Maixent?

– Imbécile! rustre! vraiment, on ne croirait pas que tu y as été hébergé. Saint-Maixent est de règle bénédictine. Et nous avons même la chance d'être gouvernés par un abbé qui a refusé de se ranger sous la bannière de Cluny.

– Bon, bon, toutes ces moineries ne nous font ni chaud ni froid. Qu'as-tu à nous transmettre de la part d'Audebert, et quel doit être notre objectif? Le château que nous devons assaillir est toujours Coussac? »

Calmé après ce bref éclat, Orderic soupire. Son gros ventre est encore agité par l'essoufflement. Il attend quelques secondes puis, clignant de l'œil, en désignant Eudes :

« Es-tu sûr que je puisse parler devant ce joli blanc-bec? En réponds-tu? »

Ruffin ricane en tirant la manche du moine :

« Sois poli! Rappelle-toi qu'à tout moment ledit blanc-bec peut te donner sur le museau.

– Eh là, eh là, que tu as le sang vif, toi aussi! Décidément, je ne me ferai jamais à vos méthodes de tueurs. » Orderic se tourne vers l'Anglais. « Et toi qui ne dis rien, qui n'as pas un geste pour protéger ton bienfaiteur!

– Orderic, tu nous emmerdes! Si j'ai amené Ruffin, c'est que je crois pouvoir avoir confiance en lui. Alors parle, et vite, qu'on en finisse.

– Tu crois pouvoir, tu crois pouvoir! Dans une affaire de cette importance, mieux vaut des certitudes. »

Le marmonnement du moine se perd, devient inaudible. L'Anglais hausse les épaules.

« D'ailleurs, je peux bien te l'avouer : je ne pouvais guère lui faire de cachotteries. Dès le massacre de Benoît et de Jaufré il a en grande partie compris de quoi il retournait.

– Ah! parce qu'en plus il est intelligent! Savez-vous que je n'aime pas ça du tout. Ce qui me plaît, ce sont des brutes dans ton genre, l'Anglais. Cluny, sur ce point, a raison : l'intelligence, la compréhension, le savoir sont toujours maléfiques. Enfin, puisqu'on n'y peut rien changer, approchez-vous. »

Au milieu de l'ample salle, dans le petit rond de lumière, sous la flamme fuligineuse, tête contre tête, les complices forment une inégale étoile à trois branches. Orderic parle :

« Le meurtre du chorévêque Benoît a comme prévu déclenché des remous terribles : terreur et consternation, fureur et folie vengeresse. Le duc et son oncle n'ont point perdu de temps. Leurs émissaires ont sillonné l'Aquitaine tout entière. Il n'est, paraît-il, jusqu'au comte d'Anjou, Geoffroy Grise-Gonelle, qui tient dans le duché le fief de Loudun, qui n'ait été contacté... »

Ruffin l'interrompt :

« Le comte d'Anjou va s'en mêler?

– Sans doute, mais qu'as-tu à voir avec ce puissant seigneur, l'écuyer?

– Rien, rien, continue! C'est que je connais bien son pagus.

– Un plaid a été décidé. Il va se tenir aussi près que possible du Périgord, chez le comte d'Angoulême Arnaud. On croit qu'en dépit de la mauvaise saison et d'un temps des plus défavorables, nombre de comtes et de vicomtes y assisteront. Bien entendu, les premiers invités ont nom : Hélie et son frère Audebert. L'invite est si expresse qu'il ne leur est pas possible de l'éluder. »

L'Anglais saisit et serre la main d'Orderic et lui demande :

« L'homme que j'ai caché dans les roseaux, cet Auberi, a-t-il livré à Fier-à-Bras son message comme Audebert l'espérait, a-t-il tout bien raconté?

– Oui, oui, de la plus claire façon. Pour Guillaume et Eblé il n'y a en principe qu'un coupable dans toute l'affaire : Hélie.

– Voilà qui est parfait.

– Du calme, point d'espoir prématuré. La partie va se jouer d'ici une dizaine de jours au plus tard. Je dois y assister, y participer même. Car on m'a nommé une nouvelle fois secrétaire de l'évêque pour la circonstance. Audebert compte sur moi pour influencer en sa faveur Eblé et le duc.

– Et nous, s'inquiète l'Anglais, sourcils froncés, que faisons-nous d'ici là? On ne va tout de même pas attendre la fin du plaid pour agir!

– Non, bien sûr! Vous vous doutez bien qu'on ne peut à l'avance jurer de rien. Notre cause est bonne, mais que va-t-il se passer? Audebert bénéficie du témoignage du seul témoin de la tuerie : Auberi; en plus il peut compter sur ma discrète influence, mais nul ne peut prévoir les réactions du comte Hélie, sa défense, lorsqu'il s'apercevra que sa condamnation est certaine, qu'il va chuter, et que le massacre bénéficie à son frère. Que dira-t-il? Et quel sera en définitive le jugement rendu? Une discussion peut toujours mal tourner. Hélie peut obtenir le jugement de Dieu, sa parole contre celle de son frère. Or Audebert, guerrier cependant redoutable, se sait incapable d'affronter son frère.

– Il se déroberait? s'exclame Ruffin.

– Tiens donc! Crois-tu que notre brave sire soit assez fou pour aller se faire occire et condamner tout ensemble?

– Mais faire défaut, c'est avouer, c'est perdre. Le duel, au contraire, lui offre une chance.

– Et l'Anglais te prétend intelligent! L'ambition, souviens-t'en, ne passe point par la mort.

– Mais je te répète que, s'il se dérobe, il sera automatiquement jugé.

– Non! Et voilà ce qui a été convenu entre Audebert et moi. Il fuira, mais en laissant une proclamation, que par parenthèse j'ai moi-même rédigée, où à la suite de son affirmation d'innocence il révélera nombre de secrets quant à la conduite de son frère au cours des dernières années. Les seigneurs présents en apprendront de belles sur certains de leurs mécomptes. Et le Hélie ne pourra plus s'en sortir, devant preuves et détails accumulés. »

L'Anglais fait la moue :

« En attendant Audebert sera arrêté. Qui sait s'il sera jamais libéré?

– Pas du tout. Audebert ne refusera pas le jugement de Dieu s'il lui est imposé à la face de toute l'assemblée. Il demandera seulement à se retirer pour prier. Ça ne se refuse pas. Or, à la porte du château, son fidèle Gaucelm l'attendra avec six hommes.

– Pourquoi ne nous a-t-il pas proposé de l'aider à fuir si nécessaire? demande l'Anglais.

– Tu oublies que tu n'es qu'un bandit. Gaucelm est un vrai chevalier, lui. On le connaît comme tel. Sa présence n'inquiétera personne. Toi, ton frère assistera peut-être au plaid, il y a été invité. Et mieux vaut qu'on ne te voie pas si tu veux sauver tes os. »

L'Anglais grogne :

« Mon frère, mon frère, un jour j'espère lui dire deux mots à celui-là. Bon Dieu ! ce n'est pas moi qui me déroberais si on me proposait contre lui le jugement de Dieu.

– Revenons à nos affaires si tu veux bien. Donc Gaucelm l'attendra, prêt à toute éventualité. Mais où Audebert pourrait-il alors se réfugier ? Il sait qu'on irait le chercher dans ses châteaux. Sa meilleure forteresse, que tu connais, Apremont, est hors d'état de supporter une attaque de grande envergure. C'est donc là que vous intervenez.

– Comment ça ?

– A trois lieues d'ici, s'élève une formidable forteresse : Coussac. Le sire, Wilfrid, relève du vicomte Géraud de Limoges. Nul ne pourrait rêver d'un meilleur asile. Le donjon est de pierre et haut de plus de trente toises. Même l'enceinte est renforcée de quartiers de roc.

– Diable ! Et c'est de ce château qu'avec nos cent hommes nous devons nous emparer ?

– Tout juste.

– Et comment devons-nous nous y prendre ? Quelle est cette fameuse aide que tu dois nous apporter ? »

La mine hilare, Orderic observe à tour de rôle les deux guerriers. Puis son gros ventre tressaute au rythme de son rire silencieux :

« Eh oui, mes gaillards, imprenable le château sans mon assistance ! Vous vous y casseriez les dents, si solides soient-elles et quel que soit votre appétit.

– Alors, ton rôle ? »

Le sourire ne quitte pas les lèvres du moine :

« Ce Wilfrid n'est point précisément une brebis sans taches. C'est même un redoutable coupe-jarret. Voilà plus de deux ans, Audebert, qui admire Coussac, dont il a fait vainement le siège avec son frère Hélie, lors de la guerre contre Géraud de Limoges, m'a demandé de me mettre au mieux avec lui. C'est ce que j'ai fait. Wilfrid a maintenant la plus grande confiance en moi.

– Comment t'y es-tu pris ?

– Bah, ça s'est passé sans difficulté ! Son chapelain, effaré par tous les péchés du sire, lui refusait l'absolution. Wilfrid est pointilleux sur les formes de la religion, et mal lui en a pris d'ailleurs à ce pauvre curé, car le sire, sous le coup de la déception, l'a fait jeter du haut du donjon. Moi, je me suis amené avec mes gros sabots et la lui ai donnée illico. J'ai même poussé la grandeur d'âme jusqu'à lui expliquer que les excès, dans le meurtre et le pillage comme dans le reste, ne sont que la preuve d'une nature pleine de fougue, qui plaît au cœur de Jésus, puisqu'il préfère se consacrer aux brebis égarées plutôt qu'aux brebis bêlantes.

– Il t'a cru?

– Dame! on a tendance à croire ce qui vous arrange. Le cas échéant, je me charge de te faire gober bien plus gros encore, ta vanité aidant.

– Fumier vantard! »

Ruffin intervient :

« Laisse, l'Anglais, ne vois-tu pas qu'il plaisante? » Puis, sans laisser le temps à Orderic d'ironiser davantage, il ajoute : « Donc tu es au mieux avec le sire. La suite maintenant, que vas-tu faire?

– J'attendais votre arrivée afin que nous nous entendions, que nous convenions des détails. Dès demain je quitte cette foutue abbaye où on ne m'a que trop vu et vais rejoindre Wilfrid qui m'espère depuis des jours. M'accompagnent deux gardes, les routes sont si peu sûres, et deux frères convers, chargés de ma litière et des mules. Quatre solides et fiers guerriers, en réalité, qu'Audebert m'a donnés. Des hommes efficaces et bien payés, donc sûrs. Comme moi ils seront hébergés à Coussac. Les gardes dans un coin de l'enceinte. Les prétendus frères au donjon. Qui oserait se défier des serviteurs de l'ami de Wilfrid? Il ne nous reste donc qu'à convenir avec précision du jour et de l'heure de l'assaut, et vous trouverez portes ouvertes, par deux fois.

– Bordel de Dieu, c'est génial! Si je ne me retenais je t'embrasserais, Gras-à-Lard », s'exclame l'Anglais en claquant à plusieurs reprises l'épaule de ses compagnons.

Orderic rit avec complaisance en lançant de temps en temps, pour calmer Jean déchaîné :

« Chut! chut! les moines qui nous observent vont s'inquiéter. »

Seul Ruffin conserve une mine sérieuse et réfléchie. Au bout d'un moment il intervient :

« J'ai des questions à poser, moi. »

Orderic lui fait immédiatement face :

« Que veut savoir notre jeune ami ? Trouve-t-il une faille dans le plan dressé par l'ingénieux Orderic ?

– Tu es assez volumineux pour n'avoir point besoin de te gonfler encore. Ce qu'il me faut ce sont des précisions. »

L'Anglais rit tandis que Ruffin questionne :

« Quelle est l'importance de la garnison ?

– Wilfrid est riche, très riche ! Géraud de Limoges, son ami et seigneur, le comble de bienfaits pour disposer d'une forteresse imprenable. Il doit avoir entre cent cinquante et deux cents hommes.

– Combien de chevaliers ?

– Une vingtaine dont huit ou neuf sont de sa lignée, oncles ou cousins.

– L'enceinte est-elle vaste ? Combien de pas pour en faire le tour ?

– Judicieuse question ! Tu me plais, décidément, joli cœur ! L'enceinte est resserrée et il n'y a que trois portes pour la franchir. Les forces de défense en sont donc multipliées. La cour intérieure, au plus large, ne fait pas plus de trois cents pas.

– La porte du donjon donne sur une passerelle, celle-ci est-elle accolée à la lice ?

– Non. Elle plonge droit vers la cour.

– Diable !

– Qu'y a-t-il ?

– Elle est facile à détruire. Chez nous aussi, elle... »

Eudes s'interrompt. L'Anglais, redevenu sérieux, le prend par le bras et dit :

« Continue ! Chez toi, où ? Depuis le temps que tu me fais des cachotteries !

– Chez moi n'a aucune importance. C'est Coussac qui compte. Il va falloir prendre des dispositions pour, dès notre entrée, protéger cette passerelle. Car un homme seul, bien décidé et armé d'une simple hache, peut la détruire et donc donner le temps à la garnison du donjon de se ressaisir. Pensez-y.

– Tu en auras la responsabilité, Ruffin, foi d'Anglais, je ne vois personne plus qualifié que toi pour cette besogne.

– Merci, j'accepte.

– Avec tes vingt hommes, plus ceux de Turpin et de Joceran, je te charge du donjon tout entier. Les ex-moines et moi, nous réduirons les sergents des cours et des lices, et veillerons à ce que nul n'échappe.

– Voilà sur quoi je voulais insister! s'exclame Orderic. La saison s'y prête merveilleusement. Chacun reste chez soi, par cette froidure. Certes, Géraud de Limoges ira au plaid d'Angoulême, mais il y va avec ses seuls sergents. Il n'y a donc aucune raison, sauf si une erreur est commise, que l'assaut et la prise de Coussac soient connus d'ici deux ou trois mois. Personne ne doit être au courant. Demain, lorsque vous quitterez Saint-Aredii, méfiez-vous, vous serez suivis, sans doute nos moines mettront-ils quelque espion à vos trousses, dépistez-le à tout prix, qu'il ne sache pas que vous êtes à la tête d'une troupe d'importance.

– Facile », l'Anglais fait jouer son coutelas dans sa gaine, « je te jure qu'il n'ira pas loin.

– Surtout pas ça, idiot! Je te l'interdis bien! J'ai dit : dépistez-le. L'homme doit revenir en croyant vous avoir perdus, en pensant que vous êtes partis au loin. Que personne ne soit inquiet. L'abbaye entretient de bonnes relations avec Wilfrid. Le sire a fait ici de multiples dons pour le repos de son âme et celle de sa femme.

– Compte sur nous, dit Ruffin, nous le sèmerons, même si nous devons faire dix lieues pour rien. Mais, dis-nous, l'idée ne t'est point venue de faire, sur un bout de parchemin, le plan du donjon?

– Mieux, l'ami. » Orderic fouille dans son vêtement, il en extrait deux petits rouleaux. « J'ai ici le plan de l'enceinte, avec les logements des hommes, célibataires et mariés, les écuries et le coin réservé aux serfs. A ce propos, j'y pense : il faudra régler le sort des manants qui vivent groupés à quelque distance, un quart de lieue à peu près de Coussac, non loin d'un étang; que penses-tu en faire?

– J'ai réfléchi. Comme Coussac est appelé à demeurer en ma possession, je ne les tuerai point. Nous allons les assommer et les lier. Lorsque le château sera entre nos mains nous les y transporterons. Ils reprendront ensuite leur service.

– A ta guise. Puisque tu te charges de l'enceinte, prends ce rouleau; quant à toi, Ruffin, voici le plan du donjon après lequel tu pleurais. Les différents étages y sont dessinés. »

Tandis que les deux guerriers observent et étudient leur plan, Orderic scrute l'ombre. Il se demande où sont dissimulés ceux qui les observent, car de cela il reste convaincu, aucun de leurs gestes n'échappe à la communauté. Il se penche :

« Étudiez-les bien, les gars, car nous devrons les brûler avant de sortir d'ici. »

L'Anglais a un mouvement d'humeur et grogne :

« Eh, que diable! nous pouvons les cacher. Mieux vaut les connaître parfaitement.

– Et où les cacherais-tu? Je pense que tu as l'intention de profiter de la nuit dans cet asile paisible pour dormir tout ton saoul? Aucune cachette ici ne peut être sûre. Et songe un peu à ce qui arriverait si l'on découvrait nos intentions. Tu pourrais dire adieu au fief de Coussac.

– Orderic a raison, l'Anglais, dit Ruffin, passons-y le temps nécessaire, mais sachons-les sur le bout du doigt. Et pour plus de sûreté, regarde aussi le mien tandis que j'examinerai celui de l'enceinte.

– Hâtez-vous tout de même, marmonne Orderic, nous avons encore bien des décisions à prendre. »

66

Long et tortueux itinéraire. Déjouer la surveillance de leur suiveur a entraîné les quatre hommes une partie de la matinée en direction de Châlus. Encore ne sont-ils parvenus à leurs fins qu'avec l'aide d'une bande de loups. Ils entendaient hurler les bêtes au fond d'une étroite vallée, et l'Anglais a eu l'idée, au lieu de fuir, d'entraîner ses compagnons droit vers elles. Du coup, leur homme s'est senti par trop isolé et n'a pas continué une route devenue doublement redoutable.

Semer les loups, ensuite, n'a pas été un jeu d'enfant. Mais pour des hommes forts et habiles au maniement des armes, disposant de chevaux bien reposés et répondant intelligemment à la main, la fuite ou les accrochages confinaient souvent au plaisir.

Trois loups tués, coup sur coup, leur ont permis enfin de distancer la meute. Tandis qu'éperonnées avec vigueur leurs montures fonçaient dans un espace découvert, essart nappé de blanc et hérissé de tiges cristallines, ils entendaient encore les cris et les grognements des fauves se battant pour dévorer les cadavres de leurs congénères.

Dans le camp improvisé du mont chauve, en leur absence, la soirée et la nuit se sont écoulées sans anicroches majeures. Pourtant, les chefs s'avouent inquiets. Leur sont parvenues, dans l'irritante promiscuité de l'oratoire, de sourdes récriminations et des menaces. Dès le retour de l'Anglais, Turpin le Fort, s'improvisant porte-parole, intervient avec véhémence :

« Tu as défendu de faire du feu, sauf pendant la nuit et à l'abri des arbres. Par ce froid nos gens ne peuvent rien avaler de chaud.

Nos provisions de route tirent à leur fin, de même pour les chevaux. Ça ne peut plus durer.

– Tu te trompes.

– Comment ça ?

– Pour le moment nous ne bougeons pas et les ordres restent inchangés.

– On pourrait organiser un coup de main contre un village. Si tu veux je m'en charge.

– Non.

– Mais, bordel de Dieu ! quand allons-nous quitter cette maudite cage, à barreaux blancs ?

– Pas avant trois jours.

– Ils ne tiendront pas, merde ! Et nous non plus ! »

Joceran fait un pas en avant pour saisir le bras de l'Anglais et dit :

« Dans ce cas il faut que tu t'expliques à tous. Autrement, un coup dur, rébellion ou dissidence, est à craindre.

– Les beaux conseils que voilà ! Pour qui me prenez-vous ? Pour un châtré ? J'étripe les premiers qui bougent. Ne l'oubliez pas : obéir est la seule règle pour une troupe. »

Turpin et Joceran, soutenus par les deux ex-moines, vocifèrent à s'égosiller. Ruffin, conciliant et calme, intervient à son tour :

« Allons, l'Anglais, Joceran a raison et le jeu en vaut bien la chandelle. Inutile de courir de tels risques. Nous ne serons point trop nombreux pour la tâche qui nous attend.

– Depuis quand le chef doit-il justifier sa conduite ? Je te répète qu'ils obéiront ou en crèveront.

– Oublies-tu à qui tu as affaire ? Gens de sac et de corde, isolés par hasard réunis.

– Ma troupe en vaut une autre, Ruffin ! Il me déplaît de l'entendre critiquer.

– Raison de plus pour lui donner l'occasion de te prouver son dévouement. »

L'Anglais grogne, ergote encore un moment, puis il cède. Un quart d'heure plus tard, la troupe au complet est rassemblée autour de son chef juché debout sur l'autel.

Ruffin en profite pour examiner une fois de plus ses compagnons de fortune. Yeux luisants, brutaux visages hirsutes, les lèvres sont gercées sous les moustaches raidies par le gel. Ricanements de crétins, ou faces tendues d'impitoyable innocence, les bandits écoutent. Les paroles font merveille dans leurs cervelles simplistes ou obtuses.

Entraîné par l'enthousiasme et l'espoir qui renaît dans les regards, l'Anglais se prend au jeu, tonitrue, se laisse aller à parler de ce qui attend la bande en cas de victoire. L'aventure prochaine soude à nouveau le chef et ses hommes.

Cependant, tenir trois jours, dans un espace si restreint et par un temps si rébarbatif, ne peut être aisé. Deux heures plus tard, les épuisantes altercations, les ridicules conflits – avec la rixe meurtrière toujours menaçante – reprennent et se succèdent sans presque d'interruption. Quand sonne l'heure du départ, chacun des six responsables pousse un soupir de soulagement.

C'est un serf, d'un hameau situé à mi-chemin entre l'abbaye de Saint-Aredii et Coussac, qui va servir de guide nocturne. Truitier et Lisoie se sont emparés du pauvre homme, le matin même, tandis qu'il essayait de braconner dans un bois proche.

La neige recouvre toujours la campagne. Le gel l'a même durcie. Sous les sabots des chevaux une mince carapace rigide cède en crissant, avant que les pattes ne s'enfoncent jusqu'au-dessus des jarrets.

Un ciel plombé et bas, une lumière ingrate et morose : le temps convient à merveille aux projets des complices. Ils risquent d'autant moins d'indiscrètes rencontres. Ce n'est point là une de ces journées où l'on peut aimer se risquer à parcourir la campagne.

La troupe soigneusement organisée progresse, répartie en six groupes distincts. En tête du premier chevauchent l'Anglais et Ruffin, qui a confié à Lisoie le soin de diriger le sien. Entre les deux chefs marche le serf, poignets liés, dos courbé, l'air hagard.

Depuis sa capture, tenaillé par la peur, il ressasse les mêmes pensées. Que va-t-il lui arriver, lorsque ces guerriers n'auront plus besoin de lui? Sera-t-il mis à mort ou lui permettra-t-on de retourner à ses occupations? Peut-il, en leur rendant service, se concilier leurs bonnes grâces? Il en doute. La reconnaissance, comme la pitié, n'a pas souvent accès au cœur des hommes de guerre. Pourtant, il fait de son mieux, leur choisit un itinéraire parfait, puisque c'est sa seule chance de salut.

Coussac est à près de cinq lieues de l'oratoire. L'Anglais a donné le signal du départ vers quatre heures. Ils n'atteindront donc, au rythme de leur marche précautionneuse, le hameau des serfs, près de l'étang, signalé par Orderic, que vers neuf heures, neuf heures et demie.

Chemins énigmatiques, espace magique de l'aventure, les silhouettes noires se détachent crûment sur la neige luisante. La colonne étire ses groupes comme un long serpent déroule ses anneaux.

Fonds de vallées, ruisseaux, légers escarpements où glissent les bêtes, lisières de noisetiers et d'aubépines, venelles bordées par des haies de ronces, plateaux boisés de châtaigniers, de chênes et de hêtres, cette campagne si verte, si harmonieuse durant les mois d'été, est soumise pour lors aux vents glacés venus des monts de l'Est.

Avance dans un imperturbable silence : la neige et le guet des bandits l'assurent. Les chefs n'ont point en vain prêché la vigilance, répété cent et mille fois que nul ne devait les apercevoir ou les entendre : sous peine d'échec. Tous espèrent tant des heures à venir ! Voilà des mois qu'ils attendent cette nuit. Des mois qu'ils supputent profits et plaisirs. Il ne s'agit point de risquer bêtement de la gâcher.

Pillages et viols sont des droits infrangibles. Que l'Anglais veuille conquérir Coussac dans l'intention d'y demeurer, de le garder comme fief, ne change rien à l'affaire, ne saurait empêcher le sac. Ses droits ne prendront effet qu'ensuite.

L'obscurité s'appesantit sur la campagne, une obscurité comme volatile, aussi pure que l'éther, dont le souvenir, plus tard, fera rêver. Tout disparaît : pour chaque bandit n'existe bientôt comme unique point de repère que le dos du compagnon qui le précède. Temps fabuleux de l'attente : tout à l'heure, d'un seul coup, la quiétude basculera. Clameurs et violences.

Il fait froid, de plus en plus. Hommes et bêtes souffrent dans un air barbare. La route est longue. Ne reste bientôt dans la tête des guerriers que l'idée fixe du projet qui les meut.

Par-delà le saccage prévu, la conquête de Coussac, c'est l'espoir pour ces hommes de réintégrer un monde stable d'où on les a jadis, à tort ou à raison, chassés. Si le coup de main réussit, ils cesseront d'être des bandits sans foi ni loi, sans feu ni lieu, parias rejetés, que la potence guette et fascine. Ils redeviendront les sergents, les hommes d'armes respectés, à la solde d'un seigneur redouté.

L'horaire doit avoir été observé, soudain le serf s'arrête et marmonne. L'Anglais aussitôt alerté se penche vers lui :

« Le hameau est là, dit l'homme.

– Combien d'habitants? »

Sans répondre, le manant tend ses deux mains, doigts ouverts et écartés. Un certain nombre de fois il répète son geste.

Ruffin fait la moue :

« Ça doit vouloir dire une centaine.

– Et d'ici, quelle distance pour atteindre Coussac?

– Moins d'un quart de lieue.

– Tu nous y conduiras. En attendant, je te conseille de ne pas tenter de fuir pendant ce qui va se dérouler ici. A la moindre tentative, je te tranche la gorge. Te voilà prévenu.

– Oh! messire, j'ai bien trop peur pour bouger. »

Sortant un à un des ténèbres les bandits se rassemblent. Harcelés, mordus par le froid, une énergie hargneuse les galvanise. Avant le départ, des consignes précises leur ont été données. Chacun sait ce qu'il a à faire. Une fois au complet, ils vont prendre position devant les huttes, simples renflements sous la couverture blanche. Au jappement du renard ils foncent.

Les misérables et grossières portes faites de planches plus ou moins disjointes ne résistent pas aux poussées vigoureuses. A peine le seuil franchi, à la lueur dansante des torches, les bandits frappent et assomment. Les habitants surpris en plein sommeil n'ont pas même le temps de reprendre conscience. Cris et pleurs des enfants dominent gémissements et sanglots des adultes.

Qu'importe aux assaillants! Ce ne sont pas ces plaintes vite éteintes qui pourraient jeter l'alarme à un quart de lieue de distance.

L'Anglais, Ruffin et les autres chefs arpentent les deux semblants de rues, excitant ou contrôlant l'action de leurs hommes. Méthodiquement ensuite on ligote et on bâillonne les victimes.

Tout se passe très vite. Dans l'ensemble les ordres sont respectés. C'est à peine si une dizaine de femmes ou d'adolescentes sont violentées. Et déjà retentissent de brefs coups de sifflets qui annoncent le rassemblement. Les torches hâtivement noyées dans la neige, la colonne reformée, la progression reprend.

Le guide a tout vu sans broncher.

« Tu es un sage, lui dit l'Anglais, peut-être vas-tu t'en tirer. Écoute, lorsque nous serons à trois ou quatre cents toises du château, préviens-moi. Et fais en sorte de nous guider de façon à n'être point entendu par une sentinelle. Choisis ta route, je te le conseille si tu tiens à tes os. »

Une claque dans le dos projette le serf en avant.

« Allez, en route ! »

La troupe semble d'abord revenir sur ses pas. Elle descend jusqu'à atteindre le bord de l'étroit cours d'eau qu'elle a déjà suivi un moment. Mais arrivée là, elle bifurque vers la gauche et le longe à contre-courant.

Le vallon devient peu à peu un ravin étriqué. Les montures butent sur des pierres cachées, glissent sur de minuscules glaciers. Le gel bloque en partie le lit, l'eau s'est étalée, pourtant le courant cascade encore et psalmodie sous la glace.

Soudain, un pont barre le ravin. Il ne s'agit que de quelques troncs d'arbres couchés qui relient les deux pentes. Entre les traverses on l'a recouvert de branchages et de fagots.

« Voilà, dit seulement le serf, immobile.

– Voilà quoi ?

– Vous êtes arrivés. Le château est à main gauche, par audessus. Cinq minutes de marche et vous buterez contre l'enceinte et la porte sud.

– Quel est ce pont ?

– Il est dans le prolongement d'une venelle encaissée que vous allez suivre si vous voulez éviter les embûches des ronces, de la pierraille et d'une foule de taillis.

– A quoi sert-il, est-il gardé ?

– Oh non ! La venelle s'appelle la venelle aux dîmes, c'est par là que se font les charrois qui apportent au château les redevances des manses situées au sud du ruisseau.

– Bon. Dis-moi, l'ami, tu es d'un hameau situé entre Saint-Aredii et Coussac, nous as-tu dit ?

– Oui, seigneur.
– Son nom?
– Glandon.
– De qui relève-t-il? De l'abbaye de Saint-Aredii ou du sire de Coussac?
– Du sire de Coussac, seigneur. »
Une nouvelle bourrade déséquilibre l'homme.
« Tu vois, Ruffin, il existe d'heureux coquins, voilà un gaillard à qui je m'apprêtais à couper la gorge s'il m'avait donné la mauvaise réponse. Et c'est la bonne qu'il profère.
– Seigneur, seigneur, que voulez-vous dire? Je n'ai fait aucun mal, je vous ai obéi loyalement, pitié!...
– Tais-toi, imbécile, puisque je te dis que tu as vie sauve. »
D'une voix contenue, l'Anglais appelle :
« Truitier?
– Je suis là.
– Fais-moi ligoter soigneusement cet homme. Et bâillonne-le aussi, on va le laisser avec les chevaux. Que tout le monde mette pied à terre et attache son cheval. Rassemblement devant le pont. »

Le serf n'a pas menti, la pente est raide et encaissée. Les hommes trébuchent parfois dans de profondes ornières, pourtant les armes, soigneusement maintenues ou protégées, ne s'entrechoquent pas. Jurons de païens à l'entrée de l'enfer, brusque accès de hargne étouffés par raison.

Même en arrivant sur le plateau, à aucun moment la silhouette du donjon dans ces ténèbres épaisses ne renseigne les assaillants. Il faut avoir le nez sur les lices pour en apercevoir quelques pieds carrés.

La porte qu'Orderic a promis de leur faire ouvrir est celle du sud, cependant trois hommes vont prendre position devant chacune des deux autres, au cas où quelqu'un de la garnison tenterait de fuir avant qu'elles ne soient contrôlées de l'intérieur. Seuls ces six gardes ont conservé leurs chevaux.

Maintenant, les bandits se forment en corps de bataille, chacun derrière son chef. Les hommes de l'Anglais se rangent face au vantail de gauche. Derrière prennent position les hommes d'Adhémar le Bègue, puis ceux de Gillebert Barbe-Sale. A droite, à trois pas en retrait par rapport au groupe du Ruffin, se massent les guerriers de Turpin le Fort et ceux de Joceran le Louchart.

La prise de position achevée, la troupe entière se fige : impassibilité et silence. Cinq ou six minutes s'écoulent ainsi, puis le Truitier, demeuré quelques toises en arrière, renommé de longue date pour ses parfaites imitations des cris d'animaux, lance par trois fois un long jappement de renard en maraude.

De nouveau, c'est la paix et l'immobilité. Les bandits sont tendus au point d'entendre battre le sang au fond de leurs oreilles. L'Anglais et Ruffin, épée et dague aux mains, ont l'oreille collée contre les panneaux de la porte.

Aucun des assaillants ne pourra jamais par la suite évaluer cette nouvelle attente. Ils diront seulement que cela a fichtrement duré. Duré au point de les faire blêmir, les cent vingt.

Puis, tout à coup, les panneaux frémissent, se disjoignent, s'écartent d'une demi-toise. Deux silhouettes se faufilent. Une voix dit dans un souffle :

« L'Anglais?

– Oui.

– C'est fait. Les sentinelles ont été éliminées par nous.

– Nous y allons, dans ce cas.

– Un instant, Orderic m'a chargé de quelques recommandations.

– Dépêche-toi, nous avons mieux à faire qu'entendre les ragots du pansu.

– Sois calme, tout est minuté. As-tu pensé à faire porter par tes hommes un brassard blanc aux deux bras, comme nous-mêmes?

– Oui.

– Près de chaque porte il y a un corps de logis, tu le sais, et, dans l'angle de la cour opposé au donjon, tu trouveras les logis des soldats mariés, des esclaves et des artisans.

– Je sais, tout est prévu. »

Ruffin murmure alors :

« Quand va-t-on nous ouvrir la porte du donjon?

– Dès que retentira le second signal. Il faudrait que trois ou quatre de tes hommes aillent, avec les plus grandes précautions, car Wilfrid et sa parenté sont gens méfiants et redoutables, prendre position en haut de la passerelle, de manière à pouvoir éventuellement prêter main-forte à nos deux camarades qui sont à l'intérieur contre les gens du corps de garde.

– Ouvre davantage, dit l'Anglais.

– Non, on pourrait entendre, les gonds grincent. Vous n'avez qu'à vous faufiler.

– Alors, en place tous! Truitier, recule-toi d'une vingtaine de toises. Le temps de réciter deux Pater noster et tu lances le second appel. »

Ombres précautionneuses et furtives, fantômes hérissés. Coussac est si bien réputé sûr, l'hiver décourage si souvent les plus entreprenants et les plus féroces, que d'infimes bruissements ne sauraient troubler l'épais sommeil d'hommes confiants.

Il suffit de trois glapissements successifs : l'horreur, l'épouvante et le désespoir s'installent. Simultanément, tandis que la porte du donjon s'entrebâille et que quatre bandits se mettent en position pour empêcher qu'elle ne puisse être refermée, les hommes d'armes des différents bâtiments sont assaillis. Ruffin, Turpin le Fort et Joceran le Louchart escaladent en courant la passerelle, suivis de tous leurs hommes, puis s'engouffrent dans le donjon.

Aux cris de : « Tue, tue, pas de quartier, à mort! » répondent plaintes, pleurs, supplications, gémissements, râles. Les armes vites rougies de sang se lèvent et se relèvent pour s'abattre encore, sur la même ou sur une autre victime. Les assaillants se hâtent d'allumer des torches et fouillent dans les moindres recoins à la recherche de l'astucieuse cachette découverte par un homme à l'esprit prompt.

Dans les casernements des portes, la tuerie est rondement menée. Les lieux s'y prêtent à merveille avec leurs couches soigneusement alignées. C'est le meurtre en série. Chaque assaillant, après son premier mort, se précipite à la recherche d'une nouvelle proie. Vers le fond de la salle une bousculade en résulte dont les gens de Coussac ne peuvent même pas profiter.

Au donjon deux batailles sont en cours. Wilfrid, le sire de Coussac, est un rude homme de guerre, rapide à l'alerte. Aux premiers bruits suspects – la tuerie des hommes du corps de garde n'a pu se faire silencieusement –, il s'est précipité dans la grande salle, épée et dague au poing, hurlant tel un damné : « Aux armes, aux armes! »

Orderic, blafard, l'œil agrandi par une folle terreur, suant par tous ses pores, qui devait rester blotti sur sa couche pour ne rien risquer ni rien gêner, se précipite vers l'escalier en se lamentant et manque de peu se faire percer d'un coup de pointe par le sire. Et celui-ci déçu de clamer : « Trahison! trahison! mort au moine! »

Lorsque Ruffin et Turpin débouchent en coup de vent sur le palier, déjà, aux côtés de Wilfrid, arrivent ses trois fils, ses deux frères et une bonne douzaine de neveux et de cousins. Presque nus, tragi-comiques, caricaturaux, tous n'ont eu que le temps de décrocher un bouclier et d'empoigner leur épée.

Sur l'ordre de Ruffin, Lisoie, Joceran et sa troupe ne s'arrêtent pas, ils continuent de monter. A l'étage au-dessus logent les chevaliers et des écuyers au service de Wilfrid. Et les hurlements du sire ont été nettement perçus. Ce sont des hommes armés et résolus à disputer leurs chances qui accueillent le Louchart.

L'immense pièce d'apparat du donjon est favorable, par son ampleur, à l'attaque. Les bandits peuvent s'y déployer nombreux, assaillir de tous côtés ceux du château. Pour lutter plus efficacement, Wilfrid se hâte de rassembler les siens dans un angle. Mais déjà ses forces sont réduites d'un tiers. Pourtant, désormais ne craignant plus rien sur ses arrières, exhortant le courage de sa parenté, Wilfrid oppose une ardente résistance.

Le combat dure. Chocs sourds, mats, halètements, souffles des hommes qui portent de terribles coups. Turpin gueule, furieux, pour encourager ses hommes ou insulter ceux qui lui font face. Ruffin se bat l'œil aux aguets, et donne ses ordres d'une voix calme et posée.

Les tentures masquant l'accès des appartements, chambres, dortoirs, chauffoir et autres, semblent parfois osciller. Ruffin a interdit de les franchir. Anéantir les défenseurs prime.

La bataille est désormais équilibrée. Les bandits subissent des pertes. L'angle limite dangereusement le nombre de leurs combattants. Et aussi les tentations d'aller piller et de violenter les femmes font courir à la bande un risque de désorganisation.

Soudain, Ruffin se retire de la ligne de combat, rappelle ceux qui errent dans la salle et se désintéressent de la lutte, pour leur intimer l'ordre de soulever, de manœuvrer la lourde table comme un bélier.

« A mon commandement, dit-il, foncez dans le tas, écrasez l'ennemi contre le mur. »

Ils sont quinze autour du meuble long de six toises, d'autres, encouragés, empoignent les bancs pour les catapulter.

« Les nôtres, attention, en avant! »

Comme un coin la masse de bois arrive dans l'angle de la mêlée, les bandits s'écartent de leur mieux, bien que certains, bousculés, choient, mais pour Wilfrid et les siens c'est un désastre. D'autant que les bancs projetés les balaient à leur tour. Ceux du château qui ne sont pas atteints, s'offrent aux coups dans leur esquive désespérée. En deux minutes, tout est fini. Wilfrid, frappé d'un coup de hache à la base du cou, s'écroule le dernier en poussant une ultime imprécation.

Maintenant, c'est la ruée vers les tentures. Les premiers qui les atteignent butent et jurent. Femmes et enfants ont profité du répit pour entasser derrière meubles et objets divers. Barricades inutiles et dérisoires, en un tournemain dispersées.

A coups d'épée sont déchiquetées les draperies, les bandits en dépit des ordres de Ruffin et de Turpin se bousculent, se battent pour passer. Impuissants à endiguer la ruée, les deux chefs se laissent entraîner, porter par elle. Ils arrivent les premiers dans la chambre du sire, suivis d'une dizaine d'hommes. Les autres préfèrent s'égailler dans les pièces suivantes, d'où montent bientôt des hurlements d'effroi et des plaintes, hachés un peu plus tard par des bruits sourds, des froissements, puis par des rires gras.

Devant Ruffin et Turpin, entre deux couches couvertes de fourrures, au milieu d'un groupe affolé de servantes, deux femmes, brunes et sveltes, les cheveux dénoués répandus sur les épaules, vêtues de longues tuniques blanches serrées à la taille par une cordelière, se tiennent côte à côte, droites et résolues, un poignard à la main. La légèreté du coûteux tissu souligne les courbes sensuelles du corps de la jeune fille.

« Arrière! crie la plus âgée, arrière, maudits, envoyés de Satan! je suis dame Archimberte, femme du maître de céans! Ma fille et moi poignarderons sans merci celui qui osera nous approcher. Ne riez pas, pauvres brutes! Pour avoir osé attaquer ce château, je vous ferai tous crever dans les supplices. »

Rires et insultes lui répondent, hors d'elle elle crie encore :

« Qui osera porter la main sur ma fille ou sur moi se vouera au bourreau. Le vicomte de Limoges et le duc d'Aquitaine seront sans merci. Arrière, vous dis-je! »

Comme sa mère la fille brandit son poignard en criant :

« Arrière, pourceaux!

– A toi la mère, à moi la fille! glapit Turpin en poussant le coude de Ruffin.

– Juste le contraire, répond Ruffin en bondissant devant le Fort.

– Salaud! tu vas me le payer! »

A son tour Turpin se précipite, déclenchant du coup la ruée générale. Tandis que Ruffin et Turpin se disputent la fille de Wilfrid, les bandits assaillent les servantes, les troussent, frappent celles qui tentent de résister, les dénudent et dans l'instant les violentent.

Archimberte, désarmée par Ruffin, qui maintenant s'acharne à maîtriser l'adolescente, se jette sur Turpin, tous ongles dehors. Le Fort esquive, l'empoigne par le cou, et la propulse en arrière en criant à l'adresse du bandit le plus proche :

« A toi, Frotaire, la garce a encore de la ressource, du cul et du téton, fais-en bon usage, mais gare aux griffes!

– Gelvire, ils me tuent! » hurle la malheureuse femme.

Preste, le nommé Frotaire lâche ses armes et se baisse pour empoigner le bas de la tunique d'Archimberte au moment où celle-ci, déséquilibrée, s'abat sur lui. D'un brusque mouvement remontant des deux bras, il lui enveloppe le torse, les bras et la tête, découvrant à nu les jambes et le ventre.

Le regard fixé sur la toison du pubis, Frotaire hoquette de joie :

« T'as raison, le Fort, la garce a de la ressource. »

Emprisonnée dans le tissu, que Frotaire maintient fermé comme un sac, la femme de Wilfrid est réduite à l'impuissance. Seules ses jambes lui permettent de frapper à l'aveuglette. Mais son vainqueur ricanant la guette. Profitant d'une de ses ruades, il parvient en souplesse à se glisser entre ses cuisses. Alors, avec un sourd grognement de plaisir, il se laisse aller sur elle.

Cependant, Turpin a réussi à saisir un bras de Gelvire, avant que Ruffin n'ait pu entraîner la jeune fille hors de la chambre. Il gronde :

« Lâche-la, elle est à moi, je te dis. Je l'ai vue le premier, c'est mon droit de prise.

– Fous-moi la paix avec ton droit. Qui l'a désarmée? Qui le premier l'a saisie?

– Menteur! Voleur!

– Lâche-la, balourd, ou je te corrige.

– Quoi? Tu oses? »

Une bordée d'injures suit de près, puis toujours cramponnant le bras de Gelvire, Turpin, hors de lui, brandit sa dague :

« Tu vas la lâcher? »

Tout en tentant de protéger la jeune fille qui cesse soudain de vouloir lui échapper, Ruffin, tant bien que mal, pare le premier coup.

Le Fort va récidiver, un chapelet de jurons suffit à stopper un bras. Il se retourne. L'Anglais, dans le chambranle en pierre de la porte, les insulte, fou de rage.

« Insensés! Tristes bestiaux! »

Turpin réagit le premier :

« Je te prends à témoin, cette ordure tente de me voler ma prise. Cette fille est à moi! »

Puis, tourné vers Ruffin, de nouveau il brandit son arme :

« Je vais te crever! »

Rapide, l'Anglais intervient et lui saisit le poignet à deux mains pour le mieux tordre. Turpin, hurlant de douleur, s'écroule. Un coup de pied dans les côtes achève de le calmer. L'Anglais se tourne, menaçant, vers Ruffin :

« Quant à toi, Eudes Ruffin, le vaniteux écuyer qui méprise tant les bandits, laisse-moi te dire que tu mériterais le même traitement que cet imbécile.

– Je ne te permets pas...

– Ta gueule! Je vous retrouve vous battant comme des chiens prêts à vous étriper pour une garce, alors que le château n'est point encore conquis! Sais-tu que si nous n'étions pas arrivés à temps, Adhémar le Bègue et moi, suivis d'une dizaine d'hommes, vous vous faisiez massacrer comme des enfants de chœur?

– Et par qui?

– Par qui? Mais par les chevaliers et les écuyers du second étage. Ils allaient tout bonnement vous tomber dessus pendant vos petits jeux. »

Ruffin, devenu pâle, dit :

« Mais Joceran et ses hommes, et Lisoie qui les accompagne, ont dû les réduire.

– Ne sais-tu pas de quoi des chevaliers parfaitement entraînés sont capables?

– Mais la surprise...

– Ah! oui, la surprise! On pourrait croire que tu as perdu le sens d'apprécier les guerriers. Dès les premiers cris, tous, là-haut, étaient debout, nus peut-être mais l'épée à la main. La moitié des hommes de Joceran sont morts. Ton Lisoie, qui d'ailleurs a fait des prouesses, a l'épaule gauche et l'omoplate tailladées. Louchart lui-même est contusionné partout et a le front entaillé. Lorsque nous sommes arrivés il allait se faire fendre en deux par un énorme combattant que je n'ai fait malheureusement que légèrement blesser avant qu'il ne reflue, entraînant les autres à sa suite.

– Et où ça se passait?

– Dans l'escalier, trois marches avant l'entrée de la grande salle.

– Bon Dieu de bon Dieu!

– Il est bien temps de pleurnicher. »

Turpin qui vient de réussir à se remettre debout dit en se frottant le bras :

« Et maintenant?

– Oui, dit Ruffin, où en est-on?

– Je les ai refoulés, marche après marche, non sans mal, bordel! Mais les gaillards n'ont point manqué d'astuce : comme l'avantage du nombre allait jouer en notre faveur, ne pouvant nous contenir, brusquement ils ont décroché, courant comme des lapins, et se sont engouffrés dans une pièce juste au-dessus d'ici, peut-être le dortoir des chevaliers. Maintenant, retranchés là, ils sont inexpugnables. »

Autour des trois chefs et de Gelvire, toujours maintenue par un poignet, sans souci des propos, des éclats de voix, les couples continuent de forniquer. Certaines femmes semblent même y trouver quelque plaisir, plaisir peut-être simulé pour éviter coups et blessures de leurs partenaires déchaînés après des mois de chasteté forcée.

L'Anglais, la mine dégoûtée, dit :

« Venez, retournons dans la salle, nous y discuterons plus commodément. Jamais la vue de ces chienneries ne m'a réjoui. »

Arrivés près de la monumentale cheminée, Ruffin, sourcils froncés, dit :

« Quel est ton plan pour éliminer ceux de là-haut?

– J'ai beau réfléchir, aucune solution jusqu'ici ne me donne satisfaction. Un assaut va nous coûter nombre d'hommes et je ne tiens pas à affaiblir ma troupe, et le siège de leur bastion peut présenter des dangers.

– Quels dangers? dit le Fort en haussant les épaules. Que veux-tu qu'ils fassent, à ton donjon, qu'ils en écroulent les murs?

– Tu ne vois pas que, des jours durant, ils vont constituer une permanente menace? N'importe quand ils pourront attaquer ou se reposer à leur choix. Tandis que nous, vingt-quatre heures sur vingt-quatre, nous devrons être sur le qui-vive. Et, nous venons de le voir, il ne s'agit pas de leur opposer de quelconques sentinelles. Nus, mal équipés, ils se sont révélés de farouches guerriers; une fois organisés ils seront plus terribles encore. Ce sont eux, avant que la faim ou la soif les réduisent, qui ont l'initiative.

– Non. »

Ruffin secoue la tête.

« Quoi, non?

– Si tu suis mon plan, nous reprenons l'initiative avant le lever du jour et les réduisons à merci.

– Bon Dieu! si tu dis vrai, j'oublierai à jamais ta défaillance de tout à l'heure et tu pourras plus encore compter sur moi. »

Turpin saisit le bras de l'Anglais. La colère de nouveau l'emporte.

« Ne l'écoute pas, ce blanc-bec vantard, ce voleur incapable de respecter les lois de la guerre vis-à-vis de ses propres compagnons de lutte. Je vais le régler, moi, ton problème. Je vais te les occire tes invincibles chevaliers. Laisse-moi seulement le temps de rameuter mes hommes. Tu vas voir! En moins de deux, plus personne!

– Ta gueule, Turpin! Pour un assaut, ça n'est pas difficile. Tu n'as pas compris que je veux l'éviter? Je t'ai dit : j'ai besoin de conserver mes forces en aussi bon état que possible. Ruffin, parle!

– Le sol est dallé, les plafonds sont à plus de six toises. Il faut mettre le feu à la porte après avoir pris la précaution d'entasser à proximité une bonne quantité de bois humide. La fumée va les faire sortir dans la plus triste condition : aveuglés, toussant, à moitié étouffés.

– Si la fumée les asphyxie, elle asphyxiera aussi nos hommes. Ton idée ne vaut rien.

– Je te l'avais dit! exulte Turpin.

– Mon idée vaut si tu prends la précaution de tendre dans le couloir deux ou trois épaisseurs de draperies saturées d'eau. La fumée ainsi ne passera pas. Quant aux hommes chargés de jeter du bois humide dans le foyer, il suffira de les munir de linges mouillés maintenus devant le nez et la bouche. De toute façon, après chaque brassée, ils reviendront du bon côté.

– Ouais, ouais, ça n'est pas bête ce que tu proposes, marmonne l'Anglais, réfléchissant les yeux mi-clos. » Comme le Fort veut de nouveau intervenir, il le fait taire. « Mais si nous enflammons le plafond?

– Regarde, les linteaux des portes ne sont pas même à deux toises au-dessus du sol. Le bois humide n'aura point de flammes assez vives pour monter dangereusement à six toises.

– Mettons qu'elles atteignent le plafond.

– Réparer un plafond vaut sans doute mieux qu'une saignée parmi tes hommes. Car tu ne peux éviter un coûteux assaut qu'en suivant mon plan. Autrement...

– Précise!

– Tu l'as reconnu toi-même tout à l'heure. Si tu n'agis pas, ce seront eux qui, avec l'énergie du désespoir, attaqueront les premiers.

– Tu as raison, Ruffin. Allons-y sans attendre. Nous devons liquider l'abcès.

– Un instant!

– Quoi encore?

– A plusieurs reprises, tu as cru devoir faire l'éloge des vertus guerrières de nos ennemis. Es-tu certain qu'il ne serait pas possible de recruter parmi eux? Vas-tu les exterminer?

– Je me suis toujours méfié des ralliés.

– A juste titre. Pourtant, ta troupe renforcée par quelques chevaliers et écuyers gagnerait en efficacité.

– Moi je suis contre! » Turpin se frappe la poitrine. « Ennemi vaincu doit mourir. »

Sans prêter attention à cette intervention, Ruffin reprend :

« Pour les chevaliers chasés, je ne crois pas que tu puisses compter sur une vraie soumission. Trahir leur serment sera trop facile. Mais les autres...

– Avant de bouter le feu, je ferai des sommations. On verra le résultat. Ensuite, peut-être ferai-je un tri parmi les prisonniers. Turpin et Truitier, rassemblez maintenant vos hommes, que nous soyons prêts à toute éventualité.

– Il faut d'abord que je mette cette jeune fille en lieu sûr, l'Anglais. »

Turpin, de nouveau, se déchaîne.

« Rends-la-moi. Je m'en charge.

– Non. »

L'Anglais s'exclame :

« Vous n'allez pas recommencer, bon Dieu!

– Je souhaite seulement qu'elle soit à l'abri de certaines entreprises. Quant à toi, Turpin, puisque tu insistes, je te propose le jugement de Dieu.

– Si tu veux! Et tout de suite!

– Non! Quand tout sera réglé là-haut. Et je demande à l'Anglais de diriger le combat.

– Vous êtes décidément fous à lier! Ne pouvez-vous vous arranger au lieu de vous entre-tuer? Partager ses faveurs, par exemple? »

Simultanément le Fort et Ruffin crient :

« Non!

– Alors, il en sera comme Ruffin vient de le dire : après la reddition du dernier adversaire, je vous désignerai le lieu du combat, et les armes autorisées. »

Les deux adversaires approuvent.

« En attendant, pour que vous ayez l'esprit libre, je vais enfermer cette fille dans le chauffoir. Et c'est moi qui en conserverai la clef.

– D'accord, dit Turpin, mais veille bien à ce qu'elle ne puisse se procurer une arme. Je les connais ces garces. Elle serait capable de se donner la mort plutôt que de subir la loi du vainqueur. »

Ruffin éclate de rire :

« Dame! si tu dois vaincre, avec la gueule que tu as, mon Turpin, il n'y a pas là de quoi réjouir une jolie jouvencelle!

– Ris pendant qu'il est encore temps. Je te promets de te régler ton compte une fois pour toutes. »

L'Anglais prend Gelvire au bras et l'entraîne.

67

Tandis qu'on achève de noyer le feu avec la neige de la terrasse, charroyée à l'aide des récipients les plus divers, les douze prisonniers – huit chevaliers et quatre écuyers – sont acheminés vers la grande salle, dans laquelle règne de nouveau un semblant d'ordre. La table, les bancs et les fauteuils ont retrouvé leur place, dans la cheminée flambent d'énormes bûches de châtaignier, et les anneaux de fer qui jalonnent les murs ont tous été pourvus de torches allumées.

Une vingtaine de brigands en armes, tous volontaires, mais à qui on a promis de substantielles compensations, assurent la garde, cependant que le reste de la troupe jouit de son droit de pillage. L'Anglais, quoi qu'il lui en coûte, maintenant qu'il est maître de cette redoutable forteresse, n'a pu revenir sur ses promesses passées et a dû accorder trois jours francs.

Encore envahi de fumée, en dépit des précautions prises, le donjon tout entier résonne : galopades, cris, jurons, rires. Une activité folle le secoue. Travail et plaisirs se côtoient, se superposent.

Pendant que le plus grand nombre boivent, forniquent, mangent, certains parent au plus pressé. Dans la cour, Gillebert Barbe-Sale, qui a constitué des équipes avec les serfs et les artisans, fait réparer certaines déprédations et enterrer les morts. Adhémar le Bègue, sur ordre de l'Anglais soucieux des mois à venir, contrôle, accompagné de deux fidèles, l'abaque à la main, l'état des vivres et du bétail. Tous trois parcourent les caves et les celliers, dénombrent les porcs et les volailles.

Dans le dortoir des chevaliers, tous les brigands blessés ont déjà été transportés. Truitier, Orderic et ses quatre hommes, aidés par des servantes épuisées mais toujours convoitées, s'affairent autour d'eux. Pour cautériser les plaies, éviter l'infection, ces infirmiers improvisés ne disposent que de fers rougis dans la cheminée.

Les brûlures arrachent des gémissements, parfois des cris, même aux plus affaiblis. L'odeur tenace, écœurante, de la chair humaine grillée domine, éliminant très vite celle, âcre mais saine, du bois vert ou humide.

Eudes tient à soigner lui-même Lisoie l'Avisé. Sous l'action du fer rouge, le pauvre garçon par trois fois s'est évanoui. Pansé, il repose maintenant, une main encore agrippée à celle de Ruffin.

A deux reprises, l'Anglais a envoyé un homme pour demander à son second de venir sans attendre le rejoindre. A deux reprises, celui-ci à temporisé.

« Tout à l'heure! Dis que j'ai encore à surveiller mon blessé, que je ne puis l'abandonner ainsi. »

Orderic, qui a entendu, s'approche pour souffler à l'oreille de Ruffin :

« Alors, le bel écuyer se fait tirer l'oreille pour participer aux condamnations des prisonniers? On ne tient pas à se salir les mains?

– Fiche-moi la paix, fourbe! Et fais-moi grâce de ton ironie. J'appartiens à la catégorie de ceux qui se battent, non à celle qui vend ceux-là mêmes qui lui ont fait confiance. Tu n'es, Orderic, qu'un maudit serpent mordant le sein de qui t'a réchauffé.

– Voyez-vous ça! Le vertueux garçon! Alors, on est soucieux de son petit confort moral? Le raisonnement est astucieux et, près des simples, pourrait faire illusion. Et puis, dans l'instant où l'on en joue, le mépris est un sentiment agréable. Pourtant, la réflexion ensuite tempère souvent la petite joie qui en est tirée. Car laisse-moi te rappeler qu'en dépit de ce que tu clames pour ta justification, tu es tout de même mon complice et l'un des bénéficiaires de mes... trahisons!

– Oh! le complice!...

– Dame! Tu as eu connaissance de ma duplicité au plus tard le soir de notre rencontre à l'abbaye de Saint-Aredii.

– Je savais surtout que j'allais avoir à me battre, à risquer ma vie. Toi tu n'aventurais rien, surtout pas tes jours. Il te suffisait de jouer ton affreuse comédie de l'amitié et du dévouement. Quant aux prisonniers, sache-le, je me suis efforcé d'en sauver certains en suggérant à l'Anglais de les prendre à son service, plutôt que de les mettre tous à mort comme il en avait d'abord l'intention.

– Seigneur, quelle belle âme !

– Ne m'excite pas trop, félon, ne me donne point trop l'envie de te renfoncer tes plaisanteries dans la gorge.

– Doucement, mon beau ! Dis-toi qu'il pourrait, si tu portais la main sur moi, t'en cuire diablement. N'oublie pas que certains, et non des moindres, attendent beaucoup des services de ce bon Orderic, dans les prochains jours.

– Je n'oublie rien et ne t'envie pas. Mais, au fait, pourquoi ne vas-tu pas aider l'Anglais de tes conseils ? Jugements, plaids, fausses condamnations, rapports mensongers, tout ça te connaît.

– Eh ! eh ! voici la vérité qui pointe et un début d'hommage à mes très personnelles qualités. Pour te dire vrai, aujourd'hui certaines des dispositions que compte prendre l'Anglais ne me permettront d'intervenir qu'en fin de séance, mais d'une manière bien digne d'un " fourbe ".

– Je n'en doute pas. »

Orderic hausse les épaules, fait un pas pour s'éloigner, puis, revenant en arrière, ricane :

« Je vais te faire une ultime confidence : peut-être est-ce parce que je suis " fourbe " que je m'y connais en fourbes, rusés, malins de toutes farines, eh bien je ne crois pas te faire jamais grande confiance. J'aurais trop peur du sort qu'éventuellement me réserverait ta " droiture ". »

La mine dédaigneuse, Ruffin tourne le dos au moine et se penche vers Lisoie dont les paupières bistrées frémissent. Avec effort le malheureux garçon parvient à ouvrir les yeux. Sa tête aux cheveux collés par la sueur roule sur l'oreiller :

« Messire, messire, je viens d'entendre ce qu'il vous a dit. Croyez-vous que nous pourrons jamais justifier notre alliance avec des hommes comme Truitier et l'Anglais ?

– Que veux-tu dire exactement ?

– Tout ce sang, messire, ces tueries, ces viols, cette effarante bestialité de nos compagnons... »

Ruffin serre la main du blessé et soupire :

« Je sais, Lisoie, je sais! Une nausée souvent me lève le cœur. L'envie de te dire : partons, fuyons plus loin, m'envahit. Puis je me raisonne : le moyen d'y échapper? Nous ne sommes violents que dans un monde où la violence reste la seule règle, permet seule d'atteindre un but. Ce que je souhaite passe par cette voie.

– Messire, ne croyez-vous pas qu'il en existe d'autres?

– Lesquelles, laquelle? »

En signe d'ignorance, Lisoie se fait les yeux blancs, sa poitrine bandée se gonfle jusqu'à lui arracher un gémissement.

« La fièvre te fait délirer, mon pauvre l'Avisé. N'avons-nous pas été rejetés de partout, injuriés, poursuivis, en grand danger d'être occis ou de crever comme des chiens? Et toute cette misère pour me punir de quel crime? Parce que j'ai tué l'assassin de mon père, parce que je me suis vengé de dix-sept ans d'humiliations et aussi d'un flagrant et scandaleux parjure.

– Mais pour sauver une vie faut-il en sacrifier cent?

– Tu déraisonnes, l'ami. Ce n'est pas en ces termes que se pose le problème. Souvent la nuit il m'arrive de m'interroger, de réfléchir à ce que j'ai appris et vu. En vérité, les réponses me semblent toutes concordantes. Ici, mais comme partout dans la chrétienté, comme jadis à Marigné, mais pas davantage, les luttes sont impitoyables. Un jour, mon maître d'armes, Conrad le Saxon, m'a dit : " Si tu t'apitoies, petit, tu n'iras pas loin. Dans notre monde, c'est la vie qui est exceptionnelle et la mort banale. " Il avait raison. Les derniers mois m'ont confirmé la justesse de ses propos. Malheur à qui se laisse vaincre. La lutte de Simon de Segré et d'Yvon de Marigné ne se justifiait pas plus que celle de l'Anglais contre Wilfrid. Mais, Simon, Wilfrid, l'Anglais, Géraud de Limoges, Audebert et Hélie de Périgord, le chorévêque Benoît : autant de noms qui m'indiffèrent. La chance seule les départagera. Et aussi, bien sûr, la vaillance, la férocité, l'astuce et le manque de scrupules. Il ne m'importe, à moi, que de tirer mon épingle du jeu monstrueux.

– N'avez-vous jamais envie de choisir votre camp?

– Non. Tous étant mauvais, le seul qui m'intéresse, c'est celui du vainqueur.

– Messire, messire, vous allez me faire regretter le temps où je servais sous la bannière de l'évêque de Toul, Gérard.

– Et pourquoi ?

– Parce qu'il était bon, lui. Il a affranchi ses serfs, il jetait l'anathème contre les féodaux de son diocèse, à longueur d'année ; inlassablement, il prêchait la générosité et la miséricorde. »

Brusquement, Ruffin retire sa main de celle de Lisoie et se redresse à moitié :

« Que n'es-tu resté avec lui, si tu l'admirais si fort ?

– J'étais un homme d'armes, messire, et il en avait de moins en moins besoin. Je vous l'ai dit, qu'aurait-il fait de moi lorsqu'on a licencié ma compagnie ?

– C'est ça ! Il ne te restait qu'à crever ou, au mieux, à déguerpir. Jolie bonté !

– Mais...

– Lisoie, bon Dieu ! tu es affaibli, je le sais, mais cesse tes jérémiades. Ne pouvant changer le monde, nous n'avons pas le choix. Si nous voulons survivre il nous faut nous battre et vaincre.

– Mais pas massacrer !

– Idiot ! se battre intelligemment, c'est frapper le premier ou par surprise. Du roi et de l'empereur jusqu'au plus infime brigand, c'est la grande, la véritable règle. »

De sa main libre Lisoie se cache les yeux. Ruffin attend un moment puis, comprenant que le blessé n'a pas envie de continuer de débattre, il se redresse complètement.

« Repose-toi, ami, et cesse de te mettre martel en tête. Il me faut maintenant rejoindre l'Anglais et aussi Turpin à qui j'ai offert le jugement de Dieu.

– Gardez-vous bien, messire ! Pour l'amour de moi, gardez-vous bien ! »

En l'absence de Ruffin, d'Orderic et des autres chefs, à l'exception de Turpin, l'Anglais questionne un à un les chevaliers. Sur les huit, cinq se déclarent chasés dont celui, gigantesque, qui a failli pourfendre Joceran pendant la bataille de l'escalier.

L'Anglais, les ayant fait ranger à sa gauche, s'adresse aux trois autres ainsi qu'aux écuyers :

« Vous, là, accepteriez-vous de me servir si je vous l'offrais ? »

Interloqués, les sept hommes se regardent. Visiblement aucun d'eux ne s'attendait à cette question.

« Quand je dis me servir, reprend l'Anglais, méfiez-vous. Ne vous imaginez pas que je vous offrirais ainsi l'occasion de regagner le camp de mes ennemis. Ceux qui accepteront devront me jurer fidélité sur de saintes reliques. Et comme, plus que tout, je crains les mécréants, ils devront surmonter une épreuve qui les soudera à jamais à ma cause. Réfléchissez. Ceux qui sont d'accord, mettez-vous en face de moi. »

Après un moment de silence, deux chevaliers et deux écuyers répondent à l'ordre de l'Anglais.

« Votre choix est bien définitif? »

Regards mal assurés, traits contractés, des hochements de tête affirmatifs lui répondent.

« En ce cas je vais vous révéler ce que j'attends d'abord de vous : dans un moment vous trancherez la tête de vos anciens compagnons. En contrepartie, vous serez chasés, vous recevrez une part des dépouilles de vos victimes. N'oubliez pas, je vous ai prévenus... »

L'Anglais s'interrompt pour toiser les quatre hommes qui, à l'énoncé de l'épreuve, ont pâli, n'ont pu contrôler certains gestes nerveux, sans pour autant essayer de se désavouer, de se reprendre.

« Vous devez être soudés à ma cause. Les liens de sang résistent mieux qu'aucun autre. Ces meurtres vous interdiront de rejoindre le camp de mes ennemis plus que ne pourraient le faire vos serments sur des reliques. Je vais même me prémunir contre d'éventuelles futures dénégations. L'un des prisonniers présents échappera au supplice. Et je vais aussi relâcher dame Archimberte après l'avoir avertie de tout, ainsi que le moine Orderic. »

A ce nom, Turpin ouvre la bouche pour exprimer son étonnement. L'Anglais le prévient d'un coup de coude et lui dit à voix basse :

« Silence, bon Dieu! Nul ne peut ni ne doit savoir qu'Orderic, notre allié, a trahi Wilfrid. Je lui conserve ainsi son crédit chez nos adversaires. »

Puis à haute voix il crie :

« Amenez dame Archimberte. »

Les condamnés s'agitent, lancent des injures aux quatre renégats qui, d'abord silencieux, honteux, ricanent et à leur tour se fâchent. Pas un instant l'Anglais ne cherche à imposer le silence. Soudain, la femme de Wilfrid paraît, tous se taisent, les regards se fixent sur elle. Plus portée que soutenue par deux gardes, sa tunique blanche, souillée, est réduite à l'état de haillon. Ses cheveux embroussaillés lui dissimulent à moitié le visage. Pourtant, cette loque a un sursaut en voyant ses anciens chevaliers. Chancelante elle se redresse, rejette sa chevelure en arrière et tente de rassembler quelques lambeaux de tissu sur ses seins aux trois quarts dénudés.

Tandis que ses féaux fidèles mettent un genou en terre pour la saluer et que les quatre autres préfèrent se détourner, Archimberte atteint la table, y prend appui et toise celui qu'elle découvre trônant dans le fauteuil de son époux. Ses larmes coulent tandis que, la tête en arrière, elle gémit :

« Dieu du Ciel ! que vous ai-je fait ? Comment tel cauchemar a-t-il pu devenir réalité ? Ma vie en un instant... »

Les sanglots rendent inaudible ce qu'elle dit ensuite. L'Anglais renversé dans son fauteuil, avec un grand rire ostensible qui déclenche celui de ses hommes, s'exclame :

« Alors, dame Archimberte, je parie que ton solide Wilfrid ne savait pas te fêter aussi vigoureusement que l'ont fait mes hommes. Tu me diras qu'il s'y sont mis à plusieurs, que leur mérite est donc moins grand, d'accord ! Mais, si j'en juge par ta mine, tu n'as guère dû chômer cette nuit !

– Monstre ! Scélérat ! qui oses insulter notre misère après l'avoir provoquée : le Ciel, j'en suis certaine, te punira un jour, tu brûleras dans les flammes éternelles et moi je rirai en te regardant ! »

Brusquement, les cris de dame Archimberte s'arrêtent. Elle se penche vers l'Anglais et tend les mains :

« Mais qu'as-tu fait de ma fille, de mon époux et de tous les miens ? Tue-moi au lieu de rire et de m'insulter, ou rends-les-moi. Gelvire ! Gelvire !... » De la paume elle se frotte le visage, se barbouillant. « Qui l'aurait imaginé ! mon Dieu, mon Dieu, toutes ces bêtes déchaînées que j'ai dû subir, cette souillure...

– Allons, la belle, il ne faut pas désespérer. Si certaines nouvelles te paraîtront tristes, d'autres vont te conforter. D'abord, n'oublie pas que ton sort, le glorieux mais défunt Wilfrid, que tu célèbres avec tant de ferveur admirative, l'a fait subir, si j'en crois une solide réputation, à nombre de femmes et de filles qui te valaient bien. Car ce n'était pas un tendre. Combien en a-t-il violé, lui, le sais-tu ? Moi, je te rappelle que je ne viole personne.

– Toi?

– Mes hommes oui, pas moi. Mais reprenons. Combien Wilfrid avait-il de meurtres à son actif? Hein, le sais-tu? Satan que tu me promets doit seul pouvoir faire le décompte. Et toi, pendant que pleuraient les autres, que faisais-tu? Tu t'en moquais. Alors, aujourd'hui, accepte! C'est ton tour. Hier, elles, d'autres, bien d'autres, demain. Tu invoquais Dieu tout-puissant? Mais ne me laisse-t-il pas agir? Sans doute ne suis-je qu'un instrument entre ses mains. »

Archimberte tente de répliquer, la voix de l'Anglais couvre la sienne :

« La ferme, bonne femme! N'use point trop ma patience. Prête-moi plutôt attention, car voilà maintenant de quoi te réjouir : ta fille se porte bien. Intacte à cette heure, elle a déjà deux prétendants qui vont se disputer, les armes à la main, le droit de l'emmener dans leur couche. Par ma foi, sa chance est grande, car ce ne sont pas des hommes ordinaires mais des chefs. En ce qui te concerne, il y a mieux encore. J'ai décidé de te rendre ta liberté ainsi qu'à un de tes chevaliers. Et comme je suis compréhensif, toi qui n'as pu, cette nuit, choisir tes galants, je t'offre au moins de choisir ton serviteur.

– Qu'adviendra-t-il des autres?

– Ils mourront décapités de la main de ces quatre qui ont abandonné ton service pour passer au mien. »

Archimberte se cache le visage à deux mains.

« Je ne veux pas choisir. Je ne peux pas. En sauver un revient à condamner les autres. Et puis, je t'en supplie, rends-moi ma Gelvire, laisse-la partir avec sa mère. Ne nous sépare pas.

– Vois, Turpin, comme il est difficile de se montrer accommodant. J'ai beau faire ce que je peux, la vieille n'est jamais satisfaite. Archimberte, pour ta fille, ne perds pas ta salive, on ne te la rendra pas. Je n'ai, d'ailleurs, aucun pouvoir sur elle, tu le sais, elle appartiendra au vainqueur du combat qui tout à l'heure aura lieu, elle en est l'enjeu. Quant à tes chevaliers, préfères-tu que je les fasse tous exécuter?

– Non, non...

– Alors, choisis, et vite! »

Archimberte marmonne, toujours immobile.

« Tu le désignes oui ou non? »

Lentement, elle se retourne. Les hommes la fixent intensément dans l'attente du geste qui les condamnera ou les sauvera :

« Pardonnez-moi, gentils amis, si je ne puis vous protéger tous. Souvenez-vous...

– Bordel ! assez perdu de temps ! Désigne-le ! »

Archimberte, matée, dans un lent mouvement qui supplicie les plus courageux, lève le bras et pointe l'index vers le plus gigantesque des chevaliers.

« Toi, Gausfred. »

Ses compagnons baissent la tête. La résignation maintenant éteint les regards. Tandis que Gausfred injurie les renégats et supplie ses compagnons de lui pardonner sa chance, l'Anglais ordonne d'aller chercher Orderic.

Le moine soigne remarquablement sa comédie. Il pleure, déclame, serre dame Archimberte sur son cœur jusqu'au moment où l'Anglais, fatigué de lui donner la réplique, juge la scène assez convaincante.

« Archimberte et Gausfred, vous ne serez libérés qu'au début du printemps. En attendant, vous allez goûter de vos propres cachots. Toi, le moine, je t'autorise à partir dès demain. Quant à vous, mes ralliés, l'heure est venue du pacte de sang. Au travail ! Emmenez les prisonniers dans la cour. Je descendrai tout à l'heure pour contempler votre œuvre. Disposez les têtes en haut de la passerelle. »

68

Tous les chefs ont pris place derrière la table, entourant l'Anglais, à l'exception des deux champions qui, tenant le bouclier et le heaume du bras gauche, leur font face, figés, rigides sous la longue cotte de mailles.

« Pour la dernière fois, après avoir consulté vos compagnons, je vous adjure de renoncer à ce combat fratricide, qui ne peut que nous affaiblir, dit l'Anglais.

– Non! » lui est-il répondu d'une seule voix.

Ruffin ajoute :

« Ce jugement de Dieu n'a, d'ailleurs, rien de fratricide. Entre Turpin et moi il n'y a eu qu'une complicité, une passagère alliance dont je ne saurais me vanter. »

L'Anglais coupe court aux protestations furibondes de la tablée. Puis :

« Vous m'avez confié la direction et l'organisation du combat. En accord avec tous les présents, voici ce que j'ai décidé : votre lutte ne peut qu'être une lutte à mort. Le vainqueur, nous l'exigeons, devra achever le vaincu.

– Pourquoi? demande le Fort.

– La haine qui, inéluctablement, troublerait vos rapport futurs, créerait un danger pour tous.

– Je peux répondre de moi.

– Non! Nul ne saurait prévoir par avance jusqu'où le ressentiment est capable de l'entraîner. Un seul donc survivra. Conformément à mes droits, j'ai choisi le lieu de combat. Il fait nuit et froid et, cependant, vous n'avez point voulu surseoir à liquider votre différend. Vous combattrez donc à pied, ici même. Cette salle va être votre champ clos. Vous avez droit au bouclier, à l'épée et au poignard, mais pas au javelot ni à la hache. Avez-vous quelque remarque à formuler? »

L'Anglais laisse passer une vingtaine de secondes; personne ne lui répondant, il reprend :

« Prenez vos places, chacun à un bout de la salle, et à mon signal marchez l'un vers l'autre. »

Les deux adversaires vont obéir, lorsque Gillebert Barbe-Sale se lève en frappant sur la table.

« Halte! » crie-t-il.

L'Anglais grommelle, sourcils froncés :

« De quoi te mêles-tu? Tu n'as pas le droit de retarder le combat. Je t'interdis...

– Nos deux compagnons se battent pour les yeux d'une belle que je n'ai même pas eu la chance d'apercevoir...

– Nous non plus! clament Adhémar et Joceran.

– Il n'est pas juste que le duel se déroule hors de sa présence. Que celui qui va mourir ait au moins la consolation de la contempler avant de passer. »

Turpin approuve avec vigueur :

« Barbe-Sale, ta remarque est bonne. Fais venir la fille, l'Anglais, qu'elle s'asseye près de toi.

– Et toi, qu'en dis-tu? »

L'Anglais fixe Ruffin, sourcils hauts.

« D'accord moi aussi. Pourtant, me semble-t-il, la fin du vaincu n'en sera que plus amère. »

L'Anglais tend la clef à Barbe-Sale :

« Va la chercher, dit-il, je l'ai enfermée dans le chauffoir. Quant à vous, attendez l'arrivée de votre raison de mourir. »

Une minute plus tard, Gelvire, tête haute, arrogante et fière, pénètre dans la salle. Tous les regards convergent vers elle, tandis qu'elle s'avance pour prendre place au côté de l'Anglais qui l'appelle à grands gestes et lui désigne le fauteuil le plus proche du sien.

Avec ses seins pointus, sa taille fine et ses fesses rondes et saillantes sous la légère tunique, elle suggère irrésistiblement les gestes de l'amour. Sans la perdre de vue une seconde, les hommes manifestent désirs et admiration par des sifflements, des cris et des appréciations d'une obscène précision.

L'Anglais doit se fâcher pour obtenir le silence et pouvoir à nouveau donner l'ordre aux champions d'aller prendre place. Turpin se départ un moment de sa dignité pour crier à sa belle qu'il lui prouvera sous peu puissance et ardeur.

Au signal convenu, les deux hommes, calmement, résolument, marchent l'un vers l'autre. Arrivés à portée de frappe leur comportement change. Pied et épaule gauche en avant, bien abrités derrière leur bouclier, de la main droite ils agitent avec lenteur leur épée, et tournent pas à pas, cherchant le meilleur angle possible pour frapper, pour tenter de contraindre l'adversaire à se découvrir, au moins partiellement.

Turpin porte le premier coup, que Ruffin pare si joliment et auquel il répond avec tant de rapidité que le Fort, pour éviter le danger, n'a d'autre ressource que de sauter en arrière. Les spectateurs apprécient la riposte à grands cris. Jaloux de cet encouragement, Turpin, véritable taureau furieux, repart aussitôt à l'attaque. Désormais, les armes ne cessent plus de s'entrechoquer.

Pendant un long moment les champions s'escriment de première venue, mais sans se faire aucun mal. La salle tout entière vibre à chaque péripétie. Chaque passe déclenche commentaires, exhortations, applaudissements.

Ruffin, le premier, est blessé à la cuisse. Tous ceux qui ont parié sur lui s'inquiètent à la vue du sang qui rougit ses braies, cependant que leurs contradicteurs exultent. Nul n'est en état, cependant, d'apprécier la gravité de l'entaille. Eudes paraît se déplacer de plus en plus difficilement. Mâchoires crispées, œil plissé, Turpin le Fort accélère le train. C'est merveille de voir cet homme de si lourde apparence se déplacer avec autant de vitesse et d'agilité. Il frappe comme un damné, visant toutes les parties du corps, tour à tour, de la tête aux chevilles. Barbe-Sale dit à Joceran, partisan acharné de Ruffin :

« Foutu, ton favori, Louchart ! Regarde, il ne tient même plus assez fermement son bouclier. Le coup fatal peut partir désormais d'une minute à l'autre. »

Adhémar et Truitier, surexcités par l'approche de la mort, scandent :

« Turpin ! Turpin ! Turpin !... »

Il n'est pas jusqu'à l'Anglais qui ne puisse se retenir de dire à Gelvire, aussi attentive que quiconque au duel :

« Ma belle, je crois bien qu'il te faudra te résigner à partager la couche de cet ours. J'aurais cru Ruffin plus résistant et plus habile. »

La jeune fille, pour la première fois, rompt son mutisme pour demander, tout en regardant le combat :

« Qu'avez-vous fait de dame Archimberte, ma mère ?

– Je la relâcherai au printemps. En attendant, elle est avec Gausfred dans un cachot.

– Même si je vous en suppliais vous ne me relâcheriez pas, je pense !

– Tu penses juste, car je n'en ai pas le pouvoir. Par droit de prise tu es au vainqueur. Mais ne m'importune pas, regarde plutôt mourir le vaincu. »

Pendant la conversation, la situation de Ruffin a continué de s'aggraver. Soudain, sous la violence d'une attaque, il trébuche et pousse un cri. L'Anglais et les autres chefs se dressent tous ensemble. Gelvire elle-même se lève tant il est évident que l'issue est proche, que Turpin va porter l'ultime botte.

Le Fort, pour profiter du déséquilibre de son adversaire, avec une clameur de triomphe, se rue l'épée haute. Foudroyant éclair blanc d'une lame d'acier : la seconde qui suit, Turpin s'écroule devant un Ruffin désarmé. L'arme est restée fiché sous le bras droit du colosse. La moitié du fer enfoncée dans le corps épais.

Ce retournement brutal de la situation stupéfie tellement les spectateurs que, durant quelques dizaines de secondes, règnent dans la salle le silence et l'immobilité. Cette magie se trouve rompue lorsque l'Anglais se dresse, bras levés et poings serrés, en hurlant :

« Mille dieux ! Quelle astuce incroyable et quel coup ! Jamais je n'ai vu homme aussi redoutablement dupé que ce malheureux Turpin ! Jusqu'à la dernière minute il s'est vu victorieux. »

De toutes parts on se précipite vers le champion victorieux pour le féliciter. On foule, on piétine presque le corps de Turpin, qui gît sur le côté gauche, son bouclier coincé sous lui. Ruffin, en retirant son arme, a déclenché une hémorragie et le sang, étalé par les allées et venues, fait le sol glissant.

L'enthousiasme un peu calmé, l'Anglais crie :

« Viens par ici, chevalier Ruffin, car, moi, Jean, dit l'Anglais, nouveau sire de Coussac, je te proclame chevalier, sans plus attendre. Viens donc recevoir l'accolade avant que je te remettre le prix de ta victoire : la belle Gelvire, noble fille, digne d'un preux. »

Ruffin contourne la table. Joceran au passage l'arrête pour lui demander, inquiet :

« Et ta blessure, souffres-tu? »

Ruffin éclate de rire et lui frappe sur l'épaule :

« Simple estafilade, ami! Juste ce que je souhaitais pour donner confiance à cette brute. J'ai craint un moment que le tissu fendu ne laisse voir son insignifiance.

– Est-ce ce coup qui t'a donné l'idée de la ruse? demande Gillebert Barbe-Sale.

– Non! Dès le départ j'étais décidé à agir comme je l'ai fait. Par fidélité à un souvenir.

– Lequel?

– Celui du premier jugement de Dieu auquel j'ai assisté.

– Raconte! dit l'Anglais qui vient de rejoindre le petit groupe entourant Ruffin.

– C'est une histoire simple. Je devais avoir huit ans, lorsque deux chevaliers ont réglé un différend par le jugement de Dieu. Celui qui devait devenir mon parrain d'armes m'a permis de suivre le combat. Et le champion vers qui mon cœur penchait a triomphé de la même manière que moi cette nuit. L'assistance croyait, ce jour-là, à la victoire de l'autre, comme vous, tout à l'heure, à celle de Turpin. Moi aussi je tremblais. Mais Conrad qui dès le premier coup d'œil avait déjà tout compris m'a rassuré : " Garin est moins touché qu'il ne le laisse croire. C'est un redoutable combattant, il est astucieux, l'autre s'y laisse prendre ", m'a-t-il dit.

– Voilà un gaillard qui doit être fichtrement fort! D'abord pour avoir formé un combattant de ta sorte, ensuite pour prévoir l'issue d'un combat et détecter, longtemps à l'avance, la ruse de l'autre. J'aimerais le rencontrer. »

Ruffin, rêveur dit :

« Peut-être un jour le verras-tu, qui sait?

– Vive Dieu! qu'il vienne lui aussi nous renforcer, et on finira par conquérir tout un comté. Mais assez parlé. Sois galant, chevalier Ruffin, viens, hâte-toi, Gelvire soupire en t'attendant. »

69

Il est tard. La fatigue marque les visages, ralentit les gestes, les rend incertains. La plupart des brigands ont sombré dans l'ivresse, dorment, ronflent en tous lieux, au hasard de leur chute dernière.

L'Anglais, au moment d'aller prendre un repos bien mérité, dit à l'oreille de Ruffin :

« Emmène-la dans le chauffoir, ferme la porte et ne laisse pas traîner tes armes. On ne sait jamais. Elle peut être capable de t'occire pendant ton sommeil pour venger la mort des siens.

– Je m'enfermerai surtout pour éviter les visites nombreuses et inopportunes. Ces ivrognes finiraient par me contraindre à jouer du poignard. »

Les verrous soigneusement tirés, Ruffin laisse tomber en vrac fourrures et couvertures raflées dans d'autres pièces. Gelvire se tient droite devant lui. Son corps dru, à la taille si flexible et si marquée que les hanches en deviennent provocantes, est cambré dans la robe blanche. Les larges yeux noirs, sous d'admirables cils recourbés, fixent le jeune homme.

Gêné, autant par l'inquisition froide du regard que par la beauté, l'attrait sensuel de sa compagne, Eudes dit sottement, d'une voix mal assurée :

« Voilà... de quoi être bien couché. »

Comme la jeune fille n'a pas un geste, ne répond mot, il feint d'examiner les lieux, faussement désinvolte, les pouces coincés dans sa ceinture, espérant quelque réaction, n'importe quoi, pour rompre le charme contraignant.

Un moment passe, rien ne se produit. Silence qui devient odieux.

Le souci de sa dignité le pousse à sortir de sa fausse et incommode situation. En dépit de réels efforts il ne trouve cependant rien d'autre qu'à émettre une dérisoire proposition :

« Voulez-vous que je ranime le feu? »

Gelvire hausse les épaules. Et c'est d'une voix sèche et déterminée qu'elle affirme :

« Je vous préviens tout de suite : vous pouvez me battre, me frapper à mort, je ne préparerai jamais la couche sur laquelle vous comptez me violenter. »

La netteté, l'agressivité de la phrase rendent à Eudes le calme et l'autorité qu'il souhaitait en vain jusque-là. Enfin il peut répondre avec une moue de mépris et une parfaite froideur :

« Ne vous méprenez pas sur ma conduite. Ne vous fiez pas à votre imagination. Préparez votre lit comme bon vous semblera. En ce qui concerne le mien, j'ai assez l'expérience de la dure pour m'en occuper. »

La déclaration porte. L'étonnement, l'ahurissement même de Gelvire sont un baume pour son amour-propre sensiblement égratigné. Elle fronce les sourcils comme si elle n'arrivait pas à comprendre :

« Vous voulez dire... que... »

Douceur d'une dédaigneuse confirmation :

« Que je ne vous violerai pas, oui. Ni ce soir, ni un autre. Alors, dormez tranquille. »

D'un geste énergique il déboucle sa ceinture et la pose sur une avancée de pierre, proche de la cheminée.

« Je laisse ça ici. »

Un sourire ironique accentue le ton de défi. Gelvire l'observe, front plissé, incompréhensive. Il croit devoir expliquer :

« Éventuellement, vous pourrez faire usage de mes armes. Je peux même vous affirmer que je ne saurais me défendre tant je suis las. »

Il vient de se débarrasser de sa cotte de mailles quand il éclate de rire. Hargneuse, Gelvire fait un pas en direction de l'âtre.

« Peut-être croyez-vous que je n'oserais, ni ne saurais vous tuer?

– Que si! Remarquez : mourir en dormant est peut-être la meilleure manière. Mais la drôlerie de la chose me paraît venir d'ailleurs. Imaginons ce guerrier, après avoir victorieusement affronté tant de preux adversaires, mourant de la faible main d'une pucelle. Hein! Quel destin! Mon bon maître Eustache en crèverait peut-être de rire. »

Gelvire hausse les épaules :

« Il vous plaît sans doute de vous faire valoir, vous aimeriez m'apparaître sous les traits du courageux bandit capable de gestes généreux et téméraires, qui par plaisir brave la mort. Il ne vous reste qu'à vous montrer soucieux du salut de votre âme. En d'autres circonstances, cela aurait pu me paraître drôle.

– Quel âge avez-vous?

– Dix-sept ans! Et vous?

– Presque dix-neuf. Écuyer depuis trois ans.

– Écuyer?

– Pour vous servir.

– Et que faites-vous avec cette bande atroce?

– J'existe. Ce qui est déjà beaucoup. Et, comme vous l'avez vu, je guerroie aussi.

– Piller et meurtrir n'est pas précisément guerroyer.

– Ne jouez pas du dédain et abandonnez ces airs de mépris. Que faisait votre père à longueur de vie? Quels hameaux, quels châteaux, quelles villes allait-il saccager pour son profit et celui de ses maîtres? Mais ma question est malhabile, j'aurais dû préciser : pendant la belle saison. Car l'hiver il n'avait point comme nous la sottise de s'exposer aux intempéries. Le froid, la faim, la misère ne le poussaient point. Dans ce bon donjon, caves et greniers pleins à dégueuler, il avait le temps d'attendre. Il ne meurtrissait qu'à ses heures.

– Mon père était un seigneur et un guerrier. Vous ne pouvez comparer. La guerre était son lot.

– Et à nous, elle ne l'est pas? Que ça vous plaise ou non j'ai le droit de comparer. Mais trêve d'une discussion stérile. Je ne souhaite pas vous convaincre. Je m'en moque. Hâtez-vous d'arranger au mieux votre couche. La torche ne va pas tarder à s'éteindre et je n'en ai pas de rechange. »

Le « ah? » de Gelvire témoigne d'une inquiétude mal dissipée et incite Eudes à préciser :

« Pour la dernière fois, je vous le jure! De moi vous n'avez rien à craindre. J'appréhenderais seulement en vous laissant seule un moment. Si vous deveniez la proie de quelques rôdeurs, ils ne connaîtraient pas les mêmes scrupules que moi et vous seriez perdue.

– Et d'où vous viennent-ils ces scrupules?

– Je n'ai pas de confidences à vous faire. Sachez seulement que votre situation ici, votre âge provoquent en moi des comparaisons. Vous protégeant cette nuit, il m'a semblé protéger quelqu'un d'autre.

– Avouez plutôt que vous craignez que je ne parvienne à vous fausser compagnie. »

Eudes hausse les épaules et ricane :

« Idiote! Et pour aller où?

– N'importe où. Simplement pour vous fuir, vous.

– Et pourquoi moi en particulier?

– C'est vous qui avez tué mon père et toute ma parenté. C'est vous qui avez ensuite livré ma mère à vos bêtes brutes. Je vous ai vu. Vous étiez à la tête de ceux qui ont attaqué dans la grande salle, avec celui, le pourceau, que vous venez de pourfendre.

– Je commande en second cette troupe. C'est vrai. Je ne le cache pas. Comme tel donc j'ai une part de responsabilité. Mais, pour la dernière fois, mes agissements ne détonnent point dans l'ensemble des actions guerrières entreprises chaque jour en cent points différents de notre monde. Surprises et ruses ne sont-elles pas les deux meilleures façons de gagner un château ou une ville, qu'on soit duc ou chevalier?

– Vous n'êtes ni l'un ni l'autre. Entouré de vos rustres, de votre vile et bestiale vengeance, vous agissez comme un maudit renégat. »

Brusquement furieux, Eudes marche vers la porte, tire le verrou et ouvre grand.

« Puisque ma vue vous est odieuse, fichez le camp! Allez vous réfugier où vous voudrez, près de qui vous voudrez! Et ne m'importunez plus.

– Vous voyez : vous n'êtes qu'un monstre. N'osant je ne sais pourquoi me violenter, vous voilà prêt à me jeter dans les pattes de vos ignobles mercenaires.

– Filez!

– Non!

– Non? »

Un moment ils s'affrontent. Eudes, devenu moins catégorique, finit par céder :

« Alors, couchez-vous et laissez-moi dormir. »

Violemment manœuvrée, fer contre chêne, la barre claque. Eudes s'allonge et s'emmitoufle de fourrures. Gelvire lui tourne presque le dos. Elle a reculé de deux pas et se tient devant la flamme déclinante de la torche. En dépit du faible contre-jour, la légèreté du tissu et la lumière s'allient pour révéler les beautés du jeune corps. Les joues soudain empourprées, Eudes se détourne pour fuir une si émouvante vision. Il marmonne :

« Ne restez pas là, bon Dieu ! Couchez-vous. Je suppose que vous n'allez pas passer toute la nuit fichée là comme un piquet ! »

Insensiblement revenue près du tas de peaux et de hardes inemployées, Gelvire, enfin, consent à s'asseoir. Mais c'est pour pleurer, avec de légers hoquets qui agitent spasmodiquement ses épaules. Eudes, la tête enfouie, résolument l'ignore. C'est le moment que choisit la torche, après avoir brasillé, pour s'éteindre.

Une demi-heure s'écoule. Les sanglots peu à peu s'espacent. Plus un seul bruit ne vient troubler l'obscurité. La voix angoissée de Gelvire retentit alors. Elle insiste jusqu'à tirer Eudes du premier sommeil. A moitié relevé déjà il questionne :

« Hein ? Qu'est-ce qui se passe ? Une alerte ?

– Qu'allez-vous faire de moi ? Que vais-je devenir ? Ne vous intéressant pas, oserez-vous me donner, me vendre à un de ceux qui vous suivent ? »

Eudes soupire, bâille, puis grogne :

« Mais non. Je vous ai dit que vous n'aviez rien à craindre. Ne me suis-je pas battu pour vous ? Allons, dormez !

– Pas avant que vous m'ayez dit vos intentions.

– Bon, si vous voulez. Ça n'est d'ailleurs pas compliqué. Dès que les événements le permettront je vous libérerai.

– Quand le permettront-ils ?

– Il suffira que votre départ ne puisse nuire à mes compagnons. Et vous pourrez prendre la route de Limoges et rejoindre votre mère.

– Vous me le promettez ?

– Je n'ai pas l'habitude de mentir.

– Que dira... »

Exaspéré, Eudes s'assoit pour crier :

« Et si vous me laissiez dormir, hein ? Taisez-vous et dormez ! Ou je vous colle dans un cachot ! »

Dédale de pierre dépouillé et froid où les bruits et les voix sinistrement se répercutent. Décor inhumain. Caisse de résonance pour clameurs et rires épais. Par les fenêtres étroites, le ciel, comme incolore dans sa grisaille laiteuse, a semblé conférer à Coussac l'isolement d'un univers à la dérive, isolé, perdu à jamais.

Le troisième jour franc s'achève. Demain l'Anglais va pouvoir instaurer sa discipline et son ordre. Il en rêve! A ses compagnons, s'ils l'écoutent, il ne parle plus de rien d'autre, tant il est impatient. Et une permanente rogne le pousse à s'isoler en attendant son heure. Une crise de mysticisme aussi. Seul des habitants du château, le curé, un serf, affranchi pour être ordonné, est admis près de lui. Chaque matin il vient au donjon célébrer la messe.

L'Anglais ainsi retranché en d'étranges dévotions, ou absorbé par des rêveries, des projets de grandeur et de conquêtes, Ruffin et les autres chefs s'ingénient à parer au plus pressé : travaux de première nécessité et aussi sécurité de la forteresse. Les habitants du hameau, les assommés de la première heure, ont été ramenés au château et, en attendant mieux, ils s'entassent dans un corps de logis près de la porte sud.

L'expiration proche des journées franches relance dans d'ultimes orgies des hommes épuisés, à moitié hébétés par plus de soixante heures de débauches et d'excès en tous genres.

Dans les huttes de la cour, serfs, colliberts, artisans demeurent calfeutrés avec leurs familles, toutes issues tant bien que mal bloquées. Les ordres des chefs ont beau les protéger, il n'est point rare que des groupes d'hommes ivres viennent rôder dans les ruelles et tentent de forcer les portes.

Dans l'ex-chambre des chevaliers, où les torches grésillantes fument et distribuent des ombres changeantes, une douzaine de bandits, entre la vie et la mort, geignent et souffrent. Brutes redevenues humaines dans la douleur. Expressions enfantines sur des visages farouches. Une angoisse sans nom abat ou surexcite ces êtres incultes, les refait pitoyables.

Lisoie, délirant, se redresse brusquement et crie. Mots inaudibles mêlés de gémissements. Eudes se penche, immobilise les bras et pèse sur le torse du blessé pour le forcer à se recoucher.

Depuis le premier soir, la fièvre ne quitte plus l'Avisé, le fait extravaguer. Ses plaies, en dépit de la cautérisation au fer rouge, suppurent et les chairs alentour sont si enflammées que l'inquiétude bouleverse Eudes, lui fait craindre le pire.

Comme aux autres estropiés, on a fait boire à Lisoie de la tisane de sauge, de la poudre de vipère délayée dans de l'eau, et aussi de l'hydromel brûlant, mêlé d'eau de violette. Rien n'y a fait.

« Mon pauvre Lisoie, mon généreux ami ! »

Eudes chuchote, mais sa voix reste tendue tandis qu'il essuie doucement un front couvert de sueur.

« Je voudrais tant pouvoir t'aider, te tirer de là ! »

Le blessé cependant ne semble rien entendre. Calmé pour un temps, sa respiration rauque demeure rapide. Eudes soudain frissonne. La cheminée a beau ronfler, engloutir encore et encore d'énormes bûches pétaradantes de châtaignier, la pièce est froide dès qu'on s'éloigne de l'âtre.

« Comment va-t-il ? »

La voix, la pression d'une main amie sur son épaule, Eudes se retourne : c'est Joceran le Louchart penché sur lui et qui s'inquiète :

« Il est mal en point ?

– Mauvaise cautérisation ! La plaie s'infecte et la fièvre ne tombe pas. »

En même temps qu'il répond, Eudes se dit, observant la mine apitoyée de Louchart : « Quelle bonne gueule il a ! Et dire que je me suis méfié de lui lorsque nous nous sommes parlé la première fois ! »

Joceran s'accroupit pour tirer Ruffin par la manche, le forcer à le regarder. Certain d'un minimum d'attention, il soulève le bandeau qui lui enserre le front :

« Eudes, regarde ma cicatrice! »

Froncement de sourcils, étonnement :

« Ma parole, mais tu es déjà guéri! En si peu de temps! Qu'as-tu fait?

– Une fille du château m'a soigné.

– Qui?

– Une servante que j'ai prise sous ma protection dès le premier soir. Je l'ai découverte complètement affolée et cachée entre deux barriques. »

Joceran rit avant d'ajouter avec un sourire salace :

« Une fille du tonnerre, Eudes! Tu la verrais au lit! Cette imagination! Je te jure bien que je ne m'en séparerai pas de sitôt.

– Trêve de paillardises, vieux brigand! Parle-moi plutôt de ses secrets, de ses connaissances.

– D'accord, d'accord! Faut que je te précise, pour commencer, que c'était elle qui prodiguait ses soins au Wilfrid et à ses chevaliers, quand ils s'en revenaient de batailles, contusionnés ou blessés. Elle aussi qui soignait les jeunes enfants et la famille du sire.

– Que t'a-t-elle fait?

– Ça, tu m'en demandes trop.

– Tu ne t'en souviens pas?

– J'avais autre chose à penser. Que veux-tu, je n'étais pas assez mal en point pour ne pas voir ses tétons se balancer sous mon nez tandis qu'elle me triturait le front. Mais veux-tu que je la fasse venir?

– Cette question! Cours, animal! Ne perds pas une seconde. »

Eudes applique une compresse d'eau froide sur le front de Lisoie, lorsque Joceran revient en compagnie d'une belle grande fille aux formes épanouies. Noire de poil, en la regardant mieux, Ruffin lui trouve un visage étrange avec de larges yeux taillés en amandes, des pommettes hautes et saillantes, une bouche charnue et un menton pointu.

« Voilà Ersinde dont je t'ai parlé. »

Ersinde, traits immobiles, regard acéré, dévisage Eudes qui lui dit :

« Si tu le peux, sauve mon ami. Je te récompenserai largement. Hâte-toi.

– L'aimes-tu, ou te sers-tu de lui?

– J'ai dit : " mon ami ".

– Es-tu prêt à lui donner la moitié de ton sang?

– Si sa vie est à ce prix : oui! »

Ersinde plisse les yeux et sourit :

« Oui, oui, je te crois. J'ai vu au premier coup d'œil que ton inquiétude n'était pas feinte.

– Que signifient ces questions?

– Rien de compréhensible pour toi.

– Trêve de boniments, Ersinde. Je te préviens : on ne m'en conte pas sans risques. Le sage qui m'a éduqué passait pour un sorcier dans le château où nous vivions. Cent fois, mille fois, nous avons ri de la crédulité et de la sottise de ses pratiques. Alors méfie-toi.

– Pourquoi, si douteux, m'as-tu envoyé chercher?

– Ersinde, j'ai vu, je connais les tricheries, mais je sais d'expérience que mon maître disposait d'authentiques remèdes. Avec moi échouera tout chantage au mystère, en revanche j'ai admiré l'effet de tes soins sur Joceran. Encore qu'il n'y ait aucune possibilité de comparaison entre son estafilade superficielle et les profondes plaies de Lisoie.

– Alors? »

Comme deux adversaires, Eudes et Ersinde s'affrontent du regard.

« Alors, acceptes-tu de soigner mon compagnon?

– Faut que je voie. Aidez-moi, qu'il ne souffre pas trop pendant que j'examine. »

Joceran et Eudes soutiennent Lisoie. Ersinde dénoue les liens qui maintiennent le grossier pansement, retire avec adresse les linges sales et malodorants collés à la plaie. En dehors de quelques faibles plaintes le blessé n'a pas de réactions.

A la vue des blessures, de leur état, Joceran fait la moue :

« Bon Dieu, ça va mal! »

Cependant, la jeune femme accroupie, avec une parfaite délicatesse de gestes, examine les plaies, tâte les chairs alentour surveillant en permanence les réactions du patient. Au bout d'un moment Eudes n'y tient plus :

« Crois-tu pouvoir le soigner?

– C'est grand temps.

– Je le sais. Acceptes-tu?

– Oui.

– De quoi as-tu besoin?

– J'ai mes herbes et mes baumes; cependant, fais-moi donner un demi-panier d'œufs. »

L'air soudain mécontent, Ruffin se tourne vers le Louchart pour dire :

« Elle est folle ou quoi?

– Peut-être un peu bizarre, mais mieux vaut lui faire confiance. Que risques-tu? »

Ersinde répète :

« Alors, ces œufs?

– Qu'est-ce que ça signifie? Lisoie, je te l'ai dit, ne peut manger depuis trois jours.

– Qui te dit que je veuille le nourrir?

– Cependant...

– Tu veux qu'il guérisse? Alors, cesse de discuter et laisse-moi agir à ma manière. Comme j'ai toujours pratiqué.

– Bien! »

Eudes s'éloigne de trois pas, puis subitement fait volte-face, revient sur Ersinde et l'empoigne par le bras, l'œil dur :

« Décidément non! Je ne peux me contenter d'affirmations aussi fumeuses. Explique-moi ce que tu comptes faire de ces œufs.

– Ça ne me gêne pas, la recette est bonne mais pas secrète.

– Parle!

– Je vais les faire cuire. Durs je les casserai délicatement de manière à ne pas endommager la fine peau qui sépare le blanc de la coquille.

– Pourquoi?

– Pour l'appliquer sur la plaie. Il m'en faut assez pour la recouvrir tout entière.

– Et ça suffira?

– Non, bien entendu !
– Précise. »
Ersinde rit :
« La méfiance à base d'amitié ne peut m'offusquer. Je t'ai déjà parlé de plantes et de baumes, il me reste aussi un peu de gingembre que le sire Wilfrid, Dieu ait son âme, avait acheté l'an passé à un marchand italien.
– Du gingembre ? Oui, j'en connais les effets. Tandis que tes œufs, cette membrane, je n'avais jamais entendu parler de ses propriétés. Enfin... » Il soupire. « N'aie garde d'oublier, belle dame, que j'ai une sainte horreur de me laisser moquer.
– Ai-je l'air de me gaudir à tes dépens ?
– Je ne te le conseillerais pas. Il pourrait t'en cuire, bien que tu sois à mon ami Joceran. »
Il fait mine de s'éloigner, elle le rappelle :
« Attends ! »
Les yeux d'Ersinde brillent soudain d'un éclat chaleureux. Des larmes même s'y forment :
« En me connaissant mieux tu l'apprendras : jamais la vie d'une créature de Dieu ne m'a laissée indifférente. Soigner est un devoir sacré. Alléger les souffrances d'un être, bon ou mauvais, connu ou inconnu, m'importe, cette souffrance est toujours celle du Christ gravissant son calvaire. Voilà tout ce qui me guide. »
Une heure plus tard, Eudes quitte un Lisoie toujours agité, mais bandé de propre.

Suivi d'un serviteur chargé d'une cruche de vin, d'un demi-pain rond et d'un épais plat de terre brune, au milieu duquel trône un gigot, Eudes se présente à la porte du chauffoir et heurte à trois reprises, en se nommant.

La barre grince dans ses gonds. Gelvire, pâle, mais l'œil énergique, vêtue d'une longue et lourde robe d'un bleu soutenu, s'écarte du passage d'un preste mouvement. Une douce chaleur enveloppe les arrivants.

Tandis que le valet dispose son chargement sur un coffre, il guette, curieux et sournois, son ex-maîtresse, comme pour deviner ses sentiments. Agacé par le manège, Eudes dit :

« Va-t'en! Pour l'heure nous n'avons plus besoin de toi. Tu reviendras un peu plus tard apporter une provision de bois. Choisis de grosses bûches. »

Dès les premiers mots l'expression de l'homme change, il s'incline obséquieux, sourit humblement, et proteste de son respect. C'est à reculons qu'il sort. Cependant, le Ruffin examine la jeune fille et s'informe :

« N'avez-vous manqué de rien depuis ce matin?
– Non. »

Pendant ses absences, Eudes a conseillé à Gelvire de ne sortir sous aucun prétexte et de n'ouvrir à personne. Le chauffoir est une pièce de petites dimensions. On s'y sent vite à l'étroit. Recluse depuis trois jours, la prisonnière n'a eu d'autres ressources que de dormir et réfléchir.

Pour la jeune fille les heures se sont écoulées lentes et moroses, sans personne à qui adresser la parole. Les deux jours précédents elle a beaucoup pleuré. Depuis ce matin elle s'est ressaisie. Ses pensées, des rêves nouveaux, lui ont laissé l'œil sec.

Sa décision est prise. En digne fille de Wilfrid et d'Archimberte, elle a décidé de réagir, de surmonter sa défaite, la perte de Coussac et la disparition d'une grande partie de sa parenté.

La familiarité de la mort émousse les plus vives sensibilités. Depuis sa première prise de conscience du monde extérieur elle a vu ses trois frères aînés tués au combat, ainsi que deux oncles et des cousins. Et elle ne parviendrait même pas, en dépit de sincères efforts, à dénombrer ses proches emportés par la maladie ou quelque accident. Des quinze ou seize enfants mis au monde par dame Archimberte ne survivent qu'elle-même et son jeune frère, Frèdelon, à cette heure bachelier au service du vicomte Géraud, qui lui dispense le métier des armes.

Sa vie, si elle n'y prenait garde, ou si elle tardait à en prendre le contrôle, ne connaîtrait pas l'éclat qu'elle lui a toujours souhaité. Dès l'enfance elle a caressé l'espoir d'épouser un homme riche et puissant. Cette ambition jamais démentie lui a suggéré les arguments pour repousser les offres de mariage des féodaux environnants. Son père parfois s'en amusait, la moquait :

« Si le fils de notre vicomte, le beau Gui, n'était déjà pourvu, je croirais que c'est lui que tu vises. »

L'éducation de dame Archimberte n'orientait pas vers le rêve mais plutôt vers une réalité durement quotidienne. Gelvire n'a donc pas appris à se leurrer, à se bâtir un monde illusoire. Elle sait son avenir gravement menacé. Les derniers événements ne lui permettront pas de rencontrer à Limoges l'époux désiré. Sa captivité nuira irrémédiablement à sa réputation, détournera d'elle ceux qui, autrement, se seraient empressés, attirés sinon par sa richesse, du moins par sa beauté.

Quelles gorges chaudes va-t-on faire de ces mois passés en compagnie des vainqueurs ! Qui croira à sa chance d'être tombée sur un bandit capable de la respecter ? La cour du vicomte est aussi impitoyablement cancanière qu'orgueilleuse. C'est ce qu'en disait sa mère, c'est aussi l'impression qu'elle en a ramenée. Certes, trois courts séjours d'une semaine chacun permettent mal d'apprécier un tel rassemblement de laïcs et de clercs, de femmes et d'hommes, avant tout soucieux d'éblouir et de dominer.

Si le jeune chef auquel elle appartient, par droit de guerre et de conquête, a dit vrai, elle sera libre dans quatre mois environ. C'est long quatre mois. Coussac entre-temps peut une fois encore changer de main. L'indiscipline de ces brutes qu'elle entend courir en tous sens, ivres, éructants, beuglant des insanités, pourrait le lui laisser espérer. Pourtant, les chefs lui font impression. Surtout l'Anglais. Celui-là, elle ne peut s'y tromper, est de l'espèce des Wilfrid – et Eudes Ruffin, manœuvrier astucieux, combattant exemplaire. Si ensemble, demain, ils parviennent à rétablir l'ordre, la forteresse retrouvera du même coup sa puissance.

Une ombre, un moment, est venue troubler sa réflexion : qui a trahi son père ? Qui a ouvert les portes aux bandits ? Elle a eu beau chercher, passer en revue hôtes et habitants, les moindres personnages de Coussac, aucun nom ne l'a retenue. Le coupable reste mystérieux. Un moment elle a cru à la culpabilité du gros Orderic, dont son père, en dépit des avis de dame Archimberte, plus méfiante que le serpent, s'était entiché depuis un an. Mais elle l'a aperçu ensuite, dépenaillé et larmoyant, au nombre des prisonniers.

Peut-être le coup vient-il de sergents haineux, achetés par l'Anglais, et qu'il a ensuite décidé d'occire par prudence, comme les autres. Se disant qu'une fois traître on peut l'être deux.

Mais elle est vite revenue à la question essentielle, celle qui avant toute autre la préoccupe : que doit-elle faire, que peut-elle désormais espérer de la vie?

Gelvire, assise au coin de l'âtre, le menton dans le creux de la paume et le coude appuyé sur le bras du fauteuil, a pendant des heures et des heures passé en revue les différentes attitudes qu'elle pourrait adopter, tentant de détecter la meilleure.

Amères réflexions, révisions déchirantes auxquelles on finit par s'accoutumer.

Eudes, installé de biais sur un tabouret, découpe le gigot avec application. La conscience d'être observé par sa prisonnière lui fait relever la tête. Il dit :

« A partir de demain, plus rien à craindre. Il vous sera loisible, à travers tout le donjon, d'aller et venir, à votre guise.

– Et m'accorderez-vous l'autorisation d'aller rendre visite à ma mère?

– Si rien ne s'y oppose je vous y conduirai moi-même, dans l'après-midi.

– Qui pourrait s'y opposer?

– Personne. Mais je n'ai pas assez réfléchi à cette question pour me montrer plus affirmatif.

– Craignez-vous un complot pour nous faire évader, craignez-vous ce que nous nous dirons?

– Certes pas. » Il rit. « Vous pourrez même discrètement apprendre à votre mère la bonne nouvelle : sa chère fille est tombée, par chance invraisemblable, sur un vainqueur magnanime qui la respecte. Trois jours de sac et se retrouver intacte! Quel exploit!

– Vous ne me faites pas rire.

– Tiens! Et pourquoi?

– Pensez au sort de ma mère.

– Juste. Pourtant, entre mère et fille la différence est notable. Convenez qu'il valait mieux que la chance vous échoie. »

Gelvire, sourcils froncés, reste de marbre. Eudes, conciliant, se penche et lui tend la main.

« Allons, ne vous fâchez pas. Approchez plutôt, venez manger avec moi. »

Du pied il attire un petit fauteuil, à forme de chaise curule. Après une courte hésitation, la jeune fille consent à y prendre place et à recevoir un morceau de viande et du pain.

Un moment passe, Eudes se verse un plein hanap de vin, le boit d'un trait puis, s'étant essuyé la bouche d'un revers de main :

« Vous me faites plaisir en acceptant de souper avec moi. C'est la première fois que je ne vous vois pas sanglotante, repliée sur vous-même. Vous avez compris, je l'espère, que je ne vous veux aucun mal.

– Ce que vous avez déjà fait suffit!

– Gelvire, croyez que je suis désolé pour vous. Mais je...

– N'ajoutez rien, je connais vos moindres arguments et n'ai pas l'intention d'y répondre, de recommencer mes reproches. Dites-vous seulement qu'à moins d'un miracle vous resterez à mes yeux celui qui a ruiné ma vie.

– Vous serez à nouveau heureuse, Gelvire! Votre libération sera comme un nouveau départ.

– Facile à dire! Simplifier vous arrange et peut-être vous rassure. »

Eudes hausse les épaules :

« Désolé de vous décevoir, mais si j'avais besoin d'être rassuré ce serait sur un autre point. »

Gelvire ricane :

« Bien sûr, je le comprends! Vous craignez d'être châtié, vous avez peur pour votre vie. L'angoisse vous vient en pensant aux assauts que lanceront contre vous, lorsqu'ils sauront la vérité, le vicomte Gui et sa parenté, aidés peut-être par notre duc Guillaume Fier-à-Bras.

– Ma foi, ce n'était pas à la guerre que je songeais.

– A quoi donc, alors?

– A l'amour.

– Je ne comprends pas.

– Je n'ai nullement l'intention de vous faire des confidences. Les circonstances s'y prêtent mal. Et puis... une fois me suffit! Ça ne m'a pas tellement réussi. Sachez seulement que je pensais à celle qui a ma foi. Son souvenir me met en peine.

– Vous avez donné votre foi? Vous?

– Ça vous étonne?

– A quelque ribaude sans doute ! A moins que ce ne soit à une serve.

– Ne vous fatiguez pas, vous ne parviendrez pas à me mettre en colère.

– Parce que c'est vrai ?

– Vous êtes une sotte.

– Prenez garde ! Si vous m'insultez encore, je vous poignarde au cours de votre sommeil.

– Pensez-y à deux fois. Vous risqueriez de vous tuer par la même occasion.

– Je n'ai pas peur.

– Je le crois. Mais je crois aussi que votre appétit de vie l'emporte sur la folie vengeresse. »

Eudes se lève, visiblement l'irritation l'a gagné.

« Enfin, laissons ça pour revenir à votre question. Apprenez, même si votre orgueil doit en souffrir, que celle à qui j'ai engagé ma foi est fille de seigneur plus riche et plus puissant que n'était votre père. Et... elle est plus belle que vous.

– Menteur !

– A propos de la richesse ou de la beauté ?

– Une fille, telle que vous la décrivez, n'irait pas s'amouracher de vous.

– Eh, eh ! ne vous avancez pas trop ! »

Eudes éclate de rire, puis avec un sourire fat et la tête rejetée en arrière, il ajoute :

« Croyez-moi, elle était loin d'être la seule à me trouver à son goût. »

Gelvire lui lance un regard noir avant de répliquer, méprisante :

« Pauvre fou ! Et si ce que vous dites est vrai : pauvres folles ! Qu'attendre d'un grossier bandit ? Vous finirez là où est votre place : sur une butte de justice, mutilé et vilainement pendu. »

Eudes fait deux pas, empoigne Gelvire par le bras, et dit d'une voix vibrante :

« Si Dieu vous prête vie, vous déchanterez. Ce que je veux : puissance et richesse, je l'aurai. Rappelez-vous : vous m'avez vu combattre contre un colosse redoutable, vous m'avez entendu donner le conseil nécessaire pour réduire vos chevaliers retranchés dans leur chambre, demain vous me verrez rétablir la discipline et organiser la défense de Coussac. Si vous aviez un peu de jugeote vous sauriez déjà que je suis de l'espèce des vainqueurs, quelles que soient mes difficultés, présentes ou futures. Soyez-en sûre, un jour je serai puissant et redouté. »

La jeune fille scrute le visage juvénile mais soudain durci qui s'offre à elle. Eudes la secoue :

« Me croyez-vous ?

– Peut-être. »

Il la lâche et recule de deux pas. Un moment passe. On n'entend plus que le bruit du vent qui souffle en bourrasques et les crépitements du châtaignier en flammes. Eudes calmé dit d'un ton conciliant :

« J'ai tort de m'emporter ainsi. Cessons de nous quereller comme deux enfants. »

Il veut lui prendre la main, Gelvire se dégage d'un geste nerveux :

« Laissez-moi.

– N'oubliez pas que nous devons nous supporter, cohabiter dans cet espace restreint encore des mois.

– Quoi ? Sûrement pas ! Dès demain, puisqu'il n'y a plus rien à craindre, je rejoins le coin des femmes.

– Ça, n'y comptez pas. Écoutez ! Je ne vous ai pas violée, c'est un fait. Mais je ne veux, en aucun cas, que cela se sache.

– Pourquoi ?

– D'abord parce que je serai la risée de tous.

– Bonne nouvelle ! Quel plaisir je vais avoir à crier par les salles que je suis toujours fille.

– Je vous interdis d'en dire un mot. »

Gelvire se penche, la mine faussement gracieuse.

« Si vous préférez, je ne le confierai qu'à voix basse, mais à toutes celles et à tous ceux qui voudront l'entendre.

– Vous n'en ferez rien.

– Si.

– Prenez garde ! C'est trop sérieux pour que je tolère la moindre indiscrétion.

– Vous, qui avez tant d'imagination pour enfumer de pauvres guerriers luttant pour leur vie, découvrirez bien un moyen de contrebalancer mes indiscrétions.

– Au premier mot je vous assomme.

– C'est tout ce que vous trouvez? Le procédé est peu efficace, songez au moment où vous aurez le dos tourné.

– Gelvire, je vous en conjure, promettez-moi de ne rien dire. Cette révélation, qui devrait me valoir de l'estime, ne m'attirerait que difficultés et oppositions parmi mes hommes. Elle me rendrait même suspect.

– Que voulez-vous que ça me fasse?

– Ne l'oubliez pas, j'ai tué un homme pour vous protéger.

– Une ignoble brute.

– C'est vrai, mais mes hommes l'aimaient, lui et eux se comprenaient, s'estimaient. Si demain ils apprennent que je l'ai abattu sans même l'excuse de vouloir profiter de l'enjeu du combat, c'est-à-dire de vous, ma position deviendra vite intenable. Et ça, je ne puis le tolérer, ni vous laisser contrecarrer mes plans. »

Gelvire éclate de rire et toise Eudes des pieds à la tête :

« Si vous saviez comme je suis contente de vous tenir ! Je me sens revivre. Ah ! mon Dieu, merci ! Hein ! vous ne jouez plus les farauds comme il n'y a qu'un instant !

– Pour la dernière fois, prenez garde.

– A quoi?

– A ma parade. Ce à quoi vous allez me contraindre.

– En dehors de me tuer, que pouvez-vous?

– Je pourrais, par exemple, vous trancher la langue.

– Vous ne le ferez pas. Je vous connais assez pour en être sûre. Certains geste vous répugnent.

– C'est vrai ! Mais j'ai d'autres moyens.

– Lesquels? Je ne crois pas à vos menaces. »

Eudes marche dans la pièce et commence :

« Gelvire, écoutez-moi... »

Soudain on frappe :

« Qui va là? »

Une voix dit :

« J'apporte le bois, messire. »

Eudes déverrouille la porte. Le serviteur apparaît chargé de deux lourdes bûches. Six fois il renouvelle le même trajet pour entasser le bois près de la cheminée. Au moment où, son travail achevé, il salue, Gelvire s'approche de lui et dit souriante :

« Alfaric, toi et tous mes bons serviteurs encore de ce monde, devez plaindre mon sort? La fille de Wilfrid dans les bras d'un bandit. »

Visiblement effaré, Alfaric louche vers Eudes qui écoute bras croisés.

« Damoiselle, damoiselle, les temps changent... nous, humbles, nous posons peu de questions... que la volonté de Dieu s'accomplisse sur la terre comme au ciel...

– Je vais tout de même vous rassurer! Apprenez que... »

Eudes ne lui laisse pas achever sa phrase : il bondit, la plaque violemment contre lui, une main sur la bouche; il hurle en même temps :

« Dehors, imbécile! Fiche-moi le camp ou je te coupe les oreilles! »

Alfaric ne se le fait pas dire deux fois, dans la seconde il disparaît. D'une bourrade Eudes précipite Gelvire vers la cheminée, puis barricade la porte. Lorsqu'il fait face à la jeune fille, celle-ci est assise de nouveau dans le fauteuil et le regarde ironiquement.

« Vous êtes intervenu juste à temps, dit-elle. Mais ne vous y méprenez pas : ce n'est que partie remise.

– Vous n'aurez pas le temps de recommencer. »

Les yeux étrécis et brillants, les sourcils froncés, Eudes très posément, mais avec une sorte d'irréductible résolution, dégrafe sa ceinture et la dispose, comme les autres soirs, sur l'avancée de pierre, puis il retire son haubergeon, son bliaud et sa chemise. Torse nu, il ne lui reste que ses braies et ses souliers lacés jusqu'au-dessus du mollet. Il s'avance alors vers Gelvire qui l'observe, l'air étonné. Comme il s'arrête et se tient immobile à un peu moins d'une toise d'elle, elle dit :

« Que faites-vous? »

Eudes ne répond pas et la regarde fixement, alors elle ajoute avec un léger sourire ironique :

« C'est peut-être vrai ce que vous disiez tout à l'heure à propos des filles qui vous trouvent à leur goût! Vous êtes beau, je le reconnais.

– Paix et cessez de persifler.

– Mais je ne...

– Silence! Pour la dernière fois : acceptez-vous de me jurer sur la croix que vous ne direz rien à personne?

– J'ai déjà répondu.

– Alors vous l'aurez voulu. »

Vif et puissant, Eudes fait un pas, s'incline et empoigne Gelvire sous l'aisselle. Soulevée de terre, elle n'a pas le temps de dire un mot que déjà il la serre contre lui.

La jeune fille des deux mains s'arc-boute contre les épaules musclées, pour essayer de se libérer. Le souffle court tant il la maintient avec force, elle crie :

« Lâchez-moi, lâchez-moi, que voulez-vous faire?

– Te violer, ma belle! Ça t'enlèvera l'idée de jacasser.

– Non, non!

– Ça, tu le diras plus tard.

– Vous n'êtes qu'une bête sauvage, vous me faites mal! »

Sous la poigne violente, l'agrafe de l'empiècement, qui maintenait la robe fermée au ras du cou, saute. Le tissu glisse, découvrant jusqu'à mi-gorge une douce chair mate. Eudes ne résiste pas et se penche pour embrasser la nuque d'abord, le cou gracile ensuite, puis, comme il la renverse, sa bouche court tout au long de l'épaule et descend vers la poitrine.

Gelvire se défend de son mieux, mais en pure perte.

Soudain, elle crie :

« Et votre foi à votre gente damoiselle!

– Ma foi ne peut me contraindre au ridicule. »

Toujours debout, souffles rauques, corps emmêlés, le couple continue sa lutte inégale. Gelvire griffe et mord, mais la robe peu à peu descend le long du corps. Lorsque Eudes arrache le haut de la chemise, les seins nacrés, aux pointes rosées, apparaissent, arrogants et aigus.

Maintenant Eudes manœuvre, force Gelvire à reculer vers le tas de fourrures que forme sa couche. Au moment où, d'un croc-en-jambe, il la fait basculer, elle est nue. Robe, chemise et culotte gisent sur le sol. Dans un effort désespéré elle tente une dernière fois de lui échapper en roulant sur le côté, mais Eudes la rattrape et avec un rire saccadé la ramène contre lui.

Il vient de lui réunir dans une seule main les poignets au-dessus de la tête, la cambrant vers lui, lorsque enfin Gelvire se résigne à supplier :

« Lâchez-moi, je vous en prie! Je ne dirai rien. »

Eudes qui lui embrasse les seins ne semble pas l'entendre.

« Écoutez-moi, Eudes, entendez-moi ! Je ne dirai rien, à personne, je le jure sur les restes de mon père. »

Les gestes d'Eudes deviennent comme alanguis. Un moment encore, tandis qu'elle continue ses supplications, il prolonge ses caresses, ses mains parcourent de plus en plus lentement le ventre et les seins. Lorsqu'il se redresse à demi, l'immobilisant toujours, il est pâle, ses yeux sont troubles et il a du mal à déglutir avant de dire :

« Vous le jurez aussi sur la croix ?

– Oui.

– Bon Dieu ! Dites : je le jure.

– Je le jure.

– Ne recommencez jamais, petite garce, ou je ne réponds plus de moi. Vous m'entendez ?

– Oui. »

Il se lève enfin et se passe les mains sur le visage. Par saccades ses muscles se contractent.

« Vous avez de la chance que je sois à ce point maître de moi, capable de me contraindre. »

Comme Gelvire ne croit pas devoir répondre, il crie :

« Vous m'entendez ?

– Oui.

– M'arracher de votre corps m'a demandé, me demande plus d'efforts, une plus grande volonté que je n'en aurai déployé pour vaincre dix adversaires.

– Oui.

– Bon Dieu de bon Dieu ! »

Poings serrés, sourcils froncés, Eudes toujours immobile regarde Gelvire avec une sorte de hargne. Elle aussi le fixe mais il ne peut deviner le sens de son regard. Peur ou gratitude ne se manifestent pas.

Un long moment passe. Tout à coup la jeune fille de l'index désigne le torse d'Eudes sillonné de traînées rouges :

« Je vous ai fait mal ?

– Couvrez-vous au lieu de poser des questions ridicules.

– Vous craignez que je prenne froid ?

– Cessez de vous conduire comme une enfant. Ne m'en demandez pas trop.

– Eudes!

– Quoi encore?

– Cette preuve de maîtrise donne du poids à vos affirmations.

– Lesquelles?

– Eh bien, que vous n'êtes pas un bandit ordinaire, que vous deviendrez un homme puissant. »

Une nouvelle fois il hausse les épaules.

« Je n'ai pas l'esprit à discuter ou à lancer des affirmations pour le futur.

– Eudes, me trouvez-vous belle?

– Évidemment. Et vous le savez.

– En connaissez-vous de plus belles?

– Vous êtes une petite garce!

– Ça n'est pas une réponse.

– Je n'ai pas à vous répondre. Encore une fois, hâtez-vous de vous rhabiller.

– Pourtant, vous êtes un garçon courageux. »

Comme il ne répond pas, elle reprend et, son sourire s'accentuant, détaille lentement :

« Courageux, magnanime et beau.

– Assez, nom de Dieu!

– Dites, je peux vous poser une question?

– Laquelle?

– Celle que je vous ai déjà posée : me trouvez-vous la plus belle que vous ayez vue?

– Peut-être. Et maintenant cessez de jouer.

– Asseyez-vous près de moi.

– Vous êtes folle?

– Venez. »

De nouveau Eudes a du mal à déglutir.

« Vous ne vous rendez pas compte!

– Si.

– Que voulez-vous dire?

– Venez, prenez-moi dans vos bras, tout contre vous.

– Mais...

– Venez! »

Eudes s'avance de deux petits pas et, avec une lenteur comme précautionneuse, s'assied. Gelvire rit.

« Si je ne vous connaissais pas je vous croirais craintif, peut-être même peureux. »

Eudes est redevenu très pâle.

« Embrassez-moi ! »

D'une voix mal assurée il chuchote :

« Faites attention, Gelvire, je ne voudrais pas... »

C'est elle alors qui l'attire et l'embrasse. Les corps de nouveau roulent. Les gestes s'affolent. Un instant plus tard, Gelvire dit :

« Eudes, tu n'auras pas à me violer. Viens ! »

71

Seule, la convocation de la plus haute assemblée d'Aquitaine, dans la ville d'Angoulême, si proche des frontières du pagus périgourdin, a pu jeter sur les routes hivernales cent et un seigneurs mécontents.

Durant des lieues et des lieues, par ces temps de froidure et de neige, ils ont eu le loisir de ruminer leur rancœur contre Hélie et Audebert de Périgord, qui les contraignent d'abandonner la douceur du coin de l'âtre, les jeux multiples de l'amour et les joies de la chasse.

Un plaid en hiver! Les traditions s'y opposent. La sagesse comme le sens du confort, infailliblement, en repoussaient l'éventualité. Mais, cette fois, aucune raison n'a été assez puissante pour ajourner l'échéance. Le détestable massacre des rives de l'étang de Cieux ne pouvait rester plus longtemps impuni.

L'idée même de la provisoire quiétude des coupables exacerbe la douleur de Sa Grâce Eblé, et Fier-à-Bras piaffe et enrage en attendant l'heure de châtier l'incroyable défi lancé à son autorité par des fous furieux qui, depuis trop longtemps, le narguent en troublant son duché.

Même dans la terne lumière d'un ciel gris éteint, Angoulême, bâtie sur sa montagne, que la Charente longe sur plus de quatre cents toises, se voit de loin. Là, à l'abri d'une ceinture de pierre, haute et puissante, les habitants peuvent travailler, commercer en paix, et les moines bénédictins de Saint-Cibard psalmodier matines et laudes, chanter nones, vêpres et complies. Les comtes Guillaume Taillefer ou Arnaud sont des garants sévères, mais rigoureux et sûrs contre l'invasion ou le désordre.

Il faut bien reconnaître qu'en ce mois de février l'hiver s'endiable, que ses brutalités ne marquent aucun répit. Le comte a dû faire taillader, dans la neige de la cour, des allées afin que tant de nobles sires puissent circuler commodément. Et pourtant le sol croustille toujours sous les pas.

Ce matin, depuis une heure déjà, en tous points de la grande salle d'apparat du palais comtal, à laquelle on accède en venant de la cour par un large perron, on n'entend que récriminations ou anecdotes désagréables de voyage. Bourrasques, congères, fondrières et meutes de loups constituent les éléments dramatiques essentiels de récits qui dérivent très vite vers le chapitre des malaises : toux caverneuses, nez pris, gorges endolories. Pour un peu le supplice des malheureux Benoît et Jaufré en serait oublié.

En vérité, les seigneurs d'Aquitaine font grise mine. Ils ne tiennent guère Hélie et Audebert en odeur de sainteté. Les conseils qu'ils se proclament décidés à donner au tribunal ducal ne risquent pas d'apaiser la hargne de Fier-à-Bras ou de raviver la sainte miséricorde dans le cœur d'Eblé. Chaque heure accroît un ressentiment que les ennemis des Périgourdins, Boson de la Marche, Géraud et Gui de Limoges savent alimenter.

Dans l'attente de l'audience, fixée à dix heures du matin, en l'absence de leur hôte, du duc et de Sa Grâce, comtes et vicomtes, prélats et clercs de haut rang déambulent pour se réchauffer. La messe ne les a que trop longtemps contraints à l'immobilité. Cependant, de gigantesques flambées ronflent et crépitent dans les deux cheminées aux deux extrémités de la salle. Mais comment prétendre chauffer une pièce longue de vingt toises, large de six et haute de trois ?

Sur le riche carrelage multicolore à dessins représentant des animaux, le comte a fait disposer des tapis et des nattes de joncs. Le long des murs, sur les coffres-banquettes, s'entassent de multiples coussins mobiles. Face aux fenêtres garnies de vitraux laiteux, de part et d'autre du trône comtal, deux vastes tapisseries ont été tendues. Elles semblent se répondre, ornées l'une et l'autre de pampres et d'oiseaux becquetant du raisin. Tous les porte-flambeaux ont été garnis de torches enflammées, car le jour parvient à peine à franchir l'obstacle du vitrail gelé.

Soudain, la porte à la droite du trône s'ouvre à deux battants.

Des hommes d'armes apparaissent et s'avancent d'un pas majestueux. Vêtus du haubergeon, ils portent le bouclier rond et la lance. Tandis qu'ils prennent place de chaque côté du trône, des serviteurs installent une table sur tréteaux, trois ou quatre toises devant et parallèle au mur, ainsi que des fauteuils à pied en X.

La rumeur devient brouhaha. La foule des seigneurs s'assemble. On se presse jusqu'à venir buter contre les serviteurs vêtus aux couleurs des oriflammes des ducs d'Aquitaine.

Lorsque le héraut sonne de l'olifant pour annoncer la prochaine entrée du duc Guillaume et de ses proches conseillers, Hélie et Audebert de Périgord, que nul n'avait vus jusque-là, s'approchent de la table. Comme s'ils étaient pestiférés, on s'écarte des deux frères qui demeurent immobiles et fiers dans l'espace laissé vide.

Cependant, l'attention des sires est attirée par de nouvelles arrivées. Afin de donner le maximum de solennité au jugement qui va être prononcé, Fier-à-Bras s'est fait accompagner par tous ses hauts officiers et fonctionnaires.

Après l'évêque de Poitiers, suivi de nombreux clercs, apparaît le grand chambrier et ses chambellans qui eux-mêmes précèdent le sénéchal d'Aquitaine entouré de sergents richement armés et vêtus. Viennent ensuite le chancelier et ses secrétaires. Quatre rangs d'hommes d'armes et voilà les pages, les bacheliers, puis les chevaliers de la maison du duc; enfin Fier-à-Bras fait son entrée, avec Sa Grâce Eblé à sa droite et le comte Arnaud à sa gauche. Le défilé s'achève après le passage de multiples secrétaires et serviteurs et dix rangs de sergents.

Chatoiements des vêtements de toutes teintes, fulgurants éclats d'armes soigneusement polies ou enrichies de pierreries. La somptuosité, autant que la solennité du défilé, séduit les seigneurs d'Aquitaine. Pour un peu, ils cesseraient de regretter leur épuisant et redoutable voyage. Cependant, l'admiration, chez les plus puissants d'entre eux, ne va pas sans jalousie, et médisance.

Confidences faites à l'oreille du voisin, de l'allié, avec des ricanements qui hachent le débit. Rappels de souvenirs équivoques avec des mines entendues. Le père de Fier-à-Bras, Guillaume Tête-d'Étoupe et son épouse la Normande Emmeline, fille de Rollon, n'ont-ils pas partagé le produit des rapines de ce dernier avec Guillaume Longue-Épée, frère d'Emmeline? Certains ont assisté à l'arrivée des convois chargés des pillages du Nord : cavales richement harnachées, harnais ornés de phalères, profusion de bijoux d'or et d'argent, innombrables coffres remplis de vêtements de soie, tissés d'or et chargés de pierreries. Ah! le duc peut faire la fine bouche quand il parle de pillards! Sa famille connaît bien la question, il peut faire étalage de sa fortune et de son luxe! Ce sont là les produits d'une longue et terrible patience, d'un effrayant acharnement.

Remue-ménage, chocs, bruissements, ordres secs exécutés dans le brouhaha. Il faut quelques minutes pour que tout s'agence selon l'ordonnancement prévu. Enfin, chacun finit par occuper la place qui lui est destinée et le sénéchal peut déclarer l'audience ouverte.

Dans un silence parfait, l'évêque de Poitiers se lève pour exposer, comme il est de tradition à chaque plaid, cérémonial rigoureux et formules presque rituelles, les droits et les devoirs qui incombent à Sa Seigneurie le duc souverain d'Aquitaine.

D'une voix âpre et nasillarde, le prélat récite le texte immuable et ampoulé. On l'écoute surtout, aujourd'hui, qu'atteinte va être portée à la dignité d'un comte. Guillaume, troisième du nom, duc par la grâce de Dieu, doit conserver à tous, comme à toutes ses églises : le privilège canonique, la loi sous laquelle vivent, naissent et meurent ses sujets, et la justice qui leur est due. Tous ses féaux lui doivent main-forte pour l'accomplissement de sa tâche.

Formules religieuses, précisions, invocations concrètes, l'évêque énumère, accumule. Lorsque enfin il se tait, Guillaume prend la parole, enchaîne, mais sans se lever.

S'il a tenu à réunir cette assemblée, toutes affaires cessantes, et en dépit des rigueurs de la saison, c'est que les limites de sa patience ont été atteintes. Sa charge, comme vient de le rappeler l'évêque de Poitiers, l'oblige à examiner avec sagacité les droits de chacun, mais aussi – sa voix tout à coup devient tonnante – à couper tout ce qui est nuisible pour faire profiter de ce qui est bon l'ensemble de ses sujets.

Protection des laïcs, protection des églises et des clercs! Il a la charge de mettre les uns et les autres à l'abri de toutes violences, même de celles qui proviennent de puissants seigneurs. S'il venait un jour, par malheur, à oublier cette mission sacrée, jamais plus il ne pourrait espérer éviter les atteintes du feu éternel.

Or – Fier-à-Bras frappe soudain avec violence le bras de son trône – les lois les plus sacrées, certains, ici présents, ont osé les enfreindre de la plus scandaleuse façon. L'indispensable jugement sitôt rendu, il sera non moins urgent, dans les minutes qui suivront, de veiller à l'exécution de la sentence.

Quand Fier-à-Bras se tait, la foule demeure silencieuse. Une attente angoissée maintient les hommes immobiles et muets. Trop d'entre eux oublient leurs devoirs ou outrepassent leurs droits pour ne pas se sentir mal à l'aise devant la menace du châtiment. Le rappel de la puissance du duc, ce défilé, cet étalage d'une folle richesse les impressionne, mais aussi les hérisse.

C'est pendant cette réflexion générale que Sa Grâce Eblé se dresse. Sombre, la mine implacable, il brandit l'index avant de désigner les deux Périgourdins.

Seigneurs de Poitou, de Saintonge, d'Angoumois et de Périgord, de Limousin et de Bas-Berri, de Haute et de Basse-Auvergne, du Velai et du lointain Gévaudan, ceux-ci, sachez-le, par le meurtre monstrueux et délibéré de saints hommes, combien proches du cœur de Jésus! se sont mis à jamais au ban de la chrétienté. Chorévêque Benoît, père Jaufré, et toute leur suite ont été lâchement, ignoblement exterminés. A crime unique, châtiment exemplaire. Qui osera prendre la défense de ceux qui ne méritent même plus le nom d'hommes?

La foule empoignée par la voix frémissante oscille et gronde; sous la diatribe, les Périgourdins pâlissent. Même Audebert. Il a beau savoir qu'instigateur du complot il a voulu cette situation extrême et qu'il va presque sûrement en tirer bénéfice, la peur, une peur panique l'assaille. Difficile à contrôler.

Eblé pleure maintenant. Les larmes roulent sur ses joues et il ne tente même pas de les essuyer tandis qu'il décrit le spectacle qui l'a frappé, au bord de l'étang de Cieux : Benoît mutilé et sanglant, Jaufré sans tête et tous leurs hommes épars, pourrissants et rongés par les bêtes. Vermine fuyant à regret devant les arrivants.

Chacun des auditeurs a commis un jour ou l'autre de semblables crimes; cependant, collectivement aujourd'hui, ils s'en indignent. Des cris retentissent :

« A mort! Décapitez-les! Non, branchez-les comme vilains! »

Le sénéchal intervient pour rétablir le calme et ordonner à une dizaine de sergents d'entourer les accusés. Plus pour les protéger que pour les empêcher de fuir leur châtiment. Hélie alors intervient :

« Qui prouve que ce soit nous les coupables? »

Eblé croise les bras et d'une voix indignée :

« Oserais-tu contester mon accusation?

– Pourquoi non? Vous me haïssez, je le sais, j'en ai eu cent fois la preuve. Vous avez partie liée avec Boson le Vieux et Géraud de Limoges, son fils Gui est de vos protégés. Le complot contre moi est permanent.

– Veux-tu la preuve de ton crime?

– Quelque preuve fabriquée, sans doute?

– Non! Un témoin!

– Un témoin?

– Oui.

– Si j'avais commis ce crime je me serais entouré de garanties et j'aurais d'abord supprimé âme qui vive tout alentour.

– Celui-là n'a pu échapper à tes coups que par une providentielle intervention.

– Assez de sottises, l'évêque! Explique-toi!

– Auberi! »

Dissimulé jusque-là parmi les gardes, le sergent de Benoît s'avance face au Périgourdin; seule la table les sépare.

« Oui, Votre Grâce.

– Je n'ai jamais vu cet homme! hurle le comte Hélie.

– Et pour cause! Auberi, raconte ton histoire aux nobles seigneurs ici présents.

– J'appartenais à l'escorte de monseigneur le chorévêque, que Dieu l'ait en sa sainte garde. Sur les rives de l'étang de Cieux, les hommes du comte nous ont assaillis. Et... »

Hélie l'interrompt en criant :

« N'est-ce pas le sire de Bellac qui, ce jour-là, dans cette région, devait fournir une garde supplémentaire?

– Oui. »

Le sire de Bellac s'avance de deux pas.

« Vos hommes ont-ils été attaqués, messire!

– Oui, surpris ils ont dû, hélas! se retirer.

– Leurs assaillants, les ont-ils reconnus comme des miens!

– Non.

– Donc vous ne pouvez m'accuser?

– Sur mon paradis, ce m'est impossible! Et je m'en garderais.

– Ah! vous voyez? »

Triomphant Hélie regarde en tous sens.

Eblé dit :

« Comte Hélie, tu n'es parvenu qu'à nous donner la preuve de ta duplicité en tentant de te défendre.

– Et toi celle d'une haine ancienne et injuste en m'accusant.

– Seigneurs, il est vrai que la troupe qui a assailli celle de Bellac n'arborait aucune oriflamme. Par ruse et mauvaise tromperie. En revanche, ceux de Bellac disparus, une seconde compagnie a fondu sur les hommes du chorévêque, et celle-là gardait visage découvert, les bannières flottaient au vent. Puisqu'elle ne devait point faire de quartier, à quoi bon se camoufler? Et Hélie chevauchait à sa tête. Audebert l'accompagnait, mais honteux, malheureux, apeuré. Auberi, conte-nous la suite. »

Hélie hurle :

« Mensonges! Seigneurs d'Aquitaine, n'en croyez mot! Et toi, Audebert, parle, dis qu'on ment pour nous perdre.

– Silence! écoutez le témoin, ordonne le sénéchal.

– Tu ne me feras pas taire, sénéchal de malheur! »

Fier-à-Bras jaillit de son trône :

« Mais moi, oui! Si tu tentes une seule fois encore d'empêcher le débat, je te fais trancher la langue. Auberi, parle!

– Sa Grâce dit vrai. A la tête de la nouvelle troupe chevauchaient les deux seigneurs de Périgord. Le comte Hélie riait. Je me trouvais par chance de l'autre côté de la litière, déjà nombre de mes compagnons avaient été tués. J'ai entendu Jaufré apostropher les arrivants et mon bon maître lui dire : “ Mon ami, ne les excite pas, je t'en conjure! ”

– Et pourquoi, menteur, t'aurais-je épargné?

– C'est à ce moment que j'ai perdu connaissance, violemment frappé sur la nuque. De l'eau versée sur le visage m'a réveillé. A ma plus grande surprise je me suis vu allongé dans des roseaux. Un homme me traînait. Mon corps a glissé sur la vase en dépit des souches. J'ai cru qu'il voulait me noyer. Je dois l'avouer, je l'ai supplié de m'épargner. Il m'a dit : “ Ne crains rien! je te sauve. ” J'ai demandé, incrédule : pourquoi. Il m'a répondu : “ Mon seigneur m'a ordonné d'épargner ceux que je pourrais. Il est fatigué de tant de tueries et d'abominations. " J'ai voulu le questionner encore, mais il m'a dit : " Le danger est pressant. Laisse-toi faire : moins tu entendras, moins tu auras peur. " » Il m'a bouché les oreilles, m'a recommandé le silence, et il a disparu.

Auberi semble frissonner à la pensée des moments qu'il a vécus. Hélie grommelle : « Mensonges, mensonges ! » L'auditoire écoute avidement la confession du malheureux sergent qui, après une sorte d'effort, reprend son récit :

« Un moment plus tard, une heure ou plus, je ne suis pas capable de m'en souvenir, on est venu me tirer de ma fâcheuse position.

– Qui était-ce ? demande le sénéchal.

– Un guerrier et » Auberi tend la main « monseigneur Audebert.

– Quoi ? »

Hélie de Périgord vient de sauter à la gorge de son frère. Il le secoue en criant :

« Explique-toi, explique-toi sans attendre ou je t'étripe, ordure, pourceau ignoble ! Le poignard, hein !

– A moi, à moi ! geint Audebert, me laisserez-vous étrangler sans intervenir ? »

Les hommes d'armes se précipitent, cependant que la foule des spectateurs gronde, oscille, prête à se ruer sur le comte. Corps et membres mêlés, il n'est plus possible de rien discerner de ce qui se passe dans l'échauffourée. De partout des cris retentissent, des injures, des imprécations. Hélie et Audebert roulent par terre, entraînant les gardes. Il faut une minute avant que l'écheveau se dénoue. Tous les hommes se redressent à l'exception d'Hélie, qui gît assommé.

Orderic se penche et parle à Sa Grâce Eblé.

« Votre Sainteté ! Il n'est pas possible de laisser se dégrader davantage le procès du meurtrier de monseigneur Benoît. Au nom de ce saint homme, que je chérissais de toute mon âme, faites enfermer le comte Hélie et qu'il soit statué sans attendre sur son cas. La dignité est à ce prix.

– Tu as raison ! Cette scène était ignoble et ne pouvait que nuire à l'efficacité de l'exemple. Seigneur duc, mon beau neveu, vous plaira-t-il comme à moi que ce furieux soit enfermé et que, toutes preuves ayant été fournies, il soit décidé de son sort? »

Guillaume Fier-à-Bras acquiesce. Le sénéchal aussitôt ordonne :

« Emmenez pour l'enfermer dans un cachot messire Hélie. »

Comme le calme et le silence tardent encore à se rétablir, il doit intervenir à de multiples reprises. Puis, s'adressant à la foule des vassaux :

« Messeigneurs, il plairait à Sa Seigneurie, avant de prendre une décision, d'entendre vos opinions et vos conseils. »

Audebert à cet instant lève la main et vient tout contre la table. Les secrétaires le regardent, sourcils froncés, le sénéchal tend un bras comme pour l'arrêter. Cependant qu'il supplie :

« Seigneur duc, et vous, Votre Grâce, permettez-moi d'intervenir avant quiconque. Ce procès est fait à ma race, accordez-moi le privilège de défendre son premier représentant. »

Eblé, impressionné sans doute par Orderic qui opine favorablement et avec vigueur, dit :

« En ce qui me concerne je ne m'y opposerai pas.

– Ni moi, dit Fier-à-Bras.

– Merci, seigneurs, merci! Je ne prends la parole que pour vous demander pitié pour mon frère. Certes, il mérite un châtiment, mais je veux vous rappeler qu'il s'agit d'un de vos pairs et non des moindres. Duc, Hélie a dix fois répondu à votre appel et prêté le secours de son épée à votre trône. En aucun cas, vous ne l'avez trouvé défaillant. Votre Grâce, on peut lui reprocher bien des crimes, pourtant jamais il n'a cessé de prier et d'enrichir les abbayes et les églises. Sa folie, je le crois, n'était que passagère. Certes, mon frère mériterait la mort s'il était du rang des simples hommes libres mais, ne l'oubliez pas, il est de ceux qui gouvernent pour le plus grand bien de la chrétienté. Et, si vous m'y autorisez, je suggérerais un châtiment.

– Parle, dit Eblé, tes paroles jusqu'ici m'ont semblé aussi sages que ta conduite à Cieux.

– Votre Grâce, monseigneur duc, et vous tous, messires, un seul châtiment peut laver ce crime et ce ne peut être la mort. Condamnez mon frère à se rendre à Rome, pieds nus et bourdon au poing, qu'il aille réclamer le pardon de ses fautes à messire le pape. A son retour, si vous jugez son repentir sincère, alors vous pourrez lui rendre son comté.

– Votre Grâce, souffle Orderic à Eblé, c'est le Ciel qui s'exprime par la bouche de messire Audebert. Nous, clercs, ne pouvons rêver épreuve plus décisive et plus sévère, plus conforme aux lois de la charité et du pardon, plus rigoureuse aussi. Tous les frères de la règle de Saint-Basile s'expriment par ma voix en cet instant, Votre Grâce. Et pour parachever la sentence, pourquoi ne serait-il point précisé qu'en l'absence du comte Hélie, messire Audebert assumera ses charges ? Et qu'il devienra comte définitivement au cas où il arriverait malheur à son frère, ou si celui-ci refusait de faire amende honorable ? Vous éviteriez ainsi mille haines et bien davantage d'ambitions prêtes à tout pour s'assouvir.

– Ton conseil me semble judicieux, je vais en parler à mon neveu. »

Cependant, la salle est en effervescence. Tout le monde parle en même temps, s'indigne, se fâche ou commente. Dans l'ensemble pourtant, sauf par Boson-le-Vieux, Géraud de Limoges de son fils Gui, la proposition d'Audebert est fort bien accueillie. Eblé, Arnaud et Guillaume Fier-à-Bras discutent. L'évêque n'a pas de peine à rallier ses deux interlocuteurs à la proposition d'Audebert, modifiée par Orderic. La décision prise, le sénéchal reçoit mission d'en informer l'assemblée.

Tout semble réglé, lorsque Boson intervient. Le vieux comte de la Marche, malin sous des dehors frustes, réclame seulement que Hélie soit informé de la sentence qui le frappe et de son remplacement, même momentané, par son frère. Tandis qu'on discute de la proposition, Orderic intervient de nouveau auprès d'Eblé.

« Messire Boson le Vieux a raison, dit-il, mais il serait inutilement cruel de dresser, par une jalousie irraisonnée et un ressentiment justifié, les deux frères l'un contre l'autre. Si la cour agissait ainsi, elle découragerait par la suite les initiatives du genre de celle d'Audebert. Faites-moi donner le droit d'aller prévenir de ce qui l'attend le comte Hélie.

– C'est un homme violent, frère Orderic, méfiez-vous.

– Votre Grâce, le service de Dieu avant tout.

– C'est bon, tu vas avoir l'honneur de cette mission. »

Orderic n'a pas franchi la porte du cachot que déjà, clignant de l'œil et un doigt sur la bouche, il parvient à intriguer assez Hélie, à susciter sa curiosité, pour freiner son impétueuse fureur.

« Que me veux-tu, moine torve, gronde celui-ci, viens-tu m'annoncer ma mort prochaine?

– Non, sire comte! ma mission est plus agréable : je vous apporte l'espoir.

– Viendrais-tu par hasard m'annoncer que mon chien galeux de frère a été démasqué? Car c'est lui, tu ne l'ignores pas, qui m'avait conseillé de m'en prendre à Benoît et de tendre le guet-apens.

– Messire, écoutez-moi, de grâce, nous n'avons qu'un instant. Quelqu'un peut venir! Accablé par le témoignage de cet Auberi, dont je n'ai fait connaissance qu'hier, votre situation m'a paru désespérée et votre mort sur une butte de justice inévitable. Si vous disparaissiez ainsi que votre frère, votre race du coup se trouverait anéantie. Le Périgord passerait à je ne sais qui, probablement à Gui de Limoges ou au fils de Boson le Vieux. Déjà, je l'ai entendu dire, ils se disputaient vos dépouilles.

– Bon Dieu! jamais un de ces bâtards ne doit mettre la main sur Périgueux. Tu m'entends, pour rien au monde! »

Hélie a saisi Orderic au col et le secoue en tous sens comme un vulgaire sac de noix, proférant en même temps les plus monstrueuses menaces.

« Messire, messire, de grâce, écoutez-moi! Il n'y a point encore proche péril.

– Ces Limousins, un jour je les écraserai!

– Messire, une idée m'est venue. C'est moi qui ai obtenu que votre frère soit disculpé, j'ai payé Auberi.

– Hein?

– Attendez, attendez, ne vous fâchez pas avant de m'avoir entendu! Coupables ensemble, vous alliez mourir ensemble, et sans recours, sans personne pour prendre votre défense, appeler à l'indulgence, voire au pardon. Il fallait que l'un de vous fût libre pour agir.

– Pourquoi pas moi?

– Parce que vous êtes le comte, le chef. Que vous pouviez user de votre autorité pour lui interdire ce que vous ne vouliez point, que l'affaire de Cieux ne pouvait venir que de vous puisqu'on vous y avait vu.

– C'est mon frère que tu sauves, moi tu m'enfonces, toute la faute retombe sur moi.

– N'en croyez rien. Après votre départ, grâce à ma ruse, messire Audebert a pu intervenir, et moi aussi. Après nos plaidoiries vous n'êtes finalement condamné qu'à vous rendre à Rome, pour demander pardon au pape. Et à votre retour, si vous ne refusez pas de faire amende honorable, vous récupérez votre pagus.

– Hein? Tu crois?

– C'est exactement les termes de votre condamnation.

– Et comment dois-je m'y rendre, à Rome?

– Pieds nus et le bourdon au poing. Mais votre escorte sera bonne. »

Calmé, Hélie bougonne :

« Heureuse perspective!

– Ne vous inquiétez point, mon beau seigneur, acceptez sans récriminer, sans scandale, ce qui va vous être demandé. Confessez vos fautes, accusez-vous au besoin. Tout est dit, vous pouvez partir confiant.

– Où seront tes chevaux et les hommes pour me servir d'escorte?

– Messire, messire, n'oubliez pas ce à quoi vous êtes condamné! Ici rien n'est possible.

– Mais alors, je dois partir à pied?

– Oui, c'est indispensable. Mais prenez la route de Nontron, puis, si nous ne vous avons pas encore rejoint, celle de Saint-Aredii, les hommes que nous allons vous dépêcher vous atteindront sûrement avant cette abbaye. Et n'ayez crainte, l'escorte sera solide et le cheval un vrai destrier. Il suffit seulement que vous soyez assez éloigné des grands chemins et de certains centres afin que nul ne puisse avoir connaissance de l'aide qui vous est apportée.

– Si tu tiens tes promesses, moines, je suis d'accord pour tout. Et je te jure que, revenu de Rome et de nouveau à la tête de mon comté, je saurai te récompenser.

– Oh! monseigneur, je suis, vous le savez, attaché depuis fort longtemps déjà, et de tout cœur, à votre race. Mon dévouement vous est acquis. »

Hélie réfléchit un long moment. Son épais visage lentement s'éclaire.

« Tu es un sacré gaillard, mon moine! Et je crois que tu as raison. Va donc leur dire que je suis prêt à entendre la sentence qui me frappe.

– Pardonnez-moi, messire, mais...

– Quoi encore?

– Je suis gêné, je n'ose...

– L'heure n'est pas aux hésitations, que veux-tu?

– Croyez bien que j'en suis confus, de sordides détails en un tel moment!

– Trêve de détours, va au but.

– C'est, messire, qu'hélas! les dévouements coûtent cher. Tout s'achète en ce bas monde.

– Tu n'auras qu'à demander de l'or à mon frère, qu'il se serve dans mes coffres. Et recommande-lui surtout, en l'occurrence, de ne point lésiner.

– Messire, croyez-moi, mieux vaut pendant un certain temps que le seigneur Audebert et moi-même nous rencontrions aussi rarement que possible. Et puis nous ne sommes pas à Périgueux. Dieu sait combien de jours il va être contraint de rester à Angoulême! Et vous, pendant tout ce temps, seul, vêtu de bure et votre misérable bourbon à la main... cette errance par un froid pareil...

– Évidemment!

– Et, y avez-vous songé? les Géraud, Boson et autres Gui vous guettant, formant des projets pour éliminer votre race, la rayer du nombre des vivants!

– Nom de Dieu! où avais-je la tête? Je les avais oubliés ceux-là!

– Non, messire, il faut de l'or, et tout de suite.

– Mais je n'ai presque rien sur moi, juste une malheureuse bourse que je me propose d'emporter, de dissimuler au besoin, afin de manger et dormir en attendant l'arrivée de tes hommes.

– Certes, certes, mais, pardonnez-moi, je vois cette lourde chaîne et ces plaques d'or pendues à votre cou, et puis vos bagues, fort somptueuses en vérité, et ce merveilleux poignard à manche incrusté de pierreries. Avec ça je pourrais agir.

– Non, je tiens à ces objets!

– Et les bandits, messire, y avez-vous pensé?

– Ma foi non!

– Vous n'allez pas risquer votre précieuse vie pour quelques-unes de ces possessions du diable? »

Hélie hésite encore un moment, tergiverse, puis tout à coup, avec un geste résigné :

« Tiens, les voilà, qu'on en finisse !

– Oh ! merci, monseigneur, merci non pour moi, mais pour vous. Je n'aurais pas été tranquille, vous sachant porteur de ce petit trésor. Vous pouvez aussi compter sur une intervention efficace bien avant Saint-Aredii. A bientôt, monseigneur. Je m'occupe de votre avenir, je le prends en main. Et que Dieu vous ait en sa sainte garde ! »

72

Du haut des lices le regard porte loin, surtout en direction de l'est et du sud-ouest, là où le vallonnement s'évase. Vers le nord s'étire le plateau, vue distendue, perspective égarée, âpre sol coupé de buissons secs et noirâtres, parsemé de mares luisantes comme des miroirs, pour peu que la bise s'en mêle.

Enveloppés dans de lourdes capes de drap épais, protégés sous la broigne par une sorte de maillot de fourrure et sous le bassinet par une calotte de poils, les hommes de guet, tour à tour, martèlent le chemin de ronde ou se recroquevillent dans un angle, à l'abri du vent cinglant, le temps de se souffler dans les doigts menacés d'onglée.

Seule distraction possible, dans cet univers figé, en attendant l'heure de la relève : suivre le sillage tourbillonnant des corbeaux qui, longuement, prudemment, survolent un coin de neige avant de s'y abattre.

Il n'est pas midi lorsqu'un des guetteurs, Gonfroi le Breton, un homme réputé pour sa bonne vue, le premier donne l'alerte. Là-bas, vers les fins fonds de l'ouest, dans l'imprécise grisaille, et comme suspendus entre ciel et terre, deux points noirs sont apparus. Ils bougent, et même grossissent, assure-t-il à son camarade le plus proche qui, lui, arbore une moue dubitative.

Chef des défenses en ce jour, Adhémar le Bègue est alerté par le cri rituel. D'abord, debout sur le seuil du corps de garde, l'air renfrogné, le froid semble le rebuter et il commence par se renseigner à grands cris :

« Que se passe-t-il? »

Le devoir finit par l'emporter et il se décide à escalader l'étroit escalier de bois, aux marches glissantes, qui mène au chemin de ronde.

Entre-temps, les deux points noirs ont pris de nouvelles proportions et Adhémar peut affirmer que ces cavaliers inconnus savent fichtrement où ils vont pour soutenir pareil train sans dévier.

La curiosité ne tarde guère à attirer les hommes désœuvrés. Les journées sont longues maintenant que l'ordre et la discipline ont retrouvé force de loi. Dans le groupe qui peu à peu s'est formé, on commente, on discute. Il y a les inquiets, les indifférents, les joyeux lurons, les farauds. Certains de ces derniers, pour appuyer leurs vantardises, sont redescendus chercher leur framée et déjà ils s'en assurent bonne prise et ricanent en se déclarant prêts à percer, à clouer au sol les imprudents qui s'aventureraient à portée de jet.

Adhémar, sourcils froncés, ne perd pas de vue les menues silhouettes sombres. Excédé par tant de stérile verbiage, il s'exclame : « Paix, vous autres! Gardez-vous de toute initiative, de tout geste malencontreux. Le chef attend... » Il s'interrompt un instant pour reprendre aussitôt. « Notre sire de Coussac, Jean l'Anglais, attend des messagers. Malheur à qui commettrait la faute de les lui tuer! »

Douchés dans leur zèle ridicule, les hommes se taisent, mais les regards n'en demeurent pas moins braqués sur les arrivants. Peut-être va-t-il se passer quelque chose aujourd'hui?

L'Anglais, assis dans sa chaire, est seul et méditatif lorsque Truitier, suivi des deux messagers d'Orderic, pénètre dans la grande salle.

« Veille à ce que personne vienne nous déranger.

– Même Ruffin?

– Même Ruffin. »

Une expression de satisfaction éclaire le visage de Truitier.

« Compte sur moi. »

Au premier coup d'œil le nouveau sire de Coussac a reconnu ses visiteurs. Ce sont précisément les deux compères qui lui ont ouvert nuitamment les portes de l'enceinte.

Dressé, l'œil brillant de curiosité, la mâchoire dure, c'est tout juste si l'Anglais leur laisse le temps de prendre place sur le banc qu'il leur désigne de la main. Sans se soucier de leur mine frigorifiée :

« Alors, dit-il, quelles nouvelles? Le plaid s'est tenu?

– Victoire sur toute la ligne », répond le plus grand en se frictionnant le visage.

Le second, juste assis, frissonne et se relève pour marcher vers l'âtre, frappant le dallage, les pieds à plat. Sa broussailleuse moustache perd de son arrogance en se dégelant. Il dit, comme pour prévenir toute objection de son hôte :

« Bon Dieu! l'Anglais, j'ai trop froid pour consentir à demeurer à distance de ta cheminée. Je te renseignerai aussi bien en me réchauffant. Brrr! On a beau m'appeler le Paillard, la plus belle fille du monde, pour l'heure, me croirait impuissant. »

Visiblement impatienté, dérangé dans sa soif de savoir ce qui s'est passé, l'Anglais se lève à son tour, près d'exploser. Il se contient pourtant et répète :

« Le plaid, racontez en détail. »

C'est le Paillard qui reprend la parole :

« Comme le Pelu vient de te le dire : victoire complète, au-delà même des espérances de notre bon seigneur moine et de messire Audebert.

– Tu ne vas pas me faire accroire qu'Hélie s'est laissé accuser puis condamner sans rien dire?

– Et, pourtant, c'est à peu près ce qui s'est passé.

– On l'a meurtri avant le plaid?

– Du tout, il a entendu clairement sa condamnation.

– A mort?

– Non. »

L'Anglais explose, frappe sur la table à coups redoublés : à la fin, vont-ils s'expliquer, doit-il tout leur arracher, mot après mot? Le Pelu se fâche à son tour et hurle :

« Ta gueule! Nous ne sommes pas à tes ordres. N'essaie pas de te conduire avec nous comme tu le fais avec ceux de ta bande. T'es pressé de savoir? Nous on a froid. Et puis, au lieu de poser tant de questions décousues, laisse-nous raconter, à notre manière. »

Pendant quelques instants la colère domine les trois hommes.

Puis la raison reprend le dessus et, surmontant son impatience, l'Anglais se résigne à laisser les messagers conter à leur rythme les événements d'Angoulême.

A mesure que les précisions lui sont fournies, il se détend. Lorsque enfin il apprend qu'Hélie a consenti à tout reconnaître, après un entretien avec Orderic, il ne peut plus contenir une débordante satisfaction. Éclatant de rire, il répète :

« Tudieu, quelle astuce! Décidément, ce diable d'Orderic n'a pas de rival.

– Maintenant, c'est à toi de jouer », dit le Pelu.

L'Anglais, redevenu brusquement sérieux, se penche :

« Comment ça?

– Nous avons quitté Angoulême hier midi. Hélie, équipé en pèlerin, devait se mettre en route ce matin. Sur les conseils de notre maître, il va prendre le chemin de Nontron, puis celui de Saint-Aredii. Avant que d'atteindre cette abbaye il s'attend à être rejoint par l'escorte qui lui a été promise. Tu n'auras donc aucune peine à le retrouver.

– Soyez sans crainte. Foi d'Anglais, notre bon Hélie n'atteindra jamais l'abbaye.

– Attends, attends, c'est plus compliqué que tu ne crois.

– En quoi?

– Pour que messire Audebert puisse, sans attendre, et sans complications oiseuses, être définitivement investi du comté de Périgord, il faut que le corps de son frère soit retrouvé très vite et surtout facilement identifié. Il ne faut pas qu'il y ait le moindre doute. Certains seraient trop heureux de voir le comté rester des années sans titulaire.

– Merde! Si je le tue, comme ça, les loups vont le dévorer.

– Voilà la vraie difficulté. Orderic compte sur toi pour la résoudre.

– Grand merci!

– Inutile, je pense, de te recommander de faire exécuter la besogne par des hommes sûrs et pas bavards.

– Évidemment! »

L'Anglais hausse les épaules, absorbé déjà par la solution de son délicat problème.

« Tu pourrais le pendre, dit le Paillard.

– Et les corbeaux et tous les autres oiseaux, tu y as pensé? Ils lui piquetteront le visage jusqu'à ne laisser que les os. Et vite, les salauds!

– Alors?

– Alors, foutez-moi la paix, que je réfléchisse. »

Dans la demi-pénombre les lueurs rouges des flammes éclairent les visages, cernent et accusent les traits. Maintenant qu'ils se taisent, les trois hommes peuvent entendre les sifflements parfois aigus du vent à l'assaut de l'énorme masse du donjon.

L'Anglais soudain se frappe dans les mains.

« J'ai trouvé! » dit-il.

Un moment encore il reste l'œil fixe, semblant suivre une série d'images visibles de lui seul. Ses deux interlocuteurs s'énervent, et l'un d'eux finit par lui demander :

« Tu t'expliques?

– Écoutez : tandis que nous attendions le signal pour venir assaillir Coussac, nous nous sommes cachés dans un oratoire situé à une lieue vers l'ouest de l'abbaye de Saint-Aredii. Cette fois encore nous allons l'utiliser. L'histoire reconstituée sera celle-ci : des brigands ont attaqué messire Hélie à proximité de cet oratoire. Vaillamment il s'est défendu (nous veillerons, à proximité, à laisser des traces), mais ils ont fini par le blesser et l'assommer. A son réveil, grièvement blessé, mourant de froid, sa robe de bure lui ayant été volée, Hélie, dont on connaît la prodigieuse force et l'indomptable volonté, se traîne et parvient à atteindre l'oratoire. Il trouve même la force, pour se protéger des loups, d'en fermer les portes et d'aller se blottir dans un coin. C'est là qu'on le retrouve mort, calé, coincé à genoux, le visage dans l'angle du mur.

– Pourquoi cette dernière précision?

– Les oiseaux, tiens!

– Mais qui va le retrouver?

– Truitier, vêtu en serf, ira alerter l'abbaye et disparaîtra; ce seront donc les moines qui ramèneront le corps.

– Et c'est déjà Truitier qui...

– ... dirigea l'embuscade? Oui! Ne vous inquiétez pas : même mon second, Eudes Ruffin, ignorera tout.

– Et les aides de Truitier?

– Il les saignera avant de revenir ici. Trois hommes, ce n'est pas une affaire. »

Pendant un moment encore la conversation se prolonge. Tout à coup une bruyante discussion éclate derrière la porte donnant sur l'escalier. On distingue surtout la voix rageuse et ironique de Truitier répétant :

« Non, tu ne passeras pas ! Même " ta seigneurie ", l'ordre est formel. »

Suit de près un bruit sourd qui ébranle la lourde porte. L'instant d'après, celle-ci est ouverte si violemment qu'elle va battre le mur. Truitier, propulsé en arrière, se maintient un bref moment en équilibre, puis va choir trois toises plus loin. Il reste allongé, inanimé.

Ruffin marche vers les trois hommes, la mine furieuse, les mains agitées :

« Que signifie ? Tu me fais des mystères, maintenant ? »

Son visage se fendant dans un large sourire, l'Anglais tend un bras :

« Approche, approche, que je t'apprenne la bonne nouvelle !

– D'abord, explique-moi pourquoi Truitier tentait de m'interdire la salle !

– Ne te fâche pas, ami chevalier, tu le connais, tu sais comme il est. En premier, je n'ai jamais su au juste pourquoi, mais il ne te porte pas dans son cœur. Ensuite, je lui avais dit que je ne voulais pas être dérangé pendant mon entretien avec les messagers d'Orderic. Il a farouchement appliqué la consigne sans faire de distinction. Mais laissons ces détails sans importance. Eudes, réjouis-toi ! Messire Audebert, notre protecteur, notre allié, est désormais comte de Périgord.

– Et Hélie ?

– Condamné par le plaid d'Angoulême, il n'est plus qu'un misérable pèlerin courant après la rémission de ses crimes. Quand on connaît l'homme, on se doute qu'il ne survivra point à l'humiliation !

– Serais-tu chargé de l'en convaincre, au besoin, dague ou poignard en main ?

– Allons, ami, ne joue pas les trouble-fête. Tiens, voilà Truitier qui se réveille après tes douces caresses. Entre nous, comment veux-tu qu'il t'aime ? Nous allons lui commander de faire apporter quelques cruches d'hypocras pour fêter l'avènement heureux de notre nouveau comte. Désormais, Eudes Ruffin, nous ne sommes plus des bandits ayant réussi un heureux coup de main, mais les dévoués féaux d'un puissant et entreprenant seigneur. »

73

Mars ! Lumière changeante, tour à tour exaltée ou furtive, soleil et pluie alternant comme par jeu. Matins de gelées blanches, après-midi de soleil, déjà brièvement printanier. Les gros murs du donjon suintent abondamment, n'ayant pas eu encore le loisir de sécher.

Eudes descend lestement l'escalier sombre et sonore. Sur son ordre, Lisoie, qu'il s'amuse à surnommer Lazare, depuis sa merveilleuse guérison, doit l'attendre près de la porte sud. Une allégresse qu'il proclame, lorsqu'on l'interroge, naître de l'approche du printemps, le fait caracoler comme un enfant libre.

Sautant quatre ou six marches à la fois, fredonnant une chanson douce et naïve, le guerrier redoutable cède le pas à un jeune et heureux garçon, aussi bienveillant, semble-t-il, qu'amoureux de la vie.

Son habillement accroît encore cette réjouissante impression. Délaissant pour une fois haubert, jaseron ou haubergeon, il porte simplement un bliaud vert, finement brodé sur la poitrine, et à sa ceinture de cuir, enrichie de cabochons d'argent et de bronze, ne pend qu'un poignard au manche d'os incrusté de pierres multicolores, qui semble plus une parure qu'une arme véritable.

Sourire malicieux non exempt de fatuité, plaisir provoqué par des images d'étreintes amoureuses. Ce matin, comme, assis sur le bord de sa couche, il s'apprêtait au dernier effort pour se lever, Gelvire, la brune, l'a saisi à bras-le-corps, roucoulante, enfiévrée, nue, et l'a fait basculer sur les fourrures.

« Eudes, Eudes, ne pars pas, chuchotait-elle tandis qu'elle achevait de le dénuder, aime-moi ! »

Il n'a alors invoqué aucune urgence, n'a point tenté de résister.

Simplement, il s'est complu à la seconder, mais sans jamais prendre aucune initiative.

Sur le pas de la porte un vent frais chasse ces évocations sensuelles, d'autres souvenirs s'imposent avec force et précision : la passerelle de Marigné se substitue soudain à celle de Coussac. Vision de l'immense cour dont il avait, depuis sa plus tendre enfance, appris à connaître les moindres recoins, et qu'il découvrait parfois à ses pieds, derrière la légère rambarde, lorsque par extraordinaire il était autorisé à monter jusqu'au donjon. Et la cahute à demi enfouie de maître Eustache, et le logis de Conrad le Saxon où l'attendait la bonne ribaude, l'opulente et généreuse Hildegarde? Et celui de sa mère, la belle Mahaut? Brusque malaise. Sa pensée devient trouble. Aux élans de tendresse et de joie se mêlent maintenant d'insondables rancœurs et des doutes jamais éclaircis.

Geste brusque, qu'il se reprenne! Évoquer trop souvent des pensées stériles ne mène à rien, sauf à l'impuissance. Nouveau regard circulaire, mais lucide et attentif. Comme convenu, il aperçoit alors Lisoie faisant les cent pas devant le corps de garde sud. Eudes abandonne presque à regret la plate-forme. Il n'a plus envie de sourire, tendu dans son effort pour chasser un autre fantôme qu'il imagine trop bien les yeux embués de larmes, et lui répétant : « Qu'as-tu fait de ton amour et de tes promesses? Moins de dix mois auront suffi pour que tu m'oublies. »

Sentiments durement refoulés, soupirs, mâchoires en mouvement. Eudes Ruffin descend à grands pas, rejoint l'Avisé, le saisit par le coude et l'entraîne. Intrigué, Lisoie demande :

« Où m'emmenez-vous, messire, avec cet air décidé?

– Viens, j'ai besoin de te parler. Pour avoir la paix, nous allons descendre jusqu'au pont de la venelle aux dîmes. »

Le factionnaire s'empresse de leur entrouvrir le vantail. Le fossé franchi, Ruffin rompt le silence :

« D'abord, dis-moi : comment vas-tu?

– Aussi bien que jamais.

– Tu ne souffres plus?

– Non, de rien.

– Es-tu capable de longues chevauchées? »

L'œil de Lisoie s'éclaire et il sourit avec un évident espoir en questionnant :

« Vous pensez partir, messire, que nous laissions à jamais Coussac derrière nous ?

– Il n'en est pas question ! » La voix d'Eudes devient coupante. « Contente-toi de répondre !

– Pour votre service je parcourrai autant de lieues qu'il faudra.

– En ce cas, je vais te charger d'une mission importante. Dès demain, tu prendras la route. Tu choisiras deux hommes pour t'accompagner. Deux en qui tu as confiance.

– Où irai-je, messire ?

– A Marigné.

– Comment ? Là où vous viviez ?

– Oui.

– Et qu'y ferai-je ?

– Écoute, nul ne te connaît, tu pourras donc réclamer l'hospitalité un soir, te faire héberger sans crainte. Ta mission sera triple. Renseigne-toi pour me dire comment va ma mère, comment elle vit. Ensuite, fais de même pour mon bon maître Eustache Corne-Vin, mais, attention, sois discret ! Enfin...

– Enfin ?

– Arrange-toi pour voir seul celui que je considère comme mon père adoptif, Conrad le Saxon. Dis-lui ce que je suis devenu et prie-le de venir nous rejoindre. Avec lui, Dieu seul sait où nous arrêterions nos conquêtes. J'en disposerais enfin de ce fief promis.

– Promis ? Que voulez-vous dire ?

– Rien, rien, tu sais bien que je me suis juré de finir mes jours à la tête d'un beau et grand fief. Remarque, je ne crois pas que tu auras grand mal à l'entraîner, mais enfin, j'aime mieux te savoir astucieux et éloquent.

– Comptez sur moi, messire, je ferai de mon mieux.

– J'en suis persuadé, l'Avisé.

– J'y aurai d'autant plus de mérite que je n'approuve point vos décisions, messire. »

Eudes s'arrête brusquement pour faire face à son compagnon. Sourcils froncés, l'air dur, il dit :

« Je n'ai pas à me soucier de ton opinion. Cependant, vidons l'abcès puisque tu sembles y tenir. Dis-moi clairement ce que tu as sur le cœur. Tes réticences, à longueur de jour, finissent par m'excéder.

– Oh! messire, je n'ai rien à dire que vous ne sachiez déjà. Je n'aime pas nos compagnons, à l'exception de Joceran le Louchart. Nous ne sommes venus à eux que pour que vous tiriez vengeance de l'Anglais et de Truitier. Maintenant, hélas! vous avez partie liée avec eux. De plus...

– Paix, Lisoie! et tente de comprendre. Je fuyais, on me pourchassait, je croyais devoir gagner des terres plus lointaines, c'est vrai. L'Anglais m'a fait découvrir qu'il ne m'était pas utile d'aller si loin. Je combats désormais pour le service d'un puissant comte, et demain je serai chasé, après-demain ce sera un beau et grand fief, j'en suis sûr, qu'il me sera possible de conquérir.

– Audebert n'a pas encore ceint la couronne comtale!

– Si. Les moines de Saint-Aredii ont découvert le corps de messire Hélie dans l'oratoire où nous avons vécu pendant quelques jours.

– Depuis quand savez-vous ça?

– Plus de trois semaines. Mais l'Anglais m'avait demandé le secret. Et nous attendons d'ici une huitaine l'arrivée en grande pompe du nouveau comte. Il me fera chevalier, j'en ai la promesse.

– Dieu bon! comment ose-t-il venir ici, au grand jour? La guerre ne va pas tarder à reprendre quand Géraud et Gui de Limoges apprendront la prise de Coussac. Si ce n'est déjà fait.

– Eh non! Le comte Audebert a pris les devants pour parer au coup. Lorsqu'il a été investi du Périgord et a promis foi et hommage au duc Guillaume, il a précautionneusement fait état des multiples dissentiments avec les vicomtes de Limoges. Fier-à-Bras, dans son souci de paix, a fait jurer sur de saintes reliques, par les deux partis, le respect des prises opérées de part et d'autre à ce jour. Géraud s'est donc engagé sans savoir pour Coussac, mais sans pour autant pouvoir amorcer une marche arrière. D'ailleurs, Audebert a mentionné notre prise, en attribuant l'idée à son frère. Qu'importe! le serment ayant été prononcé on ne pouvait revenir sur le fait. Qu'en dis-tu?

– Ma foi, l'astuce est de taille.

– Lisoie, je vais t'apprendre une autre bonne nouvelle : à ton retour de Marigné, je te prendrai, après quelques semaines d'entraînement, comme écuyer. N'es-tu pas content?

– Je ne sais comment vous dire. Mais trop de choses gâchent mon plaisir.

– Tu n'es qu'un rabat-joie! Ce doit être un effet de tes blessures. Tu as perdu l'envie de rire.

– Messire, messire, vous ne voulez point m'entendre. L'Anglais, Truitier, le comte Audebert ne sont pas seuls à m'inquiéter. Il est une autre emprise plus douce et plus perfide, dont je redoute les effets. »

De nouveau, le visage de Ruffin se ferme.

« Quoi encore?

– Damoiselle Gelvire.

– Je ne te permets pas d'en parler!

– Si vous n'aviez pas décidé de m'envoyer à Marigné, je n'aurais sans doute pas osé rompre le silence.

– Tais-toi! Rentrons. »

Eudes, d'un pas vif, reprend la direction de Coussac. Lisoie, surpris, doit courir pour le rejoindre.

« Tout ce que vous m'avez conté, messire, durant ces nuits où nous dormions à la belle étoile, n'a pu s'envoler, disparaître à jamais. Votre amour et le sien, comment Alice la belle sut prendre mille et un risques pour vous permettre de fuir, de sauver votre vie.

– Je t'ai déjà dit de me foutre la paix.

– Je sais que vous n'avez pas changé à ce point. Que vous êtes victime d'un aveuglement.

– Imbécile, crois-tu donc si bien me connaître?

– Les mois de misère en commun valent pour la connaissance d'un homme comme autant d'années. »

Eudes, sans répondre, accélère encore sa marche. Lisoie qui peine à le suivre n'ose plus risquer mot. Ils vont atteindre le pont sur les douves, déjà grincent les gonds de la porte lorsque Lisoie s'aventure à poser une ultime question :

« Messire, m'autorisez-vous à demander de ses nouvelles, puis, à mon retour, à vous les communiquer? »

Lisoie, qui est juste à côté d'Eudes, voit sa pomme d'Adam monter et descendre à plusieurs reprises avant d'obtenir la moindre réponse. Enfin :

« Oui, l'Avisé, oui. Renseigne-toi, aussi précisément que tu pourras. Et... si par bonheur tu parvenais à l'approcher, si tu avais l'occasion inespérée de lui parler, alors...

– Alors, messire?

– Alors, dis-lui que la vie est âpre... complexe... incertaine... que, parfois, les plus chers souvenirs se voient mis à rude épreuve, mais qu'il en est qui ne seront jamais oubliés. Un jour peut-être, sans aucun doute même, tout redeviendra... »

Eudes s'interrompt, Truitier vient de surgir près de lui : « L'Anglais vous demande.

– J'arrive, j'arrive! Je vais être occupé. Je ne te reverrai pas avant ton départ. Tu m'as bien compris? Va, fais tout ce que je t'ai dit, le vent a tourné, Lisoie, mais je suis certain qu'il tournera encore. »

74

Lisoie l'Avisé s'éveille en sursaut. Il fait jour. Ses deux hommes d'escorte dorment encore. Une femme très âgée, aux traits figés et aux yeux inexpressifs, debout dans l'embrasure de la porte grande ouverte, le regarde fixement. Il se lève :

« Qu'y a-t-il bonne femme? Que nous veux-tu? »

Sans répondre la vieille pivote sur elle-même, gauche et fragile, et disparaît vers la droite. Dans l'autre pièce l'Avisé peut apercevoir des tables et des bancs sur un sol de terre battue, fraîchement balayé. Hérissé de brins de paille, il pousse du pied les dormeurs et ordonne :

« Debout, les gars! »

Brasc et Mancipe grognent, mais déjà se redressent et s'ébrouent. Leurs gestes ont la vivacité des hommes habitués au danger : réveils immédiats, sachant improviser face au péril.

Dans la grande pièce de l'auberge la lumière est joyeuse. Abandonnant son réduit, Lisoie s'approche sans hâte de l'ample cheminée, aussi profonde que massive, établie au beau milieu du mur central, face à la porte. Le soleil prend la rue en enfilade, détaillant la rusticité des maisons. Des bruits de conversations et des rires, venant du dehors, parachèvent d'affirmer le côté bon enfant, rassurant, de cette matinée printanière. Alors, d'un mouvement vif et heureux, de l'extrémité aiguë de son angon, Lisoie frappe un noir chaudron vide, pendu à la crémaillère au-dessus de cendres éteintes.

« Holà! crie-t-il, nous avons faim! »

L'hôte qui les a reçus la veille apparaît instantanément, surgissant d'une pièce sombre, suivi de l'antique servante. Tous deux ont les bras chargés : vaisselle et victuailles. Humble et cauteleux, l'homme par trois fois répète :

« Tout de suite, beaux sires! »

Un instant plus tard les trois compagnons s'attablent devant des cruches de vin, d'épaisses miches et des plats surchargés de poissons frits, de morceaux de porcs et de légumes : fèves cuites à l'eau, raves et oignons crus.

Voici neuf jours que les voyageurs ont quitté Coussac, sur l'ordre d'Eudes le Ruffin. Mais c'est leur première nuit d'auberge. Jusqu'à cette ville de Saumur, qui est au puissant comte de Blois, l'Avisé l'était trop pour courir le risque de se voir poser d'embarrassantes questions. En ville, viguiers et sergents ont des curiosités aussi précises que harcelantes. Mieux vaut les éviter. A moins d'avoir l'esprit en paix. Le Ruffin a eu beau lui répéter cent fois que désormais la conquête du château de Coussac, par les bandits de l'Anglais, soudoyés et armés par Audebert, est un fait reconnu, accepté, depuis que ce dernier, après avoir meurtri son frère Hélie, a été officiellement investi du comté de Périgord par le duc d'Aquitaine. Lisoie se méfie des intentions de ce duc, finalement dupé, mystifié dans l'affaire et il ne croit pas davantage au renoncement à la vengeance de Géraud, le redoutable et influent vicomte de Limoges. Même si Géraud cédait à la fatigue et aux usures de l'âge, son fils Gui, qu'on dit rancuneux, retors et ambitieux, ne se résignerait pas à la perte d'une forteresse aussi puissante et bien située que Coussac. Lisoie donc, doute et redoute. Et il tient à sa vie autant qu'au succès de sa mission.

Nuits de qui-vive, sommeils de fortune, repas à la sauvette, détours et itinéraires d'embrouilles. Multiples nazardes, aux nombreuses patrouilles. Brasc et Mancipe en riaient sous cape lorsque l'Avisé s'apprêtait à ridiculiser quelque guet.

Bien montés, bien vêtus, bien armés, le corps et l'esprit dispos, après un long et bénéfique repos – la prise de Coussac remonte désormais à trois mois – on ne risque guère, affirmait l'Avisé à ses hommes, lorsqu'ils le complimentaient. Surtout, ricanait-il, lorsqu'on sait disposer, en dernier recours, d'une épaisse bourse abondamment garnie de piécettes d'argent.

Du Limousin à la Loire, ce jeu sans cesse renouvelé du furet, pour aboutir, la veille au soir, devant les murs de la bonne et riche ville de Saumur, à cette auberge où la chère est copieuse, à ce recoin bien paillé favorable aux rêves bleus.

Le porc a bon goût et met en joie son homme, même si parfois quelque bribe filandreuse vient se coincer dans une dent creuse. Le pain craque, avant de s'amollir bien vite dans une goule remplie d'un vin âpre et nerveux. Les trois compagnons y vont de bon cœur, sans souci des manières, conjuguant leurs assauts tour à tour sur chaque plat. Il n'y a que l'oignon mis en réserve et petitement croqué, pour enrichir la saveur de chaque lippée.

Lèvres grasses et humides, moustaches dégoulinantes, mentons ruisselants; presque férocement les émissaires du Ruffin s'affairent à compenser la frugalité des journées précédentes.

Rassasié le premier, Lisoie appelle leur hôte qui n'a point reparu de tout le repas.

« Viens un peu nous dire ce qui se passe par ici, bonhomme! La région est-elle calme? Raconte-moi ce que se confient les habitants, ce que les voyageurs rapportent à l'étape. »

L'aubergiste hausse les épaules :

« Bas! beau seigneur, tout va son train. Les bandits, qui de ce temps battent la campagne, ne sont ni plus ni moins nombreux qu'en d'autres saisons. Les combats de fief à fief, paraît-il, ne manquent pas et les rustauds en font surtout les frais. Quant à notre bon sire, Géduin-le-Fort, que Dieu veuille nous le garder longtemps encore, car mieux que quiconque il sait défendre la ville, il a toujours aussi souvent maille à partir avec les Angevins du comte Geoffroi Grise-Gonelle. Celui-là est un inlassable compère, insinuant et vigilant, rompu aux ruses les moins prévisibles, et on affirme déjà que son rejeton sera pire encore. Géduin le Fort, en vrai fils de Viking, sait déjouer les embûches et rendre coup pour coup. On assure – les sergents, les écuyers qui viennent ici étancher leurs soifs – que l'adversaire y laisse même chaque fois plus de plumes qu'il ne le souhaiterait.

– En somme, d'après toi, l'ami, tout va pour le mieux dans ce bas monde?

– Dieu bon, certes pas! La vie est incertaine. Tous nos moines ont beau prier, jeûner à ce qu'ils affirment, invoquer le seigneur et messieurs les saints, le malin ne tarde guère à montrer sa camuse face.

– Allons bon! Te voilà bien fort, me semble-t-il, à tenter garder ta clientèle : tes raisonnements en intimideraient plus d'un et les détourneraient de reprendre leur route. »

L'aubergiste rit et, détaillant les trois hommes, s'exclame : « Peste! Pour en décourager de votre sorte, sans doute faudrait-il se lever matin. Je ne suis guère inquiet pour des guerriers de votre trempe. Et je vous crois de taille à vous tirer d'affaire dans les plus mauvais cas.

– Tais-toi, imbécile », Brasc se signe par trois fois, « ne va pas nous attirer malheur. »

Lisoie approuve avant d'enchaîner :

« Et le nord de l'Anjou est-il calme? Aucun voyageur ne t'en a-t-il parlé?

– Point, messire, ou je ne me souviens de rien. »

Comme l'homme fait mine de s'éloigner, après un moment de silence, Lisoie d'une phrase le retient :

« Ne veux-tu point recevoir ton écot?

– Comment pourrais-je m'en passer? Simplement je ne vous croyais pas si pressé.

– As-tu bien pris soin de nos chevaux?

– Vous allez les trouver plus fringants que jamais, messire. A l'aube, la vieille Allix leur portait à chacun double picotin d'avoine. »

Visiblement satisfait, l'Avisé sort quelques pièces qu'il met dans la main de l'hôte. Après un bref coup d'œil, celui-ci, la mine hilare, s'incline et commence de remercier :

« Le ciel soit avec vous, nobles guerriers...

– Ça va, ça va, dis-nous plutôt quel est le meilleur chemin pour gagner Angers.

– Vos seigneuries ont tout intérêt à passer par la rive nord. Le chemin y est mieux tracé et beaucoup plus sûr parce que plus fréquenté. Après le péage du pont de l'île, que tiennent les moines, tournez immédiatement à main gauche. Ensuite dix bonnes lieues, plates comme ma paume, vous attendent. »

A une allure de promenade, Lisoie et ses compagnons se conforment aux indications fournies. Une Loire aux reflets bleutés se fendille de langues de sable jaune, ou d'îlots d'une végétation drue. Dans tout le val c'est le règne des peupliers, des aulnes et des saules. Sous une légère brise d'ouest les trembles argentent les horizons. Parfois des troupes de corbeaux prennent leur vol des plus hautes branches, criant pour de mystérieuses raisons.

Au-delà du chemin, successivement recouvert de gravier ou de terre intimement mêlée de sable, après un fossé large et broussailleux, commencent les champs. Cultures et jachères se succèdent et s'imbriquent en un apparent caprice.

Brasc est de nature impatiente. Tandis que Mancipe ne retrouve jamais sa nervosité que dans l'action.

« Pourquoi ce train de moine? demande-t-il à Lisoie.

– Parce que nous coucherons ce soir à Angers. Inutile de nous presser.

– Alors pourquoi cette courte étape?

– C'est qu'il me faut réfléchir. Ces jours-ci j'étais trop occupé à quitter au mieux l'Aquitaine, pour avoir l'esprit complètement libre. »

Quelques instants s'écoulent puis Brasc, presque timidement, demande :

« L'Avisé, je sais bien que toutes les décisions te reviennent. Chef, tu agis à ta guise, mais ne pourrais-tu, au moins, nous dire le but de notre mission et nous préciser notre rôle? »

Brasc la Chèvre est un homme de cinq pieds et six pouces. Il est cependant aussi leste qu'adroit. Sa longue et large face, au nez proéminent, est barrée par des moustaches du même noir, aile de corbeau, que sa chevelure. Ses yeux brillants peuvent refléter malice ou calme, mais toujours la volonté. Il doit son surnom à une prédilection pour les chèvres, qu'il n'accepte jamais de laisser tourmenter ou mettre à mal en sa présence. Avant d'entrer dans la bande de l'Anglais il a été sergent au service du comte de Provence. Au cours d'une altercation – précisément au sujet d'une chèvre, a-t-il complaisamment conté – il a poignardé un écuyer et a dû fuir pour n'être point pendu. Depuis des mois, Lisoie a eu l'occasion d'apprécier sa loyauté et son courage.

« Ta demande s'accorde à ma réflexion, dit Lisoie, je vais y songer, on en reparlera ce soir ou dans l'après-midi. »

Il se tourne vers Mancipe :

« Et toi ne réclames-tu rien?

– Rien! ricane Mancipe, savoir où on va, ne pas le savoir, connaître le but ou non, je m'en fous! Le moment venu tu m'ordonneras ce que bon te semblera. Tâche seulement de faire en sorte que nous n'ayons pas à regretter notre confiance et que le temps passé ait joyeuse teinte. »

Brasc s'esclaffe :

« De ce train, ta tête, Mancipe, va s'user avant le temps. »

Et Mancipe haussant les épaules de commencer à siffler.

Dans les deux lieues après Saumur, les voyageurs croisent sur le chemin plusieurs charrois de matériaux, et deux de cuveaux. Marchant de biais, le bout de leur long aiguillon appuyé sur le joug, les bouviers roulent, dans une langue étrange, des mots gutturaux que les bêtes semblent aimer. Derrière suivent les escortes. Les chevaux renaclent, piaffants, nerveux, malheureux du rythme imposé, cependant que les sergents, placides ou goguenards, bayent aux corneilles ou lancent des moqueries.

Vers midi, les trois hommes s'arrêtent à l'ombre d'un gros saule, au tronc creux et noirci. Tandis que leurs montures se reposent et broutent, ils se restaurent d'oignons crus et de viandes, fournis par l'aubergiste.

Le printemps s'affirme. Une odeur fade monte de la Loire. La chaleur est encore aimable et cependant Mancipe peut faire remarquer qu'à cette heure mieux vaut ne pas exposer trop longtemps un crâne nu au soleil.

Le repas achevé les trois hommes s'allongent. Très vite Lisoie et Brasc s'assoupissent, tandis que leur compagnon s'amuse à tailler sifflets et pipeaux dans des branches de noisetier et de sureau.

Moins d'une heure plus tard, lorsque Lisoie rouvre les yeux, il reste un moment à contempler un magique spectacle : dans le décor d'un ciel léger, où courent des nuages lestes et allègres, les feuilles des trembles jouent une frémissante et musicale comédie.

Mancipe, par une série de trilles délicats sur l'un des fluteaux, rompt enfin l'enchantement. Rires. Moqueries. La bonne humeur aidant, Lisoie au moment de se lever a l'idée de vouloir imiter un exercice qu'il a vu cent fois exécuter par son chevalier. Brutale contraction combinée des muscles des reins, des épaules, des cuisses et des mollets; saut de carpe qui doit permettre de se retrouver soudainement debout. Lisoie ne craint pas assez le jugement de ses compagnons pour se refuser ce plaisir. Mais l'essai lamentablement avorte et il se retrouve tout juste assis. Pendant près d'une lieue, sa tentative sera le prétexte à une discussion sur la force, la souplesse et l'entraînement.

L'auberge, à Angers, est presque aussi agréable et déserte que celle de Saumur. Le calme des rues surprend les voyageurs. Leur hôte leur apprend, tandis qu'ils se désaltèrent, que le château, sans invité, sommeille lui aussi. Le comte Geoffroy et sa ménie sont absents de leur bonne ville. Ils séjournent et chassent dans la région de Baugé.

Ce n'est que le lendemain, après qu'ils eurent franchi la Sarthe sur le bac d'Écouflant, que Lisoie répond aux questions de Brasc :

« Tu m'as demandé de te renseigner sur le but de notre mission. J'ai réfléchi. »

Les yeux comme perdus l'Avisé se caresse les joues. Il parle d'une voix lente et basse :

« J'accepte à une seule condition. Tu comprendras que je ne puisse te parler de mon sire, sans garanties de silence et de sécurité. Je te demande donc, pour lui, foi jurée. A toi aussi Mancipe, bien que tu n'aies rien réclamé, mais puisque tu entendras. »

Brasc s'étonne :

« Jamais je n'ai prêté serment d'allégeance. Un sergent se contente de servir.

– Par ce serment tu deviendras homme lige. Tu dois t'engager à l'obéissance et à la fidélité en toutes circonstances.

– Est-ce possible, le chevalier absent?

– Je suis son homme! Avant le départ il m'a fait écuyer. Je pourrai témoigner.

– Si tu l'exiges, dit Mancipe en haussant les épaules! Si tu y tiens!

– J'y tiens mais pas aussi simplement que tu l'imagines. Toi, Mancipe, tu portes une croix que jadis ta mère attacha à ton cou. Toi, Brasc, un vénérable petit sachet de cuir jamais ne te quitte et il t'arrive dix fois par jour de contrôler sa présence. Vous devrez jurer chacun sur votre relique.

– Ce n'est point que j'aie décidé de refuser, reprend Brasc, mais dis-nous ce que nous y gagnerons.

– D'être à jamais au service d'un homme qui, quelque jour, sera puissant et qui vous devra protection et assistance. Vous avez vu Eudes Ruffin à l'œuvre, vous savez sa valeur de guerrier. Un jour il régnera en maître sur un beau et grand fief. Vous serez de ses premiers fidèles. Il est trop généreux pour ne point vous récompenser selon votre mérite.

– C'est l'Anglais qui pour l'heure commande en premier et deviendra maître des fiefs conquis.

– Crois-tu donc que le Ruffin se contentera toujours de n'être que le second?

– Alors il devra partir.

– Ai-je jamais prétendu le contraire?

– Moi, dit Mancipe, ce que tu dis là me décide. Si on doit encore voir du pays je suis d'accord. »

Brasc médite deux ou trois minutes, avant de pointer l'index vers Lisoie :

« Je vais jurer, moi aussi, mais je le fais autant pour toi, Lisoie, que pour le Ruffin. »

Un boqueteau entend les serments d'allégeance. Comme ils repartent :

« Alors, ce but? s'impatiente déjà Brasc.

– Marigné.

– Marigné?

– Oui! C'est le nom du fief où Eudes Ruffin a été élevé, où il a vécu jusqu'à sa dix-huitième année.

– Raconte.

– Alors qu'il n'était qu'un enfançon, son père, écuyer au service du seigneur Yvon, a été lâchement meurtri par le mauvais sire qui voulait lui voler sa femme. La mère du Ruffin habite toujours ce château ainsi que deux hommes, auxquels il sera toute sa vie redevable. Le premier, Conrad le Saxon, un ami de son père, un prestigieux et fort preux chevalier qui après l'avoir énergiquement protégé, lui a enseigné de parfaite façon le métier des armes. Le second, Eustache Corne-Vin, vieux sorcier savant et plus rusé que le diable en personne, est un moine défroqué. Eustache a fait de notre sire un homme aussi capable en lettres que le meilleur clerc.

– Pourquoi Eudes Ruffin a-t-il quitté Marigné?

– Au cours d'une querelle il a vengé son père, éventrant Yvon d'un féroce coup de dague. Rainaud le fils et le successeur du sire meurtri l'a fait arrêter sur-le-champ, conviant sa ménie et tous ses chevaliers, chasés ou non, au spectacle de sa vengeance. Des cavaliers sont partis en toutes directions prévenir les absents. Le supplice devait s'achever par l'écartèlement du Ruffin.

– Dieu bon! Et le nouveau sire l'a quand même gracié?

– Es-tu fou? Le Ruffin, grâce à une complicité, a pu s'échapper. Des jours il a été poursuivi. Des dizaines et des dizaines de sergents ont pris part à la chasse, aidés par des dogues. Notre sire a dû faire preuve d'un courage et d'une ruse sans pareils. Je vous le dis. Échapper à tant d'hommes d'armes n'est pas à la portée de beaucoup. Enfin il a franchi la Loire, mettant à mal ses trois derniers poursuivants.

– C'est donc à cause du meurtre de cet Ivon qu'il s'est retrouvé dans la bande de l'Anglais?

– Oui. Nous fuyons alors vers l'Espagne, afin d'y gagner quelque fief dans la lutte contre les infidèles. Mais en attendant nous crevions de faim. Au cours de ses derniers plaids, sur la demande expresse du comte d'Anjou, Geoffroy Grise-Gonelle, le duc d'Aquitaine, Guillaume Fier-à-Bras, avait promis grasse récompense à qui lui ramènerait mort ou vif, mais vif de préférence, un jeune et vigoureux écuyer reconnaissable à ses cheveux rouges. Nuit et jour alléchés comme chiens par os, les moindres chevaliers se tenaient en alerte. C'est alors que, dissimulés parmi une troupe de pèlerins en route pour Saint-Jacques-de-Compostelle, nous avons rencontré Joceran le Louchart qui nous a menés à l'Anglais, dans son repaire de la forêt de Chizé.

– Toi aussi, tu as passé ton enfance à Marigné?

– Point! Je viens de Lorraine. J'ai servi le bon évêque Gérard de Toul jusqu'à dissolution de ma compagnie, après la mort du capitaine.

– Depuis quand connais-tu Ruffin?

– Depuis sa fuite de Marigné, enfin... presque.

– Mais alors... »

Mancipe soudain s'interrompt, s'esclaffant :

« Vas-y, Brasc, vas-y, n'hésite pas! Fais chauffer les tenailles pour en savoir un peu plus.

– Idiot!

– Dieu bon! Et dire que certains ricanent de la curiosité femelle. Déculotte-toi vite, Brasc, qu'on sache enfin qui tu es. Et si tes moustaches sont vraies.

– Maudite brute! Rien jamais ne t'intéresse qu'une cotte à trousser ou que l'occasion de t'enfourner des victuailles à pleine panse.

– Eh! gros malin, que sais-tu de plus, qu'as-tu appris?

– A connaître mieux celui que je vais servir.

– La belle affaire! Écuyer en Anjou, bandit en Poitou, voilà maintenant notre Ruffin chevalier au service du comte de Périgord. Mais que sera-t-il demain? Et c'est demain qui compte. Pauvre fou! L'Avisé l'a dit, le décor va changer encore. Alors?

– Tu ne penses donc à rien?

– Si, Brasc, si! Regarde comme il fait beau! Sens-tu comme on est bien sous ces arbres? Nous avons le ventre plein et pour l'instant aucune arme ne nous menace. Ce soir tout peut changer. Alors? En attendant vis, profite et abandonne tes soucis. »

Un moment les deux hommes se chamaillent. Puis Brasc se tourne à nouveau vers Lisoie :

« Avec tout ça, Mancipe ne t'a même pas laissé le temps de nous dire ce que nous allions faire dans ce Marigné.

– J'ai pour principale mission de convaincre Conrad le Saxon de rejoindre le Ruffin. Qu'il vienne se joindre à nous et l'avenir s'éclairera.

– Le Saxon est-il chasé?

– Oui.

– Alors ce ne sera pas facile! A moins d'être complètement fou il refusera.

– Ruffin est au contraire persuadé qu'il n'hésitera pas à nous suivre. Et puis, j'ai aussi à rassurer sa mère, et le vieil Eustache, sur le sort de celui qu'ils aiment.

– Qu'aurons-nous à faire, Mancipe et moi?

– Rien qu'à m'aider à jouer serré. Nous allons réclamer ce soir l'hospitalité pour la nuit. Un peu plus tard, dans la soirée, je ferai le malade pour gagner le droit de rester là tout demain.

– Et comment te présenteras-tu?

– Comme un écuyer du comte Audebert de Périgord portant un

message au duc de Normandie. Si nous sommes prudents, nous ne risquons rien. Nul ne nous connaît. Seules nos démarches, nos conversations, peuvent sembler bizarres. Alors tenez votre langue et ouvrez grandes vos oreilles, le moindre renseignement aura sa valeur. »

Satisfait désormais, Brasc se tait et, comme l'Avisé, se perd dans ses réflexions. Le chemin devient sente. Les trois cavaliers progressent maintenant en file. Un peu plus tard, comme Brasc s'est laissé distancer d'une trentaine de pas, Mancipe rejoint l'Avisé, le tire par la manche :

« Pourquoi dans ton récit n'as-tu rien dit du complice qui a permis au Ruffin de s'évader de Marigné? »

Surpris, l'Avisé ne répond pas. Mancipe ricane :

« Il me semble que là-dessous, il y a du jupon.

– Pourquoi veux-tu...

– Et si tu en gardes soigneusement le secret, c'est sans doute parce que notre bon Sire le Ruffin fait à Coussac ses délices de la belle et rusée damoiselle Gelvire. Vrai ou pas?

– Tout ça, même si tu vois juste, ne change rien à notre mission.

– J'aimerais en être sûr.

– Pourquoi dis-tu ça?

– Parce que jalousie de femme peut être mortelle. Si la belle de jadis comprend que nous venons de la part du Ruffin elle voudra savoir de ses nouvelles. Un amour qui languit s'enflamme au nom de l'aimé comme un pailler à une torche. Bien malin qui l'arrête. Si elle est de condition, elle demandera à Conrad le Saxon de l'enlever pour l'emmener. S'il refuse il y a risque à Marigné, et s'il l'emmène n'oublions pas damoiselle Gelvire. En voilà une qui ne verrait point surgir une rivale d'un bon œil. Peut-être lui arracherait-elle les deux.

– Tais-toi, bon Dieu! Et tâche de ne te mêler de rien. J'en fais mon affaire.

– Bon, bon, ne te fâche pas. Mais dis-toi qu'en cas de besoin je suis là. Je préfère tellement la conversation des femmes aux disputes avec les hommes! »

« Engouffre, l'écuyer, et à pleine gueule, vas-y! Comme ça tu pourras témoigner de mon hospitalité partout où tu passeras. J'y compte à ce que tu répètes que messire Rainaud de Marigné n'est point de ceux qui marchandent avec leurs hôtes. Entendez-vous, vous autres? Lourdauds dépourvus d'imagination, aussi stupides que des boucs : cet homme désormais célébrera un seigneur d'Anjou aussi puissant que généreux : moi. »

Rainaud se renverse dans son fauteuil et rit de contentement. Un moment il observe Lisoie qui, ostensiblement, dévore comme s'il n'avait rien absorbé depuis une semaine.

« Tudieu, l'ami, à table tu me sembles un rude et redoutable compagnon. Sans y paraître, car elle est plate comme ma paume, ta panse doit être aussi vaste, à elle seule, que les ventres d'une demi-douzaine d'hommes bien constitués. Tout ce que je vois y descendre depuis une heure suffirait à nourrir ma ménie durant huit jours de siège. »

Lisoie rit et salue d'une inclinaison de tête avant de répondre :

« Pour un guerrier, messire Rainaud, vaillant et fougueux, il suffit de savoir se battre, au rythme de sa faim. Voilà du moins ce qu'affirme mon noble seigneur, le puissant comte Audebert.

– Juste. La maxime me plaît tant que je la fais mienne désormais. Et il faudra que je veille à la faire respecter par certains. »

Rainaud ricane en regardant autour de lui d'un air provocant. Puis, après un haussement d'épaules, comme s'il n'avait plus envie d'encore tracasser ses hommes, il revient à Lisoie :

« Mais va, l'ami, continue sans souci ton souper, et ne crois surtout pas que je rechigne. Mon père prétendait toujours que ceux qui sans vergogne satisfont leur appétit ont l'âme claire et ne mijotent point quelque noire astuce ou quelque félonie. »

Un moment de silence suit cette déclaration. Tandis que leur maître semble se perdre en une lointaine songerie, les chevaliers se regardent perplexes ne sachant que penser, cherchant une éventuelle allusion. Mais voilà Rainaud qui, soudain, frappe de nouveau violemment la table du plat de la main, faisant sursauter ses plus nerveux convives.

« Vive Dieu ! Depuis trop de jours, ici, on crève d'ennui. Que ce soir devienne soir de liesse. Qu'on apporte du vin, et du fameux ! Ou plutôt non, qu'on nous serve les meilleurs cruchons d'hypocras. Quant à toi, l'étranger, écoute ! »

De la main droite, le jeune sire de Marigné empoigne et brandit devant lui, bras tendu, son lourd hanap d'or et d'argent ciselé. Les pierres fines serties dans le vermeil flambent à la lueur des torches. De la gauche il agite, faisant des moulinets, un quartier de chevreuil ruisselant de graisse fondue, et il crie :

« A la santé de ton seigneur, Audebert, comte de Périgord ! Longue vie et bons faits d'armes. Que sa réputation s'étende jusqu'aux fins fonds de l'Orient et de la Germanie. Allons, vous tous, reprenez ces vœux avec moi ! »

Unies, les voix graves et sonores se répercutent sous les voûtes, lourdes et sombres, animées d'ombres gesticulantes. Lisoie, ayant une dernière fois remercié de la tête, à son tour lève son gobelet :

« A la santé du noble comte d'Anjou, Gonfalonnier du royaume, dont le renom de justice et de richesse éclipse celui des plus grands. A votre santé, beau sire, et à celle de toute votre parenté. Et à la vôtre, tous, vaillants guerriers. »

Autour de la table, à laquelle préside Rainaud, ils sont une trentaine de chevaliers et d'écuyers, qui observent, écoutent, s'esclaffent. Tour à tour grimaçants ou tonitruants. Puissantes épaules couvertes d'épaisse laine grise, cous musculeux, comme ceux des taureaux de combat, faces hâlées et rudes, comme rugueuses et tout juste équarries, regards fixes et durs, où transparaissent parfois la jalousie, la colère et des peurs inavouables. Tous sentiments capables d'engendrer les plus implacables violences.

De l'angle droit de la pièce, en entrant, la mère du sire, ses sœurs, ainsi que toutes les femmes de sa parenté et celles de ses vassaux, observent la tablée. Elles ne perdent ni un geste, ni un mot des mâles. Ici les visites sont rares. Marigné n'est pas sur un axe de passage. Et pour elles non plus les distractions n'abondent point.

Cependant, Rainaud, toujours d'aussi heureuse humeur, une fois de plus s'adresse à son convive :

« Écuyer Lisoie, je dois te confesser que je suis de nature curieuse et j'ai envie de te mettre à contribution. J'aime les beaux faits d'armes et tout autant les voyages, même si, par malheur, je n'ai point l'occasion d'en faire. Tel que tu me vois, il y a bien quatre ans que je n'ai pas quitté l'Anjou ! A longueur d'année me voilà contraint de supporter les trognes de ceux qui, actuellement, nous entourent. Tu me ferais donc grand plaisir, lorsque tu seras repu, en me contant tes errances, en me parlant de ton noble seigneur, en me rapportant ses exploits et les tiens.

– Vous contenter me sera facile, messire Rainaud, et sans plus vous faire attendre. Car mon estomac me crie " merci ". Cependant... »

Lisoie tourne la tête vers le coin obscur des femmes, plisse les yeux, comme pour tenter et distinguer les visages, répète :

« ... Cependant, nous autres, gens d'Aquitaine, prisons fort l'auditoire de dames. Si je dois conter, n'aurai-je point le plaisir d'être entendu de votre noble épouse ?

– Tu passes trop tôt l'ami. Car, pour ce moment, l'élue est encore près de sa mère à se préparer à l'événement. Mais sois sans crainte. Des femmes d'une noble race, la mienne, t'entendront. Il y a dans le coin là-bas ma mère, dame Constance, et mes sœurs Blanche et Alice. Sans compter les cousines et les femmes des vassaux. Dont certaines... »

Les yeux plissés, il regarde successivement chacun de ses féaux :

« ... bien que de bon lignage, sont putes à souhait. »

Maintenant, il s'esclaffe et se frappe sur les cuisses :

« Pas vrai, Thierri ? Pas vrai, Ansiau ? »

Les rires se figent, des mâchoires se crispent, des poings se serrent. Lisoie se hâte d'intervenir :

« Messire, je voudrais formuler une autre demande.

– Encore ? Bon Dieu ! » Rainaud secoue la tête. « On m'a toujours présenté les Aquitains comme d'inlassables bavards et d'infatigables curieux, tu me sembles chasser de race. Mais enfin, puisque tu dois bientôt me réjouir les oreilles, demande toujours.

– Ce sont grands et beaux exploits que je vais vous conter, aussi aimerais-je connaître par leur nom les chevaliers de votre ménie.

– Tiens! Et pourquoi?

– N'est-ce pas, après vous, ceux qui goûteront le mieux la qualité des assauts décrits?

– Bah! Si ça peut te faire plaisir j'y consens. Mais je te préviens tout de suite que le meilleur d'entre eux n'est pas là.

– Et quel est son nom?

– Conrad le Saxon. Il n'est point de seigneur disposant d'un meilleur guerrier. Même le tien, Audebert de Périgord, sans vouloir en rien t'offenser.

– Vous me faites regretter sa disparition.

– Hé, là! Ne t'y trompe pas, je n'ai pas dit qu'il était mort. Non! Pour l'heure il patrouille outre-Mayenne, vers une de mes tours de gué, celle d'Aliré, où une troupe de brigands forte d'une quinzaine d'hommes a été signalée. Conrad tenait à partir. Sa tenure de Chenillé est de ce côté. Mais, à part lui, voici mes chevaliers au complet. »

A l'appel de leurs noms les visages se figent. Masquant son désappointement, Lisoie fait l'aimable. Un moment plus tard, Rainaud dit :

« Ton souhait est exaucé l'ami, commenceras-tu?

– A l'instant, noble sire! »

S'appuyant des deux mains contre le rebord de la table, Lisoie l'Avisé bascule son siège en arrière et, s'étant une ultime fois essuyé la bouche, d'un rapide mouvement d'avant-bras, la voix éclaircie, les yeux au plafond, il débute :

« Depuis tantôt trente ans les comtes de Périgord s'opposent aux comtes de la Marche et aux vicomtes de Limoges. Depuis d'innombrables années, pas un printemps qui n'ait vu s'affronter leurs troupes aussi nombreuses que valeureuses. Lorsque messire Hélie, frère aîné de mon seigneur, reçut l'investiture du comté, Géraud, le vicomte de Limoges, avait l'avantage. Hélie le Fort décida de prendre l'offensive. Cette année-là, l'hiver finit tôt... »

Magie des mots, miracle du verbe. Dans l'immense salle où sans effort la voix porte, l'attention est si vive qu'aucun bruit ne la trouble. Les plus frustes, les plus brutaux, les plus cyniques s'oublient, deviennent autres, prisonniers du récit, de la nouvelle. Et Rainaud lui-même, mâchoires décrochées, sourit ou s'assombrit au gré du conteur.

Cependant Brasc et Mancipe, dans le corps de garde du donjon, eux aussi se restaurent en écoutant les mesquins racontars de vies au jour le jour. La plupart des soldats qui les entourent sont jeunes. Rainaud, après la guerre contre Simon de Segré, un an plus tôt, qui fit une coupe claire dans les défenseurs de Marigné, a dû procéder à de nombreux engagements.

Les heures passent sans qu'il soit fait allusion au Ruffin ou à son évasion. En revanche, les deux amis entendent cent fois répéter le nom de Conrad le Saxon, sacré, à grand renfort d'exclamations admiratives et de jurons, meilleur chevalier du château. Un peu plus tard, la conversation ayant dévié sur les prouesses gaillardes, Brasc peut demander innocemment si, en Anjou comme en Périgord, il y a des sorciers capables de composer des philtres d'amour.

« Ici, nous en avons un aussi savant et aussi malin que les meilleurs », répond un sergent.

Ses camarades approuvent d'une seule voix. L'homme se penche vers les voyageurs et chuchote :

« Les vieux affirment même qu'Eustache Corne-Vin pactise avec le diable. »

A cette affirmation, tous les auditeurs se signent, l'air sombre et craintif.

« On raconte qu'un jour, notre sire ayant levé son épée sur lui, pour le châtier, Eustache a fait disparaître l'arme dans l'air avant qu'elle ne s'abatte. Je ne suis pas peureux mais j'avoue que pour rien au monde je ne le provoquerais, ce vieux!

– Bah! un vieillard, ricane Brasc, suffit de le frapper au moment où il ne s'y attend pas.

– Oh! le démon est rusé jusqu'à deviner les pensées. Et puis il n'est pas seul. Mahaut la sorcière aurait tôt fait de le venger.

– Mahaut?

– Oui, l'ancienne putain du défunt sire, qui ne quitte plus le vieux démon et apprend de lui ses sortilèges. »

Excités les hommes tiennent tous à raconter quelque anecdote tandis que, renseigné, Brasc ne songe plus qu'à communiquer ses informations à Lisoie.

Trois heures de récits exaltants, trois heures à vider cruchon sur cruchon d'hypocras sont nécessaires pour endormir Rainaud et ses hommes. Dans le coin des femmes aussi on s'est lassé. Et quand, avant de se coucher, Lisoie émet le désir d'aller voir ses deux sergents d'escorte, personne n'est en mesure de récriminer.

Dans le corps de garde, en dehors des trois soldats de faction et de Brasc, tout le monde dort, y compris Mancipe. Discrètement, après s'être enquis à haute voix des soins donnés aux chevaux, Lisoie demande :

« Qu'as-tu appris ?

– Tout va bien. La mère du Ruffin et maître Eustache sont vivants et même redoutés. Avez-vous rencontré le fameux Saxon ?

– Non, il patrouille et rentrera demain. Comme prévu, je vais cette nuit feindre des douleurs et demain je demanderai d'être porté par Mancipe et toi chez le vieil Eustache, afin qu'il me soigne. »

Allongé sur des fourrures, entre la cheminée et la porte qui mène à la chambre de Rainaud, Lisoie décide de dormir une paire d'heures avant de commencer à geindre.

76

A peine poussée la porte de la cabane branlante, blottie contre la base du donjon, juste sous la passerelle qui mène à son portail, leur guide, un sergent aux yeux ronds et fixes, balbutie : « C'est là » puis s'éloigne en hâte. Brasc s'avance. La civière heurte les chambranles vermoulus. Lorsque à son tour Mancipe dépasse le seuil, le battant retombe brutalement ébranlant la rudimentaire cloison.

Dans la pièce sombre où brillent trois mauvaises chandelles de suif, qui empuantissent l'air, Mahaut assise sur un escabeau pile avec application et vigueur dans un mortier posé sur ses genoux. Eustache allongé sur sa couche observe en rêvassant le travail de son disciple enjuponné. Au bruit des arrivants tous deux réagissent : Mahaut, sourcils froncés, examine ces inconnus, tandis que son compagnon se redresse sur un coude avant de dire, l'air mécontent :

« Qu'est-ce que c'est encore ? Que nous voulez-vous ? Mordieu, va-t-on nous foutre la paix ? Mahaut, ma belle, dis à ces brutes de partir. Au besoin qu'ils reviennent plus tard. »

Avec un grand geste des bras, il crie :

« Allez au diable, vous et votre souffreteux ! »

Brusquement, Lisoie jaillit de la civière et passe devant Brasc :

« C'est que ça ne peut guère attendre, maître Eustache. »

Surpris, craignant de mauvaises intentions, le bonhomme qui avec une surprenante vivacité s'est spontanément redressé, s'empare d'un flacon puis se rencogne :

« Attention, Mahaut ! La fiole, vite. Et si l'un d'eux fait mine d'avancer, asperge-le. »

Lisoie recule précipitamment :

« Eh ! Doucement, maître Eustache ! Doucement, dame Mahaut ! Nous sommes des amis.

– Tu apprendras, bec jaune, qu'ici nul n'est notre ami qu'il ne l'ait prouvé.

– Et quel nom donnerez-vous à des hommes tout dévoués à messire Eudes le Ruffin ? »

Mahaut sursaute et se dresse, le mortier de terre cuite roule sur le sol :

« Hein ? Que voulez-vous dire ? Prétendez-vous l'avoir vu récemment ? »

Eustache se penche pour saisir et retenir Mahaut par le poignet.

« Laisse-moi les interroger, ma douce ! J'y verrai plus clair que toi s'il s'agit de déceler une ruse ou quelque mauvaiseté. Quant à toi, l'homme à la langue si bien pendue, dis-nous avant toute chose qui tu es ? »

Visiblement heureux de l'effet produit par sa dernière phrase, Lisoie s'étant complaisamment rengorgé rit, puis s'incline et salue avant de dire :

« Je me nomme Lisoie, dit l'Avisé. Et pour ces deux-ci : le premier répond au nom de Brasc la Chèvre, le second à celui de Mancipe Tête-Creuse. »

Le souvenir de Rainaud qui, d'une minute à l'autre, peut s'enquérir de lui et l'envoyer chercher, pousse Lisoie à hâter son débit.

« Sachez, dame Mahaut, et vous, messire Eustache, que je suis l'homme lige et depuis peu l'écuyer de celui que vous aimez. Brasc et Mancipe aussi sont à lui et ne risquent point de marchander leur dévouement. »

Mahaut, oppressée et pâle, dit :

« Comment va-t-il ? Que lui est-il advenu depuis sa fuite, n'est-il pas... »

Eustache l'interrompt criant :

« Attends ! Je ne suis pas si facilement convaincu par de belles paroles. Je veux d'abord savoir d'où ces trois-là sortent. Si nous devons avoir confiance, qu'ils s'expliquent. »

Après avoir lancé très vite à l'intention de Mahaut : « Il va au mieux, dame, soyez rassurée ! », Lisoie fait face à Eustache, la mine sérieuse.

« Vous avez raison, maître, de vous défier et je ne me sens nullement indigné par vos questions. Sachez donc que nous sommes arrivés hier au soir, devant la poterne sud du château et que nous avons réclamé l'hospitalité pour la nuit. Durant le souper on s'est discrètement renseigné. Peu avant l'aube j'ai feint d'être pris de coliques. C'est pour recevoir vos bons soins qu'on m'a amené ici. Et j'ai sans peine obtenu que ce soit mes hommes qui se chargent de la civière car on vous craint fort au chateau.

– Et sous quel nom t'es-tu présenté?

– Le mien, Lisoie l'Avisé. J'ai seulement prétendu être un des écuyers du comte Audebert de Périgord, au lieu d'avouer servir messire Eudes le Ruffin. Mais, puisque lui-même combat pour ce redoutable et détestable seigneur, bien malin qui s'y reconnaîtrait.

– Je crois que tu m'as tout à fait convaincu, compère, dit Eustache. Assieds-toi sur ma couche et à la moindre alerte, allonge-toi, ça paraîtra normal. »

Avant que l'Avisé n'ait eu le temps de s'asseoir, Mahaut l'agrippe par la manche de son bliaud :

« Où est mon fils? Est-il en sûreté? Pourquoi dis-tu que ce seigneur de Périgord est détestable? Tu ne m'as pas répondu! Que lui est-il advenu depuis sa fuite de Marigné? J'ai vécu tous ces mois dans les pires angoisses, je l'imaginais torturé, mourant, déchiqueté par les hommes ou les loups. Vite, parle-moi de lui.

– Mahaut, Mahaut, calme-toi et laisse à ce garçon le temps de respirer. Tu vas nous le gâter à ce rythme, et le rendre complètement idiot. Parle, l'Avisé, mais doucement qu'on y comprenne quelque chose.

– Dame, à cette heure, comme je le disais il n'y a qu'un instant, votre fils est chevalier au service du comte Audebert. Pour ce seigneur il commande en second le château de Coussac, puissante forteresse aux confins du Limousin. Ne vous inquiétez donc point inutilement! Entre lui et Audebert il n'y a aucun conflit. Simplement, je n'aime pas le comte, et j'ai eu tort de vous dire mon sentiment. Mais pardonnez-moi de n'avoir pas le temps d'en conter beaucoup plus, car je ne voudrais point devoir vous quitter avant d'avoir accompli toute ma mission. Il ne me faut pas courir le risque de devenir suspect aux yeux de messire Rainaud et de ses compagnons. Je dois à tout prix obtenir de rester à Marigné au moins jusqu'à demain matin. »

Eustache qui n'a pas cessé d'examiner et d'évaluer les trois hommes, sans relâcher pour autant son attention, dit :

« Et quelle est cette tâche?

– Messire Ruffin souhaite que je parle au chevalier Conrad le Saxon, afin de le convaincre de quitter Marigné pour se joindre à lui.

– Le Saxon t'aurait-il demandé à réfléchir? »

Mahaut intervient :

« Conrad n'est pas là. Je l'ai vu s'éloigner il y a trois jours à la tête d'une patrouille forte d'au moins quarante hommes.

– Juste. C'est pourquoi je n'ai pu le rencontrer encore. Mais Rainaud a prétendu hier qu'il devait revenir aujourd'hui. S'il me fallait partir sans qu'il soit rentré, pouvez-vous le joindre et lui dire que je l'attends... fichtre, me voilà niais, je ne connais point la région. Maître Eustache, conseillez-moi.

– Et moi, s'exclame Mahaut, il ne t'a pas chargé de me ramener? Moi, sa mère?

– Mahaut, grogne Eustache, tu n'y comprends rien. Quant à toi, Lisoie, si tu n'as pu joindre le Saxon demain avant de partir, envoie-moi un de tes sergents sous le prétexte de me récompenser de mes soins, puis file vers le nord-ouest et va t'installer à l'auberge d'une petite ville qui se nomme Malicorne.

– Bien, messire.

– Attends! »

Eustache reste un moment songeur, les yeux plissés à ce caresser la barbe.

« Écoute, mon gars, il ne te faut courir aucun risque en cette affaire.

– Grand merci, mais...

– Ne me remercie pas. Je n'agis point par générosité pour toi et tes hommes, mais par affection pour notre Ruffin. Je disais donc qu'il ne faut pas que vous vous exposiez inutilement. Vouloir parler au Saxon est risqué. Rainaud se méfie toujours de ceux qu'il ne connaît pas et qui approchent Conrad. Et cette brute a parfois des finesses de bête sauvage. Au moindre doute, il vous fera supplicier à mort pour savoir où il peut atteindre Eudes. Sa haine ne dort que d'un œil. Donc, laisse-nous nous charger de prévenir le chevalier. Ce sera fait dès que nous le pourrons, je t'en fais le serment et dame Mahaut aussi. N'est-ce pas?

– Sans doute.

– Donc, l'Avisé, demain matin, tous trois vous partirez sans avoir tenté la moindre démarche et vous gagnerez Malicorne. Là, armez-vous de patience. Conrad vous y rejoindra.

– L'auberge, c'est bien beau, mais si l'Avisé n'a pas d'argent? s'inquiète Mahaut.

– S'il est démuni, il va nous le dire et j'y pourvoirai. Si, si, mon gars, parle sans crainte. Ce n'est point que je sois Crésus! Mais philtres, charmes, sorts et maléfices me rapportent ce qu'il me faut.

– Je n'ai besoin de rien. Messire Eudes nous a suffisamment pourvus avant notre départ. »

A ce moment, Mahaut, sourcils froncés, fait face à Eustache : « Maintenant me direz-vous pourquoi vous affirmez que je n'y comprends rien, lorsque je demande si mon fils n'a pas chargé ses hommes de me ramener près de lui?

– Simplement, parce que c'est impossible.

– Et pourquoi, encore une fois? Coussac ou Marigné, que m'importe? J'irai où il voudra.

– Mais parce que ton fils ne compte pas rester à Coussac jusqu'à l'heure du jugement dernier?

– Qu'en savez-vous?

– Tout.

– Qui vous l'a dit?

– Personne.

– Alors?

– Ma belle, je n'ai pas besoin de questionner pour savoir. Tu oublies ce que je t'ai déjà expliqué mille et mille fois. A Eudes, tu n'as fait que donner le jour. Moi, j'ai formé, en grande partie, son esprit. Ce petit, je sais ce qu'il pense et ce qu'il veut : conquérir un fief. Tu entends, Mahaut, un fief où il n'aura plus à obéir, où il sera le maître. La violence d'Yvon risque de porter des fruits amers chez notre Ruffin.

– Veux-tu dire qu'il va encore repartir à l'aventure, et cette fois de son plein gré?

– Et pourquoi, d'après toi, aurait-il si grand besoin de Conrad le Saxon? L'Avisé, dis-moi si je me trompe.

– Hélas, messire, pas d'un mot.

– Seigneur, seigneur, dit Mahaut, la tête dans les mains, si seulement vous aviez bien voulu m'aider, s'il s'était fait moine, comme je le souhaitais tant!

– Mahaut, c'est moi qui suis vieux, mais c'est toi qui radotes. Tu répètes toujours la même chose. Eh non! Ton fils n'a pas voulu être moine. Aucun argument n'avait prise sur lui. Et pourtant, Dieu sait qu'il parle latin comme le meilleur d'entre les clercs, puisque c'est moi qui le lui ai enseigné. Mais tu sais bien que l'influence de ce maudit Saxon a prévalu sur la mienne. Que veux-tu! Il faut comprendre. Pour un gaillard bâti comme Eudes, l'aventure présentait plus d'attrait que prêches, prônes et homélies. Une fois pour toutes, Mahaut, dis-toi que l'aiglon n'a pas quitté son aire pour aller tout tranquillement, tout bonnement, se percher sur une autre, même cent fois plus vaste.

– Jamais je ne m'y ferai! Je hais tous ces raisonnements au même titre que ces désirs de puissance.

– Tu n'es guère aimable pour nous, aujourd'hui, ma belle. J'irai même jusqu'à dire que vis-à-vis de moi tu es bien ingrate. Tu ne penses qu'à me quitter pour aller rejoindre un morveux qui, de surcroît, ne veut pas de toi. Quelle façon de me traiter, moi, ton ami, ton protecteur, ton... hum, hum... je n'en dirai pas plus, ces jeunots croiraient que je me vante.

– Maître, loin de moi l'idée de vouloir vous offenser. Dans mon esprit nous partions ensemble rejoindre Eudes.

– Ta ta ta ta! Ne t'avise pas de me prendre pour un vieil idiot... »

A cet instant un bruit tout proche les alerte tous.

« Attention! dit Eustache, du calme, du naturel. Étends-toi, l'Avisé, et n'oublie pas : tu viens d'avaler une poudre. Je t'examine pour suivre les effets du remède. Parle le moins possible. »

Mahaut qui a ramassé son mortier pile de nouveau, Brasc et Mancipe demeurent figés, tenant toujours la litière à plat. Brusquement Rainaud paraît et, en dix pas, vient se poster à hauteur de Lisoie. Il se penche pour examiner l'écuyer puis :

« Alors Corne-Vin le bien nommé! Me feras-tu le plaisir de guérir mon hôte? Que les mauvais esprits n'aillent pas partout chanter que j'empoisonne mes visiteurs.

– Allons donc! Pourquoi feins-tu? Tu sais bien qu'en ce domaine tu n'as rien à craindre. »

Eustache s'esclaffe.

« Pourquoi ris-tu ? s'inquiète Rainaud.

– C'est que le poison est une arme trop subtile pour être maniée par une brute.

– Hein ? Que veux-tu dire, vieux bouc ?

– Que si tu te mêlais de manipuler du poison, beau neveu, tu serais bien capable d'en crever illico, simplement pour t'être léché les doigts juste après.

– Maudit chien, je ne sais ce qui me retient de...

– Moi, oui ! Mais ne t'énerve donc pas ! Sinon un beau jour (beau pour tous ceux qui relèvent de toi), le cœur va te péter dans la gueule : de colère ou de peur. Mais, fleur de mes neveux, ne chicanons pas. Toi et moi avons mieux à faire. Tu venais prendre des nouvelles de ton hôte, en voilà : d'ici trois quarts d'heure, une heure, l'homme reprendra vie ou crèvera.

– Quoi ?

– Eh oui ! Je viens de lui faire ingurgiter un remède de cheval qui ne laisse jamais qu'une alternative : la rapide guérison ou la mort.

– Si jamais...

– Pas de menaces inutiles. Pour le moment, il semble respirer normalement. Les chances sont bonnes, mais il faut encore attendre. Et si tout va bien, demain à l'aube, il sera en état de chevaucher et même de se battre comme un chien de guerrier qu'il est. »

Rainaud marmonne des injures, hausse plusieurs fois les épaules, avant de se tourner vers Brasc et Mancipe.

« Dès que votre maître ira mieux, ramenez-le dans la grande salle. Et méfiez-vous des manigances de la femelle. »

Puis sans même attendre de réponse, le sire de Marigné s'en va, rageur, claquant la porte à effondrer la pauvre baraque.

Après s'être assuré que Rainaud est loin et que nul ne peut plus les entendre, Mahaut dit :

« Mon fils vous a-t-il commandé de ne voir, outre sa mère, que maître Eustache et le chevalier Conrad ?

– Non, dame. Il est ici quelqu'un qu'il n'a pas oublié, quelqu'un qui lui tient fort à cœur, mais dont, hélas, comme pour vous, gentille dame, il ne se reconnaît pas le droit de réclamer la présence. Sa peine pourtant... »

Le rire d'Eustache interrompt l'envolée de Lisoie. C'est un rire lourd, à la joie mêlée, qui, tous muscles relâchés, fait tressauter le ventre.

« Sais-tu, mon gaillard, que je vais finir par t'admirer ? Tu réussis ce tour de force d'être à la fois innocent et coquin. D'abord, je t'avais mal jugé. Maintenant, toi et tes mines, je vous vois venir.

– Maître, croyez...

– Tais-toi ! Je ne fais pas ton procès. Au contraire. Je me dis même que le Ruffin, avec toi, est sacrément bien tombé. Car, par-delà tes astuces, tu es un gars sain, simple et solide. Mais revenons à la belle. Donc notre Ruffin ne l'a pas complètement oubliée ? »

Mahaut s'indigne :

« Comment aurait-il pu ? Ne lui doit-il pas la vie ?

– Chut ! Mahaut. Questions et considérations superflues. N'oublions pas qu'Alice, puisqu'il faut bien la nommer, a tiré de son geste autant de plaisir et de satisfaction, morales et autres, qu'Eudes a eu d'avantages.

– Comment pouvez-vous affirmer pareilles choses ? Vous oubliez, me semble-t-il, qu'elle a délibérément risqué sa vie, bravé l'honneur...

– La belle affaire, puisqu'elle l'aimait ! Et elle l'aime encore. Ce qui est bien normal, confinée qu'elle est dans ce château perdu, vivant au milieu de brutes dépourvues de beauté et d'imagination. Les sentiments de la pauvrette, durant l'année écoulée, ont couru peu de risques. Au contraire ! L'ennui et le souvenir n'ont pu que les exalter.

– Il me plaît de vous l'entendre dire.

– Attends ! ça c'est pour Alice, la belle demoiselle, mais pour notre Eudes il en va différemment. Lui a voyagé, couru les routes. Inévitablement il a rencontré maintes pucelles et maintes et maintes autres belles filles qui n'étaient pas pucelles.

– C'est lui faire injure.

– Non ma belle ; ce n'est que voir la réalité sans se boucher les yeux.

– Conrad me l'a confié. Peu avant le siège par Simon de Segré, Eudes et Alice un jour ont réclamé son aide. Ils voulaient fuir.

– Crois-tu que je l'ai ignoré ? Et pourtant, lorsqu'il vivait ici, ton Ruffin, si j'ai bonne mémoire, n'a jamais laissé une fille tirer sur son bliaud jusqu'à le déchirer. Je l'ai même mis en garde contre la jalousie de certains, qui n'appréciaient point ses succès.

– Je ne vous comprendrai jamais, maître Eustache ! Vous, parfois si bon, pouvez...

– Silence, Mahaut ! Cesse de dire des bêtises. N'oublie pas que le temps passe et que Lisoie doit se faire reconduire là-haut très vite pour ne pas éveiller les soupçons de Rainaud la Brute ! Mais avant de partir, précise-nous, l'Avisé, ce que Eudes souhaite que nous disions à la demoiselle.

– Il aimerait que vous attendiez notre départ, et éventuellement celui du chevalier Conrad, pour la rassurer sur son sort. »

Mahaut dit :

« Et pourquoi la faire attendre ? Elle a autant que nous besoin d'être confortée. C'est pitié que de la voir pâle et triste à longueur de mois. Au point que Rainaud la rudoie et que dame Constance elle-même s'énerve souvent contre la pauvre enfant. »

Eustache, une fois de plus, rit aux éclats. Puis, prenant Mahaut par l'épaule, il dit :

« Eh, eh, le caractère de notre Ruffin s'affirme. Que te disais-je ! Il prend ses précautions. Notre homme n'a pas envie de voir son aimée lui tomber à l'improviste sur le poil. Décidément, ce gaillard vous donnerait envie de vivre, rien que pour connaître la suite des événements. »

77

Devant la porte sud du château de Coussac, un terre-plein herbeux, large de près de deux cents toises, descend en pente douce avant de plonger brusquement vers le ruisseau.

A la mi-avril, les brumes matinales se dissipent tôt pour livrer aux regards, en direction de l'est, un profond paysage où se succèdent d'innombrables rangées d'arbres. Par temps limpide, il est même possible de discerner à l'horizon le léger trait bleuté des monts d'Auvergne. Au nord et à l'ouest, la forêt enserre, à moins d'une lieue, friches et champs.

Rêveur comme à l'ordinaire, au cours de sa solitaire promenade quotidienne, Eudes le Ruffin dirige son cheval vers la venelle aux dîmes, qui s'enfonce en tournant dans un étroit vallon, presque un ravin. Voilà maintenant près de trois semaines que Lisoie l'Avisé et ses deux compagnons sont partis vers le nord.

L'air est vif et léger, d'innombrables oiseaux s'égosillent et volettent dans les taillis et les arbres. Déjà reverdissent les haies d'aubépines, les bois de châtaigniers et de hêtres. Les sources, regorgeantes, ont rendu le ruisseau impétueux et gaiement tapageur. Son eau parfois lance, à travers les branchages, des miroitements provocants.

Pensif, Eudes laisse un long moment sa monture au pas. L'alezan s'impatiente et fait des manières : pointant des oreilles et mâchonnant son mors. Peine perdue, le cavalier continue de maintenir la bride haute. Juste après avoir franchi le pont rudimentaire, fait de troncs d'arbres accolés, le Ruffin tourne à droite et serre au plus près le lit du torrent.

Comme l'attente de nouvelles semble longue ! Trop longue pour l'amour filial et un caractère impétueux. Mahaut, Conrad, Eustache, les noms lui tournent dans la tête. Celui d'Alice s'y ajoute qui entraîne confusion. Que leur est-il advenu ? Comment s'est écoulée cette première année d'absence ? Même quand il parvient à se rassurer sur leur sort, le tarabuste le voyage de Lisoie. Va-t-il surmonter les difficultés qu'inévitablement il doit rencontrer ? Quelles solutions inventera-t-il ? Angoisses, fureurs et peurs impuissantes qui poussent Eudes à rechercher la solitude. A la fin, la seule vraie façon de calmer ses nerfs est de lancer son cheval dans de fougueuses et brutales galopades, et de se contraindre aux risques les plus extravagants.

Eudes vient de parcourir plus de cinq cents toises, depuis le ponceau, lorsqu'il remarque les traces fraîches d'un sanglier. Dans la terre humide les empreintes se lisent aisément. Pinces larges, côtés tranchants, talons carrés, gardes écartées, à coup sûr il s'agit d'un mâle vigoureux et puissant : d'un tiers-an ou d'un quartan, peut-être même d'un solitaire.

Cinquante toises plus loin, la bête a fougé et vermillé. Les boutis évasés et profonds décident alors de la journée. L'occasion est trop belle. Pourquoi ne pas poursuivre pareil animal ? Certes, à cette heure, il doit avoir rejoint sa bauge, située vraisemblablement dans les bois, sur la hauteur. Face à Coussac. Sans chiens pour le débûcher la tâche risque d'être délicate. Mais, avec un peu de chance ! Eudes hausse les épaules. Pour l'heure il n'a envie de considérer que les conditions favorables, les encouragements : les vents sont bien placés et il n'a jusqu'ici progressé qu'en silence.

Le Ruffin en est là de ses réflexions lorsqu'il remarque, sur trois arbres, poussés en bordure d'eau, des entailles profondes de deux pouces, dans l'écorce et l'aubier. Rire silencieux du jeune homme. Voilà bien les marques qu'il souhaitait découvrir pour enlever sa décision : celles d'un redoutable gaillard, digne d'être pisté et combattu par un guerrier. S'il a la chance de l'obliger à la lutte, il ne va pas s'ennuyer. Ses défenses doivent d'être d'une taille plus qu'honorable et aiguisées, affûtées comme des poignards.

Les traces, après avoir quelque temps côtoyé le cours d'eau, brusquement bifurquent vers la gauche, escaladant la pente roide où elles apparaissent comme mâchurées par les glissades et les reprises d'élan. En revanche, une fois dans le bois clairsemé qui couronne la côte, les suivre devient délicat et requiert un œil exercé. A maintes reprises, Eudes doit mettre pied à terre, et progresser, parfois durant plusieurs minutes, en tenant sa monture par la bride.

Le soleil maintenant est au quart de sa course. Dans la lumière vive, les couleurs du ciel et des nuages s'égayent. Herbes et feuilles sont sèches. Eudes devient bête de proie. Fentes protégées, ses yeux brillent d'un métallique éclat. A trois reprises il s'arrête pour humer l'air et contempler ce vaste canton de taillis et de buissons épineux. A chaque fois, comme il s'attarde, l'alezan vient de la tête se frotter contre son épaule. Et Eudes de chuchoter, cependant qu'il lui caresse distraitement le front :

« Tu t'impatientes, hein? Sois tranquille! D'ici peu, tu vas pouvoir galoper. Je le sens. L'adversaire n'est plus loin maintenant, nous touchons au but. »

Une demi-heure plus tard. alors qu'il s'enfonce dans une épinaie, à chaque pas plus dense, formant des halliers rebutants, de légers ragots l'alertent. Le Ruffin s'immobilise. Inquiet, le cheval remue nerveusement les oreilles et bronche. Eudes doit, de la main, le calmer. Les grognements viennent d'un breuil remarquablement clos, à une centaine de pas sur la gauche.

Lente avance, précautionneuse approche, il faut contourner cet enchevêtrement de lianes, de branches et d'épines. Inspection achevée, le Ruffin, perplexe, se frotte menton et joues. Comment s'y prendre pour débucher l'animal? Regard méprisant pour l'angon dont le manche n'excède guère cinq pieds de long. Pourtant aurait-il une lance qu'il ne parviendrait point, à travers ces ronciers, à s'approcher suffisamment de la bauge proprement dite, pour chatouiller les flancs de celui qui s'y abrite.

Toujours suivi, pas à pas, par son cheval, Eudes refait une nouvelle fois le tour du breuil. Hormis la coulée du sanglier, les défenses de la forteresse végétale ne comportent aucune brèche, pas la moindre faille. C'est à décourager les plus têtus. Cependant, le souverain des lieux semble vouloir narguer son visiteur par ses irritants et continuels ragots.

La brise d'ouest qui l'ébouriffe finit par convaincre le Ruffin qu'elle peut être son plus efficace, voire son unique atout. Et le voilà ramassant le bois mort, triant les brindilles, arrachant à brassées les herbes sèches. Il lui faut près d'une heure pour en rassembler une quantité qu'il juge suffisante. Alors, repères pris, à coups de dague, il creuse un véritable trou dans la dernière ligne de halliers afin d'y entasser savamment branchages et margotin.

Ayant une ultime fois évalué la force du vent et contrôlé sa direction, Eudes délace le haut de son bliaud. C'est Conrad le Saxon, qui lui a jadis enseigné qu'il ne faut jamais, même chevalier, se séparer de son briquet, d'un silex et d'un peu d'étoupe roulée en boule. Eudes renferme le tout dans un sac qu'il porte, comme sa bourse, pendu au cou.

Bien étirée, l'étoupe s'enflamme aux premières étincelles. Eudes, le cercle d'acier encore au poing droit et la pierre dans la main gauche, regarde la petite flamme grandir, grimper, grésiller. Cependant que le feu se développe, une fumée dense et grise, dont l'odeur âcre prend à la gorge, court presque à l'horizontale, ainsi maintenue par le vent.

Tout en continuant d'attiser et d'alimenter le brasier, Eudes demeure attentif aux moindres mouvements, aux moindres bruits dans le breuil. Parfois, de la pointe acérée de son angon, il parvient à extirper des flammes un long tison qu'il projette aussitôt en direction de la bauge.

Eudes commence à désespérer du résultat, lorsque soudain des ragots puissants, accompagnés d'un bruit de branchages brisés ou foulés, l'alertent. A peine a-t-il le temps de sauter à cheval que le sanglier jaillit des ronces, sur sa droite, et fonce en direction du sud. Clamant sa joie, Eudes éperonne sa monture.

Cinq ou six ans, c'est l'âge que le Ruffin donne à son adversaire, tandis qu'il l'admire, fusant droit devant lui, force massive et implacable. Un long moment Eudes n'a d'autre alternative que de lui emboîter le pas, d'user de la piste que la bête fouit à travers ronciers et taillis. Mais, soudain, les voilà débouchant dans une zone récemment essartée. Alors Eudes pousse son cheval à hauteur du sanglier, sur sa gauche. Brandissant son angon, debout sur les étriers, il vise pour frapper à coups plongeants. Prenant grand soin de ne l'atteindre qu'au flanc droit, par souci de sa monture. Car à chaque meurtrissure l'animal tourne sa hure, cherche à réagir du côté où il a été touché.

Du sang macule le pelage roussâtre. Mais, en elles-mêmes, ces blessures sont sans gravité. D'ailleurs, elles ont moins pour but d'incommoder que d'exciter la hargne du solitaire, de le contraindre à un train épuisant. Eudes n'ignore pas que le pourchas sera long, dans le meilleur des cas. Ce qu'il craint c'est un rembuchement qui compliquerait par trop sa tâche.

La zone essartée traversée, le sanglier pénètre dans un canton de haute futaie dont le sol est couvert d'un inextricable enchevêtrement de broussailles. De nouveau Eudes doit se contenter de suivre, mais soudain, une patte enfoncée dans un trou, l'alezan s'abat. Précipité au sol, tête la première, le Ruffin boule. A peine relevé, la rage et l'inquiétude lui font négliger ses contusions : qu'en est-il de son cheval? Il se hâte vers la bête, qui, encore étendue mais la tête soulevée, agite vainement ses membres. Après l'avoir examinée Eudes pousse un soupir de soulagement : elle n'a rien de cassé. Allons debout! Le pourchas doit reprendre, sans sursis. Le solitaire dispose maintenant d'une si solide avance qu'il n'est plus possible de se guider qu'au son.

Hélas, un quart d'heure plus tard, Eudes l'ayant presque rejoint, se produit ce qu'il redoutait le plus : la bête se rembuche.

Minutes de découragement. A quoi bon s'obstiner? Il est tard déjà, sans doute plus de deux heures de relevée. Coussac est loin. Et aussi, depuis une ou deux lieues, la chasse se déroule sur les terres d'un peu commode voisin, féal du vicomte de Limoges. Mais renoncer ne serait-ce point reconnaître un échec? Peu à peu, dans l'esprit du Ruffin, la capture du sanglier est devenue une sorte de symbole, a pris une valeur de test, de signe du destin. S'il échoue c'est qu'il ne sera jamais qu'un besogneux petit chevalier, ballotté d'un service à l'autre, et qui, tôt ou tard, se fera tuer pour la gloire et la richesse d'un puissant. S'il triomphe, au contraire, ce sera la preuve qu'il conquerra quelque jour le fief qu'il convoite tant.

Et le voilà, visage tendu, à tourner en rond, rageur, à sonder les ronces, à chercher obstinément une voie pour aller meurtrier cette maudite bestiole et à réfléchir aussi sur les moyens de la débucher. Mais rien! Il ne découvre rien! C'est à désespérer. Même le vent qui, à l'abri de ces arbres, lui fait défaut, le prive de l'espoir de recommencer à l'enfumer.

Reste à se faufiler et attaquer la bête à pied. Mais dans ces fourrés paralysants, et avec pour seules armes une dague et son fragile angon, ce serait folie. Ruffin est cependant sur le point de s'y résigner lorsqu'il entend au loin des chocs sourds. Le voilà tout ouïe. Pas de doute, des hommes, par là-bas, travaillent à la hache. Peut-être sont-ils la solution.

Las et blessé, le solitaire ne bougera pas avant la nuit. Par précaution pourtant, Eudes prend soin d'attacher, sous le vent, son manteau à une branche basse. Puis ayant examiné soigneusement le coin et pris des repères précis, il saute à cheval.

Quatre colliberts, des écorceurs, répondent, docilement, aux questions du Ruffin. Oui, le noble sire ne se trompe pas : ils dépendent du chevalier Matfred qui tient, du seigneur vicomte de Limoges, Géraud, la maison forte de Ségur.

« Vous n'avez rien à craindre de moi, dit Ruffin, je chasse le sanglier et n'ai besoin qu'un moment de votre aide. »

Interdits, comprenant mal, les quatre hommes hochent la tête. Eudes se veut rassurant :

« Ce sanglier, je le poursuis depuis plus de trois lieues. Il est à moi. Si vous m'aidez à le débucher je vous en promets la chair. Ne m'intéressent que la hure et les traces. »

Comme ils l'observent, toujours cois, Eudes s'énerve et change de ton :

« Allons, hâtez-vous ! Prenez vos haches et suivez-moi. »

Et les voilà tous quatre, l'outil sur l'épaule, suivant l'autoritaire inconnu.

Ils sont à mi-chemin de la bauge lorsque le plus audacieux crie :

« Messire !

– Que veux-tu ?

– Vous nous avez promis la chair de la bête. Mais nous ne saurons pas où aller la chercher, quand vous l'aurez tuée. Et puis, pardonnez ma question, noble seigneur, mais, seul et mal équipé, comment le terrassez-vous ?

– Compère, ta question n'est pas sotte, je viens juste de résoudre le problème. A tous quatre, je vous promets bon émoi et beau spectacle. Celui qui me montra jadis la manière n'est pas d'ici, et je ne l'ai jamais expérimentée. Mais vous verrez. En attendant, silence, nous approchons. »

Le souffle du solitaire, audible à plus de vingt toises, rassure le Ruffin. Rien n'a bougé. Ayant expliqué ce qu'il souhaite, et assigné à chacun sa place, Eudes, après avoir décroché son manteau, va se poster à proximité de la sente forée par la sombre bête lorsqu'elle s'est rembuchée. Enfin, il donne le signal de l'attaque.

Placés en demi-cercle, les colliberts frappant de leur hache à coups redoublés, taillent, brisent, écrasent, convergeant vers le centre du hallier. Étau bruyant qui se resserre. Rythme apeurant dans sa multiple régularité. Chacun d'eux a progressé d'une toise quand les ragots du solitaire s'amplifient.

« Allez, courage, crie le Ruffin, avancez sans crainte, gueulez à pleins poumons. »

Peu à peu, les écorceurs gagnent du terrain, et l'espace entre eux rétrécit. Aux cris des hommes, le sanglier répond par des grognements de colère sans cesse plus puissants, et elle s'agite. Puis, tout à coup, pour la seconde fois de la journée, la voilà qui débuche, fonçant droit sur Eudes, le contraignant, pour éviter un redoutable choc, à enlever sa monture, à la faire cabrer. Le solitaire passe au ras du poitrail, sous les pattes de l'alezan, et file droit. Vigoureusement éperonné le cheval suit, puis rejoint le lourd animal. Obéissant intelligemment aux genoux du cavalier, il vient alors se placer, comme lors du premier pourchas, sur la gauche de la bête. Vingt secondes plus tard, Eudes plante son angon aussi profondément que possible dans le flanc droit du gibier.

Fou de rage et de douleur, le sanglier frénétiquement se démène, lance de violents coups de hure en direction de la hampe qui, heurtant les moindres obstacles, fait osciller sa lame dans la plaie. Cependant Eudes, vivement se dégage de ses étriers pour grimper des deux pieds sur la selle. Accroupi, durant quelques secondes, il attend le moment opportun puis, d'une brusque détente, bondit sur la croupe de son adversaire.

Les colliberts cent toises en arrière, hurlent en se précipitant en avant. Fauchée la bête s'écroule, Eudes parvient à lui saisir les pattes arrière qu'il tord de toutes ses forces, afin de contrarier les efforts qu'elle fait pour se redresser ou l'atteindre en se repliant sur elle. Un moment les deux corps roulent, tourbillonnent : efforts effrénés. Coups de boutoir qui se succèdent, se rapprochent progressivement ; il devient vite évident que l'homme doit agir au plus tôt s'il veut conserver une chance de vaincre.

Soudain, Ruffin lâche une des pattes pour sortir son poignard, cessant de la contrôler la hure grandit, grandit. Axe brisé, féroce boutoir. Une des défenses déchire les chausses sur trois pieds de long, atteint la cuisse droite et pénètre profondément dans les chairs. Eudes brandit son poignard.

« Charogne ! » grogne-t-il en mettant toute sa puissance dans le coup qu'il porte. Juste sous la mâchoire, la lame s'enfonce jusqu'à la garde, après avoir heurté le maxillaire. Les cris de la bête, agitée de soubresauts, deviennent horribles gargouillis. Alors Ruffin tire tant qu'il peut par le travers. Béance.

Lorsque essoufflés les écorceurs arrivent sur le lieu du combat, le sanglier mort frémit encore, gorge gargouillante, tandis que le Ruffin, assis, examine en maugréant sa large plaie. L'homme et le sanglier sont couverts de sang. Cependant, l'alezan penché sur son maître renifle et hennit doucement.

Celui des colliberts qui avait questionné s'exclame :

« C'est bien la première fois, messire, que nous voyons tuer pareil animal de la sorte.

– C'est peut-être la première fois que tu vois ça, mais moi, j'ai vu mieux. Mon maître ne se faisait pas aussi sottement ouvrir la cuisse.

– Souffrez-vous, messire ? Voulez-vous que nous fassions une civière pour vous conduire à Ségur ?

– Non, non, pas question. Donnez-moi seulement de quoi faire un garrot. Quant à la bestiole, comme promis elle est à vous. Tranchez-lui seulement la hure et les pattes, et attachez ceci à mes arçons. Après vous m'aiderez à me mettre en selle. »

Le soleil n'est plus à l'horizon qu'un énorme disque orangé, à demi rongé par la cime des arbres, lorsque Eudes pénètre dans l'enceinte de Coussac. On accourt pour l'aider, la hure et sa blessure excitent les curiosités. Eudes s'attarde. Des cris d'admiration entrecoupent le récit de sa victoire.

Dans la grande salle, Jean l'Anglais assis devant la table, le dos à la cheminée, s'entretient avec un chevalier auquel Eudes ne prête d'abord aucune attention. Clopinant, soutenu par un sergent, le jeune homme s'approche, jette ses trophées sous les yeux du nouveau sire de Coussac et renvoie son aide.

« Nous t'attendions depuis des heures, commence l'Anglais. Mais qu'est-ce que… ?

– Un sanglier que j'ai poursuivi et tué seul, en l'égorgeant avec mon poignard.

– Et ça ? » L'Anglais tend le bras vers la cuisse du Ruffin. « La bestiole n'appréciait pas mes intentions. Elle a réagi comme il fallait. J'aurais tort de me plaindre. »

Eudes sourit complaisamment pour dire :

« Belle bête, hein l'Anglais ? »

Jean l'Anglais le toise, puis avec un haussement d'épaules :

« Que tu sois rude combattant, Ruffin, n'était plus à démontrer.

– Prétends-tu qu'il y avait mieux à faire ?

– J'en suis sûr. »

La voix de Gelvire, qui apparaît alors, soulevant une portière de drap dans l'angle gauche de la salle, empêche le Ruffin de répondre immédiatement.

« Eudes ! Où étais-tu ?

– Je chassais, ma douce.

– Notre prud'homme, ricane l'Anglais, a décidé désormais de ne plus attaquer le solitaire qu'au coutelas. Celui d'aujourd'hui était affectueux.

– Il y en a qui préfèrent ne pas les aborder, même armés d'un pieu et au milieu de dix hommes », ricane le Ruffin.

Yeux plissés, l'Anglais s'accoude. Sa voix devient sarcastique :

« Ne vous emportez donc pas à la première plaisanterie, messire Hors-de-Sens ! Souffrez aussi qu'on vous fasse remarquer que la lutte menée par le comte Audebert, et la nôtre propre, ne sont point achevées et qu'il est indispensable de s'y tenir prêt.

– Ne le suis-je pas ?

– Avec ta cuisse ouverte, tu risques de l'être moins les prochains jours.

– Et que ferais-tu de plus sans éraflure ? Depuis trois mois on ne sait ici que s'ennuyer et dormir.

– Tu n'es guère gentil pour Gelvire. Mais tente d'accepter, au moins, l'aimable critique. Sache que précisément désormais tout va changer.

– Tout quoi? »

L'Anglais se tourne vers son compagnon :

« Dis-lui, toi! »

L'homme fait face à Eudes. Son visage, rond et gras, duquel émerge un nez long et pointu, reste comme figé tandis qu'il parle :

« Me reconnais-tu, Ruffin?

– Non! Pourtant... je jurerais t'avoir déjà vu.

– Tu n'aurais pas tort. Je suis Gaucelm le Crêté, chevalier au service de notre comte Audebert. Et j'apporte des nouvelles fraîches, heureux musard, que tu ne sembles guère pressé d'entendre.

– Oui, oui, je te remets maintenant, sire le Crêté. Tu étais sur les bords des étangs de Cieux. Où toi tu ne musais guère, si j'ai bonne mémoire. N'est-ce point toi qui as héroïquement décapité ce pauvre Jaufré? »

Gaucelm brutalement se lève. L'Anglais vivement s'interpose et le force à se rasseoir.

« Calme-toi, Gaucelm. Quant à toi, Ruffin, garde pour toi tes souvenirs. Et tâche de ne pas oublier que Gaucelm est le plus fidèle compagnon du comte.

– Mon bon maître, Eustache, m'a enseigné que, sans mémoire, l'homme est proche de la bête. »

Un pâle sourire retrousse les moustaches de Gaucelm qui a récupéré tout son calme :

« Voyons, l'Anglais, ne t'inquiète pas. Quand on se montre capable de chasser le solitaire au coutelas, on aime le risque, et on n'hésite pas, au besoin, à se faire quelque ennemi.

– Bah! » Eudes fait un grand geste d'insouciance. « Un de plus ou de moins! Et puis à Cieux nous y étions tous, moi compris. De quoi te fâcherais-tu? Alors, ces nouvelles?

– J'arrive en avant-garde, dit Gaucelm. Le comte sera ici dans trois jours. Nombre de seigneurs viendront le rejoindre. On va tenir conseil. Il faut agir.

– Et à qui va-t-on, cette fois, donner le baiser de paix?

– Après nos avis, monseigneur décidera, bel esprit. »

L'Anglais intervient :

« Ce n'est pas tout. Le moine Orderic doit assister lui aussi aux divers entretiens. Il faut envoyer, dès demain à l'aube, une escorte le chercher à Jumilhac, où il l'attend impatiemment.

– Ne peut-il se déplacer seul?

– Selon lui les campagnes ne sont pas sûres. Géraud, paraît-il, s'agite, patrouille jour et nuit, brûlant de prendre une fois encore l'offensive. »

Pensif, Eudes ne répond pas. Gelvire le secoue :

« Allez, maintenant, viens te soigner. »

Elle saisit le bras gauche du jeune homme, le passe autour de ses propres épaules et l'entraîne cependant que l'Anglais crie :

« Le fer rouge, Ruffin, il n'y a que ça, même si ça pue! Une lame bien rougie et jusqu'au fond de la plaie. Juste de quoi grimacer pour un homme de ton espèce. »

78

Le gras Orderic, arrivé de la veille au soir, ne s'est pas trompé en prédisant, au cours de la veillée, le succès de ce conseil de guerre et son attraction sur les ambitieux, les mécontents du duché d'Aquitaine. Depuis le milieu de la matinée, Coussac est en pleine effervescence : cour, bâtiments de l'enceinte, donjon. En quelques heures sont arrivés successivement des sires de trois pagus voisins. Viennent, de l'Angoumois : Ulric, vicomte de Marcillac, Jourdan le Hardi, sire de Chabannais – accompagné de son demi-frère bâtard, Manzer-Tiefoine –, Ermenon-Corbin, de Rancogne, et Bougin-Têtart, de Mattas ; les transfuges du Limousin se nomment : Arbert-Male-Couvée, sire de Pompadour, Ainart-Ravinel, de Nexon, et Foucault-Mauregard d'Argentat ; enfin ceux de la Marche : Rohon le Renfroigné, sire de Rochemaux, Amfroi-Malcort, de Bourganeuf, et Bovon le fourbe, de Pontarion.

« Les circonstances sont de plus en plus favorables, a déclaré le moine, l'heure vient de sonner pour une renarde offensive.

– Qu'entends-tu par là ? a demandé l'Anglais.

– Qu'il faut, par des actions rusées, affaiblir les adversaires d'Audebert, tout en veillant soigneusement à ce qu'aucune ne puisse lui être imputée. Tant qu'ils ne pourront l'accuser de leurs mécomptes, les chacals de Fier-à-Bras n'oseront point désobéir aux conclusions du plaid d'Angoulême et l'assaillir groupés.

– Et quelles sont ces circonstances favorables ? »

Riant silencieusement, Orderic n'a pas consenti à éclairer des propos aussi généreux que sibyllins.

« Attendez demain », s'est-il obstiné à répondre aux pressantes questions de ses hôtes.

Et de cligner de l'œil, de se taper sur les cuisses, l'air satisfait :

« Vous allez en apprendre de belles, mes gaillards. »

Force a donc été pour l'Anglais et Ruffin de patienter. Ce matin, les arrivées de tant de ralliés à la cause d'Audebert créent en eux un sentiment de déception et d'amertume. Devant ce déploiement de forces, cet étalage d'ambitions forcenées, ce si complexe faisceau d'intrigues et d'intérêts, parfois même contradictoires, mais inextricablement imbriqués, l'Anglais et le Ruffin prennent soudain conscience de la médiocrité de leur rôle. A force de vivre replié sur soi, il est aisé de s'aveugler sur sa propre importance.

Comme ils sont avec Gaucelm à lorgner, à sonder la campagne du haut de la lice ouest dans l'espoir d'apercevoir Audebert et ses hommes, l'Anglais demande :

« Ne crains-tu pas la présence de traîtres, parmi tant de participants ? »

Eudes renchérit aussitôt :

« De toute façon, traîtres ou pas, avec tant d'allées et venues que supposent des mois de rencontres préparatoires, c'est bien le diable si toute l'Aquitaine n'est pas déjà au courant de ce conseil. Et elle le sera demain sinon aujourd'hui. »

La mine outrée, Orderic s'exclame :

« Nous prenez-vous pour des fous, Audebert et moi ? A moins que ce ne soit pour d'ineptes enfançons suçant encore le lait de leur mère. Allées et venues, dis-tu, Joli-Cœur ? Eh, Grand Dieu ! qui donc aurait pu être alerté par les errances de quelques misérables moines cheminant à pied, et si démunis que les brigands les plus endurcis, les plus avides, les ont laissés passer, les ont même parfois aidés ou nourris ?

– Mais ceux qu'ils contactaient ?

– J'allais y venir. D'abord nous n'avons agi que sur indications précises, ensuite nos émissaires n'avaient point mission de se définir d'emblée. Pour commencer ils se contentaient de supputer, de réfléchir à haute voix et ils compatissaient. Quel formidable levier que la compassion savamment employée ! Comment un seigneur d'une telle race et aussi preux, s'exclamaient-ils devant leur hôte flatté, pouvait-il être confiné dans un si médiocre fief ? Par quelle aberration disposait-il du revenu de si peu d'églises? Et les abbayes? Aucune? En vérité? Quel traitement incohérent, absurde, plus encore : odieux. C'était tout bonnement contraindre un guerrier valeureux à une condition guère supérieure à celle d'un serf. Mais, l'injustice est toujours préjudiciable à ceux-là même qui l'exercent. Comme l'ont affirmé maintes fois de saints hommes : l'ingratitude et l'iniquité n'ont jamais engendré la fidélité. »

Orderic pouffe, puis, saisissant par le bras l'Anglais et le Ruffin, il les secoue de joie :

« Mes braves petits frères, à leur retour, m'ont conté, dans le détail, les réactions de nos sires, décrivant leurs mimiques successives. Dieu que j'ai ri! Gueules qui rougissent ou pâlissent progressivement, selon les tempéraments, colères qui montent, montent, puis explosent, imprécations rugies, et le saint nom de notre divin maître, cent fois et plus, profané. C'était le moment pour mes tonsurés de se confondre en excuses, de s'incliner de plus en plus bas, contrits et repentants : le cher seigneur allait-il leur pardonner une liberté d'opinion que l'indignation seule avait provoquée? Ainsi bien sûr que le sens de la vérité et de la justice? Mon Dieu, mon Dieu, rien de tout ceci ne leur aurait échappé s'ils n'avaient eu la possibilité de comparer, s'ils n'avaient eu connaissance qu'un seigneur d'Aquitaine, aussi généreux que riche, ne prisant que les vrais guerriers, se montrait toujours soucieux de récompenser ceux qui se tournaient vers lui, qui venaient grossir les rangs de ses fidèles. Son nom? Alors là, mes agneaux, il fallait redoubler de précautions. Mes moines avaient ordre de laisser notre sire macérer dans son jus. Fureur, cupidité, envie, goût de la vengeance, humiliation, tout cela devait former un magma redoutable. En fin de compte, c'était notre homme qui exigeait le nom, souvent dague dégainée, mais dévoilant ainsi, du même coup, ses sentiments profonds. Alors, et alors seulement, sonnait l'heure des tractations, des propositions concrètes, et de convenir de ce bon rendez-vous. Hein, qu'en dites-vous?

L'Anglais rit, et son rire sonne faux. Sous prétexte de plaisanterie il donne une bourrade au gros moine. Lequel brusquement déséquilibré, doit, pour ne pas tomber, s'appuyer au rempart :

« Gras démon! Comme ceux de la création, tes serpents ont eu réponse à tout. Vieux finaud! Tu ne laisses jamais rien passer qui pourrait te nuire.

– Que veux-tu, Jean, à l'inverse de beaucoup je me sers de ce que m'a donné le seigneur », Orderic se frappe le front de l'index et cligne de l'œil gauche, « j'use et abuse de ma comprenette. Fais-en ton profit, toi, l'ambitieux. Car demande à Gaucelm si notre noble Audebert ne m'a pas en odeur de sainteté.

– De sainteté? C'est peut-être beaucoup dire, opine le Crêté, mais il est sûr qu'il tient plus à vos services qu'à ceux de quiconque.

– Et grâce à mes talents, l'Anglais, sois certain qu'un jour il te faudra me donner de " l'Abbé " avant de me donner ensuite du Votre Grâce et du monseigneur. »

Cependant Eudes, qui s'entête, revient à la charge.

« Mais ces troupes qui toutes ont convergé vers Coussac et qui, demain ou après, en repartiront, tu ne vas pas nous chanter qu'elles passeront inaperçues? »

Heureux de ce soutien, l'Anglais approuve bruyamment :

« Ruffin a raison. Et la preuve que tu es moins rassuré que tu ne l'affirmes, c'est que tu n'as pas voulu faire seulement le trajet de Jumilhac à Coussac sans qu'une forte escorte aille te chercher. Avoue que tu crains une intervention des Géraud et Gui de Limoges.

– Seriez-vous obtus, par hasard?

– Réponds-nous sans forfanterie, s'il te plaît.

– Ai-je jamais prétendu que les Limousins ne se méfient de rien et vivent dans la quiétude? Après un séjour d'une semaine à Limoges, à la cour même du vicomte, et trois journées à l'abbaye de Solignac, d'où je suis parti, ai-je affirmé, pour Angoulême, je suis bien renseigné. Je sais que le vicomte et son fils redoutent Audebert comme la peste. Peut-être plus encore qu'Hélie jadis. Il n'est pas jusqu'au calme de ces derniers mois qui ne leur semble lourd de funestes présages. Aussi multiplient-ils randonnées armées et patrouilles. Croyez-vous qu'ils auraient apprécié de me rencontrer, allant dans une direction radicalement opposée à celle par moi claironnée? Je ne tiens point à me perdre de réputation auprès d'eux. Ma tâche d'informateur en deviendrait bien difficile. Sans compter que l'idée pourrait leur venir de me faire passer le goût du pain. Voilà pourquoi j'avais besoin d'une forte escorte. Maintenant parlons de nos sires et de leurs voyages : avez-vous observé qu'aucune troupe n'a chevauché flammes et oriflammes au vent? Comment dans ces conditions les identifier, à moins de s'en approcher fort près?

– Il y a toujours les indiscrets qui se faufilent, sans compter les guetteurs. »

Gaucelme le Crêté, jusque-là silencieux, intervient :

« Voulez-vous, compagnons, connaître les ordres de monseigneur? Chevaucher en fuyant les routes fréquentées par les marchands et les convois. Prendre soin de se couvrir profondément sur les flancs et largement sur les arrières. En présence d'une troupe importante : fuir. En cas d'impossibilité : anéantir l'adversaire quelles que soient les pertes nécessaires pour y parvenir. Enfin, éliminer impitoyablement tout homme rencontré.

– Exact! exulte Orderic, rien n'y manque. Et avec des ordres comme ceux-là vous pouvez dormir tranquilles, surtout quand ils s'adressent à des hommes comme nos invités! Car, mes jolis, je ne sais comment vous vous voyez, comment vous vous jugez, mais en regard des sires arrivés aujourd'hui, vous n'êtes, en fait de violence, que de pâles enfants de chœur, que des scrupuleux perpétuellement obsédés par une conscience pointilleuse. Peste! Le ciel fasse que je n'aie jamais maille à partir avec aucun d'entre eux. »

A cet instant, l'Anglais saisit et tire Orderic par la manche pour le forcer à se retourner et il crie :

« Et ça, moine, regarde! Ce ne sont pas des étendards largement déployés?

– Pourquoi irais-je fatiguer ma pauvre vue, déjà bien éprouvée par l'étude et la prière, pour voir ce que je devine ou ce que je sais?

– Explique!

– Triple buse! Ta troupe chevauchant étendards au vent ne peut être que celle du comte Audebert lui-même, suivi de ses gens.

– Lui ne cache donc pas sa venue à Coussac?

– Pourquoi le ferait-il? Qui pourrait s'étonner, ou s'indigner, de le voir inspecter un château dont la possession lui a été implicitement reconnue au cours du dernier plaid ducal, à Angoulême? Allons, mes maîtres, portons-nous maintenant au-devant de celui dont nous attendons la réalisation de nos vœux. »

Rires, plaisanteries, ordres se superposent, s'entremêlent et se confondent dans un phénoménal brouhaha. « Que c'en est à ne plus pouvoir s'entendre », se confient les domestiques éberlués. Peu à peu cependant, les conjurés prennent place autour de la vaste table, croulante de plats fumants : volailles en sauces, quartiers de venaisons rôtis, poissons grillés, galettes salées ; ainsi que d'innombrables pichets : de vin, d'hydromel et d'hypocras. Le banquet s'organise. Des préséances s'imposent, ou s'acceptent, plus ou moins aisément. Le dernier, Eudes s'assoit. Il se retrouve en bout de banc, à côté de l'Anglais, relégué lui-même après Gaucelm.

Orderic, qui, orgueilleusement, siège face au comte de Périgord, se dresse alors et cogne avec force, fait sonner l'un contre l'autre deux hanaps d'argent tout en criant :

« Écoutez-moi tous, chers sires ! De grâce, faites silence un moment. Au nom de la très sainte Trinité, prêtez-moi attention ! »

Il lui faut attendre quelques minutes avant de parvenir à enchaîner :

« Moi seul, ici, vous connais tous. A la demande de notre aimé seigneur, je vous nommerai et vous présenterai à lui. »

Audebert, vêtu d'un somptueux bliaud de soie verte, à broderies d'or, écoute attentivement. Hautain, le visage impassible, il se contente parfois de saluer d'une sèche inclinaison de tête. A sa droite est assis le vicomte de Melle, Atton, son plus ancien complice. Les entourent quatre sires périgourdins, fidèles eux aussi de longue date. Depuis le début ils bataillent pour Audebert, confiants en son étoile. Ils l'ont aidé à ourdir ses savantes machinations contre son propre frère Hélie, et ils ont lutté pied à pied contre des adversaires redoutables, dans les pires circonstances. Ce sont : Abbons Drus, sire de Mortemart, Aimeri le Fort, de Mussidan, Turpin-Petit-Bon, de Trémolat, et Gaubert-Pelle-Vilain, de Cadouin.

La longue présentation s'achève par les noms de Gaucelm le Crêté, de Jean l'Anglais et d'Eudes Ruffin. Mais ces derniers se perdent dans les cris de joie, les ovations, que mutuellement et successivement s'adressent les dignes feudataires. Hommages rendus, vient le temps des vœux : on boit de pleins hanaps en se souhaitant, ainsi qu'au chef, complète et rapide victoire. Les stériles et usantes répétitions vont épuiser les bonnes volontés, lorsqu'une fois encore Orderic intervient, pour regrouper et raviver les énergies, comme en un faisceau. Ventre en proue, prenant appui sur la table, et tonitruant, il tend sa coupe à bout de bras :

« Tous ensemble, messires, buvons à monseigneur Audebert, aujourd'hui comte de Périgord, mais demain, avec votre aide, duc régnant de la vaste Aquitaine. »

Pendant le quart d'heure qui suit, c'est du délire. L'assistance exulte, s'agite, brandit ses armes, hurle de joie. Seules la fatigue et la faim pourront venir à bout du bel enthousiasme.

Ruffin assiste à ces différentes phases, froid, détaché, lucide. Surtout frappé par le nouveau comportement du comte. Il lui semble ne plus avoir à faire au même homme. Audebert a perdu sa fébrilité, son excessive agressivité, son extraordinaire prolixité dans l'injure, comme dans le compliment, et son réel souci de dissimuler une permanente anxiété. Indéniablement, sans effort, il domine l'extravagant rassemblement de rapaces organisé par Orderic. L'assistance attend tout de lui. De ces hommes, gueules incroyables, trognes farouches, émane une fabuleuse sensation de force, de dynamisme, d'implacabilité. A les voir il semble qu'aucune résistance ne pourra leur être opposée avec chance de succès!

Quant à Orderic, Eudes doit, *in petto*, convenir que ses défauts et ses qualités sortent de l'ordinaire, atteignent même une assez fascinante dimension. Montreur-magicien, il joue de ces brutes, en tire avec art les ficelles.

Une heure passe. Les plus affamés ont eu largement le temps de se rassasier lorsque Audebert décide enfin de s'adresser à tous :

« Je vous ai réunis pour discuter des diverses actions à entreprendre. L'heure n'a pas sonné d'une attaque générale et ouverte. Nous devons encore lutter dans l'ombre. Cependant, dès aujourd'hui, je peux vous promettre solennellement de faire de vous les hommes les plus riches et les plus puissants de ce duché d'Aquitaine, dont nous entreprenons la conquête. Je mérite et veux mériter votre confiance. Aussi, cette nuit même, je jurerai de ne point faillir à mes promesses sur les très saintes reliques du glorieux Saint-Front, que trois moines de notre bonne abbaye ont convoyées jusqu'ici. A cette heure, ils sont en prière dans la crypte de la chapelle afin de mieux nous concilier les grâces de ce patron si efficace, car si proche du cœur de Jésus. Avant de venir vous rejoindre ici, sachez aussi que j'ai tenu à recevoir la bénédiction de l'évêque Frothaire dans l'église cathédrale Saint-Étienne de ma bonne et riche ville de Périgueux. Comptez donc sur moi comme je compte sur vous. »

Atton de Melle se dresse et crie :

« Nous aussi, messire, vous jurons fidélité. Par nos propres serments sur les reliques de Saint-Front, nous ferons, vis-à-vis de vous, acte d'allégeance. Nous vous serons à jamais donnés, par-delà la victoire et jusqu'à la mort. Longue et glorieuse vie à monseigneur Audebert ! »

Un nouvel enthousiasme fait se dresser les convives, qui hurlent et se signent. Chacun, ensuite, tient à confirmer sa promesse. Audebert, bras écartés, souriant et digne, remercie et s'efforce de calmer ses partisans avant de reprendre :

« Je suis craint, vous le savez, et on me surveille. Le comte d'Angoulême, comme celui de la Marche, et le vicomte de Limoges, souhaitent me voir commettre une imprudence coupable, un acte de violence contre eux ou un de leurs féaux, pour avoir prétexte à m'assaillir. Quelle belle occasion alors de m'éliminer, de se partager mes dépouilles, mon comté tout entier, et ceci avec la bénédiction des évêques circonvenus, endoctrinés par celui de Limoges, ce vieux maudit d'Éblé, cet éternel ennemi des miens, qui toujours soutint son pourceau de neveu, Guillaume le Mauvais. Mais... » Audebert a un petit rire sec... « qu'ils ne comptent pas sur semblable erreur. Je ne suis point comme Hélie, moi ! Je sais dominer colères et humeurs. Ils veulent la lutte ? Ils vont l'avoir. Mais pas à leur manière. A la mienne. On va d'abord les priver de faire la preuve de leur valeur. Et, quant à m'accuser de ce qui se passera, je les en défie bien. »

Audebert se tourne vers sa droite et frappe sur l'épaule de son voisin :

« Ulric, toi qui étais à Angoulême il n'y a que quatre jours, raconte à mes fidèles ce que tu as appris. »

Le vicomte de Marcillac est noir de poil et de peau. A un visage mince, aigu, les yeux étirés vers les tempes confèrent un caractère de vivacité et de ruse. Sa voix grave porte bien sous les voûtes.

« Plus de cent lances, toutes d'Angoumois, se tenaient rassemblées au château comtal et prêtes à marcher sur Périgueux ou tout autre lieu du Périgord. Arnaud n'en faisait point mystère, non plus que de l'arrivée prochaine de Boson de la Marche, suivi de soixante-dix ou quatre-vingts lances. Le comte m'a même proposé de me joindre à eux : “ Je te rendrai au centuple ce que tu affirmes avoir perdu par la faute de mon père ou par la mienne, m'a-t-il déclaré. Audebert vaincu, tu seras plus riche et puissant que jamais. ” Comme je ne répondais pas à ses avances, furieux, il a pris un ton de menaces, ce bâtard! Avant de se répandre en invectives, jurant de m'écraser si je faisais seulement mine de vouloir contrarier ses projets : “ Je te ferai destituer par le duc Guillaume, a-t-il ajouté, toi et certains que nous soupçonnons d'amitié pour Audebert. Votre sort sera tôt réglé. ” »

Audebert, imposant d'un geste silence à Ulric, s'exclame :

« Voilà, messires, les projets de nos ennemis. Vous tous ici présents devez être à jamais convaincus de l'absolue nécessité de vaincre. »

Cris de rage et jurons interrompent un moment le comte mais, très vite, celui-ci, coupant court aux exclamations vengeresses et aux provocations, reprend la parole.

« Quant à Géraud de Limoges et à Gui, eux aussi bouillent d'impatience. Orderic vous le dira qui en revient. Et vous savez que le Limousin recèle à lui seul autant de bons chevaliers que les deux autres pagus réunis. Il nous faut donc agir avec une extrême prudence. »

Brutalement, le sire de Pompadour, Arbert Male-Couvée, visage blême, frappe du poing sur la table avant de crier :

« Comte! Je ne vois là ni bonnes ni réjouissantes nouvelles. Mais peu me chaut! De la puissance prétendue de ces chiens, je ne me soucie point. Devons-nous nous croiser les bras et attendre benoîtement que nos ennemis se soient affaiblis d'eux-mêmes? Non! Donne tes ordres, comte, et attaquons-les sans délibérer.

– Es-tu fou? Ce serait marcher à la défaite et à la mort! s'exclame Atton de Melle.

– Marcher vaut mieux qu'attendre sur sa couche. »

Manzer-Tiefoine, d'un bond, se lève, juste le temps de hurler :

« Male-Couvée a raison! A juger les autres forts, on finit par se faire couard. »

La salle gronde et s'agite. Un autre sire se dresse à son tour :

« Aussi vrai qu'on m'appelle Rohon le Renfroignié, quand je dois me battre, avant que de savoir si l'ennemi dispose de plus de chevaliers et de sergents que moi, je commence par donner de la lance et par jouer de l'angon, de l'épée et de la plommée. »

Plusieurs voix crient : « Bien dit ! » « Ne perdons pas de temps ! » « Battons-nous d'abord, discutons après. »

« Comte Audebert, hurle Ermenon-Corbin, nous t'acceptons pour chef et pour sire, parce que tu es un vrai guerrier, un seigneur généreux. Prouve-le ! »

Alors Orderic intervient :

« Messires, messires, patience. Notre aimé seigneur ne vous dit pas que nous n'allons pas nous battre. Il veut seulement le faire de la bonne manière, en ne portant que des coups utiles. Quant aux nouvelles dont parlait Male-Couvée, j'en sais qui vous feront chaud au cœur.

– Alors dis-les, moine. »

Audebert d'une voix forte et brutale crie :

« Non ! Orderic, tu parleras quand j'en aurai fini. Et qu'on ne m'interrompe plus ! »

Bien que nerveuse l'assemblée fait silence. Après un regard circulaire, Audebert enchaîne :

« Je n'ai jamais dit que nous attendrions que s'use l'ennemi, en nous croisant les bras. Ceux qui l'ont cru me connaissent mal encore. Nous attaquerons, et dès demain, mais d'astucieuses façons sur deux points. Il faut d'abord concentrer nos coups contre la Marche, qui n'a point de frontière commune avec le Périgord et qui, de surcroît, est le pagus le moins en état de faire face à l'offensive. En même temps nous allons tenter d'affaiblir le Limousin. A nous d'en établir les moyens. J'ai dit ! Maintenant, Orderic, communique-nous tes nouvelles. »

L'assistance apparemment matée, Orderic peut sans difficulté prendre la parole :

« Sachez d'abord, monseigneur, et vous messires, qu'Eblé, l'évêque de Limoges, ce cher oncle du duc Guillaume, est à l'agonie. Sans doute même, à cette heure est-il mort. Le meurtre de son ami, le chorévêque Benoît, a-t-il confié à son confesseur, lui a porté un coup mortel.

– Quel avantage pouvons-nous espérer en tirer ? demande Foucauld-Mauregard, d'Argentat.

– Oublies-tu l'autorité dont jouissait Eblé, et son influence sur tous les évêques d'Aquitaine, à l'exception de Frothaire ? Et son neveu ? Fier-à-Bras ne prenait aucune décision avant de le consulter. Mais cette nouvelle s'accompagne d'une autre plus importante encore : désormais le duc Guillaume Fier-à-Bras est à demi fou.

– Quoi ? »

Audebert, soudain pâle, se penche sur la table ; comme lui, toute l'assistance, visages tendus, sourcils froncés, réclame des précisions :

« Raconte !

– D'où tiens-tu cette histoire ?

– En es-tu sûr ? »

Grave, Orderic hoche affirmativement la tête avant de répondre :

« Il n'était question que de cette affaire à la cour de Géraud et de Gui. Et l'inquiétude y était grande. C'est Gui, le vénérable abbé de Saint-Martial, à qui Eblé a souhaité parler avant de perdre toute lucidité, qui a rapporté la nouvelle de Poitiers.

– Bon Dieu ! s'exclame le vicomte Atton, pour sot qu'il fût le gros Guillaume semblait avoir la tête solide. D'où lui vient cette folie ?

– On m'a affirmé, le père abbé lui-même, qu'une femme l'avait ensorcelé au point qu'il ne pouvait plus se passer d'elle, qu'il en perdait le goût de la guerre et de la chasse. Depuis des mois et des mois, la duchesse Emma subissait l'outrage, impassible, en apparence, mais réellement folle de rage et bouillant de se venger. Un jour elle a eu connaissance d'un projet de rendez-vous. En absence de son époux, elle a tendu un piège à sa mauvaise rivale qui a donné tête baissée dans le traquenard. Et quelques heures plus tard la diablesse quittait ce monde dans les plus outrageants supplices. Mais cette garce tenait le duc de si belle manière, par si noire magie et commerce avec le diable, que, morte, son pouvoir s'en est trouvé décuplé. Et le duc Guillaume est désormais hors de sens. Hurlant comme un loup, du soir au matin, durant des crises qui persistent parfois des semaines entières, nul ne le peut approcher. Même sa femme et ses enfants qui ont dû fuir et chercher refuge dans la forteresse de Chinon, laquelle a toujours appartenu en propre à la duchesse Emma, qui la tient en dot de son père, le comte de Blois, Thibaud le Tricheur. »

La salle bourdonne. Les sires commentent ardemment la nouvelle. Mais la peur se mêle singulièrement à la satisfaction, au point de neutraliser celle-ci. Que le duc Guillaume soit ainsi la proie de diableries est grande misère, et rappelle à tous la redoutable et permanente présence du démon. Certes, dans l'assemblée, nul n'aimait ce duc jaloux de son autorité, soucieux d'ordre, et rigoureux dans ses jugements comme dans le châtiment des coupables. Mais force est de reconnaître qu'il était valeureux chevalier. Mieux aurait valu, pour lui comme pour ses proches et même ses ennemis, qu'un guerrier si émérite mourût en combat. Les uns après les autres, furtivement, les conjurés se signent. Plusieurs minutes passent avant qu'Audebert ne dise :

« Remplacer un duc en proie aux démons ne pourra que plaire au cœur de Jésus. »

N'obtenant aucune réaction de son auditoire, sa voix s'enfle :

« Amis, l'Aquitaine ne peut tolérer une maléfique présence à sa tête. Notre cause s'en trouve renforcée. »

Ulric de Marcillac approuve :

« C'est juste, mais... » Sa voix devient sourde... « il faut que nous conjurions au plus vite ces forces démoniaques : que nous nous les concilions ou les exorcisions par magiques pratiques. Autrement... Moine, t'en sens-tu capable?

– Es-tu fou, crie Orderic, jamais je n'eus tel commerce.

– Alors nous nous passerons de toi.

– Faites ce qu'il vous plaira mais ne m'y mêlez pas. »

Par toute la salle on continue de chuchoter. Les sires effarés roulent des yeux, se parlant à l'oreille : craintes, ragots, confidences. Audebert doit frapper sur la table à coups redoublés pour, à la longue, obtenir le silence.

« Messires, je vous promets de prendre avec les vicomtes Ulric et Atton les décisions nécessaires à fin de conjurer les démons. Soyez sans crainte. La cérémonie aura lieu ici, avant même que nous nous séparions, de façon que chacun de vous puisse y assister. Mais en attendant, achevons d'écouter notre informateur. Orderic, à toi, finis-en.

– Messires, il me reste encore deux nouvelles d'importance à vous communiquer. Tout d'abord sachez que le roi de France, Lothaire II, va descendre en Aquitaine, dans les trois mois qui viennent, avec grande multitude de barons et toute sa cour. Vous savez qu'Étienne, comte de Gévaudan, est mort au début de cette année. Or, après de longues et secrètes négociations, on vient d'apprendre que sa veuve, riche de tout l'héritage, puisqu'ils n'avaient plus d'enfants vivants, vient d'accepter de se remarier au fils du roi Lothaire, roi lui-même sous le nom de Louis V, car son père l'a officiellement associé au trône, et l'a fait sacrer à Reims il y a trois ans, le 8 juin 979.

– Bon Dieu ! s'exclame Ulric, comment Fier-à-Bras consent-il à ces épousailles ? Il faut qu'il soit vraiment fou ! S'il n'avait l'esprit dérangé, jamais il ne tolérerait de voir une partie de son domaine glisser sous l'autorité directe du roi.

– D'autant, dit Atton, que le comte Étienne était bien le plus riche seigneur d'Aquitaine. Et de loin.

– Si nous n'y prenons garde, c'est l'Aquitaine entière qui est menacée, crie Audebert. Louis V, riche de terres et d'hommes, interviendra à sa guise dans nos affaires. Et quel pouvoir le duc conservera-t-il sur un féal qui sera en même temps son suzerain ? Là encore il nous faudra aviser. Donne-nous ta dernière information, Orderic.

– Sachez que le vénérable abbé de la très puissante et très riche abbaye de Beaulieu-sur-Dordogne, située en Limousin, aux confins du Querci, vient de mourir. Déjà Géraud intrigue et voudrait lui donner, comme successeur, son plus jeune fils. Mais il est en conflit avec son plus puissant féal, le vicomte de Comborn, qui la revendique pour sa famille. Monseigneur... » Orderic s'incline devant Audebert... « j'en ai fini.

– Merci, moine. Maintenant, messires, délibérons. »

Pendant les heures qui suivent, Audebert, impassible, écoute ses fidèles, dont toutes les propositions se ressemblent d'ailleurs singulièrement. Il n'y est question que d'embuscades et d'assauts. Avec le temps cependant, les sires, peu habitués à tant réfléchir et parler, se fatiguent et cessent de réclamer la parole. Alors le compte se lève pour clore la séance. Après leur avoir rappelé que l'heure a sonné, depuis un bon moment déjà, pour l'échange des serments sur les saintes reliques, il promet de leur faire part de ses décisions, dès demain matin, après en avoir débattu une ultime fois avec ses conseillers.

79

Dès l'aube du troisième jour de la secrète réunion, la plupart des conjurés ont quitté Coussac, répartis en deux troupes d'égale puissance : l'une dirigée par le vicomte Atton de Melle, l'autre par le vicomte Ulric de Marcillac. Leur mission est aussi brutale et féroce qu'eux-mêmes. A l'avance, ils en savourent les terrifiants plaisirs. Il s'agit, dès qu'ils auront reçu les renforts promis par Audebert (deux cents mercenaires chacun, anonymement engagés), c'est-à-dire dès le début du prochain mois, de s'acharner à ruiner la puissance du comte Boson de La Marche. Pour y parvenir ils devront mettre le pays à feu et à sang, s'en prenant principalement à ceux dont ils connaissent l'attachement pour leur suzerain. Ainsi contraindront-ils celui-ci non seulement à regagner au plus vite son comté, mais encore à solliciter des renforts du comte Arnaud, dans l'espoir de triompher du désordre. De la sorte, sera annihilée l'une des deux menaces qui pèsent sur le Périgord.

Reste à décider, maintenant, pour affaiblir le troisième adversaire, Géraud et son fils Gui. Audebert et Orderic, en grand mystère, délibèrent, enfermés dans une petite pièce, tandis que Gaucelm, l'Anglais, le Ruffin et les quatre sires périgourdins attendent dans la grande salle.

Après avoir évoqué la cérémonie des serments sur les reliques de Saint-Front, les sept hommes ont discuté ferme de la séance de magie qui s'est tenue dans le souterrain du donjon. Pour conjurer le démon, un veau noir et trois poules, noires elles aussi, ont été égorgés, selon des rites complexes, par un sergent versé dans la sorcellerie et les envoûtements. Les ricanements incrédules du Ruffin, qui n'ont cessé de tronçonner la relation de cette ténébreuse session ont eu tôt fait de dresser contre lui ses interlocuteurs. Depuis, la conversation languit.

Vers midi seulement, le comte et le moine rejoignent leurs compagnons. Orderic, tout de suite, se laisse tomber dans un fauteuil, comme épuisé, mais l'air béat. Au contraire, Audebert marche de long en large durant un long moment, réfléchissant sans doute une dernière fois à la combinaison élaborée. Lorsqu'il s'arrête, c'est pour s'exclamer, l'œil brillant :

« Orderic, tu as raison. Je crois que notre plan peut leur porter un coup imparable. Il ne reste plus maintenant qu'à en préciser les détails, et surtout à ne pas nous tromper en attribuant les rôles. Il nous faut deux émissaires : l'un pour Comborn, l'autre pour Toulouse. Peux-tu, toi-même, te charger de l'une ou l'autre mission?

– Impossible, monseigneur! Je dois vraiment gagner au plus tôt Angoulême afin de pouvoir venir vous rejoindre en temps voulu au château de Carlux, d'où vous lancerez, au moment propice, l'ordre d'attaque.

– Alors qui va-t-on choisir?

– Je crois, monseigneur que vous pourriez désigner Gauclem pour se rendre à Toulouse, et Eudes le Ruffin pour parler à Comborn. »

L'Anglais tressaille et se tourne à demi vers Eudes, qui fronce les sourcils sans mot dire.

« Je te les accorde. Charge-toi de leur expliquer ce que nous attendons d'eux. Quant à vous, soyez attentifs. Parle, Orderic, nous t'écoutons. »

Les yeux plissés de contentement, le moine, d'abord silencieux, contemple un moment son auditoire. Après s'être frotté délicatement l'estomac, il s'accoude et commence :

– Comme vous l'avez appris de moi, avant-hier, l'abbé de Beaulieu-sur-Dordogne vient de mourir. Et Beaulieu est bien la plus riche des abbayes d'Aquitaine. Elle possède plus de serfs et de terres que bien des vicomtés, et ses coffres sont mieux garnis que ceux des plus opulents usuriers. Géraud souhaite évidemment mettre la main sur tant de richesses. Aussi a-t-il projeté d'en faire bénéficier son plus jeune fils. Ce serait pour sa lignée, s'il réussissait, un réel surcroît de puissance. Et si nous n'intervenons pas il a toutes chances de triompher. Car il n'a d'autres compétiteurs, qu'un de ses féaux : le vieux vicomte de Comborn Hugues le Fort. »

Gaucelm demande :

« Et que pense le collège des moines de Beaulieu, qui va avoir la charge d'élire le prochain abbé?

– Géraud dispose de nombreux appuis en son sein. Il a manœuvré, et depuis longtemps il avait pris certaines précautions. Encore une fois, si nous n'y mettons bon ordre son succès est certain. Pourtant, je ne voudrais pas que vous vous mépreniez sur les vicomtes de Comborn, ni que vous les sous-estimiez. Ce sont là de redoutables seigneurs, disposant en fief d'une vaste région, fort bien pourvue en bons et loyaux chevaliers. A l'ouest, la vicomté s'étend au-delà d'Uzerches et de Tulle, et à l'est elle va jusqu'à Ussel. De l'est limousin, sans doute Comborn représente-t-il le tiers des guerriers. Notre plan va donc consister à aider le vicomte Hugues le Fort. A obtenir que son fils cadet, Bernard le Héricier, soit élu abbé. Je parle toujours du viel Hugues car nominalement il est encore le vicomte en exercice. Mais ce n'est plus à lui que nous aurons affaire, ce n'est pas lui qu'il nous faudra convaincre, et à qui nous réclamerons le respect des promesses. Depuis deux ans il est incapable de bouger de sa couche. Nous devrons gagner la confiance de son fils aîné et bientôt successeur : j'ai nommé Archambault, dont la force monstrueuse est au service d'un esprit aussi vicieux et retors que cruel. »

Audebert, dont le visage témoigne, de plus en plus, d'une profonde satisfaction, s'impatiente et interrompt le moine :

« Attends, attends, Orderic! Nous dirons plus tard qui est Archambault. D'abord expliquons l'essentiel. Chevaliers, vous devez tous savoir que la race des Comborn est issue de celle des marquis de Gothie et comtes de Toulouse dont le prince actuel, Guillaume III Taille-Fer, est également comte du Querci, du Rouergue et de l'Albigeois. Taille-Fer est demeuré fort attaché à cette branche cadette, si pauvre en regard de la sienne, qui n'a cessé d'accumuler pagus, bénéfices et titres. Volontiers il s'affirme prêt à l'aider. C'est vraisemblable! Surtout s'il ne lui en coûte rien! Notre proposition a donc toutes chances de le séduire. Voilà donc ce que nous savions au départ. Commencez-vous à entrevoir le plan mis au point? Allons, Orderic, va. Ne les fais pas languir, explique, je te laisse ce soin.

– L'opération prévue doit s'exécuter en deux temps. Si les Comborn jurent sur de saintes reliques leur alliance, s'ils acceptent de s'inféoder, d'abord secrètement, et plus tard solennellement à monseigneur Audebert, alors nous nous emparons de l'abbaye de Beaulieu et nous chargeons d'obtenir une majorité de suffrages, en faveur du plus jeune Comborn : Bernard le Héricier. Mais comme il ne nous est pas permis de mener cette action au grand jour, sinon toute l'Aquitaine se jetterait immédiatement sur nous, il faut obtenir du marquis le droit de porter ses couleurs. Aux yeux de tous, ce sera le puissant marquis de Gothie qui se sera emparé de l'abbaye pour y faire élire son cousin. Nous n'aurons donc besoin de Taille-Fer qu'après l'élection lorsque, officiellement, il donnera Beaulieu et ses richesses en fief à monseigneur Audebert.

– Et voilà le tour joué! s'exclame Audebert, qui, une fois de plus, se lève, marche et gesticule. Par ce coup, nous affaiblissons définitivement le Limousin. La vicomté de Comborn, plus les fiefs relevant de Beaulieu : c'est un tiers des forces de Géraud non pas seulement neutralisées, mais qui après lui avoir été ôtées, s'ajoutent aux miennes. Plus encore! C'est le point de départ d'une entente, pouvant devenir alliance, avec la plus puissante race du sud de la Gaule. Alliance qui pèserait lourd et serait capable de retenir sur le chemin de la guerre jusqu'au duc d'Aquitaine, si celui, ayant encore sa tête, souhaitait intervenir dans l'affaire de Beaulieu. En attendant, c'est Arnaud d'Angoulême et Géraud de Limoges paralysés, réduits à l'impuissance. Vive Dieu! chevaliers, le destin d'Audebert passe décidément par Beaulieu. Je vous le jure! Mais ce plan ne vaut que si nous prenons l'ennemi de vitesse. Je veux que toi, Gaucelm, et toi, Ruffin, vous vous mettiez en route à l'instant même. »

Audebert s'interrompt. Visage figé, l'expression en est laide et cruelle. Les yeux rapetissés et brillants, il dit, martelant ses mots, en fixant les deux hommes tour à tour :

« Si par votre faute, retard ou sottise, Géraud l'emportait, je fais le serment de taillader, moi-même, chaque pouce de votre peau avec une lame rougie à la flamme, puis de combler de sel le moindre sillon creusé. Attendez-vous à crever dans les plus atroces souffrances. Réussissez dans votre mission, c'est le seul bon conseil que je puisse vous donner.

– Monseigneur, monseigneur, intervient le gros Orderic, la face enluminée par un large sourire, monseigneur, je vous connais trop pour douter de votre générosité. En cas de réussite les récompenses réservées à vos deux émissaires seront sans doute à la mesure de votre satisfaction.

– Peut-être, grogne Audebert, peut-être. L'enjeu est trop exceptionnel pour se résoudre à des espoirs de faveurs. Qu'ils se souviennent surtout que je ne supporterai aucune forme d'échec, même partiel, et qu'aucune excuse, quel qu'en soit le motif, ne vaudra. Hâtez-vous tous deux. D'ici une heure je veux que vous chevauchiez vers votre destination. Orderic et toi l'Anglais, aidez-les. Quant à toi, Abon Drus, rassemble tes hommes et ceux de tes compagnons. Puis, ensemble, allez à Carlux où vous m'attendrez. Au passage dans les différents fiefs que tu traverseras, envoie des courriers, et entraîne les sires à me fournir une force supplémentaire de quarante lances. Qu'elles te rejoignent au plus tôt à Carlux. Pour moi, j'attends ici la réponse du vicomte de Comborn, prêt à le rencontrer là où bon lui semblera pour la mise au point de notre commune entreprise. L'Anglais, envoie aussi un courrier, au plus tôt, à l'évêque de Périgueux Frothaire afin de lui ordonner d'organiser à mes frais, dans les plus brefs délais, un pèlerinage à l'abbaye de Brantôme pour la réussite de mes entreprises.

Allongée sur sa couche, le haut de la robe délacé, s'ouvrant sur des seins aussi agressifs qu'harmonieux, Gelvire observe Eudes venu s'habiller, s'équiper. Comme il s'apprête à enfiler sa cotte de mailles, il se tourne vers elle :

« Ton regard n'est point en accord avec ton attitude, belle amie.

– Que veux-tu dire?

– Que si tu aguiches savamment un pauvre chevalier en exhibant tes seins demi nus, à lui qui part pour une rude et périlleuse mission, en revanche tes yeux restent froids et durs.

– Où vas-tu?

– A Comborn, ma belle. Voir son glorieux sire.

– Archambault Jambe-Pourrie?

– Oui.

– Es-tu devenu fou ? C'est un des principaux chefs de l'ost limousin.

– Tu le connais ?

– A trois ou quatre reprises il est venu ici. C'est un monstre. Mon père qui souvent avait affaire à lui s'en méfiait comme de la peste.

– Je n'en ai point peur.

– Pourquoi le veux-tu rencontrer ?

– Pour le compte d'Audebert de Périgord, douce reine de mon cœur.

– Alors, tu n'en reviendras que si quelqu'un accepte de payer pour toi forte rançon.

– Bah ! Crois-tu ?

– Attends de le voir et tu comprendras. Jambe-Pourrie est haut de six pieds trois pouces et doit peser trois cents livres. C'est un colosse tel qu'il a du mal à trouver des chevaux capables de galoper sous lui. Et de plus, mon père affirmait que c'était bien le guerrier le plus merveilleusement adroit qui se puisse voir. Personne en Aquitaine n'est capable de le vaincre.

– Je ne suis point aquitain.

– Sois modeste, mon Ruffin. Dans les jeux qui marquent la fin des plaids, comtaux ou ducaux, inutile, depuis qu'il est homme, de chercher un vainqueur.

– Diable ! Me voilà désormais impatient de le rencontrer. Bien que je n'aille nullement pour le défier mais seulement lui parler.

– Fais en sorte que tes paroles lui soient agréables, si toutefois il te laisse le temps de parler. Car il est aussi mauvais et cruel que redoutable en combat.

– Je suis de nature méfiante, Gelvire, plus que tu ne le supposes. Ne crains rien. Mais si je devais succomber, j'ai déjà fait jurer à l'Anglais de te rendre ta liberté. Nulle raison donc de t'inquiéter.

– Je n'aime ni tes paroles ni ce ton, Eudes.

– En quoi t'ai-je offensée ?

– Tu oublies que si je t'ai jamais appartenu par droit de conquête, c'est volontairement que je t'ai admis. »

Eudes rit et, se penchant, enfouit son visage dans le cou de Gelvire.

« Ça! Je ne peux nier que tu ne m'aies à moitié violé », chuchote-t-il.

Gelvire le prend aux épaules et chuchote :

« T'en plaindrais-tu par hasard.

– Folle! »

Se disant, il tente de se redresser. Mais Gelvire le déséquilibre et il tombe sur la couche.

« On m'attend », proteste-t-il, comme elle le dépouille, impatiente et nerveuse, de ses chausses et de sa chinse.

« Et moi donc, murmure-t-elle! Et moi, crois-tu que je ne t'attende point? »

Une demi-heure plus tard, Eudes, qui vient de ceindre l'épée, passe une courte dague à sa ceinture, puis revient près de Gelvire qui repose encore, alanguie. Il se penche et la soulève sans effort. La tenant serrée contre lui, il dit :

« Sais-tu qu'à cause de toi, je me fais souvent des reproches?

– Explique-toi.

– Je n'ai point le temps maintenant.

– Alors, pourquoi ne l'as-tu pas fait plus tôt?

– Je remettais toujours.

– Dis au moins de quoi il s'agit.

– A mon retour.

– Ne serait-ce de cette fille dont tu m'as parlé le premier soir?

– Peut-être. »

Brusquement Gelvire se débat.

« Lâche-moi! Tu me fais mal! Toutes ces maudites ferrailles me blessent.

– Pas avant de t'avoir mignotée une dernière fois, ma jolie. Songe : et si, comme tu me l'as prédi, j'allais me faire taillader par ce maudit Comborn? Qu'au moins, mourant, il me reste le souvenir de la fermeté de tes seins, de la douceur de ta peau, et de la suave chaleur de tes lèvres.

– Lâche-moi, je te dis. »

Gelvire, rembrunie, s'arc-boute contre la poitrine du Ruffin, toujours souriant.

« Serais-tu jalouse, ma belle?

– Tu n'es qu'une brute, Eudes.

– Grand merci! »

Dépité, il vient de la lâcher, lorsque la jeune fille lui saisit la tête à pleines mains, l'embrasse sur les lèvres avec violence puis, tout aussitôt, bondit en arrière.

« Tu n'es qu'une brute, je le répète, qu'un infâme soudoyer, mais tu me plais! Si je t'embrassais encore, méfie-toi, je n'aurais de cesse que tu n'enlèves ton harnachement.

– Y penses-tu ma belle! Et ma mission? Et tous ceux qui m'attendent? »

Gelvire prend la main droite du Ruffin et tout en embrassant la paume, l'œil en coin, murmure :

« Dis-moi quand même pourquoi je t'oblige à te faire des reproches.

– Mule hypocrite! Mais tu ne me rouleras pas! Je ne parlerai qu'à mon retour.

– Tu peux bien quand même me préciser si ça me fera plaisir.

– Si j'étais très orgueilleux et fier de moi, je répondrais : oui.

– En ce cas, tu peux le dire. Car Dieu sait si tu l'es! »

Eudes rit. Puis, comme il va franchir le seuil de la chambre, il s'arrête et se retourne.

« Pense à moi, Gelvire.

– Je vais prier pour ton retour sain et sauf, et après rêver de toi. »

80

Le vent, violent encore en fin de matinée, s'est soudainement calmé vers midi. Le soleil, toujours dissimulé derrière une épaisse nappe de nuages gris cendré, ne procure qu'une lumière morose qui uniformise les couleurs. L'air est moite.

Eudes Ruffin, suivi de huit sergents, chevauche à bonne allure vers Comborn. La petite troupe est partie de Coussac vers deux heures de relevée. Il est maintenant près de cinq heures.

Afin d'éviter Lubersac, qui relève du sire de Ségur, réputé l'un des féaux les plus fidèles, les plus zélés du vicomte de Limoges, ainsi que toute rencontre avec des gens de l'abbaye de Vigeois, Eudes a pris la décision d'allonger sa route en rejoignant la vallée encaissée et déserte d'un petit cours d'eau, indiqué par un serf surpris et sévèrement malmené.

Tout à coup, comme le vallon s'évase jusqu'à former un cirque aux proportions harmonieuses, où s'entremêlent, disposés de façon presque savante, arbres et rochers, de configurations souvent originales, retentissent des voix vigoureuses, brutales même. Les cris viennent de la forêt, juste sur la droite. Confus, leur interprétation en est simple.

Eudes, ayant ordonné à sa troupe de ne point ralentir, aperçoit alors une douzaine de cavaliers qui émergent du sous-bois. En tête chevauchent deux chevaliers. Les deux troupes désormais rivalisent. De part et d'autre on active ardemment hommes et chevaux.

Les sergents que le Ruffin a choisis, un à un, pour cette mission, en guerriers efficaces et déterminés, serrent les rangs autour de lui, l'œil brillant et la mine réjouie à la perspective d'une prochaine bataille. Des réflexions fusent, de-ci de-là :

« Notre Ruffin leur prépare un de ses tours, patientez, vous allez voir.

– Vive Dieu ! il était temps ! je commençais à me rouiller.

– Seigneur, s'exclame un autre, pourvu que je sache encore manier ma bonne plommée, qui broyait jadis les crânes comme poing les noix.

– Bien moi, tous les matins j'implorais le ciel, tant j'attendais ce moment. »

Cependant, l'homme que le Ruffin a désigné pour faire office d'écuyer, un nommé Ebrald, gaillard adroit et vif, jouissant d'une réelle autorité sur ses compagnons, se penche vers lui :

« Messire, fait-on bientôt volte-face ou attendez-vous de prendre du champ, ce qui nous donnerait plus d'élan pour culbuter ces gaillards ?

– Ni l'un ni l'autre, Ebrald.

– Mais alors ?

– Alors ? Nous fonçons droit devant nous, avec l'unique volonté de les distancer. Veille surtout à ce qu'aucun homme ne traîne. »

Le murmure de déception qui lui vient aux oreilles, plus encore que l'évidente déception d'Ebrald, provoque le rire du Ruffin : « Il vous en coûte, hein, mes agneaux ? »

Nul ne lui répondant, il redevient sérieux pour dire :

« Je vous remercie, les gars ! J'apprécie votre volonté de combattre. Je savais bien, en vous choisissant, pouvoir compter sur vous. Mais l'empoignade hélas n'est point pour aujourd'hui. »

N'obtenant toujours aucune réaction, il se décide à ajouter :

« Ne désespérez pas. Si ma mission à Comborn réussit, je serai en mesure de vous promettre féroces batteries et beaux assauts. L'ennui vous fuira... En attendant, piquons des deux. »

Obéissants, sinon satisfaits, ceux de Coussac éperonnent leurs montures. Les chevaux se ruent en avant. Derrière eux, à cent cinquante toises au plus, la troupe anonyme suit le train. Un moment encore les deux chevaliers qui la commandent s'acharnent à hurler injures et menaces. Puis, jugeant sans doute inutile de se fatiguer plus longtemps, ils se consacrent à stimuler leurs sergents.

Penché sur l'encolure de son destrier, de temps en temps, Eudes jette un regard en arrière pour juger de la situation. Rien n'évolue : l'écart demeure stable entre les deux groupes. Les sabots des chevaux frappent à la même cadence une terre lourde, encore détrempée par les pluies persistantes de l'hiver, un sol qui résonne lugubrement.

Dans le lent déclin du jour, les nuages, curieusement, deviennent plus clairs et s'abaissent, semble-t-il, jusqu'à toucher les cîmes des arbres juchés, de part et d'autre du val, au sommet des deux crêtes. Devant ceux de Coussac, des bandes de corbeaux effrayés se lèvent et montent dans le ciel à grands battements d'ailes, où elles criailleront longtemps, tournoyantes, obstinées et sinistres.

Sans quitter Eudes d'une semelle, Ebrald ne cesse de harceler, d'encourager ses compagnons. Comme il fait remarquer à son chef qu'en dépit d'une allure soutenue ils ne parviennent point à distancer leurs poursuivants, celui-ci lui confie :

« J'aimerais fichtrement savoir de qui relèvent ces guerriers. Sans doute dépendent-ils de celui-là même à qui je vais rendre visite. »

L'écuyer éclate d'un grand rire sonore :

« Souhaitez-vous, messire, que j'aille leur demander?

– Ne ris pas, Ebrald. Peut-être plus tôt que tu ne le crois en recevras-tu l'ordre. »

Maintenant la vallée se resserre. A la prairie grasse succède un canton plus sec, plus broussailleux et aussi mieux parsemé d'embûches. Les risques de chutes, pour les chevaux, ne tardent pas à devenir tels qu'il faut réduire sensiblement l'allure. Inquiet, Ruffin se dresse sur ses étriers. Puis après avoir inspecté le coin :

« Ebrald, dit-il, si nous continuons nous risquons de nous faire rejoindre sous peu. Quittons au plus vite cette zone et rapprochons-nous de l'eau. Je t'abandonne la tâche de repérer un gué facile où nous ne perdrons point de temps. »

Moins de cinq minutes plus tard l'écuyer qui s'était rapproché des rives, fait de grands signes à Eudes. Changements de rythme, la rivière est aussitôt et heureusement franchie, à vive allure, dans de grands éclaboussements argentés. Puis le Ruffin et ses hommes entreprennent d'escalader le coteau en suivant un sentier qui monte en oblique. Rapidement les fuyards atteignent la forêt qui le couronne, et peuvent s'engager sous les frondaisons. Cependant leurs poursuivants, qui n'ont eu qu'à imiter chaque mouvement, sans supporter hésitations, improvisations et difficultés diverses, ont gagné sur eux une cinquantaine de toises.

Tandis que lancés au triple galop ceux de Coussac suivent une allée rectiligne, Ebrald, sourcils froncés et regard dur, propose alors :

« Pourquoi, chevalier, ne nous scinderions-nous pas en deux groupes? Je me charge, si vous le voulez, d'entraîner une partie des ennemis. Il vous suffirait ensuite de recommencer l'opération une ou deux fois et vous auriez chance, en manœuvrant bien, de pouvoir continuer votre route sans être inquiété. Comborn ne peut plus être loin.

– En d'autres circonstances, Ebrald, ton plan serait parfait. Aujourd'hui, il ne peut me convenir. Continuons, filons droit vers l'est.

– Savez-vous précisément où se trouve le château?

– On m'a affirmé que, la Vézère atteinte, je ne le pourrai manquer. La forteresse est construite sur un promontoire, dans une boucle presque parfaite de la rivière. L'eau l'entoure de partout à l'exception d'une étroite langue de terre.

– Qui peut vouloir vous en couper la route?

– Je ne sais. Peut-être nos poursuivants relèvent-ils du vicomte de Limoges. En ce cas ils ne devraient point tarder à abandonner leur chasse. Les Comborn ne sont pas seigneurs à laisser, même leurs suzerains, venir en force sur leurs terres. »

Durant une bonne lieue, le pourchas se prolonge sans la moindre évolution des positions. Toutes les tentatives du Ruffin pour semer les inconnus échouent. Sous la futaie, il fait de plus en plus sombre. Aussi, lorsque enfin le Ruffin et les siens débouchent au sommet de la côte qui domine la vallée de la Vézère, ont-ils une impression de luminosité neuve.

« Tournons à droite! ordonne Eudes. Nous devons suivre le courant. Tenez vos chevaux ferme et attention aux roches. »

Il vient juste d'achever sa phrase quand retentissent des trompes. Ebrald, qui a sursauté, identifie le premier l'origine des sons.

« Ce sont nos poursuivants, s'étonne-t-il, qu'est-ce que ça signifie?

– Qu'ils espèrent qu'on va nous couper le chemin.

– Mais alors, nous donnons dans un piège?

– Ça y ressemble fort.

– Qu'allez-vous faire?

– Rien. Je suis de plus en plus persuadé que nous ne courons aucun risque, car il doit décidément s'agir d'hommes d'armes du vicomte de Comborn.

– Sait-il que vous venez le voir pacifiquement?

– Malheureusement non.

– Miséricorde! Alors n'attendez pas! Rendez-vous à ces deux chevaliers.

– Trop tôt! Je ne peux me permettre une erreur de jugement qui compromettrait ma mission.

– A Dieu vat, en ce cas! Mais ce soir, nombre d'entre nous ne connaîtront plus le goût du pain. »

Cent pas plus loin, une volée de flèches tirées de derrière des rochers s'abat sur la troupe du Ruffin. Trois hommes sont touchés, aux bras et aux cuisses, pourtant ils demeurent en selle. Mais voilà que, tout à coup, surgissant d'un repli de terrain, apparaissent, devant ceux de Coussac, une trentaine de cavaliers. En tête chevauche un chevalier gigantesque.

« Bon Dieu! s'exclame Eudes, il faut que celui-ci soit Archambault Jambe-Pourrie en personne, sinon ma mission est diablement compromise. Arrêtez-vous, amis, et rengainez vos armes. Qu'aucun de vous n'esquisse le moindre geste de défense. »

Maugréant ferme, les hommes obéissent. Ils repoussent les épées au fourreau, ou remisent angon, plommée, javelot dans les lanières destinées à les retenir.

Convaincu enfin du calme et de la passivité de sa troupe, Eudes, dressé sur ses étriers, crie en direction du colosse :

« Je viens en mission près du vicomte de Comborn. Si vous n'êtes point messire Archambault, je vous requiers de me conduire à lui. »

Eudes n'obtient d'autre réponse qu'une série de cris gutturaux. Le géant, s'obstinant à brandir sa magistrale épée, se rapproche vite. Eudes continue de répéter ses consignes de calme à l'intention des siens :

« Laissez vos armes, c'est un ordre. »

Les cris de guerre se rapprochent :

« Tue, tue, pille, assomme! »

Les deux troupes inconnues, toujours en mouvement, convergent vers celle de Coussac désormais immobile.

« Bon Dieu, gueule Ebrald, ces chiens vont nous massacrer! Laissez-nous au moins, messire, vendre chèrement notre peau. De grâce...

– Non! crie Eudes, au premier geste c'est moi qui t'assommes! Compris? »

Moins de vingt secondes plus tard, Eudes s'écroule, frappé, par le travers de son heaume, d'un violent coup de plat d'épée. Sans connaissance, il ne peut voir s'abattre tous ses compagnons. Seul Ebrald, qui d'un mouvement instinctif a évité le coup de plat que lui portait le colosse, caracole encore.

« Laissez-le-moi », gueule l'énorme chef à ceux de ses compagnons qui s'apprêtent à lui prêter main-forte.

Une minute plus tard ce n'est qu'un cadavre qui glisse à terre, la tête broyée, en dépit du casque, par un furieux coup de plommée sur le sommet de la tête.

Cependant, à dix lieues de là, à l'heure même où Eudes est assommé, Lisoie l'Avisé pénètre dans la cour de Coussac, par la porte nord. Outre Brasc et Mancipe, sept hommes l'accompagnent. Dont un grand et maigre chevalier, au dur visage, barré par une cicatrice, portant de multiples et anciennes meurtrissures et buriné par les intempéries. C'est Conrad le Saxon suivi de ses six sergents préférés, qui, répondant à l'appel du Ruffin, vient lui prêter main-forte.

81

Le sergent, qui soutenait Eudes Ruffin par le bras droit, le lâche et soudain lui applique la main à plat dos, entre les deux omoplates. Sa poussée est si vigoureuse que celui-ci trébuche et va tomber lourdement à cinq ou six pas de là, sur le flanc gauche. Fulgurances d'une douleur qui irradie. Une voix de basse résonne alors. Le ton est à la fois moqueur et nonchalant :

« Doucement, brute, doucement ! Tu vas me le tuer avant qu'il n'ait eu le temps de vider son sac. »

La tête endolorie, la nuque grinçante et comme fourrée d'épines, Eudes, yeux fermés et grimaçant, après quelques secondes de totale inertie, mobilise ses forces et parvient à se redresser sur un coude. La plaie au-dessus de l'oreille se remet à saigner. Le sang poisse désagréablement ses cheveux. Noir trouble, derrière des paupières trop lourdes, à travers lesquelles cependant on devine, par à-coups, des ombres plus sombres. Problème obsédant : comment se relever et comment tenir debout, quand tout vacille en soi et autour de soi ? La voix au timbre de maître résonne à nouveau :

« Allons, debout, femmelette ! Je ne me souviens que de t'avoir effleuré de ma lame. Dégoise un peu ce que tu me hurlais tantôt, osant caracoler sur mon fief, à la tête de ton équipe de poltrons, comme si tu t'étais trouvé au fin fond d'une thébaïde ou en terrain conquis ? »

Faut-il être mal en point, pour n'éprouver aucune envie de réagir à semblables insultes ! Amère lucidité qui perce à travers le mal. Eudes ne peut que constater : la colère le fuit, qui serait la meilleure preuve de sa vitalité. Pour le moment ne lui reste qu'un désir ; la fin de ces contradictoires mouvements giratoires qui se jouent de lui.

Cependant, la même voix, ironique et apparemment satisfaite, reprend :

« Adidulph, mon gars, montre-toi charitable : ramasse-moi ce faiblard et arrange-toi pour qu'il tienne debout comme il se doit. Quant à toi, l'étranger, ignores-tu qu'il faut savoir demeurer droit, jusqu'à l'heure de rendre son âme à notre seigneur, lorsqu'on s'affirme chevalier par les armes ? »

La rude poigne qui saisit le Ruffin sous le bras n'est pas tendre. Secousses déchirantes. La douleur se vrille jusque dans les tréfonds de l'être. Angoisses et sueurs. Mais cette fermeté est efficace et peut-être stimulante. Ruffin jure, *in petto*. Bon Dieu ! qu'a-t-il donc reçu sur le crâne ? Un clocher ou un donjon ? Car il n'y a que de telles masses pour vous sonner à ce point.

Progressivement, la main qui l'a remis debout se dégage, hésite et tâtonne, pour voir s'il pourra se passer d'aide. Sollicitude virile, qui touche un instant. Mais la fin du contact entraîne une vraie panique. Dix secondes après qu'il eut été livré à lui-même, ayant, croit-il, fait illusion, le tangage s'accentue. Pourtant, il parvient à entrouvrir un œil. Spectacle encore flou mais familier : voûtes, cheminées, tables et fauteuils. Un donjon ! Il ne peut savoir lequel. Connu ou inconnu, impossible de le dire. Nuances ou singularités lui échappent. Silhouettes de guerriers assis ou debout, femmes s'activant là-bas. Ruffin veut parler mais soudain le voilà parti à la dérive. Ses jambes prennent d'opportunes initiatives pour retarder ou empêcher une nouvelle chute : trois, quatre, plus de six pas. Mais elles ne parviendraient point à le sauver, si ses mains ne rencontraient, ne parvenaient à agripper un dossier de cathèdre. Repos, reprise en main, sentiment de victoire : Ruffin reste droit ou presque. La voix de basse s'esclaffe bruyamment :

« Bon Dieu ! que ces jouvenceaux sont donc comiques ! Parole, on aimerait les assommer rien que pour les voir revenir à eux. Alors l'ami, vas-tu profiter enfin de ton répit pour nous dire qui tu es, d'où tu viens, et ce que tu venais chercher ?

– J'ai soif, dit Ruffin, de l'eau, un peu d'eau.

– Adidulph, donne-lui une rasade de vin, que ça le rende un peu plus vigoureux, dont plus loquace. »

Il faut encore quelques minutes à Eudes pour être en mesure d'ouvrir les yeux, de se remémorer raisons et événements qui l'ont conduit face à l'énorme sire qui ricane, faussement avachi dans son fauteuil.

« Où sont mes hommes ? dit Eudes.

– Bien ça ! Le souci de sa lance ! Voilà juste la question que doit poser un valeureux chevalier en se réveillant. Mais je vais te décevoir, Bec-Jaune. Tes hommes sont en plus mauvais état que toi. Aucun n'a bien supporté notre façon d'endormir les étrangers, aventurés chez nous.

– Mais pourquoi ? J'ai crié être chargé d'une mission.

– Que veux-tu, à Comborn on est un peu rude. Et surtout, on n'aime pas discuter d'égal à égal avec ceux qui vous imposent leur présence quand on n'a rien demandé. On prétend être maître chez nous. Et pour avoir le droit de nous rendre visite, mieux vaut au préalable en demander la permission. Surtout quand on n'arbore aucune couleurs, ainsi qu'à l'accoutumée font les bandits. Tiens, au fait, j'allais oublier ; ton écuyer doit pour l'heure être en train de frapper à la porte de saint Pierre. Et peut-être en pure perte. Que veux-tu, j'ai horreur des récalcitrants.

– Vous avez tué Ebrald ? Mais pour quel motif !

– Il a voulu jouer au malin.

– Mon pauvre Ebrald !

– L'ami, je ne suis pas là pour t'entendre jérémier. N'abuse surtout pas de mon hospitalité. Et tâche de répondre au mieux à mes questions. »

De fouaillante, la douleur du Ruffin tend à devenir sourde. Peu à peu il revient à la réalité parvenant à se réinsérer dans un contexte cohérent. Il n'y a guère encore que la colère et l'indignation qui tardent à réapparaître.

« Je suis envoyé vers vous par un puissant seigneur, messire Archambault Jambe-Pourrie. Près de vous et de votre père, le vicomte encore régnant de Comborn.

– Qui t'envoie, précise ?

– Menez-moi près du vicomte, car je veux parler en sa présence, messire.

– Bec-Jaune, tu vas commencer d'abord pour moi seul. Ensuite, je verrai ce que j'ai à faire. Pour la dernière fois, qui t'envoie ?

– J'insiste, messire : le vicomte de Comborn doit... »

A chaque mot Eudes est surpris par le son de sa voix, qui lui semble tout à la fois criarde et pourtant débile. Et puis, des vagues angoissantes le menacent. Pour s'éviter de tanguer il reste misérablement accroché à son dossier. Au moment où Archambault répond :

« Non! Parle! »

Une sueur froide humecte ses tempes et son front, et il grince des dents pour ne pas vomir.

« Attention! L'imbécile va s'écrouler! Rattrape-le, Adidulph, et assieds-moi ça là. »

Tandis que son écuyer exécute les ordres, Jambe-Pourrie grommèle, la bouche tordue par le mépris :

« Mortdieu, que de manières pour un malheureux coup d'épée et frappé à plat! »

Basculé contre le dossier, lentement Ruffin récupère. Comme Archambault répète une fois de plus son sempiternel :

« Qui t'envoie? »

Eudes lâche enfin :

« Le comte Audebert. »

L'énorme Jambe-Pourrie, jusque-là vautré, se redresse, front plissé, bouche à moitié ouverte, et s'accoude à la table. Un moment il examine en silence sa victime, puis avec un grand geste à l'adresse de ses hommes de garde et de son écuyer, il gueule :

« Tout le monde dehors! Foutez-moi le camp et vite. Et attention. Pour revenir, vous attendrez mon appel. Compris? »

En moins de trente secondes la grande salle est désertée.

Faisant des efforts pour contenir sa tonitruante voix, Archambault dit :

« De quel Audebert parles-tu? Serait-ce celui du Périgord qui succéda à Hélie? »

Depuis qu'il est assis Ruffin va mieux. Les élancements se font plus rares, à condition toutefois de bouger aussi peu que possible. Tandis que le maître de logis expulsait ses gens, Eudes se tâtait la tête et le cou, délimitant les zones endolories et tâchant de connaître les vrais dégâts. Au moment où il répond par l'affirmative à la question de son hôte, il est déjà persuadé que sa contusion est moins grave que la douleur ne le laissait supposer. Archambault ricane :

« Et que nous veut cette charogne que nous combattons depuis tant d'années?

– Audebert n'est comte que depuis trois mois, messire.

– Bah, avant lui c'était son frère et il le servait. Quelle différence?

– Messire Audebert mène tout autrement ses affaires. Et justement, il a un marché à vous proposer.

– Juste Dieu! Voilà bien le dernier homme avec qui un chrétien devrait avoir envie de traiter. Mais puisque tu es là, toi, son émissaire, va toujours.

– Il s'agit de l'abbaye de Beaulieu-sur-Dordogne, dont l'abbé, comme vous le savez, vient de mourir. »

Eudes s'interrompt pour juger l'effet de sa phrase. Yeux plissés, visage dur et fermé, Jambe-Pourrie grogne :

« Ne t'interromps donc pas à tout propos! Continue.

– Nous savons que vous souhaiteriez, votre père et vous, voir élu abbé votre frère cadet, Bernard le Héricier.

– De qui tiens-tu ça?...

– Peu importe, l'important est d'être renseigné. Et nous savons aussi qu'un autre compétiteur est sur les rangs : Géraud de Limoges qui tient, lui, à voir élu son propre fils cadet, le frère de Gui, lequel lui succédera et dont un jour vous relèverez.

– Alors?

– Alors? Nous savons encore que si tout se déroule normalement, la belle, la riche, la si vaste abbaye ne tombera point sous votre dépendance. Et ce sera pour vous grand dommage. Car ses terres s'ajoutant aux vôtres décupleraient votre puissance.

– D'après toi, que va-t-il se passer?

– Géraud va triompher.

– Crois-tu?

– Nous en sommes certains.

– Pourquoi?

– Deux bonnes raisons. La première, c'est que Géraud a prévu l'événement de longue date. Ses visées datent de loin. Il a dans le collège électoral, nombre de partisans.

– En es-tu sûr?

– Certain.

– Ta deuxième raison?

– Messire, loin de nous l'idée de sous-estimer votre puissance et encore moins vos mérites guerriers. Pourtant vous ne pouvez, avec chance de succès, vous opposer seuls à Géraud et à Gui de Limoges, ainsi, éventuellement, qu'à ses alliés.

– En revanche, tu voudrais me faire croire que nous serions victorieux si j'unissais mes forces à celles de ton maître ? »

Jambe-Pourrie ricane et hausse les épaules avec mépris. Puis, se laissant aller contre le dossier de son fauteuil, il soupire :

« J'ai failli croire que tu avais réellement un plan à me proposer. Ton voyage était inutile, chevalier.

– Mais vous ne m'avez pas encore entendu.

– J'en sais suffisamment comme ça. Notre éventuelle alliance, à ton maître et à moi, ne servirait qu'à nous conduire droit à la mort ou ce qui est pis encore, à la déchéance. Le duc d'Aquitaine, accompagné de ses féaux, aurait beau jeu de nous écraser.

– Messire, nous ne l'ignorons pas !

– Et tu es quand même venu la proposer !

– C'est que vous...

– Audebert n'est qu'un porc, entends-tu ?

– Messire, si vous voulez Beaulieu...

– Paix, nom de Dieu ! »

Archambault bondit de son fauteuil, le visage congestionné par une soudaine fureur, et vient empoigner le Ruffin à la gorge.

« Comment oses-tu me proposer ce marché, prévoyant son échec ? Bâtard ! Tu mérites que je te borde le cou sans procès, maudit félon ! »

Les monstrueuses mains de Jambe-Pourrie enserrent la gorge du Ruffin qui, se sentant perdu, rassemble ses pauvres forces et de toute son énergie lance un sauvage coup de pied. Archambault, atteint au bas-ventre, souffle coupé et plié en deux, geint et recule, les mains appliquées à l'entrejambe.

Eudes se hâte d'en profiter pour passer de l'autre côté de la cathèdre puis, très vite, il tente de justifier son geste.

« Pardon, messire, vous n'alliez point me laisser le temps de parler. Pour Beaulieu, sachez que nous avons un plan qui met en branle un fort puissant allié, que craindra d'affronter Fier-à-Bras. »

Archambault qui a fini par buter dans un fauteuil, s'y laisse aller. Pâli, peu à peu, il reprend vie. Une rage meurtrière creuse ses traits. Visiblement il attend d'avoir récupéré pour en finir avec le Ruffin. Lorsqu'il parvient à se redresser, aussitôt il dégaine son poignard et grogne :

« Tu m'as frappé ! Ici même ! Je vais te rendre au centuple ma douleur ! »

Lentement, inexorablement, l'énorme brute avance, yeux fixes et impitoyables. En désespoir de cause, Eudes ne sait que continuer ses explications.

« Vous alliez m'étrangler, messire.

– Me frapper, ici !

– Vous refusiez de m'entendre !

– Attends, tu vas voir !

– Monseigneur le marquis de Gothie est du complot si vous donnez votre accord.

– Hein ? »

Jambe-Pourrie s'immobilise.

L'espoir de le détourner de sa folie meurtrière encourage Ruffin qui insiste et précise :

« Oui, monseigneur Guillaume III Taille-Fer, marquis de Gothie et comte de Toulouse, votre cousin, nous aidera.

– Que vient faire Taille-Fer dans cette histoire ? Qu'a-t-il à voir avec l'abbaye de Beaulieu ?

– Il sera votre garant.

– Bordeau ! Explique-toi, et tâche d'être clair. Sois certain que j'aurais presque autant de plaisir à seulement t'éventrer qu'à entendre une bonne justification.

– L'affaire est simple, messire. En accord avec le marquis et sous son oriflamme, une armée du comte Audebert s'empare de Beaulieu-sur-Dordogne et veille à ce que le collège des moines élise abbé messire Bernard le Héricier. Le marquis Taille-Fer donne alors cette abbaye, à charge de foi et hommage, à Audebert, qui, à son tour, la concède en fief aux vicomtes de Comborn.

– Tudieu, chevalier, si ce que tu me proposes n'est point ruse diabolique tout juste bonne à nous brouiller avec les Limousins en nous laissant démunis, l'affaire me semble plaisante.

– Il n'y a là d'autre ruse, messire, que celle qui doit frustrer Géraud.

– Attends. Et que faites-vous des chevaliers et sergents limousins envoyés là-bas par Géraud ?

– Nous les éliminons jusqu'au dernier. Nul d'entre eux ne pourra jamais discuter de la présence ou de l'absence du marquis.

– Et en échange, que demande Audebert?

– Que vous juriez d'être à jamais un de ses fidèles.

– En somme, il ne nous réclame rien moins qu'un serment d'infidélité vis-à-vis des vicomtes de Limoges.

– Messire, les projets du comte Audebert sont grandioses. Vous y gagnerez quelque jour une couronne comtale.

– A moins que je n'y perde ma tête.

– Des hommes de votre trempe ne se laissent point détourner de leurs ambitions par un risque.

– Sans doute, l'ami, sans doute. Au fait, quel est ton nom, chevalier?

– Eudes le Ruffin.

– Alors, Ruffin, suis-moi. Tu vas maintenant raconter les projets d'Audebert au vicomte Hugues le Fort, mon père. Mais rappelle-toi que je ne suis pas près d'oublier certain coup de pied.

– Et que devrai-je dire pour ma tête, messire? »

Jambe-Pourrie n'a pas l'air de l'entendre et Eudes peine à le suivre.

Deux heures d'explications, de précisions, de confirmations sont nécessaires pour venir à bout des objections du vieux grabataire, méfiant et borné. Archambault gueule et s'agite, Bernard le Héricier, que son père a envoyé chercher dès le début de l'entretien, reprend chaque argument pour le commenter aux vieux vicomte, d'une voix chaude et persuasive. Mais Hugues le Fort bute toujours sur le même obstacle, que ravivent d'anciennes aigreurs, jusqu'à lever en lui des tempêtes.

Guillaume Taille-Fer a toujours été un ladre et un égoïste oublieux. J'ai beau être de sa lignée, jamais, jamais, il n'a pour moi seulement levé le petit doigt. Avec lui j'aurais pu crever misérable chevalier, pas même chasé. Ce fief de Comborn, il m'a fallu le gagner seul, sans son aide. Aussi je ne crois point qu'il puisse dépenser seulement un sou pour nous.

– Mais, tonnerre de Dieu, puisque nous te disons que cela ne lui coûtera rien, gueule Jambe-Pourrie.

– Mon père, ronronne le Héricier, entendez-moi. L'occasion est unique. Audebert lui offre le moyen de nous dispenser un bienfait, sans qu'il ait seulement à toucher aux cordons de sa bourse. Au contraire. Il s'enrichit et agrandit encore ses fiefs. »

Hugues le Fort s'agite sur sa couche :

« Archambault, tu gueules trop ! Tu me fatigues ! Quant à toi, bachelier cher à mon vieux cœur, explique-moi ce que gagne Taille-Fer dans l'opération.

– Mon père, c'est très simple. Puisque, selon ce plan, nous relèverons d'Audebert pour Beaulieu, qui à son tour en sera redevable à Guillaume. »

Mais le vieux sire de s'entêter :

« C'est que vous ne le connaissez pas comme moi, ce rapace, ce méchant paon dédaigneux, ce mauvais chrétien. Ah, je pourrais vous en raconter de belles sur son compte. Tenez, il y a de ça dix ou vingt ans, je ne sais plus au juste, voilà qu'une année, de terribles ouragans détruisent toutes les récoltes dans son comté de Querci. Et Dieu sait si c'est facile, avec ces terres âpres et caillouteuses. Les serfs, maigres comme des triques de bois sec, ne parvenaient même plus à se traîner. On avait beau les battre on n'en pouvait plus rien tirer. Tous les vieux déjà étaient morts. Bref, la région risquait de devenir un désert. C'est alors que l'évêque de Lodève, Fulcrand, un diable d'homme toujours à se mêler de tout et partout, décide d'intervenir. Comment il avait appris la misère de ce comté, je ne sais. Probablement par des marchands. Bref, Fulcrand le Généreux choisit de venir au secours du peuple. Il fait partout, dans tout son diocèse, procéder à des quêtes : les fonds réunis ne suffisent pas, à force de prières il obtient le droit de solliciter la générosité dans nombre de villes et villages des pagus voisins, puis, comme il n'a pas encore assez d'argent pour acheter les formidables quantités de grain nécessaires à la sauvegarde du Quercy, il décide de vendre le trésor de sa cathédrale. Et voilà qu'il arrive à ses fins. Des dizaines et des dizaines de chariots s'ébranlent venant de trente points différents, mais qui convergent tous vers Cahors. Un lieu de jonction des divers convois avait été prévu, juste en limite du Rouergue, au sud de Najac. Bien sûr, depuis le début, Taille-Fer était au courant. Et le voilà concentrant des troupes à Najac, les cachant derrière les rochers, ou dans des cavernes. Le maudit ! Il a attendu que tous soient rassemblés et alors : tue, tue, pille, pille. Bouviers, muletiers et escortes massacrés. Il s'est emparé des chargements et les a revendus ailleurs, à son profit.

– Et Fulcrand, demande le Ruffin, qu'a-t-il dit ?

– Oh, il a gueulé à s'en faire péter les poumons. Mais à Dieu vat ! Le Taille-Fer s'en moquait bien. Les serfs étaient tous crevés, certes, mais il avait des coffres bien remplis. Et nul ne pouvait lui chercher chicane. »

Bernard le Héricier intervient :

« Je crois, père, que vous tronquez la fin.

– Un peu, un peu, mais parce que le reste n'a pas d'importance, ne change rien à la mauvaiseté du sire.

– Il montre au contraire qu'on peut obtenir de lui réparation.

– Si maigre !

– Maigre certainement. Mais on obtient.

– Chevalier, puisque mon bachelier y tient, je vais te conter la fin. Fulcrand a repris son bâton et s'en est venu à Toulouse, où séjournait Guillaume, et là, au nom de Dieu, publiquement, il l'a mis en accusation. Tout le monde croyait que la tête du prélat ne tenait plus qu'à un fil. Mais non. L'audace même de l'évêque a dû intimider Guillaume et il a rendu une partie de l'argent. Mais pas tout. Même pas de quoi racheter complètement le trésor de la cathédrale de Lodève.

– Bon, bon, dit Archambault, laissons de côté toutes ces vieilleries. Peu nous chaut le Querci, la famine, Fulcrand, et les serfs. Il importe ce soir de répondre à la proposition d'Audebert. C'est l'abbaye de Beaulieu, ses terres et ses richesses, qui sont en cause. »

Le vieux, un moment encore, marmonne en agitant ses mains décharnées. A la fin, la cupidité l'emporte sur les rancunes et les méfiances.

« C'est bien, dit-il, je consens. Mais dis-moi, chevalier Ruffin, qui va me garantir de la bonne exécution de ce pacte ?

– Je ne suis, seigneur vicomte, que le porte-parole du comte Audebert. Il attend votre réponse non loin d'ici et c'est avec lui que vous traiterez.

– Et où est-il ?

– A Coussac, seigneur.

– Hein ? »

Les trois sursautent. Mais c'est Archambault qui parle au nom de tous.

« C'est donc toi qui, cet hiver, t'es emparé de la puissante forteresse de Coussac, massacrant, à la tête d'une troupe de bandits, le sire Wilfrid et les siens?

– A la tête de cent hommes d'armes, qui en valent bien d'autres et que je commandais en second, nous avons pris effectivement Coussac. Notre méthode a été celle dont on use généralement contre les châteaux réputés imprenables : la ruse.

– Bon Dieu, s'exclame le vieux vicomte, voila une nouvelle qui ne peut qu'arranger nos affaires.

– En quoi, père? s'étonne Archambault.

– Mais à défaut de Beaulieu, ou si le coup échoue, nous pourrons toujours livrer à Ruffin à notre suzerain Géraud de Limoges. Nul doute qu'il nous en sache gré et nous verse une récompense. »

Eudes serrant les poings se rapproche de la couche.

« Traitez-vous toujours ainsi ceux qui viennent librement à vous, en mission? D'abord, messire Archambault commence par nous assommer, mes hommes et moi, tuant mon écuyer, et voilà maintenant que vous envisagez de me faire violence pour me livrer à mes ennemis? »

Le vieux ricane :

« Chevalier, les temps sont durs, et les prises d'hommes valant rançon fort rares. »

Ruffin se décide à sourire à son tour :

« Cependant, messire vicomte, je ne m'inquiète pas. Je ne me sens pas trop menacé. Car, à tout prendre, vous me préférerez cent fois la grasse abbaye. A côté d'elle je vaux si peu.

– D'autant que je ne te livrerais que mort, s'esclaffe Archambault, pour me dédommager du coup de pied. »

Bernard le Héricier intervient :

« Le comte Audebert attend, dis-tu, notre réponse au château de Coussac?

– Oui, messire.

– Comment pouvons-nous traiter?

– A votre guise, messire. Il est possible de convenir d'un point de rencontre. J'irai en avertir le comte et il nous y rejoindra. »

Archambault coupe la parole à son frère et d'un geste le

repousse, comme pour l'écarter de la conversation. Sourcils froncés, il dit :

« N'y compte pas. Qui nous prouve que tu ne vas pas nous tendre un piège, que tu n'es pas venu avec l'espoir de nous capturer, pour affaiblir le Limousin? Je vais te dire ce que nous pouvons te proposer. Mon père et mon frère te confirmeront leur propre accord. Tu vas rester ici tout le temps de la négociation, ainsi que tes hommes, en guise d'otage. Un seul de tes sergents partira, avec Adidulph, prévenir ton maître que son plan nous agrée, à condition de savoir l'organiser. Il devra alors nous fournir quatre autres chevaliers en otages. Ensuite vous marcherez avec nous jusqu'à Beaulieu. Si tout est bien, toi et les autres vous combattrez pour la prise de l'abbaye. Si nous découvrons le moindre signe de trahison, nous vous trancherons la tête.

– Décidément, soupire Eudes, ça devient une habitude dans votre lignée de vous en prendre à mon chef.

– Es-tu d'accord?

– Oui, à la condition que vous fassiez accompagner mon émissaire et votre Adidulph par une escorte suffisante. Les routes n'ont jamais été si peu sûres. Géraud et Gui ne cessent de patrouiller.

– Pour cela, n'aie aucune crainte, nos précautions seront celles de vieux renards. Mais ne perdons pas de temps, viens avec moi, tu désigneras ton messager et tu lui donneras tes consignes.

– Auriez-vous l'intention de vous mettre en route de nuit, messire?

– Par Dieu, chevalier, crois-tu que nous voulions perdre une heure quand nous risquons un tel enjeu? »

82

Bruit confus de voix et de pas, venant de l'escalier sonore. L'Anglais, qui attablé, joue aux dés avec Adhémar Barbe-Sale, relève la tête et fronce les sourcils. Soudain, la porte violemment poussée va battre contre le mur. Souffle de vent froid, comme une agression. Dix hommes font irruption dans la salle.

Le comte Audebert qui se chauffe à l'angle de la cheminée, à demi étalé dans un fauteuil, jambes écartées et chaussures délacées, l'œil perdu dans sa rêverie, se détourne, d'abord mécontent, pour examiner les arrivants.

L'Anglais s'exclame :

« Lisoie l'Avisé ! Enfin ! Sais-tu bien que ton maître commençait à désespérer de jamais te revoir vivant ! Mais te voilà en bien nombreuse compagnie ! Qui sont tes compagnons ? »

L'Avisé, qui vient d'ôter son camail de laine, s'approche de la table, visiblement las.

« Je vous salue, messire. C'est sur l'ordre exprès de messire Eudes que je suis allé chercher son père adoptif, le chevalier Conrad le Saxon. Le voici. Il a consenti à me suivre, pour lier son sort à celui de son ancien bachelier. Quant aux six guerriers qui l'accompagnent, ce sont ses hommes liges.

– Salut à toi, Conrad, ainsi qu'à tes fidèles. »

Pour répondre à l'Anglais, la voix de Conrad se fait froide et sonore. Elle détaille chaque mot :

« L'Anglais ! Voici donc ce mystérieux cadet d'une puissante famille, qui préfère le renier et se faire brigand, pour mieux chercher fortune. Mais Brigand, c'est le passé, je déraisonne! puisque te voilà nanti d'un fier château. A toi aussi, salut.

– Je vois qu'on ne t'a point trop mal renseigné sur mon compte. Décidément, même pour former ses messagers, le Ruffin est aussi à l'aise avec les mots qu'habile au maniement des armes. Laisse-moi te féliciter d'avoir formé un tel homme.

– Pour les mots, je ne revendique rien. Mais pour le reste. Je m'avoue satisfait.

– J'aurais tort d'oublier l'Avisé au moment de complimenter. Lisoie, tu as la langue bien pendue et sais réciter tes leçons. Cependant, trêve de louanges, Saxon. Mieux vaut les réserver à notre seigneur le comte Audebert de Périgord, ici présent. »

Conrad pivote sur les talons pour faire face au comte et s'incline déférent. Audebert y répond d'un simple mouvement de tête. Cependant, sourcils froncés, il ne quitte pas des yeux les arrivants. A tour de rôle, il les détaille.

Lisoie, après avoir parcouru la salle du regard, s'inquiète :

« Messire l'Anglais, le chevalier Eudes n'est-il pas à Coussac?

– Il est parti, il n'y a que quelques heures, pour une courte mission. Mais son absence ne durera guère. Demain, après-demain au plus tard, il devrait rentrer. »

Laissant choir le tisonnier dont il s'amusait, machinalement, à faire rougir la tige, Audebert, soudain, interpelle Conrad.

« Chevalier, il me suffit de te voir pour être certain de ta grande prud'homie et vaillance. Celle de tes hommes liges ne me semble, elle non plus, guère douteuse. Présente-les-moi. J'aime les vrais guerriers. »

Derechef, Conrad s'incline et remercie. Puis, se postant de biais, il dit :

« Sire comte, j'espère avoir l'occasion de vous fournir un jour des preuves qui justifieront votre bienveillante opinion. En ce qui concerne mes hommes, je me porte garant de leur valeur. Nul au monde ne saurait se montrer plus loyal ou plus brave qu'eux. Leurs pères déjà servaient le mien, qui vint en Gaule au temps où la reine Gerberge, fille du roi de Germanie, Henri Ier l'Oiseleur, d'abord duc de Saxe, accepta d'épouser le roi des Francs Louis IV, dit d'Outremer. Voici dans l'ordre où ils se tiennent : Ludolph et Wilfried, mes plus vieux hommes liges, de même âge, nous avons été élevés et formés ensemble; viennent ensuite Hadulph, le géant, dont la force m'a toujours étonné, et qui jamais ne lâche prise; Goëtz, le rusé, le matois imprévisible, capable de sortir ses amis des plus mauvais pas, grâce à ses stratagèmes; Gunther, qui a la réputation d'un fou audacieux chez les plus intrépides, habile à l'escalade des parois lisses comme ma paume, de ces murailles qu'un homme sensé croirait volontiers réservées aux mouches et aux guêpes; et enfin Bernward, l'archer le plus adroit et le plus puissant de la chrétienté, capable de faire passer à travers la plus étroite des meurtrières une flèche tirée à quarante toises de distance, il manipule un arc que deux hommes vigoureux ne parviennent point à bander, un arc si roide qu'Hadulph lui-même ne peut servir. »

Complaisamment, Audebert examine encore un instant les six hommes, avant de reprendre, avec un léger sourire :

« Si vous venez à Coussac dans l'intention de combattre aux côtés du Ruffin, il se trouve que c'est sous ma bannière que vous bataillerez. Soyez sûrs que je sais clairement reconnaître le mérite afin de l'encourager, généreusement.

– Seigneur comte, mon intention est effectivement d'aider et de suivre le Ruffin. Où qu'il aille.

– Tu m'en vois fort aise. Nous en reparlerons. »

Faisant l'aimable, l'Anglais s'interpose.

« Lisoie, emmène messire Conrad et ses hommes dans la salle des chevaliers. Aide-les à s'installer. Reposez-vous amis, vous devez en avoir besoin. Je vous ferai prévenir au moment du souper. »

A peine la porte refermée sur les arrivants, Audebert demande :

« Au fait, d'où viennent ces hommes? Qui servaient-ils?

– Ils arrivent d'Anjou, seigneur. Du château où le Ruffin, à ce qu'il dit, passa sa jeunesse.

– Sais-tu que c'est là une bien redoutable brochette de guerriers. Turdieu! rarement il m'a été donné de voir pareils compagnons assemblés. Et je m'y connais. As-tu vu leur mine? Il ne doit pas faire bon se frotter à ces diables, sauf à cinq ou six fois leur nombre. Décidément, ce Ruffin me plaît. Voilà de bonnes recrues. »

L'Anglais ordonne sèchement :

« Barbe-Sale, va sur-le-champ inspecter les défenses du château et ne reviens d'une heure! »

Barbe-Sale sorti, Jean s'approche du comte.

« Encore un peu et il n'y en aura plus ici que pour le Ruffin, sire comte.

– Que veux-tu dire?

– C'est à lui que vous confiez l'importante mission de Comborn, c'est lui qui ira combattre devant l'abbaye de Beaulieu, et voilà que, par la grâce de sept recrues, il m'égale moi et ma centaine d'hommes. A lui les occasions de mériter votre faveur, tandis qu'il ne me restera qu'à me morfondre, inutile, entre ces quatre murs suintants.

– La jalousie t'emporte, mon maître! Mais ce n'est peut-être pas le plus grave.

– Le plus grave? Me préciserez-vous quoi, messire?

– Oui, et sans tarder. L'Anglais, tu t'es depuis des mois conduit comme le plus sot, le plus imprévoyant des hommes. Ton dépit est mal placé. Ce ne sont point missions et faveurs qui devraient t'inquiéter. Tu es comme une pie fascinée par ce qui brille. Tu en oublies l'essentiel. Continue ainsi et, je te le prédis, tu te retrouveras d'ici peu tout juste bon à être l'un des nombreux chevaliers que le Ruffin finira par avoir, un jour, à son service. Si Dieu, bien sûr, lui prête vie.

– Et pourquoi, messire?

– Tu ne vois pas plus loin que le bout de ton nez.

– Me ferez-vous la grâce de m'expliquer en quoi j'ai pu mériter ces dures paroles? Quels sont vos griefs, comte?

– N'en as-tu aucune idée?

– Aucune.

– Donne-moi un hanap d'hypocras, l'Anglais, fais discrètement veiller à ce que nul ne puisse nous venir déranger et approche-toi, car les murs, ici, peuvent avoir des oreilles. Méfie-toi. »

Un moment plus tard, l'Anglais, ayant servi le comte, s'assoit près d'Audebert. Les hautes flammes éclairent et rougissent les visages. Avivant ou estompant à leur fantaisie contours ou méplats. Alors que les traits de l'Anglais sont figés par une âpre tension intérieure et par l'attention, ceux du comte reflètent l'ironie.

Comme Audebert tarde à reprendre la parole, l'Anglais s'impatiente.

« Me direz-vous maintenant, sire comte? »

Posément, Audebert déguste l'hypocras jusqu'à la dernière goutte. Enfin, hanap reposé :

« Il est bon que nous reprenions depuis quelques mois, l'Anglais. Souviens-toi. Après m'être fait reconnaître la possession de Coussac, implicitement, par les décisions du plaid d'Angoulême, je te l'ai donné en fief. Et le Ruffin, qui commandait en second ta troupe, y tient bon rôle.

– Quoi de plus naturel?

– Oui, oui, mais attends. Wilfried et les siens étant morts, de la famille, anciennement tenante du fief, il ne reste que leur fille, Gelvire.

– Ainsi qu'un frère, messire, à ce qu'elle dit, bachelier près de Gui de Limoges.

– Si tu veux. Mais tu sais bien qu'en ces temps on meurt d'un jour à l'autre, même fort jeune. Jean, laisse-moi continuer. Nous voilà donc maintenant lancés dans une lutte sans merci pour le duché d'Aquitaine. Dans ce but, je combats Géraud et Gui de Limoges, fidèles de Fier-à-Bras. Mais nul ne peut préjuger des alliances du lendemain. Encore moins de celles d'après-demain. Peut-être quelque jour, fatigués d'être dans le camp des vaincus, les Limousins se tourneront-ils vers moi. Alors des tractations auront lieu. On procédera à des échanges. On se fournira des gages pour garantir les promesses. Commences-tu, dès lors, à concevoir ta faute?

– Rien, messire! Je ne comprends rien et ne vois toujours pas où est l'erreur.

– Pour un élève d'Orderic, tu me déçois.

– Comte...

– Le Ruffin t'a coupé l'herbe sous le pied, imbécile. Si je n'intervenais pas, tu serais en mauvaise posture. Dès le départ, j'en suis persuadé, ce rusé savait ce qu'il faisait. Il avait deviné.

– Mais deviné quoi, bon Dieu?

– Gelvire, triple buse.

– Gelvire! Et quoi, Gelvire?

– Décidément tu es trop bête, et tu ne mérites ni ma faveur ni mes conseils. Messire l'Anglais, vous n'êtes guère qu'une machine à tuer. Et encore! Sûrement moins bien préparée et organisée que chaque homme de cette petite troupe venant apporter assistance au Ruffin. »

Soudain hors de lui, l'Anglais se lève avec une telle brusquerie, qu'il fait choir son siège. Le ton du comte aussitôt se fait cinglant.

« Reviens ici immédiatement et assieds-toi, Jean. Et méfie-toi. Tâche, à l'avenir, de contrôler tes nerfs. La présence des furieux me déplaît. Surtout lorsqu'il s'agit d'hommes qui risquent de me faillir. »

Sans un mot, l'Anglais relève son escabeau et reprend place.

« Bon! Maintenant, réfléchis calmement. Gelvire est la fille du précédent sire de Coussac. Elle représente le droit à l'investiture d'une lignée, l'hérédité du fief aux yeux des vassaux limousins.

– Bah! Fier-à-Bras est investi de l'Aquitaine, mais combien de châteaux changent de main chaque jour sans que...

– Brute obtuse! Ne comprends-tu pas qu'il faut user modérément des usurpations et seulement quand il n'y a pas moyen de faire autrement. Comment me suis-je retrouvé à la tête de mon comté? En meurtrissant une nuit mon frère? Non! En m'arrangeant pour le faire officiellement condamner au cour d'un plaid. En lui faisant porter la responsabilité d'un crime que j'avais organisé. Tu en sais quelque chose puisque tu l'as commis pour moi. Est-ce vrai?

– Oui, seigneur. »

Audebert hausse les épaules.

« Tu aurais déjà dû l'apprendre avec un homme comme Orderic : la force n'est rien sans la ruse. Hélie, mon frère, n'était qu'une brute idiote. Ses ambitions ne pouvaient l'emmener loin. Mais revenons à toi. Donc, Gelvire représente le droit héréditaire, la lignée.

– Vous oubliez mon frère bachelier, comte.

– Est-tu définitivement sourd? Ne m'as tu pas entendu lorsque je disais qu'en nos temps, on ne sait jamais ni qui vit ni qui meurt?

– Si.

– Alors? Si demain je fais la paix avec Géraud, et que Coussac fasse partie des échanges, tu ne seras à ses yeux qu'un bandit, au mieux qu'un chevalier félon, ayant par traîtrise usurpé le château. Tous les sires des environs l'approuveront, et il te remplacera par un fidèle à lui. Tu y perdras la vie, et moi, un homme en place. Si en revanche tu es l'époux de la dernière descendante de Wilfried, et si tu en as des enfants, tu deviens le légitime possesseur du fief. Les sires de la région intercéderont pour toi. Il leur déplairait trop qu'on portât atteinte à un droit qui est le leur. Le seul pour lequel ils soient, tous et toujours, prêts à mourir.

– Bon Dieu ! C'est vrai ! Mais alors le Ruffin s'est joué de moi. Il préparait son avenir en s'emparant de la fille et en tuant ce butor de Turpin le Fort.

– Sans doute.

– Le fourbe ! Il va me le payer. Et cette petite garce, toujours vautrée dans sa couche, à lui faire des mamours, ne perd rien pour m'avoir roulé. »

L'Anglais se dresse.

« Ou vas-tu ?

– Forcer Gelvire pour commencer.

– Reste ici !

– Mais, comte...

– J'ai dit : reste !

– Que dois-je faire ? Tuer d'abord le Ruffin ?

– Non ! J'ai besoin d'hommes de sa trempe et de celle des gaillards arrivés ce soir. L'Anglais, je vais te donner la meilleure preuve de ma faveur en te conseillant. Le Ruffin, tu l'as dit, va venir avec moi à Beaulieu. Profite de ce départ pour renvoyer du même coup tous ceux qui lui sont dévoués. Ne garde pas un seul d'entre eux dans les limites du château. Ensuite barricade-toi et épouse la fille. Mais arrange-toi pour que les nuitées ne lui soient point trop amères. Femelle déçue devient redoutable. Ensuite, fais-lui vite des enfants. As-tu compris ?

– Vous serez obéi. Merci, comte.

– Sers-moi plutôt à boire. »

L'Anglais obtempère puis, venu reprendre place sur l'escabeau, glisse, de toute évidence, dans une profonde rêverie. Audebert déguste l'hypocras à petites gorgées, ayant ramassé sa pique, il recommence de jouer avec les braises et les bûches. Deux ou trois minutes s'écoulent ainsi. Soudain, l'Anglais interroge :

« Sire comte, le Ruffin jouit de votre faveur ?

– Dis plutôt qu'un seigneur tel que moi a besoin de chevaliers tels que lui.

– Mais vous le prisez plus que moi.

– Dans un sens, oui.

– Alors, pourquoi me favoriser en me conseillant, contre ses intérêts?

– Tu es bien curieux, l'Anglais! Tu sais pourtant que je n'aime pas qu'on me questionne. Et, en général, tu te conduis en homme méfiant et prudent. Or voici que tu prends, avec tes questions, le risque de me déplaire. Il faut, en vérité, que tu sois bien remué par tout ce que je viens de dire.

– C'est vrai, seigneur. Pardonnez mon audace.

– Non seulement je te pardonne, mais encore, pour cette fois, je vais satisfaire ton indiscrétion. Attention, l'Anglais, j'ai dit "pour cette fois"; n'y reviens jamais.

– Par saint Front, je le jure.

– Bien. Je désire que tu demeures le sire de Coussac, pour me garder la place. Et tu suffis à cette tâche. Le Ruffin et toi dans cette forteresse, il y en a forcément un de trop. C'est du gâchis. Et un gâchis dangereux! Car à la longue, vous vous entre-tueriez. Sans profit pour moi. En créant l'irréparable entre vous, je l'entraîne à me servir ailleurs. Je le lance sur d'autres pistes, sans espoir de retour. Il n'y perdra rien, d'ailleurs. Son ambition pourra même s'épanouir. Maintenant, laisse-moi ajouter que si jamais tu racontais à qui que ce soit, quoi que ce soit de ce que je t'ai dit ici, ce soir, et que ça revienne aux oreilles de Ruffin, ta peau ne vaudrait pas cher. Tu encourrais ma haine et tu sais ce qu'elle vaut. Moi aussi, je vais faire un serment par saint Front. Celui de te poursuivre, en cas d'indiscrétion, sans merci, jusqu'à t'avoir fait écarteler vif. Compris?

– Oui, seigneur.

– Alors, va maintenant. Et n'oublie pas que le souper doit être gai. Nous avons ce soir de bons convives que je tiens à m'attacher. »

Audebert et Archambault Jambe-Pourrie, seuls, face à face de part et d'autre de l'étroite et vive Auvezère, à une demi-lieue au nord-est de Lubersac, mettent au point leur plan.

Chacun des deux seigneurs s'est fait accompagner par une solide troupe. Mais chevaliers et hommes d'armes demeurent hors de portée de voix. Conrad le Saxon et ses compagnons, ainsi que Lisoie l'Avisé, Brasc et Mancipe font partie de l'escorte du comte.

L'entretien s'achève. Les deux parties, pratiquement convaincues de la provisoire loyauté de l'autre. Car rien n'est jamais plus solide que des liens fondés sur une parfaite communauté d'intérêt. Cependant, ce n'est point encore aujourd'hui que les soupçonneux seigneurs des hautes terres, de l'âpre vicomté de Comborn, règne de vents et de froidure, se départiront de leurs pointilleuses précautions.

Archambault sait, à l'occasion, se montrer le digne fils du méfiant Hugues le Fort. Pour les otages, bien que rassuré, ses exigences demeurent. Et c'est seulement pour ne pas nuire à leur commune combinaison qu'il accepte de transiger sur le nombre de chevaliers et d'écuyers que son père lui a prescrit d'exiger du comte.

Tranchant sur cette rigueur, Audebert, désinvolte et tout charme dehors, ne semble attacher qu'une minime importance à ces revendications. Dès les premiers mots il y souscrit.

« Beau sire, il en sera comme il vous conviendra. Simplement pour nous permettre de ne point perdre un temps précieux, de partir dès demain, moi, pour mon château de Carlux où mes lances déjà se concentrent, vous, pour le bois situé sur la hauteur, audessus de Queissac, je vous offre de prendre tous otages qui vous conviendront dans ma propre escorte ici présente. »

Il s'en faudrait de peu pour que cette aisance, cette parfaite libéralité n'inquiétassent Jambe-Pourrie, qui ne sait que grogner son acceptation.

Audebert ironise.

« Seriez-vous déjà satisfait, beau vicomte? »

Jambe-Pourrie réagit :

« Vicomte? Vous anticipez, seigneur. Un jour peut-être si Dieu me prête vie, jouirais-je de ce titre, mais pour l'heure mon père seul y a droit. »

Le visage d'Audebert s'éclaire du plus engageant, du plus clair sourire :

« Beau sire, vous rechignez à tort. Car peut-être ne vous en tiendrez-vous point là. Croyez-moi, foi d'Audebert, si vous me suivez, sans faillir, si vous embrassez ma cause, c'est à coup sûr la dignité comtale qui vous sera un jour reconnue.

– Le ciel vous entende.

– Il nous entendra, n'ayez crainte, à la seule condition que nous sachions l'aider.

– Nous sommes d'un pays si rude, comte, que jamais besogne ne nous rebute. Ceux des plaines n'en peuvent qu'être surpris. Mais, trêve de projet, comte, le soir tombera bientôt. Où sont mes otages ?

– Attendez-moi, je vais vous les chercher. Et n'oubliez pas notre rendez-vous.

– Dès après-demain, nous serons à Queissac. Soyez tranquille. »

Quelques minutes plus tard Conrad le Saxon et ses six sergents, ainsi que Lisoie, Brasc et Mancipe, viennent se présenter à Archanbault Jambe-Pourrie et lui remettent leurs armes. Satisfait, le sire de Comborn donne l'ordre du départ.

La veille, Audebert a aisément convaincu Conrad que la meilleure façon, et à coup sûr la plus rapide, de retrouver le Ruffin était encore de le rejoindre au château de Comborn où il est détenu à titre d'otage.

Le soleil décline à l'horizon, lançant des rayons qui ne rougissent plus que la cime des arbres. Les derniers nuages filent droit vers l'est. La nuit promet d'être claire. Chacune de leur côté, les deux troupes gravissent une pente. Un magnifique silence, comme un apaisement, prélude à la nuit. L'heure de la quotidienne guerre animale ne va pas tarder à sonner.

83

Tout va pour le mieux sur la colline de Queissac, dans le bois aménagé où Jambe-Pourrie a, comme il en était convenu avec Audebert, discrètement installé son camp. Ses forces se composent de trente-cinq lances de huit hommes.

Dans une vaste tente, au centre du bivouac, à côté de celle d'Archambault et de Bernard le Héricier, logent les onze otages en état de porter les armes. Onze! Lisoie, Brasc et Mancipe, Conrad et ses six hommes liges, et, bien entendu, le Ruffin. En revanche, les sept sergents qui l'accompagnaient à Comborn sont encore trop mal en point pour seulement tenir en selle.

Conrad et Eudes! Retrouvailles exaltées après dix mois d'inquiétude et de tribulations. Joie sans mélange. Les deux hommes ne se lassent pas de revivre le moment où, dans une pièce obscure du château de Comborn, ils se sont tombé dans les bras.

Le Ruffin somnolait. Le bruissement confus d'une troupe nombreuse grimpant l'escalier l'a tiré de sa couche, il a ouvert la porte.

« J'avais reconnu ton pas parmi tous les autres, Conrad. » Eudes riait convulsivement. Bon Dieu! j'ai éprouvé un tel bonheur en cet instant que je crois avoir béni l'éloignement qui me valait, qui nous valait, cet incroyable bouffée de plaisir. Pendant je ne sais combien de temps je n'ai pu que répéter : « Chevalier, c'est toi! Tu es là, tu es à mes côtés, comme aux heures noires ou claires de mon enfance et de mon adolescence. Comme à l'époque où je t'accompagnais durant tes patrouilles ou tes chasses, te servant en écuyer fidèle et tellement admiratif. Ah, Conrad, maintenant que nous voilà réunis, tout va changer. Pas vrai?

– Certes, mon Ruffin.

– Tu verras, tu vas voir bientôt ! Je te le jure. Coussac n'aura été qu'une étape me permettant de souffler, et aussi de t'attendre. Nous n'y moisirons pas. Je vais le posséder ce fief que depuis si longtemps j'ambitionne. »

Ému, Conrad ne savait que continuer à répéter :

« Mon Ruffin, Eudes, mon fils ! »

Et de serrer les bras de son élève au point de lui faire mal. Déjà sa première étreinte avait plus ressemblé à une prise de lutte qu'à une embrassade.

Cependant Eudes enchaînait, prolixe, intarissable. Mêlant aux souvenirs un avenir cent fois rêvé. Entre deux prédictions, il se racontait, et aussi se jugeait.

« J'ai tenu bon, Conrad. Si tu savais ! Chaque fois que j'allais désespérer, un sursaut d'énergie me jetait en avant. Tu vois, tes leçons m'ont été profitables. Si je ne suis pas mort, c'est grâce à deux hommes qui ont su s'occuper de moi, me former pour la vie, pour l'épreuve. Tu ne m'en veux pas, hein, de parler aussi de mon vieil Eustache ? Chacun de vous a su m'inculquer une forme de sagesse et un savoir. L'un m'a fait savant dans l'art de me battre, il m'a exercé à ne jamais rien risquer qu'après avoir su maîtriser muscles et os ; par lui je domine mon corps. Il m'a fait chat. L'autre m'a enseigné la réflexion, la cogitation, il m'a appris à utiliser mon esprit. Il m'a fait chouette. Merci, Saxon ! »

Périodiquement, les embrassades recommençaient. Puis Ruffin, remarquant, retrouvant l'avarice de mots du Saxon, n'avait pu se retenir de lui dire :

« Pourquoi ne dis-tu rien, Conrad ? Que penses-tu ? Je ne t'ai pas blessé, au moins ?

– Que vas-tu chercher ! Tu sais bien que la parole n'est pas mon fort, fils. Que je n'ai pas la langue aussi bien pendue que l'élève du père Eustache. Que te dire de plus que je suis joyeux, même au fond de ce sinistre repaire et que, pour te rejoindre, je n'aurais pas même hésité à traverser l'enfer. »

Et le chevalier d'éclater d'un rire tonitruant et contagieux, mettant en liesse tous les présents.

Une minute encore les joies s'étaient confondues. Mais le nom du vieil alchimiste devait déclencher une avalanche de questions et l'une d'elles dominait les autres : sa mère, Mahaut. L'heure qui avait suivi n'avait été consacrée qu'à la vie de Mahaut à Marigné, où heureusement Eustache avait pu intervenir efficacement.

Depuis, l'évocation se prolonge; pas un jour ne s'écoule sans qu'il soit question de Marigné. Tous ses habitants sont passés en revue, leurs mille et une allusions peuvent provoquer en eux la gaieté ou l'émotion, jamais la lassitude. Seul un nom n'a été prononcé qu'une fois, et encore, à voix basse : celui d'Alice. Et la réponse brève de Conrad, comme retenue, n'a été suivie d'aucun commentaire.

Carlux! Un château à donjon de bois, le dernier étage en encorbellement, aménagé en hourds, cette large saillie qui permet de surplomber le pied de la muraille, de jeter armes, liquides ou pierres verticalement sur les assaillants. Carlux, un vieux château de lourdes poutres assemblées, troncs juste équarris utilisés d'une pièce, mais patinés par les pluies et les vents. Un château sourd et rigide, chaud et rébarbatif, dont la puissance est en passe d'être à jamais démodée.

A l'entour, sa ceinture de palissade s'élève, comme il est de tradition, sur une épaisse base composée de moellons et de terre. Lices et courtines crénelées, pourvues de nombreuses échelles et de deux escaliers.

Depuis trois jours, Carlux est en ébullition. Les cris des hommes remplacent ceux des choucas. Messire Audebert, comte de Périgord l'a choisi comme base de départ. Il s'y repose en attendant les contingents qui donneront l'assaut à l'abbaye de Beaulieu. Il s'y distrait aussi.

Par deux fois, il a invité son allié, Archambault, ainsi que son frère, le futur abbé, à venir l'y rejoindre. Mais les fils du vicomte de Comborn ont décliné l'offre. Ils préfèrent demeurer au milieu de leurs sergents. Il faut dire que Bernard le Héricier, en attendant de gouverner pieusement la belle et bonne abbaye de Beaulieu, et ce pour la plus grande gloire de Dieu, a décidé de participer à l'assaut. Il s'entraîne donc activement au maniement des armes.

Et puis les deux frères espèrent la prochaine arrivée de leur illustre et puissant cousin, le marquis de Gothie et comte de Toulouse, Guillaume III Taille-Fer. Ils souhaitent le recevoir plus librement dans leur cantonnement ; loin des oreilles du comte Audebert. Peut-être arriveront-ils à lui soutirer un avantage complémentaire.

Indifférent autant à la méfiance rustique des Comborn qu'à leur ruse cousue de fil blanc, Audebert se divertit de multiples façons. Non seulement, il aime le luxe et les plaisirs de la table – il a pris la précaution de faire venir de Périgueux vaisselle précieuse, riches nappes et abondants assortiments de vins – mais encore il organise ses jours et ses nuits de façon à en pouvoir savourer chaque heure.

Du lever du soleil jusqu'à son coucher, jeux, épreuves diverses, de force ou d'adresse, et aussi tournoiements se succèdent sans laisser à ses hôtes, ou à lui-même, le moindre répit. Puis, au terme de ces rudes journées, le comte, dont la surprenante vitalité semble inépuisable, aime se retrouver, soupant, allongé sur fourrures de vair, d'hermine, de loutre ou de martre. Des éphèbes, en éphémère faveur, ainsi que de brutaux compagnons de guerre l'entourent, cependant que ménestrels et chanteurs, bateleurs et jongleurs déploient leurs talents.

Plus tard dans la nuit, les distractions changent encore. Les saltimbanques partis, mais les musiciens demeurés en place, ce sont de très jeunes et ravissantes filles, une troupe d'une bonne quinzaine, qui viennent folâtrer et danser. Nues ou presque, leurs seins mignons, droits et durs, tressautent comme leur croupe, au rythme de pas vifs.

Audebert s'évertue d'abord à la patience. Il les contemple aussi longtemps qu'il peut se dominer, riant, encourageant de cris, battant des mains. Puis vient le moment où hors de lui il en saisit quelqu'une, au passage, pour en jouir. Alors toutes les autres rejoignent le couple, gloussant, s'exclamant, pour mignoter à qui mieux mieux leur cher seigneur en action.

Pour donner l'ordre d'assaillir Beaulieu, Audebert n'attend plus, outre l'arrivée de ses derniers renforts qui porteront son ost au chiffre de cent lances, que le retour de son ambassadeur Gaucelm le Crêté, lequel doit rapporter les oriflammes de Gothie.

Déjà, le Crêté a délégué à son maître deux courriers pour lui annoncer, d'abore le bon accueil que Guillaume Taille-Fer a fait à la proposition du comte, ensuite la volonté du marquis d'être présent, après l'assaut, le jour où les moines éliront leur nouvel abbé.

Dans une semaine au plus tard, tout sera donc réglé. Et Audebert n'a pas à s'inquiéter. Nul risque de surprise! Un clerc, dévoué à Orderic, est venu renseigner Audebert. Le collège des moines de Beaulieu ne se réunira pas avant le 20 mai, et le vote n'interviendra que le 21.

Cependant, par précaution, un détachement périgourdin, nuitamment installé sur les hauteurs de la rive gauche de la Dordogne, surveille en permanence l'abbaye ainsi que l'enclos des marchands qui lui est accolé. Des sergents, déguisés en marchands, s'y rendent fréquemment. Ces espions ont pu indiquer que, dans l'enclos même, se sont installés les hommes d'armes des vingt lances envoyées par Géraud pour protéger l'élection. Tandis que le chef du détachement, Ardemand le Cointe, sire de Pierre-Buffières, et ses vingt chevaliers logent à l'intérieur de l'abbaye.

Aubaine inespérée que cette élection, occasion de bien vivre plutôt que mission risquée, pour la petite armée limousine, quiète et abondamment ravitaillée. Ne croyant rien avoir à redouter, elle ne manifeste qu'une curiosité fort limitée pour la campagne environnante. C'est tout juste si elle s'inflige de rares patrouilles de routine, soit en direction de l'est, soit en remontant la Dordogne, vers Argentat.

C'est le 16 mai, en fin de matinée, que les derniers renforts, venant de Mussidan et de Bergerac, s'engouffrent dans l'enceinte du château de Carlux.

Vers les trois heures de relevée, Gaucelm le Crêté se présente à son tour à la porte sud du château. Joyeusement, Audebert sort du donjon et se porte au-devant de lui. Une douzaine d'hommes d'armes toulousains précédés de trois gonfanoniers suivent Gaucelm, devançant de quelque vingt pas l'escorte périgourdine.

Les gonfanons de Gothie flottant parmi les siens! Décidément, toutes les conditions favorables sont désormais réunies et, sur-le-champ, le comte annonce sa décision de se mettre en marche dès le lendemain matin. Et de dépêcher aussitôt un courrier pour aller prévenir Archambault de se tenir prêt à l'aube du 18 mai.

En attendant l'inéluctable victoire, que la joie règne. Dédommagement avant l'effort. Et Audebert d'exiger que l'ultime soirée passée à Carlux surpasse les précédentes dans le plaisir.

La nuit est depuis longtemps tombée et il fait un noir d'encre, lorsqu'un petit groupe de cavaliers se présente à la porte nord de l'enceinte. Brève alerte, palabres, insistance opiniâtre, le chef des nouveaux venus n'en démord pas : il veut parler à sa seigneurie Audebert ! A chaque argument, il répond qu'il apporte de graves nouvelles.

Le pauvre sergent, contraint d'aller troubler son maître dans la volupté, n'en mène pas large. Après quelques bordées d'injures, Audebert se lève, finit par aller prendre place à la grande table devant la cheminée. Deux verres d'hydromel absorbés coup sur coup avant qu'il ne grogne :

« Alors ? Explique-toi !

– Seigneur, des hommes arrivant en droite ligne de Coussac, à ce qu'ils disent, réclament asile. Leur chef insiste pour vous parler. Il affirme que c'est aussi urgent que grave.

– Combien sont-ils ?

– Cinq, à ce que j'ai cru distinguer, messire, dont une femme.

– Une femme, dis-tu ? Jeune ?

– Il fait nuit noire, seigneur. »

Audebert grommelle un moment, puis, sourcils froncés, ordonne :

« Dépêche-toi de guider leur chef jusqu'ici. Quant aux autres, femme comprise, fais-les entrer mais qu'on les garde strictement près du poste. »

Trois minutes plus tard, le sergent revient, poussant devant lui un homme qu'il a pris soin de désarmer. A sa vue, Audebert s'exclame :

« Mais je te connais !

– Certes, sire comte, je suis, ou plus exactement j'étais, un des adjoints de Jean l'Anglais.

– Comment te nommes-tu ?

– Joceran le Louchart.

– Alors, Louchart, que se passe-t-il et pourquoi venir me troubler ainsi en pleine nuit ? Coussac serait-il en péril ?

– Nullement, comte. L'Anglais nous a seulement chassés hier de Coussac.

– Ah oui?

– Je suis parti avec trois de mes hommes, sous prétexte que nous sommes dévoués au Ruffin.

– Et c'est vrai?

– Oui, seigneur. L'Anglais a même affirmé que jamais plus le chevalier ne remettrait un pied à Coussac et que nous n'avions qu'à filer le rejoindre. Je savais que je vous trouverais ici. Me voilà.

– Tu as bien fait de venir en ce cas.

– Seigneur, Eudes-le-Ruffin pourrait-il avoir démérité?

– Point l'ami, point, rassure-toi.

– Alors, l'Anglais sera châtié?

– Du calme, du calme. L'Anglais a eu tort, surtout parce qu'il n'a pas très bien compris mes ordres. J'ai besoin de ton chevalier ailleurs qu'à Coussac. Voilà tout.

– Alors pourquoi nous avoir chassés?

– Il a agi trop brutalement, stupidement. J'ai seulement souhaité, devant lui, que tous les hommes dévoués à Eudes le rejoignent. Eudes le Ruffin a besoin de sergents fidèles. Comprends-tu?

– Oui, comte.

– Tu vas voir du pays, Louchart.

– Je ne demande pas mieux, si je suis avec de bons compagnons et si c'est pour vivre.

– Mais, dis-moi, on m'a rapporté qu'une femme t'accompagne. Qui est-elle?

– Sire comte, elle s'appelle Ersinde et m'a d'abord appartenu par droit de conquête. Mais désormais, je l'ai libérée et pourtant elle ne veut pas me quitter, et moi j'avoue tenir à la conserver à mes côtés. Je réclame le droit de l'emmener avec moi. »

Audebert, brusquement, éclate de rire.

« C'est donc ça!

– M'autorisez-vous, seigneur?

– A ta guise, Louchart. Mais surveille-la bien, j'ai peur que, ayant charge de garce, tu n'aies trop souvent l'occasion de mal dormir. Nos guerriers, tu devrais le savoir, ne sont point des anges. »

Audebert s'esclaffe, puis se tournant vers le sergent.

« Loge-les. Quant à moi, regarde! Ce n'est pas une, mais quinze mignonnes garces qui me guettent. »

84

La pièce est jouée. L'abbaye, conquise et surveillée de près, n'a d'autre ressource que de se soumettre. A peine le dernier Limousin branché, Bernard de Comborn dit le Héricier, ayant dépouillé son attirail guerrier pour revêtir la longue robe de bure, les pieds nus et la capuche rabattue, a entrepris de parcourir, à genoux, et récitant prière sur prière, les rues du bourg. Un peu plus tard, les chefs victorieux ont, à leur tour, franchi en caracolant les portes de Beaulieu.

Juste après un coude de la Dordogne, un groupe de guerriers se repose, à plus de trois cents toises de l'abbaye et de son village. De l'enclos leur parvient un puissant brouhaha, haché de cris et de gros rires. Après un long soupir, Eudes se laisse aller en arrière, s'allonge sur les cailloux roux et blancs de la rive. Conrad, assis à ses côtés, l'observe. Les onze anciens otages sont réunis, formant un cercle distinct, loin des autres, qui vont et viennent, entrant ou sortant de l'enceinte. Leurs chevaux un peu plus loin arrachent de jeunes pousses aux buissons maigres. Claire et vive, l'eau cascade gaiement, et pourtant nul n'y prête attention.

« Cette journée m'a écœuré, dit le Ruffin, les yeux au ciel, pas toi Saxon? »

Sans répondre, Conrad hausse les épaules avec indifférence. Brusquement Eudes se redresse, ramasse une pierre et la lance dans l'eau avec violence.

« Quelle belle victoire! A plus de mille, massacrer moins de deux cents hommes désarmés! Deux cents hommes qui venaient de se rendre, de jeter leurs armes et criaient merci. En vérité », il ricane, « qui saura jamais conter cet exploit? »

Étendu à une toise de Ruffin, Lisoie intervient :

« Pourquoi vous étonner? Ce n'est qu'un début, messire. Ou plutôt ce n'est que la suite de l'affaire des étangs de Cieux et celle de la prise de Coussac. D'ici la conquête de votre fief, si Dieu vous prête vie, vous en verrez bien d'autres. »

Conrad, brusquement, se retourne et gronde :

« La ferme, l'Avisé! La prochaine fois que tu te permets de parler ainsi au chevalier je te fouette. Compris?

– Laisse, Saxon, Lisoie me parle comme un ami.

– De quel droit? Est-il chevalier? Un homme lige doit le respect à son maître et n'a jamais à se mêler de ses affaires.

– Tu oublies que j'en ai fait mon écuyer.

– Je ne t'en félicite pas. Et, à ce propos, je tiens à te prévenir que je vais m'occuper de le former, d'en faire un vrai combattant.

– Mais, Conrad...

– Non! Avec un si piètre servant, tu ne ferais pas de vieux os. Je m'en charge. Dans un an, au plus tôt, on en reparlera. En attendant je vais te prêter Ludolph. Ludolph, tu m'as entendu?

– Oui, chevalier. »

Lisoie, pâli, a tenté un moment de fixer le Saxon dans les yeux mais, très vite il a détourné la tête.

« Dès demain, l'Avisé, où que nous soyons, je commencerai à t'entraîner », dit encore le Saxon. Puis, s'adressant à Eudes : « Quant à tes remarques sur la journée, Eudes, tu as grandement raison. Sans haine, pendre des guerriers est triste besogne. Mais qu'y pouvons-nous? Grâce à Dieu, ce n'est point sur nous qu'est tombée cette corvée. Pourtant, soyons justes! Si j'ai bien compris, le comte n'avait pas le choix. Ces hommes devaient mourir. Un seul des Limousins, en réchappant, pouvait témoigner contre les Périgourdins. Tout risquait alors de se compliquer. Car les étendards de Gothie ne tromperont jamais que les vilains et les marchands. Quant aux moines, s'ils savent à quoi s'en tenir, qu'importe! Le vote acquis, ils ne se soucieront pas de gueuler sur les toits ce qu'ils ont vu. Ils risqueraient trop de se faire étriper. »

Au moment où le Saxon achève sa phrase, cinq cavaliers arrivent au petit trot, comme pour passer près des onze. Soudain, celui qui chevauche en tête retient son cheval et s'exclame :

« Eudes Ruffin, je désespérais. Enfin, te voilà !

– Dieu bon ! Joceran le Louchart !

– Voilà plus d'une heure que je te cherche.

– Mais que fais-tu ici ? Je te croyais à Coussac. »

Lisoie, à son tour, s'exclame :

« Messire Eudes, regardez qui l'accompagne !

– Tudieu ! Ersinde ! »

Cependant, Joceran, qui a sauté de cheval, lance la bride à un de ses compagnons et s'approche. Eudes répète encore :

« Qu'est-ce qui t'arrive, Joceran ?

– Il y a que j'ai fichtrement besoin de te raconter.

– Vas-y, vas-y ! Tu peux le faire sans inconvénient devant mes compagnons. Voici Conrad le Saxon, le chevalier qui m'a formé et que je révère comme un père. Cent fois je t'en ai parlé.

– J'ai vu le Louchart à Coussac le soir de mon arrivée, dit Conrad.

– Je m'en souviens. D'abord une question, Ruffin : as-tu l'intention de retourner à Coussac ?

– Quoi ? Es-tu devenu fou ? Qu'est-ce qui peut te faire croire que je n'ai pas cette intention ?

– J'en étais sûr. Tu ne pouvais pas être au courant. Ils ne t'ont rien dit !

– Ils ? Qui ça, ils ?

– Eudes, il se passe des choses étranges et vraisemblablement fort graves. Tu es menacé.

– Et par qui ? Explique-toi, je te prie.

– C'est que, c'est diablement compliqué. Je ne sais plus où j'en suis. Enfin, écoute ! Il y a de cela quatre jours déjà, le comte Audebert était parti depuis une semaine, quand l'Anglais me fait appeler par Truitier. J'aurais dû me méfier. Ce salaud avait son air le plus démoniaque, et le plus réjoui. Moi, sans y prendre garde, j'entre droit dans la grande salle. L'Anglais, comme à l'ordinaire, se tenait dans le grand fauteuil. Je fais quelques pas et brusquement je comprends qu'il se passe des choses curieuses, anormales. Vingt hommes en armes se tiennent de part et d'autre de la cheminée et, près de notre chef, est assis Adhémar Barbe-Sale qui ne m'a jamais porté dans son cœur. Comme j'atteins la table, l'Anglais, sans me faire asseoir, commence à parler : " Joceran, dit-il, je te sais tout dévoué au Ruffin. Tu tiens plus à lui qu'à moi. " Surpris par cette curieuse manifestation de jalousie, je m'étonne : " Pourquoi non? L'amitié, à l'encontre du respect, ne se commande pas toujours. Et puis souviens-toi : c'est moi qui te l'ai amené. C'est vrai qu'il me plaît de vivre et de combattre aux côtés du Ruffin. Mais en quoi ça pourrait-il te porter tort? Ne bataillons-nous pas tous ensemble pour le même comte? " Loin d'approuver il se met à ricaner : " Jusqu'ici oui. Mais à l'avenir ça peut changer. Aussi je te demande de quitter Coussac. Emmène les hommes qui souhaitent eux aussi l'avoir pour chef et va voir le comte Audebert, il te dira où se trouve ton cher Ruffin. Car il va avoir besoin de toi. Je te donne deux heures pour partir de ce château. "

– Tu es sûr de ce que tu racontes?

– Ruffin, j'ai ici des témoins. »

Joceran fait un grand geste pour montrer ses trois compagnons et Ersinde.

« Tu pourras toujours les questionner si tu le juges nécessaire. Mais attends plutôt la fin.

– Il a raison, dit Conrad, laisse-le aller.

– Alors si le Louchart dit vrai, c'est que l'Anglais est tombé fou.

– Ça m'étonnerait, grogne Conrad.

– Sûr qu'il n'est pas fou, dit Joceran. Il en est même loin. Mais attends plutôt. Donc me voilà chassé. Je sors de la pièce, ahuri, sans réaction, mais dans l'escalier je me dis : " Damoiselle Gelvire? Va falloir que je l'emmène, comme ma Ersinde. " Ma surprise avait été si grande qu'il ne m'était pas venu à l'idée de poser à son sujet la moindre question à l'Anglais. Comme le temps presse je cours rejoindre Ersinde. En deux mots je lui explique ce qui se passe puis je conclus : " Va chez la damoiselle et préparez-vous tandis que je vais m'enquérir des sergents qui veulent venir avec nous. " Et là, Ruffin, quelle désillusion! Je m'étais dit : ils seront trente au moins à vouloir rejoindre le chevalier! En fait, regarde : trois seulement se sont décidés. Mais au moins est-ce de vrais et solides guerriers que Frotier, Raymond et Milon

– Mais où est Gelvire?

– Attends, attends! Tandis que tous trois sellaient les chevaux, rassemblaient armes et vêtements, je remonte dans la petite salle, à côté de celle des chevaliers. Je n'y étais que depuis une minute qu'Ersinde me rejoint. Et là, elle m'apprend que l'Anglais était venu annoncer à Gelvire, peu avant, qu'il avait l'intention de l'épouser, et que toi, Eudes, plus jamais tu ne remettrais les pieds, tout au moins vivant, à Coussac.

– Impossible! »

Eudes bondit et empoigne le Louchart par les épaules. Il le secoue en criant :

« Qu'est-ce que c'est que cette histoire? Mensonge ou folie? Mais je le répète, c'est impossible!

– Chevalier, Joceran dit vrai, hélas! »

Ersinde, descendue de cheval, s'est approchée des deux hommes. Ruffin se tourne vers elle.

La jeune femme enchaîne :

« La pauvre damoiselle faisait bonne contenance mais elle était si triste! Elle m'a dit : " Il n'y a aucun espoir d'échapper à l'Anglais. Puisque tu vas voir Eudes, dis-lui bien que jamais je ne l'oublierai, qu'il évoque, s'il le peut, pour savoir mes sentiments, nos adieux lors de son départ pour Comborn.

– Bon Dieu! Je vais avoir la peau de l'Anglais. Je vais l'étriper, lui écraser la tête. »

Conrad, qui lui aussi s'est levé, empoigne un bras du Ruffin :

« Du calme, Eudes. Quant à toi, Joceran, conte-nous la fin. As-tu vu le comte?

– C'est vrai, crie Eudes, quelle est l'attitude d'Audebert dans tout ça? Qu'il me prête son ost pour me faire justice! Et je vous jure que l'Anglais ne tiendra pas longtemps.

– Ruffin, dit Joceran, écoute la fin. C'est peut-être ça qui est le plus grave.

– Quoi ça?

– Le comte, lorsque je l'ai vu à Carlux, n'ignorait rien. Il m'a seulement dit que l'Anglais s'y prenait trop brutalement. »

Comme Eudes de nouveau s'emporte, une fois encore, le Saxon intervient pour le calmer et réclamer au Louchart des précisions.

« Raconte en détail, l'ami, nous jugerons après.

– Partis de Coussac en fin d'après-midi, nous avons chevauché bon train et longtemps. Il ne devait pas être loin de onze heures de relevée, quand nous nous sommes arrêtés au sommet d'une colline pour camper, à l'orée d'un bois. A peu près reposés, nous en sommes repartis le lendemain matin. Malheureusement, à partir de là, on s'est plusieurs fois égarés, et nous n'avons atteint Carlux que fort tard dans la nuit. Le comte m'a cependant reçu. Je lui ai conté que l'Anglais m'avait chassé en me conseillant d'emmener ceux qui souhaitaient demeurer à tes côtés, Eudes.

– Et pour Gelvire?

– Je ne sais pas pourquoi, mais je n'ai pas osé lui en parler. J'attendais que ce soit lui...

– Bien ça, bien, approuve Conrad, il est des sujets qu'un fidèle doit éviter.

– Je ne vois pas pourquoi tu approuves Joceran, Saxon, mais au moins le comte a-t-il dit qu'il allait châtier l'Anglais?

– Non point! Loin de là! Il m'a seulement répondu que l'Anglais avait trop brutalement exécuté ses ordres.

– Ses ordres?

– Oui. Il a dit exactement : “ J'ai besoin du chevalier ailleurs plus qu'à Coussac ”; et un peu plus tard : “ Louchart, tu vas voir du pays. ” Ensuite, il s'est moqué de moi parce que j'avais emmené Ersinde.

– Voyons, voyons, dit le Saxon, essaie de te souvenir. Il ne t'a pas interdit de revoir Eudes?

– Non, au contraire.

– Il ne t'a pas interdit de raconter ce qu'a fait l'Anglais en l'absence d'Eudes?

– Point du tout.

– Et il ne t'a pas parlé de... cette fille?

– Damoiselle Gelvire? Pas un instant.

– Où veux-tu en venir, Saxon, avec toutes ces questions?

– C'est là que réside le vrai mystère, Eudes. Le comte ne dissimule pas qu'il ne veut plus de toi à Coussac. Et non seulement il ne s'inquiète point que tu l'apprennes, mais encore il annonce son intention de te garder près de lui.

– Et alors?

– Réfléchis! Ou bien il ne se soucie pas de cette Gelvire, ou bien il espère que c'est toi qui vas t'en désintéresser.

– De toute façon, il a tort.

– Ça signifie quoi?

– Que je n'accepte pas d'être ainsi chassé, dépossédé.

– Eudes, pour le château, qu'importe! Tu ne le tenais qu'en second et tu veux un fief à toi. Ne m'as-tu pas envoyé chercher pour t'aider à sa conquête? Quant à cette Gelvire, tu ne vas pas me dire que tu y tiens au point de tout risquer?

– Saxon, cette fille est à moi par droit de conquête. C'est donc à moi et à personne d'autre d'en décider. Pas même toi. Tu m'as suffisamment enseigné nos droits et nos devoirs. Elle m'appartient. Comprends-tu?

– Eudes, je serai à tes côtés quoi qu'il en soit. Mais tu me déçois. Vas-tu gâcher tes chances pour cette Gelvire que tu auras oubliée après-demain, si ce n'est demain? N'y a-t-il pas un autre prénom que je pourrais, si tu en doutais, te citer en exemple?

– Bon Dieu, tais-toi, Conrad! J'ai besoin d'être seul. Attendez-moi là, je vais réfléchir. »

Eudes a fait trois pas en remontant la rivière quand il se retourne :

« Pardonnez-moi, Ersinde, Joceran, et vous trois, sergents. Mais prenez place sans souci parmi nous. Vous êtes des nôtres maintenant. »

Puis, sans attendre de réponse, tête basse, le Ruffin d'un pas lent s'éloigne.

De la fureur (mais est-ce seulement de la fureur?) à la mélancolie, puis de la mélancolie à l'amertume, puis de l'amertume aux regrets et aux souvenirs qui s'entremêlent... Eudes finit par se déclarer las de tant de variations. Et il l'énonce à haute voix.

La pensée que ses compagnons l'attendent et, peut-être, s'inquiètent, l'entraîne à reprendre conscience de ce qui l'entoure. Bon Dieu! Combien de temps a-t-il marché? Combien de temps s'est-il perdu dans sa délirante rêverie? L'abbaye est au loin, invisible, et la vallée déserte.

Il fait demi-tour. Mais un long moment encore il ne peut réfléchir comme il le souhaiterait, et pourtant il lui faut annoncer ses décisions, tout à l'heure. Ce paysage le trouble avec ses variétés d'ocres, rochers et pierrailles, s'harmonisant avec celles des verts de multiples essences d'arbres et de plantes. Et puis il y a l'eau, cette rivière chantante, cette sorte de symbolisation trop facilement émouvante du temps qui s'écoule.

Toutes les têtes sont tournées vers lui quand il rejoint la petite troupe.

« Ça va mieux, répond-il à l'interrogation muette du Saxon.

– Qu'as-tu décidé?

– D'envisager d'abord, avec toi et Joceran, les différentes possibilités qui s'offrent.

– Ne veux-tu pas simplement que nous filions loin d'ici, en oubliant ce qui s'y est passé?

– Non. Je ne peux partir ainsi.

– A ta guise. Mais alors, où veux-tu que nous allions pour discuter, tandis que ceux-ci nous attendront?

– Nulle part. Ceux qui se joignent volontairement à moi ont le droit de savoir.

– Ruffin, dit Joceran, je te comprends. Je n'aurais pas pu abandonner ainsi Ersinde.

– Si je suivais mon instinct, je galoperais immédiatement vers Coussac et, quitte à m'y faire massacrer par toute la garnison, je provoquerais l'Anglais. »

Conrad fronce les sourcils.

« Je ne me souviens pas t'avoir jamais enseigné semblable sottise, Ruffin; tout à l'heure tu blâmais le comte pour le massacre des Limousins. Tu n'avais pas complètement raison. Seul le résultat compte. Défier, lorsqu'on ne peut vaincre, s'appelle bêtise.

– Peut-être! Aussi, pour te faire plaisir, vais-je d'abord aller parler au comte. Ça te convient?

– Ça dépend pour quoi lui dire. »

Joceran s'agite :

« Ruffin, je t'en conjure, surtout pas un mot de Gelvire. Attends sa réaction, vois s'il t'en parle, l'affaire ne me semble pas claire.

– Joceran a raison, Eudes. Si tu veux, je t'accompagne. Demande-lui seulement s'il est d'accord avec les procédés de l'Anglais pour te chasser de Coussac. Et réclame ce que tu as abandonné au château.

– Viens, Conrad, allons-y sans tarder. Pour le reste nous déciderons en fonction des réponses. »

Dans la vaste salle capitulaire, Eudes et Conrad retrouvent le comte de Périgord, les deux Comborn, ainsi que nombre de sires et de chevaliers. Une vingtaine de moines, qui déjà se sont joints aux vainqueurs, vont de l'un à l'autre des deux chefs, les mains enfoncées dans leurs longues manches, le dos arrondi par de perpétuels saluts et les lèvres entrouvertes par un angélique sourire.

« Messire, dit Eudes, lorsqu'il peut approcher le comte, je souhaiterais un moment de votre attention.

– Ah, te voilà, Ruffin ! Et avec ton ami le Saxon ! Je m'étonnais de ne pas vous avoir aperçus encore. Pourtant je savais que tout s'était bien passé pour vous. Messire de Comborn me l'avait affirmé.

– Merci, seigneur. Mais...

– Tu veux me parler, j'ai entendu. Venez dans ce coin, nous y serons à l'aise. Gaucelm, veille à ce qu'on ne nous dérange pas. »

Les trois hommes font quelques pas pour gagner l'angle le plus proche.

« Alors, chevaliers, que me voulez-vous ?

– Sire comte, est-ce avec votre accord que l'Anglais chasse mes amis de Coussac et affirme que je n'y remettrai jamais les pieds ? »

Le visage du comte s'éclaire d'un grand sourire, comme s'il s'agissait là d'une plaisante question.

« Ah ! Je vois que ton vieux compagnon, dont j'ai oublié le nom, t'a rejoint. Eudes, je sais que tu es ambitieux. A Coussac que ferais-tu ? Tu mérites mieux que d'être un simple chevalier, même chasé, au service de l'Anglais. Or je ne peux lui enlever Coussac pour te le donner. Jean me convient pour garder cette forteresse. Tu es son cadet et ta valeur est supérieure à la sienne, j'ai donc décidé que tu viendrais avec moi. Nous allons entreprendre de nouvelles actions Tu assistais à la réunion de mes fidèles à Coussac, tu connais donc ma propre ambition. Guerroyant à mes côtés, toi et le Saxon gagnerez terres, titres, honneurs et richesses. Ne regrette pas une vie monotone entre des murailles humides et tristes.

– Mais alors, seigneur, souffrez que j'aille y chercher ce que j'y ai laissé.

– Ruffin, ce serait inutile fatigue et perte de temps. Armes et vêtements, tu trouveras tout ici, à ta volonté. J'ai fait rassembler dans une salle ce que nous avons pris sur les Limousins. Gaucelm va t'y conduire. Tu y feras ton choix, le premier. Et toi aussi Saxon. Emparez-vous de ce que vous voudrez pour vous et vos hommes. Et puis, Eudes, je te donne aussi le cheval baucent, que montait le sire de Pierre-Buffières. Il l'avait lui-même reçu en cadeau de Fier-à-Bras. Dieu sait que je n'aime point cette brute obtuse, mais il faut reconnaître qu'il n'ignore rien des qualités que doit posséder un destrier valeureux.

– Messire, est-ce là tout ce que je peux avoir laissé à Coussac?

– Tiens, j'allais oublier! Fais-moi le plaisir de prendre cette bourse, au cas où je risquerais de te faire perdre quoi que ce soit. Mais sache que c'est là tout ce que tu peux réclamer.

– Et s'il me revenait en mémoire d'y avoir laissé beaucoup plus qu'argent, vêtements et armes? »

Toute amabilité disparaît soudain du visage d'Audebert. D'un geste brusque, il saisit Eudes par un bras :

« Quand je dis que c'est tout, ça l'est! Compris? Rien d'autre à Coussac ne peut t'appartenir. Ainsi en ai-je décidé. »

Tenant toujours Eudes, il se tourne à demi pour s'adresser au Saxon :

« Chevalier, toi qui es profondément attaché au Ruffin, fais-lui entendre raison, dans son intérêt et, par là même, dans le tien. Ruffin, si en dépit de mes conseils il t'arrivait de vouloir retourner à Coussac, tu y perdrais ma clémence et ma faveur. »

Eudes, immobile, tête basse, ne dit mot. Alors Conrad intervient :

« Je crois, Eudes, qu'il ne te reste qu'à suivre le conseil du seigneur comte. »

Ruffin et le Saxon se fixent durant quelques secondes, puis Eudes soupire :

« Que devons-nous faire pour vous complaire, seigneur?

– Bien, ça! Tu me plais, ainsi tourné vers les futures conquêtes, Eudes le Ruffin. Es-tu prêt à agir avec tes amis, à entreprendre et à risquer?

– Oui.

– Alors je vais te donner une preuve de confiance en te chargeant d'une fort importante mission. Après la victoire que nous venons de remporter sur Géraud de Limoges, qui perd définitivement et le vicomté de Comborn et l'abbaye de Beaulieu, après l'offensive décidée contre Boson de la Marche, je dois maintenant diriger mes coups contre Arnaud d'Angoulême. Il me faut tourner ses positions et pouvoir l'attaquer à revers. Je veux m'assurer d'une forteresse et d'une ville à l'ouest de son pagus. J'ai choisi Blaie. Le comte de Bordeaux n'est pas assez puissant pour tenter seul de reprendre la ville si elle est solidement tenue, et le duc de Guienne est bien trop occupé par ailleurs pour être en mesure de l'aider, Blaie, voilà votre but, Ruffin, et toi Conrad, aidés par vos fidèles.

– Et qu'y ferons-nous?

– Préparer sa prise.

– Et de quelle façon, messire?

– Écoutez-moi attentivement. D'abord, la ville est une étape fréquentée par certains pèlerins en route pour Saint-Jacques-de-Compostelle. On n'y remarque donc guère les visiteurs dans la foule quotidienne, car une grande animation y règne en permanence. Vous en profiterez pour examiner les défenses. Vous rechercherez les points faibles, et surtout vous les préparerez.

– Vous voulez dire, en nous créant des intelligences dans la place?

– Comment s'empare-t-on des forteresses réputées imprenables? Bien entendu, veillez à ne jamais prononcer mon nom. Citez plutôt, au besoin, celui d'Arnaud d'Angoulême. »

Audebert éclate de rire. Puis, vite redevenu sérieux :

« Il est indispensable que vous mettiez un plan au point. Mais attention : dans la ville, il y a un château. Il faut aussi prévoir la façon de l'enlever. Pendant que vous serez ainsi occupés, moi j'en finirai, ici, avec l'élection, la visite du marquis de Gothie et les successives prestations de foi et hommage. Ensuite je m'acheminerai à mon tour vers l'ouest, avec les cent lances de mon ost que j'ai réunies ici pour la prise de l'abbaye. Et j'irai m'installer à Montpon-sur-l'Isle, au sud d'une région si boisée et si marécageuse qu'elle décourage les indiscrets et les curieux. C'est à Montpon que j'attendrai un émissaire de vous, me prévenant que tout est au point. Gaucelm le Crêté ira alors examiner les modalités du plan. Ensuite... »

Audebert rit de nouveau :

« Eh bien nous prendrons ville et château ! Compris ?

– Certes, messire. Et qu'y gagnerons-nous ?

– Attends, attends. Sais-tu à qui je confierai les commandements de cette forteresse et de cette ville ?

– Non, messire.

– A toi, Ruffin, et à toi, Conrad. A l'un la ville, à l'autre le château.

– Grand merci, seigneur.

– Tu m'as bien compris ?

– J'exécuterai scrupuleusement vos ordres.

– Bien ! Alors va. Que le succès t'accompagne, et que Dieu vous ait, vos hommes et vous, en sa sainte garde. Rappelez-vous, tous deux : Blaie, Montpon-sur-l'Isle. Ah ! j'oubliais, prends aussi cet or pour le distribuer à ceux de la garnison que tu achèteras. »

Audebert se tourne et crie :

« Gaucelm ! »

Le Crêté s'empresse :

« Comte ?

– J'ai donné le destrier baucent du sire de Pierre-Buffière au Ruffin. Qu'il choisisse librement tout ce qu'il veut, pour lui et ses hommes, dans le butin des Limousins, ainsi que des chevaux et des mules s'il en a besoin. Voilà, Ruffin, tu vois que tu n'y perds rien en disant adieu à Coussac. Sers-moi, à ma convenance, et tu n'auras point à te plaindre. Mais si jamais la fantaisie te prenait de me trahir, alors, je le jure par saint Front, malheur à toi ! »

Le comte pivote sur les talons et s'éloigne.

« Viens, dit Ruffin à Conrad, suivons messire le Crêté, profitons des largesses du seigneur Audebert.

– N'oubliez point son dernier serment, ricane Gaucelm le Crêté. Car, je veillerai moi-même à ce qu'il exécute ses menaces. »

Une demi-heure plus tard, Eudes et Conrad, traînant derrière eux tout un groupe de chevaux et de mules chargés de lourds et volumineux ballots, rejoignent leurs compagnons.

« Alors, s'impatiente Joceran, quelles nouvelles ? »

Ruffin fait le récit de sa conversation avec Audebert.

« Tu vois, dit Joceran, il te l'a clairement fait comprendre : tu ne dois à aucun prix chercher à revoir Gelvire.

– Clairement en effet, mais il a soigneusement omis de révéler pour quel motif. »

Conrad hausse les épaules :

« Tout simplement, à mon avis, parce que ça doit l'arranger, dans ses projets politiques, qu'elle épouse l'Anglais. Je ne crois pas, en fin de compte, qu'il t'ait tellement menti. Je l'examinais avec attention tandis qu'il parlait. Je connais les menteurs. Après tout, deux hommes comme toi et l'Anglais pour Coussac, c'est un de trop. Un qui, en plus, peut lui être utile ailleurs. »

A son tour, Lisoie intervient :

« Si je comprends bien, nous prenons la route de Blaie? »

Ruffin ricane :

« Oui, mais pas longtemps. »

De surprise, d'abord, aucun de ses compagnons ne réagit. C'est finalement le Saxon qui se décide, hochant la tête :

« Tu tiens tellement à tes folies?

– Plus que jamais.

– Tu sais ce que tu risques?

– Comment l'ignorerais-je?

– Mais tout à l'heure, tu semblais d'accord avec Audebert?

– C'est toi qui m'as enseigné qu'un chevalier n'avait pas à prendre inutilement des risques. Que se faire massacrer ne sert à rien quand on peut faire autrement. Sur un signe de lui, que crois-tu qu'il serait advenu de nous? Je n'ai accepté que pour mieux le duper. Car je veux Gelvire, et la peau de l'Anglais par-dessus le marché.

– Comment penses-tu t'y prendre?

– Je ne sais encore. Mais je compte sur votre aide à tous.

– Alors en route pour Coussac, dit Joceran.

– Ah non, Louchart! Je connais assez mon homme pour le savoir méfiant et rempli de prudence.

– Que veux-tu dire?

– Il va nous faire suivre pour contrôler ma bonne foi. Équipons-nous donc, et partons comme nous en sommes convenus : direction ouest. Puis, à une paire de lieues d'ici, tendons une embuscade. Je vous parie qu'après une heure ou deux d'attente, une petite patrouille, suivant nos traces, apparaîtra.

– Et que ferons-nous? demande Joceran.

– Ces hommes n'iront jamais plus loin. Les ayant éliminés, et il sera indispensable qu'il ne subsiste de leur destin aucun indice, nous changerons de direction.

– Laquelle prendras-tu ?

– Nord, Saxon, bien entendu ! Plein nord. »

85

Troisième jour de voyage pour les seize cavaliers. Ersinde et ses quinze compagnons chevauchent en bon arroi : un éclaireur précède la petite troupe et trois hommes, désignés à tour de rôle, ferment la marche avec chacun deux mules, chargées, attachées derrière leur monture.

Chemins bordés d'aubépines en fleurs, bouquets de saules au fond de sinueux et étroits vallons, étendues arides de rocailles ocre ou grisâtres, puis allées de châtaigniers bordant des champs ou des friches. Dans une campagne comme anesthésiée, villages et maisons fortes leur ont été le plus souvent signalés par les échos lointains de chiens aboyant à pleines gueules.

Le soleil déjà décline lorsqu'ils franchissent l'Auvezère entre Paizac et Ségur. Ils ne sont plus guère qu'à trois lieues de Coussac.

Le plan d'Eudes a été jusqu'ici appliqué à la lettre. L'avant-veille, marchant vers l'ouest, ils ont, comme prévu, surpris la patrouille chargée par Audebert de les espionner, et l'ont anéantie. Toutes traces du combat soigneusement effacées, tous cadavres, enterrés, ils ont bifurqué droit vers le nord.

Conrad pousse son cheval pour rejoindre Eudes et Joceran, qui progressent côte à côte.

« Ruffin, où as-tu l'intention de t'arrêter? demande-t-il.

– Voilà plus de deux semaines j'ai chassé le sanglier, seul. La poursuite m'a entraîné dans un canton d'épineux où nul jamais ne s'aventure. Nous pourrions sans grand risque établir notre camp là Nous y serions à moins d'une lieue de Coussac.

– Hâtons-nous alors, car il serait bon de l'atteindre avant la nuit. »

Deux heures plus tard, dans les dernières lueur du jour, les dispositions pour l'établissement du camp sont prises. Chevaux et mules parqués entre des ronciers, aux issues soigneusement obstruées, les hommes s'installent dans une sorte de rotonde, entre trois énormes buissons.

« Attends encore un moment, puis nous pourrons faire du feu, dit Eudes ; ici nul ne peut nous voir ou nous sentir, à l'exception du gibier. Mais celui que nous chassons est à cette heure bien à l'abri derrière une enceinte et des murailles. »

Tandis qu'il mâchonne une herbe, allongé entre Conrad et Joceran, Ersinde face à lui, mais en retrait, Eudes réfléchit, il dit soudain :

« Il y moins d'un an j'aurais pris, cent fois, le risque de me faire hacher menu par d'innombrables ennemis, pour seulement avoir le droit de recevoir l'offre que m'a faite Audebert à Beaulieu. Or, avant-hier je ne l'ai reçue qu'avec indifférence, comme si j'avais perdu le goût de vivre. Jamais je n'ai eu moins peur de la mort.

– Ne parle pas de mort en un tel lieu, Ruffin ! » Joceran semble frissonner, « le diable sait nous entendre dans l'ombre.

– Sornettes, Louchart, tu es ton propre diable quand la peur t'envahit. Pas vrai, Saxon ?

– Peut-être. »

Sourcils hauts, coins de la bouche tombants, Conrad est l'image même de l'homme perdu dans des pensées désabusées.

« Vous ne croyez donc à rien, messire Eudes ? demande Ersinde, l'œil brillant. Ni à la passion de Notre Seigneur Jésus, ni aux apôtres, ni à messieurs les saints, ni aux ruses démoniaques ?

– Paix, la femme ! ordonne le Saxon, brusquement revenu à la réalité. Tu discuteras un autre jour. Nous avons pour l'heure des soucis plus immédiats. »

Puis, s'adressant à Eudes :

« Depuis trois jours je te sers sans mot dire. L'heure est maintenant venue de nous préciser ce que tu veux au juste. Quel but poursuis-tu en venant ici ? Nous sommes quinze guerriers face à une imprenable forteresse. Qu'espères-tu ?

– D'autant, soupire Joceran, que tu n'as rien à attendre de la garnison. Ceux qui t'étaient dévoués l'ont tous quittée.

– C'est vrai. Durant notre marche je n'ai cessé d'y réfléchir. Pourtant... Mon plan ne vaut pas cher, je le sais, mais je n'ai pas le choix. Je ne peux abandonner Coussac comme ça, partir sans rien régler. Pardonnez-moi, mes amis. Je n'éprouve ni assez d'indifférence, ni assez de courage pour oublier.

– Alors?

– Alors, jour après jour, tandis que vous m'attendez ici prêts pour une attaque, moi avec Lisoie, Brasc et Mancipe, qui connaissent bien la région, nous irons faire le guet.

– Pourquoi pas moi? s'étonne Joceran.

– Parce qu'il faut que l'un des anciens demeure avec Conrad et les autres, pour les guider le cas échéant. »

Conrad fait la moue :

« Que guetteras-tu?

– N'importe quelle sortie.

– Je ne comprends pas.

– Écoutez-moi. Une patrouille, commandée par un des anciens responsables de la bande, sort chaque jour de Coussac. Nous la suivrons et nous l'éliminerons lorsqu'elle sera assez loin du château.

– Ouais. Mais crois-tu que nous disposions de beaucoup de temps? D'ici peu Audebert va s'étonner de n'avoir aucune nouvelle de ceux qu'il avait chargés de nous surveiller. Et craignant que tu menaces son plan il rappliquera avec son ost. Une sérieuse battue, on nous découvre et c'en est fait de nous.

– Oui. Mais je connais l'Anglais! J'espère qu'il ira voir par lui-même pourquoi sa première, ou ses deux premières patrouilles, ne sont point revenues.

– D'autant, ricane Joceran, qu'on peut soigner le décor. Retour de quelques chevaux affolés portant des morts ou des agonisants.

– Quelle était habituellement l'importance de vos patrouilles, par ici?

– Une dizaine d'hommes en général. Or, le détail est excellent, jamais elles n'ont eu à se battre. Géraud, craignant sans doute de se mettre dans son tort, ou de tomber dans un guet-apens, n'a jamais attaqué l'une d'elles. Les rares combats, occasionnels, les ont opposées à des pillards, ou à des bandits plus ou moins isolés. »

Lisoie, qui vient de s'accroupir près d'Eudes, demande :

« M'autorisez-vous à donner mon opinion? »

Ce disant, il regarde alternativement le Ruffin et le Saxon.

« Va, grogne celui-ci, après qu'Eudes eut acquiescé, va! Un avis vaut ce qu'il vaut, quelle que soit la qualité de celui qui le donne.

– Messire Eudes, pardonnez-moi, mais votre plan me semble aller à l'encontre de vos désirs.

– Tiens! Et me diras-tu pourquoi?

– Messire, vous souhaitez tirer vengeance de l'anglais et accessoirement du Truitier, qui vous a jadis poignardé, mais surtout vous espérez avoir l'occasion de libérer damoiselle Gelvire.

– Et alors? Personne ici ne l'ignore.

– Messire, l'Anglais a chassé Joceran et ses compagnons. Il sait qu'à cette heure le Louchart vous a mis au courant de ce qui se passe à Coussac, entre autres, de sa détermination d'épouser damoiselle Gelvire. Cependant il croit que le comte dispose de moyens efficaces pour vous calmer. Force ou persuasion, il compte ne rien risquer de votre colère, de votre dépit, de votre rancœur. Tant que ses patrouilles ne découvriront rien de suspect dans les environs, il vous croira loin. Bien qu'il soit aussi méfiant que le renard, à demi rassuré il se risquera à faire trois pas hors de sa tanière. En revanche, s'il perd un seul homme, alors il se barricadera. »

Bruyamment Joceran approuve :

« Lisoie a raison, Ruffin. Je connais l'Anglais depuis longtemps. Si tu lui tues ses hommes, il ne sortira plus et attendra l'arrivée en force du comte pour tirer vengeance.

– C'est ce que vous croyez? Moi pas, grommelle Ruffin. Et toi, Conrad, que penses-tu?

– Eudes, comme le Louchart, il me semble que l'Avisé voit juste. Pourtant ce ne sera pas ma seule raison de discuter ton projet. Nous sommes quinze, Eudes. Certes nous pouvons aisément venir à bout de deux, de trois, peut-être de quatre patrouilles. Mais à chaque fois nous aurons des éclopés, des blessés, peut-être des tués. Le moment viendra vite où nous serons réduits à l'impuissance. Est-ce seulement dans le but de mourir sous les murs de Coussac que tu nous a amenés ici, Ruffin?

– Non! Si tel avait été mon souhait, je serais venu seul.

– Alors, change de plan. »

Eudes soupire et baisse la tête. Ses compagnons l'observent, respectant son silence. Soudain il se redresse pour clamer :

« Mieux vaut que dès demain j'aille lui crier mon défi. Je réclamerai le jugement de Dieu !

– Ruffin, dit Joceran, qu'espères-tu ? Il ne te fera répondre que par un jet de flèches.

– Le crois-tu lâche à ce point ?

– Lâche non ! Prudent j'en suis sûr.

– Et vous autres ? »

Conrad et Lisoie secouent approbativement la tête et font la moue.

« Alors, que faire d'autre ?

– Tu ne peux guère qu'invoquer la chance, dit le Louchart et te rallier au plan de Lisoie : guette !

– Oui messire, reprenez ce que vous disiez tout à l'heure, que vous iriez chaque jour surveiller les abords du château avec moi, Brasc et Mancipe. Tandis que nous observerons, le reste de la troupe attendra vos ordres ici, prêt à intervenir. Et si l'Anglais nous en donne l'occasion, tous ensemble nous interviendrons. »

Joceran de nouveau revient à la charge.

« Bien dit, Lisoie ! Eudes écoute son conseil, tu sais que l'Anglais tient à s'entraîner chaque jour à la quintaine, et aussi qu'il chasse. Il ne va pas rester enfermé sans bouger par peur de toi, qu'il croit à plus de vingt lieues de là, au moins, et sous bonne surveillance. Et puis », Joceran ricane, « il est visible qu'il te jalouse, le comte t'a prouvé que tu jouissais de sa confiance. L'Anglais n'est pas homme à croire qu'on puisse risquer de perdre la faveur du comte seulement pour une femme. »

Comme Eudes ne répond pas, semblant accablé, le Saxon se rapproche de lui et le prenant à l'épaule dit :

« Ils ont raison, Eudes. Je ne puis que les approuver. Dieu sait que j'aimerais pouvoir enlever ce château de haute lutte, pour te le donner ! J'aimerais aussi, bien qu'il me semble que tu aies tort, te rendre du même coup cette Gelvire. Mais je suis impuissant. Il faut me pardonner.

– Je sais chevalier, je sais.

– Mon Ruffin, tu aurais tort de désespérer, écoute-les !

– A-tu songé, Conrad, et vous aussi, que nous disposons de peu de temps? Vous l'avez dit, le comte ne tardera pas à marcher sur Coussac, quand il constatera qu'il n'a point de nouvelles de ceux qui nous surveillaient?

– Bah, Ruffin! pour tuer l'Anglais il n'y en a pas pour dix ans, souviens-toi comme tu as su accommoder messire Yvon. »

Et Conrad d'éclater de rire.

86

Deux interminables journées passées à plat ventre, dans les buissons et les herbes folles, en lisière du plateau. Et par malchance, les deux fois, d'abondantes averses nocturnes avaient détrempé le sol. Matinées grises, somnolentes langueurs dans un air encore frais. Ensuite, le temps vers midi s'étant levé, la chaleur peu à peu devenait insupportable. Et toujours rien qu'à égrener le lent chapelet des heures.

Eudes a de la chance! Ce sont ses compagnons du moins qui l'affirment : l'espoir amoureux, allié à la haine, puissamment le soutient. En revanche, pour eux trois, Brasc, Mancipe et Lisoie, l'ankylose et l'ennui ne peuvent rien avoir d'exaltant.

Le soir, de retour au camp, Eudes, conscient qu'ils n'ont point vraiment tort, laisse tout leur soûl ronchonner ses hommes liges. Les réactions sont vives et c'est Lisoie qui doit défendre, justifier cette épuisante, cette mortelle surveillance.

« Nous sommes comme des renards tapis en embuscades, affirme-t-il, ce qu'une bête accomplit, instinctivement, pour ne pas crever, doit être un jeu pour des hommes. »

Les autres ne laissent rien passer.

« Drôles de jeux! Tu es sûr de ne pas en avoir de plus réjouissants à nous proposer?

– Foi de Brasc! Jamais un renard ne serait capable d'attendre deux jours pour des nèfles. Et ça n'est pas fini. »

Une moue d'écœurement déforme la bouche de Mancipe :

« Tout ça pour une fille qui n'a même pas l'air triste! Une foutue garce arrogante et satisfaite. Tiens, veux-tu que je te dise? C'est à vous dégoûter des femmes. Je bouillais de rage ce matin, rien qu'à observer. L'avez-vous comme moi entendue chantonner en cueillant ses fleurs?

– Sans doute est-ce pour donner le change.

– Le change? Je n'en suis pas si sûr. Elle devrait guetter, se tenir sur le qui-vive, dans l'espoir que son chevalier tentera quelque chose. Mais vous la voyez! Que fait-elle pour vous aider? Et nous, jusqu'à quand attendra-t-on pour agir? La fin des temps?

– Mancipe a raison, Lisoie! Combien de jours allons-nous passer ainsi? Ces deux matins l'Anglais est sorti. Il s'en est même donné à cœur joie sur la quintaine. Et il n'avait pas avec lui plus d'une quinzaine d'hommes. Seulement voilà : faire la peau de l'Anglais lui plairait bien, pourtant ça ne suffit pas au bonheur de notre Ruffin. En revanche, les après-midi, c'est la damoiselle qui est apparue. Surveillée de près par le Truitier. Hélas! ça ne pouvait pas coller. Car, jamais, elle ne s'est éloignée de la lice.

– Gros malin, que voulais-tu qu'on fasse?

– Je ne dis pas, remarque! Tu as peut-être raison. Mais à ce compte-là, on a pas fini! Qui te prouve que demain, ou après-demain, ou après après-demain, ça ne sera pas du pareil au même? »

Agressif, Mancipe grogne :

« Tu ne crois pas qu'il faudrait sérieusement penser à quitter cette foutue région avant que le ciel ne nous tombe sur la tête?

– Le chevalier n'acceptera jamais de partir, avant d'avoir tenté sa chance de sauver la damoiselle.

– Dans ce cas, en fait de chance, on a celle que le vindicatif Audebert apparaisse un de ces quatre matins, à la tête de son ost et, vite et bien, nous règle notre compte. »

La discussion s'éternise jusqu'au moment de dormir. Pourtant le lendemain matin, il n'est pas encore huit heures que les quatre guetteurs se réinstallent dans les empreintes façonnées par leurs corps depuis deux jours.

Troisième garde. Après que la patrouille du matin eut accompli sa ronde routinière et soit rentrée au château, une fois de plus l'Anglais, le premier, fait son apparition. Le soleil est au quart de sa course. Et, comme les autres jours, une dizaine de sergents l'accompagnent.

Eudes est en train de pester, commençant même à se demander s'il ne va pas attaquer sans plus tarder, lorsqu'il aperçoit, émergeant de la porte sud, Gelvire et son garde du corps : le Truitier. Aussitôt il exulte et souffle à ses compagnons :

« Cette fois, ça y est ! Les voilà tous les trois. On va pouvoir foncer. »

Lisoie approuve. Les deux autres affichent des mines réjouies.

« Écoute, l'Avisé, dit Eudes, ne prenons pas de risques. Envoie sans plus attendre Brasc ou Mancipe chercher le reste de la troupe.

– Si vous le permettez, je vais y aller moi-même. J'aurais plus tôt fait.

– Sois prudent ! Et veille bien à ce qu'aucun bruit ne jette avant l'heure l'alarme chez l'ennemi.

– N'ayez crainte. »

Déjà l'Avisé en rampant s'est éloigné de deux toises, lorsque Eudes le rejoint, l'empoigne par un pied, et chuchote :

« Lisoie !

– Messire ?

– Dis à Ersinde qu'elle accompagne les guerriers. Elle n'aura ensuite qu'à nous attendre près de l'eau avec les mules chargées. Car, réussite ou échec, le coup fait, il ne fera sûrement pas bon traîner dans les parages. »

A la gauche d'Eudes, dans un bois de charmes distant de vingt-cinq toises, deux agaces virevoltent, instables, éhontées, jacassantes. Au-delà du château, en direction de Saint-Aredii, une colonie de choucas criaille en tournoyant. Brumes dissipées, le soleil montant semble achever d'éteindre l'écho des frayeurs nocturnes. La journée sera belle. Le cœur des hommes en devrait être exclusivement réjoui, et pourtant le Ruffin s'énerve. Il lui paraît que l'Anglais, maintenant que Gelvire est à même de l'observer, court la quintaine avec pas mal d'artifice : épée trop longtemps brandie, lance pointée de façon grandiloquente, mouvements amplifiés du bouclier. Le tout accompagné, bien entendu, de clameurs sauvages.

« Prends patience, grommelle le Ruffin, je vais t'aider à danser et à parader, d'ici peu. »

Sa mimique indignée, furieuse, est tellement outrée qu'il doit ensuite rassurer Mancipe et Brasc. Un moment les deux sergents ont cru que c'était à eux qu'elle était adressée.

Cependant, Gelvire vêtue d'une longue et ample robe, faite d'un épais tissu de teinte bleu clair, affiche, comme les jours précédents, une mine heureuse et parfaitement détendue. Elle avance, la démarche légère, capricante, sur le rebord herbeux et fleuri du fossé. Parfois, bras écartés et tête à demi renversée, elle affecte de s'emplir les poumons du vivifiant air matinal. A d'autres moments, elle tourne sur elle-même, agile et gracieuse dans une sorte d'esquisse de danse panthéiste.

Des bribes de l'air qu'elle fredonne parviennent jusqu'à la cachette du Ruffin.

Tassé sur un haut cheval roux, l'allure un peu bossue, Truitier la suit, bras ballant. Avec ostentation il laisse la bride sur le cou de sa monture. Jamais le Ruffin ne lui a trouvé mine plus sardonique, jamais non plus il n'a éprouvé semblable aversion pour cette face camuse à la bouche perpétuellement tordue par un hypocrite sourire.

Comme l'Anglais vient de réussir à trancher d'un splendide coup de volée, la tête du mannequin, qu'un sergent avait raccroché à la quintaine, la minute précédente, Jean laisse courir son destrier jusqu'au Truitier. Ce qu'il dit à son âme damnée n'est pas audible à distance. Mais il élève ensuite la voix pour s'adresser à la jeune fille qui, à aucun moment, ne lui a prêté attention.

« Damoiselle, vous me surprenez ! Je vous croyais, en fille de valeureux guerrier, intéressée par le jeu des armes. Ne me servirez-vous point de témoin ? Préférerez-vous longtemps encore, aux preuves d'adresse, quelque insignifiante amusette ? »

Eudes n'entend pas la réponse tant il gronde de fureur, poings crispés :

« Bon Dieu ! S'il veut être admiré nous n'allons pas tarder à lui fournir des occasions d'exercice. En fait d'adresse guerrière il va être servi. De quoi le rassasier jusqu'au jugement dernier ! »

Rendu plus impatient, le Ruffin se tourne vers ses deux compagnons.

« Les nôtres n'arrivent-ils pas ? N'avez-vous rien vu, rien entendu ?

– Trop tôt messire! Lisoie n'est sans doute pas encore arrivé au camp.

– Vite, bon Dieu, qu'il se hâte. »

Et Ruffin de soupirer en reprenant son guet.

Cependant l'Anglais joue désormais avec son cheval, à quelques pas de Gelvire, toujours indifférente. Virevoltes, cabrioles, croupades, entrecoupées de parfaites parades se succèdent sans répit. C'est une véritable exhibition, de la part d'un cavalier réellement assez exceptionnel. Hélas! sûrement à son grand regret, encouragements ou appréciations flatteuses ne viennent que du Truitier. Gelvire continue de l'ignorer.

Sans manifester de dépit, sans un mot, l'Anglais finit par renoncer à obtenir réponse ou compliment; tirant sur les rênes il fait pivoter sa monture et retourne dans le champ, criant au passage à l'un de ses écuyers :

« Replace-moi un quintan. »

Et de nouveau, le voilà se grisant d'adresse contre un adversaire de paille.

Pendant ce temps le Truitier, qui a rejoint Gelvire, se contente désormais de la suivre pas à pas. La jeune fille, qui ne danse ni ne chante plus, s'attarde encore le long du fossé, comme les jours précédents. Et puis, brusquement, la voilà qui bifurque et traverse la clairière, se dirigeant vers un buisson d'aubépines merveilleusement fleuri, situé à une centaine de pas, après la venelle aux dîmes et à plus de deux cents toises de l'enceinte.

Nerveux, presque fébrile, Eudes se retourne pour demander :

« Brasc! Sont-ils arrivés?

– Pas encore, messire.

– Bon Dieu, on va tout rater. »

Durant un court moment il hésite, poings et mâchoires crispés, lorgnant à travers des touffes d'herbes à demi fleuries. Puis, s'emportant brusquement, il se décide :

« Tant pis les gars, on va y aller. Allez chercher les trois chevaux. Moi je continue à observer. Faites-les monter droit ici. Toujours avec les mêmes précautions pour le silence. Ensuite, on foncera. »

Brasc, pâle, sourcils froncés, dit :

« Messire, c'est couru : à trois on va se faire hacher sans profit.

– Si tu as peur, fous le camp!

– Je n'ai pas peur, messire, je dis seulement qu'on va tout gâcher.

– Je ne te demande pas d'avis. Obéis.

– Oui, messire. »

Brasc et Mancipe disparaissent à l'instant entre les ronciers. Moins de deux minutes plus tard ils sont de retour, la mine illuminée.

« Ça y est, les nôtres arrivent, messire. On peut y aller. Ils manœuvrent déjà pour nous couvrir.

– Enfin ! Où est le chevalier Conrad ? »

Brasc, en répondant, fait un grand geste pour indiquer la direction.

« Parti vers la gauche avec ses hommes ainsi que Joceran. Dame Ersinde, sur son conseil, n'attend pas, mais file bon train, entraînant les mules le long du torrent, en direction de l'ouest. Il a dit qu'ainsi on la rejoindra sans avoir à perdre de temps.

– Bonne idée ! Et Lisoie ?

– Il nous suit et sera ici dans quelques secondes en compagnie de Frottier, de Raymond et de Milon.

– Conrad t'a-t-il donné quelque consigne ?

– Simplement ! " Préviens le Ruffin que je le couvre et suis prêt au besoin à le soutenir en chargeant : mais c'est à lui de déclencher le combat. " »

Au moment où Basc achève sa phrase, Lisoie et ses hommes apparaissent à cheval et tenant les trois autres montures par la bride. Eudes jette un ultime regard sur le champ. La situation, la position des divers personnages sont sensiblement les mêmes. Alors il se laisse glisser pour rejoindre le groupe.

« Écoutez-moi tous. Je vais foncer seul sur Truitier et Gelvire. Je n'ai besoin de personne. Vous autres, allez vous intercaler au plus vite entre l'Anglais et moi. Qu'il soit dans l'impossibilité de me prendre à revers tandis que je chargerai damoiselle Gelvire en croupe. Au passage, éliminez les hommes que vous rencontrerez. Je sais que ce sont vos anciens compagnons d'infortune et de lutte. Mais aujourd'hui, impossible de faire du sentiment. Vous y laisseriez à coup sûr votre peau. C'est compris ? »

Un murmure d'approbation lui répond.

« Mais attention, ajoute-t-il restez groupés. Je le veux. C'est votre seule chance de victoire et de vie. Les douze de Coussac sont dispersés, répartis de droite et de gauche. Ils ne peuvent ni s'entendre, ni manœuvrer. S'ils parvenaient à se rassembler ce serait grave. Il faut que nous puissions les supprimer sans combat.

– Bah ! dis Mancipe, de toute façon le chevalier Conrad est là pour un coup, si besoin est.

– Bon Dieu, non ! Es-tu idiot ? Et ceux du château ? Il aura suffisamment à faire pour les contenir et nous maintenir le chemin libre. C'est vers l'ouest que nous devons fuir. Sinon on n'en réchappera pas.

– Soyez tranquille, messire, intervient Lisoie, nous allons respecter vos ordres. J'y veillerai.

– Dernière recommandation, ne commencez à gueuler qu'après que nous aurons été repérés. Et maintenant, en avant ! »

Eudes saute en selle. Les bêtes doivent s'arc-bouter pour franchir les dernières toises avant le plateau. Les sept hommes débouchent en deux temps sur le terrain plat. Brasc, Lisoie et Eudes sont dans la première foulée. Immédiatement, sans rajouter un mot, le Ruffin s'écarte et éperonne son cheval pour foncer sur la droite, tandis que Lisoie entraîne ses hommes en avançant presque droit sur le château.

Il se passe quelques secondes avant que ceux de Coussac réagissent et comprennent que le danger vient de surgir et va troubler singulièrement leur matinée ensoleillée. Isolés ou deux par deux, l'absence d'ordres et d'unité les déconcertent.

Aussitôt que repérés, Lisoie et ses hommes se mettent à hurler comme des diables.

Cependant, Eudes n'est déjà plus qu'à cent cinquante toises de Gelvire et du Truitier, lorsque l'Anglais crie :

« Attention au Ruffin, Truitier ! Saisis-toi de Gelvire ! Courage ! J'arrive ! »

Puis il sonne de la trompe pour alerter la garnison de Coussac et obtenir des renforts.

Cependant, Eudes, Truitier et Gelvire crient et s'agitent. La jeune fille n'a fait que trois pas en direction d'Eudes en appelant :

« Eudes, au secours, vite Eudes, vite ! » que déjà Truitier l'empoigne par un bras et furieux gronde :

« Sautez en croupe, Bon Dieu ! Si vous résistez, il va vous en cuire. Mais sautez donc ! »

Gelvire se débat de son mieux, se laisse traîner. Eudes qui arrive au galop entrecoupe menaces et encouragements :

« Me voilà, Gelvire ! Fumier, lâche-la ou je t'égorge ! J'arrive, ma belle, j'arrive ! »

L'Anglais, qui a d'abord essayé de courir à l'aide du Truitier, comprend en voyant foncer vers lui Lisoie et ses hommes qu'il va non seulement être coupé du château, mais aussi placé en fort mauvaise posture. Les assaillants ont déjà désarçonné trois de ses hommes, blessés ou morts, les autres s'enfuient éperdument, et là-bas une troupe de sergents voulant sortir en renfort vient d'être refoulée dans l'enceinte après qu'elle eut buté dans les corps des chevaux des trois premiers cavaliers, stoppés sur place, abattus par les terribles traits de l'archer Bernward.

Alors l'Anglais se dresse sur ses étriers, gesticulant comme un possédé :

« Tue-la, Truitier, tue-la et fuis ! Vite ! Mais tue-la d'abord ! »

Eudes, fou de rage et d'inquiétude, n'est plus guère qu'à une quinzaine de toises. Il a encore le temps de crier :

« Laisse-la, Truitier, et je te jure vie sauve ! »

Truitier a soudain lâché Gelvire qui, du coup, trébuche et roule sur le sol. Souplement, déjà elle se redresse lorsqu'elle aperçoit au-dessus d'elle l'angon brandit par Truitier. Dans un réflexe, elle se jette en arrière et retombe sur le dos, hurlant, folle de terreur : « Eudes... »

L'appel s'achève dans un râle. Poitrine traversée, entre les seins, l'arme la cloue littéralement à la prairie.

Abandonnant son arme, Truitier fait rapidement pivoter son cheval et l'éperonne sauvagement. La tête bondit. Mottes de terre qui volent. Mais Eudes est là qui saute en croupe et désarçonne son adversaire. Les deux hommes roulent à terre. La terrible poigne du Ruffin parvient à immobiliser le Truitier sous lui. Alors, entremêlant au nom de Gelvire les pires injures, juste à la limite du haubergeon, d'un lent mais inexorable mouvement, Eudes tranche la gorge du Truitier. Flot de sang qui éclabousse.

Trois secondes plus tard le Ruffin est aux côtés de Gelvire, morte.

Ruffin ! Conrad ! Lisoie !... Cris, hurlements, appels sans cesse réitérés s'entrelaçant sur un bourdonnant fond sonore. Mouvance. Sur le terrain comme des tourbillons d'où jaillissent de blancs éclairs : épées brandies, plommées valsantes, framées fusantes. Et tant de traits tirés des lices.

Immobile, pâle, ravagé, Eudes, devant Gelvire, répète avec une sorte d'incrédulité : Gelvire, Gelvire... Lorsque agenouillé il se décide à la toucher des mains et des lèvres, un effroi, une brutale répulsion le rejettent en arrière. Et le voilà debout, énergumène fou, hurlant :

« L'Anglais ! » puis sautant à cheval : « L'Anglais ! »

Cependant l'Anglais se faufile, le long de la lice, sous la protection des arcs et des javelines, tirés, lancés des remparts. A vouloir le rejoindre, Lisoie puis Brasc sont l'un et l'autre blessés, atteints d'une flèche, le premier à l'épaule, cotte de mailles rompue, le second au bras. Et leurs compagnons de les entraîner.

Ruffin, courbé sur l'encolure de sa monture, fonce, éperonnant au sang son destrier. Sous les sabots de sa bête giclent les mottes de terre herbeuses. Bientôt c'est sur lui que se concentrent les tirs et les jets de la lice. Cible mouvante difficile à atteindre. Alors, voilà Conrad criant comme un damné :

« Attention, Ruffin ! Reviens, reviens ! »

Et de se précipiter à son tour, suivi de Ludolph, de Wilfried et de Hadulph.

L'Anglais n'est plus qu'à vingt pas de la porte de l'enceinte. Eudes gagne sur lui lorsqu'une javeline lui traverse la cuisse. Le Ruffin vacille. Un cri de joie monte du rempart. Une nuée de flèches environne le blessé. Soudain son cheval s'abat. Vingt traits aussitôt transpercent l'animal. Conrad et ses hommes, ayant mis pied à terre, accourent sous la protection de leurs écus réunis comme les écailles d'une carapace. Chocs métalliques contre cette défense. Ils atteignent Ruffin, que le corps de sa monture abattue protégeait. Puis l'emportant, le traînant à moitié mais, désormais, à l'abri.

Près de Bernward, décochant toujours ses traits sur les chevaux de ceux qui tentent d'entrer ou de sortir de Coussac, Conrad et ses compagnons retrouvent la petite troupe au complet.

Ligatures et pansements rapides. Joceran dit :

« Nous avons pu récupérer deux chevaux.

– Profitons-en. Joceran, emmène les blessés, ordonne le Saxon et va rejoindre Ersinde et ses mules. Avec les hommes valides j'assumerai votre retraite. Fais vite ! Continue toujours direction ouest. Nous vous rejoindrons dès que possible. A coup sûr avant la nuit. »

Eudes et Lisoie, mal en point, doivent, pour ne pas risquer de tomber, être attachés à leur selle.

Tout est calme maintenant. Des lices ceux du château observent le départ sans rien manifester. Puis l'attente commence. Les corps des chevaux morts encombrent toujours l'entrée du château. Dans le pré, deux des sergents blessés, de ceux qui accompagnaient l'Anglais et Truitier, appellent au secours sans que nul ne se soucie de leur venir en aide.

A aucun moment une sortie n'est tentée. Sans doute l'Anglais ne tient-il pas à affronter, en dépit de l'avantage du nombre, Conrad et ses dix hommes qui demeurent fin prêts, hors de portée des armes de jet et dans une zone où les flèches ont perdu de leur force.

Il est plus de trois heures de relevée lorsque, enfin, Conrad dit à sa troupe :

« Retirons-nous, rejoignons nos compagnons. A cheval ! »

Des cris, des injures, des menaces bourdonnent aux oreilles des dix, les accompagnant un très court moment.

FIN DU PREMIER VOLUME

Cet ouvrage a été réalisé par la
Société Nouvelle Firmin-Didot
Mesnil-sur-l'Estrée
pour le compte des Éditions Denoël
en juin 1995

Dépôt légal : juillet 1995
N° d'édition : 7710 - N° d'impression : 31386
Imprimé en France